Dominik Waßenhoven

Skandinavier unterwegs in Europa
(1000–1250)

EUROPA IM MITTELALTER

BAND 8

Abhandlungen und
Beiträge zur historischen
Komparatistik

Herausgegeben von
Michael Borgolte

Dominik Waßenhoven

Skandinavier unterwegs in Europa (1000–1250)

Untersuchungen zu
Mobilität und Kulturtransfer
auf prosopographischer Grundlage

Akademie Verlag

Gedruckt mit Unterstützung des Graduiertenkollegs 516
„Kulturtransfer im europäischen Mittelalter"

ISBN-13: 978-3-05-004285-5

ISBN-10: 3-05-004285-0

© Akademie Verlag GmbH, Berlin 2006

Das eingesetzte Papier ist alterungsbeständig nach DIN/ISO 9706.

Alle Rechte, insbesondere die der Übersetzung in andere Sprachen, vorbehalten.
Kein Teil dieses Buches darf ohne schriftliche Genehmigung des Verlages
in irgendeiner Form – durch Photokopie, Mikroverfilmung oder irgendein
anderes Verfahren – reproduziert oder in eine von Maschinen, insbesondere von
Datenverarbeitungsmaschinen, verwendbare Sprache übertragen oder übersetzt werden.

Einbandgestaltung: Jochen Baltzer, Berlin
Druck und Bindung: Druckhaus „Thomas Müntzer" GmbH, Bad Langensalza

Printed in the Federal Republic of Germany

Für Sabine

Vorbemerkung

Die vorliegende Untersuchung ist die leicht überarbeitete Fassung meiner im Sommersemester 2005 von der Philosophischen Fakultät der Friedrich-Alexander-Universität Erlangen-Nürnberg angenommenen Dissertation. Sie entstand in Fortführung meiner Magisterarbeit zum Thema „Die Beziehungen der Skandinavier nach Europa 1000–1250. Ein Forschungsbericht", die von Prof. Dr. Michael Borgolte an der Humboldt-Universität zu Berlin angeregt und betreut wurde. Herr Prof. Borgolte begleitete das Vorhaben auch während der folgenden Jahre, die ich Dank der Förderung durch das Graduiertenkolleg 516 „Kulturtransfer im europäischen Mittelalter" an der Universität Erlangen verbringen konnte. Dort hat Prof. Dr. Klaus Herbers die Dissertation als mein Doktorvater betreut und mir jederzeit hilfreich beiseite gestanden.

Stellvertretend für diejenigen, die mir während der letzten Jahre zahlreiche Anregungen und Hinweise gaben, die zum Gelingen meines Vorhabens beigetragen haben, möchte ich einige Personen nennen und hoffen, nicht allzu viele vergessen zu haben: Nicht nur als Korrekturleser waren Dr. Matthias Maser (Erlangen) und Prof. Dr. Nikolas Jaspert (Bochum) von unschätzbarem Wert. Für die „nordische" Kompetenz sei Prof. Dr. Hubert Seelow, der freundlicherweise auch die altnordischen und modernen skandinavischen Zitate und die Übersetzungen derselben durchgesehen hat, und Prof. Dr. Andreas Haug (beide Erlangen), Prof. Lars Boje Mortensen vom „Centre for Medieval Studies" der Universität Bergen (Norwegen) und Øystein Ekroll (Trondheim, Norwegen) gedankt, sowie Margrete Syrstad Andås (Kopenhagen), die mir einen ihrer Artikel vorab zur Verfügung stellte. Von großem Wert waren auch die Diskussionen mit den Stipendiaten, Betreuern, Postdoktoranden und Kollegiaten des Graduiertenkollegs 516 sowie mit den Teilnehmern des Colloquiums von Herrn Prof. Borgolte in Berlin und denen des Oberseminars von Herrn Prof. Herbers in Erlangen.

Danken möchte ich außerdem Herrn Prof. Borgolte und dem Akademie-Verlag für die Aufnahme meiner Untersuchung in die Reihe „Europa im Mittelalter" sowie dem Lektor des Akademie-Verlags, Herrn Karras, für die jederzeit freundliche und kompetente Betreuung der Drucklegung. Nicht zuletzt danke ich meinen Eltern, die mich während meines Studiums und darüber hinaus nicht nur finanziell unterstützt haben. Auch meinem Schwiegervater, Dr. Wolfgang Marsch, danke ich für die große Unterstützung in den letzten Jahren. Mein größter Dank gilt aber meiner Frau Sabine, die mich trotz der häufigen räumlichen Trennung zwischen Berlin und Erlangen in allen Lebenslagen unterstützt, angetrieben und aufgemuntert hat.

Inhaltsverzeichnis

I. Mobilität und Kulturtransfer 13

1. Einleitung 15
   1.1. Gegenstand der Untersuchung 15
   1.2. Terminologie 17
       1.2.1. Hochmittelalter 17
       1.2.2. Skandinavien 19
       1.2.3. Europa 23
       1.2.4. Reise und Mobilität 27
   1.3. Methoden 28
       1.3.1. Prosopographie 28
       1.3.2. Kulturtransfer 30
   1.4. Forschungsstand 32
   1.5. Gliederung der Arbeit 36

2. Quellenlage 39
   2.1. „Sagas und mehr" – Skandinavische Überlieferung 40
       2.1.1. Geschichtsschreibung 40
       2.1.2. Annalen 55
       2.1.3. Reisebeschreibungen 56
       2.1.4. Urkunden und Briefe 60
       2.1.5. Runeninschriften 61
   2.2. „Blick von außen" – Europäische Quellen 64

3. Mobilität 67
   3.1. Krieg, Bildung, Handel – was die Reisenden motivierte ... 68
   3.2. Reiseziele 72
   3.3. Reisewege 74
       3.3.1. Itinerare 74
       3.3.2. Die Wege der Reisenden 85
   3.4. Der „Aufbruch" im 12. Jahrhundert 91

		3.4.1. Die Orkney-Inseln	93
		3.4.2. Dänische Expansion	95
		3.4.3. Klerikale Mobilität	97
	3.5.	Das 13. Jahrhundert – „Ankunft" in Europa?	100

4. Fallbeispiel zum Kulturtransfer: Erzbischof Øystein Erlendsson . . 105
   - 4.1. Der Baumeister 107
   - 4.2. Augustinus episcopus 112
   - 4.3. Der Jurist 114
   - 4.4. Der Coronator 118
   - 4.5. „Tractatus Augustini" 129
   - 4.6. Øystein – Träger des Kulturtransfers? 136

5. Skandinavien in Europa 141

II. Prosopographie 145

A. Biogramme der skandinavischen Reisenden 149

B. Mögliche Reisende 309
   - B.1. Einzelne Reisende 309
     - B.1.1. Fragliche Herkunft 309
     - B.1.2. Fragliches Ziel 322
     - B.1.3. Name und Zuordnung 326
     - B.1.4. Sonstige Gründe 328
   - B.2. Reisegruppen 344
     - B.2.1. Die „Schlacht von Svolder" 344
     - B.2.2. Die Reise des Ingvar Vittfarne 347
     - B.2.3. Håkon Håkonssons Kriegszug 350
   - B.3. Isländersagas 353

Chronologische Liste der Reisenden 359

Bibliographie 371
   Quellenverzeichnis 371
      Sammelwerke 371
      Editionen und Übersetzungen 375
   Literaturverzeichnis 392
   Abbildungsnachweis 415

Verzeichnisse	417
Abbildungsverzeichnis	417
Tabellenverzeichnis	417
Abkürzungs- und Siglenverzeichnis	418
Glossar	421
Ortsindex	423
Orte, Städte	423
Länder, Regionen, Inseln	429
Gewässer	432
Personenindex	435

Teil I

Mobilität und Kulturtransfer

> þar koma leidir saman þeira manna er fara of mundio fiall sudr frakar flemingiar Valir englar saxar nordmenn – Dort treffen die Wege der Leute zusammen, die über die Alpen nach Süden reisen: die Franken, Flamen, Wallonen, Engländer, Sachsen und Skandinavier.
>
> *(Leiðarvísir, Z. 29–31)*

1. Einleitung

1.1. Gegenstand der Untersuchung

„Nach der Mitte des 11. Jahrhunderts begnügt sich das christliche Volk
nicht damit, am Ort zu bleiben. Es regt sich."[1]

Die Mobilität in Europa nahm im 11. und 12. Jahrhundert deutlich zu.[2] Pilger machten sich auf den Weg zu fernen Orten, an denen Heilige verehrt wurden, die Kreuzzugsbewegung setzte an, Jerusalem zurückzuerobern, der Handel nahm zu und Gesandte waren im Auftrag von Königen und Päpsten unterwegs. Gleichzeitig ist dieser Zeitraum geprägt von geistigen, juristischen, literarischen, politischen, religiösen, sozialen und wirtschaftlichen Veränderungen,[3] so dass in der Forschung Begriffe wie „Aufbruch" und „Wende", „Reform" und sogar „Revolution" zur Charakterisierung dieses Zeitabschnitts herangezogen wurden.[4] Diese Interpretation bezieht sich vornehmlich auf das westliche Europa, teilweise auch nur auf Frankreich und England, „da hauptsächlich hier die entscheidenden Entwicklungen stattfanden, die [...] die neue Gestalt Europas bestimmten"[5]. Die Konzentration auf ein „Kerneuropa" wirft – besonders angesichts der wachsenden Mobilität – die Frage auf, ob die europäischen Randbereiche an den Entwicklungen partizipierten oder von ihnen ausgeschlossen waren.[6] Die Mobilität der Skandinavier ist bislang selten Gegenstand der Forschung zum hier untersuchten

---

1 *Le Goff*, Hochmittelalter (1999), 55.
2 *Borgolte*, Europa entdeckt seine Vielfalt (2002), 378, stellte fest, dass „die Forschung mindestens im okzidentalen Europa eine erhöhte horizontale Mobilität beobachtet."
3 Vgl. zu diesem „Aufbruch" *Herbers*, Europa an der Wende (2001), 11: „Bevölkerungszunahme, Rodung, Landesausbau, Städte, gewerbliche Differenzierung, Intensivierung von Handel, Monetarisierung, Häresien, Mobilität, Kommunikation, Bildung, Wissenschaft und weitere Phänomene charakterisieren diesen Prozeß stichwortartig."
4 Zu der Verwendung der genannten Begriffe in der Geschichtswissenschaft siehe *Borgolte*, Einheit (1996), besonders 235–249. Für den Gebrauch von „Revolution" prägend war *Rosenstock-Huessy*, Revolutionen (1961); die erste Auflage erschien bereits 1931. Die Problematik dieses Terminus verdeutlichte *Herbers*, Europa an der Wende (2001), 12: „Die Zeit als ‚Europäische Revolution' [...] zu charakterisieren, erscheint unbefriedigend, vor allem weil der Begriff diffus und nur bedingt mit dem modernen Revolutionsbegriff in Einklang zu bringen ist."
5 *Moore*, Europäische Revolution (2001), 22.
6 Vgl. *Borgolte*, Einheit (1996), 252: „Wenn wir die Frage unserer Gegenwart ernst nehmen, wie wir mit Angehörigen anderer Rassen, Religionen und Kulturen leben sollen, bleibt auch in der

Zeitraum gewesen, denn einerseits stand und steht die Zeit der Wikinger weit mehr im Zentrum des Interesses,[7] andererseits wurde beispielsweise bei Fragen des Handels der Schwerpunkt auf die Hansezeit gelegt, zu der es auch deutlich mehr Aufzeichnungen gibt.[8]

Mit Blick auf Skandinavien als einer Region, in der das Christentum gerade erst Fuß gefasst hatte, soll den Fragen nachgegangen werden, ob die „erhöhte Mobilität immer breiterer Gruppen der Gesellschaft"[9] zur Europäisierung Nordeuropas beitrug, ob die Skandinavier ebenfalls mobiler wurden und wie sich die Integration des eben noch „heidnischen" Nordens in das christlich geprägte Europa vollzog. Zum letztgenannten Punkt legte Martin Kaufhold eine Arbeit vor, in der es heißt: „Bei der Untersuchung der Kontakte zwischen dem Norden und Westeuropa geht es immer wieder um die Spannung zwischen individueller Initiative und historischer Entwicklung. [...] Es geht darum, welche Kontakte folgenreich waren und welche Bemühungen vergeblich blieben, und es geht um die historische Einschätzung dieser Entwicklungen."[10] Um die von Kaufhold eröffneten Fragestellungen beantworten zu können, bedarf es einer prosopographischen Auswertung der Quellen.[11] Kaufhold bediente sich jedoch in seinem „einführenden Essay"[12] eines anderen Zugriffs und wählte „exemplarische Fälle, in denen sich historische Entwicklungen niederschlugen."[13] Über die Kriterien, die der Auswahl dieser Beispiele zugrunde lagen, schwieg er und merkte lediglich an, dass es „nicht in erster Linie um Einzelfälle"[14] gehe. Auf einer systematischen, vergleichenden Untersuchung der Kontakte zwischen Skandinaviern und den restlichen „Europäern" beruhen seine Ausführungen jedenfalls nicht. Mit der prosopographischen Herangehensweise soll eine solche systematische Analyse ermöglicht werden. Die hier vorgelegte Prosopographie zielt nicht auf alle Aspekte der Integration Nordeuropas, sondern beschränkt sich auf die Skandinavier, die ihren angestammten Kulturraum verließen und Europa bereisten. Die Eindrücke, gegebenenfalls auch Texte oder Gegenstände, die sie von dort mitbrachten und in Skandinavien verbreiteten, besaßen

---

Erforschung des Mittelalters nicht mehr nur das Dominante wichtig, sondern müssen die anderen, schwächeren Stimmen im Dialog der Gruppen und Gesellschaften gleichrangige Beachtung finden."

7 Aus der Fülle der Literatur sei nur auf neuere Arbeiten verwiesen, in denen sich weitere Hinweise finden lassen: *Sawyer/Sawyer*, Welt der Wikinger (2002); *Willemsen*, Wikinger am Rhein (2004). Vgl. auch *Syrett*, Scandinavian history (2003).

8 Zum Handel der Zeit zwischen Wikingerfahrten und Hanse finden sich hingegen nur vereinzelte Studien, die meist den englisch-norwegischen Austausch thematisieren: *Bugge*, Handelen (1898); *Ebel*, Fernhandel (1987); *Helle*, Trade and Shipping (1967); *Nedkvitne*, Handelssjøfarten (1976); *Nedkvitne*, Bondekjøbmenn (1995); *Sawyer*, Anglo-Scandinavian trade (1986).

9 *Keller*, Begrenzung (1986), 27.

10 *Kaufhold*, Europas Norden (2001), 11.

11 Zur Methode der Prosopographie siehe Kap. 1.3.1, S. 28.

12 *Kaufhold*, Europas Norden (2001), 7.

13 Ebd., 11.

14 Ebd.

für das Leben dieser Menschen, ihre Tätigkeiten und ihr Umfeld auch weiterhin Bedeutung. Die skandinavische Perspektive bedingt dabei, dass nur ein Ausschnitt des „Gesamtbildes" gezeigt werden kann, wie ein Beispiel aus den *Gesta Danorum* des Saxo Grammaticus veranschaulicht. Zur Belagerung Roskildes durch Erik Emune berichtet Saxo: „Idem cum Ericus magna Sialandensium manu per obsidionem clausisset vallique firmioribus obstaculis conatus suos admodum interpellari videret, a Saxonibus, qui Roskyldiae degebant, tormentorum artificia mutuatus, domesticas vires externis cumulavit ingeniis."[15] Es wird deutlich, dass „aktive" Übernahmeprozesse durch Skandinavier nicht einer Reise bedurften, da auch Fremde einige Elemente ihrer Kultur nach Skandinavien mitbrachten und damit auf das dortige Umfeld ausstrahlen konnten. Die Sammlung und Analyse der skandinavischen Reisenden ist jedoch ein erster Schritt auf dem Weg, den Prozess der Europäisierung Nordeuropas besser verstehen zu lernen, denn: „Gemäß des Ansatzes [sic!] der Kulturtransferforschung wäre vor allem darauf zu achten, wer entscheidende Vermittlerfunktionen übernahm [...]."[16] Das Konzept des Kulturtransfers mit seiner Konzentration auf den Prozess der Vermittlung, Übertragung und Integration bietet ein geeignetes Paradigma für die Untersuchung interkultureller Vorgänge.[17] Die vorliegende Untersuchung stellt deshalb die Reisenden in den Mittelpunkt und will die Analyse auf die Träger des Integrationsprozesses und den aktiven Anteil der Skandinavier selbst an der Europäisierung Nordeuropas ausrichten.

1.2. Terminologie

1.2.1. Hochmittelalter

Die Zeit zwischen etwa 1000 und 1250 wird in Deutschland gemeinhin „Hochmittelalter" genannt.[18] Auch in anderen europäischen Ländern wird die Bezeichnung verwendet, allerdings meist für einen etwas früheren Zeitraum.[19] Im nordeuropäischen Raum wird dagegen der Beginn des Mittelalters erst im 11. Jahrhundert angesetzt, und auch innerhalb Skandinaviens variiert die Periodisierung. Jede Einteilung ist da-

---

15 Saxo Gr. XIII 9 (6).
16 *Landwehr/Stockhorst*, Europäische Kulturgeschichte (2004), 298.
17 Zum Kulturtransfer siehe Kap. 1.3.2, S. 30.
18 *Fuhrmann*, Deutsche Geschichte (1993), 29: „In der deutschen Geschichtswissenschaft ist es seit langem üblich, die Zeit vom beginnenden 10. Jahrhundert bis rund zur Mitte des 13. Jahrhunderts als ‚Hochmittelalter' auszugliedern [...]."
19 In Italien reichte das *Alto Medioevo* vom frühen Mittelalter bis in die Karolingerzeit. Das französische *haut moyen âge* endete mit dem 10. Jahrhundert, während die *alta edad media* Spaniens bis zur Reconquista im 11. Jahrhundert andauerte. Eine Ausnahme bildet England, dessen *High Middle Ages* die Zeit von der Mitte des 12. bis zum Beginn des 14. Jahrhunderts umfassten. Siehe dazu ebd., 29.

bei anfechtbar und dient in jedem Fall nur als Hilfe, um sich dem unüberschaubaren Stoff der Geschichte nähern zu können. Die unterschiedlichen Einteilungen werden im Folgenden zum besseren Verständnis für jedes skandinavische Land kurz dargelegt.

Generell gilt für Skandinavien, dass die Zeit von etwa 800–1050 als Wikingerzeit bezeichnet wird.[20] Ein einschneidendes Datum ist Harald Hardrådes Niederlage in Stamford Bridge am 25. September 1066, weil Haralds Unternehmung als letzter großer Zug eines Wikingerkönigs gilt; allerdings gab es auch nach diesem Datum noch Angriffe auf England. Andererseits bewirkte die Christianisierung, die vom 10. Jahrhundert an über Dänemark den Norden erreichte, gesellschaftliche Umwälzungen, die den Ansatz einer Epochenschwelle vertretbar erscheinen lassen. So sehen die meisten Historiker in der Zeit um 1050 den Beginn des skandinavischen Mittelalters, wobei die Wikingerzeit zur Vorgeschichte gerechnet wird. Das Aufkommen schriftlicher Quellen liefert ein Indiz für den Beginn der historischen Zeit. Hier kann allerdings keine scharfe Grenze gezogen werden, denn mit den Runeninschriften gab es auch während der Wikingerzeit schon Zeugnisse einer schriftlichen Kultur.[21]

Nach dem Zusammenbruch des unter Knud dem Großen (1016–1035) und noch einmal unter dessen Sohn Hardeknud (1040–1042) bestehenden dänisch-englischen Reiches begann mit der Regierungszeit Sven Estridsøns (1047–1074/76) eine Stabilisierung Dänemarks. Um 1130 brachen Thronstreitigkeiten aus, die andauerten, bis sich Valdemar der Große 1157 durchsetzen konnte. Seine Regierungszeit und die seiner Söhne, die bis 1241 währte, wird „Valdemarszeit" genannt und zeichnet sich durch eine wachsende Machtstellung Dänemarks vor allem im Ostseeraum aus. Die ganze Periode von etwa 1050 bis 1250 wird in Dänemark auch als „älteres Mittelalter" bezeichnet.[22]

In Norwegen ist der Einschnitt um 1130 wichtiger, denn nach dem Tod Sigurd Jorsalfars (1130) begannen dort ebenfalls Thronstreitigkeiten, die so genannten „Bürgerkriege", die über einhundert Jahre andauerten. Deshalb wird die Zeit vor 1130 meist als „Frühmittelalter" bezeichnet, die Jahre 1130–1319 hingegen als „Hochmittelalter". Dessen Endpunkt bildet der Tod von Håkon Magnusson, dem letzten König aus dem Geschlecht Sverres. Auch hier werden die Zeitgrenzen an politischen Ereignissen ausgerichtet, gleichzeitig aber durch gesellschaftliche Veränderungen gestützt.[23]

Für Schweden wird eine ähnliche Periodisierung vorgenommen. Jerker Rosén schlug vor, das Mittelalter mit dem 11. Jahrhundert beginnen zu lassen. Eine wichtige Zäsur stellt auch hier das Jahr 1319 dar, als Magnus Eriksson nicht nur König von Schweden, sondern in Personalunion auch König von Norwegen wurde. Das schwedische

---

20 Das Ende der Wikingerzeit wird von manchen Historikern auch früher oder später – aber in jedem Fall im 11. Jahrhundert – angesetzt.
21 *Christensen*, Tiden 1042–1241 (1977), 213f.; *Fenger*, Kirker (1989), 11–14.
22 Ebd., 360.
23 *Helle*, Norge (1974), 27–36; *Sigurðsson*, Norsk historie (1999), 10–12.

1.2. Terminologie   19

Frühmittelalter dauerte also von etwa 1000/1050 bis 1319.[24]

Island unterscheidet sich von den oben genannten Einteilungen vor allem hinsichtlich der Bezeichnungen. Der Landnahmezeit (etwa 870–930) folgte die Zeit des isländischen Freistaats *(þjóðveldi)*, die mit der Anerkennung der Oberhoheit Norwegens 1264 endete. Dieser lange Zeitraum erfährt wiederum unterschiedliche Einteilungen; meist wird der Abschnitt von 930 bis 1030/50 Sagazeit *(söguöld)* genannt, weil die *Íslendingasögur* von dieser Zeit handeln. Außerdem nennt man das 13. Jh. (1200/20–1264) Sturlungenzeit nach dem bekanntesten Geschlecht dieser von Bürgerkriegen geprägten Periode.[25]

Finnland bildet bezüglich der Periodisierung eine Ausnahme innerhalb Skandinaviens, denn für den westlichen Teil Finnlands wird der Übergang der vorhistorischen zur historischen Zeit und damit der Beginn des Mittelalters erst um 1150 angesetzt. Auch hier ist das Aufkommen schriftlicher Quellen ein entscheidendes Kriterium. In Karelien begann das Mittelalter nach Meinung der Historiker sogar erst um 1300. Insgesamt ist die mittelalterliche Geschichte Finnlands, das unter schwedischem Einfluss stand, eng verknüpft mit Schweden.[26]

1.2.2. Skandinavien

Mit dem Begriff „Skandinavien" werden im Folgenden über die engere geographische Wortbedeutung hinaus[27] die Gebiete der modernen Staaten Dänemark, Norwegen, Schweden, Finnland und Island sowie der Inselgruppen der Färöern, Shetlands und Orkneys bezeichnet. Um die Frage zu klären, ob es auch im Mittelalter eine Region „Skandinavien" gab, reicht es nicht aus, ex post Kulturräume zu konstruieren, vielmehr sollten sie bereits von den Zeitgenossen als solche wahrgenommen worden sein. Dabei ist die skandinavische Selbstwahrnehmung ebenso zu berücksichtigen wie die europäische Außensicht. Ein wichtiger Punkt ist in diesem Zusammenhang die Errichtung des Erzbistums Lund im Jahr 1103/04. Neben den sieben dänischen Bistümern un-

---

24 *Rosén*, Tiden före 1718 (1983), 1–3.
25 *Magnús Stefánsson*, Art. Island. In: LexMA 5 (1991), 689–695.
26 *Masonen*, Finnland (1989), 5; *Törnblom*, Medeltiden (1993), 273.
27 „Skandinavien" bezeichnet in der gängigen geographischen Terminologie lediglich Dänemark, Norwegen und Schweden, während die restlichen Gebiete unter dem Begriff „Norden" mit einbezogen sind. Das Wort „Norden" hat in den skandinavischen Sprachen dieselbe Grundbedeutung wie im Deutschen, ist dort aber auch über die Geographie hinaus als Bezeichnung der oben genannten Länder gebräuchlich, allerdings ohne die Inselgruppen. Dennoch ist die Verwendung des Begriffs „Skandinavien" sinnvoll, denn er wird von den meisten nicht-skandinavischen Beobachtern benutzt und darüber hinaus direkt mit den betreffenden Ländern assoziiert. Allenfalls „Nordeuropa" oder „die nordischen Länder" können gleichberechtigt neben „Skandinavien" verwendet werden. Vgl. *Engman*, Norden (2002), 15–20; *Isachsen*, Norden (1974), 17 und 19; *Mead*, Historical Geography (1981), 9.

terstanden Lund auch drei norwegische und sieben schwedische Suffragane.[28] Das 1152/53 neu geschaffene Erzbistum Nidaros (das heutige Trondheim) umfasste nicht nur die mittlerweile fünf norwegischen Bistümer Nidaros, Bergen, Stavanger, Oslo und Hamar, sondern auch sechs Inselbistümer auf Island (Skálholt und Hólar), Grönland, den Färöer-Inseln (mit den Shetlands), den Orkneys und den Hebriden (mit der Isle of Man).[29] Auf die Hebriden und Man wird der hier verwendete Begriff Skandinavien jedoch nicht ausgedehnt. Zwar gehörten die Inseln zur norwegischen Interessensphäre, jedoch wurde bis auf wenige Ausnahmen kein direkter Einfluss von Norwegen ausgeübt. 1152 und 1160 erkannte der Hebriden-König Gudrød Olavsson die norwegische Oberherrschaft an, aber nur, um sich gegen seine Feinde aus Irland, England und besonders Schottland behaupten zu können. Diese Oberherrschaft bestand höchstwahrscheinlich nur de jure und besaß keine praktische Bedeutung. Auch der Versuch von Håkon Håkonsson, die norwegische Herrschaft zu konsolidieren, hatte keine dauerhaften Auswirkungen, denn kurz nach seinem Tod fielen die Inseln am 2. Juli 1266 endgültig an Schottland.[30]

Klassisches Indiz für die Fremdwahrnehmung ist die Bezeichnung, die Außenstehende für eine Region verwenden. Von den Franken wurden die Skandinavier beispielsweise *Normanni* genannt, von den Angelsachsen *Dani* und von den Byzantinern Waräger ($\beta\acute{\alpha}\rho\alpha\gamma\gamma o\iota$). Auch wenn diese Begriffe nicht in jedem Fall die Gesamtheit der skandinavischen Bewohner umfassen, sind sie doch deutliche Anhaltspunkte dafür, dass „die Skandinavier als eine geschlossene Gruppe betrachtet" wurden.[31]

Ein weiteres Beispiel für Außenwahrnehmung liefert uns – in erfreulich ausgiebiger Form – Adam von Bremen, der im vierten Buch seiner *Gesta Hammaburgensis ecclesiae pontificum* die Missionsgebiete der hamburgisch-bremischen Kirchenprovinz beschreibt. Dabei nennt er Dänemark (*Provintia Danorum*), die Ostsee mit den Bewohnern der Küsten und Inseln, unter ihnen auch die Slawen, dann Schweden (*Sueonia*) mitsamt den Finnen (*Finnedi*), Norwegen (*Nortmannia/Norguegia*), die Orkney-Inseln (*Orchades insulae*), Island (*Island*), Grönland (*Gronland*) und Vinland (*Winland*).[32] Er beschreibt also mehr als die oben definierte Region Skandinavien. Lauritz Weibull konnte nachweisen, dass die Kapitel 10–20 des vierten Buchs, die die Ostsee beschrei-

---

28 Die Bestätigungsurkunde des Papstes, in der wahrscheinlich auch die Suffraganbistümer genannt wurden, hat sich nicht erhalten. Vgl. DD I:2, Nr. 28. Die so genannte Florenzliste von ca. 1120 gibt die skandinavischen Bistümer wieder. Sie ist abgedruckt in *Bååth*, Acta (1936), Nr. 4, 3. Siehe auch *Seegrün*, Papsttum (1967), 120–122.
29 DD I:2, Nr. 115 (JL, Nr. 9941). Die Färöer-Inseln werden erst bei der Bestätigung des Privilegs durch Innozenz III. 1206 genannt: DN VII, Nr. 7 (Potthast, Nr. 2686). Vgl. *Seegrün*, Papsttum (1967), 163.
30 *Helle*, Norge (1974), 124–126.
31 *Boyer*, Wikinger (1994), 61. Der Begriff $\beta\acute{\alpha}\rho\alpha\gamma\gamma o\iota$ bezeichnete – nach Meinung der meisten Forscher – zunächst die Skandinavier und erst später die Mitglieder der kaiserlich-byzantinischen Leibgarde. Vgl. dagegen *Stang*, Novaja Zemilja (1990).
32 Adam IV, 432–494.

1.2. Terminologie

ben, eine spätere Interpolation Adams sind, die ursprünglich nicht in die Beschreibung der nördlichen Länder gehören sollte.[33] Damit ist einerseits der skandinavische Raum schon von Adam unter Ausschluss des Baltikums verstanden worden, andererseits wird aber deutlich, dass auch der Ostseeraum enge Verknüpfungen mit dieser Großregion hatte.

Doch nicht nur Selbst- und Fremdwahrnehmung spielen eine Rolle für die Konstituierung eines Kulturraumes, sondern beispielsweise auch die Sprache. Um 900 benutzten alle Einwohner des oben umrissenen Gebietes eine einzige Sprache, das so genannte Altnordische. Wenig später hatten sich zwar schon westliche Sprachvarianten in Norwegen und Island sowie östliche in Dänemark und Schweden herausgebildet, aber diese Sprachen waren noch so eng verwandt, dass die Menschen einander ohne Probleme verstehen konnten.[34] „Da eine Sprache immer Ausdruck, Träger und Maßstab einer Kultur ist, schuf diese Sprachgemeinschaft bereits einen einheitlichen skandinavischen Raum und umriß die Konturen einer eigenen Kultur."[35]

Auch auf gesellschaftlich-politischer Ebene gibt es deutliche Gemeinsamkeiten. So trafen sich beispielsweise die Bewohner bestimmter Gebiete, deren Namen häufig auf -land (Jütland, Uppland, Vestland) oder -lag (Trøndelag, Frostaþingslag) enden, zu einer Versammlung, dem so genannten *þing*. Auf diesen Versammlungen wurden die gemeinsamen Angelegenheiten besprochen, eventuell Gesetze erlassen oder andere Geschäfte getätigt. Solche Zusammenkünfte gab es in ganz Skandinavien, außerhalb davon jedoch nicht in vergleichbarer Weise.[36]

Die engen Verbindungen innerhalb des mittelalterlichen Skandinavien finden ihren Ausdruck auch in den verwandtschaftlichen Beziehungen der Königsfamilien. Zur Veranschaulichung seien nur einige Beispiele aus dem norwegischen Königshaus genannt: Harald Hardrådes Tochter Ingegerd heiratete zunächst den dänischen König Oluf und später den schwedischen König Filip Hallstensson. Olav Kyrre heiratete zur Bekräftigung eines Friedensschlusses 1068 Ingerid, die Tochter des dänischen Königs Sven Estridsøn, und bei der gleichen Gelegenheit verbanden sich auch Olavs Schwester und Svens Sohn. Magnus Berrføtt war mit Margareta, der Tochter des schwedischen Königs Inge Stenkilsson, verheiratet. Die Schwester Sigurd Jorsalfars war die Ehefrau

---

33 *Weibull*, Interpolationen (1933).
34 Selbst 1000 Jahre später verständigen sich Norweger, Schweden und Dänen noch ohne größere Schwierigkeiten, während die Isländer – zumindest in der Schriftform – fast dieselbe Sprache benutzen wie ihre Vorfahren in den Sagas.
35 *Boyer*, Wikinger (1994), 64f., Zitat 65. Vgl. *Isachsen*, Norden (1974), 19; *Groenke*, Sprachenlandschaft (1998), 44–46. *Beumann*, Nationenbildung (1988), 588f., und *Graus*, Nationenbildung (1980), 139–141, äußern sich kritisch gegenüber der Sprache als begründendem Element einer Kulturgemeinschaft.
36 *Boyer*, Wikinger (1994), 62–64. Zum *þing* siehe *Jesse L. Byock*, Art. Alþingi. In: *Pulsiano*, Medieval Scandinavia (1993), 10f.; *Byock*, Governmental Order (1986); *Gudmund Sandvik*, Art. Þing. In: *Pulsiano*, Medieval Scandinavia (1993), 663f.

des dänischen Königs Erik Ejegod. Die Hochzeiten innerhalb der skandinavischen Königshäuser zeigen, dass die Königreiche eng miteinander verzahnt waren, auch wenn Rivalitäten trotz der Verwandtschaften immer wieder aufkamen.[37]

Die Zusammengehörigkeit eines skandinavischen Kulturraums resultiert nicht zuletzt aus den gemeinsam geteilten Erfahrungen seiner Bewohner mit denselben geographischen und klimatischen Bedingungen – wie Kälte und Dunkelheit, großen räumlichen Entfernungen und einer dünnen Besiedlung –, die zwar auch innerhalb Skandinaviens variieren konnten, die jedoch in Abgrenzung zum restlichen Europa relativ einheitliche Voraussetzungen schufen.[38]

Gewiss lassen sich auch Einwände gegen den hier skizzierten Kulturraum Skandinavien finden. So gibt es geographische Unterschiede beispielsweise zwischen den Landschaften der dänischen Halbinsel Jütland, den Wäldern Schwedens und der norwegischen Berg- und Fjordlandschaft. Es gab schon im frühen Mittelalter mehrere Reiche mit verschiedenen Herrschaftsformen wie die Kleinkönigtümer Norwegens, die zwei beherrschenden Stämme der Svear und Götar in Schweden oder die oligarchische Organisation Islands. Es ließen sich noch weitere – auch regionale und lokale – Unterschiede anführen,[39] doch überwiegen eher die bereits angeführten einenden Aspekte. Zwar hätte sich letztlich kein mittelalterlicher Bewohner Nordeuropas als Skandinavier bezeichnet, aber in der Forschung etablierte Regionen wie beispielsweise „Mitteleuropa" oder „Südosteuropa" sind für das Mittelalter ebenso Konstrukte, die nicht oder nur teilweise in den zeitgenössischen Quellen nachgewiesen werden können.[40]

Die Abgrenzung Skandinaviens vom übrigen Europa ist größtenteils unproblematisch. Im Osten lässt sich das dünnbesiedelte Finnland als Grenzbereich ausmachen – spätestens mit den Gebieten um den Ladogasee begann der Einflussbereich der Rus'.[41] Im Südosten und Süden ist die Ostsee eine natürliche Grenze, auch wenn Teile Pommerns und Estlands zeitweise zum dänischen Königreich gehörten. Im Westen trennt der Atlantik sowohl Norwegen als auch Dänemark von England und dem Kontinent – obwohl auch hier zu Beginn des 11. Jahrhunderts ein die natürlichen Grenzen überspannendes Reich bestand. Problematischer gestaltet sich die Abgrenzung bei den westlichen Inselgruppen (Orkneys, Shetlands, Hebriden und Man) sowie Caithness (Nordschottland), das zeitweise unter der Herrschaft der Orkney-Jarle stand. Hier werden lediglich die Orkneys und Shetlands zum norwegischen Einflussbereich ge-

---

37 *Krag*, Vikingtid og rikssamling (1995), 178; *Sawyer/Sawyer*, Welt der Wikinger (2002), 403–406.
38 *Boyer*, Wikinger (1994), 59; *Mead*, Historical Geography (1981), 10.
39 *Boyer*, Wikinger (1994), 59f. Vgl. *Gustafsson*, Nordens historia (1997), 13–17.
40 *Borgolte*, Europa entdeckt seine Vielfalt (2002), 142, spricht mit Blick auf Skandinavien und Spanien von „kulturelle[n] Sonderwelten, die [...] dem übrigen Europa im hohen Mittelalter nur allmählich ähnlicher wurden."
41 *Edgar Hösch*, Art. Kiev – Reich. In: LexMA 5 (1991), 1121–1130; *Klaus Zernack*, Art. Alt-Ladoga – Geschichtliches. In: RGA 1 (1973), 220.

1.2. Terminologie

rechnet.⁴² Eine „Grenzziehung" im Süden Dänemarks ist ebenfalls problematisch, denn das dänische Königreich dehnte sich zu Beginn des 13. Jahrhunderts weit nach Nordalbingien und damit auf sächsisches Gebiet aus. Die wechselnden Herrschaftsverhältnisse könnten zu einer dynamischen Konzeption der Kategorie Raum führen, die allerdings Probleme aufwirft: Reisen von Dänen beispielsweise nach Lübeck könnten demnach zwischen etwa 1200 und 1220 nicht berücksichtigt werden – je nach aktueller Herrschaftssituation. Ein in dieser Weise dynamisch verstandenes Raumkonzept hätte jedoch zur Folge, dass gerade eine Region interkultureller Kontakte ausgeklammert wäre, die bezüglich der Untersuchung von kulturellen Transferleistungen, Akkulturation oder Transkulturalität von besonderem Interesse sein kann. Stattdessen wird nach einem Grenzbereich gesucht, der für den gesamten Untersuchungszeitraum herangezogen werden kann.⁴³ Sowohl historiographische wie auch archäologische Zeugnisse bieten dafür eine recht genaue, wenn auch nicht letztgültige Möglichkeit. Adam von Bremen und Saxo Grammaticus sahen die Eider als Südgrenze Dänemarks an.⁴⁴ Außerdem wurde zwischen dem 9. und 12. Jahrhundert mit dem „Danewerk" südlich von Schleswig ein System von Schutzwällen und -gräben gebaut, das als Bollwerk nach Süden diente und von Sven Aggesøn als Riegel vor dem Tor nach Dänemark bezeichnet wurde.⁴⁵ Deshalb wird das Gebiet südlich des Danewerks und der Eider in der vorliegenden Arbeit nicht zu Skandinavien gerechnet, ohne damit in anachronistischer Weise Ländergrenzen zu postulieren, die es im Mittelalter in dieser Form nicht gab.

Neben den heute zu Deutschland gehörenden Gebieten um Schleswig umfasste das mittelalterliche Dänemark mit den Regionen Blekinge, Halland und Skåne (Schonen) auch Teile des heutigen Schweden. Das heute ebenfalls schwedische Bohuslän hingegen muss zum mittelalterlichen Norwegen gerechnet werden. Mit „Dänemark", „Norwegen" und „Schweden" ist im Folgenden immer dieser mittelalterliche Umfang der Königreiche gemeint.

1.2.3. Europa

Lange Zeit wurde für die mittelalterliche Geschichte die lateinische Christenheit mit „Europa" gleichgesetzt, während die osteuropäischen Gebiete, in denen die orthodoxe Kirche bestimmend war, durch diese Definition ausgeschlossen werden. Theodor Schieder beispielsweise diskutierte die gemeinsamen Wurzeln von Ost und West sowie die wiederholten kirchlichen Einigungsversuche und resümierte anschließend: „Trotz-

---

42 Siehe oben, S. 20.
43 Zum Begriff der „kulturellen Grenze" siehe *Osterhammel*, Kulturelle Grenzen (1995), besonders 114–122. Vgl. zu Grenzen im Mittelalter auch *Sieber-Lehmann*, Regna (1996).
44 Adam IV 1; Saxo Gr. Praefatio 2 (1). Ähnlich auch Nikulás Bergsson in seinem *Leiðarvísir*, Z. 5f.
45 Sven Aggesøn, Kap. 6. Zum Danewerk siehe H. Hellmuth Andersen, Art. Danewerk. In: RGA 5 (1984), 236–243.

dem muß man von einem besonderen abendländisch-europäischen Kulturkreis, der sich vom griechisch-byzantinischen und damit auch slawisch-orthodoxen unterscheidet, ausgehen."[46] Diese Einschätzung ist sicherlich richtig, beantwortet aber nicht die Frage, warum nur ein Kulturkreis zu Europa gehören sollte. Die westliche Sichtweise hängt unter anderem mit der europäischen Ordnung nach dem 2. Weltkrieg zusammen, denn ein geeintes Europa, das die östlichen Gebiete einschließt, war bis 1989 für viele undenkbar, wie die Worte Schieders verdeutlichen: „Gelingt es trotz gewaltiger, ständig wachsender Hindernisse doch noch, den Weg zu einer west- und mitteleuropäischen ‚Union' in Etappen und sicher langen Fristen zu gehen, so wäre die seit dem II. Weltkrieg bestehende fast chaotische Unordnung wenigstens im größeren Teil des Kontinents bereinigt [...]."[47] Eine gesamteuropäische Union, wie sie am 1. April 2004 durch den Beitritt der süd- und osteuropäischen Länder Estland, Lettland, Litauen, Malta, Polen, Slowakei, Slowenien, Tschechien, Ungarn und Zypern Wirklichkeit geworden ist, zog Schieder nicht einmal in Betracht.

Trotz des europäischen Einigungsprozesses, der in den 1990er Jahren eine rasante Entwicklung nahm, konzentrierte sich Peter Rietbergen in seiner Kulturgeschichte auf Westeuropa und begründete seine Sichtweise aus der Tradition heraus: „I believe that this non-inclusion [of Eastern Europe] can be defended on the basis of the past itself; with its many 'accidents', it has forged links between a number of regional cultures in western Europe which increasingly have shown a comparable historical development, resulting in a more widely experienced culture that, however diverse in many of its elements, yet has grown towards an overall unity."[48] Norman Davies bemängelte an dieser Art der Geschichtsschreibung: „In many such works there is no Portugal, no Ireland, Scotland or Wales, and no Scandinavia, just as there is no Poland, no Hungary, no Bohemia, no Byzantium, no Balkans, no Baltic States, no Byelorussia or Ukraine, no Crimea or Caucasus. There is sometimes a Russia, and sometimes not. Whatever Western civilization is, therefore, it does not involve an honest attempt to summarize European history."[49] Der Historiker selbst ist bei seiner Interpretation der Geschichte immer eingebunden in kulturelle und zeitliche Rahmenbedingungen, die seinen Blick auf die vergangenen Zeiten beeinflussen. Auch deshalb bleibt Europa „immer eine Frage, auf die zu verschiedenen Zeiten die Antworten verschieden lauten."[50] Aus diesem Grund versuchte Wolfgang Schmale, „die Geschichte *Europas* an dem festzumachen, was Menschen in der Antike, im Mittelalter und in der Neuzeit als *Europa* bezeichnet, als *Europa* wahrgenommen haben."[51] Europa sei kein unveränderbarer Gegenstand,

---

46 *Schieder*, Vorwort (1976), 3.
47 Ebd., 11.
48 *Rietbergen*, Europe (1998), XXI.
49 *Davies*, Europe (1996), 19f.
50 *Schieder*, Vorwort (1976), 11.
51 *Schmale*, Geschichte Europas (2000), 14.

1.2. Terminologie

sondern ein Begriff, der zu verschiedenen Zeiten mit unterschiedlichen Bedeutungen belegt worden sei. Die Frage, was Europa im Mittelalter ausmachte, soll daher im Folgenden anhand einiger Beispiele dargestellt werden, um daran die Konturen des Raumes herauszuarbeiten, der in der vorliegenden Arbeit mit „Europa" bezeichnet wird.[52]

Zunächst ist zu festzuhalten, dass „Europa" in den mittelalterlichen Quellen nur eine Randerscheinung ist.[53] In der Historiographie spielt die Vorstellung eines wie auch immer gearteten Europa eine ebenso unbedeutende Rolle wie im übrigen lateinischen und griechischen Schrifttum. „Geographisch" ist Europa noch am ehesten zu fassen, auch wenn es in der geographischen Tradition keine emphatische, über den räumlichen Aspekt hinausgehende Bedeutung besitzt. Schon in den Schriften Isidors von Sevilla ist die Welt dreigeteilt, ein Teil wird Europa genannt: „Divisus est autem [orbis] trifarie: e quibus una pars Asia, altera Europa, tertia Africa nuncupatur."[54] Auch in der Kartographie wird dieses dreigeteilte Schema verwendet, auf dem die so genannten T-O-Karten – und damit der Großteil der *mappae mundi* – beruhen. Die geographische Vorstellung von Europa bleibt fast das gesamte Mittelalter hindurch konstant und ändert sich erst allmählich ab dem späten 13. Jahrhundert durch das Aufkommen der Portolankarten.[55] Die Dreiteilung der Welt geht letztlich auf die Völkertafel in Genesis 10 zurück, wo Noahs Söhnen Sem, Ham und Japhet und deren Nachkommen die Erdteile Asien, Afrika und Europa zugesprochen werden. Zumindest leiteten die mittelalterlichen Autoren seit Isidor von Sevilla das dreigeteilte Schema von dieser Bibelstelle ab.[56]

---

52 Zur folgenden Diskussion des Europabegriffs sei zusammenfassend hingewiesen auf *Borgolte*, Perspektiven (2001); *Borgolte*, Nationalgeschichten (2001); *Burke*, Did Europe exist before 1700? (1980); *Hiestand*, „Europa" im Mittelalter (1991); *Karageorgos*, Begriff Europa (1992); *Leyser*, Concepts (1992); *Oschema*, Europa-Begriff (2001).

53 *Borgolte*, Perspektiven (2001), 16: „‚Europa' war kein Begriff, um den sich zu streiten gelohnt hätte."

54 Isidor, Etymologiae XIV 2.

55 Zu T-O-Karten siehe *von den Brincken*, Kartographische Quellen (1988), 23–38; *Anna-Dorothee von den Brincken*, Art. Mappamundi. In: *Friedman/Figg*, Trade, Travel, Exploration (2000), 363–367; *Kliege*, Weltbild (1991), 41–51; *Simek*, Kosmographie (1990), 37–43. Zu Portolankarten siehe *von den Brincken*, Kartographische Quellen (1988), 38–42; *Kliege*, Weltbild (1991), 127–129; *Sandra Sider*, Art. Portolan Charts. In: *Friedman/Figg*, Trade, Travel, Exploration (2000), 498–500. Dass die Dreiteilung der Welt auch in Skandinavien rezipiert wurde, zeigt *Simek*, Europa (1993).

56 Isidor selbst differenzierte noch gemäß der Darstellung in Genesis 10, denn ein Teil Asiens fällt Japhet zu; spätere Autoren neigten zu einer vereinfachenden Darstellung. Dass die Völkertafel nicht ursprünglich geographisch intendiert war, zeigt *Borst*, Turmbau (1957–1963), Bd. 1, 122: „Schon die Namen der drei Noachiden haben ihre Tücken. Schem heißt ‚Name, Ruhm'; Japhet kennen wir schon als ‚Ausbreitung'; Cham besagt etwa ‚Sonnenbrand'. Der letztere Name deutet auf südliche, etwa ägyptische Landschaften; den Japhet bringt man gerne mit dem griechischen Japetos zusammen, und so hätte man in den Noachiden die Vertreter der drei Erdteile Afrika, Europa und Asien, in gewissem Grad vielleicht auch von drei Klimazonen zu sehen. Doch was besagte den Israeliten der

Vor allem im 9. und 10. Jahrhundert erscheint „Europa" häufig in einem panegyrischen Kontext. Diese Verwendung im Sinne des Herrscherlobs entstand im Umkreis Karls des Großen, der im Jahr 799 im Gedicht *Karolus magnus et Leo papa* als *pater Europae* bezeichnet wurde.[57] Widukind von Corvey – um nur ein weiteres Beispiel zu nennen – griff diese Art der Panegyrik auf und sah König Heinrich I. als *rex maximus Europae*.[58] Etwa zur selben Zeit entwickelte sich im Zuge der islamischen Bedrohung ein Gemeinschaftsbewusstsein der christlichen Reiche, das im Begriff *christianitas* ihren Ausdruck fand. Einen deutlichen Aufschwung nahm dieser Gedanke mit dem Beginn der Kreuzzüge. Das byzantinische Reich konnte als Teil der *christianitas* gelten, die jedoch häufig auf die westlichen Reiche und das Papsttum beschränkt wurde, je nachdem, ob die christliche Gemeinschaft gegenüber heidnischen Aggressoren betont oder die orthodoxen Christen als Schismatiker hingestellt werden sollten. In Byzanz selbst war Europa *(Εὐρώπη)* einerseits die Bezeichnung für den Kontinent, andererseits aber auch für die thrakische Halbinsel, wobei der Bezug nicht immer eindeutig ist. Daneben wurde der europäische Kontinent mit dem Begriff „Okzident" *(δύσις)* benannt. Außerdem bezeichneten die Byzantiner – besonders im Zeitalter der Kreuzzüge – alle als „Barbaren" *(βάρβαροι)*, die nicht auf dem Gebiet des (Ost-)Römischen Reiches lebten. Erst im 14. und 15. Jahrhundert gingen sie dazu über, die Begriffe Λατῖνοι (Lateiner) und Φράγκοι (Franken) zu benutzen. Im Islam schließlich gab es die Einteilung in *dār al-islām* (Haus des Islam) und *dār al-ḥarb* (Haus des Krieges), wobei das Haus des Islam die Gebiete umfasste, in denen die islamische Rechtsordnung durchgesetzt werden konnte. Dementsprechend gehörten mit Spanien und Süditalien Teile Europas zeitweise zum *dār al-islām*.

Aus den genannten Beispielen lässt sich ein Ausschluss der christlich-orthodoxen Reiche Ost- und Südosteuropas, wie er in der Forschung lange Zeit üblich war, nicht begründen. Die Andersartigkeit der orthodoxen Christen, die im Mittelalter wiederholt thematisiert wurde, kann jedenfalls nicht als hinreichendes Argument dienen, denn innerhalb der katholischen Christenheit gab es ebenfalls erhebliche Unterschiede.[59] Norman Davies brachte diese Beobachtung auf den Punkt: „Eastern Europe [cannot] be rejected because it is 'different'. All European countries are different. All *West*

Begriff des Kontinents und der Klimazone? Überdies stimmen noch in der heutigen Redaktion die Anteile der drei Noachiden nicht mit den Erdteilen überein; die drei nicht nach einheitlichem Prinzip gebildeten Namen selber sprechen gegen eine ursprünglich geographische Teilung ihrer Bereiche." Zu Isidor vgl. *Borst*, Turmbau (1957–1963), Bd. 2, Teil 1, 446–455.

57 MGH Poet. Carol. 1, 366–379, Zitat 368. Vgl. *Oschema*, Europa-Begriff (2001), 193: „Das Herrscherlob als Imperator stand zu diesem Zeitpunkt [vor 800] aus naheliegenden Gründen wohl ebensowenig zur Verfügung wie Formeln, welche die *christianitas* als Bezugsgröße in Anspruch nahmen, da hiermit noch nicht der Personenverband, sondern das Christentum gemeint war."

58 Widukind von Corvey I 41.

59 Zur (religiösen) Differenz Europas im Mittelalter siehe *Borgolte*, Europa entdeckt seine Vielfalt (2002), besonders 242–280.

1.2. Terminologie

European countries are different."⁶⁰ Gleichzeitig muss die Levante in die Untersuchung einbezogen werden, obwohl sie geographisch nicht zu Europa gehört, denn die Verbindungen zum Nahen Osten waren durch die Kreuzzugsbewegung und die zeitweise Herrschaft der „Franken" im Königreich Jerusalem, in den Grafschaften Edessa und Tripolis sowie im Fürstentum Antiochia so vielfältig, die Heiligen Stätten als Pilgerziel in ganz Europa so präsent, dass ein Ausschluss dieser Gebiete aus der Untersuchung zu einem unvollständigen Bild führen würde.

1.2.4. Reise und Mobilität

Seit jeher wurden Reisen unternommen, um Handel zu treiben, zu missionieren, Kriege zu führen und anderes mehr. Die Reisenden fungierten dabei oft als Informationsträger und Nachrichtenübermittler. Die von ihnen zurückgelegten Strecken waren sehr unterschiedlich, sie konnten zum nächsten größeren Marktort führen oder fast durch den gesamten Kontinent. Folker Reichert definierte deshalb Fernreisen als solche, „die die Grenzen einer Kultur erreichen, diese überschreiten oder ihre Überschreitung ins Auge fassen."⁶¹ Das bloße „ins Auge fassen" einer – wie auch immer ausgelegten – kulturellen Grenzüberschreitung reicht allerdings nicht aus, um einen interkulturellen Kontakt herzustellen.

In der vorliegenden Arbeit werden die Begriffe „Reise" und „Fernreise" synonym verwendet, da alle hier behandelten Reisen im oben genannten Sinn als Fernreisen gelten können. Stephanie Irrgang stellte jedoch in ihrer Dissertation, in der sie die studentische Mobilität im 15. Jahrhundert an einigen Beispielen untersuchte, den Terminus *Reise* gänzlich in Frage und war der Auffassung, dass er „im Umgang mit mittelalterlichen Themen umgangen und vermieden werden" sollte, weil „von Reisen im neuzeitlichen, touristischen Sinne nicht gesprochen werden" könne. Sie benutzte für ihre Untersuchung stattdessen den Begriff der *Wanderung*, der „neutral und unbelastet" sei.⁶² *Wanderung* ruft jedoch Assoziationen zu Migrationsbewegungen und Wanderschaften von Handwerkern hervor. Außerdem impliziert der Begriff eine bestimmte Art der Fortbewegung – *per pedes*. Sicherlich wurden Distanzen zwischen zwei Orten im Mittelalter häufig zu Fuß überwunden, aber bei größeren Entfernungen und besonders von einigen Teilen Skandinaviens aus war das Schiff ein unerlässliches Fortbewegungsmittel. Der Terminus Reise unterliegt dieser Einschränkung nicht und umfasst ebenso „die drei Elemente der Bewegung, des Verweilens und der Kommunikation an den Aufenthaltsorten"⁶³, die Irrgang der Wanderung zuschrieb.

---

60 *Davies*, Europe (1996), 28.
61 *Reichert*, Fernreisen (1998), 5.
62 *Irrgang*, Peregrinatio Academica (2002), 37f.
63 Ebd., 38.

1.3. Methoden

1.3.1. Prosopographie

Zur Analyse der Mobilität und der europäischen Integration Skandinaviens wurde für die vorliegende Untersuchung eine prosopographische Herangehensweise gewählt. Die Prosopographie ist keine neue wissenschaftliche Methode; vor allem Althistoriker begannen schon im 19. Jahrhundert mit der Erstellung großer Personenkataloge.[64] Der prosopographische Ansatz ist aber nach wie vor aktuell – gerade im Bereich der Mittelalterlichen Geschichte. Am Linacre College der Universität Oxford wurde kürzlich das Projekt „The Continental Origins of English Landholders 1066–1166" (COEL) abgeschlossen, eine Sammlung aller Personen, die in administrativen englischen Quellen des Jahrhunderts nach der normannischen Eroberung aufgeführt werden.[65] Für die angelsächsische Zeit entsteht derzeit in einer Zusammenarbeit des Londoner King's College mit der Universität Cambridge die „Prosopography of Anglo-Saxon England" (PASE), eine prosopographische Datenbank aller nachweisbaren Einwohner Englands zwischen ca. 450 und 1066. Eine vorläufige Liste dieses Projekts, die allerdings nicht auf den Quellen selbst, sondern auf Nachschlagewerken basiert, wurde im Internet veröffentlicht.[66] Auch im deutschsprachigen Raum erschienen kürzlich zwei Dissertationen mit prosopographischem Ansatz, die sich spätmittelalterlichen Themen zuwenden.[67]

In der mediävistischen und neueren Geschichtswissenschaft intensivierte man seit den 1960er Jahren die Auseinandersetzung mit der Prosopographie, die als „Sammlung und Verzeichnung aller Personen eines nach Raum und Zeit abgesteckten Lebenskreises"[68] definiert wurde. Jürgen Petersohn übernahm diese viel zitierte Definition aus einer Arbeitssitzung der Sektion „Personenforschung im Spätmittelalter" des Braunschweiger Historikertages von 1974. Aus dieser Sitzung ging auch die Unterscheidung von Prosopographie und Personenforschung hervor. Die „historische Personenforschung" sei die „Auswertung prosopographischen Materials nach unterschiedlichen Gesichtspunkten historischer Interpretation".[69] Obwohl diese Unterscheidung zwei klar voneinander trennbare Arbeitsschritte beschreibt, verschweigt sie, dass die Vor-

---

64 Beispielsweise *Klebs/Dessau/von Rohden*, Prosopographia Imperii Romani (1897–1898); *Groag* et al., Prosopographia Imperii Romani (1933–1999). Vgl. *Petersohn*, Personenforschung (1975), 1, und *Schmid*, Forschungen (1981), 54f. mit der dort zitierten Literatur.
65 Im Rahmen dieses Projekts erschienen *Keats-Rohan/Thornton*, Domesday names (1997), *Keats-Rohan*, Domesday people (1999) und *Keats-Rohan*, Domesday descendants (2002). Die Datenbank, die diesen Veröffentlichungen zugrunde liegt, lässt sich direkt von der Autorin beziehen unter http://www.linacre.ox.ac.uk/proso.html – Zugriff am 5.3.2006.
66 *Pelteret/Tinti*, Anglo-Saxon people.
67 *Auge*, Stiftsbiographien (2002); *Irrgang*, Peregrinatio Academica (2002).
68 *Petersohn*, Personenforschung (1975), 1.
69 Ebd.

1.3. Methoden

gänge dennoch stark aufeinander bezogen sind. Neithard Bulst hält sie sogar für „so stark interdependent, dass die geplante Auswertung das Sammeln definiert und die Art der Datensammlung von vornherein nur bestimmte Auswertungen zulässt (und andere ausschliesst)."[70] Deshalb muss die Fragestellung, die mit der Prosopographie bearbeitet werden soll, schon vorher deutlich umrissen werden. Dabei soll mit den Worten Karl Schmids „mit Nachdruck betont werden, daß die Erarbeitung von Personenkatalogen [...] keineswegs Ziel, sondern Mittel zum Zweck prosopographischer Forschung ist."[71] Eine prosopographische Datenbank ist also nicht das Ergebnis der Untersuchung, sondern die Grundlage für weitere Forschungen.

In diesem Sinn dient die Prosopographie, die im zweiten Teil der vorliegenden Arbeit aufgeführt wird, als Ausgangspunkt zur partiellen Analyse der skandinavischen Mobilität. Die in den Quellen gefundenen Hinweise wurden in einer Datenbank gesammelt, um sie effizient auswerten zu können. Dort wurden für jede Person und jede Reise Datensätze angelegt, die miteinander verknüpft werden können. Da eine Person mehrere Reisen unternehmen konnte und es gleichzeitig möglich ist, dass eine Reise von mehreren Personen durchgeführt wurde, muss bei der Auswertung zwischen der Anzahl von Personen, Reisen und „Verknüpfungen" – im Folgenden als *Reiseteilnahmen* bezeichnet – unterschieden werden.

Der in die Prosopographie aufzunehmende Personenkreis wurde durch vier Kriterien definiert: Die Person muss (1.) namentlich in den Quellen erwähnt werden, sie muss (2.) aus Skandinavien stammen und (3.) diesen Raum mindestens einmal in ihrem Leben verlassen haben, wobei diese Reise (4.) innerhalb des Untersuchungszeitraums erfolgt sein muss.[72] Die namentliche Erwähnung ist für den prosopographischen Ansatz von elementarer Bedeutung, da ansonsten eine lange Anonymus-Liste entstünde, in der Querbeziehungen zu anderen Personen nicht weiter verfolgt werden könnten. Aber auch wenn ein Name vorliegt, ist die Zuordnung zum jeweiligen Namensträger nicht immer unproblematisch. Abgesehen davon, dass sich lateinische und altnordische Namensformen zum Teil erheblich voneinander unterscheiden, lässt auch das Fehlen von Nachnamen bisweilen keine eindeutige Identifizierung zu, obwohl der skandinavische Bereich wegen der Nennung der Vaternamen im Vergleich zum übrigen Europa noch besser gestellt ist.

Die vielfältigen Handelsbeziehungen – beispielsweise zwischen Norwegen und England oder von Gotland in die südbaltischen Regionen – treten durch den prosopographischen Zugriff weniger stark hervor. Aus den gesammelten Daten lassen sich jedoch Rückschlüsse auf die Mobilität der skandinavischen Führungsschichten ziehen. Als *Skandinavier* werden Personen skandinavischer Abstammung in erster Generation

---

70 *Bulst*, Gegenstand (1986), 4.
71 *Schmid*, Forschungen (1981), 55.
72 Zum Begriff „Skandinavien" siehe Kap. 1.2.2, S. 19, zur Eingrenzung des Untersuchungszeitraums siehe Kap. 1.2.1, S. 17.

aufgefasst. Das bedeutet, dass im Ausland geborene Kinder von Skandinaviern keine Berücksichtigung finden, sofern sie keine direkten Beziehungen zu Skandinavien pflegten, indem sie sich dort beispielsweise längere Zeit aufhielten.

Die Reisen der untersuchten Personen müssen über den skandinavischen Raum hinaus geführt haben. Damit ist gewährleistet, dass der Reisende mit anderen europäischen Kulturen in Kontakt treten konnte. Ein Problem stellen hierbei sicherlich die Regionen dar, bei denen nur eine kurze Entfernung bis zu außerskandinavischem Gebiet zurückgelegt werden musste. Diese im Folgenden *Kontaktzonen*[73] genannten Regionen bedürfen gesonderter Betrachtung, sollten aus der Untersuchung aber allein schon deshalb nicht ausgeschlossen werden, weil hier die Möglichkeiten für kulturelle Transferleistungen höher einzuschätzen sind. Zwei Kontaktzonen sind für Skandinavien besonders hervorzuheben, die süddänischen und norddeutschen Gebiete sowie die Inselgruppe der Orkneys und Nordschottland.

1.3.2. Kulturtransfer

Das Konzept des Kulturtransfers entstand Mitte der achtziger Jahre aus Überlegungen, die im Zusammenhang mit literarischen Beziehungen zwischen Deutschland und Frankreich im 18. und 19. Jahrhundert von einer Gruppe deutscher und französischer Wissenschaftler um Michael Werner und Michel Espagne angestellt wurden.[74] Ausgehend von zwei als homogen angesehenen Einheiten – den Nationalstaaten Frankreich und Deutschland – sollte gerade nach deren Vermischung und gegenseitiger Beeinflussung gefragt und somit „die verborgene Heterogenität"[75] aufgedeckt werden. Das Hauptaugenmerk wird bei diesem Ansatz nicht auf die Ausgangskultur und ihre Beeinflussung einer anderen Kultur gelenkt, denn „kultureller Transfer im hier vorgeschlagenen Verständnis [ist] ein *aktiver* Aneignungsprozeß, der von der jeweiligen Aufnahmekultur gesteuert wird."[76] Zunächst wird etwas Fremdes als nützlich erkannt, doch im Verlauf des Transfers wird es zunehmend in die eigene Kultur inkorporiert und geht im Idealfall gänzlich darin auf.

Zu Beginn der neunziger Jahre hielt der Forschungsansatz der *transferts culturels* vermehrt in die deutsche Geschichtswissenschaft Einzug, wobei eine Konzentration auf das „lange 19. Jahrhundert", also die Zeit zwischen Französischer Revolution und

---

73 Der Begriff „Grenzregionen" wird vermieden, da sich mit ihm Assoziationen zu modernen (nationalen) Grenzen ergeben, die es im Mittelalter nicht in vergleichbarer Weise gab. Vgl. *Osterhammel*, Kulturelle Grenzen (1995), 108–114.
74 *Espagne/Werner*, Kulturtransfer – Forschungsprogramm (1985); *Espagne/Werner*, Construction (1987); *Espagne/Werner*, Kulturtransfer – Problemskizze (1988); *Espagne*, Transferts culturels (2005). Vgl. den Forschungsüberblick von *Middell/Middell*, Forschungen (1994). Einen Überblick in methodischer Hinsicht bietet *Lüsebrink*, Kulturtransfer (2001), 213-219.
75 *Middell*, Wechselseitigkeit (2001), 17.
76 *Middell/Middell*, Forschungen (1994), 110.

Erstem Weltkrieg, zu beobachten ist.[77] Erst in jüngster Zeit wurden Versuche angestellt, den Kulturtransfer auch in früheren Epochen systematisch zu untersuchen.[78]

Das Konzept des Kulturtransfers hat also bereits in verschiedenen Kontexten Anwendung gefunden. Dabei wurde methodisch unterschiedlich verfahren, ohne dass immer eine Theoriediskussion geführt wurde. Ein Grund dafür könnte sein, dass es nur wenig „explizite methodische Ablehnung [gab], die zur theoretischen Schärfung der Konzepte gezwungen hätte [...]."[79] Eine mehr abstrahierende und verallgemeinernde Beschäftigung mit Kulturtransfer haben neben Espagne und Werner unter anderem Rudolf Muhs, Johannes Paulmann und Willibald Steinmetz betrieben, die zum deutsch-britischen Verhältnis im 19. Jahrhundert arbeiten. Sie unternehmen den Versuch, den Prozess des Kulturtransfers analytisch in „Segmente" zu zerlegen. Voraussetzung für das Zustandekommen eines Transferprozesses ist danach die Wahrnehmung zweier „Handlungseinheiten" – häufig sind damit Nationalstaaten gemeint, es kann sich aber auch um „Religionsgemeinschaften oder Wirtschaftsregionen" handeln. Eine zweite Prämisse ist der Wille zur Aneignung oder ein Exportwunsch, der auf ein Minimum an Rezeptionsbereitschaft treffen muss. Die „Selektion des Wissenswerten" bewirkt dann bereits eine erste „Umformung dessen, was angeeignet wird." Diese Stufe nennen die Autoren „primäre Aneignung". Sie kann auch schon das Ende eines Kulturtransfers markieren, wenn „das Wissen über das andere Land [...] lediglich aufbewahrt wird und früher oder später in Vergessenheit gerät." Kommt es jedoch zur „sekundären Aneignung", so findet der Transferprozess einen Abschluss, indem „die angeeigneten, ursprünglich fremden Kenntnisse oder Informationen in Argumentations- und Handlungszusammenhänge des eigenen Landes eingefügt werden." Ein sechstes Segment steht außerhalb dieser prozessualen Kette und kann zu jedem Zeitpunkt auftreten: die Reflexion über die Wahrnehmung des fremden Kulturraumes.[80]

Paulmann bevorzugt gegenüber dem Begriff „Kulturtransfer" die Formulierung „interkultureller Transfer" und meint damit „nicht den Transfer *von* Kultur, sondern denjenigen zwischen Kulturen." Er will grundsätzlich auch „Warenhandel und Technologietransfer" einschließen, jedoch mit der Einschränkung, dass nur solche Übertragungen von Interesse sind, bei denen „sich das soziale Umfeld änderte oder Deutungsveränderungen eintraten." Paulmann wendet sich damit gegen eine mögliche Einschränkung des Konzepts auf „Hochkultur", räumt aber ein, dass das von Espagne und Werner entwickelte Konzept „ebenfalls prinzipiell nicht nur ein enges Verständnis von Kultur zugrunde legte." Es leuchtet darum nicht ein, warum ein neuer Terminus eingeführt werden soll, wenn der etablierte Ausdruck prinzipiell nichts anderes meint, zumal „Kulturtransfer" keine Assoziationen hervorruft, die sich ausschließlich mit „Hoch-

---

77 *Jordan/Kortländer*, Nationale Grenzen (1995); *Muhs/Paulmann/Steinmetz*, Aneignung (1998).
78 Siehe beispielsweise *Langer/Michels*, Metropolen (2001); *Gassert*, Kulturtransfer (2001).
79 *Middell/Middell*, Forschungen (1994), 122.
80 *Muhs/Paulmann/Steinmetz*, Brücken (1998), 18f.

kultur" befassen. Deshalb werden die Termini „Kulturtransfer" und „interkultureller Transfer" im Folgenden synonym gebraucht.[81]

1.4. Forschungsstand

Die skandinavischen Reisenden sind von der Forschung bisher nicht umfassend behandelt worden, die vorliegenden Untersuchungen sind entweder thematisch oder räumlich stark eingeschränkt. Den umfangreichsten Überblick bietet dabei – trotz ihres Alters von nunmehr 140 Jahren – die Darstellung des Franzosen Paul Riant, der alle skandinavischen Jerusalem-Pilger verzeichnete.[82] Das von Riant in den Bibliotheken von Kopenhagen, Stockholm und Uppsala zusammengetragene Material muss allerdings kritisch gesichtet werden, denn der Autor benutzte nahezu unterschiedslos alle ihm zugänglichen Sagatexte – darunter auch die *Íslendingasögur* –, so dass einige der bei ihm aufgeführten Reisen nicht als glaubwürdig gelten können. Dennoch ist seine detaillierte Beschreibung der Pilgerreisen und Kreuzzüge, die auch lateinische Quellen skandinavischer und anderer Provenienz berücksichtigt, von großem Wert, der durch ein ausführliches Personenregister noch gesteigert wird. Einen ähnlichen thematischen Zuschnitt wählte Einar Arnórsson, der sich jedoch auf isländische Reisende beschränkte.[83] Er behandelte vornehmlich Pilgerfahrten nach Rom, unterschied die von ihm benutzte Sagaliteratur aber ebenso wenig nach ihrem Quellenwert. Er schöpfte seine Kenntnisse ausnahmslos aus der Sagaüberlieferung und vernachlässigte daher lateinische Quellen des skandinavischen Bereichs ebenso wie außerskandinavische Zeugnisse. Darüber hinaus zeigte er – wie auch Riant – einen Hang zur Nacherzählung der Quellen. Einen nicht thematisch, sondern räumlich eingegrenzten Zugriff wählte Bogi Melsteð, der die „Fahrten, Seereisen und Kontakte zwischen Island und anderen Ländern"[84] zwischen 930 und 1264 untersuchte. Seine Arbeit ist weder auf Pilgerreisen noch auf bestimmte Ziele oder Quellengruppen eingeschränkt, sondern lediglich auf den Raum – Island –, wobei Bogi Melsteð nicht nur die Auslandsfahrten der Isländer, sondern auch Reisen nach Island berücksichtigte.

Daneben liegt eine ausführliche Studie zu den Skandinaviern in Diensten des byzantinischen Kaisers vor. Die von Sigfús Blöndal angefertigte und posthum durch Jakob Benediktsson herausgegebene *Væringja saga* (1954) wurde von Benedikt Benedikz überarbeitet und ins Englische übersetzt.[85] Darin wird die Geschichte der

---

81 *Paulmann*, Interkultureller Transfer (1998), 32. Vgl. *Paulmann*, Internationaler Vergleich (1998), 678.
82 *Riant*, Korstog (1868), im Original erschienen in Paris 1865 unter dem Titel *Expéditions et Pèlerinages des Scandinaves en Terre Sainte au Temps des Croisades*.
83 *Arnórsson*, Suðurgöngur (1954–1958).
84 So der übersetzte Titel von *Melsteð*, Ferðir (1907–1915).
85 *Blöndal*, Varangians (1978).

1.4. Forschungsstand

Warägergarde abgehandelt, wobei ihre skandinavischen Mitglieder genannt und in den historischen Kontext eingebettet werden. Die Untersuchung beruht nicht nur auf darstellenden altnordischen Texten, sondern bezieht die inschriftliche Überlieferung der Runensteine ebenso ein wie byzantinische (und andere europäische) Quellen. Das trifft gleichermaßen für die Abhandlung von Hilda Davidson zu, die nicht nur die Waräger in Konstantinopel untersuchte, sondern alle „Wikinger", die sich auf den *austrveg* machten.[86] Die Gebiete der Kiewer Rus' werden also ebenfalls behandelt, die Fokussierung auf Wikinger beschränkt hingegen den zeitlichen Rahmen, so dass die Untersuchung nicht über das 11. Jahrhundert hinaus reicht. Davidson beschäftigte sich auch mit den „Ideen aus dem Osten"[87], speziell mit Einflüssen auf die skandinavische Literatur und Mythologie.

Nicht direkt mit den Warägern, aber mit demselben Reiseziel, also Konstantinopel, setzte sich Krijnie Ciggaar auseinander.[88] Sie untersuchte die kulturellen und politischen Verbindungen zwischen Byzanz und dem Westen im Zeitraum 962–1204, indem sie die westlichen Reisenden nach Konstantinopel ins Zentrum ihres Interesses rückte. Ein Kapitel widmete sie dabei den nordischen Ländern,[89] ihre Ausführungen leiden allerdings an ihren mangelnden Sprachkenntnissen, so dass sie auf indirekte Quellen angewiesen war, wie sie freimütig zugab.[90] Deshalb bleibt ihr Überblick sowohl lückenhaft als auch in mancherlei Hinsicht unbefriedigend, gerade auch bezüglich der unreflektierten Benutzung der *Íslendingasögur*. Zwar bezeichnete Ciggaar die Sagas als „a mixture of historical facts and literary imagination", die sie kritisch beleuchten wolle, verlor dann aber bei der Schilderung von Bolli Bollasons Aufenthalt in Konstantinopel kein Wort darüber, dass diese Reise möglicherweise nicht (oder nicht in der geschilderten Form) stattgefunden hat.[91] Dass Ciggaars Studie dennoch wertvoll ist, liegt hauptsächlich an ihrer Fokussierung auf kulturelle Transferleistungen: „I shall mainly deal with those Westerners [...] who were willing to introduce all sorts of elements and aspects of Byzantine culture [...]."[92] Wegen der schwierigen Quellenlage

---

86 *Davidson*, Viking Road (1976).
87 So der Name des Kapitels: „Ideas from the East" (*Davidson*, Viking Road, 1976, 267–317).
88 *Ciggaar*, Western Travellers (1996).
89 Ebd., Kap. 4: „The Northern Countries", 102–128.
90 Ebd., 102: „Scandinavian languages formed and still form a barrier to the outside world, and not least for medievalists. Publications from Northern Europe are not easily accessible in both the linguistical and physical senses, and we often have to rely upon indirect sources."
91 Ebd., 104 (Zitat), 107f. (zu Bolli). Vgl. auch 126: „Some Scandinavians never returned home and ended their lives peacefully in the East, like the Dane Kolskegg Hamundarson." *Ciggaar* trifft diese Aussage ohne Einschränkung, obwohl sich als einziger Beleg für die Reise Kolskeggs, die um 1000 stattgefunden haben soll, die *Njáls saga* findet, die erst gegen Ende des 13. Jahrhunderts entstand. Die *Íslendingasögur* können selbstverständlich als Quellen herangezogen werden, wenn es beispielsweise um die Frage geht, inwieweit sich die „Beeinflussung" Skandinaviens durch Byzanz vom 12. bis 14. Jahrhundert zeigte.
92 Ebd., 15.

muss Ciggaar in Bezug auf Skandinavien leider oft bei Vermutungen bleiben.[93]

Die überaus interessante Quellengruppe der Runeninschriften ist im Hinblick auf Fernreisen zuletzt von Mats Larsson bearbeitet worden.[94] Unter mehr als 1700 überlieferten Inschriften Zentralschwedens machte Larsson 161 Runensteine aus, bei denen sich der Text auf Menschen bezieht, die entweder im Ausland starben oder an einer Reise teilgenommen hatten. Dieser als „Reisesteine" bezeichneten Gruppe stellte Larsson eine etwa gleich große Menge zufällig ausgewählter Runensteine gegenüber, um den sozialen Hintergrund der Reisenden untersuchen zu können. Er kommt zu dem Ergebnis, dass die Reisen wahrscheinlich zu einem großen Teil von Angehörigen der oberen sozialen Schichten unternommen wurden. Es mussten jedenfalls wirtschaftliche Ressourcen vorhanden sein, um einer oder mehreren Personen über einen längeren Zeitraum das Fernbleiben von der Heimat zu ermöglichen sowie die Schiffe zu bauen und auszurüsten. Man versprach sich offensichtlich einen Profit, und daher verwundert es kaum, dass eine deutliche Mehrheit derjenigen, die auf einer Auslandsreise starben, in Söldnerdiensten tätig waren. Eigentliche Wikingerzüge – also Plünder- oder Handelsfahrten – kommen in den Inschriften selten vor, was teilweise auch damit zusammenhängt, dass erfolgreiche Fahrten und Expeditionen, von denen die Teilnehmer zurückkehrten, in den Runeninschriften nur selten Erwähnung finden.

In den letzten Jahren rückten in der Forschung zur skandinavischen Mobilität Pilgerreisen und Kreuzzüge verstärkt in den Blickpunkt. Mit seiner umfangreichen Studie zu den in Skandinavien gefundenen Pilgerzeichen konnte Lars Andersson zeigen, dass die schriftlichen Quellen nur ein unvollständiges Bild von den Pilgerreisen der Skandinavier geben, denn der überwiegende Teil gerade der früh datierten Funde stammt aus Santiago de Compostela, das in den frühen schriftlichen Zeugnissen unterrepräsentiert ist, wohingegen aus Rom nur wenige Pilgerzeichen überliefert sind. Darüber hinaus gewann Andersson den Eindruck, dass in der Frühzeit die weit entfernt liegenden Wallfahrtsstätten Südeuropas das vorrangige Ziel waren, während im Spätmittelalter die regionalen und lokalen Pilgerziele verstärkt besucht wurden. Allerdings muss die interessante Quellengruppe der Pilgerzeichen mit Vorsicht behandelt werden, da nicht alle Pilgerzentren bereits im 12. und 13. Jahrhundert damit begannen, bestimmte Symbole an die Wallfahrer auszugeben.[95]

Zu ähnlichen Ergebnissen gelangte Christian Krötzl bei seiner Untersuchung skan-

---

93 Beispielsweise *Ciggaar*, Western Travellers (1996), 128: „It may be true that Scandinavian coinage started in the image of Byzantium and that in many fields Byzantine influence is clearly discernible, yet Scandinavia never became part of the Byzantine cultural Commonwealth. Western influences proved to be stronger in the end." *Ciggaar* betonte allerdings, dass sie vor allem Anreize zu weiteren Forschungen und kein umfassendes Bild der gegenseitigen Beziehungen geben wollte.
94 *Larsson*, Runstenar (1990). Vgl. *Ruprecht*, Wikingerzeit (1958) und *Wessén*, Runinskrifter (1960), die ähnliche Themenbereiche behandelten.
95 *Andersson*, Pilgrimsmärken (1989).

1.4. Forschungsstand

dinavischer Mirakelberichte,[96] denn im Spätmittelalter sei ein Trend zu kürzeren und schließlich lokalen Wallfahrten festzustellen. Die in den schriftlichen Quellen am häufigsten genannten Ziele der Fernpilgerfahrten seien Jerusalem und Rom, wobei die päpstliche Kurie auch aus kirchenpolitischen Gründen besucht wurde und eine Pilgerreise oftmals nur vermutet werden kann. Als einen Grund dafür, dass die Wallfahrten zu fernen Zielen in der frühen Phase überwogen, nannte Krötzl die „teils intensiven und regelmäßigen Verbindungen der Wikinger und Waräger bis ins Mittelmeer sowie die daraus resultierenden geografischen und kulturellen Kenntnisse"[97], die nachgewirkt haben. Ansonsten galt Krötzls Interesse vornehmlich der „mentalitäts- und alltagsgeschichtlichen Bedeutung"[98] des Pilgerwesens und damit auch den Beweggründen für die Pilgerreisen. Er vertrat dabei die These, „daß der überwiegende Teil der Skandinavier, die sich im Mittelalter nach Mittel- oder Südeuropa begaben, unabhängig von der Hauptmotivation ihrer Reise, auch Wallfahrtsorte aufsuchten. Das Aufsuchen von Wallfahrtsorten war ein so selbstverständlicher Teil des mittelalterlichen Reisens, daß es in den Quellen nicht gesondert aufgeführt wurde."[99] Deshalb sei es auch nicht möglich, Aussagen über die Anzahl der skandinavischen Pilger im Mittelalter zu treffen.

Forschungen zu den Kreuzzügen wurden besonders in Dänemark verstärkt betrieben. An der Syddansk Universitet in Odense finanzierte der dänische Forschungsrat 1998–2001 das Projekt „Denmark and the Crusading Movement – The Integration of the Baltic region into Medieval Europe" mit dem Ziel, die dänische Teilnahme an Kreuzzügen ins Baltikum und ins Heilige Land sowie den Einfluss der Kreuzzugsbewegung auf dänische Institutionen zu untersuchen. Aus diesem Projekt entsprang ein Themenheft der Zeitschrift „Den jyske Historiker" mit dem Titel „Krieg, Kreuzzug und Kolonisierung"[100], ein Band über dänische Kreuzzüge[101] sowie das „Scandinavian Network for Crusade Studies"[102].

Für den prosopographischen Teil der Arbeit sind darüber hinaus Studien zu einzelnen Personen von Interesse. Solche Biographien waren im 19. und zu Beginn des 20. Jahrhunderts in Skandinavien eine beliebte Form der historischen Darstellung,[103] während in neuerer Zeit eher von einer Person ausgehende Anthologien oder Sammelbände vorgelegt wurden. Diese bezogen sich vornehmlich auf kirchliche Würdenträ-

---

96 *Krötzl*, Pilger, Mirakel und Alltag (1994).
97 Ebd., 364.
98 Ebd., 16.
99 Ebd., 133.
100 Den jyske Historiker 89 (2000): „Krig, korstog og kolonisering."
101 *Lind* et al., Korstog (2004). Zu den Kreuzzügen in Nordosteuropa vgl. *Christiansen*, Crusades (1980).
102 http://www.crusades.dk – Zugriff am 5. 3. 2006. Dort findet sich auch die Beschreibung des ursprünglichen Projekts.
103 Siehe beispielsweise *Olrik*, Absalon (1908–1909); *Paasche*, Kong Sverre (1920).

ger[104] und Könige[105]. Daneben existieren diverse Einzelstudien zu Teilaspekten von Personen und für die meisten skandinavischen Länder biographische Lexika. Letztere bieten kurze Zusammenfassungen der Forschungsliteratur, können jedoch aufgrund ihres geringen Umfangs, der dem großen zeitlichen Rahmen der Lexika geschuldet ist, oft keinen umfassenden Überblick liefern.[106]

1.5. Gliederung der Arbeit

Die vorliegende Arbeit ist in einen analytischen und einen prosopographischen Teil untergliedert. Zunächst erfolgt in Kapitel 2 ein Überblick über die Quellen, die von Reisenden berichten und somit die Daten für die Prosopographie bereitstellen. Auf der Grundlage dieser Daten wird in Kapitel 3 die skandinavische Mobilität hinsichtlich der Motivationen der Reisenden, ihrer Ziele und der von ihnen benutzten Wege untersucht, wobei mit dem ausführlichen Itinerar des isländischen Abtes Nikulás Bergsson eine hervorragende Quelle zu den Reisewegen zur Verfügung steht, die dem prosopographischen Material gegenübergestellt wird. Schließlich wird die zeitliche Entwicklung der Mobilität erörtert, bevor in Kapitel 4 die kulturellen Transferleistungen anhand eines konkreten Fallbeispiels thematisiert werden. Ein Fazit (Kapitel 5) beschließt den ersten Teil, auf den die Prosopographie – unterteilt in sichere und mögliche Reisende – folgt. Eine chronologische Liste der aufgeführten Reisenden ergänzt den prosopographischen Teil, an den sich die Bibliographie und ein Glossar anschließen. Die Indices ermöglichen schließlich einen schnellen Zugriff auf die Prosopographie und den Un-

---

104 Beispielsweise *Birkebæk/Christensen/Skovgaard-Petersen*, Absalon fædrelandets fader (1996); *Ebbesen*, Anders Sunesen (1985); *Friis-Jensen/Skovgaard-Petersen*, Archbishop Absalon (2000); *Gunnes*, Erkebiskop Øystein (1996).
105 *Berg* et al., Harald Hardråde (o. J. [1966]); *Lawson*, Cnut (2004); *Rumble*, Reign of Cnut (1994).
106 Der Schwerpunkt der biographischen Lexika liegt außerdem auf der neueren Zeit, so dass die Darstellung mittelalterlicher Personen stark eingeschränkt ist. Das dänische biographische Lexikon (*Dansk biografisk leksikon*, DBL) ist bereits in der dritten Auflage erschienen. Die sechzehn Bände enthalten zusammen mit den beiden Vorgänger-Auflagen insgesamt etwa 20 000 Biographien von der Wikingerzeit bis ins 20. Jahrhundert. Die relativ aktuelle Fassung dieses Lexikons, das innerhalb einer sehr kurzen Zeit erschien, spiegelt den Forschungsstand der späten siebziger und frühen achtziger Jahre wider. Dagegen wurden die neunzehn Bände des biographischen Nachschlagewerks von Norwegen (*Norsk biografisk leksikon*, NBL) über eine Zeitspanne von sechzig Jahren herausgegeben, so dass für die ersten Teile eine Aktualisierung dringend erforderlich wurde. Sie liegt in einer zehnbändigen Neuauflage mit etwa 6 000 biographischen Artikeln seit kurzem komplett vor. Für Island gibt es ein sechsbändiges Lexikon (*Íslenzkar Æviskrár*, IÆ), das Personen von der Landnahmezeit (um 870) bis 1965 umfasst. Die ersten fünf Bände, die bis 1940 reichten, erschienen 1948–1952, während der sechste Band eine Ergänzung aus dem Jahr 1976 ist und die Biographien bis 1965 weiterführt. Das schwedische biographische Lexikon (*Svenskt biografiskt lexikon*, SBL) ist nach wie vor nicht abgeschlossen, obwohl mit seiner Veröffentlichung bereits 1918 begonnen wurde. Im September 2005 erschien die 159. Lieferung, die bis „Sohm" reicht und zu Band 32 gehört.

1.5. Gliederung der Arbeit

tersuchungsteil, da alle Orte, Regionen und Gewässer sowie alle Personen – auch mit den wichtigsten Namensvarianten – verzeichnet sind.

2. Quellenlage

Reisende können in den verschiedensten Zusammenhängen auftreten. Ein historiographischer Text berichtet beispielsweise von der Reise eines Königs, eine Urkunde nennt ihren Überbringer, ein Runenstein wurde zum Gedächtnis an einen im Ausland Verstorbenen errichtet. Dieser hier nur angedeuteten Vielfalt der Überlieferungsmöglichkeiten muss Rechnung getragen werden, indem ein breit angelegtes Quellenstudium zum Fundament für die Prosopographie wird. Die Nachforschungen dürfen sich nicht auf skandinavische Quellen beschränken, denn selbstverständlich haben Skandinavier auf ihren Reisen auch in England, Byzanz und andernorts Spuren in der Überlieferung hinterlassen. Wegen der Fülle des zu berücksichtigenden Materials ist es unvermeidlich, sich auf edierte Quellen zu beschränken – ein Studium der skandinavischen und europäischen Archive wäre wünschenswert, war jedoch im Rahmen der vorliegenden Arbeit nicht möglich.

Das überlieferte Material ist für den untersuchten Zeitraum dennoch umfangreich. Im Folgenden soll deshalb ein Überblick vor allem zur skandinavischen Überlieferung gegeben werden,[1] die im Vergleich mit anderen europäischen Ländern eher dürftig ausfällt. Bedingt durch die Reformation wurde die Zahl an Dokumenten und Handschriften deutlich dezimiert, denn viele Bücher waren bis dahin in Klosterbibliotheken aufbewahrt worden. Brände taten ihr übriges, allen voran der große Stadtbrand Kopenhagens im Jahr 1728.[2] Auch innerhalb Skandinaviens zeigen sich Unterschiede: Das reichste Schrifttum findet sich mit den Sagatexten Norwegens und vor allem Islands, während dort die urkundliche Überlieferung wesentlich geringer ausfällt als in Dänemark. In Schweden haben sich dagegen keine Sagatexte erhalten, die ersten überlieferten Urkunden stammen erst aus dem 12. Jahrhundert. Dafür zeigt sich hier mit der großen Zahl an Runensteinen eine Quellengruppe von unschätzbarem Wert, die im restlichen Skandinavien in deutlich geringerem Maße vertreten ist.

---

1 Einen Überblick zu skandinavischen Quellen bieten auch *Sawyer/Sawyer*, Welt der Wikinger (2002), 23–49.
2 *Lauring*, Byen brænder (2003), 58, spricht von 35 000 Büchern, die den Flammen zum Opfer fielen.

2.1. „Sagas und mehr" – Skandinavische Überlieferung

2.1.1. Geschichtsschreibung

Die skandinavische Historiographie besteht sowohl aus lateinischen als auch – mehrheitlich – aus volkssprachlichen Texten. Die in altnordischer Sprache verfassten Geschichtswerke, die zu den „Sagas" gerechnet werden, lassen sich dabei teilweise nur graduell von fiktionaler Literatur unterscheiden.

Unter Sagas versteht man im weitesten Sinn die gesamte altnordische Prosaliteratur vom 12. bis zum 14. Jahrhundert. Es handelt sich nicht um eine homogene Quellengruppe, denn die einzelnen Werke unterscheiden sich deutlich in Umfang, Inhalt und Entstehungszeit. Es gibt verschiedene Möglichkeiten, die Sagaliteratur zu gliedern. Kurt Schier unterschied nach inhaltlichen Kriterien Königssagas *(konungasögur)*, Isländersagas *(Íslendingasögur)*, Vorzeitsagas *(fornaldasögur)*, Sturlungensaga und Bischofssagas *(biskupasögur)*, die zur Sagaliteratur im engeren Sinn zählen. Daneben führte er noch Rittersagas, Märchensagas (auch Lügensagas genannt), Heiligengeschichten sowie historische und pseudohistorische Übersetzungsliteratur an.[3] Eine andere Einteilung schlug Sigurður Nordal vor: Er unterschied in Gegenwartssagas *(samtíðarsögur)*, die über die Zeit nach 1100 berichten, Vergangenheitssagas, deren Handlung zwischen 850 und 1100 angesiedelt ist, und Vorzeitsagas, die sich vor 850 abspielen. Ein wichtiges Kriterium bei dieser Einteilung ist der zeitliche Abstand des Verfassers zum beschriebenen Geschehen.[4]

Das Problem bei solchen Einteilungen ist, dass die Grenzen zwischen den einzelnen Textgruppen fließend sind und somit einige Sagas nicht zweifelsfrei zugeordnet werden können. Statt einer systematischen Übersicht über die Sagaliteratur erfolgt deshalb eine chronologische Darstellung der skandinavischen Historiographie. Dabei wird auch die lateinische Überlieferung einbezogen, da sie häufig in Wechselwirkung mit norrönen (altnordischen) Texten stand. Die *Íslendingasögur* werden hingegen nicht vollständig erfasst. Allgemein zählt man zu dieser Gruppe Texte, die vornehmlich die Geschichte der isländischen Familien von der Landnahmezeit (ca. 870–930) bis zur Mitte des 11. Jahrhunderts beschreiben. Sie wurden im 13. und 14. Jahrhundert von durchweg unbekannten Autoren verfasst und gelten als „die lit[erarisch] bedeutendste und stoffl[ich] autochthonste Gruppe von S[aga]s"[5]. Die Umschreibung „literarisch bedeutend" führt aus geschichtswissenschaftlicher Perspektive zur eigentlichen Problematik dieser Sagas, die zwar als historische Quellen nicht ganz ausgeblendet werden sollten,[6] die

---

3 *Schier*, Sagaliteratur (1970), 5–7.
4 *Nordal*, Sagalitteraturen (1953), besonders 180–182.
5 *Rudolf Simek*, Art. Sagas. In: LexMA 7, 1251–1254 (Zitat 1252).
6 Vgl. *Kristjánsson*, Roots (1986), 187: „[...] in 1956 Jón Jóhannesson himself published a work on Iceland's early history in which he [...] mentioned almost none of the events recounted in the

2.1. „Sagas und mehr" – Skandinavische Überlieferung

jedoch häufig mehr über die sozialen und kulturellen Zustände auf Island zur Zeit der Verfasser aussagen können als über konkrete Ereignisse des 9. bis 11. Jahrhunderts. Als Konsequenz dieser Quellenproblematik wurden die Isländersagas nicht systematisch bearbeitet. Hinweisen aus der Literatur wurde nachgegangen, es fanden allerdings nur die Personen Aufnahme in die Prosopographie, deren Reise durch mindestens ein weiteres Quellenzeugnis belegt ist; anderenfalls erscheinen sie in einem gesonderten Anhang.[7]

Die ersten bekannten historiographischen Texte Islands sind leider nicht überliefert. Sie wurden von den „Gelehrten" Sæmundur Sigfússon (1056–1133) und Ari Þorgilsson (1067/68–1148) verfasst. Einige Hinweise in späteren Sagas lassen vermuten, dass aus Sæmunds Feder eine Geschichte Olavs des Heiligen in lateinischer Sprache stammt. Ari schrieb zwischen 1122 und 1133 die erste Fassung der *Íslendingabók*, einer Geschichte Islands von der Landnahme bis in seine Zeit, die auch eine Liste mit den Regierungszeiten norwegischer Könige enthielt, die so genannte **konunga ævi*. Spätere Autoren haben vornehmlich chronologische Informationen daraus für ihre Texte verwendet. Ari überarbeitete sein Werk in den 1130er Jahren und ließ dabei die Königslisten weg. Diese Fassung ist in zwei Kopien des 17. Jahrhunderts erhalten, die auf eine mittelalterliche Abschrift zurückgehen.[8] Ebenfalls verloren ist Eiríkur Oddsons **Hryggjarstykki*, eine Geschichte Norwegens bis 1139 oder 1161. Einzelne Abschnitte daraus sind in den späteren Kompilationen *Morkinskinna* und *Heimskringla* enthalten, eine eigenständige Überlieferung gibt es jedoch nicht. Die Datierung dieser Saga ist umstritten, sie wurde jedoch kurz nach den berichteten Ereignissen niedergeschrieben; demnach entstand sie entweder um 1150 oder ca. 1165.[9]

Die ältesten erhaltenen Textzeugnisse, die der skandinavischen Geschichtsschreibung zugerechnet werden können, stammen aus Dänemark. Um 1120 schrieb Ælnoth, ein englischer Mönch aus Canterbury, der nach Dänemark auswanderte und im Kloster Sankt Albani in Odense lebte, die *Gesta Swenomagni regis et filiorum eius et passio gloriossisimi Canuti regis et martyris*,[10] eine erweiterte Lebensbeschreibung König Knuds des Heiligen. Ælnoth baute auf einer Vita Knuds des Heiligen von ca. 1100 auf,

---

Íslendinga sögur, just as if they had never taken place. Yet Jón Jóhannesson was far from being extreme in his views. Shortly after his *History* appeared I asked him whether he believed that the sagas were pure fiction. 'No, not at all,' he answered, 'I just don't know what to do with them.' – And this is still the situation today."

7 Siehe Kap. B.3 auf S. 353. Zu den Isländersagas siehe *Byock*, Medieval Iceland (1988), 38–49; *Clover*, Family Sagas (1985); *Kristjánsson*, Eddas und Sagas (1994), 209–213. Vgl. auch *Whaley*, Heimskringla (1991), 137: „the konungasögur [are] a modern and far from homogeneous grouping but one with, on the whole, more claim than the *Íslendingasögur* to be regarded as history."

8 Edition: *Benediktsson*, Íslendingabók (1968), 1–28. Zu Ari und Sæmundur siehe *Andersson*, King's Sagas (1985), 198–211; *Kristjánsson*, Eddas und Sagas (1994), 124–129.

9 *Andersson*, King's Sagas (1985), 214; *Kristjánsson*, Eddas und Sagas (1994), 154–156.

10 Edition: *Gertz*, Vitae (1908–1912), 77–136.

richtete den Blick aber zurück und begann seine Darstellung bereits mit der Herrschaft Sven Estridsøns (1047–ca. 1074), des Vaters von Knud. Nur wenig später entstand am Bischofssitz von Roskilde das *Chronicon Roskildense*, eine knappe Darstellung der dänischen Geschichte von 826 bis ca. 1140.[11] Das anonym überlieferte *Chronicon* könnte im Auftrag des Roskilder Bischofs Eskil entstanden sein, der das Werk nach Lund mitgenommen zu haben scheint, wo er 1137/38 Erzbischof wurde. Die erste Hälfte des *Chronicon Roskildense* basiert auf Adam von Bremens *Gesta Hammaburgensis*, aus denen Teile wörtlich übernommen wurden. „In Lund wurde die kleine Schrift zur Grundlage für die spätere Geschichtsschreibung, die sich um die Bibliothek der Domkirche sammelte."[12] Das *Chronicon* ist in nur einer mittelalterlichen Handschrift vom Ende des 13. Jahrhunderts überliefert, deren letztes Blatt verloren ging. Zwei Abschriften aus dem 16. und 17. Jahrhundert enthalten jedoch den gesamten Text, weil zu diesem Zeitpunkt noch weitere Textzeugen existierten.[13]

Eine zentrale Stellung in der Überlieferung des 12. Jahrhunderts nehmen drei wegen ihrer problematischen gegenseitigen Abhängigkeit als synoptisch bezeichnete Werke ein: Die *Historia de antiquitate regum Norwagiensium*[14] des Theodoricus Monachus[15] und die beiden anonym überlieferten Werke namens *Historia Norvegiae*[16] und *Ágrip af Noregs konunga sǫgum*.[17] Während die beiden erstgenannten chronikalischen Berichte auf Latein verfasst wurden, bietet das *Ágrip* eine kurze Geschichte der norwegischen Könige von etwa 880 bis 1136 in altnordischer Sprache. Der ursprüngliche Text begann wahrscheinlich mit der Regierungszeit Halvdans des Schwarzen (um 830) und endete eventuell erst 1177. Das *Ágrip* entstand um 1190 und hat sich in nur einer – unvollständigen – isländischen Handschrift aus der ersten Hälfte des 13. Jahrhunderts erhalten. Der Autor benutzte offensichtlich Theodoricus' *Historia*, die als einzige

---

11 Edition: *Gertz*, Scriptores, Bd. 1 (1917–1918), 14–33. Eine sehr kurze, bis 1157 reichende Fortsetzung entstand während der Regierungszeit von Valdemar Sejr (1202–1241).

12 *Gelting*, Roskildekrøniken (1979), 74: „I Lund blev det lille skrift lagt til grund for den senere historieskrivning, som samlede sig om domkirkens bibliotek."

13 Ebd., 72–76; *Gertz*, Scriptores, Bd. 1 (1917–1918), 3–13.

14 Edition: *Storm*, Monumenta (1880), 1–68. *Egil Kraggerud* bereitet derzeit eine neue Edition vor. Zur *Historia de antiquitate* siehe *Margaret Cormack*, Art. Theodoricus: Historia de antiquitate regum Norwagiensium. In: *Pulsiano*, Medieval Scandinavia (1993), 643; *Anne Holtsmark*, Art. Historia de antiquitate regum Norvagiensium. In: KLNM 6 (1961), 583–585; *Johnsen*, Om Theodoricus (1939); *Lange*, Anfänge (1989), 13–43; *McDougall/McDougall*, Historia (1998), VII–XXXI.

15 Es gibt auch die Namensformen Theodericus und Theodricus; siehe dazu *Kraggerud*, Theoderiks tekst (2000), 265–268.

16 Edition: *Ekrem/Mortensen/Fisher*, Historia Norwegie (2003). Zur *Historia Norvegiae* siehe außerdem *Anne Holtsmark*, Art. Historia Norvegiæ. In: KLNM 6 (1961), 585–587.

17 Edition: *Einarsson*, Ágrip (1984), 1–54. Der Name erscheint erstmals in der Edition von Finnur Magnússon von 1835: *Stutt ágrip af Noregs konunga sögum* („Kurzer Abriss der Geschichte der Könige Norwegens"). Zur *Ágrip* siehe *Einarsson*, Ágrip (1984), V–LIX; *Driscoll*, Ágrip (1995), IX–XX; *Torfinn Tobiassen*, Art. Ágrip af Nóregs konunga sǫgum. In: KLNM 1 (1956), 60f.

dieser drei Schriften genauer datiert werden kann. Theodoricus widmete sein Werk Øystein Erlendsson, dem Erzbischof von Nidaros. Es ist lediglich in Abschriften des 17. Jahrhunderts erhalten, die auf einen inzwischen verlorenen mittelalterlichen Codex zurückgehen. Theodoricus vollendete sein Werk zwischen 1177 und 1188, wobei eine Fertigstellung um 1177/78 sehr wahrscheinlich ist.[18] Die Entstehungszeit der *Historia Norvegiae* einzugrenzen, ist weitaus schwieriger. Die Spanne der Datierungen reicht von etwa 1150 bis ins 15. Jahrhundert.[19] Lars Boje Mortensen zeigte jedoch in seiner Einleitung zur Edition, dass der anonyme Autor norwegischer Herkunft zwischen 1140 und 1265 geschrieben haben muss, und grenzte die wahrscheinliche Entstehungszeit auf die zweite Hälfte des 12. Jahrhunderts ein, wobei er die Jahre 1160–1175 favorisierte.[20] Ein wichtiger Anhaltspunkt zur Datierung der *Historia Norvegiae* ist für Mortensen die Tatsache, dass Theodoricus sie nicht gekannt zu haben scheint, und dass sie keine textlichen Bezüge zur *Historia de antiquitate* enthält. Die plausibelste Erklärung dafür ist, dass die beiden Autoren gleichzeitig schrieben, ohne voneinander gewusst zu haben.[21] Der Autor des *Ágrip* benutzte dagegen offensichtlich die *Historia de antiquitate* für seine Darstellung, denn: „the similarities between Theodoricus and *Ágrip* are so great that the author of *Ágrip* is generally assumed to have made direct use of Theodoricus."[22] Umstritten ist hingegen das Verhältnis zwischen *Ágrip* und *Historia Norvegiae*. „The *Historia Norwegiae* [...] shares so many verbal correspondences with *Ágrip* that one must stand in literary debt to the other or, more likely, both derive from a common written source."[23]

Was diese gemeinsame schriftliche Quelle sein könnte, ist seit langem strittig und wird nie ganz geklärt werden können. Das Hauptproblem ist, dass es in dieser Konstellation zu viele Unbekannte gibt, wie Theodore Andersson eindrucksvoll herausgearbeitet hat. Denn alle drei Synoptiken könnten sowohl Elemente der verlorenen **konunga ævi*

---

18 Theodoricus geht nur auf eine einzige Begebenheit nach 1130 ein: auf die Ermordung des Nikolas Sigurdsson im September 1176. Dieses Datum ist der *terminus post quem*. Ähnlich einschneidende Ereignisse wie der Tod Erling Skakkes 1179 oder der Fall König Magnus Erlingssons 1184 finden hingegen keine Erwähnung. Der *terminus ante quem* ist festgelegt durch Øysteins Tod im Januar 1188. Für eine eher späte Datierung spricht sich *Lange*, Anfänge (1989), 22, aus, „da Theodoricus allem Anschein nach die *Óláfs saga Tryggvasonar* des Oddr Snorrason (verfaßt nach 1177) benutzt hat".
19 *Holtsmark* (wie Anm. 16); *Lange*, Anfänge (1989), 142 und 225, Anm. 5.
20 *Ekrem/Mortensen/Fisher*, Historia Norwegie (2003), 11–24.
21 Auch wenn die *Historia Norvegiae* nur in einer unvollständigen schottischen Handschrift (entstanden ca. 1500) und zwei schwedischen Fragmenten aus dem 14. und 15. Jahrhundert überliefert ist, gibt es Hinweise darauf, dass sie im Mittelalter in Norwegen rezipiert wurde. Theodoricus hätte sie demnach vermutlich gekannt, wenn sie um 1150 entstanden wäre. Siehe dazu ebd., 21f., 37–43.
22 *Andersson*, King's Sagas (1985), 201. *Peter Foote* geht sogar noch weiter, wenn er meint, „that it seems undeniable that one is a translation of the other." (*McDougall/McDougall*, Historia, 1998, XXI.)
23 Ebd.

des Ari Þorgilsson wie auch der ebenfalls nicht überlieferten Werke des Sæmundur Sigfússon enthalten. Andersson kommt daher zu dem deprimierenden Schluss: „we are obliged to conclude that the last fifty years of kings' sagas research have left us empty-handed."[24]

So zentral die Synoptiken für die skandinavische Quellenproblematik sind, so bescheiden fällt ihr Wert für die Prosopographie aus. Weil die *Historia Norvegiae* unvollständig überliefert ist und mit dem Aufstieg Olavs des Heiligen zum König (1015) abbricht, liefert sie nur wenige Hinweise auf Reisende aus dem hier behandelten Zeitraum. Theodoricus führt die *Historia de antiquitate* zwar bis zum Ende der Regierungszeit von Sigurd Jorsalfar († 1130),[25] reichert seinen Bericht aber häufig mit Anekdoten an, die kaum Glaubwürdigkeit besitzen, und gibt andererseits wenige Informationen, die nicht aus anderen Quellen bekannt sind. Dennoch: „In the absence of other sources we would have been glad to have the *Historia*, its chronology, character assessments and anecdotes."[26] Das *Ágrip* enthält ähnlich viele Hinweise auf skandinavische Reisende.[27]

Etwa zeitgleich mit dem *Ágrip* entstanden in Dänemark zwei lateinische Chroniken, Sven Aggesøns *Brevis historia regum Dacie*[28] und Saxos *Gesta Danorum*.[29] Svens *Brevis historia* ist lediglich in zwei Abschriften überliefert. Die erste wurde im späten

---

24 *Andersson*, King's Sagas (1985), 211. Dennoch versuchte *Lange*, Anfänge (1989) eine Klärung, indem sie sich vor allem die möglichen isländischen Quellen der norwegischen Synoptiker ansah. Sie blieb jedoch häufig bei Vermutungen stehen und fand beispielsweise zum Verhältnis der drei Werke zur *Ältesten Olavssaga* die wenig aussagekräftigen Worte:

„Es gibt eine Reihe Übereinstimmungen zwischen der *Ältesten Saga* und Theodoricus' Chronik, von denen einige evtl. auf schriftliche Abhängigkeit hinweisen." (123)

„Es gibt keine stichhaltigen Gründe dafür, daß die *Älteste Saga* jünger als *Historia Norvegiæ* sei; folglich besteht die Möglichkeit, daß sie sich unter den Quellen der Chronik befand." (158)

„Man könnte genauso gut sagen, nichts weise darauf hin, daß die *Älteste Saga* so spät geschrieben worden sei, daß sie dem *Ágrip* nicht als Quelle gedient haben könne." (172)

„Der Möglichkeiten bestehen also viele." (178)

Leider gelangte *Lange* auch im Fazit der Arbeit, das sich mit dem Verhältnis der Synoptiken untereinander befasst, nicht darüber hinaus, den drei Überblickswerken zur norwegischen Geschichte eine indirekte Abhängigkeit zuzuschreiben, da „sie auf gemeinsamen isländischen Quellen beruhten" (181).

25 Der Autor begründet den Einschnitt damit, dass von den schändlichen Taten der folgenden Jahre besser geschwiegen werden soll (Theod., Kap. 34).

26 *McDougall/McDougall*, Historia (1998), XXIX.

27 Theod.: 27 Reisende, *Ágrip*: 26 Reisende, *Historia Norvegiae*: 3 Reisende.

28 Edition: *Gertz*, Scriptores, Bd. 1 (1917–1918), 94–141.

29 Edition: *Olrik/Ræder*, Gesta Danorum, Bd. 1 (1931). Die soeben erschienene Edition von *Karsten Friis-Jensen/Peter Zeeberg* (Hrsg./Übers.), Saxo Grammaticus: Gesta Danorum. Kopenhagen 2005 konnte nicht mehr eingesehen werden.

2.1. „Sagas und mehr" – Skandinavische Überlieferung

13. Jahrhundert angefertigt, ist allerdings verloren und überlebte lediglich in einem Druck von 1642. Entweder der Kopist des 13. Jahrhunderts oder Stephan Stephanius, der den Druck besorgte, hat den Text zu verbessern versucht und deshalb Veränderungen und Auslassungen vorgenommen. Der zweite Textzeuge stammt aus dem späten 16. Jahrhundert und enthält viele Fehler. Sven Aggesøn, der vermutlich in Frankreich studiert hatte, beendete seine Geschichte der dänischen Könige nach 1185 und wahrscheinlich vor 1189. Die kurze, in schnörkellosem Stil verfasste Erzählung konzentriert sich ganz auf das dänische Königtum, dem Sven als Mitglied einer der führenden Familien Dänemarks nahe stand, und bietet nur wenige Hinweise auf Verbindungen zu Nachbarländern oder gar weiter entfernten Regionen Europas.[30]

Anders Saxos umfangreiche Geschichte Dänemarks von den Anfängen bis 1185:[31] Der bedeutende Saxo-Forscher Karsten Friis-Jensen sieht „Saxos eigentliche Aufgabe am Hof des Erzbischofs" darin, „eine Geschichte Dänemarks zu schreiben, die festhielt, dass das Land mit seiner glorreichen Geschichte und seinem alten Königsgeschlecht ein vollgültiges Mitglied im Kreis der zivilisierten westeuropäischen Fürstentümer war."[32] Saxo, der wegen seines die lateinischen Klassiker kopierenden Stils später den Beinamen *Grammaticus* erhielt, scheint sein Werk ab ca. 1185/90 begonnen zu haben und vollendete es zwischen 1208 und 1223. Es lässt sich jedoch nicht mit Sicherheit nachvollziehen, in welcher Reihenfolge er die 16 Bücher schrieb; möglicherweise verfasste er als erstes die Darstellung der zeitgenössischen Geschichte. Die Ansicht, Saxo habe zunächst den Teil geschrieben, der von Harald Blåtand (Blauzahn) im 10. Jahrhundert bis in seine Zeit reicht (Buch X–XVI), während er die Schilderung der sagenhaften Anfänge Dänemarks vom Reichsgründer Dan bis zu Gorm dem Alten (Buch I–IX) erst nach 1202 verfasst habe,[33] ist jedenfalls nicht belegbar. Von den *Gesta Danorum* sind mehrere mittelalterliche Fragmente erhalten – darunter wohl auch ein Arbeitsexemplar von Saxo selbst. Den vollständigen Text liefert aber nur die *editio*

---

30 *Søren Balle*, Art. Aggesen, Sven. In: *Pulsiano*, Medieval Scandinavia (1993), 2f.; *Christiansen*, Works of Sven Aggesen (1992), 1–7, 18–26; *Erik Kroman*, Art. Sven Aggesen. In: KLNM 17 (1972), 501f.

31 Dazu und zum Folgenden siehe *Friis-Jensen*, Latin Poet (1987), 11–18; *Friis-Jensen*, Om Saxo (2000); *Inge Skovgaard-Petersen*, Art. Saxo. In: KLNM 15 (1970), 49–57; *Sawyer*, Valdemar, Absalon and Saxo (1985). Umfangreich heißt, dass Saxos Werk mehr als 550 Quartseiten füllt.

32 *Friis-Jensen*, Om Saxo (2000), 458: „Saxos særlige opgave ved ærkebiskoppens hof blev at skrive en Danmarkshistorie, der slog fast at landet ved sin glorværdige historie og sin gamle kongeslægt var et fuldgyldigt medlem af kredsen af civiliserede vesteuropæiske fyrstedømmer." In eine ähnliche Richtung deutete *Sawyer*, Valdemar, Absalon and Saxo (1985), 689: Saxo „wrote for a small European élite".

33 *Ruprecht Volz*, Art. Saxo Grammaticus. In: LexMA 7 (1995), 1422f., gibt diese Ansicht wieder. Vgl. dagegen *Friis-Jensen*, Latin Poet (1987), 12: „It is impossible to tell in which order Saxo wrote the sixteen books of his work." *Sawyer*, Valdemar, Absalon and Saxo (1985), 687: „There are good reasons for believing that he [Saxo] began by writing the contemporary history, but certainty on this matter is impossible."

princeps von 1514, die von Christiern Pedersen besorgt und in Paris gedruckt wurde. Sie basiert offensichtlich auf einer mittelalterlichen Handschrift, die sie mit großer Genauigkeit wiedergibt.[34]

Die *Gesta Danorum* enden mit den Kriegszügen König Valdemars des Großen und seines Sohnes Knud gegen die Wenden und betonen die herausragende Stellung, die Erzbischof Absalon von Lund dabei einnahm. In diesem Zusammenhang werden auch die meisten der 66 Reisenden genannt. Aber auch weiter entfernte Ziele finden Erwähnung, so etwa die Pilgerfahrten des Königs Erik Ejegod (ca. 1102) und des Erzbischofs Eskil von Lund (ca. 1161) nach Jerusalem.

Nur kurz nach den norwegischen Synoptiken und den historiographischen Überblickswerken zur dänischen Geschichte entstanden die ersten Sagas über einzelne Herrscher. Auch hier ist die Überlieferungslage teilweise verworren, Datierungen können häufig nur relativ zu anderen Werken vorgenommen werden. Als bestes Beispiel dafür dienen die Sagas zu Olav dem Heiligen. Allein zum norwegischen Königsheiligen wurden sechs unterschiedliche Sagas verfasst. Von der so genannten „Ältesten Saga" sind nur Fragmente von ca. 1230 erhalten. Die wahrscheinlich auf sie aufbauende „Legendarische Saga", deren Name vor allem auf die der Lebensbeschreibung folgende Mirakelsammlung zurückzuführen ist, entstand in Norwegen und ist in einer vollständigen Handschrift von ca. 1250 überliefert.[35] Styrmir Kárason († 1245), Prior des isländischen Augustinerklosters Viðey und *lǫgsǫgumaðr*, schrieb die verloren gegangene **Lífssaga Óláfs hins helga*. Sie wurde von Sigurður Nordal rekonstruiert, weil sie teilweise in die *Óláfs saga hins helga hin mesta* („Größte Saga Olavs des Heiligen") Eingang gefunden hat, eine Kompilation aus dem 14. Jahrhundert, die die verschiedenen Olavssagas verband.[36] Snorri Sturluson benutzte Styrmis **Lífssaga* für seine *Óláfs saga hins helga*, die er vermutlich zwischen 1220 und 1230 schrieb und als gekürzte Version zum Zentrum seiner *Heimskringla* machte. Hinzu kommt noch die lateinische *Passio et miracula beati Olavi*, die wahrscheinlich zwischen 1150 und 1180 am Trondheimer Erzbistum entstand.[37]

Die „Älteste Saga" galt lange Zeit als eine Art Protosaga, die eine Zwischenstufe von hagiographischer Literatur zu Sagatexten markierte. Gustav Storm datierte sie in seiner Edition der Fragmente auf die Zeit zwischen 1155 und 1180.[38] Er stützte seine These vor allem auf zwei Fragmente der Handschrift AM 325 IVα 4° (Den Arnamagnæanske

---

34 *Friis-Jensen*, Latin Poet (1987), 12, spricht von „reasonable accuracy".
35 Edition: *Heinrichs* et al., Olafs saga hins helga (1982).
36 Edition der *Óláfs saga hins helga hin mesta*: *Johnsen/Helgason*, Saga Óláfs konungs hins helga (1941).
37 Edition: *Metcalfe*, Passio Olavi (1881). Zur *Passio Olavi* siehe Kap. 4.5, S. 129. Zu den Olavssagas insgesamt siehe *Andersson*, King's Sagas (1985), 212f.; *Harald Ehrhardt*, Art. Olafssagas. In: LexMA 6 (1993), 1387; *Anne Holtsmark*, Art. Óláfs saga helga. In: KLNM 12 (1967), 546–550; *Kristjánsson*, Eddas und Sagas (1994), 164f.; *Mortensen/Mundal*, Erkebispesetet (2003), 373–376.
38 *Storm*, Brudstykker (1893), 22f.

2.1. „Sagas und mehr" – Skandinavische Überlieferung

Samling, Kopenhagen), die er der „Ältesten Saga" zurechnete. Tatsächlich gehören sie jedoch zu einer separaten Mirakelsammlung, wie Jonna Louis-Jensen nachweisen konnte.[39] Storms Datierung wurde daraufhin verworfen und eine Entstehungszeit der „Ältesten Saga" um 1200 angenommen, wodurch auch die von Sigurður Nordal angenommene *Mittlere Saga* wegfällt.[40]

Die unterschiedlichen Olavssagas liegen also – mit Ausnahme der späten Kompilation – alle in einer regen Schaffensperiode isländischer Autoren, die Theodore Andersson als „great burst of literary activity between 1190 and 1220"[41] bezeichnete. In dieser Zeit entstanden zahlreiche weitere Sagas, sowohl zu einzelnen Herrschern als auch mehrere Generationen überspannend. Die beiden Lebensbeschreibungen König Olav Tryggvasons, die Oddur Snorrason und Gunnlaugur Leifsson in lateinischer Sprache verfasst haben, bilden dabei eher eine Ausnahme, denn die vorherrschende Literatursprache war das Alt(west)nordische, das man sowohl in Island als auch in Norwegen sprach – und schrieb. So verwundert es auch nicht, dass die beiden lateinischen Viten verloren sind; Odds ca. 1190 verfasste *Óláfs saga Tryggvasonar* ist nur in einer altnordischen Übersetzung bekannt, die bereits um 1200 angefertigt wurde, während Gunnlaugs *vita* nicht überliefert ist, vermutlich aber auch ins Altnordische übertragen wurde. Snorri benutzte Odds Saga für seine Darstellung Olav Tryggvasons in der *Heimskringla*.[42]

Eine der frühesten Sagas über einen einzelnen Herrscher ist die *Sverris saga*[43] des Isländers Karl Jónsson († 1213), Abt von Þingeyrar. Im Gegensatz zu den Olavssagas kann sie als zeitgenössisch gelten, denn Karl hielt sich zwischen 1185 und 1188/89 in Norwegen auf und schrieb unter Aufsicht von König Sverre[44] den *Grýla* genannten ersten Teil. Möglicherweise hat er auch die restliche Saga geschrieben, die spätestens 1210 fertiggestellt wurde. Ein deutlicher Einschnitt, der die beiden Teile trennen könnte, ist jedenfalls nicht zu erkennen.[45] Die *Sverris saga* berichtet über die Zeit von 1177 bis zu Sverres Tod 1202, die ersten Kapitel gehen außerdem auf Sverres Geburt und Jugend ein. Mehrere Werke zur norwegischen Geschichte – beispielsweise

---

39 *Louis-Jensen*, Brudstykke (1970).
40 *Andersson*, King's Sagas (1985), 212f. Anders hingegen *Lange*, Anfänge (1989), 120–125, die nach wie vor eine frühe Datierung der *Ältesten Saga* für wahrscheinlich hält. Zur *Mittleren Saga siehe Nordal*, Olav den helliges saga (1914).
41 *Andersson*, King's Sagas (1985), 213.
42 *Ehrhardt* (wie Anm. 37); *Ólafur Halldórsson*, Art. Óláfs saga Tryggvasonar. In: KLNM 12 (1967), 551–553; *Kristjánsson*, Eddas und Sagas (1994), 161–164.
43 Edition: *Indrebø*, Sverris saga (1920).
44 Im Prolog heißt es, König Sverre habe Karl beaufsichtigt und entschieden, was er schreiben sollte: *Indrebø*, Sverris saga (1920), Prolog, 1: „En þat er at segia fra Sverri konungi syni Sigurþar konungs Harallz-sonar oc er þat uphaf bocarinar er ritat er eptir þeiri bok er fyrst ritaði Karl aboti Ion-son. en yfir sat sialfr Sverrir konungr. oc réð fyrir hvat rita skylldi [...]."
45 *Andersson*, King's Sagas (1985), 215, Anm. 28: „The number of chapters in *Sverris saga* assigned to 'Grýla' has been variously set at seventeen, thirty-one, thirty-nine, forty-three, and one hundred".

Fagrskinna und *Heimskringla* – enden 1177; ihre Verfasser sahen die Zeit danach offensichtlich als ausreichend beschrieben an. Die tendenziöse *Sverris saga* schildert die Ereignisse zwar teilweise aus der Sicht von Sverres Gegnern, hebt aber vor allem die Legitimität von Sverres Herrschaft und seine Stellung im Kampf gegen Kirche und Bagler hervor. Sie ist in vier vollständigen Handschriften und mehreren Fragmenten des 14. und 15. Jahrhunderts überliefert. Eine kritische Edition fehlt – als dem Original am nächsten kommend wird der im Codex AM 327 4° (Den Arnamagnæanske Samling, Kopenhagen) enthaltene Text angesehen.[46]

Viele Sagas beschäftigen sich nicht nur mit einem König, sondern mit mehreren Herrschern. Eine davon ist die *Orkneyinga saga*[47], die einen regionalen Schwerpunkt hat. Sie behandelt die Geschichte der Orkney-Inseln und ihrer Jarle vom 9. Jahrhundert bis zum Beginn des 13. Jahrhunderts. Die ursprüngliche Fassung endete wahrscheinlich mit dem Tod von Svein Åsleivsson (1171). Die Saga wurde um 1200 geschrieben,[48] ist aber nur in einer überarbeiteten Fassung erhalten, die etwa 1230 entstand. Von dieser Fassung gibt es einen nahezu vollständigen Text in der *Flateyjarbók*, einer Sammelhandschrift aus dem 14. Jahrhundert, und drei Fragmente von ca. 1300. Daneben existiert noch die Ende des 16. Jahrhunderts angefertigte dänische Übersetzung einer im Kopenhagener Stadtbrand von 1728 zerstörten – und vermutlich frühen – Handschrift. Während Snorri Sturluson die Saga der Orkney-Jarle als Quelle benutzte, wurde seine Heimskringla wiederum bei der Überarbeitung der *Orkneyinga saga* herangezogen. Besonders zum 12. Jahrhundert weiß die Saga viel über die Geschehnisse auf den Orkney-Inseln zu berichten, die in enger Verknüpfung mit den nördlichen Gebieten Schottlands standen. Der Quellenwert der *Orkneyinga saga* ist dabei umstritten, auch weil die heute erhaltene Fassung erst sehr spät entstanden ist, aber: „Even in its present form, *Orkneyinga saga* reveals an attempt at critical historical narrative."[49]

Gegen Ende der Phase „literarischer Explosion" entstanden drei Kompendien der norwegischen Könige, die wesentlich ausführlicher sind als die bisherigen Überblickswerke: *Morkinskinna*, *Fagrskinna* und *Heimskringla*. Die *Morkinskinna*[50] wurde zwi-

---

46 *Ludvig Holm-Olsen*, Art. Sverris saga. In: KLNM 17 (1972), 551–558; *Holtsmark*, Sverres saga (1961), 5–9; *Kristjánsson*, Eddas und Sagas (1994), 157f.; *Ruprecht Volz*, Art. Sverris saga. In: LexMA 8 (1997), 345f.

47 Edition: *Guðmundsson*, Orkneyinga saga (1965), 1–300. Der Name bedeutet „Die Saga der Bewohner der Orkney-Inseln". Ein anderer – vielleicht der ursprüngliche – Name ist *Jarla sǫgur* („Die Sagas der Jarle"). Vgl. dazu und zum Folgenden: *Michael Chesnutt*, Art. Orkneyinga saga. In: *Pulsiano*, Medieval Scandinavia (1993), 456f.; *Edwards/Pálsson*, Orkneyinga Saga (1978), 13–23; *Finnbogi Guðmundsson*, Art. Orkneyinga saga. In: KLNM 12 (1967), 699–702; *Guðmundsson*, Orkneyinga saga (1965), VI–IX, XC–CXXVI.

48 *Finnbogi Guðmundsson* legte in der Einleitung zu seiner Edition dar, dass Ingimundur Þorgeirsson das Werk zwischen 1165 und 1189 geschrieben habe, konnte sich mit dieser Theorie jedoch nicht durchsetzen.

49 *Jesch*, History (1993), 217.

50 Edition: *Jónsson*, Morkinskinna (1932).

schen 1217 und 1222 in Island geschrieben und behandelt die Geschichte der norwegischen Könige von etwa 1030 bis 1157 – möglicherweise führte sie ursprünglich bis 1177. *Morkinskinna* bedeutet „schlechtes/dunkles Pergament". Þormóður Torfason (Thormodus Torfæus) gab im 17. Jahrhundert einer unvollständig erhaltenen, um 1275 entstandenen Handschrift wegen ihres schlechten Zustands diesen Namen. Die Bezeichnung übertrug sich dann auch auf den Text selbst, der einige Lücken enthält und dessen Schluss fehlt. Neben der Haupthandschrift sind Teile der *Morkinskinna* auch in einem Zusatz zur *Flateyjarbók* aus der zweiten Hälfte des 15. Jahrhunderts überliefert.[51] Die *Fagrskinna*[52] berichtet über die norwegische Geschichte von Halvdan dem Schwarzen (Mitte des 9. Jahrhunderts) bis Magnus Erlingsson (1177) und entstand ca. 1225. Das „schöne Pergament", das ihr den Namen gab, ging im Kopenhagener Stadtbrand von 1728 verloren, überliefert ist die Saga nur in Abschriften dieses Manuskripts.[53] Schließlich schrieb Snorri Sturluson (1178/79–1241) zwischen 1225 und 1235 seine *Heimskringla*.[54] Er behandelt in etwa denselben Zeitraum wie die *Fagrskinna*, beginnt jedoch mit der pseudohistorischen *Ynglinga saga*, die die Anfänge der Königsdynastie in Schweden bis zu Halvdan dem Schwarzen erzählt. Auch ohne diese zusätzliche Einleitung ist Snorris Werk wesentlich umfangreicher. Im Zentrum steht die Saga Olavs des Heiligen, die rund ein Drittel des Gesamtwerks ausmacht. Überliefert ist die *Heimskringla* in sechs mittelalterlichen Codices, die etwa zwischen 1250 und 1400 entstanden sind. Daneben existieren mehrere Fragmente aus dem 13. Jahrhundert und die Abschrift (17. Jahrhundert) einer verlorenen Handschrift.[55]

Generell wird angenommen, dass die Verfasser der jüngeren dieser drei Werke die jeweils älteren benutzt haben. Umstritten ist aber sowohl die Beziehung zwischen *Morkinskinna* und *Fagrskinna* als auch die Frage, ob Snorri die *Fagrskinna* benutzt hat oder nicht. Es kann jedoch als gesichert gelten, dass *Fagrskinna* und *Heimskringla* für die Schilderung des Zeitraums 1030–1157 hauptsächlich auf die *Morkinskinna* zurückgehen.[56]

---

51 *Andersson/Gade*, Morkinskinna (2000), 1–24, 66–72; *Finn Hødnebø*, Art. Morkinskinna. In: KLNM 11 (1966), 704f.; *Jónsson*, Morkinskinna (1932), III–XL; *Kristjánsson*, Eddas und Sagas (1994), 165–167; *Louis-Jensen*, Kongesagastudier (1977), 62–66; *Jonna Louis-Jensen*, Art. Morkinskinna. In: *Pulsiano*, Medieval Scandinavia (1993), 419f.; *de Vries*, Literaturgeschichte, Bd. 2 (1967), 279–281.

52 Edition: *Einarsson*, Ágrip (1984), 55–373.

53 Ebd., LXI–CXXXI; *Kristjánsson*, Eddas und Sagas (1994), 167.

54 Edition: *Aðalbjarnarson*, Heimskringla (1941–1951). Im 17. Jahrhundert erhielt das Werk seinen Namen, der sich vom ersten Satz ableitet: „Kringla heimsins, sú er mannfólkit byggvir, er mjǫk vágskorin." (Der Kreis der Welt, den die Menschheit bewohnt, ist vielfach von Meeresbuchten durchschnitten.)

55 Zu den Handschriften siehe *Louis-Jensen*, Kongesagastudier (1977), 16–37. Darüber hinaus gibt es Übersetzungen von Peder Claussøn (1599, gedruckt 1633) und Laurents Hanssøn (16. Jahrhundert). Beide geben an, dass Snorri Sturluson der Autor der *Heimskringla* ist.

56 *Andersson*, King's Sagas (1985), 216f.

Im Folgenden soll am Beispiel der *Heimskringla* der Frage nachgegangen werden, welchen Quellenwert die Königssagas haben. Snorris Werk eignet sich nicht zuletzt deshalb besonders gut dafür, weil es bereits von zahlreichen Forschern gerade auch auf diese Fragestellung hin untersucht wurde.[57] Bei der Frage nach dem Maß der Fiktion, das Snorri angewandt hat, darf man nicht aus dem Blick verlieren, dass das Werk, soweit man das beurteilen kann, sicherlich auch unterhaltenden Zwecken diente. Die *Heimskringla* ist sowohl Geschichtsschreibung als auch Literatur. Diana Whaley suchte dafür nach Begriffen wie „historical narrative" und „imaginative historiography".[58] Hier drängt sich die Frage auf, wie viel historische „Wahrheit" Snorri zu „opfern" bereit war, um seine Erzählung unterhaltend zu gestalten. Wie komplex die Beantwortung dieser Frage ist, zeigt eine Aussage von Oskar Bandle, die kaum vorsichtiger formuliert werden kann. Er spricht Snorris Texten „im großen ganzen" historische Authentizität zu, „aber es ist doch offensichtlich, daß er [...] auf eine persönliche Art, im Sinne eines subjektiven Geschichtsverständnisses, mit dem traditionsgebundenen Stoff umging, die wir wenigstens aus moderner Sicht im Sinne einer Fiktionalisierung aufzufassen geneigt sind."[59] Sverre Bagge sah in der Umarbeitung des Materials durch Snorri den Versuch, historische Rekonstruktion zu betreiben, wobei evident ist, dass jede historische Rekonstruktion ein gewisses Maß an Fiktionalisierung voraussetzt.[60] Andere moderne Autoren sprachen Snorri eine rationalisierte Darstellung der Ereignisse zu. Jan de Vries sah das Bestreben, „statt unglaubwürdiger Mirakelgeschichten reale Tatsachen zu berichten [...]".[61] Dieser Eindruck hängt sicherlich mit der weltlichen Erzählweise Snorris zusammen, die besonders bei den Sagas über Olav Tryggvason und Olav den Heiligen auffällt. So meinte Whaley: „Again, when Snorri rationalises, he is not uncovering new 'facts' but interpreting old ones afresh and translating hagiography into secular narrative."[62] Die Verwendung eines weltlich geprägten Erzählmusters durch Snorri bedeutet jedoch nicht, „daß er ein moderner Rationalist wäre, der den Gedanken, daß Gott in die Geschichte eingreifen kann, von sich weist."[63] Bagges Untersuchung zu Gesellschaft und Politik in der *Heimskringla* hat gezeigt, dass es Snorri darauf ankam, die Handlungen der Menschen mit ihren Gründen und Folgen darzustellen und weniger das lenkende Eingreifen Gottes in die Geschichte.

Eine wichtige Rolle im Zusammenhang mit der Historizität von Sagas spielt die

---

57 Siehe dazu vor allem *Andersson*, King's Sagas (1985), 219–222; *Whaley*, Heimskringla (1991), 112–143.
58 Ebd., 113.
59 *Bandle*, Tradition und Fiktion (1993), 28f.
60 *Bagge*, Society and Politics (1991), 58f. Vgl. *Müller-Boysen*, Kaufmannsschutz (1990), 18, Anm. 16: „Fiktionale Elemente sind aber auf keinen Fall als etwas mit Geschichtsschreibung Unvereinbares anzusehen. Jegliche Geschichtsschreibung fiktionalisiert die Vergangenheit [...]."
61 *de Vries*, Literaturgeschichte, Bd. 2 (1967), 292.
62 *Whaley*, Heimskringla (1991), 120.
63 *Bagge*, Geschichtsschreibung (1990), 5.

Skaldendichtung. Viele Autoren fügten in ihre Sagas Skaldenstrophen ein und beriefen sich damit auf ältere Quellen. In der *Heimskringla* finden sich beispielsweise etwa sechshundert Skaldenstrophen und damit rund ein Zehntel der gesamten Überlieferung.[64] Zahlreiche Skalden hatten auch wirklich die Ereignisse, die sie besangen, miterlebt. Darüber hinaus kannte das Publikum die Geschehnisse oft selbst, was starke Abweichungen von der Realität unwahrscheinlich macht. Außerdem spricht die relativ starre Form der Skaldenstrophen dafür, dass sie auch in mündlicher Tradition über einen längeren Zeitraum unverfälscht weitergegeben werden konnten. Allerdings kann auch die Skaldendichtung nicht ohne Ausnahme als zuverlässig gelten, denn viele Strophen dienten dem Lob des Herrschers, was zumindest eine teilweise Verfälschung der Tatsachen bedeuten könnte. Außerdem wurden einige Verse von den Autoren der Sagas selbst verfasst und bestimmten Skalden zugeschrieben, um die Glaubwürdigkeit ihrer Erzählungen zu erhöhen. Das trifft aber vor allem auf die *Íslendingasögur* zu, während die Dichtung in den Königssagas weitaus mehr Glaubwürdigkeit besitzt.[65] Insgesamt bietet die Skaldendichtung einen hohen Quellenwert, wie Whaley für Snorris *Heimskringla* feststellte: „Looking at both sides of the balance-sheet, it is clear that although skaldic quotations never guarantee the absolute truth of specifics in *Heimskringla*, they greatly enhance the historical value of the work."[66] Der Quellenwert der *Heimskringla* selbst, in der sich rund einhundert Hinweise auf Reisen von Skandinaviern finden, wie auch der meisten übrigen Königssagas ist durchaus vergleichbar mit dem kontinentaler Chroniken.

Nachdem die *Heimskringla* fertiggestellt war, scheint ein vergleichbares historiographisches Werk nicht mehr nötig gewesen zu sein. Die norwegische Geschichte des 13. Jahrhunderts wurde durch einzelne Werke ergänzt, aber eine so umfassende Darstellung wollte niemand mehr versuchen, vielleicht weil Snorri Sturluson „ein so großer Stilist und Historiker"[67] war. Eines der ergänzenden Werke ist die *Hákonar saga Hákonarsonar*.[68] Sturla Þórðarson (1214–1284) schrieb sie im Auftrag von Magnus Lagabøte, dem Sohn und Nachfolger von Håkon Håkonsson. Die Saga, die sich auf das königliche Archiv stützt und demnach als offizielle Geschichtsschreibung des norwegischen Königshofes gelten kann, entstand 1264/65 – kurz nach Håkons Tod –, als Sturla sich in Norwegen aufhielt (1263–1271). Sie ist in mehreren Handschriften und Fragmenten aus dem 14. und 15. Jahrhundert überliefert, die den Text unvollständig oder gekürzt wiedergeben und teilweise durch Abschriften aus dem 17. Jahrhundert

---

64 *von See*, Skaldendichtung (1980), 26.
65 *Frank*, Skaldic Poetry (1985), 173: „[...] poetry in the kings' sagas still commands credence, for it has not yet seemed likely that these verses are fabrications, falsely attributed to the early skalds."
66 *Whaley*, Heimskringla (1991), 123. Zur Skaldendichtung siehe *Bjarne Fidjestøl*, Art. Skaldic Verse. In: *Pulsiano*, Medieval Scandinavia (1993), 592–594; *Frank*, Skaldic Poetry (1985).
67 *Kristjánsson*, Eddas und Sagas (1994), 171.
68 Edition: *Mundt*, Hákonar saga (1977); *Knirk*, Rettelser (1982).

ergänzt werden, so dass verloren gegangene Textzeugen rekonstruiert werden können. Die Beschreibung der Regierungszeit von König Håkon Håkonsson (1217–1263) ist sehr detailliert und umfangreich, die Aufenthaltsorte des Herrschers werden stets genannt, ebenso die jeweilige Anzahl an Regierungsjahren. Diese Genauigkeit gilt nicht in gleichem Maße für die rund sechzig Hinweise auf Reisende, die die *Hákonar saga* dennoch zu einer wichtigen Quelle für die Prosopographie machen.[69]

Eng verwandt mit den Königssagas sind die Erzählungen über die – meist isländischen – Bischöfe, die *biskupasögur*, denn es gibt ebenso Werke über einzelne Personen wie auch Kompendien, die mehrere Generationen betrachten. Die *biskupasögur* werden dennoch meist getrennt von den Königssagas betrachtet – oder auch nicht betrachtet, denn kaum ein Feld der altnordischen Literatur wurde bis heute so wenig bearbeitet wie das der Bischofssagas.[70]

Die frühesten von ihnen entstanden um 1200, als die Heiligenverehrung zweier isländischer Bischöfe einsetzte. Sowohl Þorlákur Þórhallsson, Bischof von Skálholt 1178–1193, als auch Jón Ögmundarson, Bischof von Hólar 1106–1121, erhielten lateinische Lebensbeschreibungen. Bereits um 1200 wurde die *Þorláks saga*[71] geschrieben, die damit eine zeitgenössische Quelle ist. Sie liegt in verschiedenen Redaktionen vor, die in der aktuellen Edition einzeln abgedruckt wurden. Zu Jón verfasste kurz nach 1200 Gunnlaugur Leifsson eine lateinische Vita, die lediglich in zwei isländischen Übersetzungen aus dem 14. Jahrhundert überliefert ist.[72] Zwei weitere Bischofssagas berichten über die Taten von Páll Jónsson, dem Neffen und Nachfolger (1193–1211) von Þorlákur,[73] und Guðmundur Arason, Bischof von Hólar 1201–1237. Die *Guðmundar saga* liegt in mehreren Redaktionen vor, daneben gibt es noch die *Prestssaga Guðmundar Arasonar*, die in die *Sturlunga saga* eingebettet ist; sie berichtet jedoch nicht über sein Episkopat, sondern bricht vorher ab.[74]

Daneben entstanden wenig später Sammelwerke über die frühen isländischen Bischöfe. Die *Hungrvaka*[75] bietet einen solchen Bericht von der Mitte des 11. Jahrhunderts bis 1176. Der unbekannte Verfasser gab seinem Werk selbst den Namen, der

---

69 *Knut Helle*, Art. Hákonar saga Hákonarsonar. In: KLNM 6 (1961), 51–53; *Mundt*, Hákonar saga (1977), XI–XIII; *Vigfússon*, Hakonar Saga (1887), IX–XI, XV–XVII.
70 Die wichtigsten dieser Sagas wurden jedoch kürzlich ediert, so dass zukünftig mit weiteren Studien zu den Bischofssagas gerechnet werden kann.
71 Edition: *Egilsdóttir*, Biskupa sögur II (2002), 45–294.
72 Edition: *Foote*, Jóns saga (2003); *Steingrímsson/Halldórsson/Foote*, Biskupa sögur I (2003), 173–316.
73 Edition: *Egilsdóttir*, Biskupa sögur II (2002), 295–332.
74 Edition der *Prestssaga*: *Jóhannesson/Finnbogason/Eldjárn*, Sturlunga saga (1946), Bd. 1, 116–159; *Thorsson*, Sturlunga saga (1988), 100–122, 171–174, 176–180, 196–209. Zu den übrigen Sagas über Guðmundur siehe *Stefán Karlsson*, Art. Guðmundar sögur biskups. In: *Pulsiano*, Medieval Scandinavia (1993), 245f.
75 Edition: *Egilsdóttir*, Biskupa sögur II (2002), 1-43; *Helgason*, Byskupa sǫgur, Bd. 1 (1938), 72–115.

2.1. „Sagas und mehr" – Skandinavische Überlieferung

mit „Hungerweckerin" übersetzt werden kann, und wollte damit „Appetit machen" auf mehr Wissen um die Bischöfe und die Entstehung der Bistümer auf Island. Die recht kurze, didaktische Schrift ist in sechs Kopien aus dem 17. Jahrhundert überliefert, die alle auf eine spätmittelalterliche Handschrift zurückgehen. Der ursprüngliche Text entstand – wahrscheinlich am Bischofssitz Skálholt – in der ersten Hälfte des 13. Jahrhunderts, eventuell noch vor dem Tod von Páll Jónsson (1211). Es ist gut möglich, dass die *Hungrvaka* als Einleitung zur *Þorláks saga* dienen sollte.[76] Die *Kristni saga*[77], entstanden im 13. Jahrhundert und wahrscheinlich von Sturla Þórðarson verfasst, berichtet über die Christianisierung Islands und die ersten Bischöfe bis 1118. Sie ist in einer unvollständigen Handschrift (*Hauksbók*, frühes 14. Jahrhundert) und einer vollständigen Abschrift aus dem 17. Jahrhundert überliefert. Der Quellenwert der *Kristni saga* wird „relativ gering veranschlagt, da sie kaum Qu[ellen] rezipiert, die vor das J[ahr] 1200 zurückgehen."[78]

In Dänemark gab es erst recht spät eine umfassende volkssprachliche Geschichte der Könige. Die *Knýtlinga saga*[79], entstanden um 1260/70, berichtet ähnlich wie die dänischen Historiographien in lateinischer Sprache über die Zeit vom 10. Jahrhundert bis 1187, ist als historische Quelle „jedoch weniger wertvoll"[80]. Der Name, der mit „Die Geschichte der Nachkommen Knuds" übersetzt werden kann, stammt wahrscheinlich erst aus dem 17. Jahrhundert, denn er steht in einer Abschrift, die Árni Magnússon von einem – 1728 verbrannten – Codex von ca. 1300 angefertigt hat. Neben dieser Kopie ist der Text noch in einigen Fragmenten erhalten sowie in einer anderen Fassung, die erst mit Sven Estridsøn einsetzt und in einer Handschrift aus dem 15. Jahrhundert sowie einem Fragment aus dem 14. Jahrhundert überliefert ist. Der Verfasser der *Knýtlinga saga* ist nicht bekannt – möglicherweise ist Ólafur Þórðarson Hvítaskáld, ein Neffe von Snorri Sturluson und Bruder von Sturla Þórðarson, der Autor. Die Quellen, auf die sich die Saga stützt, sind größtenteils verloren; Snorris *Heimskringla* und die *Gesta Danorum* von Saxo Grammaticus gehören jedoch sicherlich dazu. Im Zentrum der *Knýtlinga saga* steht die Beschreibung Knuds des Heiligen – ähnlich wie in der *Heimskringla* Olav der Heilige in den Mittelpunkt gerückt wird. Eine weitere Parallele zu Snorri Sturlusons Werk ist die Einbindung zahlreicher Skaldenstrophen. Die Erzählungen der mythischen Anfänge des Königtums hingegen fehlen in der *Knýtlinga saga*, wobei sie zusammen mit der *Skjöldunga saga* entstanden sein könnte, die über die dänische Geschichte von den Anfängen bis ins 10. Jahrhundert berichtet. Nicht

---

76 *Paul Bibire*, Art. Hungrvaka. In: *Pulsiano*, Medieval Scandinavia (1993), 307; *Kahle*, Kristnisaga (1905), XXIII–XXXIII; *Kristjánsson*, Eddas und Sagas (1994), 189f.; *Magnús M. Lárusson*, Art. Hungrvaka. In: KLNM 7 (1962), 88f.
77 Edition: *Steingrímsson/Halldórsson/Foote*, Biskupa sögur I (2003), 1–48.
78 *Klaus Böldl*, Art. Kristni saga. In: RGA 17 (2001), 380f., Zitat 381.
79 Edition: *Guðnason*, Danakonunga sǫgur (1982), 91–321.
80 *Kristjánsson*, Eddas und Sagas (1994), 169.

zuletzt wegen dieser Parallelen wird die *Knýtlinga saga* als kompositorische Imitation der *Heimskringla* angesehen.[81]

Eine späte, aber dennoch wichtige Quelle ist die *Sturlunga saga*,[82] eine Kompilation verschiedener Sagatexte, die um 1300 angefertigt wurde. Sie fasst mehrere zunächst eigenständige *samtíðarsögur* zusammen und bildet so eine fortlaufende Chronik der isländischen Geschichte zwischen ca. 1120 und 1262. Der anonyme Kompilator – der wahrscheinlich mit Þórður Narfason aus Skarð († 1308) identifiziert werden kann – ordnete den Stoff chronologisch. Falls Ereignisse sich in mehr als einer Saga fanden, übernahm er meist die ausführlichere Version, so dass einige Textpassagen gestrichen wurden. Weitere textliche Eingriffe wurden anscheinend nicht vorgenommen. Im Zentrum der Sammlung steht die *Íslendinga saga* des Sturla Þórðarson, die fast die Hälfte des gesamten Textes ausmacht – sie ist gleichzeitig die einzige Saga der Sammlung, die sicher einem Autor zugeordnet werden kann. „Als historische Quelle für die isländische Geschichte des 13. Jahrhunderts ist die Sturlunga saga von größter Wichtigkeit. Sie ist keine kritische Geschichtsschreibung, aber sie ist eine Fundgrube an Informationen sowohl zu faktischen Ereignissen als auch zu kulturhistorischen und personengeschichtlichen Verhältnissen."[83] Diese reichhaltigen Angaben beschränken sich größtenteils auf Island, den Rahmen bilden ähnlich wie bei den *Íslendingasögur* die Familien. Deshalb gibt es nur wenige Hinweise auf Auslandsfahrten, die außerdem meist kurz abgehandelt werden. Überliefert ist die *Sturlunga saga* in zwei Handschriften aus der zweiten Hälfte des 14. Jahrhunderts. Beide sind beschädigt, wurden jedoch im 17. Jahrhundert kopiert, als sie noch intakt waren.[84]

Schwedische Chroniken haben sich erst ab dem 13. Jahrhundert erhalten, die meisten von ihnen entstanden jedoch erst im 14. und 15. Jahrhundert. Im Gegensatz zur übrigen skandinavischen Historiographie handelt es sich hauptsächlich um Reimchroniken, die bekannteste und einflussreichste ist die um 1325 entstandene *Erikskrönikan*. Die schwedische Chronistik gewährt ebenso wie die um 1300 einsetzende Annalistik erst für die Zeit nach etwa 1250 gesicherte Kenntnisse, während die Angaben zu früheren Zeiten sehr knapp und zum Teil widersprüchlich sind.[85]

---

81 *Edwards/Pálsson*, Knytlinga saga (1986), 17–19; *Guðnason*, Danakonunga sǫgur (1982), LXXI–LXXIV, CLXXIX–CLXXXVII; *Kristjánsson*, Eddas und Sagas (1994), 169; *Rikke Malmros*, Art. Knýtlinga saga. In: *Pulsiano*, Medieval Scandinavia (1993), 359f.

82 Edition: *Thorsson*, Sturlunga saga (1988).

83 *Jakob Benediktsson*, Art. Sturlunga saga. In: KLNM 17 (1972), 355–359, Zitat 358: „Som hist[orisk] kilde for 1200-tallets isl[andsk] hist[orie] er S[turlunga] s[aga] af største vigtighed. Den er ikke nogen kritisk historieskrivning, men den er en guldgrube af oplysninger såvel om faktiske begivenheder som om kulturhist[oriske] og personalhist[oriske] forhold."

84 Zur *Sturlunga saga* siehe *Benediktsson* (wie Anm. 83); *Peter Hallberg*, Art. Sturlunga saga. In: *Pulsiano*, Medieval Scandinavia (1993), 616–618; *Kristjánsson*, Eddas und Sagas (1994), 194–208; *Thorsson*, Sturlunga saga (1988), Bd. 3, XXII–XXXV, XCI–XCIV.

85 Zur schwedischen Historiographie siehe *Sven-Bertil Jansson*, Art. Chronicles, Rhymed. In: *Pulsiano*,

2.1.2. Annalen

Annalen gehören zweifellos zur Geschichtsschreibung, die Verwandtschaft mit historiographischen Werken ist evident und der Übergang zwischen Annalen und Chroniken fließend. Dennoch gibt es einige Charakteristika, die es erlauben, Annalen getrennt von Chroniken zu betrachten. Annalen sind meist kurzgefasste Notizen, die einer fortlaufenden Jahreszählung folgen. Oft wurden sie unmittelbar nach den Ereignissen aufgezeichnet und fortgeführt; die in der Vergangenheit liegenden Begebenheiten wurden dann meist zu Beginn kursorisch zusammengefasst. Es gibt jedoch auch ausführlichere Annalen oder – anders ausgedrückt – nach Jahreszahlen geordnete Chroniken. Auch im skandinavischen Raum sind die Übergänge fließend. Im Folgenden werden dennoch die Quellen aufgeführt, die sich einer Jahreszählung unterordnen, seien sie nun „chronikalisch" oder „annalistisch" ausgerichtet.

Die älteste Annalistik Skandinaviens entstand wahrscheinlich in Dänemark. Die Blütezeit dieses Genres währte dort zwischen dem 12. und 14. Jahrhundert. Die dänischen Annalen wurden in Klöstern und Domkapiteln aufgezeichnet – mit Ausnahme der Valdemarsannalen, die um 1220 in der königlichen Kanzlei entstanden sein dürften. Die ältesten bekannten Annalen, die so genannten Colbazannalen, wurden zunächst etwa in der Mitte des 12. Jahrhunderts in Lund geschrieben und ab ca. 1177 in einem Kloster in Colbaz (Pommern) fortgeführt. Sie sind im Original erhalten, während viele andere Werke nur durch Abschriften überliefert sind. Die Beziehungen der einzelnen Annalen untereinander sind dabei sehr vielschichtig. Wie die Colbazannalen beginnen die meisten Werke ihre Aufzeichnungen, die sich mit Dänemark befassen, mit dem Jahr 1130. Neben dem Zentrum der dänischen Annalistik in Lund wurde vor allem im Zisterzienserkloster Sorø und in dessen Tochterkloster Ryd annalistische Historiographie betrieben. Die späteren Annalenwerke sind direkt oder indirekt von mindestens einem dieser Jahrbücher abhängig.[86]

Die dänischen Annalen enthalten häufig nur allgemeine Angaben zu „Reisen" – meist zu Kriegsvorhaben – ohne dabei die einzelnen Beteiligten zu nennen. Die *Annales Valdemarii* führen beispielsweise zum Jahr 1197 an: „Expedicio facta est ad Estoniam."[87] Ähnlich verhält es sich mit den isländischen Annalen, die sich zu großen Teilen auf ältere historiographische Texte stützen. Häufig wird hier zwar die beteiligte Person, nicht aber das Reiseziel genannt, so beispielsweise bei Kolbeinn Arnórssons Romfahrt: „Vtan for Kolbeins Arnors sonar."[88] Eine solche *útanferð*[89] kann aber

---

Medieval Scandinavia (1993), 83f.; *Göte Paulsson*, Art. Chronik – Skandinavien – Schweden. In: LexMA 2 (1983), 1995f.; *Herman Schück*, Art. Chronicles – Sweden. In: *Pulsiano*, Medieval Scandinavia (1993), 81–83.
86 *Kroman*, Annaler (1980), IX–XVI.
87 Ebd., 77.
88 Resensannáll, s. a. 1235, 25.
89 Der Begriff *útanferð* bzw. *útanfǫr* bezeichnet nach *Baetke*, Wörterbuch (1993), 688, eine „Reise

ebenso gut nach Norwegen geführt haben, wie aus anderen Stellen hervorgeht.⁹⁰

Es gibt vier annalistische Werke aus Island, die um 1300 geschrieben wurden: Der *Forni annáll (Annales vetustissimi)*, bei dem allerdings der Zeitraum 1000–1269 fehlt, und der *Konungsannáll (Annales regii)* sind in mittelalterlichen Handschriften bewahrt, der *Resensannáll (Annales Reseniani)* und der *Høyers annáll* sind in Kopien aus dem 16./17. Jahrhundert überliefert. Diese vier Annalen sind stark miteinander verwandt und bilden gleichzeitig die Grundlage für alle späteren isländischen Jahrbücher, weshalb diese für die vorliegende Untersuchung nicht herangezogen wurden. Zwei annalistische Werke aus dem 16. Jahrhundert fanden dagegen Beachtung, weil sie zum Teil auf verlorene mittelalterliche Annalen zurückgehen. Dies sind der *Gottskálksannáll*, geschrieben von Gottskálk Jónsson († 1590), der im Autograph überliefert ist, und der chronikartige *Oddaverja annáll* vom Ende des 16. Jahrhunderts. Der Quellenwert der isländischen Annalen ist umstritten. Während einige Forscher davon ausgehen, dass die Einträge für das 12. Jahrhundert auf ältere Aufzeichnungen zurückgehen und damit authentisch sind, wird allgemein angenommen, dass nur die jeweils letzten Einträge zeitgenössisch sind. Doch selbst diese Meinung ist zuletzt von Eldbjørg Haug diskutiert und der Quellenwert der isländischen Annalen insgesamt stark in Frage gestellt worden.⁹¹

2.1.3. Reisebeschreibungen

Die meisten Reisebeschreibungen der skandinavischen Überlieferung sind in den *Konungasögur* enthalten. Die Berichte in den Sagas fallen aber lückenhaft aus: Stationen auf der Reise werden nur erwähnt, wenn sich dort etwas ereignet hat. Ansonsten „wird gefahren und gereist, aber nur wenig aufs Pergament gebracht [...]."⁹²

Daneben gibt es einige wenige eigenständige Reiseberichte. Die bedeutendste und bekannteste Schrift ist das Itinerar des isländischen Abtes Nikulás, das meist *Leiðarvísir* („Wegweiser") genannt wird. Es stammt von Nikulás Bergsson, der 1155 Abt des neu gegründeten Benediktinerklosters Munkaþverá wurde.⁹³ Von älteren Forschern

---

von Island ins Ausland, in der Regel nach Norwegen, auch [eine] Ausreise aus Island infolge [einer] Landesverweisung". Dagegen bedeutet *útferð/útfǫr* „Ausreise, Reise in ferne Länder, Auslandsreise; Reise (von Norwegen) nach Island" (*Baetke*, Wörterbuch, 1993, 686). Im vorliegenden Fall wurde *útan* also eher im Sinne von *út* gebraucht.

90 Beispielsweise heißt es im Konungsannáll, s. a. 1228, 128: „Vtkváma Þorsteins þykks með bréfum Þóris erchibyskups [...]." Die Reise führte also zum Erzbischof Tore *(Þórir)* und damit nach Norwegen, wahrscheinlich nach Trondheim.

91 *Jakob Benediktsson*, Art. Annals – Iceland (and Norway). In: *Pulsiano*, Medieval Scandinavia (1993), 15f.; *Haug*, Icelandic Annals (1997); *Storm*, Islandske Annaler (1888), LXVIII–LXXXIV.

92 *Uecker*, Reiseliteratur (1989), 75. Vgl. *Bjarni Einarsson*, Art. Reisebeskrivelser. In: KLNM 14 (1969), 28–30; *Anne Holtsmark*, Art. Itinerarier. In: KLNM 7 (1962), 517–519; *Rudolf Simek*, Art. Reisen, Reisebeschreibungen – Skandinavische Literatur. In: LexMA 7 (1995), 679f.

93 Andere Vaternamen, die Nikulás zugesprochen werden, sind „Bergþorsson" und „Hallbjarnarson";

wurde der *Leiðarvísir* oft einem gewissen Nikulás Sæmundarson, Abt von Þingeyrar, zugeschrieben[94] – diese Person scheint jedoch nie existiert zu haben. Eric Werlauff war der erste, der Nikulás Sæmundarson mit dem isländischen Itinerar in Verbindung brachte.[95] Er verwies auf Finnur Jónsson,[96] der einen Eintrag in den Annalen von Flatey falsch interpretiert hatte. Zum Jahr 1154 heißt es dort, dass Abt Nikulás nach Island zurückgekehrt sei. Finnur Jónsson verstand die Stelle so, dass nicht der Abt von Munkaþverá gemeint sein könne, weil dieses Kloster erst 1155 gegründet wurde. Er zog dabei nicht in Betracht, dass die isländischen Annalen erst später aufgezeichnet wurden und der Schreiber bereits wusste, dass Nikulás 1155 Abt von Munkaþverá wurde. Weil es zu dieser Zeit auf Island nur ein weiteres Benediktinerkloster in Þingeyrar gab, nahm Jónsson an, dass der 1154 genannte Abt Nikulás diesem Kloster vorstand.[97] Damit konnte er nicht identisch sein mit Abt Nikulás Bergsson, der in anderen Quellen als Abt von Munkaþverá belegt ist. Da außerdem die Annalen von Flatey den Tod von Abt Nikulás bereits für 1158 angeben, führte Jónsson zwei unterschiedliche Äbte an: Nikulás, Abt von Þingeyrar, gestorben 1158, und Nikulás Bergsson, Abt von Munkaþverá, gestorben 1160.[98] Werlauff interpretierte seinerseits die Stelle zum Jahr 1158 in den Annalen, die in der Flateyjarbók überliefert sind, falsch, in der es heißt: „Andadiz Nichulas aboti ok Eyiolfr prestr Sæmundarsun."[99] Er sah entweder Nikulás und Eyjólfur als Brüder an oder zog beide Personen fälschlicherweise zu einer zusammen.[100]

---

siehe dazu *Simek*, Kosmographie (1990), 267. Laut Hungrvaka, Kap. 10, war Nikulás 1155 bei der Weihe der Kirche in Skálholt anwesend und wird bei dieser Gelegenheit als Abt genannt.

94 So beispielsweise *Riant*, Korstog (1868), 109. *Kedar/Westergård-Nielsen*, Icelanders (1978–1979), 195, wiesen darauf hin, dass es sich auch um ein und dieselbe Person handeln könnte, ohne nähere Gründe für ihre Vermutung anzugeben. Auch *Hill*, From Rome to Jerusalem (1983), 176f., nannte Nikulás Sæmundarson als möglichen Verfasser, sprach sich allerdings für Nikulás Bergsson aus. *Raschellà*, Itinerari italiani (1985–1986), 544f., vermutete zwar eine falsche Zuschreibung des Vaternamens, ging darauf aber nicht näher ein. Zuletzt erwähnte *Scott D. Westrem*, Art. Nicholas of Thverá [Nikulás of Þverá] (d. 1159/1160). In: *Friedman/Figg*, Trade, Travel, Exploration (2000), 449–451, „Nicholas Sæmundson", wenn auch nicht als möglichen Verfasser des *Leiðarvísir*.

95 *Werlauff*, Symbolae (1821), 4.

96 *Johannæus*, Historia ecclesiastica Islandiæ (1778).

97 Ebd., 31: „[...] cum vero eodem tempore nullum aliud in Islandia exstiterit monasterium qvam Thingeyrense [...]."

98 Ebd., 30f., 41.

99 Flateyjarbók III, 515. Das Todesjahr des Priesters Eyjólfr führt auch der *Konungsannáll*, s. a. 1158, an – dort wird der Tod des Abtes Nikulás aber erst für 1159 angegeben.

100 Ein weiterer Grund für *Werlauffs* Verwechslung könnte sein, dass in der Papierhandschrift AM 421 4° (Stofnun Árna Magnússonar, Reykjavík) aus dem 17. Jahrhundert Nikulás – offensichtlich durch einen Schreibfehler – der Vatername *Sæmundarson* zugewiesen wird. Siehe dazu *Melsteð*, Ferðir (1907–1915), 800, der bereits anmerkte, dass es keinen Grund gebe, von zwei Äbten namens Nikulás in den 1150er Jahren in Island auszugehen. Diese Ausführungen von *Melsteð* wurden von der Forschung jedoch ignoriert.

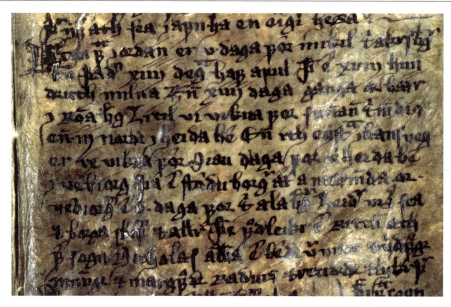

Abbildung 2.1.: Der Schluss des *Leiðarvísir* (Ausschnitt aus der Handschrift AM 194 8°, fol. 16r. Den Arnamagnæanske Samling, Kopenhagen) Foto von *S. Reitz* und *E. L. Pedersen*

Diesem Nikulás, „Sæmundi filius"[101], schrieb Werlauff das Itinerar zu. Tatsächlich aber handelt es sich bei beiden von Jónsson und Werlauff genannten Personen namens Nikulás um eine Person, die isländischen Annalen führten lediglich unterschiedliche Jahreszahlen an.

Nikulás verfasste sein Itinerar anlässlich einer Pilgerfahrt nach Rom und Jerusalem, die er zwischen 1149 und 1154 durchführte. Er nennt Orte und Entfernungen, aber auch darüber hinausgehende Informationen. Sein Pilgerführer ist in einer Sammelhandschrift (AM 194 8°), einer Art Enyzklopädie, überliefert. Diese Handschrift wurde von einem Priester in Westisland geschrieben und 1387 fertig gestellt. Anfang und Ende des Itinerars, das in einem Abschnitt geographischer Abhandlungen eingebettet ist, sind im Schriftbild nicht zu erkennen, der *Leiðarvísir* lässt sich aber eindeutig von den restlichen Texten abgrenzen, denn der Schluss ist inhaltlich mit den Worten hervorgehoben: „und damit schließt diese Erzählung."[102] Ein vergleichbarer Anfang findet sich zwar nicht, aber die Weltbeschreibung, die die vorangehenden zwei Blätter füllt, scheint nicht von Nikulás zu stammen. Darauf lässt die Tatsache schließen, dass

---

101 *Werlauff*, Symbolae (1821), 4.
102 Leiðarvísir, Z. 181f. (K 23.21): „ok lykr þar þessi frasogn". Siehe auch Abbildung 2.1.

2.1. „Sagas und mehr" – Skandinavische Überlieferung

diese Weltbeschreibung in einer weiteren Handschrift von ca. 1300 (AM 736 I 4°, Den Arnamagnæanske Samling, Kopenhagen) überliefert ist, die den *Leiðarvísir* nicht enthält. Darüber hinaus führte Kristian Kålund das Argument an, die in der Weltbeschreibung genannte heilige Margarete sei erst 1178 kanonisiert worden und könne somit nicht zur ursprünglichen Fassung von Nikulás' Itinerar gehört haben.[103]

Zusätzlich ist der Anfang des *Leiðarvísir* in der Handschrift AM 736 II 4° (Den Arnamagnæanske Samling, Kopenhagen) von ca. 1400 enthalten, der Text bricht hier aber nach einer Seite mitten im Satz ab.[104] Dieses Fragment bietet einige Lesarten und Varianten, unterscheidet sich insgesamt aber nur wenig von AM 194. Die vollständige Fassung scheint jedoch verlässlicher zu sein, da AM 736 II offensichtlich einige Fehler enthält.[105] Ob beide Texte auf eine gemeinsame, nicht erhaltene Vorlage zurückgehen, muss offen bleiben.[106] Insgesamt scheint der erhaltene Text jedoch sehr nah am Original zu sein, es finden sich weder Einschübe noch Anachronismen und nur wenige Ungenauigkeiten.[107]

Der *Leiðarvísir* wurde mehrmals ediert und in verschiedene Sprachen übersetzt. Die neueste, modernen Ansprüchen genügende Edition besorgte Rudolf Simek.[108] Die bisherige Forschung bezog sich auf die Edition von Kristian Kålund, der auch eine Übersetzung ins Dänische vorlegte.[109] Simeks deutsche Übertragung ist zum Teil fehlerhaft und weist Lücken auf. So überspringt er einmal einen ganzen Teilsatz und übersetzt: „Dann kommt Ivrea, wo sich der Bischofsstuhl in der Kirche des Hl. Eusebius befindet, wo dieser ruht."[110] Stattdessen muss es heißen: „Dann kommt Ivrea, von hier bis Aosta sind es zwei Tagesreisen. Dann ist es eine Tagesreise bis Vercelli, wo sich der Bischofsstuhl in der Kirche des Hl. Eusebius befindet, wo dieser ruht."[111] Durch dieses Missgeschick verlegt Simek die Eusebius-Kirche in Nikulás'

---

103 *Kålund*, Vejviser (1913), 51f., 61–64.
104 Das Fragment reicht bis zur Beschreibung von Luni in Leiðarvísir, Z. 52 (K 16.14). Warum *Simek*, Kosmographie (1990), 478, behauptet, dass diese Handschrift auf „Anfang 14. Jahrhundert" zu datieren ist, bleibt unklar, zumal er auf S. 265 von einer Datierung „um 1400" ausgeht. Ein Druckfehler ist auszuschließen, da Simek auf S. 478 außerdem von der – gegenüber AM 194 – „beträchtlich älteren Handschrift AM 736 II" spricht.
105 Vgl. ebd., 272, Anm. 657.
106 Auch hier widerspricht sich Simek selbst, denn auf S. 272 ist zu lesen, dass „eine gemeinsame direkte Vorlage nicht sehr wahrscheinlich" ist, während der Edition auf S. 479 der Hinweis vorangestellt ist: „Die beiden mittelalterlichen Handschriften weichen nur ganz unwesentlich voneinander ab und gehen wohl auf die selbe [sic] Vorlage zurück."
107 *Kålund*, Vejviser (1913), 88f.
108 *Simek*, Kosmographie (1990), 479–484.
109 Edition: *Kålund*, Alfræði íslenzk (1908), 12–23; dänische Übersetzung: *Kålund*, Vejviser (1913), 54–61. Zu weiteren Editionen und Übersetzungen siehe *Simek*, Kosmographie (1990), 267–269 und 478.
110 Ebd., 485.
111 Leiðarvísir, Z. 37–39 (K 15.14–17): „þa er ioforey þar ero ij dagleidir a millum & Augusta þa er

Text von Vercelli nach Ivrea und unterschlägt Aosta gänzlich. Ein ähnlicher Fehler unterläuft ihm mit der Lombardei, denn den Satz „Lombardei heißt es südlich vom Monte Bardone bis zu den Alpen im Norden"[112] sucht man in Simeks Übersetzung vergeblich. Teilweise werden auch offensichtliche Fehler des Quellentextes berichtigt, ohne dies in der Übersetzung kenntlich zu machen. Auch hierzu sei ein Beispiel angeführt. Auf der Alternativroute über Köln berichtet Nikulás: „vom Kölner Bischof muss der Kaiser die Weihe in der Kirche empfangen, die *Aquisgrani* heißt."[113] Simeks deutscher Text lautet dagegen: „vom Kölner Bischof muß der Kaiser die Weihe in der Kirche, welche sich in Aachen befindet, empfangen." Weder eckige Klammern noch eine Fußnote weisen darauf hin, dass der Text im altnordischen Original anders lautet.[114]

Mit dem *Wegur til Róms* liegt ein weiteres mittelalterliches Itinerar aus Island vor, das jedoch jünger ist und spätestens Anfang des 14. Jahrhunderts entstand, als es in die isländische Kompilation *Hauksbók* aufgenommen wurde. Es ist lediglich in zwei Kopien aus dem 17. Jahrhundert überliefert.[115] Ebenfalls zu den Reiseberichten muss die lateinische *Historia de Profectione Danorum in Hierosolymam*[116] gerechnet werden, die um 1200 in Norwegen entstand. Sie berichtet von einem dänisch-norwegischen Kreuzzugsunternehmen des Jahres 1192, das nach großen Anlaufschwierigkeiten – die ausführlich beschrieben werden – erst mit Verspätung beginnen konnte.[117]

2.1.4. Urkunden und Briefe

Insgesamt machen die erhaltenen Urkunden und Briefe nur einen kleinen Teil der schriftlichen Quellen Skandinaviens aus. Die erste abschriftlich überlieferte Urkunde stammt aus Dänemark und datiert auf das Jahr 1085,[118] das erste Original, das sich bis heute erhalten hat, wurde 1135 – ebenfalls in Dänemark – angefertigt.[119] Die

---

dagfor til fridselu þar er byskups stoll ath eysebius kirkiu. þar hvilir hann".
112 Leiðarvísir, Z. 48 (K 16.6f.): „langbardaland heitir sunnan fra munbardi & nordr til mundio". *Magoun*, Road to Rome (1944), 338, versteht den Monte Bardone als *pars pro toto* für den Ligurischen Apennin.
113 Leiðarvísir, Z. 22f. (K 14.12–14): „Af kolnis byskupi skal keisari taka vigslo i þeiri kirkio er aquisgrani heitir".
114 Die englischen Übersetzungen von *Magoun* und *Hill* sind besser, aber auch nicht ganz fehlerfrei: Ebd., 349, übersetzt beim ersten der oben genannten Beispiele: „Then it is a two days' journey to Vercelli", obwohl es sich nur um eine Tagesreise handelt.
115 Edition des Textes: *Simek*, Kosmographie (1990), 511f. Die einzelnen Stationen führt *Simek* außerdem auf S. 283f. an. Siehe dazu auch unten, Kap. 3.3.1, S. 84.
116 Edition: *Gertz*, Scriptores (1917–1922), Band 2, 443–492. *Inge Skovgaard-Petersen* bereitet derzeit eine neue Edition vor.
117 Zum Reiseweg siehe, Kap. 3.3.2, S. 90.
118 DD I:2, Nr. 21.
119 DD I:2, Nr. 63.

urkundliche Überlieferung Norwegens und Schwedens setzte erst im 12. Jahrhundert ein, diejenige Finnlands sogar erst im 13. Jahrhundert.[120] Die Urkundensprache war in Dänemark und Schweden bis ins 14. Jahrhundert das Lateinische, während in Island und Norwegen bereits mit dem Einsetzen der urkundlichen Überlieferung die Volkssprache verwendet wurde.

Für die Zeit bis 1250 finden sich also nur sehr wenige Urkunden skandinavischer Provenienz. Der Großteil des überlieferten Materials zur Geschichte Skandinaviens liegt in den Archiven des Papsttums und des englischen Königtums. Ein Blick in die *Regesta Norvegica* bestätigt dies: Von den 1050 Dokumenten, die dort angeführt werden und den Zeitraum 822–1263 abdecken, gingen rund 250 Briefe von der Kurie aus, 200–300 stammen aus englischen Königsarchiven. Etwa 220 weitere Dokumente sind nicht überliefert; die Kenntnis von ihnen hat sich nur über die Sagaliteratur erhalten. Von den restlichen Dokumenten sind ebenfalls viele nicht norwegischen Ursprungs.[121]

Aufgrund dieser Quellenarmut in den heimischen Archiven entschlossen sich die Herausgeber der skandinavischen Urkundensammlungen[122] dazu, auch solche Dokumente aufzunehmen, die nicht in Skandinavien entstanden oder überliefert sind, die aber mit dem jeweiligen Land in Verbindung gebracht werden können. Die weitaus größte Zahl für den hier untersuchten Zeitraum bietet dabei Dänemark mit rund 1650 Dokumenten, während die Überlieferung zu den anderen Ländern weitaus geringer zu veranschlagen ist (Norwegen: ca. 850, Schweden: ca. 400, Island: ca. 150). Zu beachten ist dabei auch, dass sich aufgrund der länderspezifischen Blickweise einige Doppelungen ergeben, was vor allem mit der teilweise gemeinsamen Kirchenorganisation zusammenhängt.

2.1.5. Runeninschriften

Runeninschriften finden sich bereits seit dem 2. Jahrhundert auf Waffen ebenso wie auf Münzen, Schmuck oder Gebrauchsgegenständen. Ab etwa 700/800 n. Chr. wurde das so genannte jüngere Futhark benutzt und hauptsächlich in frei stehende Steine und (seltener) Felswände geritzt. Diese Runensteine dienen vornehmlich dem Totengedenken, wobei umstritten ist, ob sie sich meist in der Nähe des Bestatteten befanden

---

120 Einen Überblick über die skandinavischen Urkundenbestände bietet *Öberg*, Urkundenmaterial (1977).
121 RN I, 9f.
122 Diplomatarium Danicum (DD); Diplomatarium Islandicum – Íslenzkt fornbréfasafn, sem hefir inni að halda bréf og gjörninga, dóma og máldaga, og aðrar skrár, er snerta Ísland eða Íslenzka menn (DI); Diplomatarium Norvegicum – Oldbreve til kundskab om Norges indre og ydre forhold, sprog, slægter, sæder, lovgivning og rettergang i middelalderen (DN); Diplomatarium Suecanum – Svenskt Diplomatarium (DS).

(Epitaphien) oder Gedenksteine waren (Kenotaphien).[123]

Insgesamt gibt es aus der Wikingerzeit (ca. 800–1050) über 2000 Runensteine in Schweden, rund 220 in Dänemark und etwa 60 in Norwegen. Runeninschriften aus späterer Zeit befinden sich hauptsächlich auf losen Gegenständen, während Runensteine nur bis etwa 1100 errichtet wurden. Rund zehn Prozent[124] der Inschriften auf den schwedischen Runensteinen berichten von „Auslandsfahrern", also von Personen, die auf ihren Reisen Skandinavien verlassen haben.[125]

Diese beachtliche Anzahl von Kenotaphien nennt dabei nicht immer das Ziel, häufig nur die Richtung: ostwärts oder westwärts. Der Zweck der Reise wird nur in seltenen Fällen angegeben. Leider sind einige Namen aufgrund fragmentarischer Überlieferung nicht mehr lesbar, so dass letztlich rund fünfundsechzig Personen auf Runensteinen identifiziert werden können, die – vornehmlich im 11. Jahrhundert – Skandinavien verlassen haben und deren Ziel bekannt ist.[126] Sie kommen fast alle aus Schweden, wo sich mit Abstand die meisten Runensteine erhalten haben. Damit ist diese Quellengruppe von unschätzbarem Wert gerade für den schwedischen Raum, der für diese Zeit ansonsten nur sehr wenige schriftliche Quellen aufzuweisen hat. Denn auch wenn sich außer dem Namen, dem Reiseziel und eventuell den Namen der nächsten Verwandten meist keine weiteren Informationen finden lassen und damit die Daten zu den einzelnen Personen spärlich bleiben müssen, geben die vielen Einzelzeugnisse zusammengenommen ein Bild auch von der Mobilität im mittelalterlichen Schweden, das ohne die Runensteine unmöglich zu zeichnen wäre.

Darüber hinaus bilden die Runensteine eine sehr zuverlässige Quellengruppe. Es handelt sich um „Inschriftenmaterial, das wegen seiner Ereignisnähe und Unverdächtigkeit Quellenwert ersten Ranges hat"[127]. Da Runensteine zum Großteil errichtet wurden, um Verstorbenen zu gedenken, sind sie zeitgenössisch – sie wurden spätestens einige Jahre nach dem jeweiligen Todesfall aufgestellt. Es gibt zwar

> „keine Möglichkeit, zu überprüfen, ob das, was in einer einzelnen Runeninschrift über eine bestimmte Person gesagt wird, wahr oder falsch ist. Sofern es um reine Werturteile geht wie ‚er war ein guter Bauer' oder ‚er war großzügig mit Essen', muss man wahrscheinlich mit gewissen Übertreibungen rechnen. Aber in Bezug auf Tatsachenschilderungen über eine

---

123 *Düwel*, Runenkunde (2001), 1–4, 95–97.
124 *Larsson*, Runstenar (1990), 7, gibt diesen Prozentsatz für die rund 1700 Steine Mittelschwedens an, die er untersucht hat. Für die restlichen Inschriften dürfte ein ähnliches Verhältnis zu veranschlagen sein.
125 *Düwel*, Runenkunde (2001), 98, 113, 148; *Rudolf Simek*, Art. Runen, -stein, -schrift. In: LexMA 7, 1098–1101.
126 Dazu kommen noch einmal etwa fünfundzwanzig Personen, deren Reisen nicht sicher belegt sind und die im Kap. B aufgeführt werden.
127 *Ruprecht*, Wikingerzeit (1958), 10.

2.1. „Sagas und mehr" – Skandinavische Überlieferung

Person, die im Ausland war und in den meisten Fällen dort gestorben ist, muss man meiner Meinung nach zunächst voraussetzen, dass die Angabe richtig ist. Die Menschen im direkten Umfeld, denen die tatsächlichen Verhältnisse normalerweise recht gut bekannt gewesen sein dürften, haben vermutlich auch bald erfahren, was in der Inschrift steht. Der Errichter [des Runensteins] kann unter diesen Umständen nur im Ausnahmefall bewusst falsche Angaben bezüglich des Toten gemacht haben."[128]

Problematisch ist jedoch, dass sich die Inschriften aus runologischer Sicht lediglich auf Zeitfenster datieren lassen, die sich über mehrere Jahrzehnte erstrecken können. Nur wenn der Textinhalt eine Verknüpfung mit Ereignissen zulässt, die aus anderen Quellen bekannt sind, kann eine genaue zeitliche Einordnung der Inschriften erfolgen. Daneben bieten die Zuordnung zu Runenschreibern, die sich häufig selber nennen, der Gebrauch einzelner Runenformen sowie Stilanalysen die Möglichkeit, eine relative Chronologie aufzustellen.[129]

Die schwedischen Inschriften werden seit 1900 in der Reihe *Sveriges runinskrifter* ediert. Die fünfzehn bisher erschienenen Teile, nach einzelnen Regionen geordnet, umfassen den gesamten süd- und mittelschwedischen Raum, in denen sich die meisten der erhaltenen Inschriften befinden. Neben Text, Deutung und schwedischer Übersetzung der Inschriften bieten die Editionen zahlreiche Abbildungen und Fotografien. Ebenso leicht zugänglich ist auch das dänische Inschriftenmaterial, das in einer Edition aus den 1940er Jahren vorliegt.[130] Auch die norwegischen Runeninschriften des jüngeren Futhark werden seit 1941 herausgegeben,[131] wobei eine Vielzahl von Neufunden – vor allem in Bergen – noch unediert sind. Diese Neufunde sind jedoch keine Runensteine, sondern fast ausschließlich so genannte *kefli*, kleine quadratische Hölzchen, die mit Texten verschiedenster Art beschrieben wurden.[132]

---

128 *Larsson*, Runstenar (1990), 36f., Zitat 36: „Det finns ingen möjlighet att pröva om det som sägs om en viss person i en enskild runinskrift är sant eller falskt. När det gäller rena värdeomdömen, såsom ‹han var en god bonde› eller ‹han var givmild med mat›, bör man sannolikt räkna med vissa överdrifter. Men när det gäller faktauppgifter om att en person varit utomlands och i de flesta fall dött där bör man enligt min mening i första hand förutsätta att uppgiften är riktig. Människorna i den närmaste omgivningen, som vanligtvis måste ha känt till de faktiska förhållandena relativt väl, har rimligen också i ett tidigt skede fått reda på vad som stått i inskriften. Att resaren under sådana förhållanden meddelat direkt oriktiga uppgifter om den döde kan inte ha skett annat än i undantagsfall."
129 Ebd., 87–89.
130 *Jacobsen/Moltke*, Danmarks Runeindskrifter (1941–42). Vervollständigt wird diese Ausgabe durch *Moltke*, Runes (1985).
131 *Olsen/Liestøl/Johnsen*, Norges innskrifter (1941ff.).
132 *Düwel*, Runenkunde (2001), 156f.

2.2. „Blick von außen" – Europäische Quellen

Im Folgenden sollen einige relevante Quellen aus der europäischen Überlieferung genannt werden, wobei das Hauptaugenmerk auf den Werken aus dem deutschen und englischen Raum liegt, weil sie die meisten Informationen zum untersuchten Thema bereithalten. Ein vollständiger Überblick der europäischen Quellen kann nicht erfolgen und wäre in diesem Zusammenhang auch nicht sinnvoll, da viele Werke nur vereinzelte Nachrichten zu skandinavischen Reisenden enthalten. Denn anders als beim Urkundenmaterial sind die meisten historiographischen Texte, die von Reisenden aus Nordeuropa berichten, skandinavischer Provenienz.

Eine der wichtigsten Quellen zur frühen Geschichte Skandinaviens ist Adam von Bremens *Gesta Hammaburgensis ecclesiae pontificum*.[133] Adam widmete sie ca. 1075 dem Bremer Erzbischof Liemar, wobei er anschließend sein Handexemplar weiter bearbeitete und mehrere Zusätze *(scholia)* schrieb; weitere Ergänzungen wurden von anderen Schreibern vorgenommen. Birgit und Peter Sawyer beurteilten Adams *Gesta* sehr kritisch, denn „ein Großteil der Informationen über Skandinavien im 11. Jahrhundert, von denen Adam behauptet, er habe sie von dem dänischen König Sven Estridsøn erhalten, ist als fragwürdig einzustufen."[134] Vereinzelte Hinweise zu reisenden Skandinaviern finden sich auch in anderen Quellen aus dem norddeutschen Raum. Eine der frühesten von ihnen ist die Chronik Thietmars von Merseburg[135], die jedoch nur wenige Informationen zum untersuchten Thema bereithält, weil sie nur über den Beginn des hier behandelten Zeitraums berichtet. Im 12. Jahrhundert mehren sich die Quellen, in denen die skandinavische Geschichte zwar nicht im Zentrum steht, aber zumindest erwähnt wird. In der Chronik des Annalista Saxo[136], entstanden vor der Mitte des Jahrhunderts, ist die Zahl der Nachrichten über skandinavische Reisende allerdings sehr gering. Helmolds von Bosau († nach 1177) *Chronica Slavorum*[137] und Arnolds von Lübeck († 1211/14) gleichnamiges Werk[138], das als Fortsetzung der vermeintlich unvollendeten Chronik Helmolds angelegt war, haben nicht viel mehr Informationen zu bieten. Gerade bei diesen beiden Werken ist das eher verwunderlich, wo doch die Interaktionen zwischen Dänemark und Deutschland sowohl auf diplomatischer wie auch auf kriegerischer Ebene seit der Mitte des 12. Jahrhunderts sehr ausgeprägt waren. Ähnlich verhält es sich mit den Annalen von Hildesheim, Magdeburg und Stade;[139] die annalistische Chronik des Albert von Stade aus der Mitte des 13. Jahrhuderts kann

---

133 Edition: *Schmeidler*, Gesta Hammaburgensis (1917).
134 *Sawyer/Sawyer*, Welt der Wikinger (2002), 27; vgl. auch 351–356.
135 Edition: *Holtzmann*, Thietmar von Merseburg (1935).
136 Edition: *Waitz*, Annalista Saxo (1844).
137 Edition: *Schmeidler*, Cronica Slavorum (1937).
138 Edition: *Pertz*, Arnoldi Chronica Slavorum (1868).
139 Editionen: *Waitz*, Annales Hildesheimenses (1878); *Waitz*, Annales Magdeburgenses (1859); *Lappenberg*, Annales Stadenses (1859).

2.2. „Blick von außen" – Europäische Quellen

dabei noch am meisten zum Thema beisteuern, reicht aber quantitativ ebenfalls nicht an Adams *Gesta* heran.

Mehr Informationen halten die Quellen aus dem angelsächsischen Raum bereit.[140] Ein Grund dafür ist sicherlich die enge Verzahnung der Königreiche von England, Dänemark und Norwegen in der ersten Hälfte des 11. Jahrhunderts. Die Angelsächsische Chronik[141], die ursprünglich im 9. Jahrhundert in Annalenform abgefasst und später in mehreren regionalen Versionen bis ins 12. Jahrhundert fortgesetzt wurde, ist allerdings gerade zum Königtum Knuds des Großen sehr knapp. Dennoch enthält sie in etwa ebenso viele Angaben zu skandinavischen Reisenden wie Adams *Gesta*. Das trifft auch für die Werke von Johannes von Worcester *(Chronicon ex chronicis)*[142], Wilhelm von Malmesbury *(Gesta regum Anglorum)*[143] und Ordericus Vitalis *(Historia ecclesiastica)*[144] zu, die alle zwischen etwa 1120 und 1140 entstanden sind. Weniger zahlreich sind die Hinweise in den *Gesta Normannorum Ducum*, die in der Mitte des 11. Jahrhunderts von Wilhelm von Jumièges verfasst und ab 1109 durch Ordericus Vitalis sowie vor der Mitte des Jahrhunderts durch Robert von Torigny überarbeitet und fortgesetzt wurden.[145] Eine außergewöhnliche Quelle zur englisch-dänischen Geschichte steht mit dem *Encomium Emmae reginae* zur Verfügung, das auch unter dem Titel *Gesta Cnutonis regis* bekannt ist.[146] Es wurde von Emma, der Ehefrau von König Æthelred (1002–1016) und von König Knud dem Großen (1017–1035), in Auftrag gegeben und von einem Mönch aus Saint-Bertin (Flandern) verfasst. Das in einer Handschrift aus der Mitte des 11. Jahrhunderts überlieferte Werk berichtet über die Herrschaft von Knud, konzentriert sich aber vor allem auf die Zeit nach seinem Tod. Emma versuchte, ihren und Knuds Sohn Hardeknud als König anerkennen zu lassen, konnte sich aber nicht gegen Harald Harefod, den Sohn von Knud und Ælfgifu, durchsetzen. Erst nach dem Tod seines Halbbruders wurde Hardeknud 1040 englischer König; während seiner Herrschaft (bis 1042) wurde das *Encomium* geschrieben.

Zur Geschichte Schottlands liegen weitaus weniger Quellen vor. Eine der wichtigsten ist die Chronik des Zisterzienserklosters von Melrose, die für ihren Entstehungszeitraum zwischen ca. 1170 und 1270 als selbständige Quelle gilt, während sie für die Zeit vor 1170 hauptsächlich andere Quellen wiedergibt.[147] Dagegen sind die Nachrich-

---

140 Einen ausführlichen Überblick bietet *Gransden*, Historical Writing (1974). Zu den englischen Urkunden siehe oben, Kap. 2.1.4, S. 60.
141 Edition: *Thorpe*, Anglo-Saxon Chronicle (1861); *Dumville/Keynes*, Anglo-Saxon Chronicle (1983ff.).
142 Edition: *Darlington/McGurk/Bray*, Chronicle (1995) und *McGurk*, Chronicle (1998).
143 Edition: *Mynors/Thomson/Winterbottom*, Gesta Regum Anglorum (1998).
144 Edition: *Chibnall*, Ecclesiastical history (1969–1980).
145 Edition: *van Houts*, Gesta Normannorum Ducum (1992–1995).
146 Edition: *Campbell*, Encomium Emmae (1998).
147 Edition: *Stevenson*, Chronica de Mailros (1835). Faksimile: *Anderson/Anderson/Dickinson*, Chronicle of Melrose (1936).

ten zu skandinavischen Reisenden in der walisischen „Chronik der Fürsten" *(Brut y Tywysogyon)* weitaus seltener. Sie entstand erst im 14. Jahrhundert, beruht aber auf lateinischen Vorlagen, die den *Annales Cambriae* nahestanden. Diese wiederum liegen in einer Handschrift vom Ende des 10. Jahrhunderts und zwei auf ihr aufbauenden Manuskripten vom Ende des 13. Jahrhunderts vor.[148] Ebenso gibt es nur vereinzelte Hinweise in den irischen Annalen von Ulster und der *Chronica regum Manniae et Insularum*.[149]

Trotz der vielen Reisen und einiger intensiver Kontakte in die Kiewer Rus' finden sich in der altrussischen Nestorchronik *(Povest' vremenych let)*[150] und der Nowgoroder Chronik[151] fast keine Hinweise auf Reisende aus Skandinavien. Selbst Ingegerd, die Gattin des Großfürsten Jaroslav (1019–1054), wird nur ein Mal anlässlich ihres Todes genannt, jedoch nicht namentlich und ohne Hinweis auf ihre Herkunft.[152] Für das Baltikum liegt mit dem *Chronicon Livoniae* des Priesters Heinrich von Lettland eine hervorragende Quelle vor.[153] Heinrich war Missionar und für verschiedene päpstliche Legaten als Dolmetscher tätig. Er schrieb seine Livländische Chronik zwischen 1225 und 1227 und überarbeitete sie anschließend zwei Mal.[154]

Von den Pilgerreisen und Kreuzzügen ins Heilige Land berichten fast ausschließlich skandinavische Quellen. Nur die größeren Unternehmungen – allen voran der Kreuzzug des norwegischen Königs Sigurd Jorsalfar – fanden Beachtung durch die Chronisten der Kreuzzüge und Kreuzfahrerstaaten, beispielsweise Fulcher von Chartres, Albert von Aachen und Wilhelm von Tyrus. Auch arabische Autoren erwähnen Sigurds Kreuzzug, jedoch ohne nähere Informationen zu liefern – sie nennen nicht einmal den Namen des nordischen Königs.[155]

---

148 Beide Werke wurden von *Williams ab Ithel* (1860) ediert. Siehe auch *Michael Richter*, Art. Brut y Tywysogyon. In: LexMA 2 (1983), 798.
149 Edition: *Goss*, Chronica regum Manniae (1874).
150 Edition: *Müller*, Die Nestorchronik (1977).
151 Edition: *Dietze*, Erste Novgoroder Chronik (1971).
152 Nestorchronik, s. a. 1050: „Es verschied die Gattin des Jaroslàv, die Fürstin [...]." Übersetzung: *Müller*, Nestorchronik (2001).
153 Edition: *Arbusow/Bauer*, Chronicon Livoniae (1955).
154 *Manfred Hellmann*, Art. Heinrich von Lettland. In: LexMA 4 (1989), 2096f.
155 Zu den lateinischen Chronisten der Kreuzzüge siehe *Jonathan Riley-Smith*, Art. Chronik – Kreuzzüge und Lateinischer Osten. In: LexMA 2 (1983), 2001–2004. Zur Darstellung von Sigurds Kreuzzug in arabischen Quellen siehe *Birkeland*, Nordens historie (1954), 93f., 128.

3. Mobilität

Insgesamt umfasst die Prosopographie 855 Personen, 617 Reisen und 1152 Reiseteilnahmen.[1] 156 Personen wurden als mögliche Reisende eingestuft, wobei verschiedene Gründe dafür verantwortlich sein können. Bei 60 Personen ist nicht sicher, ob sie aus Skandinavien stammten (Kap. B.1.1, S. 309), bei 16 lässt sich nicht zweifelsfrei klären, ob das Ziel ihrer Reisen außerhalb Skandinaviens lag (Kap. B.1.2, S. 322), während die Namen von 11 weiteren Personen nicht eindeutig entziffert oder zugeordnet werden konnten (Kap. B.1.3, S. 326). Die restlichen 69 möglichen Reisenden wurden aus verschiedenen Gründen in diesen Teil der Prosopographie eingeordnet (Kap. B.1.4, S. 328). In den meisten Fällen liegen dabei widersprüchliche oder unglaubwürdige Quellenangaben vor, aber auch ungenaue zeitliche Eingrenzungen der Reisen, die es nicht ermöglichen, sie mit Sicherheit in den Untersuchungszeitraum einzuordnen, können ausschlaggebend sein. Daneben gibt es noch drei größere Unternehmungen, die aus verschiedenen Gründen[2] gesondert aufgeführt werden: die „Schlacht von Svolder" mit 48 namentlich genannten Teilnehmern (Kap. B.2.1, S. 344), die Reise des Ingvar Vittfarne, an der 24 namentlich bekannte Personen beteiligt waren (Kap. B.2.2, S. 347), und der Kriegszug des norwegischen Königs Håkon Håkonsson zu den Hebriden mit 68 Beteiligten, deren Namen überliefert sind (Kap. B.2.3, S. 350).[3] Insgesamt 119 Reisen müssen dementsprechend in Frage gestellt werden, ebenso 321 Reiseteilnahmen. Damit bleiben 572 Personen (66,9 %),[4] 498 Reisen (80,7 %) und 831 Reiseteilnahmen (72,1 %), die sicher – oder zumindest mit großer Wahrscheinlichkeit – stattgefunden haben. Grob gesprochen können damit knapp drei Viertel des gesammelten Materials zur Auswertung herangezogen werden.[5]

Die Anzahl der Reisenden ist angesichts der anzunehmenden Quellenverluste durch-

---

1 Die 24 in Kap. B.3, S. 353, genannten Reisenden, über die nur in Isländersagas berichtet wird, werden bei der Auswertung der Datenbank nicht berücksichtigt.
2 Siehe dazu unter den jeweils angegebenen Abschnitten.
3 Von den 48 Teilnehmern an der „Schlacht von Svolder" haben 6 noch weitere Reisen unternommen, von den 68 am Hebriden-Kriegszug beteiligten Personen trifft das auf 7 zu; sie werden jeweils mit einem eigenen Biogramm aufgeführt.
4 Darunter befanden sich lediglich 29 Frauen.
5 Im Folgenden werden in der Regel nur Personen, Reisen und Reiseteilnahmen angeführt, die als „sicher" gelten können; die gelegentliche Auswertung der „möglichen Reisenden" wird explizit kenntlich gemacht.

aus beachtlich. Die Datensammlung bietet lediglich einen Ausschnitt aus der Gesamtheit der skandinavischen Mobilität im Hochmittelalter und umfasst hauptsächlich die führenden Gesellschaftsschichten. Der besonders im 12. und 13. Jahrhundert stark anwachsende Handel – beispielsweise zwischen Norwegen und England oder über die Ostsee hinweg – findet nur geringen Niederschlag in der Prosopographie. Das liegt sicherlich daran, dass die an solchen Reisen beteiligten Personen in den Quellen nicht namentlich erwähnt werden. Ausnahmen finden sich in englischen Urkunden, während in der Überlieferung zum Ostseehandel erst in der zweiten Hälfte des 13. Jahrhunderts Namen genannt werden.[6]

Im Folgenden werden – dem Ablauf einer Reise grob folgend – zunächst drei Punkte beleuchtet: die Gründe für den Aufbruch, die oft schon ein Reiseziel implizieren, die Ziele der Reisen und die Wege, die zum Ziel führen sollen. Anschließend erfolgt eine Analyse der skandinavischen Mobilität in ihrem zeitlichen Verlauf.

3.1. Krieg, Bildung, Handel – was die Reisenden motivierte

> „Deine Frage betreffend, was die Leute dort in dem Lande suchen oder warum sie dorthin segeln mit so großer Lebensgefahr, dazu lockt sie eine dreifache Anlage des Menschen. Das erste ist die Lust an Kampf und Ruhm, denn das ist menschliche Art, dorthin sich zu begeben, wo große Gefahr zu erwarten ist, und sich dadurch berühmt zu machen. Das zweite ist Wißbegierde, denn das liegt gleichfalls in der Natur des Menschen, die Dinge zu erkunden und zu untersuchen, von denen ihm erzählt wird, und zu erfahren, ob sie so sind, wie ihm gesagt wurde, oder nicht. Das dritte ist die Aussicht des Gewinns, denn überall suchen die Menschen nach Gut, wenn sie erfahren, daß sich irgendwo Aussicht auf Gewinn darbietet, mag auch andererseits große Gefahr damit verbunden sein."[7]

Kapp, forvitni und *féfang* sind die Schlagworte dieses kurzen Textabschnitts aus dem so genannten Königsspiegel *(Konungs skuggsiá)*, der Mitte des 13. Jahrhunderts in Norwegen geschrieben wurde. In dem dialogischen Werk unterweist ein Vater seinen

---

6 Vgl. *Höhlbaum*, Hansisches Urkundenbuch (1876).
7 Konungs skuggsiá, übersetzt von *Meißner*, Königsspiegel (1944), 84. Der Text lautet im altnordischen Original (ed. *Holm-Olsen*, Konungs skuggsiá, 1945, 29): „Þar er þu forvitnar um þat hvat mænn sœkia þingat til lannz þess eða hvi mænn fara þangat isva mikenn lifs haska þa drægr þar til þræfolld natura mannzens. Einn lutr er kapp oc frægð þvi at þat er mannzens natura at fara þangat sæm mykels er haska van oc gera sec af þvi frægan. Enn annarr lutr er forvitni þvi at þat er oc mannzens natura at forvitna oc sia þa luti er hanum ero sagðer oc vita hvart sva er sæm hanum var sagt eða æige. Hinn þriðe lutr er fiarfong þvi at hværvætna leita mænn æpter feno þar sæm þeir spyria at fefongen ero þo at mykell haske se annan væg við."

3.1. Krieg, Bildung, Handel – was die Reisenden motivierte

Sohn, wie sich ein Kaufmann, ein Mitglied des königlichen Gefolges *(hirð)* sowie ein König verhalten sollten.[8] Kampf, Neugier und die Aussicht auf Gewinn brachten der zitierten Textstelle nach die Menschen dazu, sich auf Reisen zu begeben. Krieg, Bildung und Handel könnten durchaus die wichtigsten Motivationen sein, Zeit und Geld zu investieren und die Strapazen einer Reise auf sich zu nehmen, um Macht und Ruhm, Wissen oder Reichtum zu erlangen. Doch inwieweit trifft diese Vorstellung für das Untersuchungsmaterial zu?

Leider schweigen die Quellen dazu größtenteils. Längst nicht immer wird explizit ein Grund für die Reise genannt, und auch die wenigen direkten Zeugnisse müssen nicht die Intentionen der Reisenden widerspiegeln. Saxo Grammaticus berichtet beispielsweise zum Aufbruch Valdemars des Großen, der sich auf den Weg zum Reichstag Kaiser Friedrichs I. in Saint-Jean-de-Losne machte:

> „Rex [...] nec tam religioni consulere quam exterarum gentium mores cognoscere avidus, petendi Caesaris cupidinem concipit."[9]

Die Situation stellte sich jedoch anders dar, denn Valdemar wurde aufgefordert, sich bei Friedrich einzufinden;[10] er hatte also einen ganz konkreten Anlass für seine Reise. Dagegen schrieb Saxo dem dänischen König die Initiative zu und rückte das Interesse an fremden Völkern und ihren Gewohnheiten ins Blickfeld.[11] Die kirchlichen Probleme werden bewusst verharmlost – obwohl das päpstliche Schisma sich auch auf die Verhältnisse in Dänemark auswirkte, denn während Valdemar sich auf die kaiserliche Seite und somit zu Viktor IV. (1159–1164) stellte, hielt Erzbischof Eskil von Lund an Alexander III. (1159–1181) fest und befand sich deshalb jahrelang im Exil. Das Beispiel zeigt auf anschauliche Weise, dass die in den Quellen dargelegten Beweggründe der Reisenden nicht mit ihren eigenen Gedanken und Motivationen übereinstimmen müssen, sondern in aller Regel die Absichten ausdrücken, die der Autor mit seinem Text verfolgte.

Deshalb sind die Intentionen der Reisenden meist nur an dem Ablauf der Reise – beziehungsweise ihrer Darstellung in den Quellen – abzulesen.[12] Daraus lässt sich eine

---

8 *Sverre Bagge*, Art. Fürstenspiegel – Volkssprachliche Literaturen – Skandinavische Literaturen. In: LexMA 4 (1989), 1052f.; *Ludvig Holm-Olsen*, Art. Konungs skuggsjá. In: *Pulsiano*, Medieval Scandinavia (1993), 366f.
9 Saxo Gr. XIV 28 (3).
10 *Hansen*, Regnum et sacerdotium. Forholdet mellem stat og kirke i Danmark 1157–1170 (1966), 64f.
11 Die Initiative bezüglich der Unterwerfung Valdemars mag vom dänischen König selbst ausgegangen sein, nicht jedoch der Reiseanlass, der bei Saxo geradezu „touristische" Züge annimmt. Vgl. auch *Gaethke*, Knud und Waldemar, Teil 1 (1994), 34.
12 Vgl. *Schmugge*, Motivstrukturen (1988), 267, der mit Bezug auf Pilgerfahrten feststellt: „Über die individuellen Motive einzelner Pilger lassen sich vor dem Spätmittelalter praktisch keine Aussagen machen [...]."

grobe Einteilung in unterschiedliche Kategorien wie Handel, Gesandtschaft, Pilgerfahrt, Kreuzzug, Krieg, Studienreise, Exil, oder kirchlich-administrative Reise erstellen. Eine derartige Kategorisierung ist sinnvoll, um verschiedene Arten von Reisen unterscheiden zu können. Die Vergleichbarkeit der Reisetypen, die dadurch gewährleistet ist, lässt sich aber nur auf einem abstrakten Niveau erreichen, das den tatsächlichen Gegebenheiten nicht immer gerecht wird. Die Kategorien lassen sich zudem nicht exakt voneinander unterscheiden. So reiste Markús Gíslason (A 308) Ende des 12. Jahrhunderts nach Rom, ohne dass genauer gesagt wird, ob es sich um eine Pilgerfahrt oder eine anders motivierte Reise handelte. Auf dem Rückweg nach Island kaufte Markús in England Glocken und in Norwegen Bauholz für die Kirche in Rauðasandur.[13] Hier sind sowohl Elemente einer Handelsfahrt, als auch einer religiös motivierten Reise erkennbar – mehr noch: Die Handelstätigkeit selbst ist in gewisser Weise religiös motiviert. Zumindest muss man das Markús unterstellen, denn eine „reine" Handelsfahrt aus ökonomischen Beweggründen, die dem Weiterverkauf der Ware diente, hätte ihn nicht bis nach Rom geführt. Er scheint also selbst ein Interesse am Bau der Kirche gehabt zu haben.

Darüber hinaus ist es auch möglich, dass eine eindeutige Quellenaussage nur einen Aspekt der Reise erwähnt, einen anderen aber verschweigt – sei es, um dadurch eine bestimmte Aussage zu treffen, oder aus Unkenntnis. So berichtet die *Hákonar saga Hákonarsonar* von Jon Stål (A 262), einem Gefolgsmann König Håkons, dass er 1225 nach England reiste, um das Grab von Thomas Becket zu besuchen. In England traf er auf Peter von Husastad (A 379), den Erzbischof von Nidaros, der in Rom sein Pallium erhalten hatte und sich auf dem Rückweg nach Norwegen befand.[14] Am 4. August desselben Jahres erhielt Jon vom englischen König Heinrich III. die Erlaubnis, mit seinem Schiff und Handelswaren *(cum nave sua et rebus et catallis et mercandisis suis)* nach England zu reisen. Jon wird in diesem Eintrag der *Patent Rolls* als *mercator de Norwegia* bezeichnet.[15] Es ist davon auszugehen, dass beide Quellen „Recht" haben, denn was spräche dagegen, eine Handelsfahrt mit einer Pilgerreise zum Grab des heiligen Thomas Becket zu verbinden?[16] Anscheinend wurden Pilgerfahrten sehr häufig mit anderen Anliegen kombiniert. Christian Krötzl ging sogar davon aus, „daß der überwiegende Teil der Skandinavier, die sich im Mittelalter nach Mittel- oder Südeuropa begaben, unabhängig von der Hauptmotivation ihrer Reise, auch Wallfahrts-

---

13 Hrafns saga Sveinbjarnarsonar, Kap. 5.
14 Hákonar saga Hákonarsonar, Kap. 130.
15 DN XIX, Nr. 169. Jon wird *Johannes Stel* genannt, es handelt sich aber unzweifelhaft um den Lendmann des norwegischen Königs. Vgl. RN, Nr. 517.
16 Gegen monokausale Erklärungen – in diesem Fall bezogen auf Kreuzzüge – wandte sich auch *Nedkvitne*, Hvorfor (2002), 127: „Middelalderens mennesker kunne ha mer enn en tanke i hodet samtidig [...]." (Die Menschen des Mittelalters konnten mehr als einen Gedanken gleichzeitig im Kopf haben.)

3.1. Krieg, Bildung, Handel – was die Reisenden motivierte

orte aufsuchten. Das Aufsuchen von Wallfahrtsorten war ein so selbstverständlicher Teil des mittelalterlichen Reisens, daß es in den Quellen nicht gesondert aufgeführt wurde."[17]

Die genannten Beispiele verdeutlichen, dass Reisen, die mehreren Kategorien zugeordnet werden können, als der Normalfall anzusehen sind. Beim Blick auf die Häufigkeiten der Reisearten muss man sich deshalb des hohen Abstraktionsniveaus und der möglichen Interferenz bewusst sein. Doch selbst dann lässt sich rund ein Drittel der Reisen keiner Kategorie zuweisen. Die häufigsten Reisearten, die der Prosopographie entnommen werden können, sind solche mit einem explizit kriegerischen Charakter. Dazu zählen die frühen Wikingfahrten ebenso wie die Söldnerdienste in der Warägergarde von Konstantinopel und die Expansion der dänischen Könige ab dem Ende des 12. Jahrhunderts. Der Kategorie „kriegerische Reise" folgen mit einem gewissen Abstand solche Aufenthalte außerhalb Skandinaviens, die unter dem Stichwort „Emigration" gebündelt werden können – unabhängig davon, ob das Aufsuchen der Fremde aus eigenem Antrieb oder unfreiwillig geschah. Hierzu zählen auch die Heiratsverbindungen, bei denen die Frauen ihr Land verließen, um mit ihrem Mann in dessen Herkunftsland zu leben. Es folgen in etwa derselben Quantität Gesandtschaften, kirchlich-administrative Reisen, von denen die Palliumsfahrten der Bischöfe nach Rom die größte Gruppe ausmachen, sowie Pilgerfahrten und Kreuzzüge. Dabei ist Krötzl zuzustimmen, dass Pilgerfahrten sicherlich zahlreicher waren als die Quellen belegen. Das trifft grundsätzlich auf alle Arten von Reisen zu, beispielsweise auf Handelsreisen, bei denen die beteiligten Personen erst ab dem späten 12. Jahrhundert vermehrt aus den Quellen hervortreten. Dass es auch vorher Fernhandel gab, ist aus anderen Quellengruppen ersichtlich. So gibt es zahlreiche Funde von Münzen aus dem späten 10. und dem 11. Jahrhundert, die hauptsächlich aus England und Deutschland stammen. Sie lassen sich allerdings nicht ausnahmslos auf Handelstätigkeiten zurückführen, da sie zum Teil von den Tributzahlungen der Engländer, dem so genannten *Danegeld*, herrühren.[18] Neben den Handelsfahrten waren in der späteren Phase des hier behandelten Zeitraums auch Ausbildungsreisen – von „Studium" kann man erst im Laufe des 13. Jahrhunderts sprechen – sicherlich zahlreicher, als die Prosopographie aufzeigen kann. Meist ist nur von Bischöfen und Erzbischöfen bekannt, dass sie außerhalb Skandinaviens ausgebildet wurden. Es ist jedoch davon auszugehen, dass sich auch andere Kleriker zu Studienzwecken an verschiedenen Orten Europas aufgehalten haben, ohne dass über sie berichtet wurde, weil sie in der Kirchenhierarchie keine Stellung innehatten, die ihren Werdegang berichtenswert erscheinen ließ. Aufgrund der Schwierigkeiten, die durch die Quellenlage und die notgedrungen unscharfe Kategorisierung

---

17 *Krötzl*, Pilger, Mirakel und Alltag (1994), 133.
18 *Hatz*, Handel und Verkehr (1974); *Larsson*, Runstenar (1990), 126; *Sawyer*, Anglo-Scandinavian trade (1986), 194–199.

gegeben sind, scheint es nicht sinnvoll, die Motivationen der Reisenden hier weiter zu verfolgen und einer eingehenderen Analyse zu unterziehen. Für eine Gesamtschau der Reisemotivationen bieten die Quellen leider kein ausreichendes Material.

3.2. Reiseziele

Sobald ein Grund für eine Reise gegeben war, stand damit oft auch schon ein Ziel fest. Ob es sich um die Teilnahme an Konzilien, den Besuch der zisterziensischen Generalkapitel oder eine Gesandtschaft im Auftrag eines Königs oder Bischofs handelte, häufig gaben die Anlässe auch das Ziel vor. Ähnlich verhielt es sich mit Pilgerreisen – zwar bestand eine „Auswahl" an Pilgerzielen, aber die regionalen und lokalen Wallfahrtsstätten werden bis zum 13. Jahrhundert nur selten erwähnt, während an Fernpilgerzielen drei deutlich hervorstechen: Rom, Jerusalem und Santiago de Compostela.[19] Da außerdem für Kreuzzüge das Heilige Land und für Reisen zum Papst die römische Kurie die prädestinierten Ziele waren, ist es nicht verwunderlich, dass Jerusalem und Rom die meistgenannten Orte in der Prosopographie sind (Tabelle 3.1). Vergeblich sucht

Tabelle 3.1.: Reiseziele mit mehr als zehn Nachweisen

Reiseziel	*Nachweise*
Rom	57
Jerusalem	25
Paris	19
Konstantinopel	18
Bremen	11
Nowgorod	11

man in dieser Aufstellung allerdings nach Santiago de Compostela, das lediglich zwei Mal ausdrücklich genannt wird – bei Hrafn Sveinbjarnarson (A 221) und bei Sigurd Jorsalfar (A 427), der sich auf dem Weg ins Heilige Land befand. Hinzu kommen drei Reisen, bei denen fraglich ist, ob sie stattgefunden haben.[20] Das heißt aber nicht, dass Skandinavier keine Reisen nach Santiago de Compostela unternahmen, sie scheinen ganz im Gegenteil rege Pilger ins *Jakobsland*, wie Galicien in altnordischen Texten genannt wird, gewesen zu sein. Darauf lassen jedenfalls die in Skandinavien gefundenen Pilgerzeichen schließen, denn die frühesten von ihnen stammen fast ausschließlich

---
19 *Krötzl*, Pilger, Mirakel und Alltag (1994), 364.
20 Gemeint sind die Reisen von Anders (B 88), Jonas (B 123) und Vinnid (B 155). Daneben gab es einen schwedischen Pilger, der 1180 nach Santiago reiste, dessen Name jedoch nicht bekannt ist; siehe dazu *Vázques de Parga/Lacarra/Uría Ríu*, Peregrinaciones (1948–1949), Bd. 1, 67.

3.2. Reiseziele

aus Santiago. Das Problem dieser archäologischen Zeugnisse besteht zum einen darin, dass sie sich nur selten eindeutig datieren lassen; die meisten Pilgerzeichen fanden ihren Weg in den Norden Europas vermutlich erst ab dem 13. Jahrhundert.[21] Zum anderen sind die Jakobsmuscheln von geringer Aussagekraft für die Frage, unter welchen Umständen sie nach Skandinavien gelangten.

Die übrigen häufig genannten Reiseziele lassen sich grob in zwei Gruppen unterscheiden: Einerseits Paris und Bremen, die eher von Klerikern aufgesucht wurden, andererseits Konstantinopel und Nowgorod, die auf Waräger verweisen. Bremen war als Metropole der frühen skandinavischen Kirche im 11. Jahrhundert ein Anlaufpunkt für die Bischöfe des Nordens, die in dieser Zeit häufig aus dem deutschen Bereich stammten. Die Stadt blieb aber auch das 12. Jahrhundert hindurch Reiseziel und teilweise Station auf dem Weg nach Süden. Paris hingegen tritt erst ab der Mitte des 12. Jahrhunderts als Anlaufpunkt für Skandinavier in Erscheinung, vornehmlich als Studienort. Die norwegischen Erzbischöfe Eirik Ivarsson (A 103) und Tore Gudmundsson (A 517) sowie Bischof Tore von Hamar (A 515) wurden allesamt in Saint-Victor ausgebildet, möglicherweise auch Erzbischof Øystein Erlendsson (A 331), der sich während seiner Palliumsreise nachweislich dort aufhielt. Ein weiterer Aufenthalt in diesem Kloster ist für den dänischen Erzbischof Eskil (A 128) belegt, der mehrere Jahre in Frankreich lebte.[22] Außerdem war die Schwester des Abtes Ernisius von Saint-Victor mit einem Norweger verheiratet.[23] Die führende Geistlichkeit Dänemarks bevorzugte hingegen die Abtei Sainte-Geneviève. Möglicherweise wurde schon Erzbischof Absalon (A 9) dort ausgebildet. Er lernte jedenfalls während seiner Studienzeit den dortigen Kanoniker Guillaume kennen, den er später als Abt nach Dänemark holte und der deshalb als Wilhelm von Æbelholt bekannt ist. Absalons Nachfolger Anders Sunesøn (A 18) und dessen Bruder Peder (A 375), Bischof von Roskilde, studierten ebenfalls in Sainte-Geneviève. Paris ist in der zweiten Hälfte des 12. Jahrhunderts also das Ausbildungszentrum der gehobenen Geistlichkeit Dänemarks und Norwegens.

Konstantinopel war schon früh ein Anlaufpunkt für Skandinavier, die in der so genannten Warägergarde dienten, einer Leibgarde des byzantinischen Kaisers.[24] Der Weg dorthin verlief meist durch die Kiewer Rus', ein Reich, das sich vom Ladogasee im Norden bis zum Schwarzen Meer im Süden erstreckte – zumindest zur Zeit seiner größten Ausdehnung im 11. Jahrhundert. Über die Flüsse Wolchow und Dnjepr gelangten die Reisenden von der Ostsee bis nach Konstantinopel – nicht ohne einige

---

21 *Andersson*, Pilgrimsmärken (1989), 161f. Vgl. auch *Almazán*, Gallaecia Scandinavica (1986).
22 Zu Eskils Verbindungen nach Frankreich siehe Kap. 3.4.3, S. 97.
23 Vgl. dazu das Biogramm von Geirmund (A 142). Zu Saint-Victor und Norwegen siehe *Gunnes*, Erkebiskop Øystein (1996), 85–89; *Johnsen*, St. Victorklosteret (1943–1946).
24 Zu den Warägern liegen ausführliche Studien vor: *Blöndal*, Varangians (1978); *Davidson*, Viking Road (1976).

Kilometer auf dem Landweg zu überbrücken, um Stromschnellen zu meiden.[25] Die Verbindungen mit den Rus' beschränkten sich jedoch nicht auf das Durchqueren ihres Herrschaftsgebietes, denn Großfürst Jaroslav der Weise (1019–1054) war verheiratet mit Ingegerd (A 229), der Tochter des schwedischen Königs Olof Skötkonung. An ihrem Hof hielt sich von 1028 bis 1030 auch der norwegische König Olav der Heilige (A 340) auf, bevor er beim Versuch, sein Reich zurückzuerobern, starb. Seinen Sohn Magnus (A 302) hatte er in Nowgorod zurückgelassen; dort blieb der spätere König bis 1035.

Im 12. Jahrhundert verlor das Kiewer Reich an Macht und die skandinavischen Verbindungen dorthin wurden weniger wichtig. Konstantinopel hingegen blieb auch in dieser Zeit ein lohnenswertes Reiseziel, wurde aber hauptsächlich in Verbindung mit einer Fahrt ins Heilige Land besucht. Dementsprechend verlagerte sich auch die Reiseroute mehr und mehr nach Westen und führte auf dem Rückweg häufig über den Balkan und durch die deutschen Gebiete oder über Rom und von dort aus nordwärts. Nicht nur von und nach Konstantinopel gab es mehrere mögliche Reisewege, die eingeschlagen werden konnten. Deshalb ist nun zu fragen, welche von ihnen die Skandinavier bevorzugten.

3.3. Reisewege

Bevor auf einzelne Reisende und die von ihnen benutzten Wege eingegangen wird, sollen zunächst einige mittelalterliche Itinerare vorgestellt werden. Dabei stehen Pilgerfahrten nach Rom und Jerusalem im Vordergrund, weil für diese Reisen Wegbeschreibungen angefertigt wurden und außerdem die Quellen für diesen Reisetypus vergleichsweise viel Material bereithalten.

3.3.1. Itinerare

Von den wenigen direkten Zeugnisse darüber, welche Wege die Skandinavier bei ihren Reisen in die verschiedenen europäischen Regionen nahmen, bietet der Abt Nikulás von Munkaþverá die ausführlichste Beschreibung. Er pilgerte zwischen 1149 und 1154 nach Rom und Jerusalem und verfasste wenig später ein Itinerar in altnordischer Sprache. Der so genannte *Leiðarvísir* wurde von Kristian Kålund, Francis Magoun und Joyce Hill ausführlich kommentiert, wobei besonders die Lokalisierung der von Nikulás genannten Orte und Stätten im Vordergrund stand.[26] Als Ergebnis dieser Ar-

---

25 *Andrzej Poppe*, Art. Dnepr. In: LexMA 3 (1986), 1146f.
26 *Hill*, From Rome to Jerusalem (1983); *Kålund*, Alfræði íslenzk (1908); *Magoun*, Two Northern Pilgrims (1940); *Magoun*, Road to Rome (1944). Zu Überlieferung und Editionen siehe Kap. 2.1.3, S. 56.

3.3. Reisewege

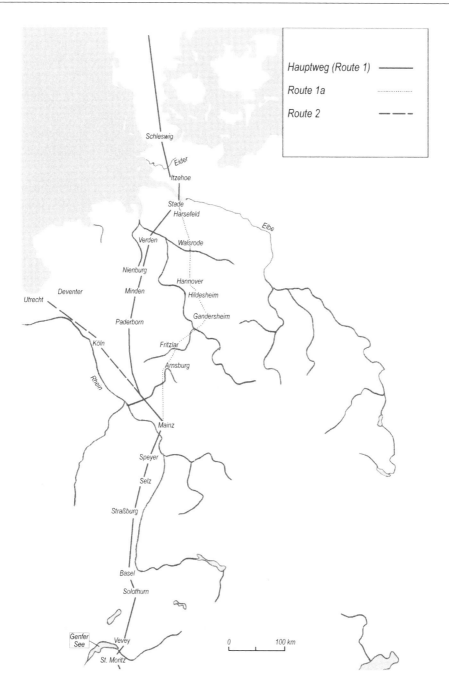

Abbildung 3.1.: *Leiðarvísir* – Der Weg von Dänemark bis zu den Alpen

beiten können die Wege, die Nikulás beschrieben hat, sehr genau verfolgt werden:[27] Nach einer Schiffsreise von Island über Norwegen nach Dänemark verläuft die Hauptroute auf dem Landweg durch Dänemark und Deutschland. Einige der Stationen sind Schleswig, Stade,[28] Paderborn, Mainz, Speyer, Straßburg und Basel. Vom Genfer See aus überquerte Nikulás die Alpen über den Großen Sankt Bernhard. In Italien führte sein Weg über Aosta, Vercelli, Pavia, Piacenza, Luni, Lucca, Siena, Viterbo und Sutri nach Rom. Von dort reiste er weiter nach Monte Cassino, Capua und Benevent und besuchte den Monte Gargano, bevor er sich – vermutlich in Bari – einschiffte und über Korfu, Rhodos und Zypern nach Akkon im Heiligen Land segelte.

Zumindest die Etappe vom Genfer See nach Rom ist auch von anderen Itineraren bezeugt und entspricht der *Via Francigena*.[29] Einer der ältesten und zugleich wichtigsten Belege für diesen Weg ist das Itinerar des Erzbischofs Sigeric von Canterbury.[30] Sigeric suchte kurz nach seiner Bischofswahl im Jahr 990 Rom auf, um sich beim Papst das Pallium zu holen. Einer seiner Begleiter hielt schriftlich fest, welche Kirchen sie in Rom besuchten und durch welche Orte sie auf dem Rückweg nach Canterbury reisten. Ein Vergleich dieser Stationen mit denen, die im *Leiðarvísir* genannt werden, zeigt insgesamt neunzehn Übereinstimmungen. Die in beiden Itineraren genannten Orte sind Vevey, Sankt Moritz, Aosta, Ivrea, Vercelli, Pavia, Piacenza, Borgo San Donnino, Pontremoli, San Stefano di Magra, Luni, Lucca, Siena, San Quirico, Acquapendente, Bolsena, Montefiascone, Viterbo und Sutri.[31] Daneben sind drei weitere Stationen, die nicht sicher identifiziert werden können, wahrscheinlich von beiden Verfassern aufgesucht worden: Bourg-Saint-Pierre[32], San Genesio[33] und Radicofani[34]. Eine literarische Abhängigkeit des *Leiðarvísir* vom älteren englischen Itinerar ist aber

---

27 Siehe dazu die Abbildungen 3.1, 3.2 und 3.3. Vgl. auch die Zusammenfassung der Reiseroute mit altnordischen und modernen Ortsnamen bei *Simek*, Kosmographie (1990), 276–280.

28 Auch Helmold von Bosau (Kap. 15) berichtet, dass Stade ein günstig gelegener Hafen für diejenigen war, die die Elbe entlang fuhren: „[...] quousque pervenirent Stadium, quod est oportuna stacio navium per Albiam descendentium." Vgl. das Itinerar in den Stader Annalen aus dem 13. Jahrhundert; dazu unten, S. 78.

29 *Stopani*, Via Francigena (1988); *Thomas Szabó*, Art. Via Francigena. In: LexMA 8 (1997), 1610f. In der älteren Forschung ist auch die Bezeichnung *Via Francesca* geläufig; vgl. *Oehlmann*, Alpenpässe, Teil 2 (1879), 300f.

30 Der Text findet sich bei *Stopani*, Vie di pellegrinaggio (1991), 55f. und – leider verteilt auf zwei Aufsätze – bei *Magoun*, Two Northern Pilgrims (1940), 271, und *Magoun*, English Pilgrim-Diary (1940), 233; siehe dort auch zu älteren Editionen.

31 Die Identifizierungen von *Pamphica* mit Pavia und *Seocine* mit Siena in Sigerics Itinerar sind allerdings nicht eindeutig; vgl. ebd., 238, 242.

32 Nikulás: *Pétrs kastali*, Sigeric: *Petres castel*.

33 Nikulás: *Sanctinus borg*, Sigeric: *Sancte Dionisii*. *Magoun*, English Pilgrim-Diary (1940), 239, zieht diese Identifizierung in Zweifel, kann aber keine Lösung bieten: „A crux." Zu San Genesio als Etappe der *Via Francigena* siehe auch *Szabó*, Entdeckung (1994), 922.

34 Nikulás: *Clemunt*, Sigeric: *Sancte Petir in Pail*. Beide Zuschreibungen sind in diesem Fall allerdings sehr fragwürdig.

3.3. Reisewege

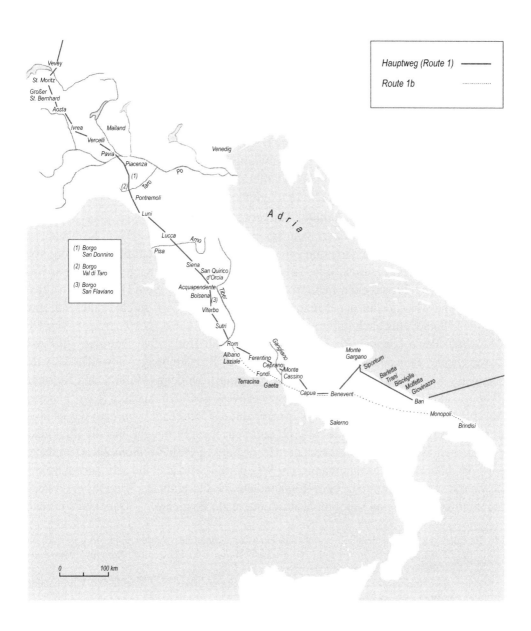

Abbildung 3.2.: *Leiðarvísir* – Der Weg von den Alpen bis nach Süditalien

auszuschließen, denn viele Namensformen unterscheiden sich.[35]

Dass die von Sigeric und Nikulás benutzten Wege nicht völlig übereinstimmen, ist nicht verwunderlich, denn immerhin liegen rund einhundertundfünfzig Jahre zwischen diesen Reisen. In dieser Zeit können neue Orte gegründet worden oder zu größerer Bedeutung aufgestiegen sein, wodurch sich die Straßenführung mit der Zeit verändert haben könnte.[36] So sicherten sich die Bewohner von Turin 1111 den Besitz der *Via Francigena*, den sie sich 1136 von König Lothar III. bestätigen ließen – mit dem Zusatz, dass niemand die Straße umlenken dürfe.[37] Dass sowohl Sigeric am Ende des 10. Jahrhunderts als auch Nikulás in der Mitte des 12. Jahrhunderts östlich an Turin vorbeizogen, zeigt allerdings auch, wie schwierig es für die Kommunen war, den Strom der Pilger in ihrem Sinne umzuleiten. Darüber hinaus geht auch aus dem *Leiðarvísir* hervor, dass zur gleichen Zeit mehrere mögliche Reiserouten existierten.[38]

Auch das Itinerar in den *Annales Stadenses* weist einige gemeinsame Stationen mit dem *Leiðarvísir* auf. Albert von Stade integrierte in seine Weltchronik einen fiktiven Dialog zwischen Tirri und Firri, die sich unter anderem über den Weg von Stade nach Rom und zurück unterhalten.[39] Albert, der 1236 nach Rom gereist war, gibt für manche Teilstrecken mehrere mögliche Routen an. Sein Hinweg führt über Bremen und Münster an den Rhein bei Duisburg, von dort durch Frankreich und über den Mont Cenis nach Italien, wo Albert – ebenso wie der *Leiðarvísir* – Vercelli *(Vercellis)*, Pavia *(Papia)*, Piacenza *(Placentia)* und Borgo San Donnino *(Bur san Domin)* nennt, dann aber von Sigerics und Nikulás' Beschreibungen abweicht. Es wird eine östlichere Route über Parma, Reggio *(Regium)*, Modena *(Mutina)* und Bologna *(Bolonia)* eingeschlagen, von dort gibt es zwei Wege über den Apennin *(trans montes)*. Anschließend vereinigt sich Alberts Itinerar mit der *Via Francigena*, auf der es über Acquapendente, Montefiascone, Viterbo und Sutri nach Rom geht. Für die Rückreise werden mehrere Wege beschrieben, der Große Sankt Bernhard *(mons Iovis)* ist dabei einer der möglichen Alpenübergänge, der Weg dorthin wird aber nur sehr kurz skizziert: „Si vis transire montem Iovis, cum Roma rediens, de Placentia eas Vercellis et ita trans montem Iovis venies ad sanctum Mauricium, et sic Basileam."[40] Daneben stimmen

---

35 Es sollen nur wenige Beispiele zur Veranschaulichung angeführt werden: *Fívizu borg/Vivæc* für Vevey, *Friðsæla/Vercel* für Vercelli, *Montreflar/Puntremel* für Pontremoli, *Hangandaborg/Aqua pendente* für Acquapendente etc.
36 Schon *Jung*, Itinerar des Sigeric (1904), 10, wies darauf hin, dass „im Laufe des 11. Jahrhunderts eine Ablenkung [des Weges] statt[fand]."
37 1111: *Stumpf-Brentano*, Kaiserurkunden (1865–1883), Nr. 3052, der diese Urkunde allerdings als Fälschung ansah: „Musz corumpiert sein." (258); 1136: MGH DD L III, Nr. 106. *Szabó*, Entdeckung (1994), 919–923, nennt mehrere Beispiele für solche Umlenkungen von Fernstraßen, an denen besonders Kommunen ein (wirtschaftliches) Interesse hatten.
38 Zu den Alternativrouten, die Nikulás nennt, siehe unten, S. 79.
39 Annales Stadenses, s. a. 1151, 335–340. Vgl. *Stopani*, Vie di pellegrinaggio (1991), 97–108.
40 Annales Stadenses, s. a. 1151, 340.

weitere fünf Stationen, die Albert für den Weg über den Sankt Gotthard erwähnt, mit dem *Leiðarvísir* überein: Pontremoli *(Pon tremele)*, Luni *(Woste Lune)*, Lucca, Siena *(Sexna)* und San Quirico d'Orcia *(Sanctus Clericus)*.

Das Itinerar des Matthäus Paris[41] aus der Mitte des 13. Jahrhunderts beschreibt ebenfalls den Weg über die *Via Francigena*, enthält aber zwei Übereinstimmungen mit dem *Leiðarvísir*, die weder bei Sigeric noch bei Albert vorkommen: Monte Bardone *(Munt Bardun)* und Sarzana *(Sardainne)*, das allerdings bei Nikulás nicht sicher identifiziert werden kann. Der isländische Abt nennt *Marío borg*, das Sarzana bezeichnen könnte, denn Philipp II. August von Frankreich kam auf seiner Rückreise vom Kreuzzug (1191) durch *Sancta Maria de Sardena*.[42] Auch bei dieser Reisebeschreibung, die in die *Gesta regis Henrici Secundi* eingebettet ist, findet sich übrigens der *Munt Bardun*. Nikulás benutzte also Straßen und Wege, die sowohl vorher als auch zu späteren Zeiten bekannte Routen auf dem Weg nach Rom waren.

Doch der *Leiðarvísir* scheint nicht nur einen Weg zu beschreiben, der von vielen Romreisenden benutzt wurde, sondern lässt ein Wegenetz europäischen Ausmaßes erkennen. Denn Nikulás nennt für manche Streckenabschnitte alternative Routen, zwei davon nach Mainz: Zum einen gibt es den leicht östlicher verlaufenden Landweg ab Stade, der über Walsrode, Hannover, Hildesheim und Gandersheim führt (Route 1a), zum anderen eine Seeroute von Norwegen nach Flandern und weiter über Land nach Köln und Mainz (Route 2).[43] Auch in Italien wird ein anderer Weg genannt: Von Rom reist man über Albano Laziale und Gaeta nach Capua. Bis Benevent vereinigt sich diese Route mit dem Hauptweg, führt dann aber direkt nach Monopoli und Brindisi (Route 1b).[44] Darüber hinaus finden drei bedeutende Handelszentren Erwähnung, ohne dass der isländische Abt sie besucht hätte. Von Vercelli aus sei es eine Tagesreise abseits des Romweges nach Osten, bis man nach Mailand komme.[45] Bei Pisa weist der Verfasser ausdrücklich darauf hin, dass „Kaufleute von Griechenland und Sizilien, Ägypter, Syrer und Afrikaner" die Stadt mit ihren Schiffen ansteuerten.[46] Außerdem wird – gewissermaßen anstelle der Überfahrt über das Adriatische Meer – Venedig erwähnt. Offensichtlich hörte Nikulás, dass die „Meeresbucht", wie er es ausdrückt, nach Venedig benannt war und fand es angebracht, auch die Stadt zu nennen.[47] Möglicherweise fuhr Nikulás mit einem venezianischen Schiff über die Adria, ohne selbst in

---

41 *Miller*, Mappaemundi (1895), 84–93. Vgl. *Stopani*, Vie di pellegrinaggio (1991), 89–96.
42 Ex gestis Henrici II. et Ricardi I. In: *Liebermann/Pauli*, Ex rerum Anglicarum scriptoribus (1885), 81–132, hier 131. Vgl. *Magoun*, Road to Rome (1944), 340f.
43 Leiðarvísir, Z. 14–24 (K 13.21–14.15). Vgl. Abbildung 3.1.
44 Leiðarvísir, Z. 116–122 (K 20.7–16). Vgl. Abbildung 3.2.
45 Leiðarvísir, Z. 39 (K 15.17f.): „þa er dagfor austr af roma veg til melans borgar".
46 Leiðarvísir, Z. 58–60 (K 16.24–27): „Sudr fra luko er borg su er heitir pifis þangat hallda kaupmenn dromundum af gricklandi & sikil ey Egipta landz menn syrlendzkir & affrikar"
47 Leiðarvísir, Z. 122f. (K 20.16–18).

Venedig gewesen zu sein.[48] Das könnte eine Erklärung dafür sein, dass er im Zusammenhang mit Venedig den Patriarchensitz und die Reliquien von Markus und Lukas erwähnt.[49] Doch nicht nur zu Handelsmetropolen empfahl der isländische Abt einen Abstecher, denn er nennt auch das südlich seines Wegs gelegene Salerno, wo es die besten Ärzte gebe.[50]

Noch viel bedeutender als diese Abstecher und alternativen Wege ist aber, dass Nikulás mehrmals von anderen Pilgerrouten berichtet, die sich mit seinem Weg vereinigten. So heißt es beispielsweise: „am Genfer See [...] treffen die Wege der Leute zusammen, die über die Alpen nach Süden reisen"[51]. Es handelt sich folglich um mindestens zwei Wege aus dem Norden, die ab hier den gleichen Verlauf nehmen, und damit können nur der von Nikulás selbst beschriebene Weg sowie die Route des Bischofs Sigeric durch Frankreich gemeint sein. Interessant ist hier auch die Auflistung der reisenden Völkerschaften, die sich in den Süden begaben. Der isländische Abt nennt „frakar flemingiar Valir englar saxar nordmenn"[52]. Eindeutig erkennen lassen sich Flamen *(flemingiar)*, Engländer *(englar)* und Skandinavier *(nordmenn)*. *Saxar* bezeichnet möglicherweise nicht nur die norddeutschen Sachsen, sondern Menschen aus dem gesamten deutschen Sprachraum.[53] Problematischer ist die Auflösung von *frakar* und *Valir*, weil die beiden Begriffe mehrdeutig sind. *Frakkar* kann sowohl „Franken" als auch „Franzosen" bezeichnen.[54] In diesem Fall ist eher an Franzosen zu denken, da mit *Saxar* ja bereits die Bewohner des deutschsprachigen Raumes genannt wurden. *Valir* kann „Welsche", „Kelten" oder „Einwohner Nordfrankreichs" bezeichnen;[55] Letzteres scheint für den vorliegenden Text am plausibelsten.[56] In jedem Fall begegnete der isländische Abt auf seiner Reise offensichtlich verschiedenen Personen Zentral- und Nordeuropas.

Auch das bedeutende Pilgerzentrum im Nordwesten der iberischen Halbinsel findet Erwähnung: In Luni trifft der Weg aus Spanien auf die *Via Francigena*, der Terminus *frá Jacobs* verweist dabei eindeutig auf Santiago de Compostela.[57] Mit „Weg" könnte

---

48 *Hill*, From Rome to Jerusalem (1983), 185.
49 Markus ist zwar der Schutzheilige Venedigs, Lukas kann jedoch nicht mit der Lagunenstadt in Verbindung gebracht werden; vgl. ebd.: „I can find no explanation for Nikulás' reference to St. Luke."
50 Leiðarvísir, Z. 112 (K 19.23–20.1): „I vtsudr þadan er salerni borg þar ero leknar beztir".
51 Leiðarvísir, Z. 29f. (K 15.2f.): „vid marteins vatn [...] koma leidir saman þeira manna er fara of mundio fiall sudr".
52 Leiðarvísir, Z. 30f. (K 15.3f.).
53 *de Vries*, Wörterbuch (1961), 466.
54 Ebd., 140.
55 Ebd., 641.
56 *Kålund*, Vejviser (1913), 55, übersetzte diese Begriffe mit „Franker" und „Kelter", während *Magoun*, Road to Rome (1944), 332, dahinter Nord- und Südfranzosen vermutete. Die Übersetzung von *Simek*, Kosmographie (1990), 485, hat „Franken" und „Wallonen".
57 Leiðarvísir, Z. 55 (K 16.18f.): „I lunu koma leidir saman af spani & fra Jacobs".

3.3. Reisewege

in diesem Fall eine Seereise von Spanien über das Mittelmeer gemeint sein;[58] dass im *Leiðarvísir* auch auf Seerouten Bezug genommen wird, zeigt sich in Kos, wo die Wege von Apulien und Konstantinopel zusammentreffen und gemeinsam zum Heiligen Land führen.[59] Aber auch eine Landroute ist denkbar,[60] beispielsweise via Saint-Gilles, wie die folgenden Ausführungen nahelegen.

Nikulás nennt zwei Mal einen „Iliansweg", zunächst an der Stelle, an der dieser Weg auf die Route des *Leiðarvísir* trifft: „Zwischen Pavia und Piacenza fließt der große Fluss, der Po heißt, dort stößt der Weg derer hinzu, die den Iliansweg benutzen."[61] Am Ende des Itinerars kommt der Verfasser noch einmal auf diesen Weg zurück: „Vierzehn Tage sind es zu Fuß von Bari nach Rom, dann knappe sechs Wochen von Süden bis zu den Alpen und drei nach Norden bis Haithabu. Aber auf dem östlichen Iliansweg ist es eine neunwöchige Reise."[62] Es ist schwierig zu sagen, welchen Weg Nikulás hier vor Augen hatte. Nach den Angaben des *Leiðarvísir* müsste er von Piacenza aus östlich am Po entlang geführt haben, die Identifizierung von *ilian* mit einem Ort ist aber nicht einfach. Eric Werlauff dachte an Ilanz in Graubünden,[63] verwarf diese Möglichkeit jedoch. Oehlmann griff sie wieder auf und meinte, *ilian* müsse für Ilanz stehen.[64] Er bleibt jedoch ganz auf die Alpenpässe fixiert und auf die Frage, welche alternative Alpenüberquerung mit dem Iliansweg beschrieben wurde. Die erste Erwähnung des *ilians vegr* deutet aber nicht auf einen alternativen Wegabschnitt, sondern auf eine gänzlich andere Reiseroute, vergleichbar der *frá Jacobs*. Und auch wenn die zweite Belegstelle zunächst den Eindruck erweckt, dass eine Alternativroute gezeigt werden sollte, so ist doch anzunehmen, dass Nikulás in diesem Fall sicherlich mehrere Stationen angegeben hätte, wie er es in anderen Fällen auch getan hat. Es wäre beispielsweise sehr plausibel und „verlockend"[65], einen Weg von Piacenza über Mailand zu vermuten, der die Reisenden über den Lukmanier nach Ilanz, Chur und am Rhein entlang zum Bodensee geführt haben könnte. Dass Nikulás aber an dieser Stelle weder auf die andernorts in seinem Itinerar erwähnte Station Mailand, noch auf das – auch in Nordeuropa bekannte – Kloster Reichenau eingegangen sein soll, ist nahezu

---

58 Vgl. *Jung*, Itinerar des Sigeric (1904), 81.
59 Leiðarvísir, Z. 126f. (K 20.23f.): „þa er at sigla til eyiar er ku heitir þar koma leidir saman af puli & af miklagardi". Vgl. *Hill*, From Rome to Jerusalem (1983), 187.
60 *Tyler*, Alpine Passes (1930), 11, dachte an eine Küstenstraße.
61 Leiðarvísir, Z. 42–44 (K 15.23–25): „Aa millum papeyiar & plazinzo fellr á mikil er padus heitir þa kemr til þeiRar leidar er ilians veg foro".
62 Leiðarvísir, Z. 176–178 (K 23.12–15): „Enn xiiij daga ganga ór baar j Roma borg Litil vi vikna for sunnan til mundio enn iij nordr j heida be. Enn ith eystra iliansveg er ix vikna for".
63 *Werlauff*, Symbolae (1821), 54.
64 *Oehlmann*, Alpenpässe, Teil 1 (1878), 265–267. Vgl. *Kålund*, Vejviser (1913), 89–91 und zusammenfassend *Magoun*, Road to Rome (1944), 336f.
65 So *Kålund*, Vejviser (1913), 90.

undenkbar.[66]

Der Iliansweg muss im Umfeld des Abtes bekannt gewesen sein, ansonsten hätte er sicherlich eine ausführlichere Beschreibung geliefert. Da *Ilian* auch der altnordische Name für den heiligen Aegidius ist, hat schon Werlauff vermutet, dass es sich um einen Weg über Saint-Gilles handelt.[67] Der Ort wird in der Saga des Hrafn Sveinbjarnarson *Ílansborg* genannt, als der Protagonist eine Pilgerfahrt nach Canterbury, Saint-Gilles, Santiago de Compostela und Rom unternimmt.[68] Nikulás könnte von dem Weg durch andere Reisende erfahren haben, die den Ort – oder vielmehr die Gegend – mit „Ilien" bezeichnet haben könnten.[69] Der *ilians vegr* führte wahrscheinlich am Po entlang über den Mont Genèvre in den Cottischen Alpen und durch das Durance-Tal zum Rhône-Delta. Freilich muss das im Text vorkommende *eystra* (östlich) durch *vestra* (westlich) ersetzt und durch einen Abschreibfehler erklärt werden. Gerade vor dem Hintergrund der europäischen Wege,[70] die Nikulás mehrmals nennt, ist diese Möglichkeit die wahrscheinlichste.

John Tyler verweist darüber hinaus auf die ungewöhnlichen Zeitangaben bei der zweiten Nennung des *ilians vegr*. Während er sich selbst jedoch fragt, wie die neunwöchige Reise zu verstehen sein könnte, gibt er wenig später eine mögliche Erklärung, als er den Hinweg Alberts von Stade beschreibt: „This was not, of course, the most direct route to the Alps from this district (less direct, for example, than that described in the Icelandic itinerary) but Albert perhaps wanted to give something in the nature of an interesting and comprehensive 'grand tour'."[71] Auf eine solche „Rundreise" zu den wichtigsten Pilgerzielen Europas könnte auch Nikulás' Iliansweg verweisen.

Eine endgültige Klärung der Frage muss ausbleiben, aber auch ohne den Iliansweg bleibt das Straßennetz, das im *Leiðarvísir* genannt wird, beachtlich: Neben dem Hauptweg gibt es drei alternative Streckenabschnitte, mindestens einen Weg, der am Genfer See hinzustößt, einen weiteren von Santiago de Compostela nach Rom und schließlich einen Seeweg von Konstantinopel nach Jerusalem. Das deutet auch darauf hin, dass Nikulás bekannte Wege benutzte und sich vermutlich anderen Reisegruppen anschloss, von denen er über die verschiedenen Wege unterrichtet wurde. Dass der

---

66 Zum Kloster Reichenau siehe unten, S. 83.
67 *Werlauff*, Symbolae (1821), 54. Zu Ilian siehe *Otterbjörk*, Svenska förnamn (1975), 101: „svensk form av ty[sk] *Gilgen, Ilgen*, ombildning av helgonnamnet *Egidius* […]" Vgl. *Seibicke*, Vornamenbuch (1998), 439: „Ilg […], histor[ische] Namensform, über *Ägilius* aus *Aegidius* entstanden".
68 Hrafns saga Sveinbjarnarsonar, Kap. 4, 886: „Og sótti heim hinn helga Egidíus í Ílansborg […]".
69 So in der Sächsischen Weltchronik, 180: „greve Reinolt van Sente Ilien"; 231: „unde mit der van Sente Ylien".
70 Vgl. *Magoun*, Road to Rome (1944), 337: „the chief objection to be raised against the Ilanz-identification is rather the relative insignificance of Ilanz and hence a certain unlikelihood of its name being given to what Nikulás, at any rate, regarded as an important international route."
71 *Tyler*, Alpine Passes (1930), 9–13, Zitat 13, der diese Möglichkeit für den Iliansweg jedoch nicht gelten lässt und ihn vielmehr als Überquerung der zentralen Alpen versteht.

3.3. Reisewege 83

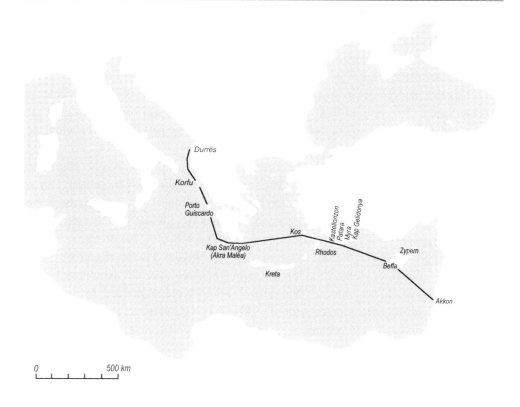

Abbildung 3.3.: *Leiðarvísir* – Der Weg von Süditalien bis ins Heilige Land

isländische Abt von diesen Wegen berichtet, zeigt jedenfalls, dass er sie als wichtig genug erachtete, um sie einem nordischen Publikum zu präsentieren.

Auch wenn der *ilians vegr* eher nicht durch die zentralen Alpen führte, ist eine Überquerung des Lukmanier oder des Septimer für Romreisende eine mögliche Route.[72] Sie ist in den Quellen nicht direkt belegt, gleichwohl existieren indirekte Hinweise darauf, dass auch Skandinavier diese Pässe benutzten. Im so genannten Verbrüderungsbuch der Abtei Reichenau, die eine Station vor der Alpenüberquerung darstellen konnte, finden sich auch altnordische Namen sowie eine Namensgruppe mit der Überschrift *hislant terra*.[73] Während Jacob Grimm noch annahm, dass die Eintragungen aus dem 9. und 10. Jahrhundert stammten und etwa 400 Namen skandinavischen Ursprungs enthielten, gingen Ellen Jørgensen und Finnur Jónsson von rund 670 Namen des 11.

---

72 Siehe zu diesen Pässen *Tyler*, Alpine Passes (1930), 102–110.
73 *Autenrieth/Geuenich/Schmid*, Verbrüderungsbuch (1979), fol. 159.

und 12. Jahrhunderts aus, die vornehmlich aus dem dänischen Raum stammten.[74] Das Verbrüderungsbuch ist jedoch problematisch, weil die Personen, die mit den Namen gemeint waren, oft nicht identifiziert werden können und die Herkunft der Namen nicht zwingend auf die Herkunft der Namensträger verweist; vor allem Engländer gaben ihren Kindern häufig Namen skandinavischen Ursprungs.[75] Darüber hinaus wurde der Reichenauer *Liber vitae* ab dem 9. Jahrhundert abgefasst und bis zum Beginn des 16. Jahrhunderts immer wieder ergänzt, so dass auch eine zeitliche Einordnung der unterschiedlichen Eintragungen schwierig ist.[76]

Neben dem *Leiðarvísir* gibt es noch eine weitere altnordische Wegbeschreibung nach Rom, die jedoch ausschließlich Orts- und Entfernungsangaben enthält. Der so genannte *Wegur til Róms*, der spätestens zu Beginn des 14. Jahrhunderts entstand, bietet eine östlichere Landroute durch Deutschland. Sie führt von Lübeck über Braunschweig und Augsburg nach Innsbruck und über den Brenner nach Bozen, von dort über Verona, Bologna und Florenz nach Siena, wo sie auf den von Nikulás beschriebenen Weg trifft. Diese Route stimmt in vielen Punkten mit dem Rückweg über den Brenner überein, den Albert von Stade beschreibt.[77] Sie dürfte aber frühestens im 13. Jahrhundert zu größerer Bedeutung aufgestiegen sein, da Lübeck erst dann eine führende Rolle im Ostseehandel einzunehmen begann.

Die *Njáls saga*, entstanden etwa zwischen 1275 und 1290, bietet zwar kein ausführliches Itinerar, berichtet aber von zwei Rompilgern und unterscheidet dabei einen östlichen und einen westlichen Weg. Die Ereignisse, von denen berichtet wird, dürften sich nicht in der Weise ereignet haben, wie es die Saga schildert, die Wege wurden aber möglicherweise von Isländern, die im ausgehenden 13. Jahrhundert nach Rom reisten, bevorzugt. Sie werden folgendermaßen beschrieben:

> „Flosi zog von dort [den Hebriden] südwärts übers Meer und trat seine Pilgerfahrt an, er ging zu Fuß dem Süden zu und machte nicht halt, bis er nach der Stadt Rom kam. Dort wurde ihm die hohe Ehre zuteil, daß er vom Papste selbst den Ablaß empfing, und er erlegte dafür eine hohe Summe. Dann zog er zurück, auf der östlichen Straße, und hielt sich mancherorts in den Städten auf und besuchte große Herren und erfuhr von ihnen hohe Ehren."[78]

---

74 *Grimm*, Egennavne (1843–1845); *Jørgensen/Jónsson*, Pilegrimsnavne (1923).
75 *Williams*, Cockles (1986), 11: „Men with Scandinavian names are not uncommon in the west midlands, or indeed in Wessex, but whether they were newcomers from Scandinavia, members of long-established Danelaw families or Englishman with fashionable Scandinavian names it is not easy to tell."
76 *Autenrieth/Geuenich/Schmid*, Verbrüderungsbuch (1979), XXXVIIf.
77 Annales Stadenses, s. a. 1151, 338f. Vgl. *Springer*, Pilgerwege (1975), 353–368.
78 Njáls saga, Kap. 158, 461f.: „Flosi fór þaðan suðr um sjá ok hóf þá upp gǫngu sína ok gekk suðr ok létti eigi, fyrr en hann kom til Rómaborgar. Þar fekk hann svá mikla sœmð, at hann tók lausn af

3.3. Reisewege

> „Jetzt ist von Kari zu erzählen, daß er im Sommer danach zu seinem Schiff zog und südwärts übers Meer segelte, seine Pilgerfahrt in der Normandie antrat und zu Fuß dem Süden zuging, Ablaß empfing und auf der westlichen Straße zurückzog, sein Schiff in der Normandie erreichte und nordwärts über die See segelte nach Dover in England. Von dort segelte er westwärts, um Wales herum und dann an den schottischen Föhrden durch und machte nicht eher halt, als bis er nach Thraswik in Caithneß kam zu Bauer Skeggi."[79]

Vestri leið und *eystri leið*, wie es im Altnordischen heißt, meint hier nicht die beiden eben skizzierten Wege durch Deutschland. Vielmehr gibt es eine westliche Route mit dem Schiff in die Normandie und von dort auf dem Landweg durch Frankreich. Sie hat eine gewisse Ähnlichkeit mit der von Nikulás beschriebenen Alternative über Flandern; der Landweg begann aber wahrscheinlich weiter südlich und führte direkt durch Frankreich zum Großen Sankt Bernhard. Die östliche Route der *Njáls saga* wird dagegen nicht näher beschrieben, müsste aber durch Deutschland geführt haben.[80]

3.3.2. Die Wege der Reisenden

Betrachtet man das prosopographische Material und die darin enthaltenen Reisen der Skandinavier, so zeigt sich, dass in den überlieferten Quellen nur selten Angaben zum Weg gemacht werden. Meist ist nur davon die Rede, dass eine Person nach Rom aufgebrochen sei, dass sie sich an der Kurie aufgehalten habe oder dass sie zu einer bestimmten Zeit von einer Romreise zurückgekehrt sei. Insgesamt lassen sich bei etwa zwei Drittel der für den untersuchten Zeitraum überlieferten Reisen nach Italien und ins Heilige Land keine Angaben zum Weg machen. Auch bei den restlichen Reisen gibt es meist nur indirekte Hinweise zur Route. So werden Zwischenstationen lediglich genannt, wenn sich dort ein Ereignis zugetragen hat, das dem Verfasser der jeweiligen Quelle berichtenswert erschien.

Diese Zwischenstationen lassen zudem kaum Schlüsse auf die benutzten Wege zu. Lucca ist beispielsweise als Station auf der Romreise von Þórir Þorsteinsson (A 489) und seiner Frau Þorlaug Pálsdóttir (A 494) belegt – Þórir starb dort am 18. März 1177.

---

    páfanum sjálfum ok gaf þar til mikit fé. Hann fór aptr ina eystri leið ok dvaldisk víða í borgum ok gekk fyrir ríka menn ok þá af þeim sœmðir." Übersetzung von *Heusler*, Geschichte (1922), 380.

79 Njáls saga, Kap. 159, 462: „Nú er þar til máls at taka, er Kári er, at um sumarit eptir fór hann til skips síns ok sigldi suðr um sæ ok hóf upp gǫngu sína í Norðmandí ok gekk suðr ok þá lausn ok fór aptr ina vestri leið ok tók skip sitt í Norðmandí ok sigldi norðr um sjá til Dofra á Englandi. Þaðan sigldi hann vestr um Bretland ok svá norðr með Bretlandi ok norðr um Skotlandsfjǫrðu ok létti eigi ferð, fyrr en hann kom norðr í Þrasvík á Katanesi til Skeggja." Übersetzung von *Heusler* (ebd., 380f.).

80 Dazu ausführlich *Springer*, Pilgerwege (1975), 351f. und 369f.

Þorlaug reiste weiter nach Rom, begegnete dem isländischen Priester Jón Þórhallsson (A 263) und dem Norweger Tore Krage (A 519) und starb auf der Rückreise.[81] Zumindest einige skandinavische Pilger haben also offensichtlich dieselben Reisewege benutzt. Die Begegnung mit Jón fand auf Þorlaugs Hinreise zwischen Lucca und Rom statt, während sie mit Tore auf ihrer Rückreise zusammentraf; überliefert ist auch der Zeitpunkt: August 1177. Da Þorlaug im März in Lucca war und anschließend nach Rom weiter reiste, wo zumindest ein Aufenthalt von einigen Tagen angenommen werden muss, hielt sie sich möglicherweise noch südlich der Alpen auf. Darüber kann jedoch letztlich nur spekuliert werden. Ein Aufeinandertreffen auf der *Via Francigena* ist also auch hier möglich, so dass für den nördlichen Teil der drei Reisen weiterhin mehrere Möglichkeiten offen bleiben.

Auch bei Eskil (A 128), dem Erzbischof von Lund, lassen indirekte Hinweise nur in groben Zügen erahnen, welcher Route er folgte. Eskil reiste um 1156 nach Rom und traf dort Hadrian IV., der wenige Jahre zuvor – noch als Nicholas Breakspear – eine Reise in die skandinavischen Länder unternommen und dabei das Erzbistum Trondheim gegründet hatte.[82] Ähnliches hatte er wohl auch für Schweden vorgehabt, fand dort jedoch offensichtlich keine entsprechenden Strukturen (oder Kandidaten) und überließ Eskil den Primat über Schweden. Dies wurde im Januar 1157 in Rom bestätigt.[83] Auf seiner Rückreise wurde Eskil gefangengesetzt und erst freigelassen, nachdem Hadrian IV. interveniert hatte.[84] Eskil wurde in Burgund festgehalten[85] – es ist also sehr gut vorstellbar, dass er die Alpen über den Großen Sankt Bernhard überquerte und damit zumindest eine ähnliche Route einschlug wie etwa zur selben Zeit der Isländer Nikulás.

Einen ganz anderen Anhaltspunkt liefert uns Knud der Große (A 273), der 1027 nach Rom reiste und dort der Kaiserkrönung Konrads II. beiwohnte. Naheliegend wäre eine Überfahrt per Schiff in die Normandie oder nach Flandern mit anschließender Weiterreise über Land. Aus einem Brief, den Knud aus Rom an seine Bischöfe in England schrieb und der in den *Gesta Normannorum Ducum*, in den *Gesta regum Anglorum* des Wilhelm von Malmesbury sowie in der Chronik des Johannes von

---

81 Sturlunga saga, Kap. 73.
82 Zu Nicholas' Legation siehe *Johnsen*, Nicolaus Brekespears legasjon (1945), besonders 348–360; *Seegrün*, Papsttum (1967), 146–177.
83 Die Urkunde findet sich bei *Koudelka*, Papsturkunden (1958/60), 125–127.
84 Der diesbezügliche Brief löste einen Eklat aus, denn Rainald von Dassel übersetzte auf dem Reichstag von Besançon im Oktober 1157 das Wort *beneficium*, mit dem Hadrian das Verhältnis zwischen Papst und Kaiserkrone beschrieb, als „Lehen", während der Papst es später als „Wohltat" verstanden wissen wollte. Ein ausführlicher Bericht dazu findet sich bei Rahewins Fortsetzung der *Gesta Friderici* Ottos von Freising: *Waitz/von Simson*, Gesta Friderici I. (1912), 172–177. Vgl. *Opll*, RI, Nr. 491.
85 In der Chronik Ottos von St. Blasien (Kap. 8) wird Burgund ausdrücklich genannt; *Hofmeister*, Ottonis de Sancto Blasio Chronica (1912), 9.

3.3. Reisewege

Worcester überliefert ist, macht der König selbst Angaben zu seinem Reiseweg:

> „Cuncta enim que a domino papa et ab ipso imperatore et a rege Rodulfo ceterisque principibus, per quorum terras nobis transitus est ad Romam, pro mee gentis utilitate postulabam [...]. Ego itaque uobis notum fieri uolo, quod eadem uia qua exiui regrediens, Danemarciam eo, pacem et firmum pactum omnium Danorum consilio cum eis gentibus et populis compositurus [...]."[86]

Diesen Aussagen kann man immerhin entnehmen, dass Knud von Dänemark aus nach Rom reiste und denselben Rückweg nahm. Darüber hinaus weist die namentliche Erwähnung Rudolfs III. von Burgund[87] wahrscheinlich auf eine Alpenüberquerung in burgundischem Gebiet hin, möglicherweise über den Großen Sankt Bernhard. Ob damit auch eine Route durch Deutschland angenommen werden kann, bleibt jedoch fraglich, denn das *Encomium Emmae* berichtet, Knud sei durch *Gallia* und *Flandria* gereist.[88] Möglicherweise fuhr er von dort mit dem Schiff nach Dänemark.

Oft sind es solche indirekten Zeugnisse, die die Rekonstruktion des Reisewegs zumindest in Grundzügen ermöglichen. Bei Salomon (A 405) lässt sich der Weg hingegen genauer rekonstruieren. Eine kleine Schrift über die Anfänge des Dominikanerordens in Skandinavien, die möglicherweise noch im 13. Jahrhundert verfasst wurde,[89] berichtet davon, dass Salomon an Ostern 1221 in Verona dem Orden beitrat. Es ist denkbar, dass Salomon, der aus Århus stammte, sich zum Studium in Italien aufgehalten hatte. Er nahm am zweiten Generalkapitel der Dominikaner in Bologna teil und wurde von Dominikus zum dänischen König Valdemar Sejr und zum Erzbischof von Lund, Anders Sunesøn, geschickt. Seine Reiseroute wird ausführlich geschildert:

---

86 DN XIX, Nr. 11. Vgl. Johannes von Worcester, s. a. 1031 (*recte* 1027).
87 Johannes von Worcester hat *Rodberto* statt *Rodulfo*; vgl. *Darlington/McGurk/Bray*, Chronicle (1995), 515, Anm. 2.
88 Encomium Emmae II 20, 36: „[...] huius animam cotidie benedicit Italia, bonis perfrui deposcit Gallia, et magis omnibus hanc in caelo cum Christo gaudere orat Flandria. Has enim prouintias transiens Romam petiit [...]".
89 De ordine Predicatorum in Dacia, ed. *Gertz*, Scriptores (1917–1922), Bd. 2, 371–374. Die Überlieferung der Schrift ist sehr dürftig. Sowohl die Handschrift, die das Werk unter dem Titel *De ordine Prædicatorum de Tolosa in Dania ann. 1246 (?) propagato* enthielt, als auch eine Abschrift davon gingen im Kopenhagener Stadtbrand von 1728 verloren. In *Jacob Langebeks* Nachlass fand sich jedoch eine weitere Abschrift, die *Peter F. Suhm* 1783 als *Historia Prædicatorum seu Dominicanorum in Dania 1216–1246* edierte (*Langebek*, Scriptores Rerum Danicarum, 1783, 500–502). *Gertz'* Edition basiert hauptsächlich auf dieser Ausgabe, da ihm *Langebeks* Abschrift nicht zugänglich war. Eine weitere Kopie der verlorenen Handschrift mit dem Titel *Quomodo ordo prædicatorum venerit in Daniam* ist nach *Gertz'* Einschätzung „nur mit größter Vorsicht" zu benutzen. *Gallén*, Province de Dacie (1946), 2, bewertete die Quelle sehr positiv: „Par la richesse de ses détails, l'*Historia Ordinis Praedicatorum in Dania* donne l'impression d'un récit fondé sur des traditions anciennes et fidèles."

> Qui, transitum faciens per Coloniam, domum recepit ibidem; de Colonia vero, quia socium vie versus Daciam habere non potuit, venit Parisius, et inde cum quodam conuerso Lombardo, sibi in socium dato, venit in Flandriam; illic autem inueniens nauem euntem in Daciam ascendit in eam. Sed insurgentibus tempestate grauissima et nebula densissima, circumlegens Daciam tandem post dies multos in Noruegia circa partes Nidrosienses applicuit.[90]

Diese Reiseroute kann nicht als geradlinig bezeichnet werden. Über die Stationen zwischen Bologna und Köln erfährt man nichts, aber dort verließ Salomon den direkten Weg nach Dänemark, mit dem ein Landweg, eine Schiffsreise von Flandern aus oder beide Möglichkeiten gemeint sein können. Dem Mönch scheint eine Reise mit Begleitern jedenfalls wichtiger gewesen zu sein, als den kürzesten oder besten Weg zu nehmen. Das ist nicht unüblich und wurde von vielen Reisenden so praktiziert.[91] Sicherlich spielten aber auch die Gründung des Kölner Konventes sowie das zum Zeitpunkt von Salomons Reise bestehende Dominikanerkloster in Paris eine Rolle bei der Wahl des Reiseweges.

Auch bei Skofte Ogmundsson (A 444) werden die Stationen ausführlicher geschildert. Nachdem Skofte sich mit dem norwegischen König Magnus Berrføtt zerstritten hatte, fuhr er im August 1102 mit seinen drei ältesten Söhnen Ogmund (A 337), Finn (A 138) und Tord (A 513) auf fünf Schiffen Richtung Jerusalem, um sich den Kreuzfahrern anzuschließen. Sie überwinterten in Flandern und reisten an der französischen Küste entlang, durch die Straße von Gibraltar ins Mittelmeer und weiter nach Rom, wo sie im Herbst 1103 eintrafen. Dort starb Skofte, auch seine Söhne kamen auf der Weiterreise ums Leben, der letzte von ihnen auf Sizilien. Snorri Sturluson berichtet zu dieser Fahrt, dass Skofte der erste Norweger war, der durch die Straße von Gibraltar segelte,[92] was darauf schließen lässt, dass die Route zu dieser Zeit eher selten gewählt wurde. Der anonyme fünfte Schiffsführer, der Skofte begleitet hatte, leitete die restliche Flotte noch ins Heilige Land, einige der Mitreisenden blieben anschließend in der Warägergarde in Konstantinopel, andere kehrten nach Norwegen zurück. Es heißt, dass diese Rückkehrer den Anstoß für die Reise des norwegischen Königs Sigurd (A 427) gaben, der zwischen 1107 und 1111 Jerusalem und Konstantinopel aufsuchte und anschließend *Jórsalafari* (Jerusalemfahrer) genannt wurde.[93] Auch Sigurd segelte durch die Straße von Gibraltar, ebenso wie knapp ein halbes Jahrhundert später Ragnvald Kale Kolsson (A 389), Jarl der Orkney-Inseln. Laut den Aussagen

---

90 De ordine Predicatorum in Dacia, Kap. 2, ed. *Gertz*, Scriptores (1917–1922), Bd. 2, 372.
91 Vgl. *Reichert*, Fernreisen (1998), 6: „Ganz grundsätzlich empfahl es sich, in Gruppen zu reisen."
92 Hkr. Magnúss saga berfœtts, Kap. 20: „Þat er sǫgn manna, at Skopti hafi fyrst siglt Nǫrvasund Norðmanna, ok varð sú ferð in frægsta."
93 Hkr. Magnússona saga, Kap. 1.

3.3. Reisewege

von Snorri Sturluson segelte Ragnvald mit einer Flotte von fünfzehn Schiffen nach Frankreich *(Valland)* und nahm von dort denselben Weg, den König Sigurd Jorsalfar nach Gibraltar *(Nǫrvasund)* benutzt hatte.[94] Die Gibraltar-Passage erfreute sich offensichtlich zunehmender Beliebtheit,[95] denn ein entsprechendes Itinerar wurde zu Beginn des 13. Jahrhunderts in Adams *Gesta* eingefügt.[96] Von dort fand es seinen Weg in die *Annales Stadenses*, in die es nahezu wörtlich übernommen wurde.[97] Außerdem findet es sich in der im 14. Jahrhundert entstandenen Handschrift A 41 der Königlichen Bibliothek Stockholm.[98] Der kurze lateinische Text schildert den Weg von Ribe nach Akkon über die Stationen Sinkfal (Einfahrt nach Brügge), Prawle (zwischen Plymouth und Dartmouth), Saint-Matthieu (westlich von Brest), *Far* (Kap Váres oder Ferrol), das in der Nähe von Santiago de Compostela liege, und Lissabon zur Straße von Gibraltar[99], von dort über Tarragona, Barcelona, Marseille und Messina nach Akkon. Bemerkenswert ist die Reisedauer, die für jede Station angegeben wird, weil sie mit insgesamt 37 Tagen vergleichsweise kurz ausfällt – bis Sizilien dauert die Fahrt ganze 23 Tage. Demnach konnten Pilger nach Santiago mit einer nur achttägigen Schiffsreise bis zur spanischen Küste unweit ihres Zieles gelangen.[100]

Doch zurück zu Ragnvalds Fahrt: Die *Orkneyinga saga*, die eine wesentlich ausführlichere Schilderung seiner Reise enthält, berichtet zunächst von derselben Route wie Snorri. Die Reisenden überwinterten in Galicien, fuhren durch die Straße von Gibraltar in das Mittelmeer und dort an der afrikanischen Küste entlang. Über Sardinien und Kreta kamen sie nach Akkon, das der bevorzugte Anlegeplatz für Reisen ins Heilige Land war – so machten sowohl die Reisenden dort Station, von denen in der *Historia de Profectione Danorum in Hierosolymam* berichtet wird,[101] als auch Roar Kongs-

---

94 Hkr. Haraldssona saga, Kap. 17: „Þeir hǫfðu alls af Orkneyjum fimmtán langskip ok sigldu til Suðreyja ok þaðan vestr til Vallands ok þá leið síðan, er farit hafði Sigurðr konungr Jórsalafari, út til Nǫrvasunda [...]"
95 Das liegt wahrscheinlich auch am Erfolg des Ersten Kreuzzuges und der daraufhin gestiegenen Sicherheit für die Seestrecken in die Levante.
96 Adam IV 1, Schol. 99. *Bernhard Schmeidler* datierte diesen Zusatz auf „nicht älter als etwa 1200–1230" (*Schmeidler*, Gesta Hammaburgensis, 1917, 228, Anm. 8).
97 Annales Stadenses, s. a. 1151, 340.
98 Herausgegeben wurde diese kurze Schrift von *Jacob Langebek*, Scriptores Rerum Danicarum (1783), 622, unter dem Titel *Navigatio ex Dania per mare occidentale orientem versus circa 1270*. Langebek datierte das Itinerar also früher als den Codex. Ein Faksimile ist abgedruckt in *Steenstrup*, Danmarks Riges Historie (1896–1907), Bd. 1, 695.
99 *Narvese* steht für das altnordische *Nǫrvasund*, die Bezeichnung der Straße von Gibraltar.
100 *Krötzl*, Wege (1990), 166, der offensichtlich übersah, dass es sich bei dem Itinerar um dasselbe wie in Adams *Gesta* und den *Annales Stadenses* handelt, denn er bezeichnete es als „ein im 13. Jahrhundert aufgezeichnetes, jedoch vermutlich älteres dänisches Itinerar". Seiner Meinung nach lässt sich die kurze Reisedauer „lediglich durch die Verwendung der schnellen Wikingerschiffe erklären", denn „[die] schweren Hansekoggen benötigten für die gleiche Überfahrt eine wesentlich längere Zeit – 1518 wird für die Passage von Stralsund nach La Coruña 9 Wochen angegeben [...]."
101 Historia de Profectione Danorum in Hierosolymam, Kap. 25.

frende (A 399), der 1217 nach Jerusalem reiste[102]. Auch das eben genannte Itinerar von Ribe nach Akkon führte zu diesem Levante-Hafen. Im Heiligen Land besuchte Ragnvald mit seinem Gefolge die üblichen Pilgerziele – darunter den Jordan – und fuhr anschließend nach Konstantinopel. Dort ließ die Reisegesellschaft ihre Schiffe zurück und setzte den Weg über Land fort – zumindest nach dem Zeugnis der *Heimskringla*.[103] Die *Orkneyinga saga* berichtet hingegen, dass alle gemeinsam von Konstantinopel über Durazzo nach Apulien segelten, wo Ragnvald mit einigen seiner Gefährten Pferde kaufte. Anschließend ritten sie zunächst nach Rom und dann auf dem *Rómavegr*, bis sie nach Dänemark kamen.[104] Auch hier wird nicht genauer ausgeführt, was unter dem „Romweg" zu verstehen ist. Das Ziel Dänemark verweist aber auf eine der Routen durch Deutschland, zu Ragnvalds Reisezeit (ca. 1153–1155) am ehesten eine, die der von Nikulás geschilderten ähnlich ist. Denkbar ist jedoch auch, dass der Autor die östlichere Route des *Wegur til Róms* vor Augen hatte, da die *Orkneyinga saga* in der überlieferten Fassung erst um 1230 geschrieben wurde. Der Terminus *Rómavegr* lässt zumindest erkennen, dass skandinavische Rezipienten eine grobe Vorstellung davon hatten, welcher Weg nach Rom führte.

Ein weiteres Kreuzzugsunternehmen wird in der *Historia de Profectione Danorum in Hierosolymam* geschildert. Ein norwegischer Kleriker beschreibt darin zunächst ausführlich die Probleme der dänischen und norwegischen Kreuzfahrer, bevor ihre Fahrt überhaupt starten konnte. Die Reise selbst wird dann nicht ganz so ausführlich abgehandelt: Von Bergen aus nach Süden segelnd, erlitt ein Teil der Flotte in stürmischem Wetter Schiffbruch und konnte sich nach Friesland retten. Die unbeschädigten Schiffe wurden verkauft und die Reise von Stavoren aus über Land fortgesetzt. Am Rhein entlang kamen die Kreuzfahrer nach Köln und schließlich – ohne dass der Weg spezifiziert wird – nach Venedig, wo sie sich erneut einschifften und nach Akkon segelten. Dort trafen sie jedoch erst nach dem Waffenstillstand zwischen Richard Löwenherz und Saladin ein, so dass die *peregrini* Jerusalem und den Jordan besichtigen konnten, bevor sie zurück reisten – einige über Apulien und Rom, andere über Konstantinopel, Ungarn und Sachsen.[105]

Zusammenfassend lässt sich sagen, dass der westliche Weg über das Meer und durch die Straße von Gibraltar erst mit dem Erfolg des Ersten Kreuzzuges, durch den die Seewege für die Christen sicherer wurden, an Bedeutung gewann. Es ist davon

---

102 Hkr. Hákonar saga Hákonarsonar, Kap. 30.
103 Hkr. Haraldssona saga, Kap. 17.
104 Orkneyinga saga, Kap. 89: „Rǫgnvaldr jarl byrjaði ferð sína of vetrinn ór Miklagarði ok fór fyrst vestr til Bolgaralands til Dyrakksborgar; þaðan sigldi hann vestr yfir hafit á Púl. Þar gekk Rǫgnvaldr jarl af skipum ok Vilhjálmr byskup ok Erlingr ok allt it gǫfgara lið þeira ok ǫfluðu sér hesta ok riðu þaðan fyrst til Rómaborgar ok svá útan Rúmaveg, þar til er þeir koma í Danmǫrk, ok fóru þaðan norðr í Nóreg."
105 Historia de Profectione Danorum in Hierosolymam, Kap. 18–27.

auszugehen, dass vornehmlich Reisende nach Jerusalem diesen Weg nahmen, besonders wenn sie „Kreuzzüge" oder ähnliche Unternehmungen planten. Der Transport der Leute und des Materials, das auf eine solche Reise mitgenommen wurde, ließ sich auf Schiffen leichter bewältigen als über Land, zumal dann die Alpen überquert werden mussten. Darüber hinaus ist ebenfalls auffallend, wenn auch nicht überraschend, dass fast ausschließlich Reisende aus Norwegen und Island die Schiffsroute wählten und entweder den gesamten Weg oder zumindest das erste Stück bis Flandern oder in die Normandie auf dem Wasser zurücklegten. Die Dänen hingegen nahmen gewöhnlich den Landweg, der sie allerdings oft auch durch Frankreich führte. Die Wahl des Weges folgte oftmals konkreten Etappenzielen, bei denen die Reisenden bestimmten Angelegenheiten nachgehen konnten.

3.4. Der „Aufbruch" im 12. Jahrhundert

Ein erster Blick auf die zeitliche Verteilung der überlieferten Reisen (siehe Tabelle 3.2) zeigt zwei Phasen verstärkter Reisetätigkeit, die einen Zeitraum geringeren Reiseaufkommens einrahmen. Die Jahrzehnte kurz vor und um 1100 markieren geradezu einen

Tabelle 3.2.: Chronologische Verteilung der Reisen

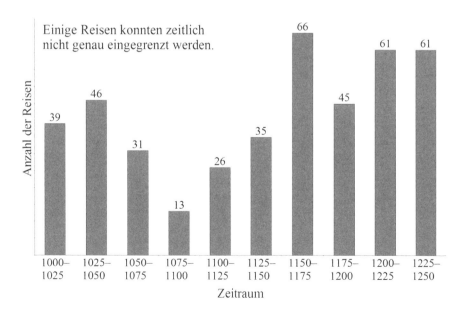

Einbruch, während in der Mitte des 12. Jahrhunderts die Zahl der Reisen wieder stark anstieg. Eine mögliche Erklärung dafür, dass die Quellen eine hohe Anzahl von Reisen in der ersten Hälfte des 11. Jahrhunderts überliefern, stellt die Personalunion der Königreiche von England und Dänemark unter Sven Tveskæg, Knud dem Großen und Hardeknud (1015–1042) dar. Für diese Zeit sind viele Verbindungen zwischen den beiden Ländern zu erwarten, beispielsweise von dänischen Gefolgsleuten Knuds, die als Earls oder Thegns in England eingesetzt wurden. Hinzu kommt, dass die englischen Quellen dieser Zeit weitaus zahlreicher sind als skandinavische. Um 1100, als die Personalunion der Königreiche von Dänemark und England schon lange vorüber war, wurde vielleicht nicht viel weniger gereist, diese Reisen haben sich aber möglicherweise nicht in den Quellen niedergeschlagen.[106] Diese Erklärungsansätze werden durch die Daten der Prosopographie nur bedingt gestützt. Zwar führten fast die Hälfte der Reiseteilnahmen in der ersten Hälfte des 11. Jahrhunderts nach England (45,4 %), und davon wurden rund 60 % von Dänen bestritten, aber insgesamt machen die dänisch-englischen Verbindungen damit lediglich ein Viertel des Reiseverkehrs in diesem Zeitraum aus. Fast ebenso viele norwegische Reiseteilnahmen führten in demselben Zeitraum in die Kiewer Rus'. Ein beträchtlicher Teil der Mobilität ist im 11. Jahrhundert außerdem den Schweden zuzuschreiben, deren Reisen fast ausschließlich durch Runeninschriften belegt sind und deshalb häufig nur grob datiert werden können. Fasst man das gesamte 11. Jahrhundert zusammen, so stammten jeweils rund 30 % der Reisenden aus Dänemark, Norwegen und Schweden, die restlichen 10 % aus Island.

Für das 12. Jahrhundert sieht die Verteilung hingegen anders aus, die meisten Reisenden stammten aus Norwegen und Dänemark, während von schwedischen Reisenden fast gar nicht berichtet wird. Beim rasanten Anstieg der Reisen ab der Mitte des 12. Jahrhunderts stechen Dänemark und Norwegen besonders hervor; von dort kamen rund 90 % der Reisenden zwischen 1150 und 1175. In Norwegen scheint der Aufschwung schon früher eingesetzt zu haben, denn bereits vor der Mitte des 12. Jahrhunderts stiegen die Reisen mit norwegischer Beteiligung deutlich an. Das verwundert auf den ersten Blick, denn im eigenen Land herrschten Thronstreitigkeiten – in der Literatur ist häufig auch von „Bürgerkrieg" die Rede.[107] Dass hier dennoch viele Reisen verzeichnet sind, liegt an dem groben Raster, das zunächst für die Herkunft der Reisenden

---

[106] Die Bewohner Englands orientierten sich nach 1042 und besonders nach 1066 weniger nach Dänemark, sondern verstärkt in südliche Richtung, auch wenn diese Änderung sicherlich nicht abrupt erfolgte; noch 1085 rüstete der englisch-normannische König Wilhelm der Eroberer gegen eine erwartete dänische Invasion unter der Führung Knuds des Heiligen, wie die Angelsächsische Chronik berichtet (ASC, s. a. 1085).

[107] *Helle*, Norge (1974) überschreibt beispielsweise sein drittes Kapitel mit „Borgerkrigene", räumt aber gleichzeitig ein (37) : „Betegnelsen dekker et stykke på vei, men ikke fullt ut." Er bevorzugt die Bezeichnung „innbyrdesstriden" (deutsch etwa: der Kampf untereinander).

3.4. Der „Aufbruch" im 12. Jahrhundert

Tabelle 3.3.: Reisende aus Norwegen und von den Orkney-Inseln

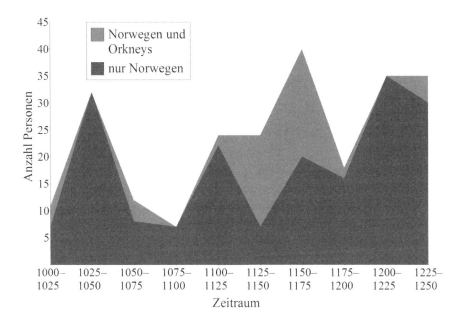

angewendet wurde. Differenziert man es aus, indem man die Bewohner der Orkney-Inseln separat behandelt, dann ändert sich das Bild gerade für den genannten Zeitraum deutlich.[108] Vor allem zu Beginn der Thronstreitigkeiten in den 1130er Jahren fällt die Reisetätigkeit der Norweger auf ein Minimum und steigt erst nach 1200 wieder deutlich an, als sich die Lage innerhalb Norwegens stabilisierte. Im Gegensatz dazu ist die Zahl der Reisenden von den Orkney-Inseln gerade für den Zeitraum zwischen etwa 1125 und 1175 vergleichsweise hoch.

3.4.1. Die Orkney-Inseln

Die hohe Anzahl an Reisen, die die Bewohner der Orkney-Inseln um die Mitte des 12. Jahrhunderts durchführten, lässt sich vor allem durch zwei Faktoren erklären. Zum einen ist die Darstellung in der um 1200 entstandenen *Orkneyinga saga* gerade für diesen Zeitraum sehr ausführlich und zum anderen herrschten die Orkney-Jarle über die nordschottische Landschaft Caithness. Das war zwar auch ab der Mitte des 11. Jahrhunderts unter Jarl Torfinn Sigurdsson (1022–1064) der Fall, der zusätzlich noch Ansprüche auf Sutherland und Ross geltend machen konnte, allerdings gingen

---

108 Siehe dazu Tabelle 3.3.

die von ihm eroberten Gebiete bald wieder verloren.[109] Erst im Laufe des 12. Jahrhunderts gelang es den Orkney-Jarlen mit Hilfe verwandtschaftlicher Verbindungen, die Herrschaft über Caithness erneut zu etablieren. Entscheidend war dabei das Jarltum von Harald, dem Sohn des schottischen Earls von Atholl, Maddad, und der Tochter des Orkney-Jarls Håkon Pålsson (ca. 1104–1122), Margret (A 306). Harald Maddadsson wurde bereits mit fünf Jahren Jarl (1138) und regierte – zunächst unter der Obhut von Ragnvald Kale Kolsson – bis 1206. Wegen seiner schottischen Herkunft und Verwandtschaft mit König David I. (1124–1153) wurde die Herrschaft der Orkney-Jarle über Caithness anerkannt. Ende des 12. Jahrhunderts beanspruchte Harald jedoch auch Ross und Moray für sein Jarltum, also die Gebiete, die südlich und südöstlich an Caithness grenzten. Der schottische König Wilhelm I. der Löwe (1165–1214) wehrte sich dagegen, zog ein großes Heer zusammen und schaffte es, seinen Einfluss bis zur Nordspitze von Caithness auszuweiten, wo sich Harald 1196 unterwerfen musste. In den folgenden Auseinandersetzungen mit Wilhelm dem Löwen verlor Harald 1201 sogar die Herrschaft über die Orkney-Inseln, konnte sie aber wenig später zurückerobern und brachte schließlich auch Caithness wieder unter seine Kontrolle, musste dafür allerdings hohe Abgaben an den schottischen König entrichten.[110] Haralds Herrschaft ist gleichzeitig der Höhepunkt dieser intensiven Beziehungen zwischen den Orkneys und dem schottischen Festland. Nach seinem Tod gerieten die Jarle der Orkney-Inseln mehr und mehr in die Abhängigkeit der norwegischen Könige, um sich gegen das ebenfalls erstarkende schottische Königreich zur Wehr setzen zu können.[111] Damit ist nicht gesagt, dass die Kontakte zu Beginn des 13. Jahrhunderts abbrachen – im Gegensatz zur Quellenüberlieferung. Die *Hákonar saga Hákonarsonar* enthält zwar noch einzelne Nachrichten zu den Orkney-Inseln, aber die Fülle an Detailinformationen, wie sie die *Orkneyinga saga* bereithält, bietet sie nicht.[112] Die enge Verzahnung der Orkneys mit Caithness und die besondere Überlieferungssituation schlagen sich auch in der Prosopographie nieder: Von den Reiseteilnahmen der Bewohner des Inseljarltums führten knapp 80 % auf das britische Festland oder die westlichen Inseln und von diesen wiederum rund 70 % nach Schottland. Die übrigen Rciseteilnahmen gehören zu einem Großteil in den Zusammenhang des Kreuzzuges von Ragnvald Kolsson in der Mitte des 12. Jahrhunderts.

---

109 *Thomson*, History of Orkney (1987), 34–53. Vgl. *Crawford*, Scandinavian Scotland (1987), 72–76. Sutherland ist die Bezeichnung für das südliche Caithness, Ross grenzt wiederum südlich daran an.
110 *Thomson*, History of Orkney (1987), 68–78.
111 Ebd., 79–81.
112 Ebd., 79: „There is a problem in distinguishing between the real changes in Orkney society and the illusions created by a sudden change in the sources from which its history is written."

3.4.2. Dänische Expansion

Das Beispiel der Orkneys und ihrer engen Verbindungen zu Schottland zeigt, wie schwierig es gerade für quellenarme Regionen oder Zeiten ist, Schlussfolgerungen aus den prosopographischen Daten zu ziehen. Gleichzeitig wirft es die Frage nach den „Grenzen" der untersuchten Region auf.[113] Ein vergleichbarer Fall könnte mit den Landschaften Südjütland *(Sønderjylland)*, Schleswig und Nordalbingien vorliegen. Lässt sich mit dieser sich ausbildenden deutsch-dänischen Kontaktzone, die noch um die weiter östlich gelegenen Küstengebiete Mecklenburgs und Pommerns ergänzt werden kann, der Anstieg der Reisen in der Mitte des 12. Jahrhunderts erklären, an dem die Dänen mit rund 60 % der Reiseteilnahmen (zwischen 1150 und 1200) beteiligt waren?[114]

Zunächst ist festzuhalten, dass sich auch hier eine spezifische Situation und Quellenlage auf das prosopographische Material auswirken. Die kriegerischen Auseinandersetzungen mit den Ostseeslawen prägen die dänische Geschichte in der zweiten Hälfte des 12. Jahrhunderts, die Expansionsbemühungen begannen jedoch schon früher, als Erik Emune um 1135 nach Rügen zog und die dortigen Bewohner taufen ließ. Er konnte letztlich keine herrschaftliche Kontrolle erringen, so dass die Rügener sich von dem neuen Glauben wieder abwandten. Dennoch war die Missionierung wichtig, denn von diesem Zeitpunkt an waren die Rügener nicht mehr nur Heiden, sondern Apostaten, denen die Rückkehr zum Christentum aufgezwungen werden konnte.[115] Der so genannte „Wendenkreuzzug" von 1147 war hingegen für Dänemark von nicht allzu großer Bedeutung. Zwar nahmen einige Dänen daran teil,[116] unter anderem auch die Könige Sven Grathe (A 472) und Knud Magnussøn (A 276), aber wegen der Thronstreitigkeiten blieb der erhoffte Erfolg aus. Erst als der Zwist im Inneren beigelegt war und Valdemar der Große (A 558) 1157 Alleinherrscher wurde, richtete sich die Aufmerksamkeit wieder auf die slawischen Gebiete der südlichen Ostseeküste. Nach den Angaben von Saxo Grammaticus unternahm Valdemar fast jährlich Kriegszüge gegen die Wenden an der Küste zwischen der Wismarer Bucht und dem Stettiner Haff. Die Chronologie lässt sich nicht im Einzelnen rekonstruieren, da Saxo in seinen *Gesta Danorum* nicht immer mit anderen Quellen übereinstimmt – beispielsweise sind die Angaben zum Wechsel zwischen gemeinsamen Unternehmungen und Rivalitäten mit dem sächsischen Herzog Heinrich dem Löwen widersprüchlich.[117] Saxo nennt aber viele an den Kriegszügen beteiligte Personen namentlich – sowohl Bischöfe als auch

---

113 Siehe dazu Kap. 1.2.2, S. 23.
114 Zwischen 1100 und 1150 wurden lediglich 22,1 % der Reiseteilnahmen von Dänen bestritten, zwischen 1200 und 1250 waren es 45,6 %.
115 *Jensen*, Second Crusade (2001), 169.
116 Wegen der Quellenarmut merkte *Jensen* (ebd., 164) an: „We will never know how many individuals were inspired by the preaching and joined the crusade."
117 Zur Darstellung der Wendenzüge bei Saxo Grammaticus siehe *Weibull*, Saxos berättelser (1983).

andere Personen, von denen zum Teil keine anderen Quellenzeugnisse bekannt sind.

Die Eroberung Rügens 1168/69 offenbart eine Änderung in der Intention des dänischen Königs. Die ersten Kriegszüge waren eher Vergeltungsschläge für die Plünderfahrten der Wenden, die immer wieder die dänischen Küsten heimsuchten.[118] Ab etwa Mitte der 1160er Jahre zielten die Unternehmungen aber auf die Ausweitung des dänischen Machtbereichs. Nach der Eroberung Rügens nahm Valdemar auch das pommersche Festland in den Blick und konnte in den 1170er Jahren einige Erfolge verzeichnen. Diese „Politik" setzte sein Sohn fort: Knud VI. (A 279), der nach Valdemars Tod (1182) die Herrschaft übernommen hatte, konnte innerhalb von drei Jahren die entscheidenden Siege erringen, bis der pommersche Herzog Bogislaw sich 1185 unterwarf und fortan Lehnsmann des dänischen Königs war.[119]

In den 1190er Jahren richteten sich die dänischen Interessen dann vor allem auf Nordalbingien, also die südlich an Schleswig grenzenden Gebiete. Nachdem Heinrich dem Löwen 1180 das sächsische Herzogtum aberkannt worden war, kam es zur „Aufsplitterung des ehemals welfischen Herrschaftsraumes in zahlreiche, selbständige Einzelherrschaften"[120]. Der 1198 ausgebrochene Kampf um den deutschen Königsthron bot den Dänen eine gute Gelegenheit, nach Süden vorzustoßen, denn auch eine „starke, zentrale Gewalt wie zu Zeiten der machtvollen Stauferkönige Friedrich I. und Heinrich VI. war nicht mehr vorhanden."[121] Ein Vorstoß des Markgrafen Otto von Brandenburg in die von Dänemark beanspruchten Teile Pommerns lieferte den Anlass, gegen Nordalbingien vorzugehen, denn Otto wurde von Graf Adolf III. von Holstein unterstützt. In den wenigen Jahren bis 1203 gelang es Valdemar (A 560), dem Bruder König Knuds, ganz Nordalbingien bis an die Elbe zu erobern. Er war mittlerweile seinem 1202 verstorbenen Bruder auf den dänischen Thron gefolgt und konsolidierte nun seine erweiterte Herrschaft, lenkte seine Aufmerksamkeit aber gleichzeitig auch auf das Baltikum.

Die Quellen zur Eroberung Nordalbingiens und der sich anschließenden, rund zwanzig Jahre währenden dänischen Herrschaft liefern – aus dem Blickwinkel des prosopographischen Ansatzes – nur spärliche Informationen. Die *Annales Stadenses*, die *Sächsische Weltchronik*, die Chronik Arnolds von Lübeck und andere Quellen deutscher Provenienz enthalten kaum Informationen über die einzelnen Beteiligten von dänischer Seite, weil ihre Autoren keine Kenntnisse darüber hatten – und oftmals wahrscheinlich auch kein Interesse daran, sich eingehender mit den einzelnen dänischen Eroberern zu befassen. Sie sprechen meist zusammenfassend von dänischen Fürsten oder *Dani*, namentlich genannt werden lediglich die Könige. Für die Zeit der dänischen Herrschaft über Nordalbingien kommt noch die Tatsache hinzu, dass

---

118 *Gaethke*, Knud und Waldemar, Teil 1 (1994), 38.
119 Ebd., 45–47.
120 Ebd., 81.
121 Ebd.

Valdemar mit Albrecht von Orlamünde einen Verwandten[122] und engen Vertrauten deutscher Herkunft hatte, den er als Stellvertreter einsetzte. Dem dänischen König halfen auch andere einheimische Adlige, die vorher vertrieben worden waren oder sich von den neuen Machtverhältnissen Vorteile versprachen.[123] Von dänischer Seite sind die überlieferten Quellen zu diesem Zeitabschnitt – es handelt sich dabei fast ausschließlich um Annalen – sehr lakonisch; sie fassen die Ereignisse eines ganzen Jahres häufig in nur einem Satz zusammen.

Über die dänischen Kriegszüge nach Rügen und Pommern zwischen 1157 und 1185 berichtet hingegen sehr ausführlich Saxo Grammaticus, der vor allem Absalon (A 9), Bischof von Roskilde und Erzbischof von Lund, in den Mittelpunkt seiner Darstellung rückt. Er bezeichnet ihn als ebenso großen Seeräuber wie Bischof, der *militia* und *religio* miteinander in Einklang gebracht habe.[124] Unabhängig davon, wie Saxos Darstellung des dänischen Kirchenoberhaupts bewertet werden muss,[125] spielte die Kirche eine wichtige Rolle im Zusammenhang mit den dänischen Kriegszügen gegen die Ostseeslawen. Kurz nach der Eroberung Rügens übertrug Alexander III. am 4. November 1169 die Insel dem Bistum Roskilde.[126] Nur vier Tage später stellte er die Kanonisationsbulle für Knud Lavard, den Vater König Valdemars des Großen, aus.[127] Sowohl Valdemar als auch Absalon schickten offensichtlich ihren eigenen Gesandten zur Kurie, denn die an der Delegation beteiligten *magistri* Johannes (A 248) und Walter (A 570) werden als *nuntius* des Königs respektive *clericus* des Bischofs tituliert.[128] Absalon verfolgte also unabhängig vom König eigene, auf die kirchliche Organisation zielende Absichten – was nicht heißen soll, dass diese den Zielen des Königs widersprochen haben.

3.4.3. Klerikale Mobilität

Spuren kirchlicher Initiative lassen sich schon um die Mitte des 12. Jahrhunderts erkennen. Der Wendenkreuzzug war als Teilunternehmen des so genannten Zweiten Kreuzzuges von Papst Eugen III. gebilligt worden und hatte somit eine offizielle kirchliche Legitimation. Der wichtigste Prediger dieses Kreuzzuges war Bernhard von

---

122 Albrecht war der Sohn von Siegfried III. von Orlamünde und Sofie (A 450), einer Tochter Valdemars des Großen; Valdemar Sejr war also sein Onkel.
123 *Gaethke*, Knud und Waldemar, Teil 1 (1994), 86f.
124 Saxo Gr. XIV 21 (3): „Qui mox antistes creatus non minus piratam se quam pontificem gessit [...] Itaque non minus patriæ parentum quam pontificem egit, militiæ et religionis sociato fulgore conspicuus."
125 *Friis-Jensen*, Portrait (2000). Wie andere Quellen Absalon darstellen, untersuchte *McGuire*, Absalon's Spirituality (2000).
126 DD I:2, Nr. 189 (JL, Nr. 11645).
127 DD I:2, Nr. 190 (JL, Nr. 11646).
128 Zu dieser Gesandtschaft siehe *Sandaaker*, Delegasjonen (1969).

Clairvaux, mit dem Eskil, der Erzbischof von Lund, in freundschaftlichem Verhältnis stand. Zwar stammt der erste Beleg einer Verbindung zwischen Bernhard und Eskil aus dem Herbst 1151, als Bernhard einen Brief an den dänischen Prälaten richtete,[129] aber abgesehen davon, dass es sich um eine Antwort auf ein Schreiben von Eskil handelte, deutet Bernhards Sprache darauf hin, dass sie in engem Kontakt standen.[130] Es ist nicht unwahrscheinlich, dass sie sich zu diesem Zeitpunkt bereits persönlich begegnet waren;[131] Brian McGuire vermutet, dass sich Eskil bereits 1143/44 in Clairvaux aufgehalten hat.[132] Auch wenn dies spekulativ bleiben muss, könnte die Verbindung von Eskil und Bernhard darauf hinweisen, dass der dänische Erzbischof die Beteiligung seiner Landsleute am Wendenkreuzzug förderte. Die Freundschaft zwischen Eskil und Bernhard begünstigte in jedem Fall die schnelle Ausbreitung der Zisterzienser in Dänemark.[133] Eskils Bekenntnis zum Reformmönchtum hatte auch zur Folge, dass er sich während des päpstlichen Schismas auf die Seite Alexanders III. und damit gegen König Valdemar stellte, daraufhin das Land verlassen musste und mehrere Jahre außerhalb Skandinaviens – hauptsächlich in Frankreich – verbrachte. Nicht zuletzt wegen dieser Reisen ist er – wenn auch nicht unwidersprochen – als „erster Europäer aus dem Norden" bezeichnet worden.[134]

Er blieb jedoch nicht der einzige – auch Absalon hatte Verbindungen nach Frankreich. 1165 holte er den französischen Mönch Guillaume (Wilhelm von Æbelholt) aus Sainte-Geneviève nach Dänemark und setzte ihn als Abt des Klosters Eskilsø ein, damit er es im viktorinischen Sinne reformierte. Nach einigen Jahren siedelte das Kloster nach Æbelholt um. Wie aus der Vita des 1224 heiliggesprochenen Wilhelm von Æbelholt hervorgeht, kannte Absalon ihn aus der Zeit seines Studiums in Paris.[135] Dänische Studenten suchten ab dem 12. Jahrhundert immer wieder Paris auf, so beispielsweise Anders Sunesøn (A 18), der spätere Erzbischof von Lund (1202–1224), und sein Bruder Peder (A 375), der 1192 Absalon als Bischof von Roskilde nachfolgte.[136] Die in dieser Zeit geknüpften Kontakte wurden häufig aufrechterhalten.

Neben diese individuellen Kontakte traten in zunehmendem Maße auch Reisen,

---

129 DD I:2, Nr. 113.
130 *McGuire*, Difficult Saint (1991), 113–120.
131 Eskil reiste in jedem Fall 1152/53 nach Clairvaux und traf Bernhard, der am 20. August 1153 starb.
132 Ebd., 120–122.
133 *France*, St. Bernard (1988), 247: „Without detracting from the part played by other patrons like King Valdemar, Bishop Absalon and a number of other bishops as well as other lay magnates, we may nevertheless conclude that just as the advent of the Cistercians to Ireland has been attributed to the relationship between St. Bernard and Malachy, so their introduction to Denmark was to a large extent the fruit of the friendship between St. Bernard and Archbishop Eskil."
134 *McGuire*, Difficult Saint (1991), 126, mit Bezug auf Lauritz Weibull: „Eskil has been called the first European from the North." Vgl. *France*, St. Bernard (1988), 232.
135 Sancti Willelmi abbatis vita et miracula, Kap. 10. Vgl. *Thomas Riis*, Art. Wilhelm, Abt von Æbelholt. In: LexMA 9 (1998), 152f.
136 Vgl. oben, Kap. 3.2, S. 73. Zu skandinavischen Studenten siehe *Bagge*, Nordic Students (1984).

3.4. Der „Aufbruch" im 12. Jahrhundert

die einen institutionellen Charakter aufweisen. Die im Laufe des 12. Jahrhunderts in Skandinavien gewachsenen Kirchenstrukturen führten dazu, dass beispielsweise Gesandtschaften von den Erzbischöfen zum Papst ausgingen.[137] Aber auch die umgekehrte Richtung wurde bedeutender. Allen voran sei die Legation von Nicholas Breakspear, dem späteren Papst Hadrian IV., genannt. Sie zeigt in eindringlicher Weise, wie schwierig die Überlieferungslage für den skandinavischen Raum ist. Denn obwohl diese Legation für die Kirchenstrukturen Skandinaviens ebenso wie für Nicholas selbst[138] von größter Bedeutung waren, hat sich lediglich eine Urkunde erhalten, die der spätere Papst zu Beginn seiner Reise noch in Luni ausgestellt hatte.[139] Das gleiche gilt für die Legation des Kardinalpresbyters Cinthius, der 1191–1192 nach Dänemark reiste und dem Erzbischof Absalon von Lund, der gleichzeitig noch Bischof von Roskilde war, zusicherte, dass der künftige Roskilder Prälat dem Erzbischof gehorchen soll.[140] Von den Legationen des Stephanus nach Norwegen (1164), des Galandus nach Dänemark (1178–1179)[141] und des Fidantius – ebenfalls nach Dänemark (1196–1197)[142] – haben sich keine Urkunden erhalten.[143] Die Legaten reisten ebenso wenig aus eigenem Antrieb zum Papst wie die skandinavischen Gesandten; sie hatten zu Beginn ihrer Reisen vermutlich noch keine persönlichen Kontakte mit den Empfängern der Botschaften, die sie überbringen sollten. Auch die Etablierung der Mönchsorden verstärkte diese „institutionelle Mobilität" – so etwa die Zisterzienser mit ihren jährlich stattfindenden Generalkapiteln in Cîteaux.[144]

Die genannten Beispiele zeigen, dass die kirchlichen Strukturen eine erhöhte Mobilität erforderten, um mit dem Papst oder den Mutterklöstern in Kontakt zu bleiben

---

137 Siehe etwa Esbern (A 124) oder Vilhelm (A 567). An der bereits genannten Gesandtschaft zu Alexander III. nahmen – neben Johannes und Walter – der Erzbischof Stefan von Uppsala (B 47) und Brienne (B 5), Abt von Kalvø, teil.
138 *Zey*, Legatenwesen (2002), 245, meint, Nicholas habe „sich durch seine erfolgreiche Skandinavien-Legation einen Namen gemacht [...]."
139 *Weiß*, Urkunden (1995), 166–167. Zu dieser Legation äußern sich ausführlich *Johnsen*, Nicolaus Brekespears legasjon (1945), besonders 348–360; *Seegrün*, Papsttum (1967), 146–177.
140 DD I:3, Nr. 174. Vgl. *Seegrün*, Legaten (1972), 213–219; *Weiß*, Urkunden (1995), 308.
141 Dazu *Seegrün*, Legaten (1972), 209–212.
142 Ebd., 219–221; vgl. *Weiß*, Urkunden (1995), 308–311.
143 Zu päpstlichen Legaten in Skandinavien siehe auch *Ohnsorge*, Päpstliche Legaten (1929), der den Zeitraum des päpstlichen Schismas (1159–1181) behandelte. Sowohl *Hirschmann*, Päpstliche Kanzlei (2001), 206, als auch *Nowak*, Urkundenproduktion (2003), 112, führen „die geringen Anteile von Papsturkunden für die peripheren Gebiete der damaligen Christenheit" (*Hirschmann*) vor allem auf „die Distanz zwischen Papst und Petent" (*Nowak*) zurück. *Hirschmann* behandelte den Zeitraum 1141–1159, *Nowak* die Zeit zwischen 1181 und 1187 – für das 13. Jahrhundert liegen leider noch keine ähnlich ausführlichen Untersuchungen der überlieferten Papsturkunden vor.
144 Aus dem 12. Jahrhundert haben sich für Skandinavien allerdings kaum Quellen erhalten; siehe dazu *Green-Pedersen*, Cistercienserklostre (1985). Vgl. aber Valbert (A 556), Abt von Esrom ca. 1170–1202. Zur Ausbreitung des Zisterzienserordens in Skandinavien siehe *France*, Cistercians (1992); *McGuire*, Cistercians in Denmark (1982).

und die eigenen Interessen fördern zu können. Gleichzeitig wurde aber auch deutlich, dass es besonders die persönlichen Kontakte Einzelner waren, die diese Entwicklung ermöglichten und begünstigten.

3.5. Das 13. Jahrhundert – „Ankunft" in Europa?

Das Reiseverhalten der Skandinavier, wie es in den Quellen sichtbar wird, veränderte sich in der ersten Hälfte des 13. Jahrhunderts in quantitativer Hinsicht kaum.[145] Die Dänen waren aber nicht mehr so dominant wie in den fünfzig Jahren zuvor, die Norweger stellten jetzt ebenso viele Reisende (rund 40 %). In der Prosopographie stechen von den norwegischen Reisen dieses Zeitraums vor allem die Gesandtschaften hervor (knapp 40 %). Außerdem fällt auf, dass fast die Hälfte aller Reisen, an denen Norweger beteiligt waren, nach England führte. Hier spielte der Handel eine entscheidende Rolle. Zwar waren die Handelsverbindungen zwischen Norwegen und England schon im 11. und 12. Jahrhundert wichtig, aber durch die wachsende Bedeutung der englischen Finanzverwaltung und ihrer Dokumentation treten die Handelskontakte in den Quellen deutlicher hervor.[146] Erst mit der dichteren Überlieferung ab Anfang des 13. Jahrhunderts werden auch einzelne, namentlich genannte Händler oder Schiffseigner fassbar.[147] Eine wichtige Rolle spielten dabei die englisch-französischen Auseinandersetzungen, denn einzelne Personen werden besonders häufig dann genannt, wenn der König Ausfuhrverbote erlassen oder Schiffe beschlagnahmt hatte und anschließend für skandinavische Händler Ausnahmeregelungen getroffen wurden, weil sie nicht in den Krieg involviert waren. Ein frühes Beispiel dafür ist *Nicolaus Marinellus* (Niels Sømand, A 318), der 1208 die Erlaubnis zum freien Handel in England erhielt. In den 1220er Jahren häufen sich entsprechende Einträge in englischen Registern. Als im Mai 1224 der Krieg gegen Frankreich erneut ausbrach, wurden Handelsschiffe zurückgehalten, um auf ihnen Truppen auf das Festland übersetzen zu können. Am 23. Juni 1224 jedoch wies der englische König Heinrich III. seine Bailiffs in King's Lynn an, zehn norwegische Händler ungehindert aus dem Hafen auslaufen zu lassen.[148] Zwei Tage später durften fünf Schiffe aus Bergen, die Korn geladen hatten, den Heimweg

---

145 Siehe Tabelle 3.2.
146 Die *Great Rolls of the Exchequer*, kurz *Pipe Rolls*, sind von 1156 an nahezu lückenlos überliefert. Ab 1201 kommen die *Patent Rolls* hinzu und ab 1204 dann die *Close Rolls*, in denen die meisten Hinweise enthalten sind. Vgl. *Helle*, Relations (1968), 102. Zum frühen englisch-skandinavischen Handel siehe *Sawyer*, Anglo-Scandinavian trade (1986); zum englisch-norwegischen Handel außerdem *Bugge*, Handelen (1898); *Nedkvitne*, Handelssjøfarten (1976).
147 *Sawyer*, Anglo-Scandinavian trade (1986), 188: „Better evidence for Anglo-Scandinavian trade first appears in the more abundant and varied royal records that are available from the beginning of the thirteenth century."
148 DN XIX, Nr. 159.

3.5. Das 13. Jahrhundert – „Ankunft" in Europa?

antreten.[149] Nach weiteren drei Tagen gewährte der König dem ebenfalls mit Korn beladenen Schiff, das Galfrid Petersson (B 65) und seinem *socius* Karl (B 70) gehörte, freie Fahrt. Am 23. Juli 1224 durfte auch Rikvin (A 398), ein Händler aus dem dänischen Ribe, dessen Schiff beschlagnahmt worden war, nach Yarmouth weiterreisen.[150] Am 4. August konnte Peter Oddsson (A 381), der im Auftrag des norwegischen Jarls Skule Handel trieb und in King's Lynn festgehalten worden war, die Rückfahrt antreten.[151] Am Ende desselben Monats war es dann allen Schiffen aus Schottland, Norwegen, Island, Friesland, Köln, Dänemark und den Ostseeländern möglich, Yarmouth zu verlassen, egal mit welchem Ziel.[152] Im Dezember 1224 schließlich wurde eine ähnliche Bestimmung – beschränkt auf Kornausfuhren – für King's Lynn erlassen. Den Händlern wurde lediglich untersagt, nach Frankreich zu reisen.[153]

Die genannten Beispiele deuten einerseits das Ausmaß der Handelstätigkeiten an, die zwischen England und Skandinavien – besonders Norwegen – bestanden, und zeigen andererseits die wichtigste Importware Norwegens: Korn. Exportiert wurden aus Norwegen (und Island) vor allem Habichte und Gerfalken.[154] Die beliebten Jagdvögel zeugen von den häufigen Kontakten zwischen den Königen Norwegens und Englands; viele Gesandtschaften von Håkon Håkonsson brachten die kostbaren Tiere zu Heinrich III., der ein Vorkaufsrecht besaß.[155] Ein Gesandter überbrachte dem englischen König 1222 gar einen Elch; in diesem Fall ist auch der Name des norwegischen Gesandten überliefert: Conrad (A 89).[156] Insgesamt wurden Angaben zu neunzehn Personen gefunden, die in der ersten Hälfte des 13. Jahrhunderts eine Gesandtschaft von Norwegen nach England unternahmen, allein vierzehn von ihnen in den 1220er Jahren. Bei sechs der Gesandten ist die Herkunft nicht eindeutig; König Håkon setzte in jedem Fall auch englische Boten ein. Daneben unterhielt auch Jarl Skule, der zunächst Håkons Vormund war und später immer wieder selbst Ansprüche auf den Königsthron erhob, diplomatische Kontakte zu Heinrich III.[157]

Über England scheint der norwegische Hof auch mit der französischen Literatur in Berührung gekommen zu sein, was sich daran erkennen lässt, dass Håkon für die

---

149 DN XIX, Nr. 160.
150 DD I:6, Nr. 20.
151 DN XIX, Nr. 162.
152 DN XIX, Nr. 163.
153 DN XIX, Nr. 166. Weitere Beispiele finden sich für 1216: DN XIX, Nr. 110f.; für 1223: DD I:5, Nr. 215; DN XIX, Nr. 146f., 151; für 1225: DN XIX, Nr. 169f., 173f., 176f.; für 1229: DN XIX, Nr. 193f.; für 1230: DN XIX, Nr. 201. Vgl. auch *Helle*, Relations (1968), 103.
154 *Sawyer*, Anglo-Scandinavian trade (1986), 190f.
155 Zum Vorkaufsrecht siehe DN XIX, Nr. 205; zu den übrigen Gesandtschaften siehe: DN XIX, Nr. 139, 148, 150, 153, 164, 167, 171, 192, 198, 202f., 207, 212, 237, 246. Die Dokumente stammen aus dem Zeitraum 1222–1248. Vgl. *Helle*, Relations (1968), 105f.
156 DN XIX, Nr. 137b.
157 DN XIX, Nr. 114, 140, 142, 152, 206, 209, 219.

Übertragung einiger Werke verantwortlich zeichnet. Die *Tristrams saga ok Ísǫndar* (Tristan) wurde 1226 von einem „Bruder Robert" für Håkon Håkonsson übersetzt. Die Übertragung basiert auf dem Versroman des anglo-normannischen Dichters Thomas von Britannien (d'Angleterre), der so genannten „höfischen Version" des Tristan, wie es am Anfang der Saga heißt.[158] Die *Elis saga* (Elie de Saint Gille) wurde wahrscheinlich vom selben Robert, der hier als Abt tituliert wird, übertragen.[159] Wie bei den anderen Werken wird auch bei der *Ívens saga* (Iwein) Håkons Initiative ausdrücklich angegeben.[160] Auch wenn hier kein Übersetzer genannt ist, lässt sich doch aus der Art und Weise der Darstellung – unter anderem der „Zensur" alles Erotischen – auf einen geistlichen Übersetzer schließen.[161] Die *Mǫttuls saga* (Le mantel mautaillé) fällt etwas aus dem Rahmen, weil sie nicht den „erzieherischen Anspruch" hat, der den anderen Werken zugesprochen wird.[162] Auch in ihrem Prolog wird eindeutig auf König Håkon verwiesen.[163] Bei den ebenfalls durch Håkons Initiative übersetzten *Strengleikar* handelt es sich um 21 französischen *lais*, also liedartige Dichtung ähnlich dem deutschen „Leich". Möglicherweise regte Håkon lediglich eine Überarbeitung und Sammlung verschiedener, bereits übersetzter *lais* an.[164] Auch die *Strengleikar* verweisen auf den anglo-normannischen Raum als Vermittlungsstation: „bei der Auswahl ist eine deutl[iche] Vorliebe für den anglonorm[annischen] Stoffkreis im weiteren Sinn festzustellen, obwohl nur zwei der Texte Stoffe der Artussage behandeln [...]. Dieses Programm ist auch im Prolog angesprochen, wo die Originale bret[onischen] Dichtern

---

158 Tristrams saga, 28: „Hér skrifaz sagan af Tristram ok Ísönd dróttningu, í hverri talat verðr um óbæriliga ást, er þau höfðu sín á milli. Var þá liðit frá hingatburði Christi 1226 ár, er þessi saga var á norrænu skrifuð eptir befalningu ok skipan virðuligs herra Hákonar kóngs. En Bróðir Robert efnaði ok upp skrifaði eptir sinni kunnáttu með þessum orðtökum, sem eptir fylgir í sögunni ok nú skal frá segja."

159 Elis saga, Kap. 59: „en Roðbert aboti sneri, oc Hakon konungr, son Hakons konungs, lét snua þessi nœrrœnu bok yðr til skemtanar. Nu gefi guð þæim, er þessa bok sneri oc þessa ritaði, þessa heims gratiam, en i sinu riki sanctorum gloriam. AMEN."

160 Ívens saga, 98: „Ok lykr her sögu herra Íven er Hákon kóngr gamli lét snúa ór franzeisu í norrænu."

161 *Reynard*, Roman (2004), 256: „Dessuten har oversetteren systematisk sensurert alle erotiske elementer som Chrétien har lagt vekt på. [...] En slik sensur tyder etter alt å dømme på at oversetteren tilhørte geistligheten."

162 *Rudolf Simek*, Art. Mǫttuls saga. In: *Pulsiano*, Medieval Scandinavia (1993), 427: „This saga belongs to the group of Arthurian romances translated into Old Norse at the Norwegian court of Hákon Hákonarson around the middle of the 13th century, but surely does not aspire to the educative purpose ascribed to the other works of this genre."

163 Mǫttuls saga, 6: „Ein þvílík sannindi sem valskan [franzeis] sýndi mér þá norræna‹ða› ek yðr áheyrendum til gamans ok skemtanar svá sem virðuligr Hákon kóngr, son Hákonar kóngs, bauð fákunnugleik mínum at gera nokkut gaman af þessu eptirfylgjanda efni."

164 Der Name *Strengleikar* stammt aus dem 19. Jahrhundert, geht aber auf einzelne Titel in der Handschrift (ca. 1270) zurück *(strengleikr, strengleiksljóð, strengleikssaga)*. Die Sammlung wird im Ganzen als „Liederbuch" bezeichnet; *strengleikar* bedeutet etwa „(Lieder zu Melodien auf) Saiteninstrumenten".

zugesprochen werden."[165] Der Prolog lautet:

> „EN bok þessor er hinn virðulege hacon konongr let norrœna or volsko male ma hæita lioða bok. þui at af þæim sogum er þæssir bok birtir gærðo skolld i syðra brætlande er liggr i frannz lioðsonga. þa er gærazc i horpum gigiom. Simphanom. Organom. Timpanom. Sallterium. ok corom. ok allzkonar oðrum strænglæikum er menn gera ser ok oðrum til skemtanar þæssa lifs ok lykr her forrœðo þæssare."[166]

Die genannten Werke wurden meist nicht wörtlich übersetzt, sondern übertragen; Liliane Reynard spricht von „Adaptationen" sowie „literarischen und kulturellen Anpassungen".[167] Während die französischen Originale in Reimform vorlagen, waren die Übersetzungen ins Altnordische ausschließlich Prosawerke.[168]

Aber es bestanden nicht nur indirekte, über den anglo-normannischen Raum vermittelte Kontakte mit Kontinentaleuropa. Ab 1229 beispielsweise gab es fortwährende Verhandlungen mit der Kurie, die zwei wichtige Belange Norwegens zum Thema hatten: die Kanonisation des Erzbischofs Øystein Erlendsson (1161–1188) und die Krönung des Königs Håkon Håkonsson mit Billigung der Kurie. Die Verhandlungen um die Heiligsprechung des Trondheimer Erzbischofs führten nicht zum erhofften Ziel, aber die Krönung Håkons wurde 1247 in Bergen durch den Kardinallegaten Wilhelm von Sabina durchgeführt.[169]

Den Gesandtschaften nach England wie auch zur Kurie ist gemein, dass sie zu einem Großteil von Klerikern durchgeführt wurden. Das ist nicht weiter verwunderlich, da in Skandinavien wie auch andernorts in Europa vor allem die Geistlichen schriftkundig waren und deshalb prädestiniert für die Aufgaben eines Gesandten. Die gute Ausbildung der Kleriker, die sie teilweise im Ausland erhielten, bildete somit die Grundlage für die vielfältigen auswärtigen Beziehungen, die der norwegische König im 13. Jahrhundert unterhielt. Bezeichnend ist dabei, dass Håkon selbst nicht reiste. Er hat – soweit die Quellen Auskunft darüber geben – nur einmal Skandinavien verlassen,

---

165 *Rudolf Simek*, Art. Strengleikar. In: LexMA 8, 241f.
166 Strengleikar, 4–6. Englische Übersetzung von *Cook/Tveitane*, Strengleikar (1979), 5–7: „This book, which the esteemed King Hákon had translated into Norse from the French language, may be called 'Book of Lais', because from the stories which this book makes known, poets in Brittany – which is in France – composed lais, which are performed on harps, fiddles, hurdy-gurdies, lyres, dulcimers, psalteries, rotes, and other stringed instruments of all kinds which men make to amuse themselves and others in this world."
167 *Reynard*, Roman (2004), 245: „I de fleste tilfeller kan vi også snakke om *adaptasjoner* ettersom disse oversettelsene på ingen måte er ordrette oversettelser, men snarere litterære og kulturelle tilpasninger med mer eller mindre forandringer og forkortelser av de originale tekstene."
168 Vgl. zum Ganzen auch *Leach*, Angevin Britain (1921), 149–288.
169 DN I, Nr. 11f., 23, 25, 30–32, 38 (Potthast, Nr. 8339, 8799, 11005, 11049, 12330, 12339f., 12350). Vgl. *Helle*, Norge (1974), 112–115; *Kaufhold*, Norwegen (1997), 316–326.

als er mit einem Angriff auf die Hebriden die Hegemonie über das Inselreich erlangen wollte.[170] Dabei waren es in früheren Zeiten meist die Könige selbst, von denen wir wissen, dass sie sich auf Reisen begaben.[171]

Die Intensivierung der Kontakte, die mit den Reisen einzelner Personen wie Erzbischof Eskil von Lund oder – bereits im 11. Jahrhundert – der isländischen Bischöfe Ísleifur (A 237) und Gissur (A 150) ihren Anfang nahm, verstärkte sich mit der fortschreitenden Institutionalisierung der Kirche, nicht ohne langfristig auf die verschiedensten Lebensbereiche auszustrahlen. Um diese Entwicklung und ihre integrative Wirkung genauer erfassen zu können, wird deshalb im nächsten Kapitel eine eingehende Analyse der Reisen und Kontakte von Erzbischof Øystein Erlendsson erfolgen.[172]

---

170 Siehe dazu Kap. B.2.3, S. 350.
171 So beispielsweise Harald Hardråde (A 198), Erik Ejegod (A 111), Sigurd Jorsalfar, Valdemar der Große und Johan Sverkersson (A 246).
172 Neben Øystein wäre auch Erzbischof Eskil von Lund für eine derartige Analyse ein interessantes Studienobjekt, die Quellenlage bietet aber mehr Informationen zum norwegischen Erzbischof. *Bernd Häußler* (Erlangen) arbeitet derzeit an einer Dissertation zu Eskil.

4. Fallbeispiel zum Kulturtransfer: Erzbischof Øystein Erlendsson

Øystein Erlendsson prägte mit seiner fast 30jährigen Amtszeit als Erzbischof von Nidaros die norwegische Geschichte im 12. Jahrhundert in entscheidender Weise. Der Dom von Trondheim, der noch heute als bedeutendstes mittelalterliches Bauwerk Nordeuropas gilt, wurde unter seiner Regie umgebaut, historiographische und hagiographische Schriften entstanden im Umfeld des Erzstuhls, dessen Inhaber als päpstlicher Legat fungierte und außerdem die erste Königskrönung in Skandinavien vollzog. Die vielfältigen Aktivitäten des norwegischen Erzbischofs und der Umstand, dass sich diese Aktivitäten in verhältnismäßig hoher Zahl in den Quellen wiederfinden, machen Øystein zu einer idealen Person für eine exemplarische Untersuchung kultureller Transferleistungen.

Øystein stammte aus Råsvoll bei Trondheim und gehörte einer der mächtigsten Familien des Trøndelag an. Sein Vater, Erlend Himalde, war verwandt mit König Magnus Berrføtt,[1] zu seinen Vorfahren gehörte der Isländer Úlfur Óspaksson, Marschall von König Harald Hardråde.[2] Mitte der 1150er Jahre war Øystein Pfarrer in Konghelle, wie aus einem Brief Papst Alexanders III. hervorgeht,[3] und stand außerdem in Diensten von König Inge Haraldsson Krokrygg (1136–1161). In einer Propagandaschrift, die um 1200 im Umfeld König Sverres entstand und als „Rede gegen die Bischöfe" bezeichnet wird, heißt es, dass Inge seinen Kaplan und Schatzmeister Øystein zum Erzbischof ernannte.[4] Etwa 1160/61 reiste der Bischofsanwärter zu Papst Alexander und erhielt in Anagni das Pallium. Aus einem Brief des Abtes Roger von Saint-Euverte an Abt Ernisius von Saint-Victor geht hervor, dass Øystein während dieser Reise Paris besuch-

---

[1] Es handelt sich um eine Verwandtschaft dritten Grades, für die es im Norwegischen die Bezeichnung „tremenning" gibt.
[2] *Bagge*, Den heroiske tid (2003), 68.
[3] *Vandvik*, Latinske Dokument (1959), Nr. 14, 68–70: „[...] quod tu in ecclesia de Conongellia de qua in episcopum uocatus et electus fuisti [...]." Vgl. DN XVII, Nr. 6 (JL, Nr. 15750).
[4] En tale mot biskopene, 15: „[...] þa kaus Jnge Oysteín kapalín sín till Erchibiskups stols ok fehírdí sua [...]." Der Zeitpunkt lässt sich nicht genauer angeben als zwischen 1157 (Tod des Erzbischofs Jon Birgersson) und spätestens 1161 (Rückkehr Øysteins von seiner Palliumsreise). Vgl. *Gunnes*, Erkebiskop Øystein (1996), 82f.

te.⁵ Als er 1161 nach Norwegen zurückkehrte, war König Inge in der Zwischenzeit im Kampf gegen Håkon Herdebrei, der bereits 1159 zum König erhoben worden war, ums Leben gekommen. Inges Anhänger wählten nun Magnus Erlingsson zum König. Er war der Sohn von Erling Ormsson Skakke, einem der wichtigsten Gefolgsmänner König Inges, und von Kristin, der Tochter des Königs Sigurd Jorsalfar (1103–1130). Øystein unterstützte Magnus und krönte ihn als siebenjährigen Jungen 1163 (oder 1164)⁶ zum König von Norwegen. In den folgenden Jahren konnte sich die Partei um Magnus durchsetzen und schien ihre Machtstellung zu konsolidieren, bis 1174 mit den so genannten *Birkebeinern* eine Gruppe von Personen niederer sozialer Schichten gegen den König opponierte. 1177 stellte sich Sverre Sigurdsson – ein angeblicher Sohn von König Sigurd Haraldsson – an die Spitze der Birkebeiner, denen sich Teile der Aristokratie anschlossen. Sverre eroberte Trondheim und ließ sich als König huldigen. Øystein musste sich deshalb von seinem Erzbistum entfernen und hielt sich daraufhin in Bergen auf. Als 1179 Erling Skakke in der Schlacht von Kalvskinnet fiel und Magnus im folgenden Jahr nach einer verlorenen Schlacht zum König von Dänemark floh, musste auch der Erzbischof das Land verlassen und ging nach England. Als Aufenthaltsorte sind das Kloster in Bury St. Edmunds und der Bischofssitz von Lincoln belegt. In Bury war das Amt des Abtes nicht besetzt, so dass der norwegische Erzbischof von August 1181 bis Februar 1182 dessen Einkünfte beziehen konnte.⁷ Die Tatsache, dass Øystein auf finanzielle Unterstützung angewiesen war, erklärte Arne Odd Johnsen dadurch, dass der Erzbischof bei der Ankunft in England Schiffbruch erlitt und das Wrack geplündert wurde.⁸ Möglicherweise nahm Øystein im Februar 1182 an der Wahl des neuen Abtes für Bury St. Edmunds in Bishop's Waltham teil. Nach Jocelin von Brakelond ermöglichte er die freie Wahl des Abtes, indem er dem englischen König versicherte, das Kloster sei in einem guten Zustand.⁹ Bei dieser Gelegenheit könnte es auch zu einer Übereinkunft darüber gekommen sein, dass sich Øystein fortan in Lincoln aufhalten konnte. Dort war Geoffrey, ein Sohn Heinrichs II., seit 1173 gewählter Bischof und finanzierte sich aus den Einkünften des Bistums, ohne sich weihen zu lassen. 1181 hatte Papst Alexander III. Erzbischof Richard von Canterbury vor die Wahl gestellt, entweder Geoffrey oder einen anderen Kandidaten schnellstmöglich zu konsekrieren. Daraufhin hatte Geoffrey im Januar 1182 seinen

---

5 RN I, Nr. 122, 61. Abgedruckt bei *Johnsen*, Om Theodoricus (1939), Anhang 1, 105.
6 Der Zeitpunkt der Krönung ist schon lange umstritten, die Quellen lassen unterschiedliche Schlüsse zu. Die Diskussion wurde ausführlich behandelt von *Vandvik*, Privilegiebrev (1962), 70–85, der sich für 1163 aussprach.
7 DN XIX, Nr. 61: „Et in corredium Archiepiscopi Norwegie xxxv libras. a vigilia Sancti Laurencii usque ad diem Sancti Luce Evangeliste, scilicet de lxx diebus per breue Regis." DN XIX, Nr. 62: „Et in liberationem Archiepiscopi de Norweia .lix. libras et x. s. de xvij septimanis per breue Regis [...]." Jocelin von Brakelond: Chronik, 15.
8 *Johnsen*, Øysteins eksil (1951), 5f.; *Duggan*, English Exile (2004), 114. Vgl. dazu DN XIX, Nr. 60.
9 Jocelin von Brakelond: Chronik, 15f. Vgl. *Duggan*, English Exile (2004), 111f.

Anspruch auf das Bistum Lincoln aufgegeben.[10] Die Sedisvakanz ermöglichte es Heinrich II., dem norwegischen Erzbischof aus den Mitteln des Bistums 84 Pfund zum Unterhalt für 168 Tage auszubezahlen.[11]

Erst 1183 kehrte Øystein nach Norwegen zurück, vielleicht in der Hoffnung, Magnus noch einmal gegen Sverre zu unterstützen. Noch vor Magnus' Tod (1184) kam es jedoch zur Einigung mit Sverre, so dass Øystein sein Amt als Erzbischof von Trondheim wieder an seinem Bischofssitz ausüben konnte, was er bis zu seinem Tod im Jahr 1188 tat. In dieser Zeit scheint er sich nicht an politischen Angelegenheiten beteiligt zu haben; sein Verhältnis zu Sverre lässt sich nicht genauer bestimmen.[12]

4.1. Der Baumeister

Als im Jahr 1152 oder 1153 Trondheim zum Erzbistum erhoben wurde, benötigte man einen angemessenen, repräsentativen Kirchenbau. Deshalb wurde wahrscheinlich um diese Zeit damit begonnen, die Christkirche,[13] die am Ende des 11. Jahrhunderts fertig gestellt worden war, durch ein größeres Gebäude zu ersetzen. König Olav Kyrre hatte diese Christkirche über dem Grab Olavs des Heiligen errichten lassen – anstelle der Holzkirche, die vorher dort stand.[14] Der Steinbau hatte ein rechteckiges Schiff und einen quadratischen Chor ohne Apsis. In der Mitte des 12. Jahrhunderts wurde dieser Bau erweitert, indem man den Turm, der die Kirche ursprünglich nach Westen abschloss, ins Zentrum stellte. Ein von Norden nach Süden verlaufendes Querschiff sollte mit dem Hauptschiff eine Kreuzform bilden. Mit diesen Umbaumaßnahmen muss in den 1150er Jahren begonnen worden sein, denn bereits 1161 weihte Øystein die Johanneskapelle im südlichen Querschiff, wie die noch heute sichtbare Inschrift in dieser Kapelle belegt.[15] Einige Details wie etwa Zickzackmuster in den Fensterbögen oder

---

10 Gesta regis Henrici secundi, s. a. 1181, 271f.
11 Pipe Roll 28 (Henry II), 60: „Et in liberatione archiepiscopi Nidrosiensis de .c. et .lxviij. diebus quater .xx. et iiij. l. per breve regis." Zum englischen Exil Øysteins siehe *Duggan*, English Exile (2004); *Johnsen*, Øysteins eksil (1951).
12 *Bagge*, Den heroiske tid (2003), 72.
13 Die Kirche war eigentlich der Trinität geweiht, wurde aber dennoch „Christkirche" genannt; *Ekroll*, St. Olavs skrin (2003), 335.
14 Hkr. Óláfs saga kyrra, Kap. 6f.
15 Die Inschrift ist komplett abgebildet in *Imsen*, Ecclesia Nidrosiensis (2003), 66f., und lautet: „ALTARE HOC DEDICATVM EST AB AVGVSTINO ARCHIEPISCOPO ANNO PRIMO EPISCOPATVS EIVS AD LAVDEM DNI NRI IHV XPI IN HONORE SCI IOHANNIS BAPTISTE ET SCI VINCENTII MRIS ET SCI SILVESTRI ANNO AB INCARNATIONE DNI MILLESIMO CENTESIMO LXI SEXTO KALENDAS DECEMBRIUM" – Dieser Altar wurde von Erzbischof Augustinus (Øystein) im ersten Jahr seines Episkopats geweiht zum Lob unseres Herrn Jesu Christi, zur Ehre des heiligen Johannes des Täufers und des heiligen Vinzenz des Märtyrers und des heiligen Silvester, am 26. November im Jahr 1161 nach der Geburt des Herrn.

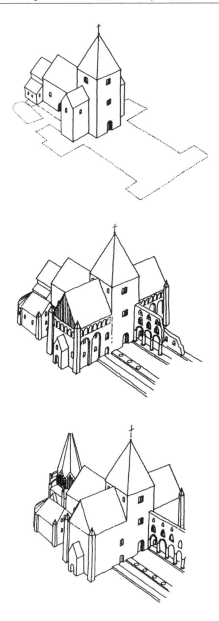

Abbildung 4.1.: Die Entwicklung des Trondheimer Doms (Blick von Nordwesten)
                oben: Die Christkirche, ca. 1090–1150
                Mitte: Ausbau des Querschiffs, ca. 1150–1180
                unten: Bau des Oktogons, ca. 1180–1220
                Zeichnungen von *Ø. Ekroll* und *K.-F. Keller*

4.1. Der Baumeister

so genannte *waterleaf*-Motive zeigen, dass das Querschiff im anglo-normannischen Stil begonnen, die oberen Stockwerke aber im zisterziensischen Stil gebaut worden waren.[16]

Das so genannte Kapitelhaus wurde im Übergangsstil von der Romanik zur Gotik gestaltet, einige „frühgotische" Elemente sind auszumachen.[17] Es diente erst ab der Mitte des 13. Jahrhunderts als Kapitelhaus, der ursprüngliche Verwendungszweck ist nicht überliefert. Margrete Syrstad Andås stellte fest, dass es als Kapelle konzipiert worden war und wahrscheinlich der Aufbewahrung von Reliquien dienen sollte. Es wurde zwischen 1165 und 1175 in kurzer Zeit errichtet und möglicherweise anlässlich einer Festkrönung Magnus Erlingssons 1170/71 fertig gestellt.[18] Es ist denkbar, dass das Kapitelhaus schon früh als Versammlungsort und – während der Bauarbeiten – für Gottesdienste genutzt wurde. Von außen ist es ganz im romanischen Stil gehalten, während im Innern eine Mischung aus Rippengewölben, Spitz- und Rundbögen zu finden ist.[19]

Der Übergangsstil wurde zunächst vermutlich auch beim neuen westlichen Langschiff verwendet, das 31 Meter lang war. Die wenigen erhaltenen Reste der Säulen zeigen anglo-normannische Stilelemente. Øystein Ekroll vermutet, dass sich nach dem englischen Exil des Erzbischofs die Konzeption des Dombaus änderte: „Auf jeden Fall wurden die Pläne für den Ausbau der Kathedrale im romanischen Stil bei der Rückkehr [des Erzbischofs] verworfen und ein gänzlich anderes Bauwerk geplant."[20] Das wurde vor allem für das Oktogon angenommen: „Acht schmale Säulenbündel mit deutlicher ‚gotischer' Inspiration bilden einen Bogenumgang in der Form eines unterbrochenen Kreises"[21]. Ekroll wies jedoch kürzlich darauf hin, dass das Oktogon nicht – wie von Gerhard Fischer angenommen[22] – als Beginn eines neuen, im gotischen Stil gebauten Doms zu gelten hat, sondern vielmehr den „Abschluss der romanischen Kathedrale [darstellt], wie sie um 1150 geplant worden war [...]." Es wurde „mit frühgotischer Architektur und spätromanischem Dekor errichtet."[23] Das geht aus der Beschaffenheit

---

16 *Ekroll*, Kleber (1997), 149f.; *Ekroll*, Nidaros Cathedral (2004), 160–167; *Gunnes*, Erkebiskop Øystein (1996), 225–231.
17 *Andås*, Royal Chapel (2004), 177: „Stylistically it is the first gothic building in Scandinavia [...]."
18 Ebd.
19 *Ekroll/Stige*, Kirker (2000), 36–42; *Andås*, Royal Chapel (2004), 177: „[...] the wall openings, such as the windows and the doorways, are still round headed, whereas the vaults are pointed as are the arches in the screen separating the nave from the little transept." *Syrstad*, Skrudhuset (2000) wies darauf hin, dass die Sakristei nach dem Vorbild des Münsters in York gebaut wurde; vgl. *Ekroll*, Nidaros Cathedral (2004), 164, 167f.
20 *Ekroll*, Kleber (1997), 153: „I alle fall vart planane for utbygginga av katedralen i romansk stil lagde bort ved heimkomsten [av erkebiskopen] og eit heilt annleis byggverk planlagt."
21 *Gunnes*, Erkebiskop Øystein (1996), 229: „Åtte smekre søylebunter, av klar «gotisk» inspirasjon, danner en omgivende buegang, i form av en brutt sirkel [...]."
22 *Fischer*, Domkirken (1965), Bd. 1, 130f.
23 *Ekroll*, St. Olavs skrin (2003), 338: „Oktogonen er derimot avsluttinga av den romanske katedralen

des Ambulatoriums hervor, das die Pilger um den Heiligenschrein herum führte. Es bildet keine Fortsetzung zu den später errichteten Seitenschiffen des dreischiffigen Chores und kann deshalb nur vom Mittelschiff aus betreten werden. Daraus ist zu folgern, dass der Chor einschiffig geplant war, als mit dem Bau des Oktogons begonnen wurde. Außerdem überragte das Oktogon den einschiffigen Chor und war somit als Aufbewahrungsort der Reliquien schon von weitem erkennbar. Der basilikale gotische Chor des 13. Jahrhunderts hingegen stellte das Oktogon regelrecht in den Schatten.[24] Es ist nicht bekannt, wie weit die Arbeiten an dem achteckigen Chorabschluss fortgeschritten waren, als Øystein starb, aber den Umgang um den Olavsschrein, der in die Mitte des Oktogons plaziert werden sollte, sah der Erzbischof in jedem Fall.[25]

Fragt man nach möglichen Vorbildern für den Dombau und speziell für das Oktogon, so drängen sich zunächst Bury St. Edmunds, Lincoln und Paris auf, weil bekannt ist, dass Øystein sich dort aufgehalten hat. „Das Königskloster Saint-Denis lag auf seinem [Øysteins] Weg, nur wenige Kilometer nördlich von Paris, und vielleicht – ja, wahrscheinlich – war er selbst dort zu Gast. [...] Saint-Denis wird Øysteins Ideen für die neuen Möglichkeiten der Kirchenarchitektur mit geformt haben."[26] Die Kirche in Saint-Denis wurde ab 1137 unter Abt Suger (1122–1151) umgebaut. Nach dessen Tod brachen die Bauarbeiten jedoch ab und wurden erst 1231 wieder aufgenommen.[27]

Die Eindrücke, die Øystein in England gesammelt haben könnte, scheinen den Erzbischof jedoch mehr beeinflusst zu haben. In Lincoln, wo sich Øystein 1182 aufhielt, wurde die Kirche nach einem Brand (1141) von Bischof Alexander neu errichtet. Einer der Steinmetzen, der dort arbeitete, war wahrscheinlich später am Bau des Nidarosdomes beteiligt, wie aus Markierungen an Kapitellen ersichtlich ist. Gerhard Fischer vermutete, dass dieser Steinmetz aus Norwegen stammte und in Lincoln gelernt hatte.[28] Da sich an der Kathedrale von Lincoln jedoch kein Rundbau befand, kann sie kaum als Anregung für das Oktogon gedient haben.[29]

---

slik han vart planlagd omkring 1150, og oppført med tidleg-gotisk arkitektur med seinromansk dekor."
24 *Ekroll*, St. Olavs skrin (2003), 338f.
25 *Ekroll*, Nidaros Cathedral (2004), 169f.; *Ekroll*, St. Olavs skrin (2003), 339, vermutet, dass Øystein in der südlichen „Kapelle" des Ambulatoriums begraben wurde und deutet damit den Ausdruck *scruð-husino*, den die Sverris saga, Kap. 107, benutzt, anders als die bisherige Forschung, die das „Skrudhuset" mit dem Kapitelhaus gleichsetzte.
26 *Gunnes*, Erkebiskop Øystein (1996), 225: „Kongsklostret Saint-Denis lå på hans [Øysteins] vei, bare noen kilometer nord for Paris, og kanskje – ja, sannsynligvis – var han selv gjest der. [...] Saint-Denis må ha vært med på å forme Øysteins sans for kirke-akitekturens [sic] nye muligheter."
27 *Michel Bur*, Art. Saint-Denis. In: LexMA 7 (1995), 1145–1148.
28 *Fischer*, Domkirken (1965), 63f. Vgl. *Gunnes*, Erkebiskop Øystein (1996), 34, 227. Zur Kathedrale von Lincoln siehe *Gem*, Lincoln Minster (1986).
29 Die Verbindung zu Lincoln ist allerdings auch für die Zeit nach Øysteins Tod deutlich. Vor allem die Säulen des Oktogons zeigen eindeutige Ähnlichkeiten zu denen des St. Hugh's choir, der in den 1190er Jahren gebaut wurde. Siehe dazu *Fischer*, Domkirken (1965), 168–171.

4.1. Der Baumeister

Eine andere Station, an der sich Øystein während seines Exils aufhielt, ist das Kloster Bury St. Edmunds. Die dortige Klosterkirche, die Ende des 11. Jahrhunderts gebaut worden war, beherbergte die Gebeine des heiligen Königs Edmund († 870). Die Reliquien wurden ab 1095 in einer halbkreisförmigen Krypta aufbewahrt.[30] Vorher lagen sie in einer Rotunde, die König Knud der Große zwischen 1020 und 1032 hatte erbauen lassen. Diese Rundkirche, die in etwa den gleichen Durchmesser wie das Oktogon im Nidarosdom besaß, scheint bis 1275 neben der neuen Klosterkirche gestanden zu haben.[31] Da auch der Trondheimer Dom die Grabstätte eines heiligen Königs war, ist es durchaus vorstellbar, dass Øystein sich von der Anlage in Bury St. Edmunds inspirieren ließ, zumal während seines Aufenthaltes dort an der Kirche gebaut wurde. Der Klosterchronist Jocelin von Brakelond berichtet, dass der spätere Abt Samson, als er noch Gehilfe des Küsters *(subsacrista)* war, den Chor errichten ließ.[32]

Es ist sehr wahrscheinlich, dass Øystein während seines dreijährigen Exils auch in Canterbury war, sowohl um seinem dortigen Amtsbruder einen Besuch abzustatten, als auch um das Grab Thomas Beckets zu besuchen. Die Kathedrale von Canterbury wurde nach einem Brand, der große Teile zerstört hatte, zwischen 1175 und 1184 wieder aufgebaut, zunächst von Wilhelm von Sens, der eigens zu diesem Zweck angeworben wurde, ab 1179 von dessen Assistent Wilhelm dem Engländer. Der Chor, der an Ostern 1180 feierlich eingeweiht wurde, gilt dabei als eines der frühesten gotischen Bauwerke Englands. Beckets Kopfreliquie wurde noch vor 1220 in der *corona* aufgestellt, einem Rundbau, der von Wilhelm dem Engländer geplant und begonnen, aber erst ca. 1200 fertig gestellt wurde.[33] Øystein könnte die Baumaßnahmen während seines England-Aufenthalts gesehen und seine Eindrücke mit nach Norwegen genommen haben.[34]

Die Rundkirche der Templer in London ist ein weiterer englischer Kirchenbau, der den norwegischen Erzbischof zur Umgestaltung des Nidarosdomes und der Anlage eines Oktogons angeregt haben könnte. Sie wurde nach dem Vorbild der Jerusalemer Grabeskirche gebaut und 1185 eingeweiht.[35] Doch ebenso wie die Aachener

---

30 *Crook*, Architectural Setting (1998).
31 *Ekroll*, St. Olavs skrin (2003), 338.
32 Jocelin von Brakelond: Chronik, 9: „In diebus illis chorus noster fuit erectus, Samsone procurante, historias picture ordinante, et uersus elegiacos dictante." Vgl. *James*, Abbey (1895), 119.
33 *Nicholas P. Brooks*, Art. Canterbury – Kirche, Bistum und Metropole – Kathedrale, Kirchen, Pfarrorganisation. In: LexMA 2 (1983), 1453f.; *Gibson*, Normans (1995), 63f.; *Woodman*, Canterbury Cathedral (1981), 87–130.
34 *Gunnes*, Erkebiskop Øystein (1996), 229f. *Fischer*, Domkirken (1965), Bd. 1, 132, meinte, die *corona* könne Øystein allenfalls inspiriert haben, sei aber architektonisch zu verschieden. Vgl. *Lidén*, Oktogon (1980), 95–99.
35 *Lewer*, Temple Church (1971), 3f.

Pfalzkapelle[36] und die Grabeskirche in Jerusalem[37] kann die Londoner Rundkirche nicht direkt als Vorlage für das Oktogon des Trondheimer Doms gedient haben. Nach Hans-Emil Lidén war die Templerkirche das Gebäude, das dem Oktogon am nächsten kam, aber auch deren Gestalt unterscheide sich deutlich.[38] Øystein besuchte London vielleicht während seines englischen Exils, unterwegs zur Wahl des Abtes von Bury St. Edmunds.[39] Aachen hingegen könnte der norwegische Erzbischof auf seiner Palliumsreise besucht haben, als er auf dem Weg nach oder von Paris war. Jerusalem hatte er offensichtlich nie besucht, er könnte aber von anderen Personen Berichte gehört haben. Es ist auch möglich, dass andere am Bau des Nidarosdomes beteiligte Personen in Aachen oder Jerusalem gewesen sind, doch da man sich mit solchen Gedankenspielen endgültig auf reine Spekulationen einlassen muss, bleibt festzuhalten, dass der Bau des Oktogons am ehesten von Canterbury, der Londoner Templerkirche und der Rotunde in Bury St. Edmunds angeregt wurde, aber dennoch zu einem architektonisch einzigartigen Ergebnis führte.[40]

4.2. Augustinus episcopus

Nicht nur in architektonischer, sondern auch in organisatorischer Hinsicht war Øystein für den Aufbau der Kirche verantwortlich. Die Latinisierung seines Namens ist dabei sicherlich nicht zufällig, sondern geradezu programmatisch.[41] Øystein nannte sich *Augustinus*, und gerade bezüglich der frühen Entwicklung der Augustinerchorherren in Norwegen scheint ihm eine entscheidende Rolle zuzufallen. Bei seinem Amtsantritt bestand lediglich eine Gemeinschaft, die sich nach der Regel des Augustinus richtete: das Olavskloster in Stavanger, das spätestens um 1160 existierte.[42] Während Øysteins Episkopat kamen die Augustinerklöster Helgeseter bei Trondheim, Konghelle und Halsnøy hinzu, möglicherweise auch das Jonskloster in Bergen sowie ein Prämonstratenserkloster in Tønsberg.[43] Die Gründungen von Helgeseter (spätestens 1179/80) und Konghelle scheint Øystein selbst getätigt und aus eigenen oder kirchlichen Mitteln

---

36 Dazu *Untermann*, „opere mirabili constructa" (1999).
37 *Lidén*, Oktogon (1980), 101–105. Zur Jerusalemer Grabeskirche im Allgemeinen siehe *Biddle*, Grabeskirche (2000), 48–53; *Krüger*, Grabeskirche (2000), 55–57.
38 *Lidén*, Oktogon (1980), 101: „Den bygning som kommer nærmest, er vel The Temple, men også dens utforming er temmelig forskjellig fra oktogonens."
39 *Johnsen*, Øysteins eksil (1951), 12.
40 *Lidén*, Oktogon (1980), 92: „[Oktogonen er] en koravslutning som er enestående innen katedralarkitekturen."
41 *Gunnes*, Erkebiskop Øystein (1996), 49.
42 Ebd., 194. Belegt ist das Kloster bei Reginald von Durhams *Libellus de admirandis*, Kap. 112. Vgl. *Bull*, Folk og kirke (1912), 211, 218.
43 *Gunnes*, Erkebiskop Øystein (1996), 194; *Helle*, Norge (1974), 168.

4.2. Augustinus episcopus

dotiert zu haben.⁴⁴ Für seine ehemalige Pfarrei Konghelle richtete der Erzbischof eine Anfrage an Papst Alexander III. mit der Bitte, eine Gemeinschaft von Regularkanonikern in der dortigen Kastellkirche ansiedeln zu dürfen.⁴⁵ Der Papst konnte jedoch keine Privilegien erteilen, weil sich in Konghelle noch keine Gemeinschaft befand. Die Kastellkirche ist später wahrscheinlich von Erling Skakke dem Kloster übertragen worden, während Øystein die Ausstattung übernahm.⁴⁶ Im Zusammenhang mit Magnus Erlingssons Krönung 1163/64 gründete Erling Skakke ein Augustinerkloster auf der Insel Halsnøy in Sunnhordland. Möglicherweise handelt es sich auch um eine Gründung englischer Kanoniker – der Abt des Augustinerklosters Grimsby, das dem heiligen Olav geweiht war, wohnte jedenfalls Magnus' Krönung bei. Das Jonskloster in Bergen wurde vor 1200 gegründet, vielleicht während Øysteins Episkopat.⁴⁷ Das Olavskloster in Tønsberg schließlich gehörte dem Prämonstratenserorden an, der sich ebenfalls auf die Augustinusregel berief. Es hatte bereits vor 1190 Bestand; ob Øystein an seiner Gründung beteiligt war, wie Gunnes andeutete, muss jedoch offen bleiben.⁴⁸

Øysteins Protektion der Augustiner zeigt sich auch in der Liturgie. Im *Ordo Nidrosiensis*, der liturgische Bestimmungen für die Kirchen im Erzbistum Nidaros enthält, wird festgesetzt, dass das Fest des heiligen Augustinus mit neun *lectiones* begangen werden soll. Diese Bestimmung geht auf Øystein zurück.⁴⁹

Der Zisterzienserorden, der schon um die Mitte des 12. Jahrhunderts in Norwegen Fuß fasste,⁵⁰ wurde von Øystein hingegen nicht in gleichem Maße gefördert. Lediglich das Kloster Munkeby in der Nähe von Stiklestad kann mit dem Erzbischof in Verbindung gebracht werden, weil es in einem Wunderbericht der *Passio et Miracula Beati Olavi* genannt wird.⁵¹ Da aber nicht zweifelsfrei feststeht, ob Øystein der Verfasser dieses Teils der Mirakelsammlung ist,⁵² lässt sich die Entstehung des Klosters nicht eindeutig mit seinem Episkopat verknüpfen.⁵³ Arne Odd Johnsen vermutete,

---

44 *Johnsen*, Cistercienserklostre (1977), 31. Vgl. *Bagge*, Den heroiske tid (2003), 62.
45 *Vandvik*, Latinske Dokument (1959), Nr. 14, 68–70.
46 *Gunnes*, Erkebiskop Øystein (1996), 194.
47 Das Argument von *Gunnes* (ebd.), die 1190er Jahre seien keine günstige Zeit für Klostergründungen gewesen, ist nicht sehr stichhaltig.
48 Ebd.: „Også her ble kongelige inntekter, nemlig inntektene til Mikaelskirken til Slottsfjellet, lagt til den nye fundasjonen. Skal vi ane jarlens og erkebispens hånd også her?" Zum Prämonstratenserorden siehe *Ludger Horstkötter*, Art. Prämonstratenser, -innen – Entstehung. In: LexMA 7 (1995), 746–748.
49 *Gjerløw*, Ordo Nidrosiensis ecclesiae (1968), 387: „Festum beati augustini cum .ix. lectionibus festiue celebretur sicut in suffragio sanctorum de episcopo confessore annotatum inuenitur. Hoc autem sinodaliter statuit uenerande memorie augustinus archiepiscopus." Vgl. *Østrem*, Office (2001), 182.
50 Siehe dazu *Johnsen*, Cistercienserklostre (1977), 13–24.
51 Passio Olavi, 114.
52 Siehe dazu Kap. 4.5, S. 129.
53 Wahrscheinlich wurde Munkeby schon vor 1160 angelegt, möglicherweise bereits in den 1140er

dass die relativ unabhängige Stellung der Zisterzienserklöster gegenüber dem Bischof, die auch von Papst Alexander III. gefördert worden sei,[54] Øystein zur Unterstützung der Konvente veranlasste, die sich der Augustinusregel verpflichteten.[55] Neben dieser eher praktischen Überlegung dürften die Kontakte nach Paris auschlaggebend dafür gewesen sein, dass der Erzbischof gerade die Augustiner förderte. Øystein besuchte bekanntlich auf seiner Palliumsreise das Kloster Saint-Victor in Paris, wo er möglicherweise früher studiert hatte. Die Viktoriner, die der Augustinusregel folgten, erlebten in der Mitte des 12. Jahrhunderts ihre Blütezeit und waren besonders für ihre Beschäftigung mit intellektuellen Themen und ihre Schule bekannt.[56] Leider erlaubt es die Quellenlage nicht, diese Verbindungen eingehend zu verfolgen, so dass auch der Transferprozess in diesem Fall nicht untersucht werden kann.[57]

4.3. Der Jurist

Nach dem Zeugnis der *Sverris saga*[58] ließ Øystein ein Rechtsbuch mit dem Namen *Gullfjær* („Goldfeder") aufzeichnen, das sich nicht mit Sicherheit identifizieren lässt, aber wahrscheinlich eine Revision des Christenrechts der Frostathingslög war. Diese Rechtssammlung hatte für das Frostathing Gültigkeit, eines der vier großen Rechtsgebiete Norwegens, das sich vom Romsdals-Fjord nordwärts bis nach Helgeland erstreckte.[59] Möglicherweise geht auch ein Teil der Gesetzessammlung des Gulathings[60] – der „Magnustext" – auf Øysteins *Gullfjær* zurück.[61] Ebenso werden die so genannten

---

Jahren.
54 JL, Nr. 10635, 11632.
55 *Johnsen*, Cistercienserklostre (1977), 25–31. Vgl. *Vandvik*, Latinske Dokument (1959), Nr. 20, 78–80.
56 *Rainer Berndt*, Art. Viktoriner. In: LexMA 8 (1997), 1668f.
57 Zu den Verbindungen zwischen Saint-Victor und Norwegen siehe *Gunnes*, Erkebiskop Øystein (1996), 195–200; *Johnsen*, St. Victorklosteret (1943–1946).
58 Sverris saga, Kap. 117: „Erkibyscup bað fram rekia þa boc er Gullfiǫðr er colluð oc rita let Eysteinn erkibyscup."
59 *Harald Ehrhardt*, Art. Ding (Thing) – Skandinavien. In: LexMA 3 (1986), 1059–1062; *Harald Ehrhardt*, Art. Frostaþingslög. In: LexMA 4 (1989), 992f.; *Trygve Knudsen*, Art. Frostatingsloven. In: KLNM 4 (1959), 656–661; *Trygve Knudsen*, Art. Gullfjær. In: KLNM 5 (1960), 593f.
60 Das Gulathing war für einen weiteren der vier großen Rechtsbezirke Norwegens zuständig: für den Westen des Landes, also für die Region um Bergen und den Sognefjord sowie die Landschaften Valdres und Hallingdal. Siehe *Eithun/Rindal/Ulset*, Gulatingslova (1994), 7–9; *Helle*, Gulatinget (2001). Daneben gab es noch das Eidsivathing (im heutigen Eidsvoll) für Ostnorwegen und das Borgarthing (im heutigen Sarpsborg) für Viken, also den Bereich um den Oslofjord. Vgl. die Artikel von *Harald Ehrhardt* im Lexikon des Mittelalters zu den Themen „Ding" (wie Anm. 59), „Borgarþingslög" (LexMA 2, 1983, 452f.), „Eidsivaþingslög" (LexMA 3, 1986, 1702f.) und „Gulaþingslög" (LexMA 4, 1989, 1790).
61 *Gunnes*, Øystein og Frostatingsloven (1974); *Gunnes*, Erkebiskop Øystein (1996), 133.

4.3. Der Jurist

Canones Nidrosienses dem Trondheimer Erzbischof zugeschrieben, auch wenn die frühere Forschung zum Teil andere Ansichten vertrat. Walther Holtzmann, der die Texte im Britischen Museum in London fand und 1938 publizierte, ging davon aus, dass die Rechtsbestimmungen auf dem norwegischen Reichstreffen 1163/64 verabschiedet wurden, auf dem Magnus Erlingsson zum König gekrönt wurde, und stützte sich dabei vor allem auf „den Zusammenhang, der durch den Eid von 1164 in der [handschriftlichen] Überlieferung nahegelegt wird."[62] Seiner Ansicht nach wurden die *Canones* vom päpstlichen Legaten Stephanus verfasst, der bei der Krönung anwesend war und den Holtzmann als Magister Stephan von Orvieto identifizierte.[63] Oluf Kolsrud und Arne Odd Johnsen meinten, die Bestimmungen seien im Zusammenhang mit der Errichtung des Erzbistums 1152/53 entstanden und Nicholas Breakspear habe sie auf seiner Legation erlassen.[64] Dieser Ansicht schloss sich Eirik Vandvik bei seiner Edition lateinischer Dokumente zur norwegischen Geschichte an.[65] Vegard Skånland wies hingegen in einer ausführlichen Studie darauf hin, dass die *Canones Nidrosienses* wegen ihrer Abhängigkeit vom *Decretum Gratiani* erst in den 1170er Jahren entstanden sein dürften, und griff damit einen Gedanken Holtzmanns wieder auf.[66] Dem widersprach Einar Molland mit dem Argument, dass sich die Formel *apostolica auctoritate* aus den *Canones* 3 und 8 nicht auf Øystein in seiner Funktion als päpstlicher Legat beziehen kann und ebenso wenig auf den Legaten Stephanus, der kein Kardinal war. Vielmehr seien die *Canones Nidrosienses* bereits 1152/53 erlassen und zu einem späteren Zeitpunkt von Øystein redigiert worden.[67] Diese Auffassung vertrat im Prinzip auch Erik Gunnes, der in den Rechtsbestimmungen eine Redaktion Øysteins aus den 1160er Jahren sah, die die wichtigsten Punkte von 1152/53 modifizierte.[68] Odd Sandaaker hingegen datierte die Entstehung der Sammlung auf die Zeit zwischen 1183 und 1188, also dem Zeitraum nach Øysteins Rückkehr aus dem englischen Exil bis zu seinem Tod. Ein Hauptargument Sandaakers war die Zusammenarbeit zwischen Königtum und Kirche und die Kompromissbereitschaft, die in den *Canones* ihren Ausdruck findet.[69] Dagegen argumentierte Sverre Bagge, dass in den 1160er Jahren das Verhältnis zwischen Kirche und Königtum mindestens ebenso gut,

---

62 *Holtzmann*, Krone und Kirche (1938), 360. *Karl Hampe* hatte die Dokumente bereits Ende des 19. Jahrhunderts gesichtet. Durch ihn sind *Fredrik Paasche*, Erkebiskop (1933), und *Oluf Kolsrud* auf den entsprechenden Codex aufmerksam geworden.
63 *Holtzmann*, Krone und Kirche (1938), 357–359.
64 *Johnsen*, Nicolaus Brekespears legasjon (1945), 195–230 und öfter; *Gallén*, Provincial Statute (1970); *Kolsrud*, Nicolaus av Albano (1943–1946).
65 *Vandvik*, Latinske Dokument (1959), 12; Edition der *Canones Nidrosienses*: 42–51, Kommentar: 140–156.
66 *Skånland*, Provinsialstatutt (1969).
67 *Molland*, Bemerkninger (1971), 1–9.
68 *Gunnes*, Øystein som lovgiver (1970); *Gunnes*, Kongens ære (1971), 119.
69 *Sandaaker*, Canones Nidrosienses (1988).

wenn nicht sogar besser war. Außerdem wies er auf die Überlieferung in England hin, die vermuten lässt, dass Øystein die Bestimmungen während seines englischen Exils bei sich hatte oder dort verfasste. Bagge kam zu dem Schluss, dass Erzbischof Øystein aller Wahrscheinlichkeit nach die Sammlung verfasste und dass sie zeitlich am ehesten in die ersten Jahre der Regierungszeit von Magnus Erlingsson gehört.[70]

Øystein kann also mit großer Wahrscheinlichkeit als Verfasser der *Canones* gelten, zumal er eine ausgiebige Korrespondenz mit Alexander III. führte, dessen Antworten auf Øysteins rechtliche Fragen erhalten sind.[71] Der norwegische Erzbischof übernahm Teile der Rechtsbestimmungen aus dem *Decretum Gratiani*, das er in Paris kennen gelernt haben dürfte,[72] „bewies jedoch eine bedeutende Selbständigkeit und paßte die Bestimmungen norw[egischen] Verhältnissen an."[73] Skånland attestierte Øystein die Fähigkeit, unabhängig von den Quellen zu arbeiten, wenn es galt, heimische Verhältnisse einzubeziehen. Trotz sprachlicher und sachlicher Abhängigkeit von Gratians *Decretum* sei Øysteins Text „eigenständige Gesetzgebung".[74]

Die Vorgehensweise bei der Zusammenstellung der *Canones Nidrosienses* lässt sich besonders bei den Bestimmungen zu Zölibat und Bischofswahl beobachten. Øystein übernahm Teile aus verschiedenen Stellen des *Decretum Gratiani*, ließ aber gleichzeitig eigenständige Passagen einfließen. Am Beispiel der Wahl eines Bischofs oder Erzbischofs soll dies kurz demonstriert werden. Die Bischofswahl erfolgte nach den *Canones Nidrosienses* prinzipiell in der gleichen Weise, wie es im *Decretum Gratiani* geschildert wird, allerdings konnte der Kandidat auch aus einem anderen Bistum kommen als dem, das es zu besetzen galt:

Decretum Gratiani, Distinctio 63	*Canones Nidrosienses IV*
C. 35: Obeuntibus sane episcopis, quoniam ultra tres menses uacare ecclesiam sanctorum Patrum prohibent sanctiones, sub anathemate interdicimus, ne canonici de sede episcopali ab elec-	Obeuntibus episcopis, quoniam ultra tres menses vacare ecclesiam sanctorum patrum prohibent sanctiones, decernimus, ut canonici episcopalis ecclesie cum reliquo clero populoque conve-

---

70 *Bagge*, Den heroiske tid (2003), 55–58.
71 *Gunnes*, Erkebiskop Øystein (1996), 133–136, geht von etwa 35 verschiedenen Anfragen Øysteins aus. Überliefert sind lediglich die 13 von *Vandvik*, Latinske Dokument (1959), Nr. 11–23, edierten Antwortschreiben Alexanders III.
72 Möglicherweise durch Étienne de Tournai, der um 1160/70 einen Kommentar *(Summa Decreti)* zum *Decretum Gratiani* verfasste. Vgl. *Gunnes*, Øystein og Frostatingsloven (1974), 119f.
73 *Sverre Bagge*, Art. Canones Nidrosienses. In: LexMA 2 (1983), 1438.
74 *Skånland*, Provinsialstatutt (1969), 184: „Sammenfattende mener jeg at man om Øystein som redaktør av canon-samlingen kan si at selv om han ofte er sproglig og også saklig avhengig av sitt forlegg, Gratians Decretum, viser han, når det er nødvendig å tilpasse stoffet hjemlige forhold, evne til uavhengighet av kildene; han tar bare det han kan bruke, og således blir hans tekst i ganske stor grad allikevel selvstendig lovgivning."

tione episcoporum excludant religiosos viros, sed eorum consilio honestam et idoneam personam in episcopum eligant.

C. 34: Sacrorum canonum non ignari, ut in Dei nomine sancta ecclesia suo liberius potiatur honore, assensum ordini ecclesiastico prebemus, ut scilicet episcopi per electionem cleri et populi secundum statuta canonum de propria diocesi, remota personarum et munerum acceptione, ob uitae meritum et sapientiae donum eligantur, ut exemplo et uerbo sibi subiectis usquequaque prodesse ualeant.

niant, adhibitis etiam religiosis viris, si in eodem episcopatu fuerint, secundum statuta canonum de propria diocesi vel de alia, si in ea idoneus inventus non fuerit, exclusa munerum et personarum acceptione ob vite meritum et scientie donum tales studeant eligere sibi pastores, qui sanctiores sint et ceteris meliores, quorum comparatione ceteri grex dicantur, qui sibi subiectis usquequaque preesse valeant et prodesse.

Der Zusatz *vel de alia, si in ea idoneus inventus non fuerit*, der sich in den *Canones Nidrosienses* findet, erklärt sich aus der Tatsache, dass Norwegen nicht in ausreichendem Maße Personal zur Verfügung hatte, das es ermöglichte, in jedem Fall einen Kandidaten aus dem eigenen Bistum zu rekrutieren.[75] Gleichzeitig könnten Bestrebungen bestanden haben, die Ausbildung der Kleriker weitgehend an den Sitz des Erzbistums zu binden – zumindest deutet das Ersetzen des Wortes *sapientia* durch *scientia* im Zusammenhang mit der Eignung des Kandidaten auf eine Betonung der Gelehrsamkeit.

Den Zölibat geboten die *Canones Nidrosienses* nur Domkanonikern, während es Priestern grundsätzlich erlaubt war, zu heiraten – sie durften allerdings keine Witwen ehelichen und sich nicht scheiden lassen. Verheiratete Geistliche mussten darüber hinaus bei ihrer Priesterweihe ein Keuschheitsgelübde ablegen: „Clerici, qui ante adeptum sacerdotium duxerunt uxores, ad sacerdotium nisi promissa continentia nequaquam promoveantur."[76] Diese Bestimmungen sind sicherlich den Verhältnissen in Norwegen geschuldet, wo es bis dato kein allgemeines Zölibat für Priester gegeben hatte.[77] Die Rechtssetzung in Norwegen erfolgte also nicht nach den Normen, die auf dem Zweiten Laterankonzil beschlossen und auch von Gratian angeführt worden waren.[78] Dort heißt es, dass Priester, Diakone und Subdiakone sich von ihren Frauen scheiden lassen müssten, weil ihre Ehe nichts anderes sei als ein Konkubinat. Øystein verbot die

---

75 Vgl. *Gunnes*, Erkebiskop Øystein (1996), 141: „Så svakt bemannet som kirkene ennå var, må det ha vært ønskelig med et bredere rekrutteringsgrunnlag enn det de kanoniske tekstene forutsetter."
76 Canones Nidrosienses VI–VIII, Zitat aus Can. VI.
77 *Bagge*, Den heroiske tid (2003), 59.
78 Decretum Gratiani, C. 27, q. 2, c. 40.

Ehe jedoch ausdrücklich nur Domkanonikern und stützte sich dabei auf älteres Recht, nämlich auf Bestimmungen von Papst Pelagius I. (556–561), die Gratian dahingehend deutete, dass ein Priester verheiratet sein könne, sofern er keusch lebe.[79] Auch andere Bestimmungen deuten darauf hin, dass Øystein seine Vorlage, das *Decretum Gratiani*, zwar ausgiebig nutzte, an einigen Stellen jedoch – wo es ihm aufgrund der Situation im eigenen Land nötig schien – kreativ abänderte.

Der Transferprozess lässt sich hier recht deutlich verfolgen: Øystein ging von einer Vorlage aus und passte sie den norwegischen Verhältnissen an. Er hatte dabei oft konkrete Problemfälle vor Augen, die er dem Papst in Briefen schilderte mit der Bitte, die weitere Vorgehensweise darzulegen. Die Antworten Alexanders III. verarbeitete Øystein in den *Canones Nidrosienses*, die möglicherweise um 1170 in die heute überlieferte Form gebracht wurden. Diese und weitere Bestimmungen sammelte er im bereits erwähnten *Gullfjær*, das wiederum in die Gesetzestexte des Gulathings und des Frostathings aufgenommen wurde.

4.4. Der Coronator

1136 wurden Sigurd und Inge Haraldsson im Alter von 4 und 2 Jahren zu Königen über Norwegen gewählt, 1142 stieß ihr älterer Bruder Øystein aus Schottland hinzu. In den 1150er Jahren gerieten die Brüder aus unbekannten Gründen in Streit und bekämpften sich, bis Sigurd (1155) und Øystein (1157) getötet wurden. Doch einige Anhänger Øysteins riefen einen unehelichen Sohn Sigurds, Håkon Herdebrei, zum König aus. Diesem gelang 1161 ein Sieg gegen König Inge, der am 4. Februar starb. Nun sammelte ein Gefolgsmann von Inge, Erling Skakke, Leute um sich, um seinerseits einen König auszurufen: seinen fünfjährigen Sohn Magnus.[80]

In diese Situation hinein kehrte Øystein Erlendsson aus Anagni zurück, wo er sein Pallium erhalten hatte. Er war in jedem Fall noch vor Inges Tod aus Norwegen abgereist und musste sich nun einer gänzlich neuen Situation stellen. Das Trøndelag, das Gebiet um den Erzbischofssitz also, setzte sich für Håkon ein, während sich Magnus auf die Regionen um Bergen und Oslo stützen konnte. Doch Magnus hatte einen bedeutenden „Makel", denn er war kein Königssohn. Deshalb nahm Erling Skakke mit Erzbischof Øystein Verhandlungen auf, um seinen Sohn krönen zu lassen. Auch der Sieg über Håkon Herdebrei und dessen Tod im Sommer 1162 änderten nichts an diesen Plänen, denn die Gegenpartei protegierte bereits weitere Thronprätendenten.[81]

1163 oder 1164 vollzog Øystein in Bergen die Krönung des jungen Königs, begleitet

---

79 Decretum Gratiani, Distinctio 28, c. 13. Vgl. *Gunnes*, Erkebiskop Øystein (1996), 164–166; *Skånland*, Provinsialstatutt (1969), 183f.
80 *Helle*, Norge (1974), 25f., 33–36.
81 *Gunnes*, Erkebiskop Øystein (1996), 89–93; *Helle*, Norge (1974), 36–38.

4.4. Der Coronator

von fünf Bischöfen und dem päpstlichen Legaten Stephanus. Es ist nicht bekannt, aus welchem Grund sich Stephanus in Norwegen aufhielt. Er könnte versucht haben, das Verhältnis zwischen Alexander III. und der norwegischen Kirche zu stärken und sich somit der Verbündeten im päpstlichen Schisma zu versichern. Seine Reise könnte auch im Zusammenhang mit der Errichtung des schwedischen Erzbistums stehen, die 1164 erfolgte. Schließlich ist es denkbar, dass die Krönung selbst ein Grund für Stephanus' Aufenthalt in Norwegen war, denn dass es spontan zur Krönung kam, wie Snorris Bericht nahe legt, ist unwahrscheinlich.[82]

Dass der Krönung eine längere Vorbereitungszeit vorausging, lässt auch der Krönungseid[83] vermuten, mit dem Magnus Erlingsson der Römischen Kirche sowie Papst Alexander und seinen Nachfolgern Treue schwor und damit eindeutig Stellung für Alexander III. bezog und gegen den von Friedrich Barbarossa unterstützten Viktor IV. Der Eid ist ohne eine vorherige Einbeziehung des Papstes kaum denkbar und zeigt, dass der Heilige Stuhl „in höchstem Maße in Magnus' Salbung und Krönung involviert war"[84]. Möglicherweise stammt der Eid, der Anklänge an Kaisergelübde, die an der Kurie entworfen worden waren, und an die Lehnseide der normannischen Herrscher Süditaliens gegenüber dem Papst hat, aus der Feder des Legaten Stephanus.[85]

Die Streitigkeiten um die Königsmacht, die in Norwegen bereits seit 1130 immer wieder aufgeflammt waren, führten dazu, dass nun mit einer neuen Thronfolgeordnung der Versuch unternommen wurde, der Königswahl einen geregelten Ablauf zu geben, an dessen Ende ein Alleinherrscher den Thron besteigen sollte. Der Text dieser Thronfolgeregelung ist in den Gesetzen des Gulathings überliefert[86] und wurde mit großer Wahrscheinlichkeit auf dem Reichstreffen verabschiedet, das anlässlich der Krönung 1163/64 abgehalten wurde.[87] Es gibt keine direkten Hinweise auf einen Verfasser, die Forschung nimmt im Allgemeinen jedoch an, dass Øystein Erlendsson für den Text verantwortlich zeichnet.[88] Das Gesetz sieht vor, dass der legitime Sohn des

---

82 *Gunnes*, Erkebiskop Øystein (1996), 92–97; *Helle*, Norge (1974), 38. Snorris Bericht: Hkr. Magnúss saga Erlingssonar, Kap. 21.
83 *Vandvik*, Latinske Dokument (1959), Nr. 10, 62–64.
84 *Gunnes*, Erkebiskop Øystein (1996), 110: „Denne første delen av eden viser med all tydelighet at pavestolen i høyeste grad var involvert i Magnus' salving og kroning [...]."
85 *Gunnes*, Kongens ære (1971), 135–142; *Gunnes*, Erkebiskop Øystein (1996), 108–111. Zu den normannischen Lehnseiden vgl. *Deér*, Papsttum (1972), besonders 63–70; zu den Eiden der Kaiser siehe *Elze*, Ordines (1960), XXXIIf. und Ordo I 1, 2, sowie Ordo XIV 4, 37.
86 Gulatingslov, Kap. 2. Dazu und zum Folgenden siehe *Gunnes*, Erkebiskop Øystein (1996), 111–118; *Helle*, Gulatinget (2001), 148; *Tobiassen*, Tronfølgelov (1964), 221–258.
87 In der Überschrift zum Gesetzestext heißt es, dass König Magnus, Erzbischof Øystein, Erling Skakke und die weisesten Männer das Gesetz verabschiedeten. Daraus ergibt sich ein Zeitraum zwischen 1163 und 1179, dem Todesjahr Erlings. Die Formulierung lässt jedoch auf ein Reichstreffen schließen; ein weiteres Reichstreffen nach der Krönung ist nicht bekannt. Vgl. *Gunnes*, Erkebiskop Øystein (1996), 111f.; *Tobiassen*, Tronfølgelov (1964), 221.
88 Ebd., 189f.

verstorbenen Königs sein Nachfolger werden soll, wenn nicht Bosheit oder Unverstand *(illzca æða úvizca)*[89] von ihm Besitz ergreifen. In diesem Fall soll ein anderer Sohn des verstorbenen Königs durch den Erzbischof, die Suffraganbischöfe und die zwölf weisesten Männer eines jeden Bistums ausgewählt werden. Falls der König keinen legitimen Sohn hinterlassen hat, der für das Königsamt geeignet ist, sollen die genannten Personen einen Verwandten wählen. Wenn sich kein Verwandter finden lässt, soll eine andere Person bestimmt werden. Die Wahl erfolgt bei einem Treffen des Erzbischofs, der Bischöfe, Äbte und zwölf weisesten Männer der Bistümer mit dem Gefolge des Königs *(hirðstiorom með hirð allre)*, dem weltlichen Adel also, das in Trondheim stattfinden soll. Falls es zu Uneinigkeiten bei der Wahl kommt, wird der neue König von der Mehrheit bestimmt, der der Erzbischof und die anderen Bischöfe „folgen".[90]

Das wesentlich Neue an diesen Bestimmungen war vor allem, dass es nur einen König geben sollte. In Norwegen war es üblich, dass sich mehrere Brüder das Königtum teilten und entweder gemeinsam regierten oder das Land territorial unter sich aufteilten.[91] Zwar wird ein solches gemeinsames Königtum im Thronfolgegesetz nicht direkt ausgeschlossen, die Verwendung des Singular gibt aber eindeutig zu erkennen, dass nur ein König bestimmt werden sollte. Ebenso neu war, dass nur ehelich geborene und somit legitime Söhne des Königs Anspruch auf den Thron hatten, nicht aber uneheliche Söhne. Damit wurde den kirchlichen Prinzipien Rechnung getragen, die die eheliche Geburt bereits seit dem 10. Jahrhundert als Bedingung für das Königsamt ansahen. Gleichzeitig stärkte diese Bestimmung aber auch die Position von Magnus Erlingsson, der zwar kein Königssohn, aber ehelich geborener Sohn einer ehelich geborenen Prinzessin war; Magnus' Mutter war Kristin, die Tochter des Königs Sigurd Jorsalfar. Neben der Legitimität trat auch die Idoneität des Königs in den Mittelpunkt des Interesses. Mehrfach heißt es im Thronfolgegesetz, dass der neue Herrscher geeignet sein müsse *(til fallenn)*. Diese Bedingung, die den Anspruch eines legitimen Königssohnes einschränkte und keine vorbehaltlose Primogenitur ermöglichte, war im europäischen Mittelalter üblich.[92] Ein mögliches Vorbild für Øysteins Ansichten ist Johannes von Salisburys *Policraticus*[93], allerdings bleibt Gunnes' Bemerkung, dass der norwegische Erzbischof auf seiner Rückreise aus Anagni möglicherweise in Canterbury war und dort mit Johannes über Fragen der Idoneität diskutierte, reine Spekulation.[94]

Auch das Prinzip der *maior et sanior pars*, das dem Erzbischof praktisch ein Ve-

---

89 Zur Bedeutung dieser Wendung siehe *Tobiassen*, Tronfølgelov (1964), 229–235; *Tobiassen* übersetzt das Begriffspaar mit „Ungerechtigkeit" *(iniustitia)* und „Mangel an Weisheit".
90 Gulatingslov, Kap. 2: „En ef þa skilr a. þa scolo þeir sítt mál hava er fleiri verða saman. oc ærkibiscop. oc aðrer biscopar fylgía."
91 Im Zeitraum 1103–1157 gab es rund 45 Jahre mit einer solchen Polyarchie; vgl. Ebd., 226.
92 Ebd., 226–228, 236–244.
93 Edition: *Webb*, Policraticus (1909).
94 *Gunnes*, Erkebiskop Øystein (1996), 116.

4.4. Der Coronator

torecht einräumte, war im mittelalterlichen Europa, speziell im 12. Jahrhundert, weit verbreitet.[95] Es diente dazu, den Einfluss des Episkopats auf die Wahlen zu stärken – auch auf Bischofswahlen. Ein Grund dafür, dass das Prinzip der *sanioritas* gerade in dieser Zeit eine wichtige Rolle spielte, liegt darin, dass die Päpste des 11. und 12. Jahrhunderts versuchten, „die Bischofswahlen stärker unter ihre Kontrolle zu bringen. Dafür aber war die pars sanior ein günstiges Mittel. Dieses Prinzip verlangte nämlich nach einer Autorität außerhalb der Wählerschaft, denn wer von den Wählern die bessere Qualität besaß, konnten diese nicht selbst feststellen."[96] Auch wenn im Thronfolgegesetz der Erzbischof selbst zur Wählerschaft gehört, kann es dennoch niemand anderen geben, dem die Rolle des Schiedsrichters zufallen sollte.[97]

Mit der neuen Thronfolgeordnung sicherte Øystein sich und der norwegischen Kirche eine Position, die es erlaubte, entscheidenden Einfluss auf die Königswahl zu nehmen. Er benutzte dazu westeuropäische Vorbilder und verband sie mit norwegischen Traditionen. Die Grenzen lassen sich dabei – um es mit Tobiassens Worten zu sagen – nicht mit dem Lineal nachzeichnen.[98] Einzelne Elemente können aber dennoch benannt werden. So findet sich die *konungstekja*, die Annahme des Königs auf einer oder mehreren Thingversammlungen des Landes, in abgewandelter Form im Thronfolgegesetz wieder. Bei der *konungstekja* bat der Thronprätendent die Thingversammlung, als König angenommen zu werden. Wenn dies erfolgte, gelobte der neue König, die Gesetze einzuhalten, während das Volk ihm Treue und Gefolgschaft schwor. In der Zeit der Thronstreitigkeiten waren es jedoch unterschiedliche Gruppen, die ihre jeweiligen Könige ausriefen und vom Thing lediglich akklamieren ließen.[99] In der Thronfolgeordnung von 1163/64 wurde die Tradition der *konungstekja* durch die zwölf weisen Männer eines jeden Bistums repräsentiert, die direkt an der Wahl beteiligt sein sollten. Das wird schon am Wortlaut deutlich, denn der Ausdruck, jemanden als König „anzunehmen", findet sich nur im Zusammenhang mit den weisen Männern. Wörtlich heißt es: „und die Laien sollen zu dieser Beschlussfassung gehen mit dem geschworenen Eid, dass sie denjenigen annehmen, der ihnen vor Gott am besten dafür

---

95 *Maleczek*, Abstimmungsarten (1990), 117–120; *Tobiassen*, Tronfølgelov (1964), 254.
96 *Ganzer*, Unanimitas (2000), 10.
97 Vgl. *Tobiassen*, Tronfølgelov (1964), 255: „Det krav til den vordende konge som innskjerpes gjennom hele lovteksten, er kravet om skikkethet. Uenighet betyr uenighet om pretendentens skikkethet. Skikket er i denne sammenheng et etisk-religiøst begrep. Det er da naturlig at episkopatet her kommer inn og har det avgjørende ord. Biskopene må forutsettes å være de som best kan dømme i dette spørsmål."
98 Ebd., 258: „Grensen mellom det hjemlige og det fremmede kan ikke trekkes opp med linjal. [...] Det gamle norske tas med. Det nye europeiske kommer inn. Det skapes en syntese av gammelt og nytt. Men i denne syntese dominerer de europeiske, spesifikt kirkelige idéer om kongedømmet."
99 *Arne Bøe*, Art. Konge – Innleiing og Noreg. In: KLNM 9 (1964), 1–4; *Steinar Imsen*, Art. Tronfølge – Norge. In: KLNM 18 (1974), 690–692.

geeignet erscheint."¹⁰⁰ Die sechzig weisen Männer waren keine Kleriker, sondern Laien *(ulærðo menn)*, wurden aber gleichwohl vom Bischof ausgesucht. Da aus jedem Bistum zwölf Laien an der Wahl beteiligt sein sollten, wäre aus jedem Landesteil eine Gruppe von Männern vertreten gewesen.¹⁰¹

Letztlich blieb diese Thronfolgeordnung reine Theorie, denn sie fand in dieser Form niemals Anwendung bei norwegischen Königswahlen, hatte aber Einfluss auf spätere Thronfolgeregelungen. Das Gesetz von 1163/64 zeigt jedoch, wie Øystein versuchte, die Anforderungen an seine Kirche und an die Situation des ganzen Königreiches – darunter die seit mehr als dreißig Jahren immer wieder aufflammenden Thronstreitigkeiten – mit Hilfe westeuropäischer Muster, die er auf seinen Reisen kennengelernt hatte, zu meistern.

Das gilt in ähnlicher Weise auch für den so genannten Privilegienbrief, ein Dokument, das Magnus Erlingsson spätestens in den 1170er Jahren, wahrscheinlich aber schon im Jahr der Krönung ausstellte.¹⁰² Vandviks Theorie einer heimlichen ersten Krönung, die an Ostern in Trondheim stattgefunden haben soll, wird durch die Thronfolgeordnung gestützt, die auf der Reichsversammlung in Bergen im Sommer 1163 oder 1164 verabschiedet wurde. Darin heißt es: „Und die Krone des verstorbenen Königs soll dort [in Trondheim] für dessen Seelenheil geopfert werden und sie soll dort auf ewig hängen zur Ehre Gottes und des heiligen Olav, so wie König Magnus es geschworen hat, der erste gekrönte König in Norwegen."¹⁰³ Der Text aus den Gesetzen des Gulathing wurde fast wortgleich in die Frostathing-Gesetze übernommen¹⁰⁴ und geht damit offenbar auf eine gemeinsame schriftliche Vorlage zurück. Es ist also vermutlich der originale Text des Thronfolgegesetzes überliefert.¹⁰⁵ Damit müsste der Privilegienbrief, auf den im genannten Zitat angespielt wird, zum Zeitpunkt der

---

100 Gulatingslov, Kap. 2: „[...] oc gange hínír ulærðo menn með svornom eiði til þess umdømes at þeir scolo þann til taca. er þeím synizt fíri Guði at bazt se til fallenn." Vgl. *Tobiassen*, Tronfølgelov (1964), 249.

101 *Gunnes*, Erkebiskop Øystein (1996), 116f.

102 *Vandvik*, Privilegiebrev (1962), 12–16. Diese Ausgabe des Privilegienbriefs wird im Folgenden als „Privilegium regis Magni" mit Angabe der Zeilennummern zitiert. Vgl. auch *Vandvik*, Latinske Dokument (1959), Nr. 9, 58–62. Zur Diskussion darüber, wann der Privilegienbrief ausgestellt wurde, siehe *Gunnes*, Erkebiskop Øystein (1996), 118; *Vandvik*, Privilegiebrev (1962), 45–59.

103 Gulatingslov, Kap. 2: „oc se þar ofrað korona konongs. þess er þa er fra fallen fíri sal hans. oc hange þar eiliflega Guði til dyrðar oc hínum helga Olave konunge. efter þvi sem iatte Magnus konongr. hínn fysti koronaðr konongr i Norege."

104 NGL I, 130, Anm. 5.

105 Allerdings scheint zumindest ein Teil der Überschrift später eingefügt worden zu sein, da Erling Skakke als *jarl* bezeichnet wird, ein Titel, den er erst ab 1170/71 führte. In der Haupthandschrift, ed. *Eithun/Rindal/Ulset*, Gulatingslova (1994), 32, lautet die Überschrift: „Her ero nymæle þau er tekín varo með .Magnus. konongs. Eysteíns ærkibiscops. oc Erlíngs", als Marginalie ist angefügt: „Iarls oc allra hínna vítratzto manna [...]" Vgl. *Hødnebø/Rindal*, Gulatingsloven (1995), 39; *Tobiassen*, Tronfølgelov (1964), 221, Anm. 4.

4.4. Der Coronator

Krönung bereits vorgelegen haben.

Der Privilegienbrief lässt sich in drei Abschnitte gliedern: Dem Protokoll folgt eine ausführliche Arenga und die Dispositio mit mehreren Privilegien für die norwegische Kirche, teils Bestätigungen älterer Rechte, teils neue Privilegien.[106] Die Verfasserschaft ist nicht verbürgt, Erzbischof Øystein wurde aber schon früh als möglicher Autor angesehen. Vandvik stellte zur Untermauerug dieser These einen Textvergleich zwischen dem *Privilegium regis Magni* und der *Passio Olavi* an, der mittlerweile in Frage gestellt werden muss. Vandvik kam zu der Auffassung, „dass derjenige, der den Brief aufsetzte, mit dem Verfasser der Passio identisch ist: Erzbischof Øystein."[107] Die Beispiele, die er zu diesem Vergleich heranzog, stammen jedoch zum größten Teil aus den Passagen der Olavsmirakel, die Øystein nach der ausführlichen Untersuchung Inger Ekrems[108] nicht verfasst haben kann.[109] Es muss also zunächst offen bleiben, ob Øystein den Privilegienbrief schrieb.

Schon in der Arenga deutet sich der europäische Hintergrund an, der den ganzen Text bestimmt. Der Verfasser sieht das Königtum als Amt an und unterscheidet es von der Person des Königs.[110] Dies ist ab dem 11. Jahrhundert eine übliche Auffassung in den meisten europäischen Königreichen, ebenso wie die Tatsache, dass der Herrscher seine Gewalt von Gott verliehen bekommt, dem „Herrn der Herrschenden, durch den Könige regieren"[111]. Die Herleitung der Herrschaft von Gott geht letztlich auf die Bibel zurück, wo Paulus im Brief an die Römer schreibt: „omnis anima potestatibus sublimioribus subdita sit non est enim potestas nisi a Deo [...]."[112] Ebenso heißt es im Privilegienbrief: *non sit potestas nisi a deo*.[113] Magnus, *dei gracia rex Norwegie*, erhielt die Herrschaft *de manu domini*.[114] Die klassische „Dei gratia"-Formel wurde im Privilegienbrief erstmals für einen norwegischen Herrscher verwendet, während der übliche Königstitel in der Nennung des Vaters bestand.[115] Die Macht des Königs ist

---

106 Aufgrund der Überlieferungssituation – die Urkunde ist nicht im Original, sondern in vier Abschriften des 17. und 18. Jahrhunderts überliefert – fehlt das Eschatokoll. Vgl. *Vandvik*, Privilegiebrev (1962), 8f., 24f.
107 Ebd., 44: „[...] at den som sette opp brevet, var identisk med forfatteren av Passio: erkebiskop Eystein."
108 *Ekrem*, Passio Olavis tilblivelse (2000). Vgl. Kap. 4.5, S. 129.
109 Lediglich 6 der 43 von *Vandvik*, Privilegiebrev (1962), 36, angeführten Übereinstimmungen mit dem Privilegienbrief finden sich in den von Øystein aufgezeichneten Mirakeln.
110 Privilegium regis Magni, Z. 5–7: „[...] dominatum et diadema regni huius [...] suscepimus [...]." Z. 25: „me cum regno [...] assigno [...]."
111 Privilegium regis Magni, Z. 8f.: „[...] dominum dominancium per quem reges regnant [...]."
112 Römerbrief 13, 1 (Vulgata).
113 Privilegium regis Magni, Z. 19.
114 Privilegium regis Magni, Z. 1 und 6.
115 Auch in Briefen des Papstes an norwegische Könige wurde vorher lediglich die Bezeichnung „König der Norweger" und Ähnliches verwendet. Vgl. *Lars Hamre*, Art. Dei gratia. In: KLNM 3 (1958), 31–38; *Tobiassen*, Tronfølgelov (1964), 194, Anm. 20.

jedoch nicht absolut, denn er muss dem Gesetz gehorchen. So heißt es im Privilegienbrief, zur Amtspflicht des Königs gehöre es, das Gesetz nicht aufzuheben, sondern zu erfüllen.[116] Indem Magnus sich für die Gerechtigkeit einsetzt,[117] steht er in der Tradition des *rex iustus*.[118] Der Verfasser orientierte sich dabei am Vorbild mittelalterlichen Königtums schlechthin, dem alttestamentarischen König David.[119] Der König soll als gerechter und demütiger Herrscher so regieren, dass es Gottes Willen entspricht. Deshalb soll Magnus sich an ihn binden, denn „ihm zu dienen ist herrschen"[120].

Als Verkörperung des *rex iustus* in Norwegen wurde Olav der Heilige angesehen.[121] Im Privilegienbrief nimmt er eine zentrale Stellung ein, denn Magnus begibt sich unter seine Herrschaft und regiert das Königreich als sein Stellvertreter und Vasall:

> „Deo namque in hac die gloriose resurrecionis me cum regno in perpetuum et glorioso martyri regi Olauo [cui] integraliter speciali deuocione secundo post dominum regnum assigno Norwegie, et huic regno, quantum deo placuerit, uelut eiusdem gloriosi martyris possessioni hereditarie sub eius dominio tamquam suus uicarius et ab eo tenens presidebo."[122]

Dabei gilt Olav als Vorbild, an dem sich Magnus orientieren soll, wie die auf den „Lehnsakt" folgenden Zeilen verdeutlichen:

> „Porro quoniam prefatus martyr pro lege dei sui, pro salute subiectorum, pro presentis regni conseruacione intrepidus occurrit, et non dubitans

---

116 Privilegium regis Magni, Z. 67: „[...] non solvere legem sed implere [...]." Der gleiche Wortlaut findet sich beispielsweise bei Honorius Augustodunensis: Imago mundi II, 90. Vgl. Matthäus 5, 17.
117 Privilegium regis Magni, Z. 36–39: „[...] pro lege et iusticia tenenda [...] intrepidus accedam [...]."
118 *Tobiassen*, Tronfølgelov (1964), 221: „Det er de augustinsk-middelalderlige idéer om den verdslige øvrighet erkebiskop Eystein lar Magnus Erlingsson bekjenne seg til."
119 Privilegium regis Magni, Z. 20–22: „ut inter huiusmodi timiditatis procellas cum Dauid, quem dominus [...] in regem inunxit [...]." Schon mit seinem Namen knüpft Magnus an dieses Königsideal an, denn Karl der Große – *Carolus magnus* – galt als Inbegriff des *rex iustus* und als neuer David. Snorri Sturluson berichtet bei der Geburt des Sohnes von Olav dem Heiligen, dass der Skalde Sighvatur ihm den Namen „Magnus" gegeben habe. Olav fragte: „Warum hast du den Jungen Magnus nennen lassen? Das ist kein Name unseres [Herrscher-]Geschlechts." Darauf antwortete Sighvatur mit den Worten: „Ich nannte ihn nach König *Carolus Magnus*, der – wie ich weiß – der beste Mann auf der Welt war." (Hkr. Óláfs saga helga, Kap. 122: „Konungur mælti: ‚Hví léztu sveininn Magnús heita? Ekki er þat várt ættnafn.' Sigvatr svarar: ‚Eg hét hann eptir Karla-Magnúsi konungi. Þann vissa ek mann beztan í heimi.'") Zum *rex iustus*-Ideal siehe auch *Erik Gunnes*, Art. Rex iustus och iniustus – Norge. In: KLNM 14 (1969), 154–156; *Tobiassen*, Tronfølgelov (1964), 196–209.
120 Privilegium regis Magni, Z. 8–10: „[...] et erga deum [...] me debiti famulatus obsequio perpetuo deuoueam et obligem obligacius, cui seruire regnare est [...]"
121 Auch in der *Passio Olavi* wird das *rex iustus*-Ideal betont; siehe dazu *Mortensen/Mundal*, Erkebispesetet (2003), 366.
122 Privilegium regis Magni, Z. 25–30.

4.4. Der Coronator

manibus tradi nocentum presens regnum sui preciosi sanguinis effusione consecrauit [...]."[123]

Unterstrichen wurde der Akt der „Belehnung" durch eine konkrete Handlung des Königs, der seine Krone opferte, indem er sie auf dem Altar des Trondheimer Doms niederlegte.[124]

Der Verfasser des Privilegienbriefs versuchte damit, die Stellung Olav Haraldssons als „Königsheiliger" zu manifestieren. Dieser Typus des Heiligen erfreute sich gerade in den 1160er Jahren großer Beliebtheit: 1161/63 wurde Eduard der Bekenner (König von England 1042–1066) heiliggesprochen, 1165 folgte die Kanonisation Karls des Großen und 1170 ließ Valdemar der Große von Dänemark seinen Vater Knud Lavard heiligsprechen, der zwar nicht König gewesen war, aber als „heilige[r] Spitzenahn des Königtums"[125] fungieren sollte. Auffallend ist hierbei, dass alle genannten Kanonisationen eine Verbindung mit dem Papstschisma von 1159–1177 aufweisen – wenn auch in unterschiedlicher Intensität.[126] Die Heiligsprechung Eduards des Bekenners verdient hier besondere Aufmerksamkeit. Ende 1160 sprach sich König Heinrich II. von England in der schismatischen Situation des Papsttums für Alexander III. aus. In seinem Schreiben an Alexander verband er seine Unterstützung und die der gesamten englischen Kirche jedoch mit einem Wunsch, der dem Papst vom Überbringer des Briefes vorgelegt werden sollte.[127] Etwa zur selben Zeit konnte der englische Abt Laurentius von Westminster in Paris die Kardinäle Otto von San Nicola in Carcere Tulliano und Heinrich von Santi Nereo e Achilleo, die sich als Legaten Alexanders III. in Frankreich aufhielten, für die Heiligsprechung gewinnen. In einem Bündel von Briefen an den Papst, in dem auch die Unterstützung der alexandrinischen Kardinäle enthalten ist,[128] baten der Abt, mehrere englische Bischöfe und Erzbischöfe sowie König Heinrich II. um die Kanonisation Eduards des Bekenners. Ungewöhnlich schnell

---

123 *Privilegium regis Magni*, Z. 30–33.
124 *Privilegium regis Magni*, Z. 44–46: „[...] regale diadema et meum, quod hodierna die sacro altari in confinacionem offero, et omnium mihi succedencium presenti delegetur ecclesie." Ob mit den Worten *in confinacionem* ein Ablegen der Krone auf das Grab Olavs des Heiligen gemeint ist, um den „Lehnsherrn" mit dem Sinnbild für das Lehen in Kontakt zu bringen, kann nicht völlig geklärt werden. Das *Gulatingslov*, Kap. 2, benutzt in diesem Kontext das Verb „hängen": „oc se þar ofrað korona konongs. [...] oc hange þar eiliflega Guði til dyrðar oc hínum helga Olave kononge."
125 *Hoffmann*, Die heiligen Könige (1975), 139.
126 Für die Heiligsprechung Karls des Großen lässt sich das noch am wenigsten nachweisen; vgl. dazu *Laudage*, Alexander III. (1997), 168–171. Magnus Erlingssons Krönung und damit indirekt auch seine Lehnsbeziehung zu Olav dem Heiligen war durch den Krönungseid mit dem Papstschisma verbunden; siehe oben, S. 119.
127 *Migne*, PL, Bd. 200, 1383: „Latorem praesentium fratrem R. in cujus ore mea negotia posui, plenius vobis exprimenda benigne suscipiatis, et his, quae ex parte mea vobis dixerit, assensum et effectum exhibeatis."
128 Edition der Briefe bei *Barlow*, Edward the Confessor (1970), 309–324; das Schreiben Ottos und Heinrichs findet sich als Nr. 2 auf S. 311f.

wurde dieser Bitte stattgegeben, und schon am 7. Februar 1161 stellte Alexander III. die Kanonisationsbulle aus.[129]

Der Anerkennung Alexanders durch Heinrich II. ging eine längere Verhandlungsphase voraus, in der zunächst die Streitigkeiten Heinrichs mit dem französischen König Ludwig VII. beigelegt werden mussten.[130] Offensichtlich nahm auch Øystein an Verhandlungen zur Unterstützung Alexanders III. teil, denn Bischof Arnulf von Lisieux (1141–1182), der enge Kontakte zu Saint-Victor unterhielt,[131] schrieb im November oder Dezember 1160 an das Kardinalskollegium einen Brief, in dem es heißt, auch das norwegische Königreich habe jüngst seine Hilfe zugesagt.[132] Das lässt darauf schließen, dass Øystein sich im Herbst 1160 in Frankreich aufgehalten und für Alexander III. ausgesprochen hatte.

Am 13. November wurde in Paris die dritte Frau Ludwigs VII., Adela von Champagne, zur Königin von Frankreich gekrönt. Möglicherweise hielt Øystein sich zu dieser Zeit noch in Paris auf – seine Weihe zum Erzbischof erfolgte jedenfalls nicht vor Ende November 1160. Das zeigt die noch heute erhaltene Inschrift in der Johanneskapelle des Trondheimer Doms, in der es heißt, Øystein habe die Weihe dieser Kapelle im ersten Jahr seines Episkopats am 26. November 1161 durchgeführt.[133] Falls Øystein in Paris war, wird er von den neu ausbrechenden Differenzen zwischen Ludwig und Heinrich gehört haben. Die beiden Könige hatten bereits 1158 die eheliche Verbindung von Heinrichs II. Sohn Heinrich (* 1155) mit Ludwigs Tochter Margarete (* ca. 1157) beschlossen. Die Mitgift Margaretes umfasste unter anderem mehrere Burgen in der nordfranzösischen Landschaft Vexin, die bis zur Mündigkeit des Paares unter der Obhut der Templer stehen sollten. Im Laufe der Verhandlungen des Jahres 1160 hatte der englische König jedoch „die scheinbar unbedeutende und harmlose Zusatzbestimmung" einfließen lassen, „daß auf kirchlichen Dispens hin die sofortige Vermählung und damit die sofortige Ueberlieferung der Kastelle erfolgen sollte."[134] Somit fielen die Burgen mit der Hochzeit von Heinrich und Margarete, die am 2. November 1160 in der Nähe von Rouen gefeiert wurde, direkt an Heinrich II.[135] Der erboste französische

---

129 *Migne*, PL, Bd. 200, 106f.; *Barlow*, Edward the Confessor (1970), 323f. Zum gesamten Vorgang siehe ebd., 277–281. Vgl. auch *Kemp*, Canonization of Saints (1945), 17: „Alexander III was not usually so prompt in granting these petitions."
130 Dazu ausführlich *Ohnsorge*, Legaten Alexanders III. (1928), 15–38 und *Hansen*, Pavestrid (1969), 385–393.
131 *Barlow*, Letters (1939), XVIII: „We find that Arnulf himself had many connexions with St. Victor."
132 Ebd., Nr. 29, 49 (DN XIX, Nr. 39): „Quia igitur de arbitrio regis Anglorum tota causa pendebat, exaudiendus erat potius quam seueritatis alicuius austeritate terrendus, de cuius simplici fauore in momento Francorum, Anglorum, Hispaniensium, Hyberniensium et nouissime etiam Norguegie regna cepistis.".
133 Siehe S. 107, Anm. 15.
134 *Ohnsorge*, Legaten Alexanders III. (1928), 23.
135 *Delisle*, Recueil des Historiens des Gaules et de la France (1878), 21.

4.4. Der Coronator

König verwies, sobald er davon erfahren hatte, die Kardinallegaten Heinrich und Otto, die die Übereinkunft zwischen Ludwig VII. und dem englischen König vermittelt hatten, aus seinem Reich. Otto versuchte, über Abt Ernisius von Saint-Victor eine Versöhnung mit Ludwig herbeizuführen.[136] Von Ernisius könnte auch Øystein über die Situation in Kenntnis gesetzt worden sein, denn der norwegische Erzbischof hielt sich während seiner Reise nachweislich in Saint-Victor auf.

Interessant ist in diesem Zusammenhang auch der Streit um Vexin. 1124 wurde Ludwig VI. von Kaiser Heinrich V. bedroht, der Reims attackieren wollte. Der französische König holte das Banner der Landschaft Vexin aus dem Kloster Saint-Denis und trat somit als Bannerträger des heiligen Dionysius auf. Ludwig konnte kampflos einen Sieg verzeichnen, weil Heinrich sich zurückzog. Anschließend stellte er eine Urkunde aus, in der er Saint-Denis die Oberhoheit über Vexin zusprach und sich selbst als Lehnsnehmer der Abtei bezeichnete.[137] Etwa 1127/29 versuchte Abt Suger von Saint-Denis, das gesamte Reich zum Lehen des heiligen Dionysius zu erklären, und fertigte dazu ein gefälschtes Diplom an, das angeblich von Karl dem Großen 813 ausgestellt worden war.[138] Darin nimmt Karl das Reich vom heiligen Dionysius zu Lehen und opfert seine Krone auf dem Altar des Märtyrers.[139] Wie Eirik Vandvik zeigen konnte, gibt es nicht nur inhaltliche, sondern auch wörtliche Übereinstimmungen zwischen dem gefälschten Karlsdiplom und dem Privilegienbrief, den Øystein Erlendsson für den norwegischen König schrieb.[140] Darüber hinaus bestimmte Suger in seiner Fälschung die vier Goldstücke, die alle Vornehmen des Reiches dem heiligen Dionysius opfern sollten, für den Ausbau der Klosterkirche.[141] Im Privilegienbrief findet sich zwar keine vergleichbare Stelle, aber Øystein hatte im Vorfeld der Krönung von 1163/64 die Zusicherung erhalten, dass er alle Steuern für das Erzbistum in vollem Silberwert erhalten sollte und nicht, wie bisher, in gängiger Münze, was etwa der Hälfte

---

136 *Migne*, PL, Bd. 196, 1384f.
137 *Dufour*, Actes de Louis VI (1992–1994), Bd. 1, Nr. 220, 458–466. Siehe zum Ganzen *Barroux*, L'Abbé Suger (1958), 5–15; *Ehlers*, Kapetinger (2000), 105–107; *Grant*, Suger (1998), 111–119.
138 MGH DD K1, Nr. 286, 428–430. Diese Urkunde wird ausführlich behandelt von *Groten*, Urkunde Karls des Großen (1988). Vgl. *Clausen*, Suger (2004).
139 MGH DD K1, Nr. 286, 429, Z. 34–43: „Post vero multa eidem ecclesiae bona per nos oblata ac concessa privilegia ego Karolus Francorum rex deposito de capite meo regni diademate et sanctorum martyrum altari superposito talia cunctis qui aderant audientibus dixi: Sanctissime domine Dionysi hiis regni Franciae regiis insigniis et ornamentis libenter me spolio, ut deinceps eius regale habeas, teneas atque possideas dominium et in signum rei quatuor modo aureos tibi offero bizancios, ut omnes tam praesentes quam et futuri sciant et agnoscant, quod a deo solo et a te regnum Franciae teneo tuoque ac tuorum sociorum fretus auxilio et suffragantibus meritis illud ancipiti gladio defendo obsecrans atque obtestans omnes successores nostros reges [...]."
140 *Vandvik*, Privilegiebrev (1962), 61–64.
141 MGH DD K1, Nr. 286, 429, Z. 46–49: „[...] omnes regnis nostri proceres et obtimates pro qualicumque domo sua eidem ecclesiae memoratae quatuor singulis annis aureos persolvant nummos pro illius augmento ab aedificio Dagoberti regis excellentissimi usque ad crucifixum [...]."

des Silberwerts entsprach. Dadurch sicherte er der Trondheimer Kirche ausreichende Mittel, um den Ausbau des Domes vorantreiben zu können.[142] Auch dazu wurde er möglicherweise von Sugers Fälschung angeregt, in der „das ganze Reich zu einem Lehen des hl. Dionysius erklärt [wird]. Diesen Schritt hat das französische Königtum nicht mehr mitvollzogen."[143] Im Gegensatz dazu akzeptierte der norwegische König die Lehnsnahme aus der Hand eines Heiligen.

Die Reise des norwegischen Erzbischofs nach Anagni lässt sich nicht mit Sicherheit datieren, aber wie gezeigt werden konnte, spricht einiges dafür, dass er sich im Herbst 1160 in Frankreich aufhielt. Als Terminus ante quem für seine Rückkehr gilt der 26. November 1161, an dem Øystein die Johanneskapelle des Nidarosdomes einweihte; da dies im ersten Jahr seines Episkopats geschah, gibt es gleichzeitig einen Terminus post quem für Øysteins Weihe zum Erzbischof in Anagni – was allerdings nicht ausschließt, dass der Electus sich bereits früher an der Kurie einfand.[144] Die Frage der Heiligsprechung Eduards des Bekenners wird Øystein verfolgt haben,[145] ebenso den Zwist zwischen den Königen von Frankreich und England. Da in diesem Zusammenhang auch die Grafschaft Vexin eine Rolle spielte und zudem im November die Krönung der französischen Königin in Paris stattfand, könnte Øystein auf das Karlsdiplom aufmerksam geworden sein. Die Urkunde war nicht unbekannt, was sich daraus ableiten lässt, dass sie offensichtlich im so genannten Pseudo-Turpin Verwendung fand, der um 1150 in den *Liber sancti Jacobi* eingefügt wurde.[146] Øystein hatte vor allem ein Interesse an der Förderung Trondheims als Kultzentrum Olavs des Heiligen, wie sich in seinen späteren Schriften zeigt. Eine Kanonisation kam selbstverständlich nicht in Frage, da Olav bereits kurz nach seinem Tod als Heiliger verehrt wurde.[147] Deshalb hatte die Idee, das Königreich zum Lehen des Heiligen und damit den Heiligen selbst zum Lehnsherrn des Königs zu erklären, eine große Attraktivität. Es lässt sich leider nicht entscheiden, ob Øystein bereits zur Zeit seiner Palliumsreise diese Möglichkeit in Betracht zog. Er scheint aber schon während seines Aufenthalts in Frankreich von dem Karlsdiplom Kenntnis erlangt zu haben, so dass er sich vielleicht in der konkreten Situation der Vorbereitung auf die Krönung daran erinnerte und eine Kopie anfertigen

---

142 *Bagge*, Den heroiske tid (2003), 69; *Gunnes*, Erkebiskop Øystein (1996), 89–93; *Helle*, Norge (1974), 36–38.
143 *Groten*, Urkunde Karls des Großen (1988), 34.
144 Es ist auch möglich, dass Øystein in Rom konsekriert wurde, wo Alexander III. sich zwischen dem 9. April und dem 14. Juni 1161 aufhielt; *Duggan*, English Exile (2004), 126.
145 Abt Ernisius von Saint-Victor stand auch in brieflichem Kontakt mit Abt Laurentius von Westminster, so dass Øystein während seines Aufenthalts im Pariser Kloster wiederum von Ernisius über die Kanonisation Eduards des Bekenners informiert worden sein könnte. Siehe dazu *Migne*, PL, Bd. 196, 1385.
146 Liber sancti Jacobi IV, Kap. 30.
147 *Hoffmann*, Die heiligen Könige (1975), 62: „Die Legende dieses Heiligen begann also mit dem Tage seines Todes." Vgl. auch *Mortensen/Mundal*, Erkebispesetet (2003), 354–357.

ließ, die ihm als Vorlage diente.

4.5. „Tractatus Augustini"

Auch auf literarischem Gebiet war Øystein Erlendsson tätig. Er gab wahrscheinlich den Anstoß zur *Historia de antiquitate regum Norwagiensium* von Theodoricus Monachus, der die Schrift dem Erzbischof widmete.[148] Theodoricus' *Historia* weist viele Zitate klassischer und mittelalterlicher Autoren auf, beispielsweise von Plinius, Sallust, Vergil und Lukan, den Kirchenvätern Hieronymus und Augustinus, Hugo von Saint-Victor und anderen.[149] Arne Odd Johnsen bezeichnete die *Historia* gar als „kompliziertes Mosaikwerk, zusammengesetzt aus Zitaten und Entlehnungen der Vulgata und von klassischen und mittelalterlichen Verfassern."[150] Gleichzeitig meinte er, mit dieser Schrift „hält die europäische Literatur ihren triumphalen Einzug in die norwegische Welt der Bücher."[151]

Øystein galt außerdem lange Zeit als Verfasser der *Passio et Miracula Beati Olavi*, der Geschichte von den Leiden und Wundern des norwegischen Märtyrerkönigs. Während der erste Herausgeber, Gustav Storm, noch einen in Trondheim lebenden Geistlichen als Verfasser ansah, ging Frederick Metcalfe davon aus, dass die ganze Schrift auf Øystein zurückgehe, auch wenn ihm nur ein Teil sicher zugeschrieben werden könne.[152] Auch Aarno Malin kam in seiner Studie zur Überlieferung der *Passio Olavi* zu diesem Ergebnis.[153] Edvard Bull vertrat hingegen die Ansicht, dass mindestens zwei Autoren an der Lebensbeschreibung und den Mirakelberichten beteiligt waren, Øystein jedoch nur als Verfasser von sechs Mirakeln gelten kann.[154] Eiliv Skard kam mit einer ausführlichen Untersuchung der Sprache (Wortschatz, Formenlehre, Syntax) und des Stils der *Passio Olavi* jedoch wieder zu dem Schluss, „daß unsere Schrift das Werk

---

148 Theod., Prolog, 3: „Domino et patri suo, viro reverendissimo Augustino Nidrosiensi archiepiscopo Theodricus humilis peccator debitæ servitutis subjectionem et orationum suffragia."
149 Dazu ausführlich *Johnsen*, Om Theodoricus (1939), 29–60. Vgl. *Gunnes*, Erkebiskop Øystein (1996), 200–204.
150 *Johnsen*, Om Theodoricus (1939), 58: „[Theodoricus'] historie om de norske kongene er som et innviklet mosaikkarbeide sammensatt av citater og lån fra Vulgata og fra klassiske og middelalderske forfattere."
151 Ebd., 29: „En kan si at med *Historia de antiquitate regum Norwagiensium* holder den europëiske litteraturen sitt triumfale inntog i den norske bokheimen." Vgl. *Bagge*, Theodoricus Monachus (1989), 133: „Thus, while Theodoricus is a rather isolated figure in the North, he belongs to a mainstream of European historiography."
152 *Storm*, Monumenta (1880), XXXV; *Metcalfe*, Passio Olavi (1881), 49, 62f. Storm kannte jedoch nicht die Handschrift aus Fountains, die im Oxforder Corpus Christi College aufbewahrt wird und nach der *Metcalfe* seine Edition anfertigte.
153 *Malin*, Überlieferung (1920), 17.
154 *Bull*, Rez. Malin: Olavuslegende (1924).

eines Verfassers ist. Dieser Verfasser muß Eystein sein, Erzbischof von Nidaros."[155] Dies wurde zur Communis Opinio, der sich noch Erik Gunnes anschloss.[156]

Neuere Untersuchungen[157] haben jedoch ergeben, dass Øystein nicht als alleiniger Verfasser gelten kann. Er hat mit Sicherheit zwei Mirakel selbst verfasst, wahrscheinlich gehen die letzten 13 Mirakel auf Øystein zurück. Die restlichen Teile des Textes entstanden zwischen ca. 1150 und spätestens 1188 im Umfeld des Trondheimer Erzstuhls. Es gibt mehrere Redaktionen der Mirakelsammlung, die wahrscheinlich von unterschiedlichen Autoren nacheinander oder gleichzeitig aufgezeichnet wurde. Es handelt sich demnach um „ein institutionelles Produkt, wahrscheinlich mit Øystein als Initiator und Teamleiter [...]."[158]

Gestützt werden diese Thesen durch die Überlieferungssituation. Die frühesten erhaltenen Handschriften, die noch vor 1200 entstanden, bieten sowohl eine kurze als auch eine lange *vita*.[159] Inger Ekrem ging davon aus, dass zunächst die kurze *vita* mit einigen Wunderberichten aufgezeichnet wurde. Diese *vita* erfuhr dann eine Erweiterung, wobei in mehreren Stufen Mirakelerzählungen hinzugefügt wurden.[160] Eyolf Østrem sah hingegen in den beiden Versionen der *vita* einen funktionalen Unterschied, der eine gleichzeitige Entstehung nicht ausschließt. Die kürzere *vita* stand meist in liturgischem Zusammenhang: „the short *vita* is of the 'Breviary' kind, with selected phrases that tell the essential story, whereas the long *vita* contains all the things that may well be appropriate for a text for private, devotional reading, but which make it unsuitable for liturgical use [...]."[161]

Øystein kann also nicht als alleiniger Verfasser der Lebensbeschreibung und Mirakelsammlung Olavs des Heiligen gelten; dennoch war er zumindest entscheidend an der Entstehung beteiligt und besorgte die letzte Redaktion, die den größten Umfang an

---

155 *Skard*, Passio Olavi (1932), 77.
156 *Gunnes*, Erkebiskop Øystein (1996), 178, 211f. Dabei hatte bereits *Oehler*, Studien (1970), 63, Anm. 23, darauf hingewiesen, dass Skards Arbeit unzureichend ist: „[...] Beispiele aus den verschiedenen Teilen des Werkes, dessen Einheit bewiesen werden soll, werden nicht gekennzeichnet, so daß der Leser keine Kontrolle hat. Als Vergleichspunkt gilt das klassische Latein [...], so daß die sehr reichliche Verwendung der Verba composita als Stileigentümlichkeit gelten kann, während sie indessen nur ein Merkmal des Mittellateins ist."
157 *Ekrem*, Passio Olavis tilblivelse (2000), 138–143; *Mortensen*, Mirakler (2000), 101–106; *Mortensen/ Mundal*, Erkebispesetet (2003).
158 Ebd., 365. Vgl. *Mortensen*, Anchin manuscript (2000), 176; *Mortensen*, Mirakler (2000), 102f., der Øystein lediglich zwei Mirakel mit Sicherheit zuschrieb.
159 Die Handschrift aus Anchin (heute in Douai, Bibliothèque municipale 295) umfasst eine kurze *vita* und 21 Mirakel. Dagegen finden sich in der Handschrift aus der Abtei Fountains (heute in Oxford, Corpus Christi College 209) eine längere Lebensbeschreibung und 49 *miracula*. Zur Datierung dieser beiden Handschriften siehe ebd., 96, zur gesamten handschriftlichen Überlieferung der *Passio Olavi* siehe *Ekrem*, Passio Olavis tilblivelse (2000), 108–121 und *Østrem*, Office (2001), 53–56.
160 *Ekrem*, Passio Olavis tilblivelse (2000), 142f.
161 *Østrem*, Office (2001), 50–58, Zitat 57.

4.5. „Tractatus Augustini"

Mirakeln enthält und in der Fountains-Handschrift überliefert ist. Das geht eindeutig aus einer Überschrift und einem Wunderbericht hervor, wo sich der Erzbischof selbst als Autor verbürgt.[162] Möglicherweise war er auch an der Entstehung der in dieser Handschrift erhaltenen, längeren Fassung der *vita* beteiligt. Erneut lassen sich dabei Verbindungen nach England ausmachen, die Øystein dazu bewogen haben könnten, den Heiligenkult an seinem Erzbistum stärker ins Zentrum zu rücken. Denis Piramus, der um 1170 *La vie Saint Edmund le Rei*[163] schrieb, einen rund 4000 französische Verse umfassenden Bericht über Leben, Martyrium und Mirakel des heiligen Edmund, wurde mit dem in Jocelin von Brakelonds Chronik genannten Mönch Dionysius aus Bury St. Edmunds identifiziert[164] – „though not conclusively"[165]. Dionysius war 1176 *Cellerar* des Klosters und befand sich 1182 unter den zwölf Brüdern, die den neuen Abt wählten; demnach kannte Øystein ihn persönlich. Jocelin berichtet jedoch nichts über Piramus' Schrift, was verwundert, denn schließlich handelte es sich um eine Verehrung des Hausheiligen.[166] Piramus' Werk war sicher kein direktes Vorbild für Øystein, der weder eine volkssprachliche Version der *Passio Olavi* förderte noch in Versen schrieb.[167] Es ist jedoch charakteristisch für das Milieu, in dem der norwegische Erzbischof sich in Bury St. Edmunds bewegte, einem literarisch aktiven Kloster, das sich auf vielfache Weise mit dem Andenken an seinen Hausheiligen, der auch einer der bedeutendsten Heiligen Englands im Mittelalter war, und der Verbreitung seines Kultes befasste.

Dafür verantwortlich war nicht zuletzt Samson, Abt des Klosters von 1182 bis 1212. Er war seit 1166 Mönch in Bury und wurde während Øysteins Aufenthalt im englischen Kloster zum neuen Abt gewählt. Samson gilt als Verfasser einer Mirakelsammlung zum heiligen Edmund, wobei er hauptsächlich als Kompilator fungierte.[168] Er benutzte ältere Mirakelsammlungen von einem Erzdiakon Hermann[169] sowie von Osbert von Clare, Prior in Westminster. Während der Prolog von Samson selbst geschrieben wurde, gehen drei Mirakel entweder auf unbekannte Quellen zurück oder wurden von Samson selbst verfasst. Fraglich ist die genaue Abfassungszeit des *Opus*

---

162 Passio Olavi, 104f.: „Item tractatus Augustini Norewagensis episcopi de miraculis beati Olaui. [...] Ego itaque Augustinus per uoluntatem dei in ecclesia beati martiris Olaui episcopalem ad tempus sollicitudinem gerens, cum a magistro, qui operariis ecclesie preest, pro quibusdam in opere disponendis super muri fastigium euocarer, ponens, in quo lapides trahebantur, multitudinis, que nos sequebatur, molem non ferens confractus cecidit."
163 Edition: *Kjellman*, La Vie Seint Edmund le Rei (1935).
164 *Haxo*, Denis Piramus (1914–1915), 350–356.
165 *Judith Grant*, Art. Vie St. Edmund le rei, la. In: DictMA 12 (1989), 415.
166 *Kjellman*, La Vie Seint Edmund le Rei (1935), CXXIX–CXXXI.
167 *La vie Saint Edmund le Rei* ist lediglich in zwei Handschriften aus dem 14. Jahrhundert erhalten, so dass die Überlieferung des Werks keine Rückschlüsse auf eine eventuelle Verwendung durch Øystein zulässt.
168 Samsonis abbatis Opus de Miraculis Sancti Ædmundi, ed. *Arnold*, Memorials (1890), 105–208.
169 Edition: ebd., 26–92.

de miraculis sancti Edmundi. Im Prolog verweist Samson darauf, dass er von den Oberen zum Abfassen der Mirakel angehalten und von den Brüdern dazu ermutigt worden sei.[170] Daraus ergibt sich ein Terminus ante quem von 1182, weil Samson diese Worte vor seinem Abbatiat geschrieben haben muss. Andererseits deutet der Ausdruck *Regnante Henrico secundo*[171] darauf hin, dass zumindest der entsprechende Abschnitt nach dem Tod König Heinrichs II. (1189) abgefasst wurde. Damit sind zwei Interpretationen möglich: Entweder begann Samson sein Werk als Mönch und führte es später fort, oder der entsprechende Abschnitt, der das erste von zwei Büchern beschließt, wurde nachträglich hinzugefügt.[172] Øystein Ekroll machte darauf aufmerksam, dass die Mirakel der *Passio Olavi* Gemeinsamkeiten mit der Edmund-Legende aufweisen, ohne dass genauer bestimmt werden kann, ob eine direkte Abhängigkeit besteht und wie die Mirakel transferiert wurden.[173]

Auch in Canterbury könnte Øystein den Anstoß zum Abfassen von Mirakelberichten erhalten haben, allerdings ist nicht sicher, ob der norwegische Erzbischof den Ort tatsächlich besuchte.[174] Dennoch ist es „undenkbar, dass Erzbischof Øystein, der selbst im Konflikt mit seinem König lag, sich nicht für den Mord an Thomas von Canterbury interessierte", ebenso wie für „die schnelle Verbreitung von Thomas' Kult und den enormen Zustrom von Pilgern nach Canterbury."[175] Wie Owain Edwards feststellte, könnte eine Verbindung zum Heiligenkult Thomas Beckets auch über das Kloster von Peterborough zustande gekommen sein, das lediglich zwei bis drei Tagesreisen von Bury St. Edmunds entfernt liegt. Beide gehörten dem Benediktinerorden an.[176] Darüber hinaus liegt Peterborough etwa auf halbem Weg zwischen Bury St. Edmunds und Lincoln, der zweiten Station Øysteins während seines englischen Exils. Abt von Peterborough war 1177–1193 Benedikt, der zur Zeit der Ermordung Beckets (1170) Mönch und später (1175–1177) Prior im Kathedralkloster von Canterbury war. Er schrieb 1173 oder 1174 eine *Passio sancti Thomae* und stellte außerdem eine Mirakelsammlung zusammen, noch bevor er nach Peterborough ging.[177] Benedikt ließ

---

170 Samson: De Miraculis I, Prolog, 108: „[…] prælativæ auctoritatis jussione et fraternæ caritatis exhortatione gloriosa miracula gloriosi regis et martyris Ædmundi narranda suscipimus."
171 Samson: De Miraculis I 16, 148.
172 *Arnold*, Memorials (1890), XXXIX–LVI.
173 *Ekroll*, St. Olavs skrin (2003), 338.
174 Vgl. *Metcalfe*, Passio Olavi (1881), 54: „Becket's name was ringing loudly throughout England during Eystein's stay." 55: „Records of Becket's life and miracles would be in the monasteries where Eystein was entertained; what if he had a hand in making them known to his own countrymen? Surely this is a very natural and reasonable supposition, although we are without proof of its correctness."
175 *Edwards*, Betraktninger (2000), 246: „Det er utenkelig at erkebiskop Øystein som selv var i konflikt med sin konge, ikke interesserte seg for mordet på Thomas av Canterbury […], med […] den hurtige spredning av Thomas' kultus og den enorme tilstrømning av pilgrimer til Canterbury."
176 Ebd., 246f.
177 *Gransden*, Historical Writing (1974), 298; *Robertson*, Materials, Bd. 2 (1876), XIX–XXIV; *Ward*,

darüber hinaus bereits um 1177 eine Kopie der *Gesta regis Henrici secundi* anfertigen oder brachte sie aus Canterbury mit, als er sein Abbatiat antrat. Diese *Gesta*, die später noch bis 1192 fortgeführt wurden, enthalten einen Abschnitt über Norwegen am Ende des Eintrags zum Jahr 1180 sowie eine kurze Notiz zum Tod von Magnus Erlingsson (s. a. 1184).[178] Darin wird kursorisch die Geschichte der norwegischen Thronstreitigkeiten zwischen 1130 und 1180 abgehandelt, und zwar auf erstaunlich korrekte Weise. Einige Fehler[179] und Schreibweisen deuten darauf hin, dass der Autor mündlich über die Geschehnisse unterrichtet wurde. Es liegt nahe, den Informanten für diese Nachrichten in Erzbischof Øystein zu suchen.[180] Eirik Vandvik vermutete aufgrund sprachlicher und stilistischer Gemeinsamkeiten eher Theodoricus Monachus, den Autor der *Historia de antiquitate regum Norwagiensium*, als Vermittler der Informationen.[181] Theodoricus könnte durchaus im Gefolge des Erzbischofs in England gewesen sein, Vandviks Theorie lässt sich jedoch schon deshalb nicht halten, weil eine mündliche Vermittlung angenommen werden muss – wie auch Vandvik selbst einräumt.[182] Der Stil des Berichterstatters muss damit nicht in die schriftliche Fassung eingegangen sein, vielmehr ist davon auszugehen, dass der Verfasser des betreffenden Abschnitts der *Gesta regis Henrici secundi* seinen eigenen Stil verwendete und lediglich die Informationen, die ihm zugänglich waren, umsetzte. Doch auch wenn nicht Øystein selbst, sondern einer seiner Gefolgsleute die Informationen zur jüngeren norwegischen Geschichte weitergab, ist es doch sehr wahrscheinlich, dass Verbindungen zu Peterborough vorhanden waren.[183] Dementsprechend könnte Øystein seinerseits von Benedikt den Anstoß bekommen haben, Mirakel des heiligen Olav aufzuschreiben. Im Folgenden sollen deshalb mögliche Gemeinsamkeiten zwischen Benedikts Mirakelsammlung und den dreizehn von Øystein – oder unter seiner Leitung – verfassten Mirakeln der *Passio Olavi* herausgearbeitet werden.

Christian Krötzl unterschied in seiner Untersuchung zum spätmittelalterlichen skandinavischen Pilgerwesen unter anderem Dank- und Bittpilgerfahrten:

> „Als *Bittpilgerfahrten* werden [...] Pilgerfahrten bezeichnet, die zur Er-

---

Miracles (1987), 89–93. Edition der *Passio* und der *Miracula sancti Thomae Cantuariensis*: *Robertson*, Materials, Bd. 2 (1876), 1–19 resp. 21–281.

178 *Stubbs*, Gesta Regis Henrici Secundi, Bd. 1 (1867), 266–269, 320. Die entsprechenden Abschnitte wurden außerdem ediert und auf norwegisch übersetzt von *Vandvik*, Privilegiebrev (1962), 85–88.
179 Ebd., 76, Anm. 1.
180 So schon *Stubbs*, Gesta Regis Henrici Secundi, Bd. 1 (1867), XLVII. Vgl. *Gransden*, Historical Writing (1974), 223.
181 *Vandvik*, Privilegiebrev (1962), 71–76.
182 Ebd., 76f.
183 Eine andere Möglichkeit besteht darin, dass Øystein mit Roger von Howden zusammentraf, dem Verfasser einer ausführlichen Chronik, die teilweise auf den *Gesta regis Henrici secundi* beruht. Vgl. dazu *Johnsen*, Øysteins eksil (1951), 6. Roger wurde auch als Verfasser der *Gesta Henrici* angesehen, diese These konnte aber nicht verifiziert werden.

langung einer Gnade an einem Wallfahrtsort, d. h. bei den körperlichen Reliquien eines Heiligen oder bei wunderwirkenden Sekundärreliquien unternommen wurden. [...] Als *Dankpilgerfahrten* werden Pilgerfahrten bezeichnet, die als Gegenleistung für eine vom Heiligen bereits gewährte Gnade unternommen wurden, in den meisten Fällen verbunden mit der Überbringung eines Votivgeschenkes zum Wallfahrtsort. Das Mirakel wurde wohl durch den Heiligen bewirkt, es erfolgte jedoch auf Distanz: es handelte sich um ein Distanzmirakel."[184]

Wendet man diese Begrifflichkeit auf die Thomas-Mirakel Benedikts von Peterborough an, so lässt sich feststellen, dass sich in Canterbury besonders viele Dankpilger einfanden. Am Grab des heiligen Thomas wollten die Pilger vor allem ihrem Dank für Heilungen und Wunder, die an anderen Orten stattgefunden hatten, Ausdruck verleihen.[185] Dieselbe Tendenz zeigt sich auch bei Øystein Erlendsson. Bei sechs seiner dreizehn Mirakel wird von Dankpilgerfahrten berichtet, fünf nennen Bittpilgerfahrten. In Relation zu den restlichen Wunderberichten der *Passio Olavi* zeigt sich diese Tendenz noch deutlicher: siebzehn Bittpilgerfahrten stehen lediglich vier ausdrücklich genannte Dankpilgerfahrten gegenüber. Während also die Bittpilgerfahrten insgesamt zahlreicher sind als die Dankpilgerfahrten, ist das Verhältnis bei den von Øystein geschilderten Mirakeln ausgeglichen. Krötzl bezifferte den Anteil der Bittpilgerfahrten in der *Passio Olavi* auf 63%, den der Dankpilgerfahrten dementsprechend auf 37%. Der Anteil der Distanzmirakel war dennoch „für eine Mirakelsammlung des 12. Jahrhunderts verhältnismäßig hoch"[186]. Nicht alle als Distanzmirakel eingestuften Schilderungen enthalten jedoch einen eindeutigen Hinweis auf den Aspekt des Dankes bei der Pilgerfahrt. Lediglich in drei Fällen lässt sich ein solcher Hinweis im ersten Teil der *Passio* finden.[187] Dagegen führte der Erzbischof mehrmals ausdrücklich den Dank der Gläubigen an. So berichtete er von einem blinden Mann aus Lund, der in Ringsaker seine Sehkraft zum Teil wiedererlangt hatte, dass er aus Dank darüber nach Trondheim ging.[188] Auch ein junger Mann, der vom Aussatz geheilt worden war, dank-

---

184 *Krötzl*, Pilger, Mirakel und Alltag (1994), 27f. Auch Distanzmirakel wurden nicht durch den Heiligen *bewirkt*, sondern von Gott; der Heilige fungierte lediglich als *intercessor*.
185 *Ward*, Miracles (1987), 101: „Canterbury was a shrine at which cures happened; but even more it was a centre for pilgrims who offered thanksgiving for cures elsewhere in the name of the martyr." Vgl. Benedikt: Miracula I, 8, 37f.; *Robertson*, Materials, Bd. 2 (1876), XXVIIIf.
186 *Krötzl*, Pilger, Mirakel und Alltag (1994), 64, der allerdings mit 46 Mirakeln rechnete, während mittlerweile 49 Mirakel gezählt wurden; vgl. *Ekrem*, Passio Olavis tilblivelse (2000), 112f., 118–121.
187 Passio Olavi, 87: „Ueniens itaque ad ecclesiam beati martiris, ad soluendas pro suscepto beneficio grates [...]"; 98: „[...] benefitii martiris non immemores, ad fabricam ecclesie ipsius, nobis suscipientibus, predictam navem gratanter donauerunt [...]"; 101: „Pater uero, et unus puerorum, ad limina beati martiris olaui ad gratias referendas continuo pergunt [...]."
188 Passio Olavi, 109: „[...] ad gratias agendum niderosiam propiat, [...] gratiarum accionibus [...]."

4.5. „Tractatus Augustini"

te am Grab des heiligen Olav und verkündete allen, was ihm geschehen war.[189] Bei zwei Gelegenheiten wurden dem Märtyrer materielle Geschenke mitgebracht, die ihm vorher versprochen worden waren.[190]

Dass die Distanzmirakel sowohl bei Benedikt als auch bei Øystein von Bedeutung sind, lässt sich auch durch den Wunsch erklären, dem Kult des jeweiligen Heiligen größere Verbreitung zu verschaffen. Denn wenn Thomas nicht nur in Canterbury, sondern auch in übrigen Teilen Englands und ebenso auf dem Kontinent Wunder wirken kann, und wenn Pilger von weit her kommen, um in Trondheim für Mirakel zu danken, die fernab von Olavs Grab stattgefunden haben, so erscheint die Wirkmacht des Heiligen größer und sein Einflussbereich wächst. Deshalb war sowohl Benedikt als auch Øystein daran gelegen, Berichte über Distanzmirakel aufzuzeichnen.

Zusammenfassend lässt sich feststellen, dass Øysteins Anteil an der Mirakelsammlung Olavs des Heiligen und Benedikts *Miracula Sancti Thomae* Parallelen in der Betonung von Distanzmirakeln aufweisen. Damit wird die Vermutung gestützt, dass Øystein während seines englischen Exils Benedikts Werk kennenlernte und möglicherweise mit dem Autor selbst darüber diskutierte. Es kann nicht ausgeschlossen werden, dass Øystein auch auf andere Weise vom Kult um Thomas Becket erfuhr, der sich binnen weniger Jahre rasant in großen Teilen Europas verbreitet hatte. Allerdings führen die Bibliothekskataloge von Bury St. Edmunds und Lincoln – also den Orten, an denen sich Øystein nachweislich aufhielt – im 12. Jahrhundert keine Thomas-Viten an.[191]

Inger Ekrem wies kürzlich darauf hin, dass Øystein seinen Anteil an der *Passio Olavi* während seines Aufenthalts in England geschrieben haben könnte.[192] Sie brachte den bzw. die Zuhörer, die im letzten Abschnitt der Mirakelsammlung mehrmals angesprochen werden *(Caritas, fratres)*, mit dem Abt und den Brüdern von Bury St. Edmunds in Verbindung, beachtete dabei allerdings nicht, dass es in Bury St. Edmunds keinen Abt gab, als sich Øystein dort aufhielt.[193] Mit *Caritas* könnte er aber ebenso gut König Heinrich II. angesprochen haben, der ihn unterstützte. Ebenso ist es denkbar,

---

189 Passio Olavi, 111: „pro emundatione sua gratias referebat filius cuiusdam prepositi nostri [...]."
190 Passio Olavi, 113: „De uoto autem christianorum, pro numero nauium, in uigilia pasce xx^{ti} iiii^{or} magni pisces simul cum prefata relatione ad nos usque peruenerunt. [...] Ductus est ad ecclesiam beati olaui taurus triennis."
191 In Bury St. Edmunds gab es mehrere *Vitae sancti Edmundi* sowie Hermanns Mirakelsammlung zu Edmund, außerdem Fulberts *Miraculum in translatione sancti martini* und eine Lebensbeschreibung des heiligen Martialis. Siehe dazu *James*, Abbey (1895), 27, 30 und 76; *Ker*, Libraries (1964), 20f. In Lincoln gab es verschiedene Codices, die *Vitae Sanctorum* enthielten (Lincoln, Cathedral 107, 149, 150, 184, 185), darunter befand sich eine Vita Eduards des Bekenners sowie Auszüge aus Gregor von Tours' *De Virtutibus Sancti Martini*. Siehe dazu *Thomson*, Catalogue (1989).
192 *Ekrem*, Passio Olavis tilblivelse (2000), 142; vgl. *Holtsmark*, Sankt Olavs liv (1956), 23.
193 Möglicherweise bezieht sich die Anrede jedoch auf den späteren Abt Samson, zu dessen Wahl Øystein beigetragen haben soll.

dass *Caritas* für Abt Benedikt von Peterborough und *fratres* für die dortigen Mönche steht. Lars Boje Mortensen sah allerdings in der Nennung von *Caritas* und *fratres* Hinweise darauf, dass mehrere Personen an der Abfassung der Mirakel beteiligt waren. Die Überlieferungsgeschichte zeige, dass die *Passio Olavi* ein institutionelles Produkt sei, das zu verschiedenen Anlässen redigiert wurde.[194]

Die These von der Entstehung in England wird durch die Überlieferungssituation gestützt: Die bereits genannte Fountains-Handschrift der *Passio Olavi* liegt heute im Oxforder Corpus Christi College. Sie enthält die ausführlichere Fassung von Olavs Lebensbeschreibung und ist die einzige erhaltene Handschrift mit den Mirakeln, die Øystein namentlich erwähnen.[195] Anne Holtsmark ging davon aus, dass Øystein die *Passio Olavi* in den 1160er Jahren revidierte und erweiterte. Nachdem er sein Exemplar bei der Rückkehr aus dem Exil in England zurückgelassen hatte, wurde es noch vor 1200 kopiert und verließ England wahrscheinlich nicht mehr.[196] Dieses Szenario erscheint plausibel, basiert aber nicht auf gesicherten Erkenntnissen. So ist es auch denkbar, dass Øystein erst nach seinem Aufenthalt in England mit der Abfassung der Mirakel begann. Die Oxforder Abschrift der *Passio Olavi* könnte in diesem Fall nicht durch Øystein selbst nach England gelangt sein – es sind jedoch andere Wege denkbar. Die Kopie stammt ursprünglich aus der Abtei Fountains, dem zisterziensischen Mutterhaus des Klosters Lyse bei Bergen. Die beiden Klöster hielten – besonders bis ca. 1200 – eine enge Verbindung zueinander.[197] Eine Abschrift der *Passio* könnte also von Lyse nach Fountains gebracht worden sein.[198] Ein Interesse an Olav dem Heiligen dürfte in Fountains allein wegen des norwegischen Tochterklosters bestanden haben. Die Existenz der Fountains-Handschrift deutet also nicht zwingend darauf hin, dass Øystein den Text nach England mitbrachte oder ihn dort schrieb, und schließt ein Entstehen nach 1183 keineswegs aus.

4.6. Øystein – Träger des Kulturtransfers?

„Øystein Erlendsson hörte zu und lernte, und er brachte nach Hause mit, was er konnte. Aber nicht alle verstanden oder akzeptierten das, was er

---

[194] *Mortensen*, Mirakler (2000), 101f.
[195] *Metcalfe*, Passio Olavi (1881), 1–5.
[196] *Holtsmark*, Sankt Olavs liv (1956), 23.
[197] *Johnsen*, Cistercienserklostre (1977), 32: „Lyse kloster [...] var kanskje nærmere knyttet til morklosteret Fountains og abbeden der, som hadde rett til å tilsette ny abbed i det norske datterkloster."
[198] Auch die zweite Zisterziensergründung in Norwegen, Hovedøy bei Oslo, erfolgte von England aus, nämlich von Kirkstead, das im Bistum Lincoln liegt; siehe dazu *Lilli Gjerløw*, Art. Cistercienserordenen – Norge. In: KLNM 2 (1957), 569–571. Auch hier ist ein Transfer von Hovedøy nach Kirkstead und weiter nach Fountains denkbar.

und seine Freunde präsentierten."[199]

Die Gefahr bei der Betrachtung einer einzelnen Person in historischer Perspektive, die hier unter dem Aspekt kultureller Transferleistungen erfolgte, besteht darin, alle erreichbaren Informationen auf diese Person zu beziehen und alle Veränderungen in ihrem Umfeld auf ihren Einfluss zurückzuführen. Wenn nur wenige Quellen zur Verfügung stehen, ist die Versuchung besonders groß, das Bild eines genialen Vordenkers zu zeichnen und ihn aus der gesichtslosen Masse herauszuheben. Sicherlich hatte Øystein in seiner Funktion als Erzbischof eine exponierte Stellung innerhalb der norwegischen Gesellschaft inne. Aber gleichzeitig war er eingebunden in die kirchliche Administration, als deren höchster Repräsentant in Norwegen er zwangsläufig öfter in den Quellen zu finden ist. Wie sich gezeigt hat, war nicht er allein der Autor der *Passio Olavi*, sondern es waren mehrere Personen an der Entstehung beteiligt, vermutlich in enger Zusammenarbeit. Dass Øysteins Name dennoch als einziger mit dem Werk verknüpft werden kann und die weiteren Personen anonym bleiben, erklärt sich aus dem Amt, das ihn zum Verantwortlichen machte. Die *Passio Olavi* war sicherlich für das Selbstverständnis des Erzbistums ein wichtiges „institutionelles Produkt", aber wahrscheinlich nicht das einzige. Die *Historia de antiquitate regum Norwagiensium* könnte ebenso in „Teamarbeit" entstanden sein wie die juristischen Texte, die Øystein zugeschrieben werden. Erik Gunnes stellte fest, dass um 1190 das *privilegium fori* ein etablierter Anspruch seitens der Kirche war.[200] Um eine eigene geistliche Gerichtsbarkeit durchführen zu können, müssen aber Rechtstexte vorliegen, auf die zurückgegriffen werden kann. Es ist nur schwer vorstellbar, dass Øystein Erlendsson alle diese Texte selbst verfasste, zumal er „nicht wirklich juristisch veranlagt"[201] gewesen sei. Vielmehr wird er die Texte gemeinsam mit Rechtsgelehrten ausgearbeitet haben. Ähnliches gilt auch für die in der zweiten Hälfte des 12. Jahrhunderts in Trondheim entstandene Liturgie und Musik.[202] Denkt man an den Ausbau des Nidarosdomes, tritt der Aspekt der Zusammenarbeit noch deutlicher zutage. Nicht nur die Bauarbeiten selbst, auch die Planung eines so großen Projekts wie einer Kathedrale ist schlichtweg nicht von nur einer Person zu bewältigen. Øystein kann auf seinen Reisen Eindrücke gesammelt und Ideen entwickelt haben, die Ausführung musste er jedoch seinem Baumeister überlassen. Von einem solchen „Meister, der den Arbeitern der Kirche vorstand,"[203] berichtet Øystein in einem Mirakel der *Passio Olavi*.

---

199 *Gunnes*, Erkebiskop Øystein (1996), 14: „Øystein Erlendsson lyttet og lærte, og bragte hjem det han kunne. Men ikke alle forstod eller godtok det han og hans venner bød frem."
200 *Gunnes*, Kirkelig jurisdiksjon (1970), 140–144: „Det er klart at kirken omkring 1190 har et fast etablert krav på privilegium fori" (143).
201 Ebd., 138: „Erkebiskop Øystein er ikke egentlig juridisk anlagt [...]."
202 Dazu *Østrem*, Office (2001). Siehe auch *Attinger/Haug*, Introduction (2004); *Gjerløw*, Ordo Nidrosiensis ecclesiae (1968), 87f.
203 Passio Olavi, 104: „[...] cum a magistro, qui operariis ecclesie preest [...]."

Die kulturellen Transferleistungen, die aufgrund der spärlichen Quellenlage nicht in allen Einzelheiten verfolgt werden konnten, sind in einem augustinisch-gregorianischen Umfeld verortet. Sie gingen von einem Kreis von Kanonikern aus und nicht von einer monastischen Kultur wie etwa den seit der Mitte des 12. Jahrhunderts in Norwegen vertretenen Zisterziensern. Deren Verdienste scheinen andere Bereiche zu betreffen, vor allem Landwirtschaft, aber auch Eisenproduktion, Fischzucht oder Wasserversorgungssysteme – es handelte sich also eher um technische Innovationen.[204] Dagegen erfolgten die Transferleistungen im Umfeld des Trondheimer Erzbistums eher auf intellektuellem Gebiet.

Das trifft auch auf die Krönung von Magnus Erlingsson zu, die nicht nur die erste in Norwegen war, sondern auch die erste Königsweihe in ganz Skandinavien. In Dänemark fand die erste Königskrönung 1170 statt, als Valdemar der Große seinen Sohn Knud zum Mitregenten krönen ließ, während Erik Knutsson sich erst 1210 vom Erzbischof in Uppsala als erster schwedischer König krönen ließ.[205] Interessanterweise legte Snorri Sturluson in seinem Bericht über die Vorbereitungen zur Krönung 1163/64 Erling Skakke die Worte in den Mund, Sven Estridsøn sei kein Königssohn gewesen und dennoch gekrönter König geworden wie seine Söhne nach ihm.[206] Es gibt jedoch keine weiteren Hinweise darauf, dass Sven oder einer seiner Nachfolger bis 1170 tatsächlich gekrönt wurde.

Die Krönung von 1163/64 war ein Mittel, Magnus Erlingssons Herrschaft zu stabilisieren und zu legitimieren. Daran hatte Magnus' Vater Erling Skakke ebenso ein Interesse wie Øystein Erlendsson, dessen Anliegen es war, die Stellung des Erzbistums zu stärken. Beide kommen demnach als Initiatoren der Krönung in Frage. In der Darstellung Snorri Sturlusons geht die Initiative eindeutig von Erling Skakke aus, der Øystein folgenden Vorschlag machte:

„Ist Magnus nicht so König geworden, wie es von altersher Brauch hierzulande war, dann könnt Ihr kraft Eurer Vollmacht ihm die Krone verleihen, da Gottes Gesetz bestimmt, den König für seine Macht zu salben. Und wiewohl ich nicht König bin oder aus Königs Geschlechte stamme, so hat es doch viele Könige gegeben, soweit ich mich erinnere, die sich nicht so gut wie ich auf Gesetze und Landesrechte verstanden. Die Mutter des

---

204 *Johnsen*, Cistercienserklostre (1977), 20; *McGuire*, Cistercians in Denmark (1982), 96, 103f. *Götlind*, Messengers (1990) stellte die Zisterzienser als alleinige Träger des Technologietransfers jedoch in Frage (38): „This is not to deny the Cistercians any role as mediators of technical innovations in Scandinavia, but they were only one, and probably not the most important, channel through which such knowledge was brought from Europe."
205 *Thomas Riis*, Art. König, Königtum – Skandinavien. In: LexMA 5 (1991), 1319–1321.
206 Hkr. Magnúss saga Erlingssonar, Kap. 21: „Eigi var Sveinn Úlfsson í Danmǫrk konungs sonr, ok var hann þó þar kórónaðr konungr ok síðan synir hans ok hverr eptir annan þeira frænda kórónaðr konungr."

4.6. Øystein – Träger des Kulturtransfers?

Königs Magnus aber ist eine Königstochter und in echter Ehe mit einer Königin gezeugt. Auch Magnus ist der Sohn einer Königin und stammt aus rechtmäßiger Ehe. Wenn Ihr ihm aber die Königsweihe gebt, dann kann keiner ihm fortan rechtmäßig das Königtum bestreiten."[207]

Erling Skakke hatte am Kreuzzug des Orkney-Jarls Ragnvald Kale Kolsson teilgenommen, der ihn ca. 1155 nach Rom führte. Es ist durchaus denkbar, dass er dort von der Kaiserkrönung Friedrich Barbarossas hörte und möglicherweise auch selbst daran teilnahm – obwohl sich davon nichts in den Quellen niedergeschlagen hat, wie zu erwarten wäre. Abgesehen davon, dass eine Kaiserkrönung nicht mit der Krönung eines Königs gleichzusetzen ist und eine andere Qualität besaß, muss dieses Ereignis nicht zwangsläufig zu der Idee geführt haben, eine Königskrönung als legitimatorischen Akt in Norwegen durchzuführen.[208] Schon Knud der Große wohnte einer Kaiserkrönung bei, nämlich der Konrads II. im Jahr 1027. Dennoch wurden weder er noch seine Söhne Harald Harefod (Harefoot) und Hardeknud gekrönt, obwohl dies im englischen Königreich durchaus üblich war.[209] Ebenso lässt sich aus Øysteins vermutlicher Anwesenheit bei der Krönung von Ludwigs VII. dritter Frau, Adela von Champagne, zur Königin von Frankreich keine direkte Linie zur Krönung von 1163/64 ziehen. Die Realisierung der norwegischen Krönung ist aber zweifelsohne auch auf die Eindrücke zurückzuführen, denen die beiden Hauptakteure auf ihren Reisen begegneten. Sie wussten sowohl um die kirchlich-juristische Dimension als auch um die Repräsentationskraft, die einer Salbungs- und Krönungszeremonie innewohnt.

---

[207] Hkr. Magnúss saga Erlingssonar, Kap. 21: „Ef Magnús er eigi svá til konungs tekinn sem forn siðr er til hér í landi, þá meguð þér af yðru valdi gefa honum kórónu, sem guðs lǫg eru til at smyrja konung til veldis. En þótt ek sjá eigi konungr eða af konungaætt kominn, þá hafa þeir konungar nú verit flestir í váru minni, er eigi vissu jafnvel sem ek til laga eða landsréttar. En móðir Magnúss konungs er konungs dóttir ok dróttningar skilfengin. Magnús er ok dróttningar sonr ok eiginkonu sonr. En ef þér vilið gefa honum konungsvígslu, þá má engi hann taka síðan af konungdóminum at réttu." Übersetzung von *Niedner*, Heimskringla (1922–1923), Bd. 3, 362f. Snorri Sturluson ging freilich zu weit, Magnus als „Sohn einer Königin" *(dróttningar sonr)* zu bezeichnen, da er nur der Sohn einer Königstochter war.

[208] Selbstverständlich kann Erling den Gedanken in Rom noch nicht gefasst haben, da Magnus nicht einmal geboren war, aber in der Situation von 1163/64 könnte er sich an die Kaiserkrönung von 1155 erinnert haben.

[209] Sowohl Knuds Vorgänger Æthelred II. (978–1016) als auch Eduard der Bekenner, Nachfolger Hardeknuds als König von England, wurden gekrönt. Siehe dazu *Karl Schnith*, Art. Krönung. In: LexMA 5 (1991), 1547–1549; zu Eduard ausführlich *Barlow*, Edward the Confessor (1970), 54–72. Zu englischen Krönungen allgemein siehe *Bartlett*, England (2000), 123–129.

5. Skandinavien in Europa

Die Integration Skandinaviens in das christliche Europa und die aktive Gestaltung dieses Prozesses durch skandinavische Reisende wurde auf der Grundlage der Prosopographie untersucht und anhand eines Fallbeispiels analysiert. Der Ansatz des Kulturtransfers, der angewendet wurde, stößt dabei an seine Grenzen, da für eine möglichst genaue Rekonstruktion der Transfervorgänge nur selten Quellen in ausreichendem Maß zur Verfügung stehen – zumindest in dem hier abgesteckten räumlichen und zeitlichen Rahmen. Das Kulturtransfer-Konzept schärft aber gleichwohl den Blick für eigenständige Adaptationen und für die Rekontextualisierungen des Transferierten – und lässt damit die Leistungen der Vermittler deutlicher hervortreten. Mit dem untersuchten Fallbeispiel (Kap. 4) konnte nur ein kleiner Ausschnitt des skandinavischen Integrationsprozesses beleuchtet werden, die Prosopographie legt aber die Grundlage für weitere Forschungen. So wären Untersuchungen zu anderen Einzelpersonen, ausgehend von ihrer Reisetätigkeit und den daraus resultierenden Wirkungen, wünschenswert, um die erzielten Ergebnisse zu bestätigen, zu ergänzen oder zu korrigieren. Für solche personengeschichtlichen Untersuchungen stellt die Prosopographie mit ihren Quellen- und Literaturangaben einen guten Ausgangspunkt dar. Sie bietet aber gerade durch ihre Zusammenschau der skandinavischen Reisenden auch die Möglichkeit, andere Personen in den Blickpunkt zu rücken, die ansonsten weniger Beachtung finden, etwa weil in den Quellen nicht in gleichem Umfang über sie berichtet wird – oder die entsprechenden Quellen mittlerweile verloren sind. Als Beispiel sei die Untersuchung von Netzwerken genannt; die Frage „Wer reiste mit wem?" lässt sich sowohl auf Einzelpersonen als auch auf soziale Gruppierungen wie etwa königsnahe Personen, Kleriker oder Mönche beziehen. Die Querverweise innerhalb der Prosopographie ermöglichen diesen Zugriff auf das Material, darüber hinaus gibt die chronologische Liste der Reisenden (S. 359) einen Überblick, welche Personen zur gleichen Zeit eine Reise unternahmen. Aber auch für Forschungen in bestimmten Ländern, Regionen oder Orten – beispielsweise zur Mobilität oder zum kulturellen Austausch – lässt sich die Prosopographie mit Hilfe des Ortsindex heranziehen.

Mit der Auswertung des prosopographischen Materials (Kap. 3) konnte gezeigt werden, dass die Quellen für Skandinavien einen deutlichen Anstieg der Mobilität verzeichnen, allerdings nicht wie im übrigen Europa ab dem 11. Jahrhundert, sondern erst ab der Mitte des 12. Jahrhunderts. An dieser Entwicklung waren vor allem Dänen und Norweger beteiligt. Das nahezu vollständige Fehlen schwedischer Reisender in diesem Zeitraum lässt sich mit der ausgeprägten Quellenarmut erklären, die jedoch nicht zu dem Schluss führen sollte, dass es sich um eine weitgehend immobile oder gar rückständige Gesellschaft gehandelt habe. Schließlich zeigen die Runeninschriften, dass die Schweden bereits im 11. Jahrhundert eine Vielzahl von Kontakten unterhielten, und zwar nicht nur in östlicher Richtung, sondern auch mit England. Die Verbindungen zur Kiewer Rus' und nach Byzanz, die besonders zahlreich waren, führten langfristig jedoch nicht dazu, dass sich die Schweden – oder auch die ebenfalls häufig im Osten vertretenen Norweger – zum orthodoxen Christentum orientierten, das vom Ende des 10. Jahrhunderts an auch im Kiewer Reich Fuß gefasst hatte. Das dürfte damit in Zusammenhang stehen, dass die Kiewer Rus' ab dem späten 11. Jahrhundert in Teilfürstentümer aufgeteilt wurde und dadurch einen allmählichen Machtverfall erlebte. Gleichzeitig bemühte sich das Papsttum um eine engere Anbindung der noch jungen nordeuropäischen Kirche. Gregor VII. bat bereits 1078 um die Entsendung von Skandinaviern zur Ausbildung, weil die Verbreitung des christlichen Glaubens mit den Mitteln der Kurie allein nicht zu bewerkstelligen sei.[1] Auch wenn keine an der Kurie ausgebildeten Skandinavier fassbar sind, ist nicht auszuschließen, dass es Einzelne gab, die dem Ruf Gregors gefolgt sind. Die entscheidenden Impulse zu kulturellen Transferleistungen, die eine integrative Wirkung entfalten konnten, gaben jedenfalls die Kleriker, die ihre Ausbildung außerhalb der nordischen Länder erhielten.

Die in den Quellen dokumentierte Anzahl von Reisen und ihr Anstieg im 12. Jahrhundert zeugt nicht zwangsläufig von einer gestiegenen Mobilität der Skandinavier, da auch die Quellenlage für das Fehlen von Informationen verantwortlich sein kann. Die Qualität der Reisetätigkeit veränderte sich aber zweifellos. Das zeigt sich an der zunehmenden Institutionalisierung der nordischen Kirchenorganisation und der mit ihr verbundenen Intensivierung der Kontakte. Wie weit der Prozess der Europäisierung Skandinaviens im 13. Jahrhundert bereits fortgeschritten war, verdeutlichen zwei Beispiele, die nicht zufällig eng mit kirchlichen Strukturen verknüpft sind. Nachdem auf dem Vierten Laterankonzil beschlossen worden war, das Verbot einer Heirat von zwei Personen, die bis zum siebten Grad miteinander verwandt waren, zu lockern und lediglich die Ehe zweier Partner bis zum vierten Verwandtschaftsgrad zu untersagen,[2]

---

1 So in einem Brief an den norwegischen König Olav Haraldsson Kyrre (DN VI, Nr. 1 = *Caspar*, Register Gregors VII., 1920–1923, VI, 13): „Notum autem vobis esse volumus, quoniam desiderium nostrum est, si quomodo possemus ad vos aliquos de fratribus mittere, qui fideles et docti essent ad erudiendum vos inomni scientia et doctrina, in Christo Jesu, ut secundum evangelicam et apostolicam doctrinam decenter instructi [...]. Quod quia nobis tum propter longinquitatem terrarum et maxime propter ignaras linguas valde difficile est, rogamus vos, sicut et regi Danorum denuntiavimus, ut de iunioribus et nobilibus terrae vestrae ad apostolicam aulam mittatis, quatenus subalis apostolorum Petri et Pauli sacris ac divinis legibus diligenter edocti." Der Brief ist ebenfalls abgedruckt in *Vandvik*, Latinske Dokument (1959), Nr. 2; vgl. auch RN I, Nr. 50.

2 Can. 50 des Vierten Laterankonzils, ed. *García y García*, Constitutiones Concilii quarti Lateranen-

dauerte es keine zwei Jahre, bis diese Bestimmung in das isländische Recht aufgenommen wurde.³ Zwar gab es im dünn besiedelten Island gute Gründe, die Lockerung des Verbots umgehend zu übernehmen, das Beispiel verdeutlicht aber, wie sehr die Skandinavier in den Einflussbereich der Römischen Kirche eingebunden waren.⁴ Noch deutlicher tritt das Maß an Integration in der Ausbreitung des Dominikanerordens zutage. Weniger als drei Jahre nach der Anerkennung des *Ordo fratrum praedicatorum* durch Papst Honorius III. traten 1219 Niels (A 313) aus Dänemark und Simon (A 438) aus Schweden dem Bettelorden in Bologna bei; sie hielten sich vermutlich zu Studienzwecken dort auf. Bereits zwei Jahre später wurde Salomon (A 405) aus Århus, der 1220 in Verona in den Orden eingetreten war, vom Generalkapitel in Bologna nach Dänemark gesandt. Bei sich hatte er Briefe vom Ordensgründer selbst, Dominikus Guzmán, und von Honorius III., um sie dem dänischen König Valdemar Sejr und Erzbischof Anders Sunesøn von Lund zu überbringen. Noch im selben Jahr wurde der erste skandinavische Dominikanerkonvent in Lund errichtet, mit Simon als Prior.⁵ 1228 folgten die Gründungen von Ribe und Visby (auf Gotland), außerdem wurde die Ordensprovinz *Daciae* eingerichtet. In kurzen Abständen kamen neue Konvente hinzu: Nidaros und Roskilde (vor 1234), Sigtuna und Skänninge (1237), Skara, Viborg, Århus, Odense, Schleswig und Oslo (alle 1239), Västerås (1244), Bergen (1244/47), sowie das unter dänischer Herrschaft stehende Tallinn/Reval (1248) und Turku/Åbo in Finnland (1249). Innerhalb von drei Jahrzehnten hatte sich der Orden also über ganz Skandinavien (außer Island) ausgebreitet.⁶ Damit hatte sich die Entwicklung nicht schneller vollzogen als andernorts in Europa, beispielsweise auf den Britischen Inseln, aber eben auch nicht langsamer. Skandinavien kann im 13. Jahrhundert als Teil der europäischen Christenheit gelten, was sich jedoch nicht nur auf die kirchlichen Strukturen auswirkte, sondern auch in anderen Lebensbereichen seinen Niederschlag fand – verwiesen sei etwa auf die von Håkon Håkonsson angeregten Übersetzungen höfischer Literatur ins Altnordische.

Die These von einem „Älteren" und einem „Jüngeren Europa", die Peter Moraw formulierte, lässt sich demnach aufrecht erhalten, sofern sie differenziert angewendet wird. Moraw zog die Verbreitung der Dominikaner- und Franziskanerorden heran und

---

sis (1981), 90f.
3 Konungsannáll, s. a. 1217. Vgl. *Engman*, Norden (2002), 23; *Magnús M. Lárusson*, Art. Incest – Island. In: KLNM 7 (1962), 374–376.
4 Einige skandinavische Teilnehmer am Vierten Laterankonzil sind auch namentlich bekannt: der dänische Erbzischof Anders Sunesøn (A 18), Eskil (A 130), ein Mönch aus dem dänischen Prämonstratenserkloster Børglum, Nikolaus (B 29), Bischof von den Hebriden, und wahrscheinlich auch der norwegische Erzbischof Guttorm (A 171).
5 De ordine Predicatorum in Dacia, Kap. 1–3.
6 Zur Ausbreitung des Dominikanerordens in Skandinavien siehe *Jarl Gallén*, Art. Dominikaner, Dominikanerinnen – Verbreitung in den übrigen Ländern – Skandinavien. In: LexMA 3 (1986), 1213–1215; *Gallén*, Province de Dacie (1946).

sprach mit Blick auf „die östlichen Teile des ‚Jüngeren Europa'" davon, dass „sich wirklich – im groben gesagt wohl zum ersten Mal – von einer Art Einheit oder einer Art Gleichstand im papstchristlichen Europa sprechen" lässt.[7] Diese Aussage trifft gleichermaßen auf Teile der nordeuropäischen Gesellschaften zu. Dennoch blieb „die kumulierte Vergangenheit, die auf den jahrhundertelangen Rückstand an der Peripherie der europäischen Geschichte verwies, [...] ein wesentliches Stück der Gegenwart."[8] Vor allem Kleriker waren daran beteiligt, diesen „Rückstand" zu verringern und ihn teilweise aufzuheben. Andere Bereiche aber – als Beispiel sei die Gründung von Universitäten in Skandinavien genannt – wiesen im 13. Jahrhundert noch deutliche Entwicklungsunterschiede auf.

Auch bei der Verbreitung des Dominikanerordens wurden Kleriker, die außerhalb von Skandinavien ausgebildet worden waren, als Mittlerfiguren wirksam. Im Gegensatz zum 12. Jahrhundert entfalteten sie ihre Tätigkeit aber nicht erst als Bischöfe oder Erzbischöfe, sondern wurden allem Anschein nach bereits als Studenten aktiv. Sicherlich ist die Rolle von Dominikus und Honorius als Initiatoren der Verbreitung des Ordens in Skandinavien nicht zu unterschätzen. Im Gegensatz zur Zeit Gregors VII., der noch junge Männer aus der Oberschicht anfordern musste, um sie in seinem Sinne ausbilden zu können, standen im 13. Jahrhundert die Personen zur Verfügung, die eine offensive „Politik" seitens der Kurie unterstützen konnten und wollten. Gregor hatte die weite Entfernung Skandinaviens und die sprachlichen Probleme beklagt;[9] diese äußeren Bedingungen hatten sich in den folgenden einhundertundfünfzig Jahren nicht verändert, aber die Christianisierung und Integration Nordeuropas war – trotz aller weiterhin bestehenden Andersartigkeit – so weit fortgeschritten, dass sie kein Hindernis mehr darstellten.

---

7 *Moraw*, Entwicklungsunterschiede (1995), 306.
8 Ebd., 320
9 Siehe oben, S. 142, Anm. 1.

Teil II

Prosopographie

Það hefi eg lengi haft í hug mér að ganga suður um sinnsakir. – Ich habe schon lange vorgehabt, einmal in den Süden zu reisen.

(Laxdæla saga, Kap. 72)

Vorbemerkungen

Die Namen erscheinen in normalisierter Form nach der modernen, im jeweiligen Land üblichen Schreibweise. Ein Name kann demnach in mehreren Varianten vorkommen, beispielsweise *Oluf* (dänisch), *Ólafur* (isländisch)[1], *Olav* (norwegisch) und *Olof* (schwedisch). Im Zweifelsfall wurde eine quellennahe Variante gewählt. In Klammern werden stark abweichende altnordische und/oder lateinische Namensformen angegeben, die in den Quellen vorkommen. In Einzelfällen werden auch stark abweichende moderne Namensvarianten aufgeführt. Um die Personen auch nach ihren alternativen Namensformen finden zu können, wurden diese in den Personenindex (S. 435) aufgenommen. Beinamen wurden zur leichteren Verständlichkeit entweder direkt übersetzt[2] oder erläutert[3].

Die Umlaute wurden nicht, wie in den skandinavischen Ländern üblich, ans Ende des Alphabets gesetzt, sondern aus Gründen der Benutzerfreundlichkeit für deutsche Leser folgendermaßen einsortiert:

å	=	aa	Å	=	Aa
æ, ä	=	ae	Æ, Ä	=	Ae
ø, ö, ǫ, œ	=	oe	Ø, Ö, Ǫ, Œ	=	Oe
ð	=	d	Ð	=	D
þ	=	th	Þ	=	Th

Bei mehreren Personen gleichen Namens werden diejenigen ohne Beinamen zuerst aufgeführt, gibt es mehrere gleichnamige Personen ohne Beinamen, so wurde eine chronologische Reihenfolge gewählt.

Ein Pfeil (→) verweist auf einen Personeneintrag in der Prosopographie. Bei diesen Verweisen werden meist nur Vor- und Beiname angegeben, da dies zu einer eindeutigen

---

1 Im Isländischen flektieren auch die Namen. Hier werden sie im Nominativ Singular wiedergegeben. Die altnordische Endung *-r*, die für viele männliche Vornamen gebräuchlich ist, hat sich im modernen Isländisch zu *-ur* erweitert.
2 Nur bei „der Große" (*inn ríki, den store*), „der Gute" (*inn góði, den gode*) und „der Heilige" (*inn helgi, den hellige*).
3 Beispielsweise „Sigurd Jorsalfar" (= Jerusalemfahrer). Zur Bedeutung der Beinamen siehe *Jónsson*, Tilnavne (1907).

Identifizierung ausreicht.[4] Gibt es mehrere Personen eines Namens, so wird die Nummer in Klammern angegeben. Zu den übrigen verwendeten Zeichen und Abkürzungen sei auf das Abkürzungsverzeichnis (S. 418) verwiesen.

Schema der Personenartikel:

0: Name des Reisenden (Namensvarianten)

Funktion[1]

Geburts- (*), Todes- (†), Hochzeitsdaten (∞), sofern bekannt

Verwandtschaftsverhältnisse

Herkunftsland

Reisen und wichtigste Lebensstationen

Q: Quellen – Es werden nur solche Quellen(stellen) angeführt, die Auslandsfahrten erwähnen. Sofern nicht „Kap." oder „Nr." angegeben ist, beziehen sich arabische Zahlen auf eine Seitenangabe und römische Zahlen auf eine Buchzählung (wobei nachfolgende arabische Zahlen dann Kapitel angeben, z. B. Saxo Gr. XIV 1 (3) = Buch 14, Kap. 1, Abschnitt 3.[2]

Lit: Literatur – Auch hier wird nur die für die Auslandsfahrten relevante Literatur angegeben. Bei häufig behandelten Personen besteht die Literaturliste nur aus einer Auswahl wichtiger und/oder neuerer Werke, in denen Verweise auf ältere Literatur zu finden sind.

---

1 Unter Funktion ist das Amt eines Königs, Bischofs, Abtes etc. zu verstehen, aber auch Zuschreibungen wie Händler und Ähnliches.

2 Eine Ausnahme bildet das Diplomatarium Danicum: DD I:3 steht für 1. Reihe, Band 3.

---

4 Bei „Sigurd Magnusson Jorsalfar" wird beispielsweise verwiesen auf „→ Sigurd Jorsalfar".

A. Biogramme der skandinavischen Reisenden

A 1: Åge (Ako)
Neffe des Bf.s Tyge von Børglum († ca. 1177)
aus Dänemark

Å. nahm 1191 an dem als *Profectio Danorum* bezeichneten Kreuzzugsunternehmen teil.[1]

Q: Historia de Profectione Danorum in Hierosolymam, Kap. 6, 19–27.
Lit: Riant, Korstog (1868), 402.

1 Siehe bei Åge Stigsøn (A 2).

A 2: Åge Stigsøn (Ago filius Stigh Albi)
Sohn von Stig Hvide und Margarete; Neffe des dän. Kg.s → Valdemar des Großen und des Ebf.s → Absalon
aus Dänemark

Å. machte gemeinsam mit → Alexander Pedersøn, → Peder Palnesøn, → Skorre und → Sven Thorkilsøn einen Kreuzzug nach Jerusalem. In Konghelle schlossen sich ihnen rund 200 Norweger an, die von → Ulv angeführt wurden. Sie fuhren zunächst weiter nach Tønsberg und dann nördlich nach Bergen, bevor sie den eigentlichen Kreuzzug starteten. In der Nordsee gerieten einige Schiffe in einen Sturm, so dass die Dänen in Stavoren an der friesischen Küste ihre restlichen Schiffe verkauften und über Land weiterreisten, während die Norweger um Ulv den Seeweg nahmen. Der Landweg führte die Dänen zunächst am Rhein entlang nach Köln. Ab Venedig segelten auch sie bis nach Akkon, kamen aber erst an, nachdem Richard Löwenherz und Saladin einen Waffenstillstand vereinbart hatten. Die dän. Kreuzfahrer besichtigten daraufhin Jerusalem und den Jordan, bevor sie zurückreisten – einige über Rom und einige über Konstantinopel, Ungarn und Sachsen. 1193 erreichten sie Dänemark.

Q: Historia de Profectione Danorum in Hierosolymam, Kap. 6, 19–27.
Lit: Fenger, Kirker (1989), 241–245; Riant, Korstog (1868), 400–411.

A 3: Åmunde Haraldsson
Sohn von Harald Stangefylje
aus Norwegen

Å. wurde 1251 gemeinsam mit → Askatin von Kg. Håkon Håkonsson zu Ks. Friedrich II. gesandt. In Venedig erfuhren sie vom Tod Friedrichs und kehrten nach Schwaben um. Unterwegs wurden sie gefangen gesetzt, konnten schließlich aber doch zu Friedrichs Sohn Konrad IV. weiter reisen und kehrten 1252 nach Norwegen zurück. 1257–1258 begleitete Å. → Kristin Håkonsdatter nach Spanien.

Q: Hákonar saga Hákonarsonar, Kap. 275, 290, 294, 296.
Lit: Gelsinger, Alliance (1981), 61f.

A 4: Aaron de Randrus

Mönch (OP)

aus Dänemark

A., Mönch des Konvents in Viborg, wurde vom Provinzialkapitel des Dominikanerordens, das 1246 in Ribe abgehalten wurde, nach Tallinn (Reval) gesandt. Gemeinsam mit elf weiteren Mönchen errichtete er dort einen neuen Konvent.

Q: De ordine Predicatorum in Dacia, Kap. 4.
Lit: Gallén, Province de Dacie (1946), 51.

A 5: Åsger

aus Schweden

Å. starb im 11. Jh. in Livland.

Q: Ruprecht, Wikingerzeit (1958), Nr. 146; U, Nr. 698.
Lit: Larsson, Runstenar (1990), 144.

A 6: Åskjell Jonsson (Askeldus)

Bf. von Stavanger 1226–1254

† 1254

Sohn von Jon Gautsson, Bruder von → Gaut Jonsson

aus Norwegen

Å. wurde 1225, als er noch Erzdiakon in Bergen war, im Dienst des norw. Kg.s Håkon Håkonsson nach England gesandt und am 31. August vom englischen Kg. Heinrich III. für drei Jahre in seinen Schutz genommen. 1247 nahm Å. an der Krönung von Håkon Håkonsson teil.

Q: DN XIX, Nr. 172, 175.
Lit: Bagge, Kapellgeistlighet (1976), 69; NBL[2] 9 (2005), 179f.

A 7: Åsleiv

∞ → Olav Rolvsson

von den Orkney-Inseln

Å. lebte in der ersten Hälfte des 12. Jh.s mit ihrem Mann zeitweise in Duncansby im schottischen Caithness.

Q: Orkneyinga saga, Kap. 66.
Lit: —

A 8: Abel Valdemarsøn

Kg. von Dänemark 1250–1252, Herzog von Schleswig/Südjütland 1232–1250

* ca. 1218, † 29. 6. 1252 bei Mildeburg, ∞ 1237 Mechthild (Tochter des Grafen Adolf IV. von Holstein)

Sohn des dän. Kg.s → Valdemar Sejr und der Berengaria; Geschwister: → Erik Plovpenning, → Christoffer (A 88), → Sofie (A 451), Halbgeschwister: → Knud Valdemarsøn (A 280), Niels, → Valdemar den Unge

aus Dänemark

Ende 1225 gingen A. und sein Bruder Christoffer als Geiseln zu Graf Heinrich von Schwerin und lösten dadurch ihren Vater Valdemar Sejr aus. Sie wurden erst 1230 freigelassen, nachdem das ausstehende Lösegeld bezahlt worden war. A. wurde 1232 Nachfolger seines Bruders Erik als Herzog von Südjütland und bezeugte 1239 eine Urkunde in Lüneburg. Im November 1241 urkundete er in Hamburg. 1244 sollte A. gemeinsam mit seinem Bruder Erik nach Tallinn (Reval) ziehen, verließ die Flotte aber bereits in Schonen. 1252 starb A. auf einem Kriegszug gegen die Friesen bei Mildeburg (Nordfriesland).

Q: Annales Lundenses, s. a. 1244; Annales Visbyenses, s. a. 1252; Chronica Sialandie, s. a. 1252; DD I:6, Nr. 109; DD I:7, Nr. 26, 34, 91.

Lit: DBL 1 (1979), 17f.; *Christiansen*, Crusades (1980), 108; *Fenger*, Kirker (1989), 323; *Gaethke*, Knud und Waldemar, Teil 3 (1996), 30–32, 38.

A 9: Absalon

Ebf. von Lund 1178–1201, Bf. von Roskilde 1158–1191

* ca. 1128 in Fjennelev, † 21. 3. 1201 in Sorø

Sohn von Asser Rig und Inge; Bruder von → Esbern Snare

aus Dänemark

A. studierte etwa zwischen 1146 und 1155 in Paris[1] Theologie und Philosophie und kehrte spätestens 1156 nach Dänemark zurück. 1157 wurde er zum Bf. von Roskilde gewählt und im folgenden Jahr geweiht. 1162 begleitete er den dän. Kg. → Valdemar den Großen zum Reichstag Friedrich Barbarossas nach Saint-Jean-de-Losne. A. nahm an Valdemars Kriegszügen gegen die Wenden 1159, 1160, 1164, 1165, ca. 1169 und ca. 1170 sowie an den Fahrten nach Rügen um 1175, ca. 1176 und 1178 teil.[2] Um 1171 führte er außerdem gemeinsam mit Ebf. → Eskil (A 128) eine Flotte nach Oldenburg. 1178 wurde er Nachfolger von Eskil in Lund, verzichtete aber erst 1191 auf das Bistum Roskilde. 1179 führte A. gemeinsam mit Kg. → Knud Valdemarsøn (A 279) einen Kriegszug nach Wolgast und Usedom. 1184 zog A. nach Hiddensee, Rügen, Peenemünde, Wolgast und Wollin und konnte 1185 – gemeinsam mit Knud – Bogislaw von Pommern bei Kammin besiegen. A. war Auftraggeber der *Gesta Danorum* von → Saxo Grammaticus und holte den französischen Geistlichen Wilhelm (Guillaume) nach Dänemark, den er zum Abt von Eskilsø und später Æbelholt machte.

Q: Annales Stadenses, s. a. 1163; Helmold, Kap. 108; Knýtlinga saga, Kap. 119–124, 126, 128f.; Sancti Willelmi abbatis vita et miracula, Kap. 10; Saxo Gr. XIV 23 (4f., 13–17, 22, 25f.), 24 (2f.), 25 (10–13, 17, 22–25), 28 (5–9, 14f., 19f., 23), 30 (1–3, 7f.), 31, 32 (3f.),

34 (1f.), 39 (1, 14, 20, 24, 27–30, 35–42, 45, 47, 49), 42 (2, 5–20), 43 (1, 6–8), 44 (1), 45 (2f., 5), 47 (3, 7f.), 57 (2f.), XV 1 (2–6), XVI 4 (6–8), 5f., 7 (2f.), 8 (1, 6f.).

Lit: *Christensen*, Tiden 1042–1241 (1977), 333f., 357f.; *Christiansen*, Crusades (1980), 64–66; DBL 1 (1979), 43–47; *Eggert*, Kämpfe (1928); *Fenger*, Kirker (1989), 190–201; *Kluger* et al., Series episcoporum VI, II (1992), 28–33, 89–93; *Olsen*, Absalons studier (1996); *Roesdahl*, Wikinger (1992), 85f., 95; *Seegrün*, Papsttum (1967), 180; *de Vries*, Literaturgeschichte, Bd. 2 (1967), 274.

1 Der Studienort war eventuell Sainte-Geneviève.
2 Vgl. bei → Valdemar dem Großen. Laut *Knýtlinga saga*, Kap. 119, soll A. 1160 während des Kriegszugs mit einer Botschaft Kg. Valdemars zu Herzog Heinrich dem Löwen nach Braunschweig gereist sein.

A 10: Absalon

Graf von Seeland

aus Dänemark

A. erhielt 1212 einen Brief vom englischen Kg. Johann, aus dem hervorgeht, dass er kurz zuvor in England gewesen war und Vögel (wahrscheinlich Jagdfalken) transportiert hatte. Vermutlich hatte sich A. in Nottingham aufgehalten und war von dort nach London gereist. Vielleicht hielt er sich im Mai 1221 erneut in England auf.[1]

Q: DD I:5, Nr. 18–23, 25, 195.
Lit: *Bill* et al., Stammebåd (1997), 139f.

1 Der *Absolon de Dacia*, von dem in DD I:5, Nr. 195 die Rede ist, kann nicht eindeutig mit dem Grafen Absalon von Seeland identifiziert werden.

A 11: Achilius

aus Dänemark

1168/70 erwarb A. gemeinsam mit seinem Onkel → Live, Bf. von Odense, ein Haus in Köln.

Q: DD I:2, Nr. 188.
Lit: —

A 12: Admund

Priester

aus Norwegen

A., Priester in Strandvik im Bistum Bergen, wurde vom norw. Kg. Håkon Håkonsson zu Papst Urban IV. geschickt. Er hielt sich im Oktober 1263 in Rom auf.

Q: DN I, Nr. 58; Potthast, Nr. 898.
Lit: *Riant*, Korstog (1868), 491.

A 13: Ärnmund

Bruder von → Ingemund

aus Schweden

Ä. starb im 11. Jh. (um 1050/1080) in Byzanz.

Q: *Ruprecht*, Wikingerzeit (1958), Nr. 134; U, Nr. 72f.
Lit: *Larsson*, Runstenar (1990), 114, 137.

A 14: Ale

aus Schweden

A. hielt sich – wahrscheinlich 1018 – in England auf und erhob dort das Danegeld → Knuds des Großen. Er kehrte vermutlich nach Schweden zurück.

Q: *Ruprecht*, Wikingerzeit (1958), Nr. 175; U, Nr. 194.
Lit: *Düwel*, Runenkunde (2001), 119; *Kirby/Smyth/Williams*, Biographical dictionary (1991), 44f.; *Larsson*, Runstenar (1990), 102, 138; *Wessén*, Runinskrifter (1960), 10–16.

A 15: Alexander Pedersøn

† 1221
Sohn von Peder aus Borup und Ingefred Assersdatter; Neffe des Ebf.s → Absalon (A 9)
aus Dänemark

A. begleitete 1185 den dän. Kg. → Knud Valdemarsøn (A 279) bei seinem Kriegszug gegen die Wenden und führte beim Angriff auf Kammin das Kommando über die Seeländer und Skåninger. 1191–1193 beteiligte sich A. an dem als *Profectio Danorum* bezeichneten Kreuzzugsunternehmen, das ihn nach Jerusalem führte.[1]

Q: Historia de Profectione Danorum in Hierosolymam, Kap. 6, 19–27; Saxo Gr. XVI 8 (3f.).
Lit: *Riant*, Korstog (1868), 400–411.

---

1 Siehe bei Åge Stigsøn (A 2).

A 16: Alle

† ca. 1100
aus Schonen, Dänemark

A. wurde des Landes verwiesen und ließ sich gemeinsam mit → Herre in Wollin nieder. Um 1100 wurden beide bei einem dän. Angriff getötet.

Q: Saxo Gr. XII 4 (2).
Lit: —

A 17: Amund

† 1065
aus Dänemark

A. war Hauskarl von Tostig, dem Bruder des englischen Kg.s Harald Godwinson, und wurde 1065 von den englischen Thegns Gamelbearn, Dunstan und Glonieorn in York getötet.

Q: Johannes von Worcester, s. a. 1065.
Lit: —

A 18: Anders Sunesøn (Andreas Sunonis)

Ebf. von Lund 1201/02–1223/24, Kanzler des dän. Kg.s → Knud Valdemarsøn (A 279) ca. 1194–1202

* zwischen 1161 und 1170, † 24. 6. 1228

Sohn von → Sune Ebbesøn; Geschwister: Ebbe, → Jakob, → Johannes, Laurens, → Peder und → Thorbern Sunesøn

aus Dänemark

A. studierte in den 1180er Jahren im Kloster Sainte-Geneviève in Paris. Er besuchte außerdem Italien (eventuell für ein Rechtsstudium in Bologna) und studierte in Oxford, bevor er sein Studium in Paris abschloss. Zu Beginn der 1190er Jahre kehrte A. nach Dänemark zurück, wurde Dompropst in Roskilde und spätestens 1194 Kanzler des dän. Kg.s Knud Valdemarsøn. In diesem Jahr führte er gemeinsam mit dem aus Frankreich stammenden Abt Wilhelm (Guillaume) von Æbelholt eine Gesandtschaft zu Philipp II. August von Frankreich, der kurz zuvor Knuds Schwester → Ingeborg (A 227) geheiratet und verstoßen hatte. A. und Wilhelm reisten in diesem Zusammenhang auch nach Rom zu Papst Coelestin III., der die Scheidung 1195 für ungültig erklärte. 1201/02 übernahm er das Amt des Ebf.s von Lund und überließ die Kanzlei seinem Bruder Peder. 1203 begleitete A. den dän. Kg. → Valdemar Sejr nach Lübeck und Lauenburg, 1206 fuhren sie gemeinsam nach Ösel, von wo Esten Raubzüge an die dän. Küste unternommen hatten. Anschließend überwinterte A. mit → Niels (A 312), dem Bf. von Schleswig, in Riga. Am Palmsonntag 1207 erreichten sie Gotland, an Ostern waren sie zurück in Dänemark. 1215 nahm A. am Vierten Laterankonzil in Rom teil. 1219 zog er gemeinsam mit Kg. Valdemar nach Estland, bei diesem Kriegszug wurde die Burg Lyndanise bei Tallinn (Reval) erobert. Während Valdemar noch im selben Jahr zurückkehrte, hielt sich A. auch 1220 und 1221 in Tallinn auf. Nach seiner Rückkehr bat er den Papst darum, von seinem Amt zurücktreten zu dürfen, und resignierte ca. 1223/24.

A. ist der Verfasser des Hexaëmeron, eines theologischen Lehrgedichts mit 8040 Hexametern, sowie einer Paraphrase des schonischen Rechts.

Q: Annales Essenbecenses, s. a. 1206; Annales Lundenses, s. a. 1206; Annales Ryenses, s. a. 1206; Arnold V 18, VI 17; Chronica Sialandie, s. a. 1206; Chronicon Livoniae X 13, XI 1, XXIII 2, 10, XXIV 2, XXV 1.

Lit: *Christensen*, Tiden 1042–1241 (1977), 364, 375–377, 380–382; *Christiansen*, Crusades (1980), 106; DBL 14 (1983), 208–211; *Fenger*, Kirker (1989), 261–269; *Johansen*, Nordische Mission (1951), 100f.; *Nielsen*, Missionary Man (2001); *Pulsiano*, Medieval Scandinavia (1993), 621f.; *Roesdahl*, Wikinger (1992), 95; *Tarvel*, Ostseepolitik (1998), 56f.

A 19: Andreas

Erzdiakon in Bergen

aus Norwegen

A. war 1223–1224 als Gesandter des norw. Kg.s Håkon Håkonsson in England und überbrachte dem englischen Kg. Heinrich III. sechs Falken. Am 28. 9. 1224 erhielt A. die Erlaubnis, King's Lynn Richtung Norwegen zu verlassen, obwohl große englische und ausländische Handelsschiffe zurückgehalten wurden, um Truppen nach Frankreich überzusetzen.

A. Biogramme der skandinavischen Reisenden

Q: DN XIX, Nr. 153, 155f., 165.
Lit: Bagge, Kapellgeistlighet (1976), 71; *Bugge,* Handelen (1898), 29–31; *Nedkvitne,* Handelssjøfarten (1976), 132.

A 20: Andreas

Prior von Lyse

aus Norwegen

A. wurde 1229 vom norw. Kg. Håkon Håkonsson nach England gesandt.

Q: DN XIX, Nr. 195, 197.
Lit: Bagge, Kapellgeistlighet (1976), 73.

A 21: Andreas

Neffe eines schw. Kg.s
aus Schweden

A. reiste 1231 nach King's Lynn in England und brachte Falken und einen Jagdhund als Geschenke mit.

Q: Close Rolls (Henry III.), 540.
Lit: Sawyer, Anglo-Scandinavian trade (1986), 189.

A 22: Andres

aus Sjømæling in Nordmøre, Norwegen

A. machte um 1220 gemeinsam mit → Helge Bogransson, → Svein Sigridsson und → Ogmund eine Handelsfahrt nach Bjarmaland (am Weißen Meer). Er kehrte noch im selben Jahr zurück.

Q: Hákonar saga Hákonarsonar, Kap. 81.
Lit: —

A 23: Andres

von den Orkney-Inseln

A. hielt sich 1231 mit seinen Brüdern → Hånev und → Kolbein und weiterem Gefolge in Thurso (Caithness) auf. Dort töteten sie Jarl Jon Haraldsson.

Q: Hákonar saga Hákonarsonar, Kap. 170f.
Lit: Thomson, History of Orkney (1987), 81f.

A 24: Andres Arnesson

Händler

aus Norwegen

A. war 1225 im Auftrag des norw. Jarls → Skule in England und erhielt von Kg. Heinrich III. die Erlaubnis, 200 *summas* Korn nach Norwegen auszuführen.

Q: DN XIX, Nr. 170.
Lit: Bugge, Britiske Øer (1914), 341; *Nedkvitne,* Handelssjøfarten (1976), 135, 186.

A 25: Andres Nikolasson

Lendmann

† 1273

aus Norwegen

A. begleitete 1257–1258 → Kristin Håkonsdatter nach Spanien. Auf der Rückfahrt blieb er weitere zwölf Monate in Frankreich. 1263 begleitete er den norw. Kg. Håkon Håkonsson auf dessen Heerfahrt nach Schottland (siehe Kap. B.2.3). 1273 unternahm er gemeinsam mit Mauritius, einem (englischen?) Franziskaner, eine Pilgerfahrt nach Jerusalem, bei der A. starb.

Q: Gottskálks annáll, s. a. 1273; Hákonar saga Hákonarsonar, Kap. 294, 296, 318–322, 326.
Lit: *Gelsinger*, Alliance (1981), 62, 76 (Anm. 49); *Storm*, Monumenta (1880), XLVIIIf.; *Riant*, Korstog (1868), 489.

A 26: Andres Skjaldarband

† 1230, ∞ Ingebjørg

aus Norwegen

Der Beiname bedeutet „Schildband". A. machte 1222 gemeinsam mit → Ivar Utvik eine Heerfahrt nach Bjarmaland (am Weißen Meer), von wo sie Pelze und Silber mitbrachten. Ca. 1229 fuhr er nach Jerusalem und starb während der Schiffsreise in der Nähe Griechenlands – ob auf dem Hinweg oder auf der Rückreise, ist unklar.

Q: Gottskálksannáll, s. a. 1222, 1230; Hákonar saga Hákonarsonar, Kap. 81, 164; Høyers annáll, s. a. 1222; Konungsannáll, s. a. 1222, 1230; Resensannáll, s. a. 1222.
Lit: NBL 14 (1962), 27; *Riant*, Korstog (1868), 478f.

A 27: Angelus

Mönch (OP)

aus Dänemark

A., Mönch des Konvents in Århus, wurde vom Provinzialkapitel des Dominikanerordens, das 1246 in Ribe abgehalten wurde, nach Tallinn (Reval) gesandt. Gemeinsam mit elf weiteren Mönchen errichtete er dort einen neuen Konvent.

Q: De ordine Predicatorum in Dacia, Kap. 4.
Lit: *Gallén*, Province de Dacie (1946), 51.

A 28: Anund

aus Schweden

A. wurde im 11. Jh. (wahrscheinlich nach 1050) in Estland ermordet. Seine Mutter Sigrud ließ einen Runenstein zum Gedenken an ihn errichten.

Q: *Ruprecht*, Wikingerzeit (1958), Nr. 141; U, Nr. 533.
Lit: *Larsson*, Runstenar (1990), 120, 142.

A 29: Armod

Skalde

von den Shetland-Inseln (?)[1]

A. reiste 1153–1155 auf der Pilgerfahrt des Jarls → Ragnvald von den Orkneys ins Heilige Land. Auf der Hinreise fuhren sie mit dem Schiff über Spanien durchs Mittelmeer, auf der Rückreise besuchten sie Konstantinopel und reisten über Rom und Deutschland zurück.

Q: Orkneyinga saga, Kap. 85f., 88.
Lit: *Arnórsson*, Suðurgöngur (1954–1958), 43; *Davidson*, Viking Road (1976), 264; *Melsteð*, Ferðir (1907–1915), 797; *Riant*, Korstog (1868), 343.

---
[1] Möglicherweise stammte A. aus Island.

A 30: Arne Arnesson

Sohn von Arne Arnmodsson und Tora Torsteinsdatter; Geschwister: → Finn, → Kalv, → Kolbjørn und → Torberg Arnesson
aus Norwegen

A. begleitete 1028 Kg. → Olav den Heiligen bei dessen Flucht aus Norwegen in die Kiewer Rus'.

Q: Hkr. Óláfs saga helga, Kap. 180; Olafs saga hins helga, Kap. 69; Óláfs saga hins helga hin mesta, 814.
Lit: *Schreiner*, Studier (1927), 455.

A 31: Arne Sæbjørnsson Styrre (Árni sturla Sæbjarnarson)

aus Norwegen

Der Beiname bedeutet „der Störende". A. holte 1142 gemeinsam mit → Torleiv Brynjolvsson und → Kolbein Ruge den späteren norw. Kg. → Øystein Haraldsson aus Schottland nach Norwegen.

Q: Fsk., Kap. 99; Hkr. Haraldssona saga, Kap. 13; Msk., 440.
Lit: —

A 32: Arnfast

aus Schweden

A. machte in der ersten Hälfte des 11. Jh.s eine Reise in die Kiewer Rus' und kehrte wahrscheinlich nicht zurück.

Q: *Ruprecht*, Wikingerzeit (1958), Nr. 145; U, Nr. 636.
Lit: *Larsson*, Runstenar (1990), 117, 142.

A 33: Árni beiskur

† 22. 10. 1253
aus Island

Der Beiname bedeutet „bitter". Á. begleitete 1247 → Gissur Þorvaldsson auf seine Reise nach Rom.

Q: Sturlunga saga, Kap. 373.
Lit: *Arnórsson*, Suðurgöngur (1954–1958), 34f.; *Melsteð*, Ferðir (1907–1915), 857.

A 34: Árni Fjöruskeifur

aus Island

Die Bedeutung des Beinamens ist unklar – die einzelnen Wortteile bedeuten „Küste, Strand" und „schief, verdreht". Á. begleitete den norw. Kg. → Sigurd Jorsalfar auf dessen Reise ins Heilige Land (1107–1111).

Q: Msk., 386f.; Sturlunga saga, Kap. 14.
Lit: *Melsteð*, Ferðir (1907–1915), 745; *Riant*, Korstog (1868), 246.

A 35: Aron Hjörleifsson

Hirdmann des norw. Kg.s Håkon Håkonsson

* ca. 1200, † 1255 in Bergen, ∞ Ragnhild
Sohn von Hjörleif Gílsson
aus Island

Nach Streitigkeiten in Island wurde A. 1222 geächtet und ging 1224 nach Norwegen. 1226 machte er eine Pilgerfahrt nach Jerusalem, begleitet von → Eyjólfur. Nach seiner Rückkehr nach Norwegen war er Hirdmann Håkon Håkonssons.[1]

Q: Sturlunga saga, Kap. 205; Arons saga Hjǫrleifssonar, Kap. 15.
Lit: *Arnórsson*, Suðurgöngur (1954–1958), 43f.; *Gelsinger*, Enterprise (1981), 260, Anm. 87; *Kristjánsson*, Eddas und Sagas (1994), 207f.; *Melsteð*, Ferðir (1907–1915), 853; NBL 1 (1923), 251–253; *Riant*, Korstog (1868), 467f.; *de Vries*, Literaturgeschichte, Bd. 2 (1967), 313.

---

[1] Laut *Riant*, Korstog (1868) reiste A. außerdem in die Kiewer Rus'. Diese Aussage konnte in den Quellen jedoch nicht verifiziert werden.

A 36: Asbjørn Estridsøn (Esbeorn, Osbern)

† 1086 (?)
Sohn des Jarls → Ulf Thorgilsøn und der → Estrid; Geschwister: → Bjørn Estridsøn und → Sven Estridsøn
aus Dänemark

A. wuchs in England auf, das er nach der Ermordung seines Vaters 1026 verließ. Vielleicht ging er an den Hof des schw. Kg.s Anund Jakob. Beim Tod seines Vetters, des dän.-englischen Kg.s → Hardeknud, im Jahre 1042 hielt er sich wieder in England auf. Nach der Ermordung seines Bruders Bjørn floh A. 1049 nach Dänemark. 1069–70 führte er gemeinsam mit Svens Söhnen → Harald Hen, → Knud dem Heiligen und → Bjørn (A 72) die 240 Schiffe umfassende Flotte des dän. Kg.s Sven, die England erobern sollte. Sie landeten bei Dover und kämpften bei Sandwich, Ipswich, Norwich und York, das sie am 20. September 1069 erobern konnten. Im folgenden Jahr hielten sie sich in Ely auf, blieben letztlich aber erfolglos und kehrten nach Dänemark zurück.

Q: Adam III 14; ASC, s. a. 1068 (*recte* 1069), 1070; Ordericus Vitalis: Hist. Eccl. IV (Bd. 2, 224–234); Wilhelm von Malmesbury, Kap. 261.
Lit: DBL 1 (1979), 310; *Hoffmann*, Dänemark und England (1972), 94f., 108.

A 37: Asbjørn Grimsson

Bruder von → Margad Grimsson
aus Swona, Orkney-Inseln

A. hielt sich um 1144 gemeinsam mit seinem Bruder Margad in Duncansby bei → Olav Rolvsson auf.

Q: Orkneyinga saga, Kap. 66.
Lit: —

A 38: Asgaut (Asgodus, Osgodus)

aus Norwegen

A. reiste 1223 und 1225 im Auftrag des norw. Kg.s Håkon Håkonsson nach England. Es ist zwar nicht nachweisbar, jedoch sehr wahrscheinlich, dass es sich bei *Osgod[us] nunci[us] Regis Norwagie* (DN XIX, 148) und *Asgod[us] nunci[us] Regis Norwegie* (DN XIX, 172) um dieselbe Person handelt. Bei der ersten Reise, bei der A. dem englischen Kg. Heinrich III. ein Reitpferd mitbrachte, begleitete ihn → Asker, die zweite Fahrt machte er in Begleitung des Erzdiakons von Bergen.

Q: DN XIX, Nr. 148, 172.
Lit: —

A 39: Ásgrímur Þorsteinsson

† 16. 5. 1285, ∞ Guðný Mánadóttir
aus Island

Á. reiste 1259 zu Papst Alexander IV.[1] 1261 war er zurück in Island.

Q: Sturlunga saga, Kap. 487.
Lit: Melsteð, Ferðir (1907–1915), 867.

---

1 Wo Á. mit dem Papst zusammentraf, wird nicht gesagt. Alexander IV. hielt sich 1259 und 1260 häufig in Anagni auf.

A 40: Askatin

Bf. von Bergen 1270–1277, Kanzler des norw. Kg.s Magnus Håkonsson
† 1277
aus Norwegen[1]

A. wurde 1251 gemeinsam mit → Åmunde Haraldsson von Kg. Håkon Håkonsson zu Ks. Friedrich II. gesandt. In Venedig erfuhren sie vom Tod Friedrichs und kehrten nach Schwaben um. Unterwegs wurden sie gefangen gesetzt, konnten schließlich aber doch zu Friedrichs Sohn Konrad IV. weiter reisen und kehrten 1252 nach Norwegen zurück. 1263 nahm A. am Heerzug Håkon Håkonssons nach Schottland teil (siehe Kap. B.2.3).

Q: Hákonar saga Hákonarsonar, Kap. 275, 319.
Lit: DN XVII B, 221.

---

1 Nach *Lange*, Klostres Historie (1856), 404, war A. möglicherweise Engländer.

A 41: Asker

aus Norwegen

A. wurde 1223 gemeinsam mit → Asgaut zum englischen Kg. Heinrich III. gesandt.

Q: DN XIX, Nr. 148.
Lit: —

A 42: Aslak

aus Norwegen

A. begleitete 1028 den norw. Kg.→ Olav den Heiligen bei dessen Flucht in die Kiewer Rus'.

Q: Olafs saga hins helga, Kap. 69.
Lit: Schreiner, Studier (1927), 453f.

A 43: Aslak Erlendsson

Verwandt mit Jarl → Ragnvald von den Orkneys
aus Norwegen

A. begleitete Ragnvald auf seiner Pilgerfahrt ins Heilige Land 1153–1155 und war einer der Schiffsführer. Auf der Hinreise fuhren sie mit dem Schiff über Spanien durchs Mittelmeer, auf der Rückreise besuchten sie Konstantinopel und reisten über Rom und Deutschland zurück.

Q: Orkneyinga saga, Kap. 85–88.
Lit: Davidson, Viking Road (1976), 264; *Riant*, Korstog (1868), 342, 347.

A 44: Aslak Erlingsson

∞ 1014 Gunhild (Tochter von → Svein Håkonsson)[1]
Sohn von → Erling Skjalgsson; Geschwister: → Sigurd, → Skjalg und → Tore Erlingsson
aus Norwegen

A. fuhr 1025 mit seinem Bruder Skjalg nach England und schloss sich Kg. → Knud dem Großen an.

Q: Hkr. Óláfs saga helga, Kap. 131, 161.
Lit: —

1 Hkr. ist hier widersprüchlich: es wird auch Gunhilds Schwester Sigrid als Frau A.s angegeben.

A 45: Aslak Hane

aus Norwegen

Der Beiname bedeutet „Hahn". A. begleitete den norw. Kg. → Sigurd Jorsalfar auf seiner Reise ins Heilige Land.

Q: Msk., 393f.
Lit: Riant, Korstog (1868), 246, 291f.

A 46: Asolf Gunnesson

* ca. 1140
aus Norwegen

A. begleitete → Ragnvald Kale Kolsson ca. 1158 von den Orkney-Inseln aus nach Caithness.

Q: Orkneyinga saga, Kap. 103.
Lit: —

A 47: Asser Agason

aus Dänemark

A. begleitete kurz vor 1000 seine Ziehtochter → Tyre Haraldsdatter zum polnischen Kg. Boleslaw, den sie geheiratet haben soll.

Q: Hkr. Óláfs saga Tryggvasonar, Kap. 92.
Lit: —

A 48: Asser Juliansøn

aus Dänemark

A. war eine der Geiseln, die 1225 gestellt wurden, um den dän. Kg. → Valdemar Sejr und dessen Sohn → Valdemar den Unge aus der Gefangenschaft des Grafen Heinrich von Schwerin auszulösen.

Q: DD I:6, Nr. 42.
Lit: —

A 49: Assur Gullesson

Bruder von → Kare Gullesson
aus Schweden

A. starb um 1000 in Byzanz. Seine Nichte Torgärd ließ einen Runenstein zum Gedenken an ihn und seine vier Brüder errichten.

Q: Ög, Nr. 81; *Ruprecht*, Wikingerzeit (1958), Nr. 60, 61.
Lit: —

A 50: Astolphus

Mönch (OP)
aus Schweden

A., Mönch des Konvents in Skänninge, wurde vom Provinzialkapitel des Dominikanerordens, das 1246 in Ribe abgehalten wurde, nach Tallinn (Reval) gesandt. Gemeinsam mit elf weiteren Mönchen errichtete er dort einen neuen Konvent.

Q: De ordine Predicatorum in Dacia, Kap. 4.
Lit: Gallén, Province de Dacie (1946), 51.

A 51: Astrid

Kg.in von Norwegen 1019–1028/30

∞ 1019 → Olav der Heilige
Tochter des schw. Kg.s Olof Skötkonung
aus Schweden

A. begleitete ihren Mann 1028–1030 bei dessen Flucht in die Kiewer Rus'.

Q: Olafs saga hins helga, Kap. 69; Óláfs saga hins helga hin mesta, 814.
Lit: *Schreiner*, Studier (1927), 452.

A 52: Audun Røde (Auðun rauði)

aus Norwegen

Der Beiname bedeutet „der Rote". A. war im Gefolge des → Erling Skakke, der 1153–1155 gemeinsam mit dem Orkney-Jarl → Ragnvald Kale Kolsson nach Jerusalem reiste.

Q: Hkr. Haraldssona saga, Kap. 17; Msk., 441.
Lit: —

A 53: Auðun kollur

aus Island

Der Beiname bedeutet etwa „runder Kopf". A. begleitete 1247 → Gissur Þorvaldsson auf seine Reise nach Rom.

Q: Sturlunga saga, Kap. 373.
Lit: *Arnórsson*, Suðurgöngur (1954–1958), 42; *Melsteð*, Ferðir (1907–1915), 857.

A 54: Auðun vestfirzki

aus Island

Der Beiname bedeutet „von den Westfjords". A. machte Mitte des 11. Jh.s[1] eine Reise nach Rom.

Q: Msk., 183.
Lit: *Arnórsson*, Suðurgöngur (1954–1958), 37; *Melsteð*, Ferðir (1907–1915), 759f.

---

1 A. reiste, während Harald Hardråde und Sven Estridsøn Kg.e in Norwegen respektive Dänemark waren, also zwischen 1047 und 1066.

A 55: Aute

Kaplan

aus Norwegen

A. reiste ca. 1184/85 nach England und schuldete der englischen Krone einen Habicht oder Falken, reiste jedoch zurück nach Norwegen.[1]

Q: RN I, Nr. 181.
Lit: —

1 Eventuell ist A. identisch mit dem Priester Aute, der in der *Sverris saga*, Kap. 145, genannt wird und sich 1198 in Bergen aufhielt – vgl. dazu RN I, Nr. 181, 245.

A 56: Bård

† 1237

aus Norwegen

B. wurde vom norw. Jarl → Skule zu Ks. Friedrich II. gesandt.[1]

Q: Hákonar saga Hákonarsonar, Kap. 191.
Lit: —

1 Wann diese Reise stattfand, ist unklar, vermutlich zwischen 1230 und 1235.

A 57: Bartholomæus

aus Dänemark

B. hielt sich zwischen 1230 und 1255 ein Mal in Irland auf und bekam zwei Goldmünzen ausbezahlt.

Q: DD I:6, Nr. 119.
Lit: —

A 58: Basse

aus Norwegen

B. hielt sich 1216 (als Händler?) in Grimsby auf und erhielt am 3. Oktober gemeinsam mit → Torgaut vom englischen Kg. Johann die Erlaubnis, Scarborough zu passieren.

Q: DN XIX, Nr. 111.
Lit: —

A 59: Baulv

aus Schweden

B. fuhr in der ersten Hälfte des 11. Jh.s nach Byzanz und starb wahrscheinlich auch dort. Seine Söhne Visten, Agmund und Gudver ließen einen Runenstein zum Gedenken an ihn errichten.

Q: *Ruprecht*, Wikingerzeit (1958), Nr. 74; Sö, Nr. 170.
Lit: *Larsson*, Runstenar (1990), 151.

A 60: Benedikt

Kanoniker

aus Norwegen

B. wurde 1228 vom norw. Kg. Håkon Håkonsson nach England gesandt. Am 18. September erhielt er gemeinsam mit → Radulv (A 385) vom englischen Kg. Heinrich III. die Erlaubnis, 300 oder 400 Quarter Korn zu kaufen und nach Norwegen auszuführen.

Q: DN XIX, Nr. 191.
Lit: Bagge, Kapellgeistlighet (1976), 71.

A 61: Bengt

Bf. von Skara, Kanzler des schw. Kg.s Erik Eriksson

† vor 1229
aus Schweden

B. reiste 1220–1221 nach Rom und trug Papst Honorius III. ein Anliegen Olofs, des Ebf.s von Uppsala, vor. Wahrscheinlich war er an der Ausfertigung einiger Urkunden[1] beteiligt, die schw. Angelegenheiten betreffen.

Q: DS I, Nr. 198.
Lit: Ambrosiani, Bengts af Skara Romfärd (1902), 5f.; *Gallén*, Province de Dacie (1946), 5f., 9, 38; SBL 3 (1922), 184.

---
1 DS I, Nr. 199–208.

A 62: Berg

aus Norwegen

B. begleitete → Sighvatur Þórðarson 1026–1027 auf eine Handelsreise nach Rouen und England.

Q: Hkr. Óláfs saga helga, Kap. 146.
Lit: —

A 63: Bergvid

Bruder von Härmod
aus Schweden

B. ertrank im 11. Jh. (wahrscheinlich nach 1050) in Livland. Sein Bruder Härmod ließ einen Runenstein zum Gedenken an ihn errichten.

Q: Ruprecht, Wikingerzeit (1958), Nr. 97; Sö, Nr. 39.
Lit: Larsson, Runstenar (1990), 120, 147.

A 64: Bersi Skáld-Torfuson

Skalde
aus Island

B. kämpfte 1015 auf der Seite des Jarls → Svein Håkonsson gegen den norw. Kg. → Olav den Heiligen. 1016 kam er nach Norwegen und wurde später Anhänger von Kg. Olav. Um 1025 war B. gemeinsam mit → Sighvatur Þórðarson bei Kg. → Knud dem Großen in England. 1029–1030 unternahm er gemeinsam mit Sighvatur eine Pilgerfahrt nach Rom.

Q: Hkr. Óláfs saga helga, Kap. 131; Knýtlinga saga, Kap. 19.
Lit: Arnórsson, Suðurgöngur (1954–1958), 20; *Melsteð*, Ferðir (1907–1915), 690f.; *de Vries*, Literaturgeschichte, Bd. 1 (1964), 239.

A 65: Bertold

aus Kopenhagen, Dänemark

B. bezeugte im April 1253 eine Urkunde in Dortmund.

Q: DD II:1, Nr. 102.
Lit: —

A 66: Birger Brosa

Jarl

† 1202, ∞ Birgitta (Tochter des norw. Kg.s → Harald Gille)
Sohn von Bengt Folkesson
aus Schweden

Der Beiname bedeutet „lächeln". B. wollte ca. 1195 einen Kreuzzug nach Livland zur Mündung des Flusses Dvina unternehmen, wurde jedoch vom Wind abgetrieben und landete in Estland. Dort plünderte er drei Tage lang das Land, bis die Esten sich bereit erklärten, einen Tribut zu zahlen und zum Christentum überzutreten. B. nahm den Tribut und reiste anschließend zurück.

Q: Chronicon Livoniae I 13.
Lit: Christiansen, Crusades (1980), 78; *Johansen*, Nordische Mission (1951), 99.

A 67: Bjarne

aus Norwegen

B. fuhr 1258 mit → Toralde nach Spanien und kehrte mit der Gesandtschaft, die → Kristin Håkonsdatter zu ihrer Hochzeit begleitet hatte, nach Norwegen zurück.

Q: Hákonar saga Hákonarsonar, Kap. 294.
Lit: —

A 68: Bjarne Mosesson

aus Norwegen

B. wurde 1251 vom norw. Kg. Håkon Håkonsson nach Lübeck gesandt, um dort Verhandlungen zu führen.

Q: Hákonar saga Hákonarsonar, Kap. 275.
Lit: —

A 69: Bjarne Torsteinsson

aus Flydrunes, Norwegen

B.[1] reiste 1153–1155 auf der Pilgerfahrt des Jarls → Ragnvald von den Orkneys ins Heilige Land. Auf der Hinreise fuhren sie mit dem Schiff über Spanien durchs Mittelmeer, auf der Rückreise besuchten sie Konstantinopel und reisten über Rom und Deutschland zurück.

Q: Orkneyinga saga, Kap. 85.
Lit: —

---

1 *Riant*, Korstog (1868), 343, identifiziert B. fälschlicherweise als Sohn von → Grimkell.

A 70: Bjørn

Händler

Bruder von → Karl (A 267)

aus Norwegen

B. reiste gemeinsam mit seinem Bruder Karl nach Sachsen. Um 1030 trieben sie Handel in der Ostsee und kamen bis in die Kiewer Rus' zu Großfürst Jaroslav, bei dem sie den Winter über blieben. Im nächsten Jahr reiste B. erneut in die Kiewer Rus', um den späteren Kg. → Magnus den Guten über die Situation in Norwegen zu informieren.

Q: Msk., 5, 9, 11.
Lit: —

A 71: Björn

Sohn von Kättilmund
aus Schweden

B. starb in der ersten Hälfte des 11. Jh.s in Estland *(Virland)*. Seine Mutter Ragnfrid ließ zwei Runensteine zum Gedenken an ihn errichten.

Q: *Ruprecht*, Wikingerzeit (1958), Nr. 137; U, Nr. 346, 356.
Lit: *Larsson*, Runstenar (1990), 120, 139.

A 72: Bjørn

† ca. 1100

Illegitimer Sohn des dän. Kg.s → Sven Estridsøn; Geschwister: → Erik Ejegod, → Harald Hen, → Knud der Heilige, → Knud Magnus Svensøn, → Niels (A 320), → Oluf Hunger, → Sigrid (A 415), → Sven Svensøn (A 474)

aus Dänemark

B. befehligte 1069–70 gemeinsam mit seinen Brüdern Harald Hen und Knud dem Heiligen sowie seinem Onkel → Asbjørn Estridsøn die Flotte seines Vaters, die England erobern sollte. Um 1100 unterwarf er Holstein und Dithmarschen, wurde aber von Håkon, einem Schwiegersohn Erik Ejegods, getötet.

Q: Ordericus Vitalis: Hist. Eccl. IV (Bd. 2, 224); Saxo Gr. XII 3 (6).
Lit: DBL 14 (1983), 243; *Hoffmann*, Dänemark und England (1972), 108.

A 73: Bjørn (Biurn pincerna)

Mundschenk

aus Dänemark

B. war eine der Geiseln, die 1225 gestellt wurden, um den dän. Kg. → Valdemar Sejr und dessen Sohn → Valdemar den Unge aus der Gefangenschaft des Grafen Heinrich von Schwerin auszulösen.

Q: DD I:6, Nr. 42.
Lit: —

A 74: Björn

Abt von Nidarholm 1232–1244

† 1244

aus Island

B. kehrte 1244 mit einem Brief vom Papst aus Rom zurück nach Norwegen. Auf dem Weg nach Nidarholm starb er.

Q: Hákonar saga Hákonarsonar, Kap. 246.
Lit: *Bagge*, Kapellgeistlighet (1976), 72; NBL 1 (1923), 596f.

A 75: Bjørn

Kanoniker in Nidaros

aus Norwegen

B. wurde 1246 gemeinsam mit dem englischen Abt von Hovedøy, Laurentius, im Zusammenhang mit den Verhandlungen um die Krönung des norw. Kg.s Håkon Håkonsson zu Papst Innozenz IV. gesandt. Im Oktober und November hielt er sich am Hof des Papstes in Lyon auf.

Q: DN I, Nr. 30, 34; Potthast, Nr. 12330, 12344.
Lit: *Bagge*, Kapellgeistlighet (1976), 71; *Riant*, Korstog (1868), 483.

A 76: Bjørn Digre

Marschall des norw. Kg.s → Olav des Heiligen

† 29. Juli 1030

aus Norwegen

Der Beiname bedeutet „der Dicke". B. reiste 1029–1030 nach Nowgorod, um Olav den Heiligen nach Norwegen zurück zu holen und ihn seine Königsherrschaft wieder aufrichten zu lassen. B. starb in der Schlacht von Stiklestad.

Q: Hkr. Óláfs saga helga, Kap. 186; Olafs saga hins helga, Kap. 70.
Lit: —

A 77: Bjørn Estridsøn

Earl von Herefordshire (?) ca. 1045–1049

† 1049

Sohn des Jarls → Ulf Thorgilsøn und der → Estrid
aus Dänemark

B. wuchs in England auf, das er nach der Ermordung seines Vaters 1026 verließ. Vielleicht ging er an den Hof des schw. Kg.s Anund Jakob. Beim Tod seines Vetters, des dän.-englischen Kg.s → Hardeknud (1042), hätte B. Erbrechte geltend machen können, erhielt aber statt des Königtums den Titel eines Jarls.[1] 1049 wurde er von Jarl Sven Godwinson, dem ältesten Sohn des Schwiegervaters von Kg. Eduard von England, ermordet.

Q: Adam III 14; ASC, s. a. 1049; DD I:1, Nr. 490, 495; Johannes von Worcester, s. a. 1049; Wilhelm von Malmesbury, Kap. 200.
Lit: *Hoffmann*, Dänemark und England (1972), 94f.; *Williams*, Cockles (1986), 11.

1 B. war wahrscheinlich Earl von Herefordshire.

A 78: Bjørn Tuvesøn (Biurn filius Tuvi)

aus Dänemark

B. war eine der Geiseln, die 1225 gestellt wurden, um den dän. Kg. → Valdemar Sejr und dessen Sohn → Valdemar den Unge aus der Gefangenschaft des Grafen Heinrich von Schwerin auszulösen.

Q: DD I:6, Nr. 42.
Lit: —

A 79: Bjørund (Birodonus)

Erzdiakon (?)

aus Dänemark

B., wahrscheinlich Erzdiakon, wurde 1245 nach England gesandt[1] und erhielt vom englischen Kg. Heinrich III. zwei Mark für seine Ausgaben.

Q: DD I:7, Nr. 178.
Lit: —

1 Vermutlich schickte ihn der dän. Kg. → Erik Plovpenning, das geht aus der Urkunde jedoch nicht eindeutig hervor.

A 80: Bodil (Bothilda, Bóthildr Þorgautsdóttir)

† 1103 in Jerusalem, ∞ 1) Björn, ∞ 2) → Erik Ejegod
Tochter von Thrugot Ulvsøn und Thorgunna Vagnsdatter; Geschwister: → Astrad und → Sven Thorgunnasøn
aus Dänemark

B. hciratete einen wendischen Adeligen namens Björn. Bei einem Einfall des dän. Kg.s Erik Ejegod wurde Björn getötet und B. gefangen genommen. Vor 1086 heiratete Erik B., die 1103 mit ihrem Mann über Konstantinopel und Zypern, wo Erik starb, ins Heilige Land reiste. Dort starb sie selbst auf dem Ölberg bei Jerusalem.

Q: Annales Ryenses, s. a. 1101; Ann. Saxo, s. a. 1102; Chronica Sialandie, s. a. 1101; Chronicon Roskildense, Kap. 12; Knýtlinga saga, Kap. 75; Saxo Gr. XII 6 (5), 7 (6).
Lit: *Blöndal*, Varangians (1978), 133; *Ciggaar*, Western Travellers (1996), 111; DBL 2 (1979), 292; *Riant*, Korstog (1868), 216–218, 224f.

A 81: Borgar

aus Norwegen

B. wurde 1250 gemeinsam mit → Vigleik Prestsson vom norw. Kg. Håkon Håkonsson zum Fürsten von Nowgorod, Alexander Nevskij, gesandt.

Q: Hákonar saga Hákonarsonar, Kap. 271.
Lit: —

A 82: Bótólfur

aus Island

B. steuerte ein Schiff auf der Reise von → Hrafn Sveinbjarnarson und → Guðmundur Arason nach Norwegen (1202–1203). Auf der Fahrt kamen sie vom Kurs ab und erreichten die Hebriden, Irland und Schottland, bevor sie nach Bergen weiterreisen konnten.

Q: Hrafns saga Sveinbjarnarsonar, Kap. 11.
Lit: Melsteð, Ferðir (1907–1915), 847.

A 83: Broddi Þorleifsson

∞ Þjóðbjörg Arnórsdóttir
aus Island

B. begleitete 1247 → Gissur Þorvaldsson auf seine Reise nach Rom.

Q: Sturlunga saga, Kap. 373.
Lit: Arnórsson, Suðurgöngur (1954–1958), 34, 42; *Melsteð*, Ferðir (1907–1915), 857.

A 84: Brotherus

Mönch (OP)

aus Dänemark

B., Mönch des Konvents in Lund, wurde vom Provinzialkapitel des Dominikanerordens, das 1246 in Ribe abgehalten wurde, nach Tallinn (Reval) gesandt. Gemeinsam mit elf weiteren Mönchen errichtete er dort einen neuen Konvent.

Q: De ordine Predicatorum in Dacia, Kap. 4.
Lit: Gallén, Province de Dacie (1946), 51.

A 85: Buris Henriksøn

* ca. 1130, † ca. 1167
Sohn von Henrik Skadelaar und Ingrid Ragnvaldsdatter
aus Fünen, Dänemark

B. war der Urenkel von → Sven Estridsøn und somit verwandt mit dem dän. Kg. → Valdemar dem Großen. 1162 begleitete er Valdemar zum Reichstag Friedrich Barbarossas nach Saint-Jean-de-Losne. Später nahm er an Valdemars Kriegszügen gegen die Wenden nach Wolgast (1164) und Rügen (1165) teil und soll versucht haben, dän. Kg. zu werden.

Q: Saxo Gr. XIV 28 (5), 30 (7), 32 (2), 33 (2f.), 34 (4f.).
Lit: DBL 3 (1979), 80f.

A 86: Christian

Bf. von Århus

aus Dänemark

C. war an dem Eroberungszug des dän. Kg.s → Sven Estridsøn nach England (1069–1070) beteiligt.

Q: ASC, s. a. 1070.
Lit: *Hoffmann*, Dänemark und England (1972), 108.

A 87: Christoffer Valdemarsøn (Kristófórús Valdimarsson)

Herzog von Schleswig

* ca. 1150/55, † 1173

Sohn des dän. Kg.s → Valdemar des Großen und der Tove, Halbgeschwister: → Helene, → Ingeborg (A 227), → Knud Valdemarsøn (A 279), → Sofie (A 450), → Tove und → Valdemar Sejr

aus Dänemark

C. soll (laut *Knýtlinga saga*) 1159 und 1160 an den Kriegszügen seines Vaters Valdemar gegen die Wenden teilgenommen haben, war zu diesem Zeitpunkt aber noch ein Kind. Wahrscheinlicher ist, dass er seinen Vater bei den Eroberungen Wolgasts (1164) und Rügens (1169) sowie bei den Angriffen auf Rügen (ca. 1165) und Wollin (ca. 1170) begleitete und ca. 1171 an der Küste von Oldenburg plünderte.

Q: Helmold, Kap. 109; Knýtlinga saga, Kap. 119f., 122; Saxo Gr. XIV 30 (7), 34 (1), 39 (49), 42 (6), 45 (1).
Lit: DBL 15 (1984), 236.

A 88: Christoffer Valdemarsøn

Kg. von Dänemark 1252–1259

* ca. 1219, † 29. 5. 1259, ∞ 1248 Margarete Sambiria

Sohn des dän. Kg.s → Valdemar Sejr und der Berengaria; Geschwister: → Abel Valdemarsøn, → Erik Plovpenning, → Sofie (A 451), Halbgeschwister: → Knud Valdemarsøn (A 280), Niels, → Valdemar den Unge

aus Dänemark

Ende 1225 gingen C. und sein Bruder Abel als Geiseln zu Graf Heinrich von Schwerin und lösten dadurch ihren Vater Valdemar Sejr aus. Sie wurden erst 1230 freigelassen, nachdem das ausstehende Lösegeld bezahlt worden war.

Q: DD I:6, Nr. 109.
Lit: *Fenger*, Kirker (1989), 323; *Gaethke*, Knud und Waldemar, Teil 3 (1996), 30–32, 38.

A 89: Conrad

aus Norwegen

C. wurde 1222 vom norw. Kg. Håkon Håkonsson nach England gesandt und überbrachte dem englischen Kg. Heinrich III. als Geschenk einen Elch. Als Gegenleistung erhielt er zwei Mark.

Q: DN XIX, Nr. 137b.
Lit: *Bugge*, Handelen (1898), 23.

A 90: Dag Eilivsson

∞ Ragnhild (Tochter von → Skofte Ogmundsson)
aus Norwegen

D. begleitete den norw. Kg. → Magnus Berrføtt auf dessen Kriegszug nach Irland 1102/03.[1]
Nach dem Tod des Kg.s konnte D. fliehen.

Q: Ágrip, Kap. 49; Fsk., Kap. 84; Hkr. Magnúss saga berfœtts, Kap. 23, 25; Msk., 332; Orkneyinga saga, Kap. 39; Theod., Kap. 31.
Lit: *Andersson/Gade*, Morkinskinna (2000), 450f., Anm. 59, 2; NBL 3 (1926), 183.

1 *Ágrip*, *Theod.* und *Orkneyinga saga* berichten, dass D. am ersten Zug Magnus' (1098) teilnahm.

A 91: Daniel

Mönch (OP)

aus Gotland

D., Mönch des Konvents in Visby, wurde vom Provinzialkapitel des Dominikanerordens, das 1246 in Ribe abgehalten wurde, nach Tallinn (Reval) gesandt. Gemeinsam mit elf weiteren Mönchen errichtete er dort einen neuen Konvent, dem D. als Prior vorstand.

Q: De ordine Predicatorum in Dacia, Kap. 4.
Lit: *Gallén*, Province de Dacie (1946), 51.

A 92: Dufniall Havardsson

Sohn von Havard Gunnason und Bergljot
von den Orkney-Inseln

D. begleitete in den 1140er Jahren → Svein Åsleivsson auf dessen Zug zu den Hebriden. Auf dem Rückweg gerieten sie in Duncansby in Streit um die Beute. Wenig später zog D. mit Jarl → Ragnvald nach Caithness und vertrieb Svein und → Margad Grimsson von dort.

Q: Orkneyinga saga, Kap. 82f.
Lit: —

A 93: Eilaf Thorgilsøn (Ailafus, Eglaf)

Jarl in England 1018–ca. 1035

Sohn von Thorgil Sprakaleg; Geschwister: → Gyda und → Ulf Thorgilsøn
aus Dänemark

E. führte gemeinsam mit → Heming eine Flotte beim Einfall in England 1009. Später war er einer der Jarle, die Kg. → Knud der Große zur Verwaltung des Landes bestimmte, wahrscheinlich in Gloucestershire. Zwischen 1018 und 1024 ist er in einigen englischen Urkunden erwähnt. 1022 unternahm er einen Zug nach Wales und verwüstete dort Dyfed und Saint David's *(Menevia)*. Sein weiterer Weg ist nur zu vermuten.[1]

Q: Annales Cambriae, s. a. 1022; Brut y Tywysogyon, s. a. 1020, 1036; Chronik von Melrose,

s. a. 1009; DD I:1, Nr. 374, 383, 388, 393–395, 402, 407f., 411f., 414–416, 435; Johannes von Worcester, s. a. 1009.

Lit: *Blöndal*, Varangians (1978), 201f.; *Davidson*, Viking Road (1976), 235; *Keynes*, Cnut's Earls (1994), 58–60; *Kirby/Smyth/Williams*, Biographical dictionary (1991), 131; *Stenton*, England (1971), 382, 403f., 416; *Williams*, Cockles (1986), 7, 9.

---

1 Wie lange E. in England blieb, ist unklar. In der walisischen Fürstenchronik *(Brut y Tywysogyon)* heißt es (s. a. 1036), er sei nach dem Tod Knuds des Großen nach *Germania* geflohen, womit Norwegen gemeint sein dürfte, da Knud in diesem Zusammenhang als Kg. von *Lloeger* (England), *Denmarc* und *Germania* bezeichnet wird.

A 94: Eiliv Ragnvaldsson

Sohn des → Ragnvald Ulvsson und der Ingebjørg (Schwester des norw. Kg.s → Olav Tryggvason)
aus Schweden

E. ging 1019 mit seinem Vater nach Nowgorod und nahm im Heer des Großfürsten Jaroslav (1019–1054) einen führenden Posten ein. Nach dem Tod seines Vaters wurde er Jarl von Ladoga.

Q: Fsk., Kap. 51; Hkr. Óláfs saga helga, Kap. 93; Hkr. Haralds saga Sigurðarsonar, Kap. 2; Msk., 58; Orkneyinga saga, Kap. 21.
Lit: *Blöndal*, Varangians (1978), 54f.

A 95: Einar

aus Island

E. begleitete 1028 den norw. Kg.→ Olav den Heiligen bei dessen Flucht in die Kiewer Rus'.

Q: Olafs saga hins helga, Kap. 69; Óláfs saga hins helga hin mesta, 814.
Lit: *Melsteð*, Ferðir (1907–1915), 693; *Schreiner*, Studier (1927), 454.

A 96: Einar Eindridesson Tambarskjelve (Einarr þambarskelfir)

* ca. 980, † ca. 1050 in Nidaros, ∞ Bergljot (Schwester des Jarls → Svein Håkonsson)
Sohn von Eindride Styrkårsson[1]
aus Nidaros, Norwegen

Der Beiname könnte „Bogenschüttler" bedeuten. Laut Snorri Sturluson kämpfte E. als 18jähriger mit dem norw. Kg. → Olav Tryggvason in der Schlacht von Svolder (siehe Kap. B.2.1), ging nach Olavs Tod aber auf die Seite seiner Gegner, → Eirik Håkonsson und → Sven Tveskæg, über. Als Eirik 1015 Norwegen verließ, hatte E. die Vormundschaft über Jarl → Håkon, Eiriks Sohn, konnte sich aber nicht lange gegen → Olav den Heiligen halten und floh nach Schweden. Ca. 1022 soll E. sich mit Olav versöhnt haben, schwenkte schließlich aber doch wieder auf die Seite des dän. Kg.s → Knud des Großen um. Er reiste 1023 nach England und weiter nach Rom, von wo er 1024 nach Norwegen zurückkehrte. 1030 soll E. zu Kg. Knud nach England gefahren sein, um den Jarltitel über Norwegen zu erhalten. Er nahm jedenfalls nicht an der Schlacht von Stiklestad im selben Jahr teil. Nach dem Tod Olavs des Heiligen unterstützte er dessen Anhänger und holte 1034/35 (gemeinsam mit → Kalv Arnesson, → Svein Bryggefot und → Ragnvald Bruseson) Olavs Sohn → Magnus aus Nowgorod nach Norwegen. Er nahm eine wichtige Stellung in Magnus' Herrschaftszeit (bis 1047) ein. Um 1050 ließ Kg. → Harald Hardråde E. und seinen Sohn Eindride ermorden.

Q: Ágrip, Kap. 33; Fsk., Kap. 44f.; Hkr. Óláfs saga helga, Kap. 121, 194, 241, 251; Hkr. Óláfs saga Tryggvasonar, Kap. 94, 108; Msk., 17–19, 115; Orkneyinga saga, Kap. 21; Theod., Kap. 21.

Lit: *Arnórsson*, Suðurgöngur (1954–1958), 20; NBL 3 (1926), 470–473; NBL² 2 (2000), 432; *Seegrün*, Papsttum (1967), 51f.; *de Vries*, Literaturgeschichte, Bd. 1 (1964), 211.

1 Einige Sagas geben Styrkår Eindridesson als Vater an.

A 97: Einar Gunnarsson Smjorbak

Ebf. von Nidaros 1255–1263

† 1263
Sohn von Gunnar Grjonbak
aus Norwegen

Der Beiname bedeutet „Butterrücken". E. wurde 1254 zum Ebf. von Nidaros gewählt, während er sich in Paris aufhielt. Papst Alexander IV. weihte ihn 1255 in Neapel.

Q: DN I, Nr. 53; Hákonar saga Hákonarsonar, Kap. 281, 283; Potthast, Nr. 15736.
Lit: DN XVII B, 203f.; *Joys*, Tidsrommet 1253–1280 (1955), 274.

A 98: Einar Sigurdsson Vrangmunn (Einar rangmunnr Sigurðarson)

Jarl von den Orkneys 1014–1020

† 1020 in Sandvik (auf den Orkneys)
Sohn von → Sigurd Lodvesson Digre; Geschwister: Bruse, Sumarlide und → Torfinn Sigurdsson
von den Orkney-Inseln

Der Beiname bedeutet „Schiefmund". E. teilte sich nach dem Tod seines Vaters (1014) das Orkney-Jarltum zunächst mit seinen Brüdern Bruse und Sumarlide, der jedoch bald starb. Daraufhin erhob der jüngste Bruder Torfinn Anspruch auf Sumarlides Anteil, den sich E. aber aneignete, so dass es immer wieder zu Streitigkeiten kam. E. machte wiederholt Wikingerzüge nach Irland, Schottland und Wales. 1017 oder 1018 erlitt er dabei eine Niederlage im irischen Larne gegen Kg. Konofoger, der von dem Norweger → Øyvind Urarhorn unterstützt wurde, weshalb E. Øyvind wenig später ermordete. E. wurde 1020 von → Torkell Amundsson Fostre erschlagen.

Q: Hkr. Óláfs saga helga, Kap. 86, 98; Orkneyinga saga, Kap. 15.
Lit: NBL 3 (1926), 475; NBL² 2 (2000), 431.

A 99: Einar Skjev (Einarr skeifr)

von den Orkney-Inseln

Der Beiname bedeutet „schief". E. begleitete → Svein Åsleivsson um 1154 auf einen Heerzug nach Schottland.

Q: Orkneyinga saga, Kap. 93.
Lit: —

A 100: Eindride Unge

Lendmann

† 1163

aus Norwegen

Der Beiname bedeutet „der Jüngere". E. soll einige Jahre in der Warägergarde von Konstantinopel gedient haben, bevor er 1148 zu den Orkney-Inseln reiste und Jarl → Ragnvald Kale Kolsson von einer Pilgerfahrt überzeugte. E. nahm als einer der Schiffsführer an der Reise teil. Hinter Gibraltar verließ er die Expedition in Richtung Marseille und reiste auf eigene Faust nach Konstantinopel. Dort trafen ihn die Pilger um Ragnvald wieder. E. kehrte erst einige Jahre nach Ragnvald in seine Heimat zurück und wurde wenig später von Anhängern → Erling Skakkes gefangen genommen und ermordet.

Q: Hkr. Haraldssona saga, Kap. 17; Hkr. Hákonar saga herðibreiðs, Kap. 20; Msk., 441; Orkneyinga saga, Kap. 85–87, 89.
Lit: Blöndal, Varangians (1978), 217; *Davidson*, Viking Road (1976), 235, 263–266; *Riant*, Korstog (1868), 340f., 366.

A 101: Eirik Eiriksson Stagbrell

∞ ca. 1156 → Ingerid Ragnvaldsdatter
Sohn von Eirik Streita und Audhild Torleivsdatter
von den Orkney-Inseln

E. wuchs bei seiner Großtante Frakkok Maddadsdatter im schottischen Sutherland auf und heiratete dort ca. 1156 Ingerid, die Tochter von Jarl → Ragnvald Kale Kolsson. Kurz darauf versuchte er, seinen Schwiegervater und Harald Maddadsson miteinander zu versöhnen, und reiste deshalb nach Thurso in Caithness. Um 1158 begleitete E. → Svein Åsleivsson und → Torbjørn Klerk auf einen Wikingzug auf die Hebriden.

Q: Orkneyinga saga, Kap. 55, 94, 100.
Lit: —

A 102: Eirik Håkonsson

Jarl, stellvertretender Herrscher über Norwegen ca. 1000–1015

* ca. 964, † ca. 1024[1], ∞ ca. 996 Gyda (Tochter → Sven Tveskægs)
Sohn von Håkon Sigurdsson (Jarl von Lade, Norwegen)
aus Norwegen

Als → Olav Tryggvason Kg. von Norwegen wurde, musste E. fliehen. Er fand Unterstützung in Dänemark und heiratete die Tochter des dän. Kg.s Sven Tveskæg. 995 fuhr E. zu den Wenden, reiste 997 über Schweden nach Ladoga, eroberte dort eine Burg und zog anschließend brandschatzend durch die Kiewer Rus' und Estland. Um 1000 bekämpfte er – gemeinsam mit Sven Tveskæg und dem schw. Kg. Olof Skötkonung – Olav Tryggvason, der bei dieser Seeschlacht von Svolder starb (siehe Kap. B.2.1). E. übernahm die Herrschaft, ohne selbst

Kg. zu werden – er blieb dem dän. Kg. untergeordnet. 1015–1016 nahm er an der Eroberung Englands durch seinen Schwager → Knud den Großen teil, der ihn zum Earl von Northumbrien machte. 1018–1023 bezeugte E. Urkunden Kg. Knuds und war einer der einflussreichsten Gefolgsleute des Kg.s.[2]

Q: Ágrip, Kap. 20f.; ASC, s. a. 1016–1017; DD I:1, Nr. 384, 388, 393–395, 397, 402, 407f., 411, 414f.; DN XIX, Nr. 6–8; Encomium Emmae II 7, 15; Fsk., Kap. 22, 24, 26f.; Gottskálksannáll, s. a. 1012; Hkr. Óláfs saga Tryggvasonar, Kap. 89f., 101–111, 113; Hkr. Óláfs saga helga, Kap. 24f., 130; Johannes von Worcester, s. a. 1017; Knýtlinga saga, Kap. 5, 8, 13, 15f.; Konungsannáll, s. a. 1012; Oddaverja annáll, s. a. 1012; RN I, Nr. 7–12, 14–17, 19–21; Theod., Kap. 14; Wilhelm von Malmesbury, Kap. 180f.

Lit: *Keynes*, Cnut's Earls (1994), 57f.; *Kirby/Smyth/Williams*, Biographical dictionary (1991), 132; NBL 3 (1926), 485–487; NBL² 2 (2000), 437f.; *Stenton*, England (1971), 387, 398, 402, 416, 418f.

1 Die isl. Annalen verzeichnen E.s Tod bereits für 1013, was jedoch nicht stimmen kann.
2 *Fagrskinna* berichtet, E. habe eine Pilgerfahrt nach Rom unternommen, während die übrigen Quellen angeben, dass E. das Vorhaben nicht in die Tat umsetzte.

A 103: Eirik Ivarsson (Henricus)

Bf. von Stavanger ca. 1171–1188, Ebf. von Nidaros 1189–1205

* ca. 1130, † 3. 5. 1213 in Nidaros
Sohn von Ivar Kalvsson Skrauthanske (Bf. von Nidaros ca. 1139–1151)
aus Norwegen

E. studierte um 1150 mehrere Jahre in Paris, wahrscheinlich im Kloster Saint-Victor, in dessen Nekrologium er als *canonicus noster professus* aufgeführt ist. Möglicherweise war er einer derjenigen, der das Tochterkloster Sainte-Geneviève (ebenfalls in Paris) reformierte. Spätestens ab 1171 war er Bf. von Stavanger. 1188 wurde er zum Ebf. von Nidaros gewählt und fuhr nach Rom, um sich das Pallium zu holen. Die Reise dauerte ein Jahr. Schon 1190 musste E. wegen Streitigkeiten mit dem norw. Kg. Sverre nach Dänemark fliehen und fand Unterstützung durch Abt Wilhelm (Guillaume) von Æbelholt.[1] Erst nach Sverres Tod (1202) kehrte E. nach Norwegen zurück. 1205 trat er als Ebf. zurück, besiegelte aber noch 1212 einen Brief Kg. Inges.

Q: DN II, Nr. 1; JL, Nr. 16379; Konungsannáll, s. a. 1188–1189; Nekrologium von Saint-Victor, in: *Johnsen*, Om Theodoricus (1939), 108; RN I, Nr. 213; Sverris saga, Kap. 108, 111.

Lit: *Bagge*, Den heroiske tid (2003), 72; DN XVII B, 201, 232; *Gunnes*, Øystein og Frostatingsloven (1974), 118; *Gunnes*, Erkebiskop Øystein (1996), 87, 195; *Johnsen*, Fra den eldste tid til 1252 (1955), 146–149; NBL 3 (1926), 487–489; NBL² 2 (2000), 438f.

1 Möglicherweise kannte E. Wilhelm aus seiner Studienzeit in Paris.

A 104: Eirik Sigurdsson

Jarl

† 1190, ∞ Ása

Sohn des norw. Kg.s Sigurd Haraldsson Munn (?); Bruder des norw. Kg.s Sverre

aus Norwegen

E. gab sich als Sohn des norw. Kg.s Sigurd Munn aus. Er machte eine Reise nach Jerusalem und hielt sich längere Zeit in Konstantinopel am Hof des Basileus' Manuel I. Komnenos (1143–1180) auf. 1186 unternahm er mit fünf Schiffen einen Plünderzug nach Estland und zur Dvinamündung (Livland) und reiste über Gotland mit großem Reichtum nach Hause zurück. Dort wurde er 1188 von seinem Bruder, Kg. Sverre, zum Jarl ernannt, starb aber wenig später.

Q: Sverris saga, Kap. 59, 113.

Lit: *Blöndal*, Varangians (1978), 218; *Christiansen*, Crusades (1980), 109f.; *Johansen*, Nordische Mission (1951), 93; NBL 3 (1926), 494f.; *Riant*, Korstog (1868), 367.

A 105: Eiríkur

Skalde

aus Island

E. begleitete in den 1140er Jahren → Svein Åsleivsson auf dessen Heerfahrt nach Wales.

Q: Orkneyinga saga, Kap. 78.

Lit: *Melsteð*, Ferðir (1907–1915), 797.

A 106: Eldjárn

aus Húsavík, Island

E. kehrte um 1100 aus Konstantinopel nach Norwegen zurück und begleitete den Normannen Giffard nach England.

Q: Msk., 325f.

Lit: *Blöndal*, Varangians (1978), 216; *Melsteð*, Ferðir (1907–1915), 789.

A 107: Elis

Priester

aus Norwegen

E. wurde 1255 von Håkon Håkonsson dem Jungen (dem Sohn von Kg. Håkon Håkonsson) nach Kastilien gesandt,[1] wo er mit Kg. Alfons über die Heirat von Prinzessin → Kristin verhandelte. 1256 kehrte er mit dem spanischen Gesandten Fernando, einem Geistlichen, nach Norwegen zurück.

Q: Hákonar saga Hákonarsonar, Kap. 284, 287.

Lit: *Bagge*, Kapellgeistlighet (1976), 75; *Riant*, Korstog (1868), 488.

---

[1] *Jenssen*, Kristina (1980) vertritt die Ansicht, dass die Initiative zur Hochzeit nicht vom norw., sondern vom kastilischen Kg. ausging.

A 108: Eliv

Jarl in Schleswig

aus Dänemark

E. sollte 1113 den dän. Kg. → Niels (A 320) bei dessen Kriegszug gegen die Abodriten unterstützen, ließ sich aber vom abodritischen Fürsten Heinrich bestechen und kam verspätet und ohne Verstärkung zum Kampfplatz in Liutcha (Ost-Holstein).

Q: Saxo Gr. XIII 2 (1, 5, 7)
Lit: —

A 109: Emund (Amund ?)

aus Gotland, Schweden

E. fuhr um 1000 mit seinen Brüdern → Rodvisl, → Øystain und → Hegbjarn sowie → Rafn über die Stromschnellen des Dnjepr; dort kam Rafn ums Leben.

Q: *Ruprecht*, Wikingerzeit (1958), Nr. 193.
Lit: *Düwel*, Runenkunde (2001), 125.

A 110: Engelbertus

Mönch (OP)

aus Dänemark

E., Mönch des Konvents in Roskilde, wurde vom Provinzialkapitel des Dominikanerordens, das 1246 in Ribe abgehalten wurde, nach Tallinn (Reval) gesandt. Gemeinsam mit elf weiteren Mönchen errichtete er dort einen neuen Konvent.

Q: De ordine Predicatorum in Dacia, Kap. 4.
Lit: *Gallén*, Province de Dacie (1946), 51.

A 111: Erik Ejegod (Eiríkr inn góði Sveinsson, Ericus Bonus, Ericus Egothe)

Kg. von Dänemark 1095–1103

† 10. 7. 1103 auf Zypern, ∞ → Bodil
Sohn des dän. Kg.s → Sven Estridsøn; Geschwister: → Bjørn (A 72), → Harald Hen, → Knud der Heilige, → Knud Magnus Svensøn, → Niels (A 320), → Oluf Hunger, → Sigrid (A 415), → Sven Svensøn (A 474); Vater von → Erik Emune
aus Dänemark

Der Beiname bedeutet etwa „der auf ewig Gute".[1] E. reiste ca. 1098 (1096?) nach Rom und erhielt von Papst Paschalis II. die Zusage für einen dän. Erzbischofssitz. Außerdem reiste er nach Bari, wo ein Konzil stattfand,[2] und Venedig. In Lucca stiftete E. Geld für die Versorgung von skandinavischen Pilgern, in Piacenza errichtete er für denselben Zweck ein Hospiz. Ca. 1101 zog er als Pilger mit seiner Frau Bodil und großem Gefolge über Gotland, Estland und die Kiewer Rus' Richtung Jerusalem.[3] 1103 erreichte E. Konstantinopel und besuchte den Basileus Alexios I. Komnenos, von dem er ein Bruchstück des Heiligen Kreuzes und die Gebeine des heiligen Nikolaus bekommen haben soll.[4] E. schickte diese beiden Geschenke an die Kirche seines Geburtsortes Slangerup, die er selbst hatte bauen lassen, alle anderen Geschenke bestimmte er der Kirche von Roskilde. Auf dem Weg nach Jerusalem starb E. am 10. Juli 1103 in Paphos (Baffa) auf Zypern und wurde dort begraben.

Q: Årbog 1074–1255, s. a. 1102; Annales Ryenses, s. a. 1098, 1101; Annales Visbyenses, s. a.

1101; Ann. Saxo, s. a. 1102; Chronica Sialandie, s. a. 1096, 1101; Chronicon Roskildense, Kap. 12; Helmold, Kap. 49; Knýtlinga saga, Kap. 74f., 79, 81; Leiðarvísir, Z. 132–136 (K 21.2–10); Saxo Gr. XII 5, 7; Sven Aggesøn, Kap. 12; Wilhelm von Malmesbury, Kap. 261.

Lit: *Blöndal*, Varangians (1978), 131–136, 211f.; *Ciggaar*, Western Travellers (1996), 111, 127f.; *Davidson*, Viking Road (1976), 257–259; DBL 4 (1980), 209f.; DD I:2, 63f.; *Fenger*, Kirker (1989), 70f.; *Riant*, Korstog (1868), 181f., 211–224; *Roesdahl*, Wikinger (1992), 110; *Seegrün*, Papsttum (1967), 110–113; *de Vries*, Literaturgeschichte, Bd. 1 (1964), 214f.

1 Laut Knýtlinga saga, Kap. 70, soll E. – noch bevor er Kg. wurde – in die Kiewer Rus' gereist sein.
2 Ob E. daran teilnahm, ist unklar.
3 Aus den Quellen geht nicht klar hervor, ob E. eine, zwei oder sogar drei Reisen machte, ob er also aus Rom zurückkehrte und eine weitere Reise über die Kiewer Rus' antrat oder ob er die Fahrt nach Jerusalem von Rom aus unternahm. Saxo Gr. berichtet, E. sei zwei Mal nach Rom gefahren und habe eine dritte Reise über die Kiewer Rus' nach Jerusalem gemacht.
4 Saxo Gr. XII 7 (4): „*Slangathorpiam cum Nicolai sacratissimis ossibus divini patibuli particulam transtulit.*"

A 112: Erik Emune (Eiríkr eymuni Eiríksson)

Kg. von Dänemark 1134–1137

† 18. 9. 1137 bei Ribe, ∞ Malmfrid (Tochter des russischen Fürsten Mstislav Vladimirovič und der → Kristina)
Sohn des dän. Kg.s → Erik Ejegod, Halbgeschwister: → Knud Lavard und → Harald Kesja; Vater von → Sven Grathe
aus Dänemark

Der Beiname bedeutet etwa „der Unvergessene"[1]. Nach dem Tod von Knud Lavard[2] erhoben E. und sein Halbbruder Harald Ansprüche auf den dän. Thron und besiegten Kg. → Niels (A 320) und dessen Sohn → Magnus 1134. Im folgenden Jahr tötete E. seinen Halbbruder, der sich mittlerweile gegen ihn gewandt hatte. Ca. 1135/36 führte E. einen Kriegszug nach Rügen und besetzte zeitweilig Arkona, konnte sich dort aber nicht durchsetzen.

Q: Helmold, Kap. 51; Knýtlinga saga, Kap. 94, 101; Saxo Gr. XIV 1 (6f.).
Lit: DBL 4 (1980), 210f.; *Riant*, Korstog (1868), 219, 224–229, 302.

1 Helmold von Bosau, Kap. 51, übersetzt den Beinamen „Emun" mit *memorabilis*.
2 Die *Knýtlinga saga*, Kap. 94 berichtet, dass sich E. zu dieser Zeit nicht in Dänemark aufhielt: „Eiríkr [...] var eigi innanlands, er hann spurði líflát Knúts lávarðar, bróður síns.") Nach *Riant*, Korstog (1868) begleitete E. seinen Vater 1103 auf dessen Reise nach Jerusalem und lernte in der Kiewer Rus' seine spätere Frau Malmfrid kennen. Nach dem Tod seines Vaters auf Zypern habe E. gemeinsam mit seiner Mutter → Bodil die Weiterreise ins Heilige Land geleitet. Was er nach dem Tod seiner Mutter tat, sei unbekannt, er kehrte jedenfalls erst 1107 zurück und hielt sich am Hof Herzog Lothars auf.

A 113: Erik Plovpenning

Kg. von Dänemark 1241–1250

* 1216, † 10. 8. 1250 in Schleswig, ∞ 9. 10. 1239 Jutta (Tochter Herzog Albrechts von Sachsen)
Sohn des dän. Kg.s → Valdemar Sejr und der Berengaria; Geschwister: → Abel Valdemarsøn,

→ Christoffer (A 88), → Sofie (A 451), Halbgeschwister: → Knud Valdemarsøn (A 280), Niels, → Valdemar den Unge
aus Dänemark

Der Beiname bedeutet „Pflugpfennig" und rührt daher, dass E. die Erhebung einer Steuer von einem Pfennig für jeden Besitzer eines Pfluges anordnete. 1226 löste E. seinen älteren Halbbruder Valdemar den Unge als Geisel von Graf Heinrich von Schwerin ab und wurde erst 1230 freigelassen, nachdem das ausstehende Lösegeld bezahlt worden war. 1244 fuhr E. nach Tallinn (Reval), sein Bruder Abel hatte die Flotte bereits in Schonen verlassen. Mit Abel kam es wiederholt zu Auseinandersetzungen, wobei E. sich 1246 in der Gegend von Hamburg aufhielt. 1250 wurde E. auf der Schlei ermordet, angeblich mit dem Einverständnis seines Bruders Abel.

Q: Annales Lundenses, s. a. 1244; Annales Stadenses, s. a. 1246; DD I:6, Nr. 109.
Lit: DBL 4 (1980), 212f.; *Fenger*, Kirker (1989), 323; *Gaethke*, Knud und Waldemar, Teil 3 (1996), 30–32, 38.

A 114: Erlend Haraldsson

Jarl von den Orkneys ca. 1153–1156

* ca. 1120, † Dezember 1156 in Damsay (Orkneys)
Sohn von → Harald Slettmælte
von den Orkney-Inseln

E. wuchs nach dem Tod seines Vaters (1127) bei seiner Großtante Frakkok Maddadsdatter im schottischen Sutherland auf. Später lebte er in Thurso in Caithness und machte in den 1140er Jahren einige Wikingzüge zu den Hebriden und nach Irland. Als Jarl → Ragnvald Kale Kolsson seine Jerusalem-Fahrt antrat, ließ sich E. vom schottischen Kg. Malcolm IV. Caithness zu Lehen geben und setzte sich mit Hilfe von → Svein Ásleivsson auch auf den Orkney-Inseln durch. Als Ragnvald zurückkehrte, einigten sich beide darauf, jeweils die Hälfte der Orkneys zu regieren. Im Kampf gegen Ragnvald und Harald Maddadsson, die sich mittlerweile versöhnt hatten, kam E. erneut nach Caithness und starb schließlich.

Q: Orkneyinga saga, Kap. 55, 92–94.
Lit: NBL 3 (1926), 570; NBL^2 2 (2000), 500.

A 115: Erlend Torbergsson

Neffe von Ebf. → Øystein Erlendsson

E. fuhr 1217 gemeinsam mit → Roar Kongsfrende nach Jerusalem. Wahrscheinlich schlossen sie sich dem so genannten Fünften Kreuzzug an. E.s Schiff landete in Damietta (Ägypten). Möglicherweise starb er dort.

Q: Hákonar saga Hákonarsonar, Kap. 30.
Lit: NBL 11 (1952), 486; *Riant*, Korstog (1868), 444–449, 452–460.

A 116: Erlend Torfinnsson

Jarl von den Orkneys ca. 1064–1098

† 1098 in Nidaros, ∞ Thora (Tochter von Sumarlide Ospaksson)
Sohn von → Torfinn Sigurdsson und Ingebjørg Finnsdatter; Bruder von → Pål Torfinnsson
von den Orkney-Inseln

Nach dem Tod seines Vaters herrschte E. gemeinsam mit seinem Bruder Pål auf den Orkney-Inseln. 1065/66 folgten sie dem norw. Kg. → Harald Hardråde bei dessen Angriff auf England, waren an der Schlacht von Stamford Bridge, bei der Harald starb, aber nicht beteiligt. 1098 wurden E. und Pål vom norw. Kg. → Magnus Berrføtt gefangen genommen und nach Norwegen gebracht. Sie starben noch im gleichen Jahr – ob sie umgebracht wurden, ist unklar.

Q: Hkr. Haralds saga Sigurðarsonar, Kap. 82, 87; Msk., 266; Orkneyinga saga, Kap. 34.
Lit: NBL 10 (1949), 587; NBL² 2 (2000), 500f.; *Thomson*, History of Orkney (1987), 54f.

A 117: Erlendur

Abt

aus Island

E. wurde von den isl. Bf.en → Páll von Skálholt und Brandur von Hólar zum Papst gesandt. Unterwegs verlor er die Briefe, konnte den Inhalt aber mündlich wiedergeben, als er im Juli 1198 Papst Innozenz III. in Rieti erreichte. Innozenz schickte ihn mit einem Antwortschreiben zurück nach Island.

Q: DN VI, Nr. 5; Potthast, Nr. 336; RN I, Nr. 246f.
Lit: —

A 118: Erling

aus Norwegen

E. war am Kriegszug des dän. Ebf.s → Absalon (A 9) nach Wolgast (1184) beteiligt.

Q: Saxo Gr. XVI 6 (5).
Lit: —

A 119: Erling Erlendsson

† 1103
Sohn von → Erlend Torfinnsson; Bruder von → Magnus Erlendsson
aus Norwegen

E.[1] begleitete ebenso wie sein Bruder Magnus den norw. Kg. → Magnus Berrføtt auf dessen Kriegszug nach Irland 1102/03[2] und starb dort.

Q: Fsk., Kap. 81, 84f.; Hkr. Magnúss saga berfœtts, Kap. 23, 25; Msk., 316, 322, 332, 336; Orkneyinga saga, Kap. 39, 42.
Lit: *Andersson/Gade*, Morkinskinna (2000), 450f., Anm. 59, 2.

---

1 Nach *Ágrip*, Kap. 49, und *Theod.*, Kap. 31, ist nicht E., sondern sein Vater Erlend Torfinnsson mitgereist. *Ágrip* berichtet darüber hinaus, Erlend sei bei Magnus' erstem Zug (1098) dabei gewesen.
2 *Fagrskinna* und *Orkneyinga saga* berichten, E. habe Kg. Magnus bei beiden Unternehmungen – also auch 1098 – begleitet.

A 120: Erling Ormsson Skakke

Jarl

† 19. 6. 1179 in Nidaros, ∞ ca. 1155 → Kristin Sigurdsdatter (Tochter → Sigurd Jorsalfars)
Sohn von Orm Sveinsson und Ragnhild Sveinkesdatter; Vater des norw. Kg.s Magnus Erlingsson

aus Norwegen

Der Beiname bedeutet „der Schiefe". E. begleitete Jarl → Ragnvald Kale Kolsson 1153–1155 auf seiner Pilgerfahrt ins Heilige Land und war einer der Schiffsführer. Auf der Hinreise fuhren sie mit dem Schiff über Spanien durchs Mittelmeer. Bei einem Kampf erlitt E. eine Verletzung am Hals, die ihm seinen Beinamen einbrachte. Auf der Rückreise von Jerusalem besuchten sie Konstantinopel und reisten über Rom und Deutschland zurück. E. verwaltete Norwegen ab 1161 für seinen Sohn Magnus.

Q: Hkr. Haraldssona saga, Kap. 17; Konungsannáll, s. a. 1151; Msk., 440f.; Orkneyinga saga, Kap. 85–89.
Lit: *Davidson*, Viking Road (1976), 264; NBL 3 (1926), 571–577; NBL² 2 (2000), 501f.; *Riant*, Korstog (1868), 347, 364–366.

A 121: Erling Skjalgsson

† 21. 12. 1027, ∞ 997 Astrid Tryggvesdatter (Schwester des norw. Kg.s → Olav Tryggvason)
Sohn von Torolv Skjalg

aus Norwegen

E. begleitete um 1000 seinen Schwager, Kg. Olav Tryggvason, zu dessen letzter Schlacht (bei Svolder in der Nähe von Rügen oder an der Ostküste Seelands – siehe Kap. B.2.1). Mit dem norw. Kg. → Olav dem Heiligen kam es immer wieder zu Auseinandersetzungen, so dass E. sich etwa 1027 nach England zu → Knud dem Großen begab. 1028 half E. Knud bei der Eroberung Norwegens, starb aber währenddessen.

Q: Fsk., Kap. 24; Hkr. Óláfs saga helga, Kap. 144, 161.
Lit: NBL² 2 (2000), 502f.

A 122: Ernisius

Cellerarius des Kloster Lyse

aus Norwegen

E. reiste 1233 nach England und lag im Hafen von King's Lynn fest, weil Kg. Heinrich III. alle Schiffe beschlagnahmte, um einen Kriegszug nach Irland vorzubereiten. Am 12. August bekam er gemeinsam mit → Nikolaus (A 323) die Erlaubnis, nach Hause zu reisen.

Q: DN XIX, Nr. 211.
Lit: *Nedkvitne*, Handelssjøfarten (1976), 132.

A 123: Esbern

Bf. von Schleswig ca. 1157/58–1161

† 1161
aus Dänemark

E. ließ 1161 Niels Rassesøn ermorden und ging anschließend nach Rom, starb aber unterwegs in Sachsen.

Q: Saxo Gr. XIV 26 (14).
Lit: DBL 4 (1980), 248; *Kluger* et al., Series episcoporum VI, II (1992), 111f.

A 124: Esbern

Kleriker in Lund

aus Dänemark

Ebf. → Eskil (A 128) von Lund schickte E. um 1169/70 nach Saint-Victor in Paris, um die 370 Mark Silber,[1] die Eskil dort hinterlegt hatte, zurück zu holen.

Q: DD I:2, Nr. 192.
Lit: —

---

1 Die Summe erwähnte Eskil in einem Schreiben an Kg. Ludwig VII. von Frankreich; siehe DD I:3, Nr. 32.

A 125: Esbern

Bf.

aus Dänemark

E. begleitete 1185 den dän. Kg. → Knud Valdemarsøn (A 279) auf dessen Kriegszug nach Kammin, bei dem Bogislaw von Pommern besiegt wurde.

Q: Knýtlinga saga, Kap. 129.
Lit: —

A 126: Esbern Snare

* ca. 1127 in Fjenneslev, † 1204 in Sæbygård, ∞ 1) Holmfred, ∞ 2) Ingeborg, ∞ 3) Helene Gutormsdatter
Sohn von Asser Rig und Inge Eriksdatter; Bruder von → Absalon (A 9)
aus Seeland, Dänemark

E. nahm 1159 und 1160 an den Kriegszügen des dän. Kg.s → Valdemar des Großen gegen die Wenden teil. 1162 begleitete er den Kg. zum Reichstag Friedrich Barbarossas nach Saint-Jean-de-Losne. Auch bei der Eroberung Rügens (1169) und den Angriffen auf Wollin (ca. 1170) und Stettin (ca. 1171) war E. beteiligt. Außerdem begleitete er Absalon und → Knud Valdemarsøn (A 279) auf deren Kriegszüge: 1179 nach Wolgast, 1184 erneut nach Wolgast und Swinemünde sowie 1185 nach Kammin.

Q: Knýtlinga saga, Kap. 119; Saxo Gr. XIV 24 (4), 28 (5–11), 39 (31, 36), 42 (16), 43 (7), XV 1 (6), XVI 6 (4, 7), 8 (3f.).
Lit: DBL 4 (1980), 248f.

A 127: Esger

aus Fünen, Dänemark

E. begleitete 1162 den dän. Kg. → Valdemar den Großen zum Reichstag Friedrich Barbarossas nach Saint-Jean-de-Losne.

Q: Saxo Gr. XIV 28 (5).
Lit: —

A 128: Eskil (Áskell)

Ebf. von Lund 1137–1177, Bf. von Roskilde 1134–1137

* ca. 1100, † 6./7. 9. 1181 in Clairvaux
Sohn von Christiern Svensøn und Inge
aus Dänemark

E. wurde ab ca. 1116 in Hildesheim in einer Domschule erzogen. Spätestens 1133 war er Dompropst in Lund, 1134 wurde er Bf. von Roskilde, 1137 dann Ebf. von Lund. 1144 gründete er das Kloster Herrevad, holte dazu Mönche aus Clairvaux und brachte damit den Zisterzienserorden nach Dänemark. E. war befreundet mit Bernhard von Clairvaux und besuchte ihn noch vor dessen Tod 1152 oder 1153 in Clairvaux. 1156 reiste er über Clairvaux nach Rom. Dort wurde ihm am 15. Januar 1157 von Papst Hadrian IV. der Primat über Schweden verliehen. Auf dem Rückweg wurde E. in Burgund gefangen genommen und erst nach dem Reichstag von Besançon wieder freigelassen.[1] 1159 und 1160 beteiligte E. sich an den Kriegszügen des dän. Kg.s → Valdemar des Großen gegen die Wenden.[2] Im Papstschisma stellte er sich auf die Seite Alexanders III. und damit gegen Kg. Valdemar, der die kaiserliche Partei mit Viktor IV. unterstützte. Deshalb ging E. außer Landes und machte ca. 1161 eine Reise über Frankreich und Rom nach Jerusalem. Anschließend hielt er sich in Frankreich auf, unter anderem in Clairvaux, in Saint-Victor in Paris und in Saint-Remi in Reims. In Sens, wohin sich Papst Alexander III. begeben hatte, weihte E. 1164 den ersten Ebf. von Uppsala, → Stefan. Ebenfalls in Frankreich weihte er auch → Sven (A 469) zum Bf. von Århus und den Engländer Radulv zum Bf. von Ribe. Erst 1167 kehrte E. nach Lund zurück, nachdem Unstimmigkeiten mit Kg. Valdemar beseitigt worden waren. 1169 beteiligte er sich dann an der Eroberung Rügens durch Valdemar, ca. 1171 führte er gemeinsam mit → Absalon (A 9) eine Flotte nach Oldenburg. 1173/74 bat er während eines Aufenthalts in Frankreich Papst Alexander III. darum, sein Amt niederlegen zu dürfen. Im Juli 1174 weihte er die neue Kirche des Prämonstratenserklosters Ninove bei Brüssel, im folgenden Jahr konsekrierte er in Clairvaux Bf. Jocelinus von Glasgow. 1176/77 bereitete E. seinen Rücktritt in Dänemark vor, von 1178 bis zu seinem Tod 1181 lebte er als Mönch in Clairvaux. Dort wurde er vor dem Hochaltar der Klosterkirche begraben.

Q: Årbog 1074–1255, s. a. 1159, 1168; Annales Lundenses, s. a. 1164, 1177; Annales Ryenses, s. a. 1178 (*recte* 1177), 1182 (*recte* 1181); Arnold III 5; Balduini Ninovensis chronicon, s. a. 1174; Chronicon Claraevallense, s. a. 1181; DD I:2, Nr. 114, 118f., 126, 149f., 153f., 157, 167f., 180, 192; DD I:3, Nr. 61, 65, 106; Exordium magnum Cisterciense III 27f.; Exordium monasterii Carae Insulae, Kap. 12; Gesta Frederici III 11; Høyers annáll, s. a. 1177; JL, Nr. 10304, 11047–11049, 11304f., 14008; Knýtlinga saga, Kap. 119f., 125; Nekrologium von Saint-Victor, in: *Johnsen*, Om Theodoricus (1939), 109; Resensannáll,

s. a. 1177; Sancti Bernardi vita prima IV 4; Saxo Gr. XIV 25 (20), 26 (1, 13), 39 (28), 45 (1–4), 50, 54 (12), 55 (17).

Lit: *Bagge*, Nordic Students (1984), 3; *Christensen*, Tiden 1042–1241 (1977), 293–296, 331, 336, 347–349; DBL 4 (1980), 256–259; *Fenger*, Kirker (1989), 144–155; *Green-Pedersen*, Cistercienserklostre (1985), 46; *Kluger* et al., Series episcoporum VI, II (1992), 20–28, 86f.; LexMA 3 (1986), 522f.; *McGuire*, Difficult Saint (1991), 109–111, 118–132; *Riant*, Korstog (1868), 317f.; *Roesdahl*, Wikinger (1992), 95; *Sawyer*, Valdemar, Absalon and Saxo (1985), 703; *Seegrün*, Papsttum (1967), 173–177; *Seegrün*, Legaten (1972), 210–211.

1 Papst Hadrian IV. machte Ks. Friedrich Barbarossa für die Gefangennahme E.s verantwortlich.
2 Nach Saxo Grammaticus beteiligte E. sich an der Heerfahrt von 1161.

A 129: Eskil

Ritter *(eques)*

aus Seeland, Dänemark

E. begleitete den dän. Kg. → Valdemar den Großen auf dessen Kriegszug gegen die Wenden nach Rügen (1165).

Q: Saxo Gr. XIV 32 (5).
Lit: —

A 130: Eskil

Mönch (OPraem)

aus Dänemark

E. wurde vom Prämonstratenserkloster Børglum zum Vierten Laterankonzil geschickt, das 1215 in Rom stattfand, um dort päpstliche Privilegien für sein Haus zu erlangen. Von Rom reiste er weiter nach Prémontré. Unterwegs half Gervasius, Abt von Prémontré, dem abgemagerten E. wieder auf die Beine und unterstützte ihn finanziell. Auf seiner weiteren Reise wurde E. von Räubern überfallen. In Hesbaye traf er erneut auf Gervasius, bevor er am 1. September 1216 in Prémontré eintraf und dort bis zum Generalkapitel blieb. Anschließend reiste er wieder nach Rom, um sich die Privilegien vom neuen Papst Honorius III. bestätigen zu lassen. Ob E. anschließend nach Dänemark zurückkehrte, ist ungewiss.

Q: DD I:5, Nr. 92.
Lit: *McGuire*, Cistercians in Denmark (1982), 116f.

A 131: Eskil

Bf. von Schleswig 1244–1255

† 1255

aus Dänemark

E. musste 1250 aufgrund von Streitigkeiten mit dem dän. Kg. das Land verlassen und hielt sich an der Kurie in Lyon auf. 1251 kehrte er nach Dänemark zurück.

Q: DD II:1, Nr. 33; Potthast, Nr. 14216.
Lit: DBL 4 (1980), 259; *Skyum-Nielsen*, Kirkekampen (1963), 50.

A 132: Eskil Svensøn

† 30. 3.1153/54 in Jerusalem

Sohn von → Sven Thorgunnasøn und Inga; Geschwister: Asser (Ebf. von Lund), Christiern, → Sven Svensøn (A 475)

aus Dänemark

E. reiste 1150 mit seinem Bruder Sven ins Heilige Land, das sie 1152 erreichten. Dort starben sie beide am 30. März 1153 oder 1154.

Q: Exordium magnum Cisterciense III 28.
Lit: DBL 14 (1983), 262; *Riant*, Korstog (1868), 312–317.

A 133: Estrid (Margarete, Astrið)

∞ Jarl → Ulf Thorgilsøn

Tochter des dän. Kg.s → Sven Tveskæg und der Sigrid Storråde, Halbschwester des dän. Kg.s → Knud des Großen, Mutter von → Bjørn, → Asbjørn und → Sven Estridsøn

aus Dänemark

E. war wahrscheinlich um 1017 mit Robert, dem späteren Herzog der Normandie (1028–1035), verlobt, ohne dass die Heirat zustande kam. Anschließend lebte E. mit ihrem Mann Ulf bis ca. 1023 in England, danach in Dänemark.[1]

Q: Adam II 54 (Schol. 39), III 14 (Schol. 64); Chronicon Roskildense, Kap. 7; Saxo Gr. X 14 (7).
Lit: DBL 4 (1980), 265f.; *Keynes*, Cnut's Earls (1994), 62f., 73 Anm. 166; *Hoffmann*, Dänemark und England (1972), 94f.

---

[1] Eine weitere Ehe soll E. mit einem russischen Großfürsten geschlossen haben, wie Adam von Bremen berichtet.

A 134: Eyjólfur

aus Island

E. begleitete 1226 → Aron Hjörleifsson auf seine Fahrt nach Jerusalem.

Q: Arons saga Hjǫrleifssonar, Kap. 15.
Lit: *Arnórsson*, Suðurgöngur (1954–1958), 44; *Melsteð*, Ferðir (1907–1915), 853, 863; *Riant*, Korstog (1868), 467.

A 135: Eyjólfur forni Snorrason

Skalde

aus Island

Der Beiname bedeutet „alt" oder „altmodisch". E. begleitete 1202–1203 → Hrafn Sveinbjarnarson und → Guðmundur Arason nach Norwegen. Auf der Fahrt kamen sie vom Kurs ab und erreichten die Hebriden, Irland und Schottland, bevor sie nach Bergen weiterreisen konnten.

Q: Guðmundar saga A, Kap. 113; Hrafns saga Sveinbjarnarsonar, Kap. 11; Sturlunga saga, Kap. 153.
Lit: *Melsteð*, Ferðir (1907–1915), 847.

A 136: Farulv

aus Schweden

F. starb in der ersten Hälfte des 11. Jh.s in der Kiewer Rus'. Seine Söhne Tjudulv und Boe errichteten einen Runenstein zum Gedenken an ihn.

Q: *Ruprecht*, Wikingerzeit (1958), Nr. 72; Sö, Nr. 148.
Lit: *Larsson*, Runstenar (1990), 117, 150.

A 137: Finn Arnesson (Fiðr Arnasun)

norw. Lendmann, dän. Jarl

† ca. 1065, ∞ Bergljot Halvdansdatter
Sohn von Arne Arnmodsson und Tora Torsteinsdatter; Geschwister: → Arne, → Kalv, → Kolbjørn und → Torberg Arnesson
aus Norwegen

F. begleitete 1028 Kg. → Olav den Heiligen bei dessen Flucht aus Norwegen in die Kiewer Rus'. Er kämpfte 1030 an Olavs Seite in der Schlacht von Stiklestad. Um 1050 war er gemeinsam mit → Guttorm Ketillsson und → Håkon Ivarsson auf Wikingfahrt, vermutlich auf den Britischen Inseln.[1] Nach dem Tod seines Bruders Kalv (1051) ging F. nach Dänemark und wurde von Kg. → Sven Estridsøn als Jarl von Halland eingesetzt.

Q: Hkr. Óláfs saga helga, Kap. 180; Hkr. Haralds saga Sigurðarsonar, Kap. 45; Olafs saga hins helga, Kap. 69; Óláfs saga hins helga hin mesta, 814.
Lit: NBL 4 (1929), 129–131; NBL² 3 (2001), 101; *Schreiner*, Studier (1927), 455.

[1] Eine genaue Ortsangabe fehlt, es heißt lediglich, sie fuhren *í vesturvíking* (auf Wikingfahrt nach Westen).

A 138: Finn Skoftesson

† 1103
Sohn von → Skofte Ogmundsson; Geschwister: → Ogmund, Pål, Ragnhild (∞ → Dag Eilivsson) und → Tord
aus Norwegen

F. fuhr 1102/03[1] mit seinem Vater über Flandern und Frankreich nach Rom. Er starb auf der Reise.

Q: Hkr. Magnúss saga berfœtts, Kap. 20.
Lit: *Kaufhold*, Europas Norden (2001), 96f.; *Riant*, Korstog (1868), 230-237.

[1] Die *Orkneyinga saga* berichtet, dass F. mit seinen Brüdern und seinem Vater den norw. Kg. Magnus Berrføtt auf dessen Kriegszug nach Schottland und Irland 1098 begleitete. Andere Quellen bestätigen dies jedoch nicht.

A 139: Folkbjörn

aus Schweden

F. starb im frühen 11. Jh. in Byzanz. Sein Vater Folkmar ließ einen Runenstein zum Gedenken an ihn errichten.

Q: Ruprecht, Wikingerzeit (1958), Nr. 138; U, Nr. 358.
Lit: Larsson, Runstenar (1990), 114, 139.

A 140: Gaufrid

Propst in Sigtuna

aus Schweden

G. wurde 1219 zu Papst Honorius III. nach Rom gesandt.

Q: De ordine Predicatorum in Dacia, Kap. 1.
Lit: Ambrosiani, Bengts af Skara Romfärd (1902), 4; *Gallén*, Province de Dacie (1946), 4f., 9, 11.

A 141: Gaut Jonsson

Lendmann

* um 1190, † 1270

Sohn von Jon Gautsson, Bruder von → Åskjell Jonsson

aus Mel (Hordaland), Norwegen

G. fuhr ca. 1217 auf einen Kreuzzug Richtung Jerusalem, kehrte aber ca. 1218/19 erfolglos zurück. Ob er das Heilige Land wirklich erreichte, bleibt unklar. G. war Lendmann des norw. Kg.s Håkon Håkonsson und nahm an den Krönungen von Håkon (1247) und Magnus Håkonsson (1261) teil.

Q: Hákonar saga Hákonarsonar, Kap. 53.
Lit: NBL 4, 403f.; NBL² 3 (2001), 272f.; *Riant*, Korstog (1868), 461.

A 142: Geirmund

Neffe von Abt Ernisius von Saint-Victor

aus Norwegen

G.s Mutter war die Schwester des Abtes Ernisius von Saint-Victor, die einen Norweger geheiratet hatte. G. war eine Zeit lang in Saint-Victor in Paris, wie aus einem Brief an seinen Onkel, den G. zwischen 1161 und 1172 schrieb, hervorgeht. Darin heißt es, dass er gerne wieder nach Saint-Victor käme, derzeit aber verhindert sei.

Q: RN I, Nr. 138.
Lit: Gunnes, Erkebiskop Øystein (1996), 87f.

A 143: Gere

aus Schweden

G. war im 11. Jh. (etwa zwischen 1018 und 1066) im Gefolge *(þingalið)* des englischen Kg.s, das → Knud der Große gebildet und das bis 1066 Bestand hatte.

Q: Ruprecht, Wikingerzeit (1958), Nr. 124; U, Nr. 668.
Lit: Larsson, Runstenar (1990), 100, 103; *Wessén*, Runinskrifter (1960), 26–28.

A 144: Gerfast

Sohn von Gunnald

aus Schweden

G. machte im 11. Jh. eine Reise nach England und starb wahrscheinlich dort. Sein Vater Gunnald ließ einen Runenstein zum Gedenken an ihn errichten.

Q: *Ruprecht*, Wikingerzeit (1958), Nr. 182; Vs, Nr. 18.
Lit: *Larsson*, Runstenar (1990), 145f.

A 145: Gilbert

Händler

aus Schleswig, Dänemark

G., der im Auftrag des Herzogs von Lüneburg Handel trieb, erhielt 1223 und 1224 vom englischen Kg. Heinrich III. die Erlaubnis, mit seinem Schiff und seinen Handelswaren nach England zu fahren.

Q: DD I:5, Nr. 215; DD I:6, Nr. 18.
Lit: *Bill* et al., Stammebåd (1997), 140; *Sawyer*, Anglo-Scandinavian trade (1986), 190.

A 146: Gillibert

Bf. von Hamar 1263–ca. 1277

† ca. 1287

aus Norwegen

G., Erzdiakon der Shetland-Inseln, wurde auf Wunsch des norw. Kg.s Håkon Håkonsson zum Bf. von Hamar bestimmt, obwohl Ebf. → Einar Smjorbak dagegen war. Da sich Håkon in dieser Sache bereits an den Papst gewandt hatte, wurde G., nachdem man sich auf ihn geeinigt hatte, ca. 1262 zur Kurie gesandt.[1] Kurz nach seiner Rückkehr (1263) nahm G. am Heerzug Kg. Håkons gegen Schottland teil (siehe Kap. B.2.3).

Q: Hákonar saga Hákonarsonar, Kap. 302, 315, 322; Konungsannáll, s. a. 1263; Sturlunga saga, Kap. 491.
Lit: *Riant*, Korstog (1868), 491.

---

1 Der Ort wird nicht explizit genannt; Papst Urban IV. (1261–1264) residierte in Orvieto und Viterbo.

A 147: Gísl Illugason (Gils)

Hirdmann des norw. Kg.s → Magnus Berrføtt

* 1079, † um 1150 (?)

aus Island

G. begleitete Magnus Berføtt auf seine Kriegszüge zu den Hebriden und nach Irland 1098 und 1102–03.

Q: Jóns saga ens helga, 71f.
Lit: *Melsteð*, Ferðir (1907–1915), 745; NBL 4 (1929), 439f.

A 148: Gislo Petersson

aus Linköping, Schweden

G. machte in den 1250er Jahren eine Pilgerfahrt nach Jerusalem und schenkte vorher dem Kloster Nydala einige seiner Güter.[1]

Q: DS I, Nr. 842.
Lit: *Krötzl*, Pilger, Mirakel und Alltag (1994), 111; *Riant*, Korstog (1868), 501.

1 Nach *Riant*, Korstog (1868) starb G. im Heiligen Land.

A 149: Gissur Hallsson

Gesetzessprecher auf Island 1181–1200, Marschall des norw. Kg.s Sigurd Munn

* um 1125, † 27. 7. 1206, ∞ Álfheiður Þorvaldsdóttir
Sohn von → Hallur Teitsson und Þuríður Þorgeirsdóttir
aus Island

G. ging als junger Mann nach Norwegen, wurde Marschall des norw. Kg.s Sigurd Munn und reiste wahrscheinlich mehrere Jahre in Europa umher.[1] 1152 kehrte er aus Rom und Bari nach Island zurück. Er soll auch eine Reisebeschreibung *(Flos peregrinationis)* verfasst haben, die allerdings nicht erhalten ist.

Q: Hungrvaka, Kap. 9; Sturlunga saga, Kap. 141.
Lit: *Arnórsson*, Suðurgöngur (1954–1958), 39; *Melsteð*, Ferðir (1907–1915), 798f.; NBL 4 (1929), 448f.; *Simek*, Kosmographie (1990), 293f.

1 *Arnórsson*, Suðurgöngur (1954–1958) stellt die Vermutung an, dass G. gemeinsam mit seinem Vater Hallur reiste; vgl. *Melsteð*, Ferðir (1907–1915), 798.

A 150: Gissur Ísleifsson

Bf. von Skálholt 1080/82–1118

* 1042 in Skálholt, † 28. 5. 1118, ∞ → Steinunn Þorgímsdóttir
Sohn von → Ísleifur Gissurarson
aus Island

G. absolvierte seine theologische Ausbildung wie sein Vater in Deutschland, wahrscheinlich ebenfalls im westfälischen Herford. Auch später hielt er sich längere Zeit außerhalb Islands auf und reiste gemeinsam mit seiner Frau nach Rom, bevor er ca. 1080/81 zum Nachfolger seines Vaters gewählt wurde. 1082 fuhr G. erneut nach Rom, um sich weihen zu lassen, und vermied den exkommunizierten Ebf. Liemar von Hamburg-Bremen. Gregor VII. schickte G. dann zum Magdeburger Ebf. Hartwig, der ihn am 4. September 1082 weihte. G. überwinterte anschließend in Dänemark und kehrte 1083 nach Island zurück.

Q: Hungrvaka, Kap. 4; Íslendingabók, Kap. 10; Jóns saga ens helga, 6, 11, 61, 76, 112, 117; Konungsannáll, s. a. 1082–1083; Kristni saga, Kap. 15; Oddaverja annáll, s. a. 1082–1083; RN I, 51.
Lit: *Bagge*, Nordic Students (1984), 4; *Boyer*, Wikinger (1994), 197; DN XVII B, 260; *Jóhannesson*, History (1974), 147–153; *Melsteð*, Ferðir (1907–1915), 784–786; NBL 4 (1929), 450–452; *de Vries*, Literaturgeschichte, Bd. 1 (1964), 222.

A 151: Gissur Þorvaldsson

Gode, Jarl des norw. Kg.s Håkon Håkonsson

* 1208/09, † 12. 1. 1268, ∞ 1) 1224 Ingibjörg Snorradóttir, ∞ 2) Gróa Álfsdóttir
Sohn von Þorvaldur Gissurarson und Þóra Guðmundardóttir
aus Island

G. fuhr 1246 nach Norwegen und hielt sich am Hof des norw. Kg.s Håkon Håkonsson auf, dessen Hirdmann er wurde. 1247 fuhr er nach Rom zu Papst Innozenz IV., möglicherweise um Verhandlungen zur bevorstehenden Königskrönung Håkon Håkonssons zu führen. Er wurde begleitet von → Árni beiskur, → Auðun kollur, → Broddi Þorleifsson, → Önundur biskupsfrændi und → Þorleifur hreimur. 1254 war G. Sysselmann in Trøndelag, 1258 wurde er zum Jarl ernannt und fuhr noch im selben Jahr nach Island, wobei er auf den Hebriden überwinterte.

Q: Konungsannáll, s. a. 1247; Sturlunga saga, Kap. 373, 480.
Lit: *Arnórsson*, Suðurgöngur (1954–1958), 34f.; *Melsteð*, Ferðir (1907–1915), 857, 859; NBL 4 (1929), 452–456; NBL² 3 (2001), 290.

A 152: Gnemer Falstring

aus Dänemark

G. begleitete 1159 den dän. Kg. → Valdemar den Großen auf dessen Kriegszug nach Hiddensee.

Q: Saxo Gr. XIV 23 (20f.).
Lit: —

A 153: Godric (Godric þe Densce)

aus Dänemark

Der (altenglische) Beiname bedeutet „der Däne". G. wird in einer Urkunde des englischen Kg.s Eduard des Bekenners (1042–1066) genannt. Er besaß offensichtlich Land in Lutton bei Peterborough.

Q: *Harmer*, Anglo-Saxon Writs (1989), Nr. 62.
Lit: *Harmer*, Anglo-Saxon Writs (1989), 561.

A 154: Grimkell

aus Glettunes, Orkney-Inseln

G. reiste 1153–1155 auf der Pilgerfahrt des Jarls → Ragnvald von den Orkneys ins Heilige Land. Auf der Hinreise fuhren sie mit dem Schiff über Spanien durchs Mittelmeer, auf der Rückreise besuchten sie Konstantinopel und reisten über Rom und Deutschland zurück.

Q: Orkneyinga saga, Kap. 85.
Lit: *Riant*, Korstog (1868), 343.

A 155: Grímnir munkur (Grímur Hjaltason ?)

Mönch

aus Island

Der Beiname bedeutet „Mönch". G., der eventuell mit dem Mönch und Skalden Grímur Hjaltason identifiziert werden kann, begleitete 1202–1203 → Guðmundur Arason nach Norwegen. Auf der Fahrt kamen sie vom Kurs ab und erreichten die Hebriden, Irland und Schottland, bevor sie nach Bergen weiterreisen konnten.

Q: Guðmundar saga A, Kap. 113; Sturlunga saga, Kap. 153.
Lit: Melsteð, Ferðir (1907–1915), 847.

A 156: Gude

Bruder von Gere
aus Schweden

G. starb im 11. Jh. in England. Sein Bruder Gere ließ einen Runenstein zum Gedenken an ihn errichten.

Q: Ruprecht, Wikingerzeit (1958), Nr. 41; Vg, Nr. 187.
Lit: —

A 157: Gudleik

aus Ask, Norwegen

G. wurde vom norw. Kg. Håkon Håkonsson zu Ks. Friedrich II. nach Sizilien geschickt. Wann diese Reise stattfand, ist unklar, wahrscheinlich jedoch zwischen 1220 und 1226, denn in dieser Zeit hielt Friedrich sich vornehmlich in Sizilien auf. Zudem war G. 1226 in Norwegen.

Q: Hákonar saga Hákonarsonar, Kap. 191.
Lit: —

A 158: Gudleik Gerske

Händler
aus Norwegen

Der Beiname bedeutet „der Russe". G., ein Händler, der offensichtlich des öfteren in die Kiewer Rus' reiste, fuhr um 1017[1] nach Nowgorod. Vorher bat Kg. → Olav der Heilige ihn um Geschäftsfreundschaft, gab ihm Geld und bat ihn, dafür bestimmte Waren zu kaufen.

Q: Hkr. Óláfs saga helga, Kap. 66.
Lit: Ebel, Fernhandel (1987), 274.

---
1 Ebel, Fernhandel (1987) datiert die Reise auf das Jahr 1030.

A 159: Gudmar

aus Schweden

G. starb im 11. Jh. (wahrscheinlich zu Beginn des Jh.s) in England.

Q: Vg, Nr. 20.
Lit: —

A 160: Guðmundur hinn góði Arason

Bf. von Hólar 1201–1237

* 1161, † 16. 3. 1237

Sohn von Ari Þorgeirsson und Rannveig; Neffe von → Ingimundur Þorgeirsson
aus Island

Der Beiname bedeutet „der Gute". G. wurde 1185 zum Priester geweiht und 1201 zum Bf. von Hólar gewählt. Auf dem Weg zu seiner Bischofsweihe in Norwegen kam er vom Kurs ab und hielt sich auf den Hebriden, in Irland und an der schottischen Küste auf, bevor er seine Fahrt nach Bergen fortsetzen und am 13. April 1203 in Nidaros von Ebf. → Eirik Ivarsson geweiht werden konnte.

Q: Guðmundar saga A, Kap. 113; Hrafns saga Sveinbjarnarsonar, Kap. 11; Sturlunga saga, Kap. 153.

Lit: Melsteð, Ferðir (1907–1915), 847; NBL 5 (1931), 55–59.

A 161: Gudrød Sigurdsson

Halbbruder → Olavs des Heiligen (?)
aus Norwegen

G. begleitete Olav den Heiligen 1028–1030 bei dessen Flucht in die Kiewer Rus'.

Q: Olafs saga hins helga, Kap. 69.
Lit: Schreiner, Studier (1927), 452.

A 162: Gudver

aus Schweden

G. war in England und hatte Anteil an einem Danegeld (991 mit → Olav Tryggvason oder 1018 mit → Knud dem Großen). Er griff auch Burgen in Sachsen an (994 oder 1040).

Q: Ruprecht, Wikingerzeit (1958), Nr. 91; Sö, Nr. 166.
Lit: Düwel, Runenkunde (2001), 119; Larsson, Runstenar (1990), 102f., 151.

A 163: Gunhild

† 1002; ∞ → Pallig

Tochter des dän. Kg.s Harald Blåtand (Blauzahn) und der Gunhild; Schwester des dän. Kg.s → Sven Tveskæg
aus Dänemark

G. kam gemeinsam mit ihrem Mann Pallig 1002 in England ums Leben.

Q: Wilhelm von Malmesbury, Kap. 177.
Lit: DBL 5 (1980), 387.

A 164: Gunhild (Chunelinda, Cunihild, Kunigunde, Ætheltrude)

Kg.in des Römischen Reiches 1036–1038

* ca. 1019, † 18. 7. 1038 in Italien, ∞ 1036 Heinrich III.

Tochter des dän. Kg.s → Knud des Großen und der Emma; Schwester von → Hardeknud,

Halbgeschwister: → Harald Harefod und → Sven Alfifasøn
aus Dänemark

G. wurde 1035 mit Ks. Konrads II. Sohn Heinrich in Bamberg verlobt.[1] Die Hochzeit und G.s Krönung fanden im Juni 1036 in Nimwegen statt. G. nahm den Namen Kunigunde an. Noch im selben Jahr (oder erst 1037?) reisten sie nach Italien und besuchten im Mai das Kloster Monte Cassino. G. starb im Juli 1038.

Q: Adam II 56, 65; Annales Hildesheimenses, s. a. 1036, 1038; DD I:1, Nr. 452; Fsk., Kap. 40; Gesta Normannorum Ducum V 9; Hkr. Magnúss saga ins góða, Kap. 17; Knýtlinga saga, Kap. 16, 21; Ordericus Vitalis: Hist. Eccl. V (Bd. 3, 86); Saxo Gr. X 17 (1); Wilhelm von Malmesbury, Kap. 188; Wipo, Kap. 35, 37.
Lit: DBL 5 (1980), 388; *Kaufhold*, Europas Norden (2001), 67.

[1] Ob G. vorher in England war, wie Wilhelm von Malmesbury berichtet, kann nicht geklärt werden.

A 165: Gunnar

aus Schweden

G. starb in der ersten Hälfte des 11. Jh.s in Byzanz. Seine Eltern Henning und Tove ließen einen Runenstein zum Gedenken an ihn errichten.

Q: *Ruprecht*, Wikingerzeit (1958), Nr. 140; U, Nr. 431.
Lit: *Larsson*, Runstenar (1990), 114, 140.

A 166: Gunnar Rodesson

Bruder von → Helge (A 207)
aus Schweden

G. starb im 11. Jh. (wahrscheinlich vor 1050) im englischen Bath. Sein Bruder Helge beerdigte ihn. G.s Sohn Gunnkel ließ einen Runenstein zum Gedenken an ihn errichten.

Q: *Ruprecht*, Wikingerzeit (1958), Nr. 49; Sm, Nr. 101.
Lit: —

A 167: Gunne

Bruder von → Vråe
aus Schweden

G. starb im frühen 11. Jh. in England. Sein Bruder Vråe ließ einen Runenstein zum Gedenken an ihn errichten.

Q: *Ruprecht*, Wikingerzeit (1958), Nr. 53; Sm, Nr. 77.
Lit: —

A 168: Gunne Olavsson

Sohn von → Olav Rolvsson und → Åsleiv; Geschwister: → Svein Åsleivsson und → Ingegerd Olavsdatter
von den Orkney-Inseln

G. hielt sich um 1144 in Duncansby (Caithness) auf. Um 1152 schickte sein Bruder Svein ihn zur Hebrideninsel Lewis.

Q: Orkneyinga saga, Kap. 66, 92.
Lit: —

A 169: Gunner

Bf. von Viborg 1222–1251, Abt von Øm 1216–1221 (SOCist)

* ca. 1152, † 25. 8. 1251 in Asmild

aus Dänemark

G. studierte in Paris. Er trat spätestens 1208 dem Zisterzienserorden bei. Vor 1214 wurde er nach Portugal gesandt, um Berengaria, die Braut → Valdemar Sejrs, nach Dänemark zu begleiten.

Q: Vita Gunneri, Kap. 1, 9.
Lit: DBL 5 (1980), 390f.; *Fenger*, Kirker (1989), 219; *France*, Cistercians (1992), 346–358.

A 170: Gunnstein

Bruder von → Karle

aus Norwegen

G. begleitete 1025 seinen Bruder Karle nach Bjarmaland (am Weißen Meer). Später schloss sich ihnen → Tore Hund an, der Karle auf der Rückfahrt tötete und das Schiff der Brüder plünderte.

Q: Hkr. Óláfs saga helga, Kap. 133.
Lit: —

A 171: Guttorm

Ebf. von Nidaros 1215–1224

† 6. 2. 1224

aus Norwegen

G. wurde ca. 1214 zum Ebf. von Nidaros gewählt. Er reiste nach Rom, wurde 1215 geweiht, erhielt das Pallium und nahm wahrscheinlich am Vierten Laterankonzil teil, da er laut *Konungsannáll* erst 1216 nach Nidaros zurückkehrte. Am 12. Mai 1215 erhielt G. vom englischen Kg. Johann Ohneland die Erlaubnis, sein Reich zu durchqueren, was sich folglich auf die Hinfahrt bezog.

Q: DN XIX, Nr. 107; Konungsannáll, s. a. 1215.
Lit: DN XVII B, 201f.; *Johnsen*, Fra den eldste tid til 1252 (1955), 188f.; NBL 5 (1931), 116; NBL[2] 3 (2001), 444.

A 172: Guttorm Ketillsson (Guttorm Gunnhildsson)

Sohn von Ketill Kalv und Gunnhild von Ringnæs; Neffe von → Olav dem Heiligen und → Harald Hardråde

aus Norwegen

G. fuhr um 1050 gemeinsam mit → Finn Arnesson und → Håkon Ivarsson auf Wikingfahrt, wahrscheinlich zu den Britischen Inseln.[1] G. machte mehrere solcher Fahrten und begleitete den irischen Kg. Margath (1035–1038 und 1046–1052) auf einen Kriegszug nach Wales.

Q: Hkr. Haralds saga Sigurðarsonar, Kap. 45, 54f.; Passio Olavi, 75f.
Lit: —

[1] Eine genaue Ortsangabe fehlt, es heißt lediglich, sie fuhren *í vesturvíking* (auf Wikingfahrt nach Westen).

A 173: Guttorm Mjølukoll (Guthormr Maulukollr)

aus Helgeland, Norwegen

G.s Beiname bedeutet wahrscheinlich „Mehlkopf". G. schloss sich 1153–1155 der Pilgerfahrt des Jarls → Ragnvald von den Orkneys ins Heilige Land an und war einer der Schiffsführer. Auf der Hinreise fuhren sie mit dem Schiff über Spanien durchs Mittelmeer, auf der Rückreise besuchten sie Konstantinopel und reisten über Rom und Deutschland zurück.

Q: Orkneyinga saga, Kap. 85–87.
Lit: *Davidson*, Viking Road (1976), 264; *Riant*, Korstog (1868), 347.

A 174: Gvenmar Ketilsson

aus Dänemark

G. nahm 1159 am Kriegszug des dän. Kg.s → Valdemar des Großen gegen die Wenden teil.

Q: Knýtlinga saga, Kap. 119.
Lit: —

A 175: Gyda (Edith)

∞ Godwin
Tochter von Thorgil Sprakaleg; Geschwister: → Eilaf und → Ulf Thorgilsøn
aus Dänemark

G. heiratete zwischen 1019 und 1023 den englischen Jarl Godwin. 1051 fuhr sie mit ihrem Mann nach Flandern. Um 1068 begab sie sich zunächst nach Flatholm (England) und anschließend nach Saint-Omer (Flandern).

Q: Adam II 54, III 14 (Schol. 64); ASC, s. a. 1052 (*recte* 1051), 1067; Knýtlinga saga, Kap. 11; Saxo Gr. X 17 (2).
Lit: *Keynes*, Cnut's Earls (1994), 63, 73 Anm. 166.

A 176: Håkon

Jarl

aus Dänemark

H. führte 1075 gemeinsam mit → Knud dem Heiligen eine Fahrt nach England durch, bei der sie York plünderten.[1]

Q: ASC, s. a. 1075, 1076 (*recte* 1075); Wilhelm von Malmesbury, Kap. 261.
Lit: —

1 Aus den verschiedenen Versionen der Angelsächsischen Chronik geht nicht eindeutig hervor, ob sie anschließend nach Flandern ausweichen mussten.

A 177: Håkon

Magister

aus Norwegen

H. wurde 1255 gemeinsam mit → Ottar zu → Einar Smjorbak nach Paris gesandt, um ihm seine Wahl zum Ebf. von Nidaros mitzuteilen.

Q: Hákonar saga Hákonarsonar, Kap. 281.
Lit: —

A 178: Håkon Eiriksson

Jarl, stellvertretender Herrscher über Norwegen 1028–1030

* 998, † 1030

Sohn des Jarls → Eirik Håkonsson und der Gyda (Tochter von → Sven Tveskæg)

aus Norwegen

Als sein Vater 1015 nach England zog, wurde H. Herrscher über einen Teil Norwegens, stand allerdings unter der Vormundschaft seines Onkels → Einar Tambarskjelve. Noch im selben Jahr nahm → Olav der Heilige H. gefangen, der gezwungen wurde, das Land zu verlassen. H. ging nach England zu seinem Onkel, Kg. → Knud dem Großen, und wurde 1019 Jarl, vermutlich in Worcestershire.[1] Bis 1026 tritt H. in mehreren Urkunden Knuds als Zeuge auf. Von 1028 bis 1030 wurde er von Knud als Herrscher über Norwegen eingesetzt. 1029 kehrte er noch einmal nach England zurück, bevor er 1030 wieder nach Norwegen fuhr, dabei aber auf See starb.

Q: ASC, s. a. 1030; DN XIX, Nr. 7–10; Fsk., Kap. 33f.; Knýtlinga saga, Kap. 17; RN I, Nr. 9f., 13, 15, 17f., 22–24, 28; Hkr. Óláfs saga helga, Kap. 31, 121, 130, 146, 184; Johannes von Worcester, s. a. 1029–1030; Olafs saga hins helga, Kap. 19, 22; Theod., Kap. 15f.
Lit: *Johnsen*, Håkon jarl (1981); *Keynes*, Cnut's Earls (1994), 61f.; NBL 5 (1931), 157f.; NBL[2] 3 (2001), 475; *Stenton*, England (1971), 413, 416; *Williams*, Cockles (1986), 7, 9f.

1 Vielleicht trat er ab Mitte der 1020er Jahre die Nachfolge seines Vaters in Northumbrien an.

A 179: Håkon Havardsson Klo

∞ Ingegerd (Tochter des norw. Kg.s → Sigurd Slembe)
Sohn von Havard Gunnason und Bergljot
von den Orkney-Inseln

Der Beiname bedeutet „Klaue". H. begleitete ca. 1158 den Orkney-Jarl Harald Maddadsson nach Caithness und war an der Ermordung → Ragnvald Kale Kolssons beteiligt.

Q: Orkneyinga saga, Kap. 103.
Lit: —

A 180: Håkon Magnusson Toresfostre

Kg. von Norwegen 1093–1095

* 1069, † 1095

Sohn des norw. Kg.s → Magnus Haraldsson

aus Norwegen

H. reiste um 1090 nach Bjarmaland (am Weißen Meer). 1093 wurde er zum Kg. von Norwegen gewählt, ebenso wie → Magnus Berrføtt, hatte aber nur Einfluss in den Regionen Oppland und Trøndelag.

Q: Fsk., Kap. 80; Hkr. Magnúss saga berfœtts, Kap. 2; Msk., 297.
Lit: NBL 5 (1931), 192; NBL² 4 (2001), 478.

A 181: Håkon Pålsson

Jarl von den Orkneys ca. 1104–1122

* ca. 1080; † ca. 1122

Sohn von → Pål Torfinnsson

von den Orkney-Inseln

H. begleitete 1098 den norw. Kg. → Magnus Berrføtt auf dessen Kriegszüge nach Wales, Irland und Schottland. Im Frühjahr 1118 fuhr H. nach Jerusalem, von wo er 1120 zurückkehrte. Er reiste über Rom, ob auf dem Hin- oder Rückweg, ist jedoch nicht bekannt.

Q: Orkneyinga saga, Kap. 39, 52.
Lit: NBL 5 (1931), 186f.; NBL² 4 (2001), 478; *Riant*, Korstog (1868), 331–333; *Thomson*, History of Orkney (1987), 59f.

A 182: Hånev Unge

Sysselmann auf den Orkneys

† 1232

von den Orkney-Inseln

Der Beiname bedeutet „der Jüngere". H. hielt sich 1231 mit seinen Brüdern → Andres (A 23) und → Kolbein sowie weiterem Gefolge in Thurso (Caithness) auf. Gemeinsam töteten sie dort Jarl Jon Haraldsson.

Q: Hákonar saga Hákonarsonar, Kap. 170f.
Lit: *Thomson*, History of Orkney (1987), 81f.

A 183: Hävner

aus Schweden

H. fuhr im 11. Jh. nach England und kehrte nach Schweden zurück. Sein Vater Torsten ließ einen Runenstein zum Gedenken an ihn errichten.

Q: *Ruprecht*, Wikingerzeit (1958), Nr. 86; Sö, Nr. 55.
Lit: *Larsson*, Runstenar (1990), 148.

A 184: Haflide Torkelsson

von den Orkney-Inseln

H. begleitete in den 1140er Jahren → Svein Åsleivsson auf dessen Zug zu den Hebriden. Auf dem Rückweg gerieten sie in Duncansby in Streit um die Beute. Wenig später zog H. mit Jarl → Ragnvald nach Caithness und vertrieb Svein und → Margad Grimsson von dort.

Q: Orkneyinga saga, Kap. 82f.
Lit: —

A 185: Halldór Snorrason

* kurz nach 1000
Sohn von Snorri Þorgrimsson und Hallfriður Einarsdóttir
aus Island

H. war mit → Harald Hardråde in Konstantinopel und Sizilien und kehrte 1051 nach Island zurück.

Q: Fsk., Kap. 51; Halldórs þáttr inn síðari, Kap. 1; Hkr. Haralds saga Sigurðarsonar, Kap. 9, 14; Msk., 60, 74–76, 80–82, 148–154.
Lit: Blöndal, Varangians (1978), 210–214; *Davidson*, Viking Road (1976), 214, 230; *Melsteð*, Ferðir (1907–1915), 756f.; *Riant*, Korstog (1868), 170.

A 186: Halli Þórarinsson (Sneglu-Halli)

Skalde

† vor 1066
aus Island

H. trug ca. 1051/54 vor dem englischen Kg. ein Gedicht vor und erschlich sich größeren Lohn als ihm zustand.

Q: Msk., 245–247.
Lit: Melsteð, Ferðir (1907–1915), 763.

A 187: Hallkjell Jonsson

Lendmann

† 1194, ∞ Ragnhild (Tochter von → Erling Skakke)
Sohn von Jon Hallkjellsson und Margret (Tochter von → Harald Gille)
aus Norwegen

H. stand im Kampf um die norw. Königsmacht auf der Seite von Magnus Erlingsson, dessen Schwester H. heiratete. 1193 fuhr er mit → Sigurd Magnusson und → Olav Jarlsmåg zur Trave (bei Lübeck) und eroberte mit ihnen ein Handelsschiff. Anschließend kämpften sie gegen den norw. Kg. Sverre, starben aber alle in einer Seeschlacht bei Bergen.

Q: Sverris saga, Kap. 119.
Lit: NBL 5 (1931), 269f.; NBL[2] 3 (2001), 494.

A 188: Hallkjell Jonsson Huk

Lendmann

† um 1157/60, ∞ Sigrid Åsulvsdatter
Sohn von Jon Smjørbalte
aus Møre, Norwegen

Der Beiname bedeutet „Haken". H. traf Ende der 1120er Jahre auf den Hebriden → Harald Gille und fuhr mit ihm nach Norwegen.

Q: Hkr. Magnússona saga, Kap. 26; Msk., 391.
Lit: NBL 5 (1931), 269.

A 189: Hallur Teitsson

Priester

† 1150 in Utrecht, ∞ Þuríður Þorgeirsdóttir
Sohn von Teitur Ísleifsson und Jórunn Einarsdóttir, Vater von → Gissur Hallsson
aus Island

H. wurde 1150 zum Bf. von Skálholt gewählt und reiste außer Landes, um sich weihen zu lassen. Unterwegs starb er in Utrecht. Möglicherweise reiste er gemeinsam mit seinem Sohn Gissur.

Q: Hungrvaka, Kap. 8.
Lit: *Arnórsson*, Suðurgöngur (1954–1958), 39; *Melsteð*, Ferðir (1907–1915), 798; DN XVII B, 261.

A 190: Hallvard Dufuson

von den Orkney-Inseln

H. lebte in den 1150er Jahren in Caithness.

Q: Orkneyinga saga, Kap. 102f.
Lit: —

A 191: Halvdan

Halbbruder → Olavs des Heiligen (?)
aus Norwegen

H. begleitete Olav den Heiligen 1028–1030 bei dessen Flucht in die Kiewer Rus'.

Q: Olafs saga hins helga, Kap. 69.
Lit: *Schreiner*, Studier (1927), 452.

A 192: Harald Eiriksson Unge

Jarl von den Orkneys

† 1198 (?)
Sohn von → Eirik Stagbrell und → Ingerid Ragnvaldsdatter
von den Orkney-Inseln

Der Beiname bedeutet „der Jüngere". H. wurde – nach skandinavischer Überlieferung – vom norw. Kg. Magnus Erlingsson zum Jarl von den Orkneys ernannt und reiste anschließend zum schottischen Kg. Wilhelm I., um die Hälfte von Caithness zu Lehen zu nehmen. H. müsste demnach zwischen 1165 (Amtsantritt Wilhelms) und 1184 (Tod Magnus Erlingssons) Jarl geworden sein. Von Caithness aus schickte er → Lifolf Skalle zu Jarl Harald Maddadsson, der ihm die Hälfte des Orkney-Jarltums überlassen sollte. Harald Maddadsson weigerte sich und griff H. an, der im Kampf getötet wurde. Die isl. Annalen[1] verzeichnen H.s Tod zum Jahr 1198.

Q: Orkneyinga saga, Kap. 109.
Lit: NBL² 4 (2001), 114f.; *Thomson*, History of Orkney (1987), 73, 75f.

1 Konungsannáll, Gottskálksannáll und Oddaverja annáll, jeweils s. a. 1198.

A 193: Harald Håkonsson Slettmælte (Haraldr inn sléttmáli Hákonarson)

Jarl von den Orkneys 1122–1127

† 1127
Sohn von → Håkon Pålsson und Helga Maddadsdatter
von den Orkney-Inseln

Der Beiname bedeutet „der Redegewandte". H. hielt sich lange Zeit in Caithness auf, das er als Lehen vom schottischen Kg. David I. hielt. Gemeinsam mit → Sigurd Slembe ermordete er Harald Sumarlidesson Fostre.

Q: Orkneyinga saga, Kap. 54.
Lit: NBL 5 (1931), 471f.

A 194: Harald Harefod (Harald Harefoot, Haraldr Knútsson)

Kg. von England 1035/37–1040

† 17. 3. 1040 in Oxford
Sohn des dän. Kg.s → Knud des Großen und der Ælfgifu; Bruder von → Sven Alfifasøn, Halbgeschwister: → Gunhild (A 164) und → Hardeknud
aus Dänemark

Der Beiname bedeutet „Hasenfuß". H. wuchs in England auf, wurde von seinem Vater aber, als dieser Emma heiratete, gemeinsam mit seinem Bruder Sven und seiner Mutter Ælfgifu nach Dänemark geschickt. Nach Knuds Tod erhob er 1035 – unterstützt von seiner Mutter – Anspruch auf den englischen Thron und konnte sich 1037 endgültig durchsetzen, während Hardeknud sich in Dänemark aufhielt.

Q: ASC, s. a. 1035–1037, 1039 (*recte* 1040), 1040; Chronicon Roskildense, Kap. 9; Chronik von Melrose, s. a. 1035, 1037, 1040; Encomium Emmae III 1, 4f., 10; Fsk., Kap. 36, 47f.; Gesta Normannorum Ducum VII 5f.; Gottskálksannáll, s. a. 1035, 1040; Hkr. Magnúss saga ins góða, Kap. 5, 17; Høyers annáll, s. a. 1035, 1040; Knýtlinga saga, Kap. 21; Konungsannáll, s. a. 1035, 1040; Msk., 22, 34; Resensannáll, s. a. 1035, 1040; Saxo Gr. X 17 (1), 19; Wilhelm von Malmesbury, Kap. 188, 259.
Lit: DBL 6 (1980), 15f.

A 195: Harald Hen

Kg. von Dänemark 1074/76–1080

† 17. 4. 1080

Sohn des dän. Kg.s → Sven Estridsøn; Geschwister: → Bjørn (A 72), → Erik Ejegod, → Knud der Heilige, → Knud Magnus Svensøn, → Niels (A 320), → Oluf Hunger, → Sigrid (A 415), → Sven Svensøn (A 474)

aus Dänemark

Der Beiname bedeutet „Schleifstein". H. befehligte 1069–70 gemeinsam mit seinen Brüdern Bjørn und Knud dem Heiligen sowie seinem Onkel → Asbjørn Estridsøn die Flotte seines Vaters, die England erobern sollte.

Q: Ordericus Vitalis: Hist. Eccl. IV (Bd. 2, 224).
Lit: DBL 6 (1980), 15; *Hoffmann*, Dänemark und England (1972), 108.

A 196: Harald Kesja

* um 1080 (?), † 1135

Sohn des dän. Kg.s → Erik Ejegod, Halbgeschwister: → Erik Emune und → Knud Lavard

aus Dänemark

Der Beiname bedeutet „Speer". Als H.s Vater zu seiner Reise ins Heilige Land aufbrach (1103), wurde H. zusammen mit Ebf. Asser als Reichsverweser eingesetzt, wurde schließlich aber nicht Kg. H. begleitete 1113 den dän. Kg. → Niels (A 320) auf dessen Kriegszug gegen die Abodriten nach Liutcha in Ost-Holstein.

Q: Saxo Gr. XIII 2 (4).
Lit: DBL 6 (1980), 16.

A 197: Harald Magnusson Gille (Haraldr gillikrist, Haraldus Hyberniensis)

Kg. von Norwegen 1130–1136

* ca. 1102, † 14. 12. 1136 in Bergen, ∞ 1) Biadoc (aus Schottland), ∞ 2) ca. 1134 Ingrid (Tochter des schw. Kg.s Ragnvald Ingesson)

Sohn des norw. Kg.s → Magnus Berrføtt, Halbbruder von → Sigurd Jorsalfar

aus Norwegen

Der Beiname kommt aus dem Irischen und bedeutet „Diener Christi". H. wurde ca. 1102 in Irland geboren, hielt sich um 1120 in Grimsby auf und traf dort → Ragnvald Kale Kolsson. Ende der 1120er Jahre kam H. aus Irland nach Norwegen, ab den Hebriden begleitet von → Hallkjell Huk. Ab 1130 war er gemeinsam mit seinem Neffen Magnus Sigurdsson Kg. von Norwegen, griff ihn aber 1134 an und ließ ihn im folgenden Jahr absetzen und verstümmeln. 1136 wurde H. von → Sigurd Slembe ermordet.

Q: Ágrip, Kap. 57; Hkr. Magnússona saga, Kap. 26; Msk., 391; Orkneyinga saga, Kap. 59, Saxo Gr. XIII 11 (3); Theod., Kap. 34.
Lit: *Leach*, Angevin Britain (1921), 41; NBL 5 (1931), 452–454; NBL² 4 (2001), 111f.

A 198: Harald Sigurdsson Hardråde (Norðbrikt)

Kg. von Norwegen 1046/47–1066

* 1014/15, † 25. 9. 1066, ∞ ca. 1044 Ellisiv (Tochter des Großfürsten Jaroslav von Kiew)
Sohn von Sigurd Syr und Åsta Gudbrandsdatter, Halbbruder des norw. Kg.s → Olav des Heiligen
aus Norwegen

Der Beiname bedeutet „der Harte". In der Schlacht von Stiklestad kämpfte H. als 15jähriger an der Seite seines Halbbruders Olav, der getötet wurde. Nach der Niederlage ging H. nach Kiew und übernahm dort einen führenden Posten im Heer des Großfürsten Jaroslav Vladimirovič (1019–1054). Danach ging er nach Byzanz,[1] das er ca. 1034 mit etwa 500 Skandinaviern erreichte. Er war fast zehn Jahre bei der Warägergarde, zunächst im Dienst von Basileus Michael IV. Katallakos (1034–1041), möglicherweise als Hauptmann. Seine militärischen Dienste führten ihn nach Jerusalem, Sizilien, Kleinasien und auf den Balkan.[2] H. geriet schließlich in Konflikt mit dem byzantinischen Ks. und wurde gefangen genommen, konnte ca. 1043/44 jedoch in die Kiewer Rus' fliehen. Er blieb zunächst in Kiew und heiratete Jaroslavs Tochter Ellisiv (Elisabeth). Schließlich kehrte er über Schweden (1045) nach Norwegen zurück; dort gelang es ihm mit Hilfe des dän. Kg.s → Sven Estridsøn und des schw. Kg.s Anund Jakob, als Kg. akzeptiert zu werden. Ab 1046 regierte er gemeinsam mit seinem Neffen → Magnus dem Guten, 1047 wurde H. alleiniger Kg. von Norwegen und wandte sich gegen seinen ehemaligen Verbündeten, Sven Estridsøn, der ihn erst 1064 anerkannte. Nach dem Tod des englischen Kg.s Eduard des Bekenners stellte H. Ansprüche auf dessen Thron und zog 1065–1066 mit einem Heer nach England, begleitet von seinem Sohn → Olav Kyrre. Tostig, der Bruder des englischen Kg.s Harald Godwinson, schloss sich ihnen an. Sie brandschatzten Scarborough, gewannen eine Schlacht bei Holderness (Northumbrien) und eine weitere am Fluss Ouse, bevor H. bei York von Harald Godwinson überrascht wurde und in der Schlacht von Stamford Bridge am 25. September 1066 starb.

Q: Adam III 13 (Schol. 62), 17, 52; Ágrip, Kap. 32, 38, 41; ASC, s. a. 1066; Fsk., Kap. 51, 61–69; Hkr. Haralds saga Sigurðarsonar, Kap. 2–17, 82–92; Johannes von Worcester, s. a. 1066; Knýtlinga saga, Kap. 22; Konungsannáll, s. a. 1066; Msk., 57–87, 264–278; Oddaverja annáll, s. a. 1065; Ordericus Vitalis: Hist. Eccl. III (Bd. 2, 168); Orkneyinga saga, Kap. 21, 34; Theod., Kap. 25, 28; Saxo Gr. X 16 (11), XI, 3; Wilhelm von Malmesbury, Kap. 228, 260.

Lit: *Bagge*, Theodoricus Monachus (1989), 120; *Blöndal*, Varangians (1978), 54–102; *Boyer*, Wikinger (1994), 217f.; *Ciggaar*, Western Travellers (1996), 108f.; *Davidson*, Viking Road (1976), 207–229; NBL 5 (1931), 463–469; NBL² 4 (2001), 110f.; *Pulsiano*, Medieval Scandinavia (1993), 266f.; *Riant*, Korstog (1868), 168–170; *de Vries*, Norwegian Invasion (1999), 23–68, 230–296; *Whaley*, Poetry (1998), 333f.

1 Nach dem Zeugnis der *Morkinskinna* reiste er über Sachsen, Frankreich, die Lombardei, Rom und Apulien. Diese Route ist jedoch unwahrscheinlich und wird von den übrigen Quellen nicht bestätigt.
2 Die Chronologie der Zeit in der Warägergarde lässt sich nicht mehr rekonstruieren, da die erzählenden Quellen H.s Kriegsdienst teilweise gewaltig ausgeschmückt haben.

A 199: Harald Thorkilsøn

Jarl

† 13. 11. 1042
Sohn des Jarls → Thorkil den Høje (?)
aus Dänemark

H. wurde ca. 1027 von Kg. → Knud dem Großen als Jarl über Dänemark eingesetzt und wurde in den 1030er Jahren Jarl in England. Als er eine Pilgerreise nach Rom unternahm, erfuhr er von Kg. → Hardeknuds Tod und kehrte nach Dänemark zurück. Beim Übersetzen über die Elbe wurde er von Ordulf, dem späteren Herzog von Sachsen, ermordet.

Q: Adam II 79; DD I:1, Nr. 435, 471.
Lit: DBL 6 (1980), 16; *Keynes*, Cnut's Earls (1994), 66; *Sawyer*, Danmark (1988), 299.

A 200: Hardeknud (Harthacnut, Heardecanutus, Hǫrðaknútr Knútsson)

Kg. von Dänemark 1035–1042, Kg. von England 1040–1042

* 1018 in England, † 8. 6. 1042 in Lambeth
Sohn des dän. Kg.s → Knud des Großen und der Emma; Bruder von → Gunhild (A 164), Halbgeschwister: → Harald Harefod und → Sven Alfifasøn
aus Dänemark

Der Name bedeutet entweder „Knud aus Hardesyssel" (Provinz in Jütland) oder „der schnelle/ starke Knud".[1] H. lebte bis ca. 1023 in England, wurde dann aber nach Dänemark gebracht und unter die Vormundschaft des Jarls → Ulf Thorgilsøn gestellt. H. beanspruchte nach dem Tod seines Halbbruders Harald Harefod die englische Krone. Er zog 1039 mit einer Flotte nach Flandern, wohin Harald H.s Mutter Emma vertrieben hatte. Nach dem Tod Haralds sandten die Engländer nach H., der im Juni 1040 zum Kg. gekrönt wurde. Auf der Hochzeit seines Kämmerers → Tovi Pruda erlitt H. eine Herzattacke und starb.

Q: Adam II 74, 77; ASC, s. a. 1023, 1039–1042; Chronicon Roskildense, Kap. 9; Chronik von Melrose, s. a. 1035, 1039–1042; DD I:1, Nr. 468; Encomium Emmae II 18f., III 9–14; Fsk., Kap. 48; Gesta Normannorum Ducum VII 6; Gottskálksannáll, s. a. 1040; Hkr. Magnúss saga ins góða, Kap. 17; Høyers annáll, s. a. 1040; Johannes von Worcester, s. a. 1035, 1039–1042; Knýtlinga saga, Kap. 21; Konungsannáll, s. a. 1040, 1042; Msk., 34; Resensannáll, s. a. 1040; Saxo Gr. X 21 (3); Wilhelm von Malmesbury, Kap. 188, 259.
Lit: *Boyer*, Wikinger (1994), 214–216; DBL 6 (1980), 24f.

1 Vgl. dazu *Campbell*, Encomium Emmae (1998), 97f.

A 201: Hauk

Händler

Bruder von → Sigurd (A 417)
aus Helgeland, Norwegen

H. reiste ca. 998 gemeinsam mit seinem Bruder Sigurd nach England.

Q: Hkr. Óláfs saga Tryggvasonar, Kap. 74.
Lit: —

A 202: Hebbe

Vogt von Sackala (Estland)

aus Dänemark

H. war Vogt über die südestnische Landschaft Sackala. 1223 hielt er sich im nordestnischen Jerwen auf und wurde dort bei einem Aufstand von Esten ergriffen, zur Burg Fellin gebracht und getötet.

Q: Chronicon Livoniae XXVI 6.
Lit: —

A 203: Hegbjarn

aus Gotland, Schweden

H. fuhr um 1000 mit seinen Brüdern → Rodvisl, → Øystain und → Emund sowie → Rafn über die Stromschnellen des Dnjepr. Rafn kam dabei ums Leben.

Q: *Ruprecht*, Wikingerzeit (1958), Nr. 193.
Lit: *Düwel*, Runenkunde (2001), 125.

A 204: Helene (Ellin ?)

Herzogin von Lüneburg

† 1233, ∞ 1202 Wilhelm von Lüneburg
Tochter des dän. Kg.s → Valdemar des Großen; Geschwister: → Ingeborg (A 227), → Knud Valdemarsøn (A 279), → Christoffer (A 87), → Sofie (A 450), → Tove und → Valdemar Sejr
aus Dänemark

H. heiratete 1202 Wilhelm von Lüneburg, den Sohn Heinrichs des Löwen, und blieb nach dessen Tod in Lüneburg.

Q: Arnold VI 15; DD I:5, Nr. 40.
Lit: DBL 15 (1984), 236.

A 205: Helf Gutæ

aus Dänemark oder Gotland (?)

Der Beiname bedeutet „Gotländer"; möglicherweise stammte H. von dort. H. ist um 1240 als Grundbesitzer in Estland belegt. Ob er mit dem 1260–71 am dän. Königshof belegten Helf identisch ist, bleibt fraglich.

Q: Kong Valdemars Jordebog, 56, 65.
Lit: *Johansen*, Estlandliste (1933), 785f.

A 206: Helge

aus Norwegen (?)[1]

H. begleitete 1028 den norw. Kg. → Olav den Heiligen bei dessen Flucht in die Kiewer Rus'.

Q: Olafs saga hins helga, Kap. 69.
Lit: Schreiner, Studier (1927), 454.

---

1 *Schreiner* geht davon aus, dass H. aus Island stammte.

A 207: Helge

Bruder von → Gunnar Rodesson
aus Schweden

H. reiste im 11. Jh. (wahrscheinlich vor 1050) gemeinsam mit seinem Bruder Gunnar Rodesson nach England. Als Gunnar starb, beerdigte H. ihn in Bath.

Q: Ruprecht, Wikingerzeit (1958), Nr. 49; Sm, Nr. 101.
Lit: —

A 208: Helge Bogransson

aus Norwegen

H. machte um 1220 gemeinsam mit → Andres (A 22), → Svein Sigridsson und → Ogmund eine Handelsfahrt nach Bjarmaland (am Weißen Meer).

Q: Hákonar saga Hákonarsonar, Kap. 81.
Lit: —

A 209: Heming Strút-Haraldsson

Sohn von Jarl Strút-Harald; Bruder von → Thorkil den Høje
aus Dänemark

H. folgte seinem älteren Bruder Thorkil 1009 mit einer Flotte, die er gemeinsam mit → Eilaf Thorgilsøn führte, auf einen Heerzug nach England. 1016 soll er → Knud dem Großen nach England gefolgt sein.

Q: Chronik von Melrose, s. a. 1009; Johannes von Worcester, s. a. 1009; Knýtlinga saga, Kap. 8.
Lit: Keynes, Cnut's Earls (1994), 58; *Stenton*, England (1971), 382.

A 210: Hemming

Knappe *(armiger)* von Ebf. → Absalon (A 9)
aus Dänemark

H. nahm am Kriegszug des dän. Kg.s → Valdemar des Großen nach Wolgast (ca. 1178) teil.

Q: Saxo Gr. XIV 57 (6f.).
Lit: —

A 211: Henrik

Erzdiakon
aus Norwegen

H. reiste um 1164/65 nach Lincoln und bekam mit seinen Reisegefährten vom englischen Kg. Heinrich II. £ 6 und 13 Schilling ausbezahlt.

Q: RN I, Nr. 116.
Lit: —

A 212: Henrik

Marschall des dän. Kg.s → Valdemar des Großen

aus Dänemark

H. wurde ca. 1177 von Kg. Valdemar zu Heinrich dem Löwen nach Lübeck gesandt, um Verhandlungen wegen des landflüchtigen → Magnus Eriksøn zu führen.

Q: Saxo Gr. XIV 54 (18–21).
Lit: —

A 213: Herbord

Ritter *(eques)*

aus Dänemark

H. begleitete den dän. Kg. → Valdemar den Großen auf dessen Kriegszug nach Rügen (ca. 1175).

Q: Saxo Gr. XIV 47 (8).
Lit: —

A 214: Herman

aus Dänemark

H. bezeugte 1220 eine Urkunde des Bf.s Bernhard von Paderborn als *Hermannus Dene ciuis Paderbornensis*. Wahrscheinlich ist er identisch mit dem *Herman(nus) Dacus*, der im Oktober 1229, im Januar 1239, 1243 und im Dezember 1245 als Zeuge in mehreren Urkunden auftritt.

Q: DD I:5, Nr. 181; DD I:6, Nr. 101; DD I:7, Nr. 20, 123, 193.
Lit: —

A 215: Hermund Kvada

aus Norwegen

H. begleitete 1186 → Eirik Sigurdsson auf dessen Plünderzug nach Estland.

Q: Sverris saga, Kap. 113.
Lit: —

A 216: Hermundur Þorvaldsson

Enkel von → Halldór Snorrason
aus Vatnsfjord, Island

H. begleitete den norw. Kg. → Sigurd Jorsalfar auf seiner Reise ins Heilige Land (1107–1111).

Q: Sturlunga saga, Kap. 14.
Lit: Arnórsson, Suðurgöngur (1954–1958), 43; *Melsteð*, Ferðir (1907–1915), 745; *Riant*, Korstog (1868), 246.

A 217: Herre

† ca. 1100
aus Schonen, Dänemark

H. wurde des Landes verwiesen und ließ sich gemeinsam mit → Alle in Wollin nieder. Um 1100 wurden beide bei einem dän. Angriff getötet.

Q: Saxo Gr. XII 4 (2).
Lit: —

A 218: Hidin

aus Schweden

H. war im 11. Jh. in Byzanz und soll dort Reichtum erworben haben.

Q: Ruprecht, Wikingerzeit (1958), Nr. 81; Sö, Nr. 165.
Lit: Larsson, Runstenar (1990), 150f.

A 219: Holme

aus Schweden

H. starb im 11. Jh. (wahrscheinlich nach 1050) in der Lombardei.[1] H.s Mutter Gudlög ließ zwei Runensteine zum Gedenken an ihn errichten.

Q: Ruprecht, Wikingerzeit (1958), Nr. 135; U, Nr. 133, 141.
Lit: Larsson, Runstenar (1990), 137f.

---

1 Eventuell ist mit *Langbarðalandi* auch – wie in Byzanz üblich – ganz Italien oder Süditalien gemeint.

A 220: Hosvir den Sterke

∞ Ragnhild Torsteinsdatter (Schwester von → Torbjørn Klerk)
von den Orkney-Inseln

Der Beiname bedeutet „der Starke". H. lebte in den 1150er Jahren in Caithness.

Q: Orkneyinga saga, Kap. 100, 102.
Lit: —

A 221: Hrafn Sveinbjarnarson

† 4. 3. 1213
aus Eyri, Island

H. war – vermutlich kurz vor 1200 – am Grab Thomas Beckets in Canterbury und soll von dort aus eine Pilgerreise nach Saint-Gilles (Provence), Santiago de Compostela und Rom gemacht haben. 1202–1203 begleitete H. → Guðmundur Arason auf dessen Reise nach Nidaros, auf der sie vom Kurs abkamen und bis auf die Hebriden und Irland abgetrieben wurden.

Q: Guðmundar saga A, Kap. 113; Hrafns saga Sveinbjarnarsonar, Kap. 4.
Lit: *Arnórsson*, Suðurgöngur (1954–1958), 40–42; *Egilsdóttir*, Hrafn Sveinbjarnarson (2004), 31–33; *Gelsinger*, Enterprise (1981), 129, 135f.; *Jóhannesson*, History (1974), 202; *Melsteð*, Ferðir (1907–1915), 808, 847.

A 222: Hugo

aus Norwegen

H. bezeugt ca. 1165/75 eine Urkunde für die Mönche des Klosters Bridlington in Yorkshire.

Q: RN I, Nr. 150.
Lit: —

A 223: Ingebjørg

∞ → Ragnvald Ulvsson
Schwester von → Olav Tryggvason
aus Norwegen

I. begleitete 1019 ihren Mann in die Kiewer Rus'. Dort wurde Ragnvald Jarl von Ladoga.

Q: Hkr. Óláfs saga helga, Kap. 93.
Lit: —

A 224: Ingebjørg

† ca. 1213, ∞ → Peter Steype
Tochter des norw. Kg.s Magnus Erlingsson
aus Norwegen

I. fuhr ca. 1211 gemeinsam mit ihrem Mann Peter, → Reidar Sendemann und dessen Frau → Margret Magnusdatter nach Jerusalem, starb aber wie auch Peter unterwegs.

Q: Böglunga sögur, 120; Konungsannáll, s. a. 1211, 1213.
Lit: —

A 225: Ingebjørg Finnsdatter

† ca. 1069, ∞ 1) → Torfinn Sigurdsson, ∞ 2) Malcolm III. (Kg. von Schottland)
Tochter von → Finn Arnesson
aus Norwegen

I. heiratete ca. 1065 Kg. Malcolm III. von Schottland (ca. 1057–1093).

Q: Orkneyinga saga, Kap. 33.
Lit: Crawford, Scandinavian Scotland (1987), 74.

A 226: Ingebjørg Håkonsdatter

† 1126, ∞ Olav Bitling
Tochter von → Håkon Pålsson und Helga Maddadsdatter
von den Orkney-Inseln

I. heiratete in der ersten Hälfte des 12. Jh.s Olav Bitling, den Herrscher über die Hebriden und die Isle of Man (1103–1153).

Q: Orkneyinga saga, Kap. 53.
Lit: —

A 227: Ingeborg

Kg.in von Frankreich 1193/1213–1237/38

* ca. 1176/85, † 29./30. Juli 1237/38 in Corbeil, ∞ 14. 8. 1193 Philipp II. August (Kg. von Frankreich)
Tochter des dän. Kg.s → Valdemar des Großen; Geschwister: → Helene, → Knud Valdemarsøn (A 279), → Christoffer (A 87), → Sofie (A 450), → Tove und → Valdemar Sejr
aus Dänemark

I. wurde am 14. August 1193 in Amiens mit dem Kg. von Frankreich, Philipp II. August, vermählt und am nächsten Tag gekrönt. Doch schon wenig später wurde sie verstoßen. Der Ebf. von Reims löste die Ehe wegen zu naher Verwandtschaft zwischen I. und Philipp Augusts erster Frau Elisabeth von Hennegau auf, aber Papst Coelestin III. erklärte die Scheidung 1195 für ungültig. Philipp August heiratete 1196 dennoch erneut (Agnes von Meran). I. wurde in verschiedenen Klöstern und Burgen gefangen gehalten und beklagte sich mehrmals schriftlich über ihre Lebensumstände. Sie wurde erst 1213 freigelassen und als Kg.in von Frankreich anerkannt. 1218 erhielt sie 10 000 Pariser Pfund[1] von Philipp August, verzichtete dafür aber auf alle Ansprüche an den Kg. Bis zu ihrem Tod blieb I. in Frankreich und lebte an verschiedenen Orten, darunter Pontoise, Saint-Germain-en-Laye und Corbeil bei Orléans.

Q: Annales Valdemarii, s. a. 1213; DD I:3, Nr. 195, 204–207, 211–213, 217, 226–231, 248, 255f.; DD I:4, Nr. 1–3, 6–14, 16–23, 28–31, 34f., 39f., 42–44, 78f., 84, 99f., 119f., 128, 140f., 147–149, 155, 168, 174, 179; DD I:5, Nr. 15f., 143f., 172, 208, 213, 216, 218; DD I:6, Nr. 12, 14, 25, 27, 31, 36f., 69f., 108, 124f., 139, 166, 180, 205, 223–226, 232f., 239; DD I:7, Nr. 10; JL, Nr. 17241–17243; Potthast, Nr. 13, 199, 361f., 855, 969, 983, 989, 1096, 1098–1100, 1127, 1150–1153, 1219f., 1288f., 1438, 1499, 1575f., 1712f., 1794, 1954, 2036, 2560, 3071f., 3259, 3425, 3551, 3557f., 3994, 4529f.
Lit: *Christensen*, Tiden 1042–1241 (1977), 363f.; *Davidsohn*, Philipp II. August (1888); *Fenger*, Kirker (1989), 261–265; *Roesdahl*, Wikinger (1992), 95, 369.

---
1 Das entspricht der Höhe ihrer Mitgift.

A 228: Ingefast

aus Schweden

I. fuhr im späten 11. Jh. nach Byzanz.

Q: *Ruprecht*, Wikingerzeit (1958), Nr. 126; U, Nr. 922.
Lit: *Larsson*, Runstenar (1990), 114, 143.

A 229: Ingegerd (Anna, Irene)

† 1050
Tochter des schw. Kg.s Olof Skötkonung
aus Schweden

I. heiratete um 1019 den Großfürsten Jaroslav von Kiew (1019–1054). Sie nahm einen Verwandten, → Ragnvald Ulvsson, mit in die Kiewer Rus'. 1029 empfing I. den geflüchteten norw. Kg. → Olav den Heiligen und dessen Sohn → Magnus, den sie mehrere Jahre bei sich aufnahm.

Q: Adam II 39; Ágrip, Kap. 25, 33; Fsk., Kap. 30; Gottskálksannáll, s. a. 1019; Hkr. Óláfs saga helga, Kap. 93, 181, 187, 189, 192; Knýtlinga saga, Kap. 22; Konungsannáll, s. a. 1019; Msk., 1–3, 17–19, 58, 87; Oddaverja annáll, s. a. 1019; Olafs saga hins helga, Kap. 43f., 69, 71–73; Orkneyinga saga, Kap. 21; Theod., Kap. 16, 21.

Lit: *Boyer*, Wikinger (1994), 222; *Davidson*, Viking Road (1976), 158, 161, 164–166; *Jesch*, Women (1991), 116f.; *Roesdahl*, Wikinger (1992), 80f.; SBL 20 (1975), 6f.; SMK 4 (1948), 11.

A 230: Ingegerd Olavsdatter

∞ 1) → Torbjørn Klerk, ∞ 2) Torfinn Bruseson
Tochter von → Olav Rolvsson; Geschwister: → Gunne Olavsson und → Svein Åsleivsson
von den Orkney-Inseln

Nachdem sich ihr erster Mann und ihr Bruder zerstritten hatten, ließ sich Torbjørn in den 1140er Jahren von I. scheiden und schickte sie zu ihrem Bruder Svein nach Caithness.

Q: Orkneyinga saga, Kap. 82.
Lit: —

A 231: Ingemar

aus Dänemark

I. nahm 1159 am Kriegszug des dän. Kg.s → Valdemar des Großen gegen die Wenden teil.

Q: Knýtlinga saga, Kap. 119.
Lit: —

A 232: Ingemund

Bruder von → Ärnmund
aus Schweden

I. starb im 11. Jh. (um 1050/1080) in Byzanz.

Q: *Ruprecht*, Wikingerzeit (1958), Nr. 134; U, Nr. 72f.
Lit: *Larsson*, Runstenar (1990), 137.

A 233: Ingemund

† ca. 1098
aus Norwegen

I. wurde ca. 1097/98 vom norw. Kg. → Magnus Berrføtt zu den Hebriden geschickt und wollte sich zum Kg. ausrufen lassen, wurde aber ermordet.

Q: Chronica Manniae, s. a. 1077 (*recte* 1097).
Lit: —

A 234: Ingerd

Gräfin von Regenstein

* ca. 1200, † zwischen 8. 7. 1257 und 11. 8. 1259, ∞ Graf Konrad von Regenstein
Tochter von → Jakob Sunesøn; Nichte des Ebf.s → Anders Sunesøn und des Bf.s → Peder Sunesøn; Schwester von → Peder Jakobsøn
aus Dänemark

I. heiratete in zweiter Ehe Graf Konrad von Regenstein (vor 1245). Nach dem Tod ihres Mannes kehrte sie ca. 1250 nach Dänemark zurück und stiftete ein Klarissenkloster in Roskilde.

Q: DD I:7, Nr. 195; DD II:1, Nr. 106, 191–193, 202, 208–210, 240; Potthast, Nr. 15006, 16656, 16681–16683.
Lit: DBL 7 (1981), 108f.

A 235: Ingerid Ragnvaldsdatter (Ingigerðr)

∞ ca. 1156 → Eirik Stagbrell
Tochter von → Ragnvald Kale Kolsson
von den Orkney-Inseln

I. heiratete ca. 1156 in Sutherland Eirik Stagbrell.

Q: Orkneyinga saga, Kap. 94.
Lit: —

A 236: Ingimundur Þorgeirsson

Priester

* ca. 1145, † 1189, ∞ Sigrid Tumedatter
Sohn von Þorgeir Hallason und Hallbera Einarsdóttir; Geschwister: Ari, Einar und Þorvarður
aus Island

I. reiste 1185 nach Nidaros und fuhr 1188 von dort aus nach England, um Weizen, Wein, Honig und Kleidung einzukaufen. Anschließend fuhr er nach Bergen. 1189 wollte I. nach Island zurückreisen, sein Schiff wurde jedoch nach Grönland abgetrieben; dort starb er.

Q: Sturlunga saga, Kap. 94.
Lit: *Bugge*, Handelen (1898), 12; *Ebel*, Fernhandel (1987), 278; *Melsteð*, Ferðir (1907–1915), 753; NBL 6 (1934), 517f.

A 237: Ísleifur Gissurarson

Bf. von Skálholt 1056–1080

* ca. 1006, † 5. 7. 1080, ∞ Dalla Þorvaldsdóttir

Sohn von Gissur Teitsson und Þórðís Þóroddsdóttir; Vater von → Gissur Ísleifsson
aus Island

Í. wurde 1021–1028 in der Klosterschule in Herford (Westfalen) ausgebildet, in Deutschland zum Priester geweiht und um 1050 von den Isländern zum Bf. gewählt. 1055 fuhr er nach Deutschland, traf dort Ks. Heinrich III., dem er einen grönländischen Eisbären mitgebracht haben soll, und setzte seine Reise nach Rom fort. Dort erhielt er von Papst Viktor II. Privilegienbriefe und reiste weiter zu Ebf. Adalbert von Hamburg-Bremen, der ihn am 26. Mai 1056 zum Bf. weihte. 1057 kehrte Í. nach Island zurück, trennte sich von seiner Frau Dalla und richtete auf dem väterlichen Hof Skálholt den Bischofssitz ein.

Q: Adam III 77, IV 36; Hungrvaka, Kap. 2; Ísleifs þáttr byskups; Íslendingabók, Kap. 9; Jóns saga ens helga, 3, 58; Konungsannáll, s. a. 1056–1057; Kristni saga, Kap. 14; Landnámabók; Oddaverja annáll, s. a. 1056.

Lit: *Bagge*, Nordic Students (1984), 4; *Boyer*, Wikinger (1994), 196f.; DN XVII B, 259; *Jóhannesson*, History (1974), 144–146; *Kaufhold*, Norwegen (1997), 312; *Köhne*, Isleif Gizurarson (1970); *Köhne*, Wirklichkeit (1987); *Melsteð*, Ferðir (1907–1915), 779–781; NBL 6 (1934), 545f.; *Pulsiano*, Medieval Scandinavia (1993), 331f.; *de Vries*, Literaturgeschichte, Bd. 1 (1964), 221f.

A 238: Ivar

aus Fløan, Norwegen

I. wurde nach 1111 vom norw. Kg. → Sigurd Jorsalfar nach Irland geschickt, forderte dort Tributzahlungen und kehrte mit dem Geld zurück.

Q: Msk., 366f.
Lit: —

A 239: Ivar Engelsson

† ca. 1259
aus Norwegen

I. begleitete 1257–1258 → Kristin Håkonsdatter nach Spanien. Anschließend reiste er gemeinsam mit → Torlaug Bose nach Jerusalem, starb jedoch unterwegs.

Q: Hákonar saga Hákonarsonar, Kap. 290, 294.
Lit: Gelsinger, Alliance (1981), 61f.; *Riant*, Korstog (1868), 489.

A 240: Ivar Nev (Ivar Naso)

Lendmann
aus Norwegen

I. erhielt am 28. 1. 1235 von Kg. Heinrich III. von England die Erlaubnis, mit seinem Gefolge, Pferden und Gütern nach Norwegen zu reisen.

Q: DN XIX, Nr. 215.
Lit: Leach, Angevin Britain (1921), 67; *Nedkvitne*, Handelssjøfarten (1976), 178f.

A 241: Ívar Jónsson

aus Island

Í. begleitete 1202–1203 → Guðmundur Arason nach Norwegen. Auf der Fahrt kamen sie vom Kurs ab und erreichten die Hebriden, Irland und Schottland, bevor sie nach Bergen weiterreisen konnten.

Q: Guðmundar saga A, Kap. 113; Sturlunga saga, Kap. 153.
Lit: *Melsteð*, Ferðir (1907–1915), 847.

A 242: Ivar Utvik

Sysselmann von Oslo

aus Norwegen

Der Beiname bedeutet „aus Utvik". I. machte 1222 gemeinsam mit → Andres Skjaldarband eine Heerfahrt nach Bjarmaland (am Weißen Meer), von wo sie Pelze und Silber mitbrachten.

Q: Gottskálksannáll, s. a. 1222; Hákonar saga Hákonarsonar, Kap. 81; Høyers annáll, s. a. 1222; Konungsannáll, s. a. 1222; Resensannáll, s. a. 1222.
Lit: —

A 243: Jakob Erlandsøn

Bf. von Roskilde 1250–1254, Ebf. von Lund 1254–1274

† 18. 2. 1274 auf Rügen
Sohn von Erland und Cæcilia (Nichte von → Anders Sunesøn)
aus Dänemark

J. studierte im Ausland, wahrscheinlich in Paris. Er nahm möglicherweise 1245 am Konzil von Lyon teil, hielt sich mit Sicherheit 1247 und 1249–1250 an der Kurie in Lyon auf[1] und trug den Titel eines päpstlichen Kaplans. 1258 erhielt er die Erlaubnis zur Resignation vom Erzbischofsamt, im folgenden Jahr wurde er für einige Monate vom dän. Kg. gefangen gesetzt. Ca. 1260/61 begab J. sich außer Landes und ging zunächst nach Schweden. Ca. 1264 hielt er sich an der Kurie in Rom auf. Erst unter Papst Gregor X. wurde die Rückkehr möglich, doch bevor J. Dänemark erreichen konnte, starb er 1274 auf Rügen.

Q: Annales Lundenses, s. a. 1264; Annales Ryenses, s. a. 1265, 1268; DD I:7, Nr. 235, 262; Potthast, Nr. 12674.
Lit: DBL 4 (1980), 231–233; *Leach*, Angevin Britain (1921), 83; *Skyum-Nielsen*, Kirkekampen (1963), 43–46, 182, 265f.

[1] Es ist nicht auszuschließen, aber auch nicht sicher zu belegen, dass J. sich fünf Jahre lang an der Kurie aufhielt.

A 244: Jakob Sunesøn (Jakob von Møn)

† 17. 5. 1246, ∞ Estrid
Sohn von → Sune Ebbesøn; Geschwister: → Anders, Ebbe, → Johannes, Laurens, → Peder und → Thorbern Sunesøn
aus Dänemark

J. war eine der Geiseln, die 1225 gestellt wurden, um den dän. Kg. → Valdemar Sejr und dessen Sohn → Valdemar den Unge aus der Gefangenschaft des Grafen Heinrich von Schwerin auszulösen. 1230 nahm er → Abel Valdemarsøn und → Erik Plovpenning, Söhne von Valdemar Sejr, in Travemünde in Empfang, als sie aus ihrer Geiselhaft entlassen wurden.

Q: DD I:6, Nr. 42, 109.
Lit: DBL 14 (1983), 212.

A 245: Jogrim

aus Norwegen

J. begleitete 1222 → Ivar Utvik nach Bjarmaland (am Weißen Meer).

Q: Hákonar saga Hákonarsonar, Kap. 81.
Lit: —

A 246: Johan Sverkersson

Kg. von Schweden 1216–1222

* 1201, † 10. 3. 1222

Sohn des schw. Kg.s Sverker Karlsson und der Ingegerd (Tochter von → Birger Brosa) aus Schweden

J. führte 1220 einen Kriegszug nach Estland und errichtete die Burg Leal.

Q: Chronicon Livoniae XXIV 3.
Lit: Christiansen, Crusades (1980), 106f.; SBL 20 (1973–1975), 181f.; SMK 4 (1948), 68.

A 247: Johannes

aus Dänemark

J., genannt *danus,* war vor 1066 Landbesitzer in Somerset.

Q: DB I, fol. 89c.
Lit: Williams, Cockles (1986), 22, Anm. 96.

A 248: Johannes

Magister

aus Dänemark

J. reiste 1169 gemeinsam mit Ebf. → Stefan von Uppsala, Abt → Brienne und Kaplan → Walter (A 570) nach Benevent zu Papst Alexander III., bei dem sie u. a. durchsetzen konnten, dass Rügen zum Erzbistum Lund gerechnet und → Knud Lavard kanonisiert wurde.

Q: DD I:2, Nr. 189; JL, Nr. 11645.
Lit: Sandaaker, Delegasjonen (1969).

A 249: Johannes

aus Dänemark

J. bezeugte um 1197 eine Urkunde von Wéry des Prés, Mundschenk des Bf.s von Lüttich.

Q: DD I:3, Nr. 224.
Lit: —

A 250: Johannes

aus Dänemark

J. bezeugte 1228 in Minden als *Iohannes Danus* eine Urkunde des Bf.s Konrad von Minden. Er ist eventuell identisch mit → Johannes (A 251).

Q: DD I:6, Nr. 87.
Lit: —

A 251: Johannes

Ritter

aus Dänemark

J. bezeugte im April 1235 als *Iohannes Danus* eine Urkunde des Fürsten Nils von Mecklenburg. Er ist wahrscheinlich derselbe *Iohannes Danus*, der im März und Juli 1241 in Demmin zwei Urkunden Herzog Wartislavs III. bezeugte. Er ist eventuell identisch mit → Johannes (A 250).

Q: DD I:6, Nr. 208; DD I:7, Nr. 70, 80.
Lit: —

A 252: Johannes

Mönch (OP)

aus Schweden

J., Mönch des Konvents in Västerås, wurde vom Provinzialkapitel des Dominikanerordens, das 1246 in Ribe abgehalten wurde, nach Tallinn (Reval) gesandt. Gemeinsam mit elf weiteren Mönchen errichtete er dort einen neuen Konvent.

Q: De ordine Predicatorum in Dacia, Kap. 4.
Lit: Gallén, Province de Dacie (1946), 51.

A 253: Johannes Ebbesøn

Marschall des dän. Kg.s → Valdemar Sejr

† 1232
Sohn von Ebbe Sunesøn
aus Dänemark

J. machte eine Reise ins Heilige Land, bei der er 1232 in Akkon starb.

Q: Annales rerum Danicarum, s. a. 1232.
Lit: Riant, Korstog (1868), 469, 472.

A 254: Johannes Sunesøn

† ca. 1202
Sohn von → Sune Ebbesøn; Geschwister: → Anders, Ebbe, → Jakob, Laurens, → Peder und

→ Thorbern Sunesøn

aus Dänemark

J. verpfändete 1199 seinen Hof Alsted für 200 Mark Silber an das Kloster Sorø, um eine Pilgerfahrt nach Jerusalem zu finanzieren. Im Falle des Todes sollte Alsted an das Kloster fallen. J. starb dann tatsächlich in Jerusalem.

Q: DD I:3, Nr. 257; DD I:4, Nr. 90.
Lit: DBL 14 (1983), 212f.; *Krötzl*, Pilger, Mirakel und Alltag (1994), 106, 158; *Riant*, Korstog (1868), 416f.

A 255: Johannes Woxmoth

Mönch (OP)

aus Dänemark

J., Mönch des Konvents in Lund, wurde vom Provinzialkapitel des Dominikanerordens, das 1246 in Ribe abgehalten wurde, nach Tallinn (Reval) gesandt. Gemeinsam mit elf weiteren Mönchen errichtete er dort einen neuen Konvent.

Q: De ordine Predicatorum in Dacia, Kap. 4.
Lit: *Gallén*, Province de Dacie (1946), 51.

A 256: Jomar

von den Orkney-Inseln

J. begleitete → Ragnvald Kale Kolsson ca. 1158 nach Caithness. Nachdem → Torbjørn Klerk Ragnvald getötet hatte, verfolgte J. ihn mit einigen anderen und erschlug ihn.

Q: Orkneyinga saga, Kap. 103.
Lit: —

A 257: Jon (Johannes)

aus Norwegen

J. hielt sich in den 1160er Jahren in Saint-Victor bei Abt Ernisius auf, dessen Schwester in Norwegen lebte und J. nach Paris geschickt hatte.

Q: RN I, Nr. 137.
Lit: *Johnsen*, St. Victorklosteret (1943–1946), 410.

A 258: Jon (Johannes)

Kaplan des norw. Jarls → Skule

aus Norwegen

J. wurde 1221 von Skule zum englischen Kg. Heinrich III. gesandt. Bei Friesland erlitt er Schiffbruch, konnte sich jedoch retten, gelangte schließlich nach England und erhielt 1222 von Bf. Peter von Winchester fünf Mark für die Heimreise nach Norwegen.

Q: DN XIX, Nr. 140f.
Lit: *Bagge*, Kapellgeistlighet (1976), 69; *Bugge*, Handelen (1898), 25.

A 259: Jón Árnason

Bf. von Garðar (Grönland) 1188–1209

† 1209

aus Island (?)

J. fuhr 1189 und 1203 nach Island und bei der zweiten Gelegenheit weiter nach Norwegen und bis Rom.

Q: Páls saga, Kap. 9.
Lit: —

A 260: Jon Petersson Fot

† ca. 1153, ∞ 1139 Ingerid (Tochter von → Kol Kalesson)

aus Norwegen

Der Beiname bedeutet „Fuß". J. reiste 1153–1155 auf der Pilgerfahrt seines Schwagers → Ragnvald Kale Kolsson ins Heilige Land. Auf der Hinreise fuhren sie mit dem Schiff über Spanien durchs Mittelmeer, auf der Weiterreise starb J. in „Imbolum" (wahrscheinlich in Kleinasien).

Q: Orkneyinga saga, Kap. 85, 87f.
Lit: *Davidson*, Viking Road (1976), 264.

A 261: Jón Ögmundarson

Bf. von Hólar 1106–1121

* 1052, † 23. 4. 1121

aus Island

J. war zunächst Schüler von Bf. → Ísleifur in Skálholt und studierte später in Frankreich, Italien und an anderen Orten. Um 1077 kehrte er aus Frankreich zurück.[1] Am 29. April 1106 wurde J. von Ebf. Asser in Lund geweiht, nachdem er sich vorher bei Papst Paschalis II. in Rom Dispens für seine zwei Ehen geholt hatte. 1107 richtete J. in Hólar eine Schule zur Ausbildung von Geistlichen ein und holte Lehrer von auswärts. Er starb 1121 und wurde 1201 vom isl. Allþing heilig gesprochen, jedoch nie vom Papst kanonisiert.

Q: DD I:2, Nr. 37f.; Jóns saga ens helga, 15, 79, 114, 120; Oddaverja annáll, s. a. 1077.
Lit: *Bagge*, Nordic Students (1984), 4; *Jóhannesson*, History (1974), 153–156, 190–192; *Melsteð*, Ferðir (1907–1915), 787f.; NBL 7 (1936), 107f.; *Pulsiano*, Medieval Scandinavia (1993), 345; *de Vries*, Literaturgeschichte, Bd. 1 (1964), 223–225.

[1] Nach den Aussagen der isl. Annalen wurde er begleitet von → Sæmundur inn fróði.

A 262: Jon Stål (Johannes Stel)

Lendmann

aus Norwegen

J. reiste 1225 nach England, entweder als Händler oder um das Grab von Thomas Becket zu besuchen (oder beides?). Am 4. August erhielt er vom englischen Kg. Heinrich III. die Erlaubnis, bis Weihnachten mit seinem Schiff nach England zu kommen. Dort traf er → Peter

von Husastad, den Ebf. von Nidaros, der gerade auf der Rückreise von seiner Weihe durch den Papst in Rom war.
Q: DN XIX, Nr. 169; Hákonar saga Hákonarsonar, Kap. 130.
Lit: *Helle*, Relations (1968), 107; *Leach*, Angevin Britain (1921), 67; *Nedkvitne*, Handelssjøfarten (1976), 178.

A 263: Jón Þórhallsson

Priester

aus Island

J. fuhr nach Rom und begegnete nach Ostern 1177 auf der Rückreise → Þorlaug Pálsdóttir, die sich auf dem Weg nach Rom befand. Spätestens 1178 war J. wieder in Norwegen.
Q: Sturlunga saga, Kap. 73.
Lit: *Arnórsson*, Suðurgöngur (1954–1958), 40; *Melsteð*, Ferðir (1907–1915), 803f.

A 264: Jostein Eiriksson

Geschwister: → Karlshovud Eiriksson, Torkil Eiriksson; Onkel des norw. Kg.s → Olav Tryggvason

aus Norwegen

J. wurde 995 vom norw. Jarl Håkon gemeinsam mit seinem Bruder Karlshovud und → Tore Klakka nach England gesandt und kehrte schließlich mit Olav Tryggvason zurück. Später steuerte er gemeinsam mit seinem Bruder Torkil ein Schiff in Olav Tryggvasons letzter Schlacht (ca. 1000). Es ist nicht sicher, ob diese Schlacht bei Svolder in der Nähe von Rügen stattfand oder vor der Ostküste Seelands (siehe Kap. B.2.1).
Q: Hkr. Óláfs saga Tryggvasonar, Kap. 94; Theod., Kap. 7.
Lit: —

A 265: Kale Sæbjørnsson

† ca. 1098
aus Agder, Norwegen

K. begleitete den norw. Kg. → Magnus Berrføtt auf dessen Kriegszug nach Wales 1098 und starb dabei auf den Hebriden.
Q: Orkneyinga saga, Kap. 39, 41.
Lit: —

A 266: Kalv Arnesson (Eggjar-Kálfr)

* ca. 990, † 1051, ∞ ca. 1021 Sigrid Toresdatter (Schwester von → Tore Hund)
Sohn von Arne Arnmodsson und Tora Torsteinsdatter; Geschwister: → Arne, → Finn, → Kolbjørn und → Torberg Arnesson
aus Norwegen

Zunächst Anhänger → Olavs des Heiligen, schloss K. sich wahrscheinlich 1028 → Knud dem Großen an und fuhr im Sommer 1029 nach England. Er kehrte nach Norwegen zurück und kämpfte gegen Olav, wandte sich aber bald gegen Knuds Sohn Sven, der ab 1030 über Norwegen herrschte. 1034/35 holte K. (gemeinsam mit → Einar Tambarskjelve, → Ragnvald Bruseson und → Svein Bryggefot)[1] Olavs Sohn → Magnus aus dem Exil in der Kiewer Rus' zurück und machte ihn zum norw. Kg. Etwa 1039/40 musste K. jedoch das Land verlassen – es ist nicht klar, ob dies an der Rivalität mit Magnus oder mit Einar lag. Er ging auf die Orkney-Inseln und unternahm Fahrten nach Schottland, Irland und zu den Hebriden. Erst unter Magnus' Nachfolger → Harald Hardråde kehrte K. nach Norwegen zurück, starb aber wenig später bei einem Kriegszug in Dänemark.

Q: Ágrip, Kap. 33; Fsk., Kap. 34, 44f.; Hkr. Óláfs saga helga, Kap. 183, 251; Hkr. Magnúss saga ins góða, Kap. 5, 14; Hkr. Haralds saga Sigurðarsonar, Kap. 45, 51; Msk., 16f., 20; Orkneyinga saga, Kap. 21, 27; Theod., Kap. 21.

Lit: NBL 7 (1936), 186–188; NBL[2] 5 (2002), 189.

---

[1] Nach dem Zeugnis der Morkinskinna wurde K. zunächst nur von → Karl den Vesale begleitet, Einar kam später hinzu.

A 267: Karl den Vesale

Händler

Bruder von → Bjørn (A 70)

aus Norwegen

Der Beiname bedeutet „der Glücklose" oder „der Elende". K. reiste gemeinsam mit seinem Bruder Bjørn nach Sachsen. Um 1030 trieben sie Handel in der Ostsee und kamen bis in die Kiewer Rus' zu Großfürst Jaroslav, bei dem sie den Winter über blieben. 1034 soll er gemeinsam mit → Kalv Arnesson erneut in die Kiewer Rus' gereist sein.

Q: Msk., 5–17.
Lit: —

A 268: Karl den Danske (Karl der Gute)

Graf von Flandern 1119–1127

* vor 1086, † 2. 3. 1127 in Brügge

Sohn des dän. Kg.s → Knud des Heiligen und der Adela (Tochter des Grafen Robert I. von Flandern)

aus Dänemark

Der Beiname bedeutet „der Däne" – K. wurde auch *den gode* („der Gute") genannt. Er wurde in Dänemark geboren, ging aber nach dem Tod seines Vaters (1086) mit seiner Mutter nach Flandern und wuchs in der Obhut seines Großvaters Robert I. und seines Onkels Robert II. auf. 1101 bezeugte er eine Urkunde von Bf. Heinrich in Paderborn. Um 1108 soll er sich am Hof seiner Mutter aufgehalten haben, die mittlerweile mit Herzog Roger von Apulien verheiratet war. Eventuell begegnete er hier dem norw. Kg. → Sigurd Jorsalfar und schloss sich dessen Reise ins Heilige Land an. K. war ab 1119 Graf von Flandern. 1124 hielt er sich in Rouen am Hof des englischen Kg.s Heinrich I. auf. Im folgenden Jahr soll er ein Kandidat für die Nachfolge des verstorbenen Ks.s Heinrich VI. gewesen sein.[1] K. wurde 1127 in der Kirche St. Donatian in Brügge ermordet.

Q: Årbog 1074–1255, s. a. 1127; Annales Colbazenses, s. a. 1127; ASC, s. a. 1119, 1127; DD I:2, Nr. 27; Passio Karoli comitis Flandriae, Kap. 1–15; Høyers annáll, s. a. 1127; Knýtlinga saga, Kap. 68; Ordericus Vitalis: Hist. Eccl. XII (Bd. 6, 352–354, 370); Resensannáll, s. a. 1127; Wilhelm von Malmesbury, Kap. 257.
Lit: DBL 3 (1979), 164f.; *Fenger*, Kirker (1989), 68; *Riant*, Korstog (1868), 254.

---

1 So Galbert von Brügge in der Passio Karoli comitis Flandriae, Kap. 4, und Otto von Freising in seiner Chronik VII 17. Außerdem berichtet Galbert, dass K. 1123 die Krone des Königreichs Jerusalem angeboten wurde (Kap. 5).

A 269: Karle

† 1026
Bruder von → Gunnstein
aus Helgeland, Norwegen

K. wurde 1025 vom norw. Kg. → Olav dem Heiligen nach Bjarmaland (am Weißen Meer) gesandt, um Handel zu treiben. Er fuhr mit seinem Bruder Gunnstein, später schloss sich ihnen → Tore Hund an. Auf der Rückfahrt wurde K. von Tore getötet.

Q: Fsk., Kap. 31; Hkr. Óláfs saga helga, Kap. 133; Olafs saga hins helga, Kap. 46.
Lit: —

A 270: Karlshovud Eiriksson

Geschwister: → Jostein Eiriksson, Torkil Eiriksson; Onkel des norw. Kg.s → Olav Tryggvason
aus Norwegen

K. wurde 995 vom norw. Jarl Håkon gemeinsam mit seinem Bruder Jostein und → Tore Klakka nach England gesandt und kehrte schließlich mit Olav Tryggvason zurück.

Q: Theod., Kap. 7.
Lit: —

A 271: Kjeld (Exuperius, Ketillus)

Dompropst in Viborg
† 27. 9. 1150
aus Dänemark

K. reiste 1147/48 zu Papst Eugen III. nach Rom, um die Erlaubnis zur Wendenpredigt zu erwirken. Der Papst verweigerte dies und setzte K. wieder als Propst ein. Anschließend kehrte K. zum Domstift in Viborg zurück. 1188 wurde er heilig gesprochen.

Q: Vita et miracula Sancti Ketilli, 269.
Lit: DBL 7 (1981), 620f.; KLNM 8, 435–437; *Krötzl*, Pilger, Mirakel und Alltag (1994), 64; *Seegrün*, Papsttum (1967), 145.

A 272: Kjell (Ketil)

aus Schweden

K. starb im 11. Jh. (wahrscheinlich um oder nach 1050) in England. Sein Vater Gaut ließ einen Runenstein zum Gedenken an ihn errichten.

Q: *Ruprecht*, Wikingerzeit (1958), Nr. 50; Sm, Nr. 5.
Lit: —

A 273: Knud der Große (Gambliknut, Knútr inn gamli Sveinsson)

Kg. von Dänemark 1014/19–1035, Kg. von England 1016–1035, Kg. von Norwegen 1028–1035

* ca. 995/1000, † 12. 11. 1035 in Shaftesbury, ∞1) Ælfgifu, ∞2) 31. 7. 1017 Emma
Sohn des dän. Kg.s → Sven Tveskæg und der Gunhild (Tochter des polnischen Fürsten Mieszko I.); Bruder von Harald, Halbbruder von → Estrid; Kinder: → Gunhild (A 164), → Harald Harefod, → Hardeknud, → Sven Alfifasøn
aus Dänemark

K., auch *inn gamli* (der Alte) genannt, zog 1013 mit seinem Vater nach England und wurde nach Svens Tod zunächst von der dän. Flotte als Kg. ausgerufen, wenig später aber von Æthelred, der aus seinem Exil zurückgeholt worden war, nach Dänemark vertrieben.[1] 1015 kehrte K. mit einem Heer nach England zurück, landete in Sandwich und eroberte 1016 Mercia und das Danelag. Am 23. 4. 1016 starb Kg. Æthelred und sein Sohn Edmund wurde englischer Kg., musste sich die Herrschaft nach mehreren Kämpfen aber mit K. teilen. Edmund starb noch im selben Jahr, so dass K. auch Wessex erhielt und Kg. über ganz England war. 1017 heiratete er Emma, die Witwe Æthelreds. 1019 hielt K. sich in Dänemark auf, das er nach dem Tod seines Bruders Harald allein beherrschte, war ab 1020 aber wieder in England. 1023 versöhnte er sich mit → Thorkil den Høje, den er zwei Jahre zuvor verstoßen hatte.[2] 1025 fuhr K. erneut nach Dänemark, kehrte aber noch im selben Jahr nach England zurück. 1026–1027 machte K. von Dänemark aus eine Reise über Land nach Rom und nahm an der Kaiserkrönung Konrads II. teil.[3] Dabei traf er sich auch mit Papst Johannes XIX. und Kg. Rudolf III. von Burgund. Danach kehrte er nach Dänemark zurück, fuhr 1028 nach Norwegen und vertrieb Kg. → Olav den Heiligen. Ab 1029 war K. wieder in England, unternahm ca. 1030 einen Heerzug nach Schottland und ließ sich von Kg. Malcolm II. huldigen. Spätestens 1032 ist K. erneut in England anzutreffen, als er in London eine Urkunde ausstellte. 1035 starb K. in Shaftesbury und wurde in Winchester begraben.

Q: Adam II 51–55, 60f., 65f., 73; Ágrip, Kap. 21, 26, 35; ASC, s. a. 1013–1023, 1025 (*recte* 1026), 1028, 1031 (*recte* 1027), 1035, 1036 (*recte* 1035); Chronicon Roskildense, Kap. 7; Chronik von Melrose, s. a. 1013, 1015–1020, 1028–1029, 1031 (*recte* 1027), 1032, 1035; DD I:1, Nr. 381, 422, 431; DN XIX, Nr. 11; Encomium Emmae I 4f., II 1, 5–10, 13–20, 23; Fsk., Kap. 32f., 36f., 40, 47; Gesta Normannorum Ducum V 8f., VI 9, 11; VII 5; Gottskálksannáll, s. a. 1012; Hkr. Óláfs saga helga, Kap. 24–26, 95, 130–132, 134, 139, 146f., 184, 194; Hkr. Magnúss saga ins góða, Kap. 5; Høyers annáll, s. a. 1012; Johannes von Worcester, s. a. 1014–1021, 1027–1029, 1031 (*recte* 1027), 1035; Knýtlinga saga, Kap. 8–10, 12–14, 16f.; Konungsannáll, s. a. 1012; Msk., 22; Oddaverja annáll, s. a. 1011–1012, 1035; Olafs saga hins helga, Kap. 10–13, 19, 22, 45, 59; Ordericus Vitalis: Hist. Eccl. I (Bd. 1, 156f.), IV (Bd. 2, 244); Resensannáll, s. a. 1012; RN I, Nr. 26; Saxo Gr. X

14, 16 (1, 4), 17 (1), 19; Sven Aggesøn, Kap. 9; Theod., Kap. 15f.; Thietmar VII 40, VIII 7; Wilhelm von Malmesbury, Kap. 179–185, 187; Wipo, Kap. 16.

Lit: *Boyer*, Wikinger (1994), 212–216; *Campbell*, Encomium Emmae (1998), LIV–LXIII; DBL 8 (1981), 56–58; *Kirby/Smyth/Williams*, Biographical dictionary (1991), 80–82; *Krötzl*, Pilger, Mirakel und Alltag (1994), 107; *Moberg*, Undersökningar (1945), 6–14; *Roesdahl*, Wikinger (1992), 110; *Seegrün*, Papsttum (1967), 59–62; *Stenton*, England (1971), 384–414.

---

1 Das *Chronicon Roskildense* berichtet, K. sei zunächst mit Olav dem Heiligen nach Bremen geflüchtet und dort von Ebf. Unwan getauft worden.
2 Die Versöhnung zwischen K. und Thorkil fand wahrscheinlich in Dänemark statt, wohin K. 1022 von der Isle of Wight aus gefahren sein dürfte. Ab 1023 ist er wieder in England anzutreffen.
3 Die englischen Quellen ordnen die Reise zum Jahr 1031 ein. Da K. aber an Konrads Kaiserkrönung teilnahm, wie Wipo berichtet, muss diese Reise 1027 stattgefunden haben. Ob K. 1031 eine zweite Romreise machte, bleibt fraglich. Vgl. dazu *Moberg*, Undersökningar (1945), 6–14, *Whitelock/Brett/Brooke*, Councils and synods (1981), 507f. Nach dem Encomium Emmae II 20 reiste K. durch *Flandria* und *Gallia*.

A 274: Knud der Heilige (Knútr inn helgi Sveinsson)

Kg. von Dänemark 1080–1086

† 10. 7. 1086 in Odense, ∞ ca. 1082 Adela (Tochter des Grafen Robert I. von Flandern)
Sohn des dän. Kg.s → Sven Estridsøn; Geschwister: → Bjørn (A 72), → Erik Ejegod, → Harald Hen, → Knud Magnus Svensøn, → Niels (A 320), → Oluf Hunger, → Sigrid (A 415), → Sven Svensøn (A 474)
aus Dänemark

K. wurde auch „der Jüngere" genannt. K. befehligte 1069–70 gemeinsam mit seinen Brüdern Bjørn und Harald Hen sowie seinem Onkel → Asbjørn Estridsøn die Flotte seines Vaters, die England erobern sollte. 1075 führte K. selbst – gemeinsam mit → Håkon (A 176) – einen Zug an, bei dem York geplündert wurde.[1] Nach dem Tod seines Vaters versuchte K., Kg. von Dänemark zu werden, konnte sich aber nicht gegen seinen Bruder Harald durchsetzen und ging ins Exil nach Schweden. Erst nach Haralds Tod wurde K. Kg., stellte 1085 ein Heer gegen England auf, konnte diese Unternehmung aber wegen Unruhen im Süden Dänemarks nicht durchführen und wurde im folgenden Jahr ermordet. 1100 wurde K. heilig gesprochen.

Q: ASC, s. a. 1075, 1076 (*recte* 1075), 1085; Ordericus Vitalis: Hist. Eccl. IV (Bd. 2, 224–226); Wilhelm von Malmesbury, Kap. 261.

Lit: DBL 8 (1981), 58–60; *Hoffmann*, Dänemark und England (1972), 108.

---

1 Aus den verschiedenen Versionen der Angelsächsischen Chronik geht nicht eindeutig hervor, ob sie anschließend nach Flandern ausweichen mussten.

A 275: Knud Lavard (Knútr lávarðr Eiríksson)

Herzog *(dux Daciae)*

* ca. 1095/1100 in Roskilde, † 7. 1. 1131 in Haraldsted, ∞ ca. 1116 Ingeborg (Tochter des Fürsten Mstislav Vladimirovič von Nowgorod und der → Kristina)
Sohn des dän. Kg.s → Erik Ejegod und der → Bodil, Halbgeschwister: → Erik Emune und

→ Harald Kesja; Kinder: Kristina (∞ Magnus Blinde, norw. Kg.), → Valdemar der Große
aus Dänemark

Der Beiname bedeutet wahrscheinlich „Herr".[1] K. lebte nach dem Tod seiner Eltern mehrere Jahre bei Herzog Lothar von Sachsen. Er hatte zwischen 1111 und 1122 das Amt des *praefectus* der Stadt Schleswig inne und war *dux Dacie*, ohne dass genau gesagt werden kann, ob dieser Titel sich auf Schleswig bezog oder eher ein militärisches Amt bezeichnete. 1113 begleitete K. seinen Onkel, den dän. Kg. → Niels (A 320), auf dessen Kriegszug gegen die Abodriten nach Liutcha in Ost-Holstein. Ca. 1128/29 wurde er Lothars Vasall als Fürst der Abodriten. Er konnte sich zunächst in Wagrien durchsetzen, bekämpfte dann die Abodritenfürsten Pribislav und Niklot, nahm sie gefangen und brachte sie nach Schleswig. 1130 wohnte er in Lübeck der Einweihung einer Kirche bei. Im November oder Dezember desselben Jahres traf K. sich mit Kg. Niels in Schleswig und wurde nur wenig später von → Magnus Nielssøn ermordet. 1160 wurde K. heilig gesprochen.

Q: Historia s. Kanuti ducis et martyris ex officio, ut videtur, ecclesiæ Ringstadiensis, ed. *Gertz*, Vitae (1908–1912), 189–204; Helmold, Kap. 49; Knýtlinga saga, Kap. 84f., 90; Saxo Gr. XIII 2 (4).

Lit: DBL 8 (1981), 61–63; *Fenger*, Kirker (1989), 129; LexMA 5 (1991), 1240; *Riant*, Korstog (1868), 301f.

---

1 Vgl. englisch „lord".

A 276: Knud Magnussøn

Kg. von Dänemark 1146–1157

† 9. 8. 1157 in Roskilde

Sohn von → Magnus Nielssøn und Richiza (Tochter des polnischen Kg.s Boleslaw III. Krzywousty)

aus Dänemark

K. wurde 1146 von den Jütländern zum Kg. gewählt, während → Sven Grathe die Bewohner von Schonen und Seeland hinter sich brachte. Dennoch haben sie sich 1147 gemeinsam am Wendenkreuzzug beteiligt und sind nach Dobin in Mecklenburg gezogen. K. versuchte dann mehrmals, Seeland zu erobern, musste 1150 aber aus Dänemark fliehen. Er hielt sich in Schweden und bei seinem Schwiegervater in Polen auf,[1] fuhr dann zu Herzog Heinrich dem Löwen und Ebf. Hartwig von Hamburg-Bremen, mit dessen Unterstützung er im darauf folgenden Jahr nach Dänemark zurückkehrte, ohne sich jedoch durchsetzen zu können. K. wandte sich anschließend an Friedrich Barbarossa, der ihn 1152 gemeinsam mit Sven Grathe zum Reichstag in Merseburg vorlud, um die Thronstreitigkeiten zu schlichten. K. erhielt Seeland, musste aber auf die Königswürde verzichten. 1154 verbündete K. sich mit → Valdemar dem Großen, beide ließen sich zum Kg. ausrufen und konnten Sven vertreiben. Ca. 1156 kehrte Sven zurück, Dänemark wurde dreigeteilt zwischen K. (Seeland), Valdemar (Jütland) und Sven (Schonen). 1157 lud K. seine Mitkönige zu einem Treffen nach Roskilde. Dort ließ Sven Grathe Valdemar und K. überfallen – Valdemar entkam, K. hingegen wurde ermordet.

Q: Årbog 1074–1255, s. a. 1152; Annales Lundenses, s. a. 1152; Annales Ryenses, s. a. 1152–1155; Annales Visbyenses, s. a. 1152; Chronica Sialandie, s. a. 1152; DD I:2, Nr. 110;

Helmold, Kap. 67, 70, 73; Knýtlinga saga, Kap. 108f.; MGH DD F I, Nr. 11; Otto von Freising: Gesta Friderici II 5; Saxo Gr. XIV 3 (6–9), 5 (2–4), 8 (1–3).

Lit: Christensen, Tiden 1042–1241 (1977), 292; *Christiansen,* Crusades (1980), 52; DBL 8 (1981), 60; *Fenger,* Kirker (1989), 137f.

---

1 Laut *Knýtlinga saga* soll K. während seines Exils von Schweden aus zunächst in die Kiewer Rus' gefahren sein (ähnlich auch mehrere dän. Annalen). Außerdem berichtet die Saga von einem Aufenthalt in Rostock.

A 277: Knud Magnus Svensøn

† ca. 1072

Sohn des dän. Kg.s → Sven Estridsøn; Geschwister: → Bjørn (A 72), → Erik Ejegod, → Harald Hen, → Knud der Heilige, → Niels (A 320), → Oluf Hunger, → Sigrid (A 415), → Sven Svensøn (A 474)

aus Dänemark

K. reiste ca. 1072 zur Kurie in Rom und starb wenig später in Italien.[1]

Q: Adam III 21 (Schol. 72); Knýtlinga saga, Kap. 23.
Lit: Riant, Korstog (1868), 209; *Seegrün,* Papsttum (1967), 67f.

---

1 Der Grund seiner Reise ist nicht eindeutig, in einem Zusatz zu Adams *Gesta* heißt es jedoch, Sven hätte seinen Sohn „Romam transmitteret, ut ibi consecraretur ad regnum [...]".

A 278: Knud Prislavsøn

aus Dänemark

K. begleitete den dän. Kg. → Valdemar den Großen auf dessen Kriegszug nach Stettin (ca. 1176).

Q: Saxo Gr. XIV 43 (5f.).
Lit: —

A 279: Knud Valdemarsøn (Knud den Sjette)

Kg. von Dänemark 1182–1202

* ca. 1163, † 12. 11. 1202, ∞ 1177 Gertrud (Tochter Heinrichs des Löwen, Herzog von Sachsen und Bayern)
Sohn des dän. Kg.s → Valdemar des Großen und der Sofie; Geschwister: → Helene, → Ingeborg (A 227), → Christoffer (A 87), → Sofie (A 450), → Tove und → Valdemar Sejr
aus Dänemark

Bereits 1165 wurde K. von seinem Vater zum Kg. erhoben, 1170 erhielt er von Ebf. → Eskil (A 128) die Königsweihe. 1179 führte K. gemeinsam mit Ebf. → Absalon (A 9) einen Kriegszug nach Wolgast und Usedom, 1184 stieß K. zu einem Zug Absalons nach Wolgast hinzu. 1185 fuhren sie nach Lübchin, Demmin, Wollin und Kammin und konnten Bogislaw von Pommern besiegen, der K. daraufhin einen Lehnseid schwor. 1194 zog K. nach Holstein, als er sich erfolgreich gegen einen Einfall Graf Adolfs III. zur Wehr setzte. 1196/97 machte K. einen Kreuzzug nach Estland.[1] 1199 begann K. die Eroberung Nordalbingiens, kehrte aber angesichts des starken Aufgebots, das Adolf III. zusammengezogen hatte, an der Eider um.

Im darauf folgenden Jahr zog K. erneut gegen Adolf und konnte die Feste Rendsburg an der Eider einnehmen. 1201 erkannte Lübeck die dän. Oberhoheit an. Zum darauf folgenden Jahr heißt es, dass K. in Lübeck „*gloriose susceptus est a clero et ab omni populo*" (Arnold VI 15). Anschließend zog er weiter nach Mölln, bevor er nach Dänemark zurückkehrte. Dort starb er am 12. November.

Q: Årbog 1074–1255, s. a. 1197; Annales 1098–1325, s. a. 1199; Annales Essenbecenses, s. a. 1196; Annales Lundenses, s. a. 1197; Annales Ryenses, s. a. 1196; Annales Stadenses, s. a. 1201; Annales Valdemarii, s. a. 1194; Annales Visbyenses, s. a. 1184, 1196; Arnold III 7, VI 11f., 15; Chronica Sialandie, s. a. 1184, 1194, 1196; Knýtlinga saga, Kap. 126, 129; Sächsische Weltchronik, Kap. 341; Saxo Gr. XV 1 (2–4), XVI 6 (6–8), 7 (1, 4), 8 (1–3, 5f., 8f.); Sven Aggesøn, Kap. 20.

Lit: *Christensen*, Tiden 1042–1241 (1977), 366; *Christiansen*, Crusades (1980), 64–66; DBL 8 (1981), 60f.; *Eggert*, Kämpfe (1928), 62–74; *Gaethke*, Knud und Waldemar, Teil 1 (1994), 46–48, 82–84, 95; *Tarvel*, Ostseepolitik (1998), 56.

---

1 *Johansen*, Nordische Mission (1951), 99, meint, dass „König Knud VI. selbst daran teilgenommen hätte, ist spätere Ausschmückung dieser kärglichen Notiz" in den dän. Annalen.

A 280: Knud Valdemarsøn

Herzog von Estland 1219–1227

* ca. 1211, † ca. 1260, ∞ Hedwig von Brandenburg

Sohn von → Valdemar Sejr; Geschwister: → Abel Valdemarsøn, → Christoffer (A 88), → Erik Plovpenning, Niels, → Sofie (A 451), → Valdemar den Unge
aus Dänemark

K. wurde 1219 von seinem Vater Valdemar Sejr zum Herzog von Estland ernannt und hielt sich zumindest 1222–1223 in Estland auf. Später behielt er den Herzogstitel, ohne ein Herzogtum inne zu haben.[1]

Q: Chronicon ecclesiae Ripensis, 32.
Lit: *Christiansen*, Crusades (1980), 108; DBL 8 (1981), 63f.; *Johansen*, Estlandliste (1933), 797.

---

1 Matthaeus Parisiensis berichtet (*Luard*, Chronica maiora, 1872–1883, Bd. 4, 9), dass K. sich an einem Kriegszug in die Kiewer Rus' beteiligte, der 1240–1242 gemeinsam mit dem Deutschen Orden durchgeführt wurde. Er ist jedoch der einzige Zeuge für K.s Beteiligung an diesem Unternehmen.

A 281: Kol Kalesson

Lendmann

Sohn von → Kale Sæbjørnsson
aus Norwegen

K. begleitete gemeinsam mit seinem Vater den norw. Kg. → Magnus Berrføtt auf dessen Kriegszug nach Wales 1098. Anschließend ging er mit Magnus nach Norwegen und wurde Lendmann in Agder.

Q: Orkneyinga saga, Kap. 39.
Lit: —

A 282: Kolbein

† 1232
von den Orkney-Inseln

K. hielt sich 1231 mit seinen Brüdern → Andres (A 23) und → Hånev sowie weiterem Gefolge in Thurso (Caithness) auf; dort töteten sie Jarl Jon Haraldsson.

Q: Hákonar saga Hákonarsonar, Kap. 170f.
Lit: Thomson, History of Orkney (1987), 81f.

A 283: Kolbein Ruge (Kolbeinn hrúga)

von den Orkney-Inseln

K. holte 1142 gemeinsam mit → Torleiv Brynjolvsson und → Arne Sæbjørnsson den späteren norw. Kg. → Øystein Haraldsson aus Schottland nach Norwegen.

Q: Fsk., Kap. 99; Hkr. Haraldssona saga, Kap. 13; Msk., 440.
Lit: —

A 284: Kolbeinn ungi Arnórsson

Gode
* ca. 1208, † 22. 7. 1245, ∞ Herdís Þorkellsdóttir
Sohn von Arnór Ásbjarnarson und Guðrún Daðadóttir
aus Island

Der Beiname bedeutet „der Jüngere". K. reiste ca. 1235 gemeinsam mit → Þórálfur Bjarnason, → Þórður þumli und → Sigurður Eldjárnsson nach Rom. Unterwegs traf er auf Bf. → Pål von Hamar. 1236 war K. wieder zurück in Island.

Q: Konungsannáll, s. a. 1234, 1236; Sturlunga saga, Kap. 259.
Lit: Arnórsson, Suðurgöngur (1954–1958), 34; Melsteð, Ferðir (1907–1915), 864.

A 285: Kolbjørn Arnesson (Kolbein Arnesson)

Sohn von Arne Arnmodsson und Tora Torsteinsdatter; Geschwister: → Arne → Finn, → Kalv und → Torberg Arnesson
aus Norwegen

K. begleitete 1028 Kg. → Olav den Heiligen bei dessen Flucht aus Norwegen in die Kiewer Rus'.[1]

Q: Olafs saga hins helga, Kap. 69; Óláfs saga hins helga hin mesta, 814.
Lit: Schreiner, Studier (1927), 455.

---

[1] Die *Olafs saga hins helga* führt K. nicht an, wohl aber einen Þorbiorn, der direkt im Anschluss an die Brüder Finn, Torberg und Arne Arnesson genannt wird und deshalb vermutlich ein Schreibfehler für Kolbjørn ist.

A 286: Kollsveinn Bjarnarson (Kolbeinn Bjarnarson)

aus Island

K. begleitete 1202–1203 → Guðmundur Arason nach Norwegen. Auf der Fahrt kamen sie vom Kurs ab und erreichten die Hebriden, Irland und Schottland, bevor sie nach Bergen weiterreisen konnten.

Q: Guðmundar saga A, Kap. 113; Sturlunga saga, Kap. 153.
Lit: *Melsteð*, Ferðir (1907–1915), 847.

A 287: Kristin Håkonsdatter

* 1233/34, † 1262 in Sevilla, ∞ 31. 3. 1258 Philipp von Kastilien
Tochter des norw. Kg.s Håkon Håkonsson
aus Norwegen

K. fuhr 1257 mit großem Gefolge über England (Yarmouth) nach Frankreich, das sie auf Einladung des französischen Kg.s auf dem Landweg durchquerte. Sie reiste über Narbonne und Aragón (Gerona, Barcelona) nach Kastilien und traf kurz vor Weihnachten in Soria auf Kg. Jakob I. (Jaime) von Aragón (1218–1276). Eine Woche später wurde sie in Palencia[1] von Kg. Alfons X. von Kastilien (1252–1282) empfangen. Gemeinsam zogen sie Anfang Januar 1258 nach Valladolid. Dort heiratete K. am Sonntag nach Ostern 1258 Philipp, einen Sohn Alfons' X., in der Kirche Santa Maria la Mayor. Anschließend lebte das Paar in Sevilla, wo K. vier Jahre später starb.

Q: Hákonar saga Hákonarsonar, Kap. 290, 294; Konungsannáll, s. a. 1257, 1262; Oddaverja annáll, s. a. 1262.
Lit: *Gelsinger*, Alliance (1981); *Jenssen*, Kristina (1980); *Kaufhold*, Norwegen (1997), 328–330; NBL² 5 (2002), 371; *Riant*, Korstog (1868), 488f.

---

1 Dort hielt sich Alfons zu dieser Zeit nachweislich auf. Die Angabe in der *Hákonar saga Hákonarsonar*, dieses Treffen habe in Burgos stattgefunden, ist demnach falsch. Siehe dazu *Gelsinger*, Alliance (1981), 62.

A 288: Kristina

† 1122, ∞ 1095 Mstislav Vladimirovič (Großfürst von Kiew-Nowgorod 1125–1132)
Tochter des schw. Kg.s Inge Stenkilsson; Kinder: Ingeborg (∞ → Knud Lavard), Malmfrid (∞ 1) → Sigurd Jorsalfar, ∞ 2) → Erik Emune), Euphrosine (∞ Geza II., Kg. von Ungarn), Irene (∞ Ks. Alexios I. Komnenos)
aus Schweden

K. heiratete 1095 Mstislav[1], der von 1088 bis 1125 Statthalter von Nowgorod war, und lebte bis zu ihrem Tod mit ihm in der Kiewer Rus'.

Q: Fsk., Kap. 77; Knýtlinga saga, Kap. 88.
Lit: *Davidson*, Viking Road (1976), 157f.

---

1 *Fagrskinna* nennt ihn „Haraldr".

A 289: Lifolf

von den Orkney-Inseln

L. lebte in den 1150er Jahren in Caithness.

Q: Orkneyinga saga, Kap. 102.
Lit: —

A 290: Lifolf Skalle

† 1198 (?), ∞ Ragnhild (Tochter von → Eirik Stagbrell)
von den Orkney-Inseln

Der Beiname bedeutet „Glatze". L. schloss sich etwa in den 1180/90er Jahren seinem Schwager, Jarl → Harald Eiriksson, in Caithness an und wurde von ihm zu Jarl Harald Maddadsson geschickt, um die Hälfte des Orkney-Jarltums für Harald Eiriksson einzufordern. Er wurde abgewiesen, kehrte nach Caithness zurück und wurde erneut zu den Orkneys ausgesandt, diesmal als Kundschafter. Es kam zur Schlacht, in der L. starb.

Q: Orkneyinga saga, Kap. 109.
Lit: —

A 291: Live (Livo)

Bf. von Odense 1162–1163/66

† 24. 4., ca. 1169 (oder später)

aus Dänemark

L. war seit ca. 1140 Propst in Odense. 1162 begleitete er den dän. Kg. → Valdemar den Großen zum deutschen Hoftag nach Saint-Jean-de-Losne. Bei der anschließenden Synode am 7. und 8. September erhielt er die Bischofsweihe durch den nicht allgemein anerkannten Papst Viktor IV. L. scheint bei der Rückkehr des Ebf.s → Eskil (A 128) von Lund Dänemark verlassen zu haben. 1168 war er in Köln und wohnte dort am 22. Mai der *elevatio* des heiligen Ebf.s Kunibert von Köln bei. Etwa 1168/70 erwarb er gemeinsam mit seinem Neffen → Achilius ein Haus in Köln.

Q: DD I:2, Nr. 187f.; Saxo Gr. XIV 28 (20).
Lit: *Kluger* et al., Series episcoporum VI, II (1992), 62f.; *Seegrün*, Papsttum (1967), 180.

A 292: Lodin Lepp

† 1288/89

aus Norwegen

Der Beiname bedeutet „Locke". L. begleitete 1257–1258 → Kristin Håkonsdatter nach Spanien. 1262 wurde er vom norw. Kg. Håkon Håkonsson gemeinsam mit Håkon Øysil zum Sultan von Tunis gesandt, dem sie mehrere Falken, Pelze und andere Geschenke brachten. 1263 kehrten sie zurück.

Q: Hákonar saga Hákonarsonar, Kap. 290, 296, 313.
Lit: *Gelsinger*, Alliance (1981), 61f.; NBL² 6 (2003), 110; *Riant*, Korstog (1868), 489–491.

A 293: Magnus

Bf. von Hjørring ca. 1059, Mönch

† ca. 1059
aus Dänemark

M. ertrank um 1059 auf der Heimreise in der Elbe, nachdem er von Ebf. Adalbert von Hamburg-Bremen die Bischofsweihe erhalten hatte.

Q: Adam III 77, IV 2.
Lit: RegEB I, Nr. 258.

A 294: Magnus

aus Dänemark

M. begleitete 1164 den dän. Kg. → Valdemar den Großen auf dessen Kriegszug nach Wolgast.

Q: Saxo Gr. XIV 25 (19f.).
Lit: —

A 295: Magnus Eriksøn

aus Dänemark

M. begleitete Bf. → Absalon (A 9) auf die Kriegszüge gegen die Wenden nach Rügen (1165) und Wollin (ca. 1170). Während eines Aufstands gegen Kg. Valdemar (1176–1177), an dem M. beteiligt war, musste er aus Dänemark fliehen und hielt sich in Lübeck auf.

Q: Saxo Gr. XIV 34 (1), 42 (7), 54 (16, 18–21).
Lit: —

A 296: Magnus Erlendsson der Heilige

Jarl von den Orkneys ca. 1105–ca. 1115

* ca. 1080, † 16. 4., ca. 1115
Sohn von → Erlend Torfinnsson; Bruder von → Erling Erlendsson
aus Norwegen

M. begleitete ebenso wie sein Bruder Erling den norw. Kg. → Magnus Berrføtt auf seinem Kriegszug nach Irland 1102/03,[1] flüchtete aber nach Schottland und ging an den Hof des schottischen Kg.s, bis er ca. 1105 auf die Orkney-Inseln zurückkehrte. Ab 1135 wurde M. als Heiliger verehrt.

Q: Ágrip, Kap. 49; Fsk., Kap. 81; Hkr. Magnúss saga berfœtts, Kap. 23; Msk., 316, 322f.; Orkneyinga saga, Kap. 39f., 44; Theod., Kap. 31.
Lit: *Andersson/Gade*, Morkinskinna (2000), 450f., Anm. 59, 2; NBL 9 (1940), 23–26; NBL² 6 (2003), 217; *Thomson*, History of Orkney (1987), 55–58.

---

1 *Ágrip*, *Fagrskinna* und *Orkneyinga saga* berichten, dass M. am ersten Zug von Kg. Magnus (1098) teilnahm; siehe auch bei Erling Erlendsson.

A 297: Magnús Gissurarson

Bf. von Skálholt 1216–1237
aus Island

M. machte 1202–1203 eine Reise nach Rom.

Q: Konungsannáll, s. a. 1202–1203.
Lit: *Arnórsson*, Suðurgöngur (1954–1958), 42; *Melsteð*, Ferðir (1907–1915), 860.

A 298: Magnus Haraldsson

Kg. von Norwegen 1066–1069

* ca. 1048, † 28. 4. 1069
Sohn von → Harald Hardråde und Tora Torbergsdatter; Bruder von → Olav Kyrre
aus Norwegen

M. beteiligte sich 1058 an einem Angriff auf England, der möglicherweise vom Orkney-Jarl → Torfinn Sigurdsson geleitet wurde. Als sein Vater 1066 nach England zog, übernahm M. die Herrschaft in Norwegen, die er sich ab 1067 mit seinem Bruder Olav teilte.

Q: Annales Cambriae, s. a. 1055 (*recte* 1058); Brut y Tywysogyon, s. a. 1056 (*recte* 1058).
Lit: *Gade*, Norse Attacks (2003), 7–10, 12; NBL 9 (1940), 35.

A 299: Magnus Havardsson

Sohn von Havard Gunnason und Bergljot
von den Orkney-Inseln

M. reiste 1153–1155 als einer der Schiffsführer mit auf der Pilgerfahrt des Jarls → Ragnvald Kale Kolsson ins Heilige Land. Auf der Hinreise fuhren sie mit dem Schiff über Spanien durchs Mittelmeer, auf der Rückreise besuchten sie Konstantinopel und reisten über Rom und Deutschland zurück. 1158 begleitete M. Jarl Harald Maddadsson nach Caithness und verfolgte → Torbjørn Klerk, der zuvor Ragnvald ermordet hatte.

Q: Orkneyinga saga, Kap. 85f., 103.
Lit: *Davidson*, Viking Road (1976), 264; *Riant*, Korstog (1868), 343.

A 300: Magnus Nielssøn

* ca. 1106, † 4. 6. 1134 in Fotevig, ⚭ Richiza (Tochter des polnischen Kg.s Boleslaw III. Krzywousty)
Sohn des dän. Kg.s → Niels (A 320)
aus Dänemark

M. fuhr vor 1131 zum polnischen Kg. Boleslaw, weil er dessen Tochter Richiza heiraten wollte. Auf dem Weg dorthin soll er Usedom angegriffen und Wollin eingenommen haben; er kehrte über Stralsund nach Dänemark zurück. Im Januar 1131 tötete M. → Knud Lavard. Ostern 1134 reiste er zu Ks. Lothar nach Halberstadt und soll ihm einen Treueid geschworen haben. Wenig später fiel M. in der Schlacht von Fotevig in Schonen.

Q: Annales Magdeburgenses, s. a. 1134; Ann. Saxo, s. a. 1134; Saxo Gr. XIII 5 (2).
Lit: —

A 301: Magnus Olavsson Berrføtt (Magnús berbeinn, Magnús berleggr)

Kg. von Norwegen 1093–1103

* 1073, † 24. 8. 1103 in Ulster, ∞ ca. 1101 Margareta Fredkolla (Tochter des schw. Kg.s Inge Stenkilsson)

Sohn des norw. Kg.s → Olav Kyrre

aus Norwegen

Der Beiname bedeutet „Barfuß" oder „mit nackten Beinen"[1]. Nach dem Tod seines Vaters (1093) wurde M. Kg. von Norwegen – ebenso wie sein Vetter → Håkon Magnusson Toresfostre. Håkon starb aber bereits 1095. M. fuhr 1098 mit 60 Schiffen[2] zu den Orkney-Inseln und weiter zu den Hebriden. Von dort aus heerte er in Schottland und Irland, auf mehreren Inseln sowie der Isle of Man, die er als Ausgangsbasis für spätere Vorhaben sicherte. Nach weiteren Kämpfen in Wales kehrte M. 1099 nach Norwegen zurück. 1102 griff er von Man aus Irland an, setzte sich in Dublin fest und schloss einen Waffenstillstand mit dem irischen Lokalkönig Muirchertach Ua Briain von Munster und Connacht.[3] Außerdem verlobte er seinen Sohn → Sigurd Jorsalfar mit Blathmuine, der Tochter Muirchertachs. M. starb schließlich 1103 bei einem Beutezug in Ulster (Irland).

Q: Ágrip, Kap. 49f.; Annalen von Ulster, s. a. 1102–1103; Chronica Manniae, s. a. 1098; Chronik von Melrose, s. a. 1098; Fsk., Kap. 81, 84f.; Gottskálksannáll, s. a. 1102; Hkr. Magnúss saga berfœtts, Kap. 8–11, 23–25; Konungsannáll, s. a. 1102–1103; Hungrvaka, Kap. 5; Jóns saga ens helga, 71f.; Msk., 316–321, 331–336; Oddaverja annáll, s. a. 1105 (*recte* 1103); Ordericus Vitalis: Hist. Eccl. V (Bd. 3, 148), X (Bd. 5, 218–224), XI (Bd. 6, 48–50); Orkneyinga saga, Kap. 39–43; Theod., Kap. 31f.; Wilhelm von Malmesbury, Kap. 329.

Lit: *Andersen*, Samlingen av Norge (1977), 174–177; *Andersson/Gade*, Morkinskinna (2000), 450f., Anm. 59, 2; *Boyer*, Wikinger (1994), 219; *Freeman*, William Rufus (1882), Bd. 2, 618–624; NBL 9 (1940), 13–15; NBL[2] 6 (2003), 210f.; *Ó Corráin*, Ireland (1972), 146f.; *Powers*, Expeditions (1986); *Thomson*, History of Orkney (1987), 55–57.

---

1 Der Beiname bezieht sich wahrscheinlich auf die Mode, die M. aus den westlichen Inseln mitgebracht hat – dabei handelt es sich nicht um den Kilt, der wohl erst seit der Renaissance getragen wurde.
2 Nach den Aussagen der Chronik von Man waren es 160 Schiffe.
3 Eventuell wurde dieser Waffenstillstand auch schon 1098 geschlossen. Sowohl die Chronologie der beiden Reisen M.s zu den westlichen Inseln als auch die Beteiligung verschiedener Personen wird in den Quellen sehr unterschiedlich dargestellt.

A 302: Magnus Olavsson der Gute

Kg. von Norwegen 1035–1047, Kg. von Dänemark 1042–1047

* ca. 1024, † 25. 10. 1047

Sohn des norw. Kg.s → Olav des Heiligen

aus Norwegen

M. war von 1028/29 an beim Großfürsten Jaroslav von Kiew (1019–1054) und dessen Frau → Ingegerd in Nowgorod, wohin sein Vater Olav geflüchtet war. 1034/35 holten → Einar Tambarskjelve und → Kalv Arnesson ihn zurück, M. wurde mit Hilfe des schw. Kg.s Anund Jakob Kg. von Norwegen. Ab 1042 herrschte M. auch über Dänemark. Nach einem Angriff der Wenden eroberte er 1043 Jomsborg/Jumne (Wollin), besiegte die Wenden anschließend bei Schleswig und setzte sich in einer Schlacht auf Rügen, der weitere bei Århus folgten, auch gegen Jarl → Sven Estridsøn durch. Ab 1045/46 teilte sich M. die Herrschaft über Norwegen mit seinem (Halb-)Onkel → Harald Hardråde, der aus Byzanz zurückgekehrt war.

Q: Adam II 79 (Schol. 56); Ágrip, Kap. 26, 33f.; Fsk., Kap. 34, 44f., 49; Hkr. Óláfs saga helga, Kap. 181, 192; Hkr. Magnúss saga ins góða, Kap. 1, 9, 24, 29; Høyers annáll, s. a. 1043; Knýtlinga saga, Kap. 22; Konungsannáll, s. a. 1043; Msk., 3–5, 7–11, 16–20, 37f.; Oddaverja annáll, s. a. 1043; Olafs saga hins helga, Kap. 89; Óláfs saga hins helga hin mesta, 814; Orkneyinga saga, Kap. 21; Resensannáll, s. a. 1043; Theod., Kap. 16, 18, 21.

Lit: *Boyer*, Wikinger (1994), 215; *Davidson*, Viking Road (1976), 165; DBL 9 (1981), 353f.; NBL 9 (1940), 32–35; NBL² 6 (2003), 209f.; *Whaley*, Poetry (1998), 331–333.

A 303: Máni

Skalde

aus Island

M. reiste nach Rom und kam ca. 1183/84 nach Norwegen. Dort hielt er sich im Gefolge von Kg. Magnus Erlingsson auf.

Q: Sverris saga, Kap. 85.
Lit: *Arnórsson*, Suðurgöngur (1954–1958), 40; *Melsteð*, Ferðir (1907–1915), 804.

A 304: Már Húnröðarson

aus Island

M. hatte eine gehobene Position in der Warägergarde von Konstantinopel inne. Als → Harald Hardråde in die Garde eintrat (ca. 1034), führte M. eine Abteilung in Sizilien. Er kehrte vor 1045 nach Skandinavien zurück.

Q: Msk., 60; Flateyjarbók III, 290f.
Lit: *Blöndal*, Varangians (1978), 215; *Davidson*, Viking Road (1976), 211, 234; *Melsteð*, Ferðir (1907–1915), 773f.; *Riant*, Korstog (1868), 170.

A 305: Margad Grimsson

Bruder von → Asbjørn Grimsson
aus Swona, Orkney-Inseln

M. hielt sich um 1144 gemeinsam mit seinem Bruder Asbjørn in Duncansby bei → Olav Rolvsson auf. Nachdem er → Svein Åsleivsson während dessen Fahrt zu den Hebriden auf den Orkney-Inseln vertreten hatte, reiste er nach Wick in Caithness und schloss sich anschließend Svein in Duncansby an. Gemeinsam heerten sie in Caithness und wurden deshalb von Jarl → Ragnvald vertrieben. M. und Svein flüchteten durch Sutherland bis nach Edinburgh; dort suchten sie den schottischen Kg. David I. auf. M. blieb in Schottland, während Svein zu den Orkneys zurückkehrte.

Q: Orkneyinga saga, Kap. 66, 82f.
Lit: —

A 306: Margret Håkonsdatter

∞ 1) Maddad von Atholl, ∞ 2) Erlend Unge
Tochter von → Håkon Pålsson und Helga Maddadsdatter; Schwester von → Pål Håkonsson; Mutter des Jarls Harald Maddadsson
von den Orkney-Inseln

M. wuchs bei ihrer Tante Frakkok Maddadsdatter im schottischen Sutherland auf. Sie heiratete in den 1140er Jahren (?) den schottischen Earl Maddad von Atholl. Nach Maddads Tod kehrte sie auf die Orkneys zurück und heiratete Erlend Unge.

Q: Orkneyinga saga, Kap. 55, 63, 74f.
Lit: Thomson, History of Orkney (1987), 69.

A 307: Margret Magnusdatter

∞ 1) Philipp von Vegne, ∞ 2) ca. 1208 → Reidar Sendemann
Tochter des norw. Kg.s Magnus Erlingsson
aus Norwegen

M. begleitete ihren zweiten Mann um 1211 auf eine Reise nach Jerusalem und Konstantinopel, wo Reidar 1214 starb. Über M.s weiteres Schicksal ist nichts bekannt.

Q: Bǫglunga sǫgur, 120.
Lit: Blöndal, Varangians (1978), 219.

A 308: Markús Gíslason

† 3. 11. 1196, ∞ Ingibjörg Oddsdóttir
Sohn von Gísli Þórðarson und Guðríður Steingrímsdóttir
aus Saurbær, Island

Nach dem Tod seiner Frau machte M. um 1190 eine Reise nach Rom. Auf der Rückreise kaufte er in England Glocken und in Norwegen Holz für den Bau der Kirche in Rauðasandur.

Q: Hrafns saga Sveinbjarnarsonar, Kap. 5.
Lit: Arnórsson, Suðurgöngur (1954–1958), 42; Gelsinger, Enterprise (1981), 127; Melsteð, Ferðir (1907–1915), 755f.; de Vries, Literaturgeschichte, Bd. 2 (1967), 11.

A 309: Michael de Horsnes

Mönch (OP)
aus Dänemark

M., Mönch des Konvents in Århus, wurde vom Provinzialkapitel des Dominikanerordens, das 1246 in Ribe abgehalten wurde, nach Tallinn (Reval) gesandt. Gemeinsam mit elf weiteren Mönchen errichtete er dort einen neuen Konvent.

Q: De ordine Predicatorum in Dacia, Kap. 4.
Lit: Gallén, Province de Dacie (1946), 51.

A 310: Niels

aus Dänemark

N. begleitete 1160 den dän. Kg. → Valdemar den Großen auf dessen Kriegszug nach Rügen. Er ist eventuell identisch mit dem Ritter → Niels aus Seeland (A 311).

Q: Saxo Gr. XIV 24 (4).
Lit: —

A 311: Niels

Ritter *(eques)*

aus Seeland, Dänemark

N. begleitete um 1165 den dän. Kg. → Valdemar den Großen auf dessen Kriegszug gegen die Wenden nach Rügen. N. ist eventuell identisch mit → Niels (A 310).

Q: Saxo Gr. XIV 32 (2).
Lit: —

A 312: Niels

Bf. von Schleswig 1208–1233, Kanzler des dän. Kg.s → Valdemar Sejr

aus Dänemark

N. begleitete 1206 den dän. Kg. Valdemar Sejr auf einen Kriegszug gegen die Esten nach Ösel und überwinterte anschließend gemeinsam mit Ebf. → Anders Sunesøn in Riga. Am Palmsonntag 1207 erreichten sie Gotland, an Ostern waren sie zurück in Dänemark. 1219 folgte ein Kriegszug nach Estland, bei dem die Burg Lyndanise bei Tallinn (Reval) erobert wurde.

Q: Chronicon Livoniae X 13, XI 1, XXIII 2.
Lit: Christensen, Tiden 1042–1241 (1977), 376; *Christiansen*, Crusades (1980), 106; DBL 10 (1982), 380; *Johansen*, Nordische Mission (1951), 100; *Tarvel*, Ostseepolitik (1998), 57.

A 313: Niels (Nicolaus)

Mönch (OP)

aus Lund, Dänemark

N. trat – wahrscheinlich während eines Studienaufenthaltes – 1219 in Bologna dem Dominikanerorden bei.

Q: De ordine Praedicatorum in Dacia, Kap. 1.
Lit: Gallén, Province de Dacie (1946), 3f.

A 314: Niels (Nicolaus)

aus Århus, Dänemark

N. ist um 1240 als Grundbesitzer in Estland belegt.

Q: Kong Valdemars Jordebog, 59.
Lit: Johansen, Estlandliste (1933), 815f.

A 315: Niels Falstring

aus Dänemark

N. begleitete 1179 Ebf. → Absalon (A 9) und den dän. Kg. → Knud Valdemarsøn (A 279) auf ihren Kriegszug nach Wolgast. Auch an Absalons Zug nach Rügen (1184) war N., der die *Sclaviae gentis lingua* sprechen konnte, beteiligt.

Q: Saxo Gr. XV 1 (4), XVI 4 (9).
Lit: —

A 316: Niels Grevesøn (Nicolaus)

aus Dänemark

N. reiste etwa 1211/14 nach Jerusalem. Um diese Fahrt zu finanzieren und seine zurückbleibende Frau abzusichern, verkaufte er dem Kloster Esrom seine Güter in Huseby und Skærød für 20 Mark Gold.

Q: DD I:5, Nr. 7f.
Lit: *Krötzl*, Pilger, Mirakel und Alltag (1994), 111; *Riant*, Korstog (1868), 442–444.

A 317: Niels Lajsøn

aus Dänemark

N. war eine der Geiseln, die 1225 gestellt wurden, um den dän. Kg. → Valdemar Sejr und dessen Sohn → Valdemar den Unge aus der Gefangenschaft des Grafen Heinrich von Schwerin auszulösen.

Q: DD I:6, Nr. 42.
Lit: —

A 318: Niels Sømand (Nicolaus Marinellus)

Händler

aus Ribe, Dänemark

N. machte 1208 eine Reise nach England und erhielt einen Schutzbrief von Kg. Johann.

Q: DD I:4, Nr. 144.
Lit: *Bill* et al., Stammebåd (1997), 139; *Sawyer*, Anglo-Scandinavian trade (1986), 188.

A 319: Niels Stigsøn

Bf. von Roskilde 1226–1245/49, Kanzler des dän. Kg.s 1238 (?)–1245

† 24. 9. 1249 in Clairvaux
aus Dänemark

N. wurde 1224 zum Bf. von Roskilde gewählt, aber erst 1226 geweiht. 1245 verließ N. nach einem Konflikt mit dem dän. Kg. → Erik Plovpenning Dänemark, reiste über Norwegen nach Frankreich an den Hof des Papstes in Lyon und traf dort auf → Jakob Erlandsøn. Er blieb in Frankreich und starb 1249 in Clairvaux.

Q: Annales 1098–1325, s. a. 1245, 1249; Annales Lundenses, s. a. 1249; Annales Ryenses, s. a. 1245, 1248 (*recte* 1249); Chronica Sialandie, s. a. 1249; Liber daticus Roskildensis, 48.
Lit: DBL 14 (1983), 116f.; *Fenger*, Kirker (1989), 346f.; *France*, Cistercians (1992), 530; *Skyum-Nielsen*, Kirkekampen (1963), 30.

A 320: Niels Svensøn (Nicolaus, Nikolás Sveinsson)

Kg. von Dänemark 1104–1134

† 25. 6. 1134 in Schleswig, ∞ nach 1103 Margareta Fredkolla (Tochter des schw. Kg.s Inge Stenkilsson)
Sohn des dän. Kg.s → Sven Estridsøn; Geschwister: → Bjørn (A 72), → Erik Ejegod, → Harald Hen, → Knud der Heilige, → Knud Magnus Svensøn, → Oluf Hunger, → Sigrid (A 415), → Sven Svensøn (A 474); Vater von → Magnus Nielssøn
aus Dänemark

N. löste 1086 seinen Bruder Oluf Hunger als Geisel des Grafen von Flandern ab.[1] Nach dem Tod seines Bruders Erik Ejegod wurde N. Kg. 1113 bekämpfte er seinen Neffen Heinrich[2], den Herrscher der Abodriten, in Liutcha (Lütjenburg oder Alt-Lübeck in Ost-Holstein). Nachdem N.s Sohn Magnus 1131 → Knud Lavard getötet hatte, sah N. sich Knuds Söhnen → Erik Emune und → Harald Kesja gegenüber, die ihn 1134 in der Schlacht von Fotevig (in Schonen) besiegten. Während Magnus starb, konnte N. nach Schleswig fliehen, wurde dort aber wenig später getötet.

Q: Saxo Gr. XII 1 (1), XIII 2 (1–7).
Lit: DBL 10 (1982), 378f.

---
1 Laut *Knýtlinga saga* taten das → Astrad und → Sven Thorgunnasøn.
2 Heinrich war der Sohn von N.s Schwester Sigrid.

A 321: Nikolas

Mönch

aus Norwegen

N. wurde 1260/61 vom norw. Kg. Håkon Håkonsson zum dän. Kg. Erik (1259–1286) gesandt. Dort sollte er für Håkons Sohn Magnus um Eriks Tochter Ingeborg werben. N. reiste von Dänemark weiter zu Herzog Albrecht I. von Sachsen, Ingeborgs Großvater.

Q: Hákonar saga Hákonarsonar, Kap. 304.
Lit: —

A 322: Nikolas Pålsson

† 1239
aus Norwegen

N. wurde vom norw. Kg. Håkon Håkonsson zu Ks. Friedrich II. gesandt, an dessen Hof er sich eine Zeit lang aufgehalten hat. Wann genau diese Reise stattfand, ist unklar: 1225, 1233 und 1235 ist N. in Norwegen anzutreffen; wahrscheinlich reiste er entweder vor 1225 oder zwischen 1225 und 1233.

Q: Hákonar saga Hákonarsonar, Kap. 191.
Lit: —

A 323: Nikolaus

Kanoniker in *Teseberia* (Tøsø ?)

aus Norwegen

N. reiste nach England und lag im Hafen von King's Lynn fest, weil Kg. Heinrich III. alle Schiffe beschlagnahmte, um einen Kriegszug nach Irland vorzubereiten. Am 12. 8. 1233 bekam er gemeinsam mit → Ernisius, dem Cellerarius von Lyse, die Erlaubnis, nach Hause zu reisen.

Q: DN XIX, Nr. 211.
Lit: Nedkvitne, Handelssjøfarten (1976), 132.

A 324: Nikulás Bergsson (Nikulás Bergþorsson, Niculás Hallbjarnarson)

Abt von Munkaþverá ca. 1155–1159/60 (OSB), Skalde

† 1159/60

aus Island

N. reiste um 1150 nach Rom, Konstantinopel und Jerusalem, das er vor 1153 verlassen haben muss. Nach seiner Rückkehr 1154 schrieb er einen „Wegweiser" *(Leiðarvísir)*, eine Art Reiseführer, in dem er ausführliche Streckenangaben macht.[1] Er starb 1159 oder 1160.

Q: Leiðarvísir; Konungsannáll, s. a. 1154.
Lit: Arnórsson, Suðurgöngur (1954–1958), 38f.; *Ciggaar*, Western Travellers (1996), 112f.; *Kedar/Westergård-Nielsen*, Icelanders (1978–1979), 195; *Melsteð*, Ferðir (1907–1915), 799–801; NBL 10 (1949), 104f.; *Simek*, Kosmographie (1990), 265–267.

1 Siehe dazu Kap. 3.3.1 ab S. 74.

A 325: Oddi inn litli Glúmsson

Skalde

von den Shetland-Inseln (?)[1]

Der Beiname bedeutet „der Kleine". O. reiste 1153–1155 auf der Pilgerfahrt des Jarls → Ragnvald von den Orkneys ins Heilige Land. Auf der Hinreise fuhren sie mit dem Schiff über Spanien durchs Mittelmeer, auf der Rückreise besuchten sie Konstantinopel und reisten über Rom und Deutschland zurück.

Q: Orkneyinga saga, Kap. 85f., 88.
Lit: Arnórsson, Suðurgöngur (1954–1958), 43; *Davidson*, Viking Road (1976), 264; *Melsteð*, Ferðir (1907–1915), 797; *Riant*, Korstog (1868), 343.

1 Möglicherweise stammte O. aus Island.

A 326: Odinkar

Bf. von Ribe ca. 1000–1043

† April 1043 in Ribe
Sohn von Toki (Jarl in Nord-Jütland)
aus Dänemark

O. nahm 1005 an einer Synode in Dortmund teil,[1] auf der auch Kg. Heinrich II., Kg.in Kunigunde (→ Gunhild, A 164) sowie die Ebf.e von Köln, Hamburg-Bremen und Magdeburg zugegen waren. Zur Zeit von Kg. → Knud dem Großen hielt O. sich zum Studium *(eruditus litteris)* in England und in Frankreich auf.

Q: Adam II 36 (Schol. 25), 49, 64; DD I:1, Nr. 362; Thietmar VI 18.
Lit: DBL 10 (1982), 636; DN XVII B, 191; *Kluger* et al., Series episcoporum VI, II (1992), 68f.; *Sawyer*, Danmark (1988), 296; *Seegrün*, Papsttum (1967), 56; *Skovgaard-Petersen*, Oldtid og Vikingetid (1977), 200.

[1] Das ist gleichzeitig der Terminus ante quem für seinen Amtsantritt als Bf. von Ribe. Terminus post quem ist April 988, der frühestmögliche Amtsantritt des Hamburg-Bremer Ebf.s Libentius, der O. weihte.

A 327: Önundur biskupsfrændi

Hirdmann des norw. Kg.s Håkon Håkonsson

aus Island

Der Beiname bedeutet „Verwandter des Bischofs". Ö. begleitete 1247 → Gissur Þorvaldsson auf seine Reise nach Rom.

Q: Sturlunga saga, Kap. 373.
Lit: *Arnórsson*, Suðurgöngur (1954–1958), 42; *Melsteð*, Ferðir (1907–1915), 857.

A 328: Ösel

aus Schweden

Ö. starb im 11. Jh. (wahrscheinlich vor 1050) in England. Sein Vater Gisl ließ einen Runenstein zum Gedenken an ihn errichten.

Q: *Ruprecht*, Wikingerzeit (1958), Nr. 184; Vs, Nr. 9.
Lit: *Larsson*, Runstenar (1990).

A 329: Östen

∞ Estrid
aus Schweden

Ö. fuhr im 11. Jh. (wahrscheinlich zu Beginn des Jh.s) nach Jerusalem und starb in Byzanz. Estrid ließ einen Runenstein zum Gedenken an ihn errichten.

Q: U, Nr. 136.
Lit: *Larsson*, Runstenar (1990), 120f., 137; *Riant*, Korstog (1868), 419; *Wessén*, Runinskrifter (1960), 17, 45.

A 330: Øystain

aus Gotland, Schweden

Ø. fuhr um 1000 mit seinen Brüdern → Rodvisl, → Hegbjarn und → Emund sowie → Rafn über die Stromschnellen des Dnjepr; Rafn kam dort ums Leben.

Q: *Ruprecht*, Wikingerzeit (1958), Nr. 193.
Lit: *Düwel*, Runenkunde (2001), 125.

A 331: Øystein Erlendsson (Eysteinn Erlendsson)
Ebf. von Nidaros 1160/61–1188
† 26. 1. 1188
Sohn von Erlend Himalde
aus Norwegen

Zunächst Priester in Konghelle und Kaplan im Gefolge des norw. Kg.s Inge Krokrygg, wurde Ø. 1157 oder wenig später zum Ebf. von Nidaros gewählt. Er reiste ca. 1160 nach Anagni, um sich das Pallium von Papst Alexander III. zu holen. Unterwegs besuchte er das Kloster Saint-Victor in Paris. Spätestens im Herbst 1161 kehrte er nach Norwegen zurück.[1] 1163 (oder 1164) krönte Ø. auf einem Reichstreffen in Bergen den siebenjährigen Magnus Erlingsson zum Kg. und etablierte bei dieser Gelegenheit ein neues Thronfolgerecht. Spätestens 1172/73 wurde Ø. päpstlicher Legat. Zwischen 1180 und 1183 war er im Exil in England und wurde von Kg. Heinrich II. finanziell unterstützt. Von August 1181 bis Februar 1182 hielt er sich im Kloster Bury St. Edmunds auf, das zu dieser Zeit keinen Abt hatte. Ø. bekam zehn Schilling pro Tag von der vakanten Abtei. Vermutlich nahm er an der Wahl des neuen Abtes Samson teil, die in Bishop's Waltham stattfand.[2] Anschließend ging Ø. wahrscheinlich nach Lincoln und erhielt dort Einkünfte vom ebenfalls vakanten Bischofssitz.

Ø. förderte offensichtlich den gotischen Baustil, den er in England oder Frankreich kennengelernt haben könnte und der beim Ausbau des Doms in Nidaros Anwendung fand. Außerdem ist Ø. verantwortlich für eine Neufassung der *Passio et miracula beati Olaui* und wohl auch der Auftraggeber der Geschichte der norw. Kg.e des Theodoricus Monachus (→ Tore, A 515 und A 517), die ihm gewidmet ist.

1229 wurde Ø. vom Provinzialkonzil in Nidaros heilig gesprochen, trotz mehrerer Versuche jedoch nie vom Papst kanonisiert.[3]

Q: DN XIX, Nr. 61f.; RN I, Nr. 102, 122, 167f., 171f.; Gesta regis Henrici secundi, s. a. 1180; Gottskálksannáll, s. a. 1182; Jocelin von Brakelond, 15; Konungsannáll, s. a. 1182; Sverris saga, Kap. 78.
Lit: *Bagge*, Nordic Students (1984), 3; *Bagge*, Theodoricus Monachus (1989), 114; *Duggan*, English Exile (2004); *Gunnes*, Erkebiskop Øystein (1996); *Helle*, Norge (1974), 57–69; *Johnsen*, Øysteins eksil (1951); *Johnsen*, Fra den eldste tid til 1252 (1955), 60–66, 132–137; *Kaufhold*, Norwegen (1997), 316, 318f.; LexMA 4 (1989), 193f.; NBL 3 (1926), 626–630; NBL[2] 10 (2005), 132f.; *Seegrün*, Papsttum (1967), 184.

---

1 Eine Inschrift, die sich noch heute in der Johanneskapelle im südlichen Querschiff des Nidarosdoms in Trondheim befindet, besagt, dass Ø. am 26. November 1161, im ersten Jahr seines Episkopats, einen Altar weihte. Zum genauen Wortlaut der Inschrift siehe Anm. 15 auf S. 107.
2 Jocelin von Brakelond berichtet, dass Ø. die freie Wahl des neuen Abtes Samson ermöglichte, indem er dem Kg. versicherte, das Kloster sei in einem guten Zustand.
3 Zu Øystein Erlendsson siehe auch Kap. 4 ab S. 105.

A 332: Øystein Haraldsson (Eysteinn Haraldsson)

Kg. von Norwegen 1142–1157

† 1157, ∞ Ragna Nikolasdatter
Sohn des norw. Kg.s → Harald Gille
aus Norwegen

Ø. kam 1142 mit seiner irischen Mutter Biadoc aus Schottland nach Norwegen und wurde neben seinen Brüdern Inge und Sigurd Kg. Um 1151 segelte Ø. nach Schottland und heerte in Caithness und Aberdeen sowie in Hartlepool und Whitby (Northumberland). Nach weiteren Plünderungen – die in den Quellen genannten Orte können nicht genau bestimmt werden – kehrte er nach Norwegen zurück. 1157 wurde Ø. wegen Streitigkeiten mit seinem Bruder Inge von Simon Skalp getötet.

Q: Fsk., Kap. 99; Gottskálksannáll, s. a. 1141; Hkr. Haraldssona saga, Kap. 13, 20; Konungsannáll, s. a. 1142, 1151; Msk., 440, 443–445; Orkneyinga saga, Kap. 91.
Lit: *Helle*, Norge (1974), 26; NBL[2] 10 (2005), 131; *Taylor*, Eysteinn (1965); *Thomson*, History of Orkney (1987), 70.

A 333: Øystein Torbergsson Orre (Eysteinn orri Þorbergsson)

* um 1014, † 25. 9. 1066
Sohn von → Torberg Arnesson; Bruder von Tora (∞ → Harald Hardråde)
aus Norwegen

Der Beiname bedeutet „Auerhahn". Ø. begleitete seinen Schwager Harald Hardråde bei dessen Angriff auf England 1066 und starb bei Stamford Bridge.

Q: Fsk., Kap. 65, 71; Hkr. Haralds saga Sigurðarsonar, Kap. 87, 93; Msk., 271, 279f.; Orkneyinga saga, Kap. 34.
Lit: —

A 334: Øyvind Finnsson Albue (Eyvindr ǫlbogi)

Marschall des norw. Kg.s → Magnus Berrføtt

† 1103
aus Norwegen

Der Beiname bedeutet „Ellbogen". Ø. begleitete den norw. Kg. Magnus Berrføtt auf dessen Kriegszug nach Irland 1102/03 und starb dort im Kampf.

Q: Ágrip, Kap. 50; Fsk., Kap. 84; Hkr. Magnúss saga berfœtts, Kap. 23, 25; Msk., 332, 336; Orkneyinga saga, Kap. 39.
Lit: *Andersson/Gade*, Morkinskinna (2000), 450f., Anm. 59, 2.

A 335: Øyvind Urarhorn (Eyvindr úrarhorn)

† 1019
aus Ost-Agder, Norwegen

Der Beiname bedeutet „Auerochshorn". Ø. machte zu Beginn des 11. Jh.s mehrere Wikingerfahrten nach Osten (damit dürfte v. a. Schweden gemeint sein) und Westen sowie nach

Friesland. 1018 kam er nach Irland und beteiligte sich auf Seiten des irischen Kg.s Konofoger (Connor?) an einer Schlacht gegen den Orkney-Jarl → Einar Vrangmunn. Auf der Rückreise wurde Ø. 1019 auf den Orkneys von Einar erschlagen.

Q: Hkr. Óláfs saga helga, Kap. 62, 98.
Lit: NBL 3 (1926), 637.

A 336: Ogmund

aus Spåneim in Hardanger, Norwegen

O. machte um 1220 gemeinsam mit → Andres (A 22), → Helge Bogransson und → Svein Sigridsson eine Handelsfahrt nach Bjarmaland (am Weißen Meer). Er handelte anschließend in der Kiewer Rus', reiste nach Nowgorod und weiter nach Jerusalem,[1] bevor er nach Norwegen zurückkehrte.[2]

Q: Hákonar saga Hákonarsonar, Kap. 81.
Lit: Riant, Korstog (1868), 461f.

---

1 Riant, Korstog (1868) nahm an, O. habe sich an der Belagerung von Damietta beteiligt.
2 Laut Riant (ebd.) reiste O. über Rom zurück – diese Aussage findet sich in der Saga jedoch nicht.

A 337: Ogmund Skoftesson (Ǫgmundr Skoptason)

† 1103
Sohn von → Skofte Ogmundsson; Geschwister: → Finn, Pål, Ragnhild (∞ → Dag Eilivsson) und → Tord
aus Norwegen

O. fuhr 1102/03[1] mit seinem Vater über Flandern und Frankreich nach Rom. Er starb auf der Reise.

Q: Hkr. Magnúss saga berfœtts, Kap. 20.
Lit: Kaufhold, Europas Norden (2001), 96f.; Riant, Korstog (1868), 230–237.

---

1 Die *Orkneyinga saga* berichtet, dass O. mit seinen Brüdern und seinem Vater den norw. Kg. Magnus Berrføtt auf dessen Kriegszug nach Schottland und Irland 1098 begleitete. Andere Quellen bestätigen dies jedoch nicht.

A 338: Okke (Occo)

Bf. von Schleswig 1137–1157/58

aus Dänemark

O. wurde von Ebf. Adalbert von Hamburg-Bremen geweiht, da Innozenz II. die Kirchenprovinz Lund 1133 wieder unter das norddeutsche Erzbistum gestellt hatte. Im Juli 1141 bezeugte O. eine Urkunde Adalberts in Bremen. 1157/58 wurde O. abgesetzt.

Q: DD I:2, Nr. 80; RegEB I, Nr. 463.
Lit: Kluger et al., Series episcoporum VI, II (1992), 109.

A 339: Okke (Occo)

Bf. von Schleswig 1161–1162/67

aus Dänemark

Im päpstlichen Schisma hielt O. sich – ebenso wie zunächst auch der dän. Kg. → Valdemar der Große – zu Papst Viktor IV., während Ebf. → Eskil (A 128) Alexander III. unterstützte und deshalb O. bannte. Später musste O. aus Dänemark fliehen und bezeugte zwei Urkunden der Hamburg-Bremer Ebf.e Baldewin (1174) und Siegfried (ca. 1180/83).

Q: RegEB I, Nr. 580, 605.

Lit: DBL 10 (1982), 649; *Kluger* et al., Series episcoporum VI, II (1992), 112; *Seegrün*, Papsttum (1967), 180.

A 340: Olav Haraldsson der Heilige (Óláfr inn digri)

Kg. von Norwegen 1015–1028/30

* um 995, † 29. 7. 1030, ∞ 1019 → Astrid

Sohn von Harald Grenske und Åsta Gudbrandsdatter, Halbbruder des norw. Kg.s → Harald Hardråde

aus Norwegen

O. wurde auch *inn digri* („der Dicke") genannt. O.s Vater Harald – ein lokaler Kg. im Südosten Norwegens – starb noch vor O.s Geburt. O. machte einige Jahre lang Wikingerzüge im Osten (in Finnland und auf Ösel) und Westen (Friesland und England). So beteiligte er sich 1009 im Heer von → Thorkil den Høje am Angriff auf London und 1011 an der Belagerung Canterburys. 1012 reiste O. nach Frankreich und Spanien. Er machte möglicherweise auch einen Abstecher nach Santiago de Compostela (und kam eventuell bis Cadiz – *Karlsár*). O. reiste über Poitou in die Normandie und ließ sich 1013 in Rouen taufen.[1] Er fuhr nach England, unterstützte → Knud den Großen bei der Eroberung des Landes[2] und erreichte 1015 Norwegen. Dort stellte er Erbansprüche auf den Thron und setzte sich schnell gegen Jarl → Håkon Eiriksson durch. 1028 floh O. mit seinem Sohn → Magnus dem Guten vor dem dän. Kg. → Knud dem Großen über Schweden nach Nowgorod zu seinem Schwager[3] Jaroslav, dem Großfürsten von Kiew. 1030 kehrte O. nach Norwegen zurück, starb aber bei dem Versuch, sein Königtum wieder herzustellen, in der Schlacht von Stiklestad am 29. Juli 1030.

Q: Adam II 51f.; Ágrip, Kap. 23, 26; Chronicon Roskildense, Kap. 7; Fsk., Kap. 27f., 34; Gesta Normannorum Ducum V 8, 11f.; Gottskálksannáll, s. a. 1008–1009, 1013, 1029; Historia Norvegiae, Kap. 18; Hkr. Óláfs saga helga, Kap. 8, 11–20, 27–29, 181, 186f., 191f.; Høyers annáll, s. a. 1009, 1029; Knýtlinga saga, Kap. 7, 17; Konungsannáll, s. a. 1008–1009, 1013, 1029; Oddaverja annáll, s. a. 1009, 1013, 1029; Olafs saga hins helga, Kap. 10–19, 69–72; Ordericus Vitalis: Hist. Eccl. I (Bd. 1, 157), IV (Bd. 2, 244); Passio Olavi; Resensannáll, s. a. 1009, 1029; Saxo Gr. X 14 (2, 5), 16 (1); Theod., Kap. 13, 15f., 18.

Lit: *Boyer*, Wikinger (1994), 212–215; *Johnsen*, Olav Haraldssons ungdom (1916); NBL 10 (1949), 374–390; NBL² 7 (2003), 116–118; *Pulsiano*, Medieval Scandinavia (1993), 445-446; *Riant*, Korstog (1868), 163–168; *Roesdahl*, Wikinger (1992), 80f., 110.

---

1 Nach den Aufzeichnungen in der Sagaliteratur war → Olav Tryggvason für O.s Taufe verantwortlich. Das *Chronicon Roskildense* berichtet, O. sei mit Knud dem Großen von England nach Bremen geflüchtet und dort von Ebf. Unwan getauft worden.

2 Es wurde – sowohl in den Quellen als auch in der Forschung – mehrfach angeführt, O. habe ge-

gen Knud den Großen agiert. Es spricht jedoch einiges dafür, dass er ihn unterstützte. Siehe dazu *Mortensen/Mundal*, Erkebispesetet (2003), 372f.
3 Astrids Schwester → Ingegerd war Jaroslavs Frau.

A 341: Olav Haraldsson Kyrre (Óláfr bóndi)

Kg. von Norwegen 1067–1093

* ca. 1050, † 22. 9. 1093, ∞ ca. 1070 Ingerid (Tochter des dän. Kg.s → Sven Estridsøn)
Sohn von → Harald Hardråde und Tora Torbergsdatter; Bruder von → Magnus Haraldsson
aus Norwegen

Der Beiname bedeutet „der Stille"; in manchen Quellen wird O. auch „der Bauer" genannt. O. begleitete seinen Vater auf dem Eroberungsfeldzug nach England 1065–1066. Nachdem Harald gestorben war, überwinterte O. auf den Orkney-Inseln, kehrte 1067 nach Norwegen zurück und teilte sich die Königsherrschaft mit seinem älteren Bruder Magnus, der bereits 1069 starb.

Q: Ágrip, Kap. 41; ASC, s. a. 1066; Fsk., Kap. 61, 65, 72; Hkr. Haralds saga Sigurðarsonar, Kap. 82, 85, 87, 96, 98; Johannes von Worcester, s. a. 1066; Msk., 265f., 269, 271, 281f.; Orkneyinga saga, Kap. 34; Theod., Kap. 29.
Lit: *Andersen*, Samlingen av Norge (1977), 166; NBL 10 (1949), 396–399; NBL² 7 (2003), 118f.

A 342: Olav Jarlsmåg

† 1194
aus Norwegen

O., → Sigurd Magnusson und → Hallkjell Jonsson fuhren 1193 zur Trave (bei Lübeck) und eroberten ein Handelsschiff. Anschließend kämpften sie gegen den norw. Kg. Sverre, starben aber alle in einer Seeschlacht bei Bergen.

Q: Sverris saga, Kap. 119.
Lit: —

A 343: Olav Rolvsson (Óláfr Hrólfsson)

† ca. 1144
aus Gairsay, Orkney-Inseln

O. hatte nicht nur Besitzungen auf Gairsay, sondern auch in Duncansby im schottischen Caithness. In den 1140er Jahren wurde sein Haus in Duncansby von → Olve Torljotsson in Brand gesetzt, wobei O. ums Leben kam.

Q: Orkneyinga saga, Kap. 56, 66.
Lit: —

A 344: Olav Tryggvason (Anlaf, Olaph Craccaben, Unlaf)

Kg. von Norwegen 995–999/1000

* ca. 968, † 9./10. 9. 999/1000, ∞ 1) ca. 986 Geira, ∞ 2) ca. 993 Gyda, ∞ 3) ca. 998 Gudrun, ∞ 4) ca. 999/1000 → Tyre Haraldsdatter

Sohn des Kleinkönigs Tryggve Olavsson und der Astrid Eiriksdatter
aus Norwegen

O. soll als Kind während einer Schiffsreise auf der Ostsee von Estländern geraubt worden sein. Er lebte daraufhin sechs Jahre in Estland (ca. 971–977), bevor sein Onkel Sigurd Eiriksson ihn auf einem Sklavenmarkt kaufte und nach Nowgorod brachte; dort soll er neun Jahre lang geblieben sein. Ca. 986 heiratete O. Geira, die Tochter des polnischen Kg.s *Búrisláfr* (Boleslaw), die bereits drei Jahre später starb. O. fuhr als Wikinger nach Friesland, Sachsen und Flandern sowie nach England, Schottland, Irland, Wales und zu einigen kleineren britischen Inseln. Hier soll O. auch zum Christentum übergetreten sein, das er während seiner Herrschaft in Norwegen verbreitete und so den Küstenstreifen christianisierte. 991 unternahm O. einen Wikingzug nach England und heerte in Folkestone, Sandwich, Ipswich und Maldon. 993 heiratete er Gyda, die Schwester des irischen Kleinkönigs Kvaran. 994 verübte er gemeinsam mit dem dän. Kg. → Sven Tveskæg einen Angriff auf London. Ca. 995 wurde er von → Tore Klakka aus Dublin geholt, fuhr mit ihm über die Hebriden und Orkneys nach Norwegen und wurde dort Kg. 999 oder 1000 fuhr er zu Boleslaw und traf mit einer norw.-wendischen Flotte (bei Svolder – in der Nähe von Rügen oder an der Ostküste Seelands? Siehe Kap. B.2.1) auf seine Feinde aus Norwegen, Dänemark und Schweden. Es kam zur Schlacht, bei der O. starb. Nach seinem Tod kamen Gerüchte auf, O. lebe noch und sei nach Jerusalem gereist *(Ágrip, Oddaverja annáll)*. Doch bereits Texte des 12. Jh.s bezweifeln dies[1] und belassen es dabei, dass er zumindest nicht nach Norwegen zurückgekehrt sei. Wieviel Wahrheitsgehalt in den Berichten über O. enthalten ist, besonders bezüglich seiner Jugend, bleibt letztlich generell fraglich.

Q: Adam II 36, 40; Ágrip, Kap. 13, 17–20; ASC, s. a. 993 *(recte* 991), 994; Chronik von Melrose, s. a. 994; Gottskálksannáll, s. a. 971, 977, 986; Hkr. Óláfs saga Tryggvasonar, Kap. 6–8, 21f., 25, 29–32, 46f., 93f., 97, 99–112; Historia Norvegiae, Kap. 17; Oddaverja annáll, s. a. 971, 977, 986, 1000; Orkneyinga saga, Kap. 12; Theod., Kap. 7, 14; Wilhelm von Malmesbury, Kap. 165.

Lit: *Andersen,* Samlingen av Norge (1977), 102–105; *Boyer,* Wikinger (1994), 207f.; *Ellehøj,* Location (1958); NBL 10 (1949), 413–419; NBL[2] 7 (2003), 115f.; *Pulsiano,* Medieval Scandinavia (1993), 446f.; *Riant,* Korstog (1868), 133–135, 141–153.

---

1 Historia Norvegiae, Kap. 17: „Sed qualiter per equoris discrimina littoris soliditati aductus sit [...], seu ibidem mersus, a cunctis, credo, nostris coequeuis ignoratur. Quare honestius hoc parum determinatum omittendo quam de re incerta falsa diffiniendo pretereamus."

A 345: Olev

aus Schweden

O. kam im 11. Jh. (wahrscheinlich nach 1050) in Byzanz zu Reichtum.

Q: *Ruprecht,* Wikingerzeit (1958), Nr. 90; Sö, Nr. 163.
Lit: *Düwel,* Runenkunde (2001), 124; *Larsson,* Runstenar (1990), 115, 150.

A 346: Olof

aus Schweden

O. starb im 11. Jh. in der Lombardei.[1] Er war von Schweden aus ostwärts gereist, also wahrscheinlich als Waräger in Italien gewesen (vielleicht um 1040).

Q: *Ruprecht*, Wikingerzeit (1958), Nr. 88; Sö, Nr. 65.
Lit: *Larsson*, Runstenar (1990), 115f., 148.

[1] In *Langbarðaland*, womit auch ganz Italien oder der Süden Italiens gemeint sein können.

A 347: Olof Guvesson

aus Schweden

O. wurde im 11. Jh. in Estland getötet. Sein Vater Guve ließ einen Runenstein zum Gedenken an ihn errichten.

Q: *Ruprecht*, Wikingerzeit (1958), Nr. 38; Vg, Nr. 181.
Lit: —

A 348: Oluf

aus Dänemark

O. begleitete den dän. Kg. → Valdemar den Großen auf dessen Kriegszüge gegen die Wenden nach Rügen (1160) und Wollin (ca. 1170).

Q: Saxo Gr. XIV 24 (4), 42 (16).
Lit: —

A 349: Oluf Hunger

Kg. von Dänemark 1086–1095

* ca. 1050, † 18. 8. 1095, ∞ Ingegerd (Tochter des norw. Kg.s → Harald Hardråde)
Sohn des dän. Kg.s → Sven Estridsøn; Geschwister: → Bjørn (A 72), → Erik Ejegod, → Harald Hen, → Knud der Heilige, → Knud Magnus Svensøn, → Niels (A 320), → Sigrid (A 415), → Sven Svensøn (A 474)
aus Dänemark

O. wurde ca. 1085 von seinem Bruder Knud dem Heiligen ins Exil nach Flandern geschickt und dort am Hof von Knuds Schwiegervater, Graf Robert I. von Flandern, festgehalten. Nach Knuds Tod wurde O. von seinen Landsleuten losgekauft und wenig später zum Kg. gewählt.

Q: Knýtlinga saga, Kap. 42, 64; Saxo Gr. XI 14 (1), XII 1 (1); Wilhelm von Malmesbury, Kap. 261.
Lit: DBL 11 (1982), 50; *Fenger*, Kirker (1989), 68f.

A 350: Olve Illt-eit (Ǫlvir illt eitt)

† 1232 in Bergen
aus Norwegen

Der Beiname bedeutet etwa „gänzlich böse". O. begleitete 1230 Ospak, den Kg. von Man, von Norwegen aus zu einer Heerfahrt auf die Hebriden und die Isle of Man sowie nach Schottland. 1231 hielt er sich im Gefolge von → Hånev in Thurso (Caithness) auf und war anwesend, als Jarl Jon Haraldsson getötet wurde. Im nächsten Jahr wurde er dafür hingerichtet.

Q: Hákonar saga Hákonarsonar, Kap. 166f., 171.
Lit: —

A 351: Olve Torljotsson Rósta (Ǫlvir rósta Þorljótsson)
Sohn von Torljot aus Rackwick und Steinvør Digre
von den Orkney-Inseln

Der Beiname bedeutet „Streit" oder „Gewaltsamkeit". O. wuchs bei seiner Großmutter Frakkok Maddadsdatter im schottischen Sutherland auf und blieb auch später dort. Um 1144 reiste er nach Duncansby in Caithness und steckte das Haus von → Olav Rolvsson in Brand, der dabei ums Leben kam. Später (1145/48?) floh er vor → Svein Åsleivsson auf die Hebriden.

Q: Orkneyinga saga, Kap. 55, 66, 78.
Lit: —

A 352: Omer (Homer)
Bf. von Børglum 1178–1183/85, Bf. von Ribe 1183/85–1204

† 12. 7. oder 7. 10. 1204 in Løgum
aus Dänemark

O. nahm im März 1179 am Dritten Laterankonzil in Rom teil, bei dem die 302 anwesenden Bf.e das Schisma beilegen wollten.

Q: DD I:3, Nr. 86.
Lit: DBL 11 (1982), 57; *Kluger* et al., Series episcoporum VI, II (1992), 52, 75; *Seegrün*, Legaten (1972), 212.

A 353: Ormer
aus Schweden

O. reiste im frühen 11. Jh. gemeinsam mit → Ormulv nach Byzanz; beide starben dort. Eventuell wurden sie von → Fröger begleitet.

Q: *Ruprecht*, Wikingerzeit (1958), Nr. 130; U, Nr. 518.
Lit: *Larsson*, Runstenar (1990), 140f.

A 354: Ormulv
aus Schweden

O. reiste im frühen 11. Jh. gemeinsam mit → Ormer nach Byzanz; beide starben dort. Eventuell wurden sie von → Fröger begleitet.

Q: *Ruprecht*, Wikingerzeit (1958), Nr. 130; U, Nr. 518.
Lit: *Larsson*, Runstenar (1990), 140f.

A 355: Osbern Sigvardsson
† 1054 in Schottland
Sohn des Jarls → Sigvard Digre
aus Dänemark

O. begleitete 1054 seinen Vater, den Jarl von Northumbrien, bei einem Feldzug gegen den schottischen Kg. Macbeth und starb dabei.

Q: ASC, s. a. 1054.
Lit: —

A 356: Ossur

Priester

aus Norwegen

O. begleitete 1186 → Eirik Sigurdsson auf dessen Plünderzug nach Estland.

Q: Sverris saga, Kap. 113.
Lit: —

A 357: Otrygg

aus Schweden

O. starb im 11. Jh. (wahrscheinlich nach 1050) in Byzanz. Seine Mutter Fastve ließ einen Runenstein zum Gedenken an ihn errichten.

Q: *Ruprecht*, Wikingerzeit (1958), Nr. 151; U, Nr. 1087.
Lit: *Larsson*, Runstenar (1990), 114, 144.

A 358: Ottar

Magister

aus Norwegen

O. wurde 1255 gemeinsam mit → Håkon (A 177) zu → Einar Smjorbak nach Paris gesandt, um ihm seine Wahl zum Ebf. von Nidaros mitzuteilen.

Q: Hákonar saga Hákonarsonar, Kap. 281.
Lit: —

A 359: Ottar Snekollsson (Óttar snækollr)

von den Orkney-Inseln

O. schloss sich 1230 dem Heerzug von Ospak, dem Kg. von Man, an, der ihn auf die Hebriden und nach Schottland führte.

Q: Hákonar saga Hákonarsonar, Kap. 166f.
Lit: —

A 360: Pål

Geistlicher

aus Norwegen

P. bekam 1214 vom englischen Kg. Johann ein geistliches Lehen, das 100 Schilling jährlich einbrachte.

Q: DN XIX, Nr. 105.
Lit: *Bagge*, Kapellgeistlighet (1976), 74.

A 361: Pål

Bf. von Hamar 1232–1251

† 1252

aus Norwegen

P. geriet 1234 in Konflikt mit dem norw. Kg. Håkon Håkonsson um die Insel Helgøy im See Mjøsa und reiste deswegen über Götland, Dänemark und Sachsen nach Rom, um Papst Gregor IX. aufzusuchen. Unterwegs traf er auf → Kolbeinn ungi und auf → Sturla Sighvatsson, der ihn nach Rom begleitete. Auch den Rückweg bestritten beide gemeinsam.

Q: Hákonar saga Hákonarsonar, Kap. 178; Konungsannáll, s. a. 1234; Sturlunga saga, Kap. 243.
Lit: *Melsteð*, Ferðir (1907–1915), 854.

A 362: Pål (Paulus)

Mönch (OP)

aus Schweden

P., Mönch des Konvents in Sigtuna, wurde vom Provinzialkapitel des Dominikanerordens, das 1246 in Ribe abgehalten wurde, nach Tallinn (Reval) gesandt. Gemeinsam mit elf weiteren Mönchen errichtete er dort einen neuen Konvent.

Q: De ordine Predicatorum in Dacia, Kap. 4.
Lit: *Gallén*, Province de Dacie (1946), 51.

A 363: Pål Gås

aus Norwegen

Der Beiname bedeutet „Gans". P. begleitete 1230 Ospak, den Kg. von Man, von Norwegen aus zu einer Heerfahrt auf die Hebriden und die Isle of Man sowie nach Schottland.

Q: Hákonar saga Hákonarsonar, Kap. 166f.
Lit: —

A 364: Pål Håkonsson

Jarl von den Orkneys ca. 1122/23–1136

† 1136

Sohn von → Håkon Pålsson, Bruder von → Margret Håkonsdatter
von den Orkney-Inseln

P. wurde um 1135 von → Svein Åsleivsson gefangen genommen und zu seiner Schwester Margret nach Atholl (Schottland) gebracht. Dort wurde er vielleicht auf Betreiben Margrets geblendet und eingekerkert, später sogar ermordet. Er kehrte jedenfalls nicht wieder zu den Orkney-Inseln zurück.

Q: Orkneyinga saga, Kap. 74f.
Lit: *Thomson/Winterbottom*, Gesta Regum Anglorum, Kommentar (1999), 371.

A 365: Pål Torfinnsson

Jarl von den Orkneys ca. 1064–1098

* ca. 1050, † 1098 in Bergen, ∞ Sunniva (Tochter von → Håkon Ivarsson)
Sohn von → Torfinn Sigurdsson und → Ingebjørg Finnsdatter, Bruder von → Erlend Torfinnsson
von den Orkney-Inseln

Nach dem Tod seines Vaters herrschte P. gemeinsam mit seinem Bruder Erlend auf den Orkney-Inseln. 1065/66 folgten sie dem norw. Kg. → Harald Hardråde bei dessen Angriff auf England. Während Harald starb, konnten Erlend und P. entkommen. 1098 wurden P. und Erlend vom norw. Kg. → Magnus Berrføtt gefangen genommen, nach Norwegen gebracht und starben noch im gleichen Jahr – ob sie umgebracht wurden, ist unklar.

Q: Fsk., Kap. 63; Hkr. Haralds saga Sigurðarsonar, Kap. 82, 87; Johannes von Worcester, s. a. 1066; Msk., 266; Orkneyinga saga, Kap. 34.
Lit: NBL 10 (1949), 587; NBL² 7 (2003), 286f.; *Thomson*, History of Orkney (1987), 54f.

A 366: Páll Jónsson

Bf. von Skálholt 1193–1211

* 1155, † 29. 11. 1211, ∞ Herdís Ketilsdóttir
Sohn von Jón Loptsson und Ragnheiður (Schwester von → Þorlákur Þórhallsson)
aus Island

P. lebte eine Zeit lang bei Jarl Harald Maddadsson auf den Orkneys, wurde anschließend in England ausgebildet und vielleicht auch zum Diakon geweiht. 1193 wurde er Nachfolger seines Onkels als Bf. von Skálholt, am 23. April 1195 erfolgte die Weihe in Lund durch Ebf. → Absalon (A 9).

Q: Páls saga, Kap. 1.
Lit: *Kristjánsson*, Eddas und Sagas (1994), 120; *Melsteð*, Ferðir (1907–1915), 806; NBL 10 (1949), 585–587.

A 367: Pallig

Jarl

† 1002; ∞ → Gunhild (A 163)
aus Dänemark

P., der Ealdorman unter dem englischen Kg. Æthelred war, schloss sich 1001 dän. Wikingern an, heerte mit ihnen in Südwestengland und plünderte unter anderem Teignton, Pinhoe und Waltham. 1002 kam P. gemeinsam mit seiner Frau Gunhild ums Leben.

Q: ASC, s. a. 1001; Wilhelm von Malmesbury, Kap. 177.
Lit: DBL 5 (1980), 387; *Williams*, Cockles (1986), 1.

A 368: Peder

Propst in Roskilde

aus Dänemark

P. wurde 1208 vom dän. Kg. → Valdemar Sejr zum Papst nach Rom gesandt, um die Weihe → Valdemar Knudsøns zum Ebf. von Hamburg-Bremen zu verhindern.

Q: Arnold VII 10; DD I:4, Nr. 135; Potthast, Nr. 3354.
Lit: Gaethke, Knud und Waldemar, Teil 2 (1995), 10; RegEB I, 195.

A 369: Peder Ebbesøn

Sohn von Ebbe (Sohn von Skjalm Hvide); Geschwister: Asser Rig und → Sune Ebbesøn

aus Dänemark

P. nahm 1159 am Kriegszug des dän. Kg.s → Valdemar des Großen nach Hiddensee teil.

Q: Saxo Gr. XIV 23 (26, 28).
Lit: —

A 370: Peder Elivsøn

† 1164 in Wolgast

aus Dänemark

P. begleitete 1164 den dän. Kg. → Valdemar den Großen auf dessen Kriegszug gegen die Wenden und kam während einer Seeschlacht bei Wolgast ums Leben.

Q: Saxo Gr. XIV 30 (8).
Lit: —

A 371: Peder Hartbo

Mönch (OP)

aus Dänemark

P., Mönch des Konvents in Viborg, wurde vom Provinzialkapitel des Dominikanerordens, das 1246 in Ribe abgehalten wurde, nach Tallinn (Reval) gesandt. Gemeinsam mit elf weiteren Mönchen errichtete er dort einen neuen Konvent.

Q: De ordine Predicatorum in Dacia, Kap. 4.
Lit: Gallén, Province de Dacie (1946), 51.

A 372: Peder Jakobsøn

Bf. von Roskilde 1217–1225, Kanzler des dän. Kg.s → Valdemar Sejr

† 19. 5. 1225 in Ter Doest

Sohn von → Jakob Sunesøn; Neffe des Ebf.s → Anders Sunesøn und des Bf.s → Peder Sunesøn; Bruder von → Ingerd

aus Dänemark

P. studierte im Ausland. 1214 wurde er als Nachfolger seines Onkels Peder Sunesøn zum Bf. von Roskilde gewählt, trat das Amt aber erst 1217 an. 1219 beteiligte er sich am Kriegszug Kg.

A. *Biogramme der skandinavischen Reisenden* 251

Valdemars nach Estland, bei dem Tallinn (Reval) erobert wurde. Auf dem Weg ins Heilige Land erlitt er 1225 bei Dam (Flandern) Schiffbruch und starb wenig später in der Zisterzienserabtei Ter Doest.

Q: Annales Lundenses, s. a. 1225; Chronicon Livoniae XXIII 2; Liber daticus Roskildensis, 44.
Lit: DBL 7 (1981), 220; *France*, Cistercians (1992), 530; *Otto*, Liber daticus Roskildensis (1933), 44f.; *Riant*, Korstog (1868), 468.

A 373: Peder Palnesøn (Petrus filius Palnonis Albi)
Sohn von Palne Hvide
aus Dänemark

P. nahm 1191–1193 an dem als *Profectio Danorum* bezeichneten Kreuzzugsunternehmen teil, das ihn nach Jerusalem führte.[1]

Q: Historia de Profectione Danorum in Hierosolymam, Kap. 6, 19–27.
Lit: *Riant*, Korstog (1868), 400–411.

---

1 Siehe bei Åge Stigsøn (A 2).

A 374: Peder Strangesøn
* ca. 1170; † 1241 in Ribe; ∞ Ingeborg (Tochter von → Esbern Snare und Helene)
aus Dänemark

P. war eine der Geiseln, die 1225 gestellt wurden, um den dän. Kg. → Valdemar Sejr und dessen Sohn → Valdemar den Unge aus der Gefangenschaft des Grafen Heinrich von Schwerin auszulösen.

Q: DD I:6, Nr. 42.
Lit: DBL 14 (1983), 148.

A 375: Peder Sunesøn
Bf. von Roskilde 1192–1214, Kanzler des dän. Kg.s → Valdemar Sejr 1202–1214
* 1161, † 29. 10. 1214
Sohn von → Sune Ebbesøn; Geschwister: → Anders, Ebbe, → Jakob, → Johannes, Laurens und → Thorbern Sunesøn
aus Dänemark

P. studierte ab den späten 1170er Jahren im Kloster Sainte-Geneviève in Paris, wurde dort Mönch und kehrte ca. 1185 – spätestens 1188 – nach Dänemark zurück. 1193 oder früher weihte er die Marienkirche in Bergen auf Rügen. Gemeinsam mit dem französischen Abt Wilhelm (Guillaume) von Æbelholt begleitete er 1193 → Ingeborg (A 227) zu ihrer Hochzeit mit Philipp II. August von Frankreich nach Amiens. 1198 führte P. einen Kriegszug gegen Markgraf Otto von Brandenburg, den er in Holstein *(Nordalbingien)* bekämpfte, dabei aber in Gefangenschaft geriet. Sein Bruder Thorbern starb bei diesem Vorhaben. 1201 begleitete P. den dän. Kg. Valdemar Sejr nach Hamburg, 1203 nach Lübeck und Lauenburg.

Q: Arnold VI 9, 17; DD I:3, Nr. 128–133, 153f., 196.
Lit: DBL 14 (1983), 213f.; *Fenger*, Kirker (1989), 219; *Gaethke*, Knud und Waldemar, Teil 1 (1994), 82; *Kluger* et al., Series episcoporum VI, II (1992), 93–95.

A 376: Peder Thorstensøn

aus Seeland, Dänemark

P. begleitete den dän. Kg. → Valdemar den Großen auf dessen Kriegszüge gegen die Wenden nach Wollin (ca. 1170) und Stettin (ca. 1171).

Q: Saxo Gr. XIV 42 (16), 43 (7).
Lit: —

A 377: Peder Todde

aus Dänemark

P. begleitete den dän. Kg. → Valdemar den Großen auf dessen Kriegszug gegen die Wenden nach Wollin (ca. 1170).

Q: Saxo Gr. XIV 42 (22).
Lit: —

A 378: Peter

Bf. von Hamar 1253–1260

† 1260
aus Norwegen

P. hielt sich 1253 am Hof Papst Innozenz' IV. auf und wurde in Perugia von Ebf. → Sørle geweiht. 1257 führte P. Prinzessin → Kristin mit ihrem Gefolge nach Kastilien. Er kehrte im Herbst 1258 über Flandern nach Norwegen zurück.

Q: DN VI, Nr. 28; Hákonar saga Hákonarsonar, Kap. 276, 290, 294, 296; Potthast, Nr. 14909.
Lit: *Bagge*, Kapellgeistlighet (1976), 70; DN XVII B, 252; *Jenssen*, Kristina (1980); *Gelsinger*, Alliance (1981), 61f.; *Riant*, Korstog (1868), 489.

A 379: Peter von Husastad

Ebf. von Nidaros 1225–1226

* um 1160, † 9. 10. 1226
aus Norwegen

P. war 1224 nach Rom gesandt worden, um dem Papst die Wahl → Sigurds (A 420), des Abtes von Tautra, zum Ebf. von Nidaros anzuzeigen. Doch Sigurd wurde für unwürdig erachtet, so dass P. selbst 1225 zum Ebf. ernannt wurde. Er reiste über England zurück nach Norwegen, starb jedoch bereits 1226.

Q: Hákonar saga Hákonarsonar, Kap. 100, 130.
Lit: *Johnsen*, Fra den eldste tid til 1252 (1955), 205; NBL 11 (1952), 25f.; NBL² 7 (2003), 225f.

A 380: Peter Kaikewalde (Petrus Kakuwalde)

Priester

aus Finnland

P. ging 1215 als Missionar nach Estland und arbeitete zunächst in den südestnischen Landschaften Sackala und Ugaunien. 1220 missionierte er in Dorpat und Wierland (nördliches Estland). Dann ging er nach Jerwen und traf mit dem dän. Priester → Walter (B 59) zusammen, über den er sich beim dän. Ebf. → Anders Sunesøn in Tallinn beschwerte. 1226 missionierte P. in Sontagana, dem südlichen Teil der Landschaft Wiek im Westen Estlands.[1] Anschließend ging er nach Livland.

Q: Chronicon Livoniae XIX 4, 7, XXIV 1f., XXIX 7.
Lit: *Christiansen*, Crusades (1980), 111; *Johansen*, Nordische Mission (1951), 104.

---

[1] P. wurde dabei möglicherweise vom Verfasser der Livländischen Chronik, Heinrich von Lettland, begleitet.

A 381: Peter Oddsson

Händler

aus Norwegen

P., Händler im Auftrag des norw. Jarls → Skule, bekam am 4.8.1224 vom englischen Kg. Heinrich III. die Erlaubnis, King's Lynn zu verlassen, obwohl große englische und ausländische Handelsschiffe zurückgehalten wurden, um Truppen nach Frankreich überzusetzen.

Q: DN XIX, Nr. 162.
Lit: *Nedkvitne*, Handelssjøfarten (1976), 131, 186.

A 382: Peter Steype (Pétr steypir)

† ca. 1213, ∞ → Ingebjørg (A 224)
Neffe des norw. Kg.s Sverre
aus Norwegen

P. fuhr ca. 1211 gemeinsam mit seiner Frau Ingebjørg, → Reidar Sendemann und dessen Frau → Margret Magnusdatter nach Jerusalem, starb aber wie auch Ingebjørg unterwegs.

Q: Böglunga sögur, 118, 120; Konungsannáll, s.a. 1211, 1213.
Lit: NBL 11 (1952), 363.

A 383: Philipp Knutsson

Sohn des schw. Kg.s Knut Lange
aus Schweden

P. reiste 1251 zusammen mit → Philipp Petersson an die südliche Ostseeküste, von wo sie mit einer wendisch-deutschen Flotte gegen Jarl → Birger in Schweden vorgingen.

Q: Hákonar saga Hákonarsonar, Kap. 272.
Lit: —

A 384: Philipp Petersson
aus Schweden

P. reiste 1251 zusammen mit → Philipp Knutsson an die südliche Ostseeküste, von wo sie mit einer wendisch-deutschen Flotte gegen Jarl → Birger in Schweden vorgingen.

Q: Hákonar saga Hákonarsonar, Kap. 272.
Lit: —

A 385: Radulv
Geistlicher
aus Norwegen

R. wurde 1228 vom norw. Kg. Håkon Håkonsson nach England gesandt. Am 18. September erhielt er gemeinsam mit → Benedikt vom englischen Kg. Heinrich III. die Erlaubnis, 300 oder 400 Quarter Korn zu kaufen und nach Norwegen auszuführen.

Q: DN XIX, Nr. 191.
Lit: Bagge, Kapellgeistlighet (1976), 74.

A 386: Ragnhild
† nach 1130
aus Schweden

R., eine schw.e Lokalheilige, soll nach widersprüchlicher Überlieferung entweder den schw.en Kg. Inge Stenkilsson oder Kg. Inge Halstensson geheiratet haben. Sie pilgerte um 1130 nach Rom und Jerusalem und soll nach ihrer Rückkehr die Kirche von Tälje (Södertälje) gestiftet haben. In dieser Kirche wurde eine Gedenktafel aufgestellt, deren Inschrift sich nur abschriftlich erhalten hat. Darin wird auch von ihrer Pilgerreise berichtet.

Q: Die Inschrift ist abgedruckt in *Lundén*, Missionärer (1983), 283f.
Lit: Hagerman, Spåren (1996), 298f.; *Lundén*, Missionärer (1983), 284f.; *Riant*, Korstog (1868), 320f.; SBL 29 (1995–1997), 613–615; SMK 6 (1949), 201.

A 387: Ragnvald
aus Schweden

R. diente im 11. Jh. (wahrscheinlich nach 1050) in der Warägergarde in Byzanz – vermutlich als Truppenführer – und kehrte nach Schweden zurück.

Q: Ruprecht, Wikingerzeit (1958), Nr. 174; U, Nr. 112.
Lit: Düwel, Runenkunde (2001), 124; *Larsson*, Runstenar (1990), 114, 137.

A 388: Ragnvald Bruseson
Jarl von den Orkneys ca. 1037–1046
* 1011, † 1046
Sohn von Bruse Sigurdsson
von den Orkney-Inseln

R. blieb als Geisel in Norwegen zurück, als sein Vater dem norw. Kg. → Olav dem Heiligen huldigte (ca. 1021/22). 1028 floh R. gemeinsam mit Olav nach Schweden und in die Kiewer Rus'. 1030 kehrte er mit ihm nach Norwegen zurück. Nach der Niederlage in der Schlacht von Stiklestad ging R. noch im selben Jahr mit Olavs Bruder → Harald Hardråde in die Kiewer Rus', von wo er 1034/35 gemeinsam mit → Kalv Arnesson, → Einar Tambarskjelve und → Svein Bryggefot den späteren norw. Kg. → Magnus den Guten nach Norwegen begleitete. Magnus setzte R. als Jarl über die Orkneys ein, die er gemeinsam mit seinem Onkel → Torfinn Sigurdsson regierte. Sie führten Kriegszüge zu den Hebriden, nach Irland und England. Später bekämpfte R. Torfinn, konnte sich mit Hilfe von Kg. Magnus auch durchsetzen, wurde schließlich aber bei einem Angriff Torfinns getötet.

Q: Ágrip, Kap. 33; Fsk., Kap. 51; Hkr. Óláfs saga helga, Kap. 180; Msk., 17–19; Olafs saga hins helga, Kap. 69; Óláfs saga hins helga hin mesta, 814; Orkneyinga saga, Kap. 21f., 24; Theod., Kap. 21.

Lit: *Crawford*, Scandinavian Scotland (1987), 74, 77; NBL 11 (1952), 269; *Schreiner*, Studier (1927), 452; *Whaley*, Poetry (1998), 335f.

A 389: Ragnvald Kale Kolsson

Jarl von den Orkneys 1129/36–1158

* ca. 1100, † 20. 8. 1158 in Caithness

Sohn von → Kol Kalesson und Gunnhild (Tochter von → Erlend Torfinnsson)

aus Norwegen

R., der eigentlich auf den Namen Kale getauft wurde, wuchs in Agder (Norwegen) auf. Mit 15 Jahren besuchte er gemeinsam mit einigen Händlern Grimsby und traf dort → Harald Gille, der später Kg. von Norwegen wurde. 1129 wurde er vom norw. Kg. → Sigurd Jorsalfar zum Jarl über die Hälfte der Orkneys und Shetlands eingesetzt, konnte die Herrschaft aber erst nach dem Tod von → Pål Håkonsson ausüben. In den 1140er Jahren besuchte R. ein Fest in Wick in Caithness. Wenig später vertrieb er → Svein Åsleivsson und → Margad Grimsson, die in Caithness geheert hatten. Svein kehrte wenig später zurück und versöhnte sich mit R.

Ca. 1153[1] reiste R. mit 15 Schiffen und großem Gefolge ins Heilige Land. Auf der Fahrt machte er im südfranzösischen Narbonne Station am Hof der Gräfin Ermengarde. Sie ist auch in einigen Skaldenstrophen erwähnt, die R. und seine Skalden gedichtet haben. Anschließend überwinterten sie in Galicien. Im Mittelmeer fuhren sie zunächst an der nordafrikanischen Küste entlang, dann über Sardinien, Tripolis (?)[2] und Kreta nach Akkon. Im Heiligen Land besuchten sie die üblichen Pilgerziele, darunter den Jordan, reisten anschließend nach Konstantinopel und weiter nach Apulien. R. und einige seiner Gefolgsleute kauften dort Pferde, während das restliche Gefolge den Seeweg nahm.[3] Über Rom und Deutschland reiste R. auf dem Landweg nach Skandinavien zurück, das er 1155 erreichte, und fuhr wenig später über Schottland zu den Orkneys.

1156 fuhr R. nach Thurso in Caithness und weiter nach Sutherland. Von Caithness aus griff er dann gemeinsam mit Harald Maddadsson → Erlend Haraldsson an, dem er kurz zuvor noch die Hälfte des Orkney-Jarltums zugesichert hatte. 1158 wurde R. in Caithness von → Torbjørn Klerk ermordet. R. wurde in der von ihm erbauten Kirche in Kirkevåg (Kirkwall) bestattet. Schon bald danach wurde er als Heiliger verehrt und 1192 von Papst Coelestin III. heilig gesprochen.

Q: Gottskálksannáll, s. a. 1151; Hkr. Haraldssona saga, Kap. 17; Konungsannáll, s. a. 1151; Msk., 441; Orkneyinga saga, Kap. 59f., 80, 83, 85–89, 94, 103.

Lit: *Davidson*, Viking Road (1976), 263–266; *Leach*, Angevin Britain (1921), 40f.; *Meissner*, Ermengarde (1925); NBL 11 (1952), 270–272; NBL² 7 (2003), 301f.; *Nedkvitne*, Handelssjøfarten (1976), 178; *Riant*, Korstog (1868), 338–364; *Roesdahl*, Wikinger (1992), 95, 171, 364; *Thomson*, History of Orkney (1987), 71; *de Vries*, Literaturgeschichte, Bd. 2 (1967), 24–28, 263f.

1 Die isl. Annalen ordnen den Beginn der Reise in das Jahr 1151 ein.
2 So *Riant*, Korstog (1868), 357 mit Anm. 1.
3 Nach Snorri Sturluson, Hkr., ließen sie bereits in Konstantinopel die Schiffe zurück und reisten von dort über Land nach Norwegen.

A 390: Ragnvald Ulvsson

Jarl von Västergötland oder Östergötland

† um 1030; ∞ → Ingebjørg (Schwester des norw. Kg.s → Olav Tryggvason)

aus Schweden

1019 begleitete R. die schw. Kg.stochter → Ingegerd in die Kiewer Rus'. Sie heiratete den Großfürsten Jaroslav von Kiew (1019–1054), R. wurde Jarl von Ladoga.

Q: Fsk., Kap. 30; Hkr. Óláfs saga helga, Kap. 93.
Lit: SBL 29 (1995–1997), 616.

A 391: Rane Roasson (Hrani inn viðförli Hróason)

aus Norwegen[1]

Der Beiname bedeutet „der Weitgereiste". R., Ziehvater des norw. Kg.s → Olav des Heiligen, wurde 1013–1014 von Olav, der zu diesem Zeitpunkt in Rouen war, nach England gesandt und reiste von dort mit Olav nach Norwegen zurück.

Q: Fsk., Kap. 27; Hkr. Óláfs saga helga, Kap. 27; Olafs saga hins helga, Kap. 16f.
Lit: —

1 Möglicherweise stammte R. aus Grönland, wo er sich zumindest eine Zeitlang aufhielt; siehe dazu Hkr. Haralds saga Gráfeldar, Kap. 11.

A 392: Rani (Hrani, Ranig, Roni)

Jarl

aus Dänemark

R. war unter Kg. → Knud dem Großen Jarl in England (Herefordshire?) und tritt ab 1018 bis 1031 in Urkunden als Zeuge in Erscheinung. Um 1041 bezeugte er erneut eine Urkunde Kg. → Hardeknuds.[1] Ob er sich in der Zwischenzeit in England oder Dänemark aufhielt, ist nicht bekannt.

Q: DD I:1, Nr. 381, 384, 388, 415, 417, 429f., 462; Johannes von Worcester, s. a. 1041.
Lit: *Keynes*, Cnut's Earls (1994), 60f.; *Stenton*, England (1971), 416; *Williams*, Cockles (1986), 6f., 10.

---

1 Ob der von Johannes von Worcester genannte *Roni Magesetensium* mit R. identisch ist, muss offen bleiben.

A 393: Ravn

† 1232 in Bergen
aus Norwegen

R. hielt sich 1231 in Thurso (Caithness) im Gefolge von → Hånev auf und war anwesend, als Jarl Jon Haraldsson getötet wurde. Im nächsten Jahr wurde er dafür hingerichtet.

Q: Hákonar saga Hákonarsonar, Kap. 171.
Lit: —

A 394: Reavensvart

Hauskarl

† 1065
aus Dänemark

R. war Hauskarl von Tostig, dem Bruder des englischen Kg.s Harald Godwinson, und wurde 1065 von den englischen Thegns Gamelbearn, Dunstan und Glonieorn in York getötet.

Q: Johannes von Worcester, s. a. 1065.
Lit: —

A 395: Reidar (Hreiðarr)

Bf. von Nidaros

† 1151
aus Norwegen

R. reiste 1150 nach Rom und soll dort von Papst Eugen III. zum Ebf. ordiniert worden sein. R. starb auf dem Rückweg in Italien.

Q: DN XVII B, 199.
Lit: NBL 11 (1952), 363; *Johnsen*, Fra den eldste tid til 1252 (1955), 28; *Seegrün*, Papsttum (1967), 148; *de Vries*, Literaturgeschichte, Bd. 2 (1967), 1.

A 396: Reidar Sendemann (Hreiðarr sendimaðr)

† 1214 in Konstantinopel, ∞ ca. 1208 → Margret Magnusdatter
aus Viken, Norwegen

R. war in der Warägergarde in Konstantinopel und wurde 1195 von Basileus Alexios III. Angelos zu Kg. Sverre nach Norwegen geschickt mit der Bitte um „zehn Hundert" (1200) gute Krieger. Im nächsten Jahr wollte R. zurückreisen, schloss sich dann aber den Baglern an und bekämpfte mit ihnen Sverre. Um 1211 fuhr er mit dem Birkebeiner → Peter Steype und dessen Frau → Ingebjørg (A 224) nach Jerusalem. Peter und seine Frau starben unterwegs, während R.

nach Abschluss der Fahrt nach Konstantinopel ging und bis zu seinem Tod in der Warägergarde diente.

Q: Böglunga sögur, 118; Konungsannáll, s. a. 1211; Sverris saga, Kap. 127; RN I, Nr. 231.
Lit: *Blöndal*, Varangians (1978), 161, 218–220; NBL 11 (1952), 363; NBL² 7 (2003), 331; *Riant*, Korstog (1868), 431–435.

A 397: Rikard Torleivsson

von den Orkney-Inseln

R. begleitete in den 1140er Jahren → Svein Åsleivsson auf dessen Zug zu den Hebriden. Auf dem Rückweg gerieten sie in Duncansby in Streit um die Beute.

Q: Orkneyinga saga, Kap. 82.
Lit: —

A 398: Rikvin (Richewinus)

Händler

aus Ribe, Dänemark

R. erhielt im Juli 1224 vom englischen Kg. Heinrich III. die Erlaubnis, mit seinem Schiff nach Yarmouth zu reisen.

Q: DD I:6, Nr. 20.
Lit: *Bill* et al., Stammebåd (1997), 140; *Sawyer*, Anglo-Scandinavian trade (1986), 188.

A 399: Roar Kongsfrende (Hróarr konungsfrændi, Roherus)

* ca. 1175/80, † ca. 1240; ∞ Torbjørg Åsulvsdatter
aus Norwegen

Der Beiname bedeutet „Verwandter des Königs". R. war wahrscheinlich Neffe des norw. Kg.s Sverre. 1217 hielt er sich in England (in Lambeth?) auf und bekam vom englischen Kg. Heinrich III. Geleit. Anscheinend war er hier bereits auf seiner Reise nach Jerusalem, die er im selben Jahr gemeinsam mit → Erlend Torbergsson antrat. Wahrscheinlich schlossen sie sich dem so genannten Fünften Kreuzzug an. R.s Schiff legte in Akkon an. R. ist möglicherweise identisch mit → Roe Kongsfrende.

Q: DN XIX, Nr. 113; Hákonar saga Hákonarsonar, Kap. 30.
Lit: NBL 11 (1952), 486f.; NBL² 7 (2003), 385f.; *Riant*, Korstog (1868), 444–452, 460.

A 400: Rodvisl

aus Gotland, Schweden

R. fuhr um 1000 mit seinen Brüdern → Hegbjarn, → Øystain und → Emund sowie → Rafn über die Stromschnellen des Dnjepr, wo Rafn ums Leben kam.

Q: *Ruprecht*, Wikingerzeit (1958), Nr. 193.
Lit: *Düwel*, Runenkunde (2001), 125.

A 401: Roe Kongsfrende (Hrói konungsfrændi)

aus Norwegen

Der Beiname bedeutet „Verwandter des Königs". R. wurde ca. 1235 vom norw. Kg. Håkon Håkonsson zu Ks. Friedrich II. gesandt. Er ist möglicherweise identisch mit → Roar Kongsfrende.

Q: Hákonar saga Hákonarsonar, Kap. 191.
Lit: NBL[2] 7 (2003), 385f.

A 402: Rudolf von Næstved

Ratsmitglied in Bremen

aus Næstved, Dänemark

R. war etwa 1237–1244 Rat in Bremen, 1248 tritt er noch einmal als *burgensis Bremensis* in Erscheinung.

Q: DD I:6, Nr. 236; DD I:7, Nr. 8, 150, 277.
Lit: —

A 403: Sæmundur inn fróði Sigfússon

Priester, Geschichtsschreiber

* 1056, † 1133, ∞ Gudrun Kolbeinsdóttir
Sohn von Sigfús Lodmundsson
aus Island

Der Beiname bedeutet „der Weise". S. studierte im Ausland, wahrscheinlich in Deutschland[1] und kehrte ca. 1076/78 zurück. Er siedelte sich im Südwesten Islands in Oddi an und lebte dort bis 1133. S. schrieb eine nicht erhaltene Königssaga.

Q: Íslendingabók, Kap. 9; Konungsannáll, s. a. 1076; Oddaverja annáll, s. a. 1077.
Lit: Gelsinger, Enterprise (1981), 135; *Jóhannesson*, History (1974), 150; *Melsteð*, Ferðir (1907–1915), 786f.; NBL 15 (1966), 509f.; NBL[2] 9 (2005), 66; *de Vries*, Literaturgeschichte, Bd. 1 (1964), 225, 334–338.

[1] Das in der *Íslendingabók* genannte *Frakkland* kann sowohl Frankreich als auch Deutschland (Reich der Franken) bezeichnen. In den isl. Annalen heißt es, S. habe in Paris studiert und sei von dort gemeinsam mit → Jón Ögmundarson zurückgereist.

A 404: Salomon

aus Norwegen

S.[1] hielt sich in den 1160er Jahren in Saint-Victor bei Abt Ernisius auf, dessen Schwester in Norwegen lebte und S. nach Paris geschickt hatte.

Q: RN I, Nr. 137.
Lit: Johnsen, St. Victorklosteret (1943–1946), 410.

[1] *Johnsen*, Fra den eldste tid til 1252 (1955), 65, identifizierte S. mit Salmund Sigurdsson.

A 405: Salomon

Mönch (OP)

aus Århus, Dänemark

S. trat – vermutlich als Student – 1220 in Verona dem Dominikanerorden bei und wurde Prior in Friesach. Pfingsten 1221 war er auf dem Generalkapitel des Dominikanerordens in Bologna und wurde mit Briefen von Dominikus und von Papst Honorius III. zum dän. Kg. → Valdemar Sejr und zu Ebf. → Anders Sunesøn von Lund gesandt. Er reiste über Köln, Paris und Flandern nach Dänemark; auf der Schiffsreise wurde er wegen eines Unwetters bis in die Nähe von Nidaros abgetrieben, von wo er mit der Hilfe des Jarls → Skule nach Kopenhagen reiste.

Q: DD I:5, Nr. 196; De ordine Predicatorum in Dacia, Kap. 2.
Lit: Gallén, Province de Dacie (1946), 6–8, 11.

A 406: Saxo

Dompropst in Roskilde

aus Dänemark

S. wurde ca. 1165 von Ebf. → Absalon (A 9) nach Paris gesandt, um Wilhelm (Guillaume), den späteren Abt von Æbelholt, nach Dänemark zu holen. 1180 und 1183 unterzeichnete er mehrere Urkunden als Propst von Roskilde. Wahrscheinlich starb S. in den 1190er Jahren.[1]

Q: Sancti Willelmi abbatis vita et miracula, Kap. 10.
Lit: DBL 12 (1982), 637.

---

[1] S. wurde häufig mit dem Geschichtsschreiber → Saxo Grammaticus identifiziert, was mittlerweile jedoch als widerlegt gelten kann.

A 407: Saxo Aggesøn

Hauptmann *(capitaneus)* von Tallinn (Reval)

† ca. 1257/59

aus Dänemark

S. ist ab 1241 als Grundbesitzer in Estland nachweisbar und war spätestens ab 1252 Hauptmann von Tallinn (Reval). 1248 (und 1251?) war er am dän. Königshof.

Q: Kong Valdemars Jordebog, 65, 73, 78; LEKU I, Nr. 215, III, Nr. 270, 299.
Lit: Johansen, Estlandliste (1933), 829.

A 408: Serk Brynjolvsson

aus Sogn, Norwegen

S. begleitete den norw. Kg. → Magnus Berrføtt auf dessen Kriegszug nach Irland 1102/03.

Q: Fsk., Kap. 84; Hkr. Magnúss saga berfœtts, Kap. 23; Msk., 332; Orkneyinga saga, Kap. 39.
Lit: Andersson/Gade, Morkinskinna (2000), 450f., Anm. 59, 2.

A 409: Serk Sygnekjuke

aus Norwegen

Der Beiname bedeutet etwa „eine untersetzte Person aus Sogn". S. begleitete 1230 Ospak, den Kg. von Man, von Norwegen aus zu einer Heerfahrt zu den Hebriden und der Isle of Man sowie nach Schottland.

Q: Hákonar saga Hákonarsonar, Kap. 166f.
Lit: —

A 410: Sighvatur Böðvarsson

† 22. 9. 1266
aus Staður, Island

S. fuhr 1262 nach Norwegen und schloss sich dem norw. Kg. Håkon Håkonsson auf dessen Kriegszug nach Schottland an. Später unternahm S. eine Reise nach Jerusalem und starb am 22. September 1266 am Roten Meer.

Q: Sturlunga saga, Kap. 484.
Lit: *Melsteð*, Ferðir (1907–1915), 850.

A 411: Sighvatur Þórðarson

Hofskalde und Marschall des norw. Kg.s → Olav des Heiligen

* ca. 995/1000, † ca. 1043
Sohn von Þórður Sigvaldaskáld
aus Island

S. kam aus einer Skalden-Familie aus Südwestisland und war selber Dichter und Sänger. Mehr als 160 Strophen und Halbstrophen sind von ihm überliefert. Im Herbst 1015 kam er nach Norwegen und wurde Skalde Olavs des Heiligen. Er reiste vor 1025 nach England, um die Absichten des dän. Kg.s → Knud des Großen für Norwegen zu erkunden. Es folgte noch eine Handelsreise nach Rouen und England,[1] bei der er von → Berg begleitet wurde, bevor S. 1029–1030 gemeinsam mit → Bersi Skáld-Torfuson eine Pilgerfahrt nach Rom unternahm.[2]

Q: Fsk., Kap. 33; Hkr. Óláfs saga helga, Kap. 131, 146, 160, 206; Hkr. Magnúss saga ins góða, Kap. 7f.; Knýtlinga saga, Kap. 19.
Lit: *Arnórsson*, Suðurgöngur (1954–1958), 20; *Melsteð*, Ferðir (1907–1915), 667; NBL 13 (1958), 336–345; NBL[2] 8 (2004), 209f.; *Pulsiano*, Medieval Scandinavia (1993), 580f.; *Roesdahl*, Wikinger (1992), 110; *de Vries*, Literaturgeschichte, Bd. 1 (1964), 245.

---

[1] Es ist nicht eindeutig, ob es sich um zwei einzelne Reisen gehandelt hat. Snorri Sturluson berichtet von einer Reise über Rouen (1026) nach England (1027), spricht aber auch von mehreren Handelsfahrten nach Frankreich: „Hann hafði verið í kaupferðum til Vallands" (Hkr. Óláfs saga helga, Kap. 160). Anders hingegen *Hallvard Lie* in NBL 13, der nur von einer Fahrt ausgeht, die 1025 nach Rouen und von dort weiter nach England führte.

[2] Diese Reise könnte auch einen politischen Hintergrund haben, wie *Paasche*, Nachleben der Antike (1934), 116, vermutet.

A 412: Sigmund (Simund)

Thegn des englischen Earls Eadwine
aus Dänemark

S., genannt *danus*, war vor 1066 Landbesitzer in Wolverton (Warwickshire) und wahrscheinlich auch in Crowle und Shelsley Walsh (Worcestershire).

Q: DB I, fol. 174a, 176d, 242d.
Lit: Williams, Cockles (1986), 13f.

A 413: Sigmund Andresson Aungul (Sigmundr ǫngull Andrésson)

Stiefsohn von → Svein Åsleivsson
von den Orkney-Inseln

S. reiste 1153–1155 auf der Pilgerfahrt des Jarls → Ragnvald Kale Kolsson ins Heilige Land. Auf der Hinreise fuhren sie mit dem Schiff über Spanien durchs Mittelmeer, auf der Rückreise besuchten sie Konstantinopel und reisten über Rom und Deutschland zurück.

Q: Orkneyinga saga, Kap. 87f.
Lit: Riant, Korstog (1868), 343, 357.

A 414: Sigmundur Þorgilsson

† 1118
aus Island

S. machte eine Reise nach Rom und starb auf der Fahrt.

Q: Kristni saga, Kap. 18.
Lit: Melsteð, Ferðir (1907–1915), 791.

A 415: Sigrid

∞ Gottschalk
Tochter des dän. Kg.s → Sven Estridsøn; Geschwister: → Bjørn (A 72), → Erik Ejegod, → Harald Hen, → Knud der Heilige, → Knud Magnus Svensøn, → Niels (A 320), → Oluf Hunger, → Sven Svensøn (A 474)
aus Dänemark

S. heiratete Gottschalk, der ab 1043 Fürst der Abodriten war. Nach dem Tod ihres Mannes (1066) wurde sie aus der Mecklenburg vertrieben.

Q: Adam III 19, 51; Saxo Gr. XI 7 (1).
Lit: DBL 14 (1983), 243; *Hoffmann*, Dänemark und England (1972), 102.

A 416: Sigtrygg (Sihtric)

Jarl
aus Dänemark

S. war zunächst Thegn unter Kg. → Knud dem Großen und bezeugte eine Urkunde von 1019. Später wurde er Jarl – eventuell von Herefordshire – und unterzeichnete als *dux* Urkunden von 1026 und 1031.

Q: DD I:1, Nr. 395, 417, 429f., 490.
Lit: *Keynes*, Cnut's Earls (1994), 64f.; *Stenton*, England (1971), 416.

A 417: Sigurd

Händler

Bruder von → Hauk

aus Helgeland, Norwegen

S. reiste ca. 998 gemeinsam mit seinem Bruder Hauk nach England.

Q: Hkr. Óláfs saga Tryggvasonar, Kap. 74.
Lit: —

A 418: Sigurd

Bf.

aus Dänemark

S. hielt sich lange (möglicherweise seit 1015) bei Kg. → Knud dem Großen in England auf, bis er 1028 mit Jarl → Håkon Eiriksson nach Norwegen geschickt wurde. Nach der Schlacht von Stiklestad kehrte er noch 1030 nach England zurück.

Q: Hkr. Óláfs saga helga, Kap. 217, 243.
Lit: DN XVII B, 193; *Johnsen*, Håkon jarl (1981), 20.

A 419: Sigurd

Bf. von Bergen

† 1156

aus Norwegen

S. reiste 1145 zum Zisterzienserkloster Fountains. Auf dem Rückweg begleitete ihn der englische Abt Radulv, der zusammen mit einem Mönchskonvent in Lyse ein Kloster errichtete.

Q: Hugh de Kirkstall: Narratio. In: *Johnsen*, Cistercienserklostre (1977), 72f.
Lit: *Johnsen*, Cistercienserklostre (1977), 16f.

A 420: Sigurd

Abt von Tautra (SOCist)

aus Norwegen

1218 wurde S. nach Cîteaux vorgeladen, um sich für sein Verhalten zu rechtfertigen, erschien dort aber frühestens 1223. Im folgenden Jahr wurde er zum Ebf. von Nidaros gewählt, fuhr nach Rom, wurde dann aber für unwürdig erachtet.

Q: Guðmundar saga A, Kap. 225; Hákonar saga Hákonarsonar, Kap. 100.
Lit: *Johnsen*, Fra den eldste tid til 1252 (1955), 205; *Johnsen*, Cistercienserklostre (1977), 41f.

A 421: Sigurd Eindridesson

Ebf. von Nidaros 1231–1252

† 6. 3. 1252

Sohn von Eindride Hallkelsson Peine
aus Norwegen

S. wird 1225 als Kanoniker in Nidaros erwähnt. Im Sommer 1230 fuhr er als Bischofselekt zur Kurie, erhielt 1231 von Papst Gregor IX. das Pallium und kehrte 1232 nach Norwegen zurück. 1241 fuhr S. mit seinen Suffraganen nach Rom zu einem Konzil und bat dabei den Papst um die Kanonisation des Ebf.s → Øystein und um die Krönung des Kg.s Håkon Håkonsson.

Q: Hákonar saga Hákonarsonar, Kap. 165, 168.
Lit: DN XVII B, 203; *Helle*, Norge (1974), 81; *Johnsen*, Fra den eldste tid til 1252 (1955), 210–212, 225; *Kaufhold*, Norwegen (1997), 320f.; NBL 13 (1958), 305f.; NBL² 8 (2004), 200f.

A 422: Sigurd Erlingsson

Sohn von → Erling Skjalgsson; Geschwister: → Aslak, → Skjalg und → Tore Erlingsson
aus Norwegen

S. fuhr 1027 nach England und schloss sich Kg. → Knud dem Großen an.

Q: Hkr. Óláfs saga helga, Kap. 138.
Lit: —

A 423: Sigurd Ivarsson Murt

† 1198 (?)
aus Norwegen

Der Beiname bedeutet „der Kleine". S. hielt sich etwa in den 1180/90er Jahren im Gefolge von → Harald Eiriksson in Caithness auf. Im Kampf gegen Harald Maddadsson starb er.

Q: Orkneyinga saga, Kap. 109.
Lit: —

A 424: Sigurd Kongsfrende

aus Norwegen

Der Beiname bedeutet „Verwandter des Königs".[1] S. fuhr 1217 nach Jerusalem.

Q: Hákonar saga Hákonarsonar, Kap. 27.
Lit: Riant, Korstog (1868), 441f.

---

1 Nach *Riant*, Korstog (1868) war S. ein Enkel des norw. Kg.s Sigurd Munn; außerdem soll er mit einer Schwester von Kg. Sverre verheiratet gewesen sein.

A 425: Sigurd Lodvesson Digre (Siuchraidh m. Loduir)

Jarl von den Orkneys ca. 980/85–1014

* ca. 950, † 23. 4. 1014 bei Clontarf
Sohn von Lodve Torfinnsson und Eithne (Tochter des irischen Kg.s Cearball)
von den Orkney-Inseln

Der Beiname bedeutet „der Dicke". S. machte mehrere Kriegszüge nach Schottland und Irland und soll eine Tochter des schottischen Kg.s Malcolm (Malcolm II.?) geheiratet haben. Auf einem seiner Züge, bei dem er Kg. Sigtrygg Silkbeard (Seidenbart) von Dublin helfen wollte, starb er 1014 in der Schlacht bei Clontarf (Irland).

Q: Annalen von Ulster, s. a. 1014; Hkr. Óláfs saga helga, Kap. 96; Orkneyinga saga, Kap. 11f.
Lit: *Crawford*, Scandinavian Scotland (1987), 65–68; NBL 13 (1958), 304f.; NBL² 8 (2004), 205; *Thomson*, History of Orkney (1987), 41f.

A 426: Sigurd Magnusson

† 1194
Sohn des norw. Kg.s Magnus Erlingsson
aus Norwegen

S. wurde 1193 von einigen Aufständischen zum Kg. erhoben. Im selben Jahr fuhr er gemeinsam mit → Hallkjell Jonsson und → Olav Jarlsmåg zur Trave (bei Lübeck) und eroberte ein Handelsschiff. Anschließend kämpften sie gegen den norw. Kg. Sverre, starben aber alle in einer Seeschlacht bei Bergen.

Q: Sverris saga, Kap. 119.
Lit: —

A 427: Sigurd Magnusson Jorsalfar

Kg. von Norwegen 1103–1130
* ca. 1090, † 26. 3. 1130 in Oslo, ∞ 1) Malmfrid (Tochter des russischen Fürsten Mstislav Vladimirovič und der → Kristina), ∞ 2) ca. 1128 Cecilia[1]
Sohn des norw. Kg.s → Magnus Berrføtt, Halbbrüder: → Harald Gille, Øystein Magnusson, Olav Magnusson und → Sigurd Slembe
aus Norwegen

Der Beiname bedeutet „Jerusalemfahrer". S. begleitete seinen Vater 1098 auf einen Kriegszug nach Irland, blieb aber als Jarl auf den Orkney-Inseln zurück. 1102 wurde er mit Blathmuine *(Bjaðminja)*, der Tochter des irischen Lokalkönigs Muirchertach von Munster und Connacht, verlobt, ohne dass es zur Heirat gekommen wäre. Nach Magnus' Tod (1103) kehrte S. nach Norwegen zurück und wurde gemeinsam mit seinen Brüdern Øystein und Olav Kg. 1107 reiste S. mit 60 Schiffen Richtung Jerusalem. Er überwinterte zunächst in England, fuhr an der französischen Küste entlang und kam etwa im Herbst 1108 nach Galicien. Dort blieb er den zweiten Winter über und besuchte – nach dem Zeugnis der *Morkinskinna* – Santiago de Compostela. In Cintra, Lissabon und Alcácer do Sal soll es zu Kämpfen gegen Heiden (Sarazenen) gekommen sein – möglicherweise beteiligte S. sich an der so genannten Reconquista. Durch die Straße von Gibraltar reiste S. weiter über Formentera, Ibiza, Menorca und Mallorca nach Sizilien.[2] Im Sommer 1110 erreichte S. das Königreich Jerusalem und traf mit Kg. Balduin (1100–1118) zusammen.[3] Balduin begleitete S. nach Jerusalem, an den Jordan und andere heilige Stätten. S. soll von Balduin außerdem ein Stück des Heiligen Kreuzes erhalten haben.[4] Auf Bitten Balduins belagerte S. ab Oktober gemeinsam mit ihm Sidon, das sie Anfang Dezember erobern konnten.[5] Von S.s Aufenthalt im Heiligen Land berichten auch arabische Quellen, die ihn allerdings nicht namentlich erwähnen.[6] S. fuhr noch im Winter nach Zypern, besuchte dort wahrscheinlich das Grab von → Erik Ejegod, reiste weiter nach Konstantinopel und begegnete dort dem Basileus Alexios I. Komnenos (1081–1118).[7] Zum Abschied erhielt er kostbare Geschenke, darunter eine Sammlung geistlicher Schriften *(plenarium)* mit Goldschrift auf purpurfarbenen Seiten (als Geschenk des Patriarchen) und ein kostbares Altarbild. S. ließ die meisten seiner Begleiter und die Schiffe in Konstantinopel zurück, reiste auf dem Landweg über Bulgarien und Ungarn nach Deutschland und traf dort mit Ks. Heinrich V. zusammen.[8] 1111 erreichte er Dänemark und reiste weiter nach Norwegen. Die Reliquien und Geschenke, die er erhalten hatte – Kreuzessplitter, Altarbild, Buch – brachte er nach Konghelle, das S. selbst gegründet oder zumindest stark gefördert hatte, und ließ dort 1127 die Kreuzkirche bauen. Als die Stadt wenige Jahre nach S.s Tod von Wenden geplündert wurde, wurden die Kreuzreliquie und das Plenarium in die Olavskirche nach Nidaros gebracht.[9]

Q: Albert von Aachen XI 26, 30–32, 34; Ágrip, Kap. 51–54; Fsk., Kap. 86–91; Fulcher von Chartres II 44; Gottskálksannáll, s. a. 1109; Hkr. Magnússona saga, Kap. 3–13, 19, 32; Konungsannáll, s. a. 1107, 1109; Msk., 337–352; Oddaverja annáll, s. a. 1107; Ordericus Vitalis: Hist. Eccl. X (Bd. 5, 220); Theod., Kap. 33; Wilhelm von Malmesbury, Kap. 260, 410; Wilhelm von Tyrus XI 14.

Lit: *Andersen*, Samlingen av Norge (1977), 176, 179f.; *Blöndal*, Varangians (1978), 136–141; *Ciggaar*, Western Travellers (1996), 111f., 127; *Davidson*, Viking Road (1976), 260–263; NBL 13 (1958), 315–318; NBL² 8 (2004), 197f.; *Riant*, Korstog (1868), 238–298; *de Vries*, Literaturgeschichte, Bd. 1 (1964), 217f.

---

1 Diese Eheschließung fand noch zu Lebzeiten Malmfrids statt und wurde nicht allgemein anerkannt; vgl. dazu NBL 9 (1940), 52f.
2 S. soll Herzog Roger von Apulien und Kalabrien zum Kg. von Sizilien ausgerufen haben – Roger ist jedoch erst ab 1130 Kg.
3 Albert von Aachen nennt Askalon als Ort, an dem S. das Heilige Land betrat, nach Wilhelm von Tyrus landete er dagegen in Jaffa und laut *Fagrskinna* in Akkon. Albert und Fulcher von Chartres berichten übereinstimmend, der norw. Kg. habe Balduin in Jaffa getroffen, während Snorri in der *Magnússona saga* Akkon *(Akrsborg)* als Treffpunkt angibt. Nach dem Zeugnis der *Fagrskinna* trafen sich die beiden Kg.e in Jerusalem.
4 S. erhielt die Reliquie angeblich unter der Bedingung, sie an das Grab Olavs des Heiligen zu bringen, dort eine Domkirche bauen zu lassen, den Zehnten in seinem Reich einzuführen und ein Erzbistum zu errichten.
5 Eventuell griff S. anschließend auch Tyrus an, wie *Riant*, Korstog (1868), 268f., mit Verweis auf Ordericus Vitalis und Wilhelm von Malmesbury (Kap. 410) annimmt. Vgl. jedoch *Hagenmeyer*, Historia Hierosolymitana (1913), 545: „so hat Ord[ericus] hier offenbar Tyrus mit Sidon verwechselt, welche letztere Stadt er nicht erwähnt."
6 Siehe dazu *Birkeland*, Nordens historie (1954), 93f., 128.
7 In der *Morkinskinna*, Kap. 62, wird gesagt, dass S. die griechische Sprache beherrschte. Vgl. *Riant*, Korstog (1868), 273, 279.
8 Das Treffen fand wahrscheinlich in Regensburg oder Passau statt, denn Heinrich hielt sich am 4. Juli 1111 nachweislich in Regensburg auf und war am 25. Mai in Passau; siehe dazu *Stüllein*, Itinerar (1971), 48 und *Riant*, Korstog (1868), 282. *Springer*, Pilgrim Routes (1950), 121, zieht außerdem eine Begegnung in Speyer im August in Erwägung. Snorri Sturluson (Hkr. Magnússona saga, Kap. 13) spricht in diesem Zusammenhang von *Lózaríúm keisara*. Dieser Verwechslung könnte ein Treffen mit dem sächsischen Herzog Lothar von Süpplinburg, dem späteren Ks., zugrunde liegen.
9 Der *Gottskálksannáll* und der *Oddaverja annáll* berichten zu 1135/36 von Wundern in Konghelle (ed.

Storm, Islandske Annaler, 1888, 474): „A þessu airi skiedu þau myklu wndr j Konga hellu." Doch erst zum Jahr 1234 heißt es im *Gottskálksannáll*, ed. *Storm*, Islandske Annaler (1888), 327: „krossen helgi kom til Nidar os [...]."

A 428: Sigurd Ranesson

Lendmann

* ca. 1070, † ca. 1130, ∞ ca. 1100 Skjaldvor Brynjolvsdatter (Halbschwester des norw. Kg.s → Magnus Berrføtt)
Bruder von → Ulv Ranesson
aus Norwegen

S. begleitete ebenso wie sein Bruder Ulv den norw. Kg. Magnus Berrføtt auf seinem Kriegszug nach Irland 1102/03.[1] Bei der Niederlage konnte S. fliehen.

Q: Fsk., Kap. 84f.; Hkr. Magnúss saga berfœtts, Kap. 23, 25; Msk., 332; Orkneyinga saga, Kap. 39.
Lit: *Andersson/Gade*, Morkinskinna (2000), 450f., Anm. 59, 2; NBL 13 (1958), 322; NBL² 8 (2004), 206.

---

[1] Die *Orkneyinga saga* berichtet, dass S. am ersten Zug Magnus' (1098) teilnahm.

A 429: Sigurd Sepil

aus Norwegen

Der Beiname könnte „Hautfalte" bedeuten. S. begleitete 1230 Ospak, den Kg. von Man, von Norwegen aus zu einer Heerfahrt zu den Hebriden und der Isle of Man sowie nach Schottland.

Q: Hákonar saga Hákonarsonar, Kap. 166f.
Lit: —

A 430: Sigurd Slembe (Sigurðr slembidjákn)

Kg. von Norwegen 1136–1139
Diakon

* ca. 1100, † 1139
Sohn von Tora Saksesdatter, (Halb-)Bruder von → Sigurd Jorsalfar
aus Norwegen

Der Beiname (*slembir* oder *slembidjákn*) ist nicht zweifelsfrei geklärt.[1] S. war angeblich ein Sohn des norw. Kg.s → Magnus Berrføtt. Er hielt sich um 1120 am schottischen Hof Kg. Alexanders I. auf, anschließend auf den Orkney-Inseln bei → Harald Slettmælte. Nach der Ermordung seines Verwandten Torkell Sumarlidesson Fostre, an der er beteiligt war, floh S. ca. 1125 erneut nach Schottland und ging dort in den Dienst Eduards, des Oberbefehlshabers von Kg. David I. 1130 zog S. nach Rom und bat Innozenz III. um Vergebung seiner Sünden. Von dort reiste er weiter ins Heilige Land, wo er sich einige Zeit aufhielt und eventuell an Kriegszügen beteiligte. Dann trieb er Seeräuberei im griechischen Meer und reiste vermutlich über den Seeweg an Portugal, Frankreich und Deutschland vorbei nach Dänemark und weiter nach Norwegen, das er 1136 erreichte. Er erhob Ansprüche auf den norw. Königsthron, ließ Kg. → Harald Gille töten, konnte sich aber nicht gegen Haralds Sohn Sigurd Munn durchsetzen.

S. soll sich einige Zeit in Deutschland aufgehalten haben. 1139 wurde er schließlich gefangen genommen und getötet.

Q: Hkr. Magnúss saga blinda ok Haralds gilla, Kap. 13; Msk., 406–409, 419; Orkneyinga saga, Kap. 54.
Lit: NBL 13 (1958), 324–326; NBL² 8 (2004), 207f.; *Riant*, Korstog (1868), 334–337.

1 Siehe dazu *Andersson/Gade*, Morkinskinna (2000), 455; *Finlay*, Fagrskinna (2004), 262.

A 431: Sigurd Smed

aus Norwegen

Der Beiname bedeutet „Schmied". S. begleitete 1230 Ospak, den Kg. von Man, von Norwegen aus zu einer Heerfahrt zu den Hebriden und der Isle of Man sowie nach Schottland.

Q: Hákonar saga Hákonarsonar, Kap. 166f.
Lit: —

A 432: Sigurd Sneis

Lendmann

† ca. 1098

aus Agder, Norwegen

Der Beiname bedeutet etwa „Stab". S. begleitete den norw. Kg. → Magnus Berrføtt auf dessen Kriegszug nach Wales 1098 und starb dort im Kampf.

Q: Orkneyinga saga, Kap. 41.
Lit: —

A 433: Sigurður Eldjárnsson

aus Island

S. reiste 1235 gemeinsam mit → Þórálfur Bjarnason, → Þórður þumli und → Kolbeinn ungi nach Rom.

Q: Sturlunga saga, Kap. 259.
Lit: Arnórsson, Suðurgöngur (1954–1958), 34; *Melsteð*, Ferðir (1907–1915), 864.

A 434: Sigurður grikkur Oddsson

aus Island

S. diente möglicherweise in der Warägergarde in Konstantinopel, da er „der Grieche" *(grikkr)* genannt wurde. Ca. 1195/96 kehrte er nach Island zurück und brachte ein Schwert mit.

Q: Sturlunga saga, Kap. 182.
Lit: Blöndal, Varangians (1978), 221f.; *Ciggaar*, Western Travellers (1996), 110; *Gelsinger*, Enterprise (1981), 145; *Melsteð*, Ferðir (1907–1915), 809.

A 435: Sigvard Digre (Siward Digera)

Earl von Northumbrien ca. 1041–1055

† 1055 in York
Vater von → Osbern
aus Dänemark

Der Beiname bedeutet „der Dicke". S. tritt zunächst ab 1019 als Thegn in Urkunden → Knuds des Großen auf. Ab ca. 1033 erscheint er als Jarl, zunächst im südlichen Teil von Northumbrien. Ab etwa 1041 hatte er bis zu seinem Tod das ganze Herzogtum inne und war zeitweise auch Earl von Huntingdonshire. 1054 unternahm er einen Feldzug gegen den schottischen Kg. Macbeth, bei dem sein Sohn Osbern getötet wurde. Nach seinem Tod wurde S. in York in einem Dom begraben, den er selbst zu Ehren Gottes und des heiligen Olav hatte bauen lassen.

Q: ASC, s. a. 1043, 1048 (*recte* 1051), 1052 (*recte* 1051), 1054, 1055; Chronik von Melrose, s. a. 1043, 1054–1055; DD I:1, Nr. 393, 416, 434, 439, 449, 496; Johannes von Worcester, s. a. 1041, 1043, 1051, 1054–1055; Wilhelm von Malmesbury, Kap. 196, 199, 240.
Lit: *Harmer*, Anglo-Saxon Writs (1989), 572; *Keynes*, Cnut's Earls (1994), 65f.; *Stenton*, England (1971), 416–419, 570.

A 436: Sigvid

aus Schweden

S. führte im 11. Jh. eine Schiffsreise an und starb in Nowgorod. Sein Sohn Ingefast ließ einen Runenstein zum Gedenken an ihn errichten.

Q: *Ruprecht*, Wikingerzeit (1958), Nr. 75; Sö, Nr. 171.
Lit: *Düwel*, Runenkunde (2001), 123; *Larsson*, Runstenar (1990), 151.

A 437: Sigvid

aus Schweden

S. machte im späten 11. Jh. mindestens eine Reise nach England. Er kehrte wahrscheinlich nach Schweden zurück.

Q: *Ruprecht*, Wikingerzeit (1958), Nr. 176; U, Nr. 978.
Lit: *Larsson*, Runstenar (1990), 102, 144.

A 438: Simon

Mönch (OP)

aus Schweden

S. trat – wahrscheinlich während eines Studienaufenthaltes – 1219 in Bologna dem Dominikanerorden bei. 1221 wurde er Prior des ersten dän. Dominikanerkonvents in Lund.

Q: De ordine Praedicatorum in Dacia, Kap. 1, 3.
Lit: *Gallén*, Province de Dacie (1946), 3f.

A 439: Simon

aus Dänemark

S. wurde von Kg. → Valdemar Sejr nach England gesandt und erhielt am 5. Februar 1228 vom englischen Kg. Heinrich III. eine Mark für seine Ausgaben.

Q: DD I:6, Nr. 74.
Lit: —

A 440: Simon preikar

Mönch (OP)

† 1263 auf Gigha
aus Norwegen

Der Beiname bedeutet „Prediger". S. begleitete 1257–1258 → Kristin Håkonsdatter nach Spanien. 1263 nahm er am Heerzug des norw. Kg.s Håkon Håkonsson nach Schottland teil (siehe Kap. B.2.3). Dort wurde S. krank und starb auf der Insel Gigha.

Q: Hákonar saga Hákonarsonar, Kap. 290, 296, 320.
Lit: Bagge, Kapellgeistlighet (1976), 73; *Gelsinger*, Alliance (1981), 61f.

A 441: Skärder

aus Schweden

S. starb im 11. Jh. in England.

Q: Ruprecht, Wikingerzeit (1958), Nr. 108; Sö, Nr. 160.
Lit: Larsson, Runstenar (1990), 150.

A 442: Skjalg Erlingsson

Sohn von → Erling Skjalgsson; Geschwister: → Aslak, → Sigurd und → Tore Erlingsson
aus Norwegen

S. fuhr 1025 mit seinem Bruder Aslak nach England und schloss sich Kg. → Knud dem Großen an.

Q: Hkr. Óláfs saga helga, Kap. 131, 161.
Lit: —

A 443: Skjalm den Skæggede (Skyalmo Barbatus)

aus Dänemark

Der Beiname bedeutet „der Bärtige". S. begleitete 1159 den dän. Kg. → Valdemar den Großen auf dessen Kriegszug nach Hiddensee.

Q: Saxo Gr. XIV 23 (23f.).
Lit: —

A 444: Skofte Ogmundsson (Skopti Ǫgmundarson)

Lendmann

* ca. 1040, † 1103 in Rom, ∞ Gudrun Tordsdatter
Sohn von Ogmund Torbergsson; Neffe des norw. Kg.s → Harald Hardråde; Kinder: → Finn, → Ogmund, Pål, Ragnhild (∞ → Dag Eilivsson) und → Tord
aus Giskø, Norwegen

Nachdem S. sich mit dem norw. Kg. → Magnus Berrføtt zerstritten hatte,[1] fuhr er im August 1102 mit seinen drei ältesten Söhnen Ogmund, Finn und Tord auf fünf Schiffen ins Heilige Land, um sich den Kreuzfahrern anzuschließen – nur Pål, S.s jüngster Sohn, blieb in Norwegen. Sie überwinterten in Flandern und reisten über Frankreich nach Rom, das sie im Sommer 1103 erreichten. S. starb dort. Auch seine Söhne starben auf der Weiterreise, der letzte von ihnen auf Sizilien, während die restliche Flotte unter Leitung des unbekannten Führers des fünften Schiffes noch ins Heilige Land gelangte. Einige blieben anschließend in der Warägergarde in Konstantinopel, andere kehrten nach Norwegen zurück, erzählten von ihrer Reise und sollen dadurch den Anstoß für → Sigurd Jorsalfars Zug ins Heilige Land gegeben haben.

Q: Hkr. Magnúss saga berfœtts, Kap. 20; Hkr. Magnússona saga, Kap. 1; Orkneyinga saga, Kap. 39.
Lit: *Andersen*, Samlingen av Norge (1977), 179; *Blöndal*, Varangians (1978), 136; *Kaufhold*, Europas Norden (2001), 96f.; NBL 13 (1958), 528f.; *Riant*, Korstog (1868), 230–237.

1 Die *Orkneyinga saga* berichtet, dass S. Magnus Berrføtt auf dessen Kriegszug nach Schottland und Irland 1098 begleitete, ebenso wie seine Söhne Ogmund, Finn und Tord. Andere Quellen bestätigen dies jedoch nicht.

A 445: Skorre

aus Dänemark

S. nahm 1191–1193 an dem als *Profectio Danorum* bezeichneten Kreuzzugsunternehmen teil, das ihn nach Jerusalem führte.[1]

Q: Historia de Profectione Danorum in Hierosolymam, Kap. 6, 19–27.
Lit: *Riant*, Korstog (1868), 400–411.

1 Siehe bei Åge Stigsøn (A 2).

A 446: Skorre Vagnsøn

aus Dänemark

S. beteiligte sich ca. 1170 am Kriegszug des dän. Kg.s → Valdemar des Großen nach Wollin.

Q: Saxo Gr. XIV 42 (12).
Lit: —

A 447: Skule Bårdsson

Jarl

* ca. 1189, † 24. 5. 1240, ∞ ca. 1209 Ragnfrid Erlingsdatter
Sohn von Bård Guttormsson
aus Norwegen

S., der ab 1217 als Reichsverweser des 13jährigen Kg.s Håkon Håkonsson fungierte, aber immer wieder selbst Ansprüche auf den norw. Thron stellte, machte 1232–1233 eine Pilgerfahrt nach Canterbury. 1235–1236 hielt er sich erneut in England auf. Bei einer dieser Gelegenheiten pilgerte er nach Jerusalem, jedenfalls bekam er Schutzbriefe des englischen Kg.s Heinrich III.

für die Reisen durch England, auch für die Rückreise aus dem Heiligen Land. 1240 wurde S. im Zuge der Auseinandersetzungen mit Håkon Håkonsson ermordet.

Q: DN XIX, Nr. 206, 209, 219; RN I, Nr. 615, 623, 646.
Lit: *Krötzl*, Pilger, Mirakel und Alltag (1994), 111, 113; *Leach*, Angevin Britain (1921), 67; NBL 14 (1962), 22–28; *Riant*, Korstog (1868), 477f.

A 448: Snekoll Gunnarsson

Sohn von Gunnar und Ragnhild (Tochter von → Eirik Stagbrell)
von den Orkney-Inseln

S. strebte das Jarltum auf den Orkney-Inseln an. 1231 begleitete er → Hånev nach Thurso (Caithness) und tötete dort Jarl Jon Haraldsson.

Q: Hákonar saga Hákonarsonar, Kap. 170f.
Lit: *Thomson*, History of Orkney (1987), 81f.

A 449: Sørle (Sǫrli)

Ebf. von Nidaros 1253–1254

† 1. 5. 1254 in Nidaros
aus Norwegen

S., zunächst Kreuzbruder in Hamar und Priester in Oslo, wurde 1252 zum Ebf. von Nidaros gewählt. Er reiste zur Kurie und wurde 1253 in Perugia von Papst Innozenz IV. geweiht. Während er sich an der Kurie aufhielt, weihte er auch die Bf.e → Peter von Hamar und → Rikard von den Hebriden.

Q: DN VI, Nr. 24, 28; Hákonar saga Hákonarsonar, Kap. 276; Potthast, Nr. 14860, 14909.
Lit: DN XVII B, 203; *Joys*, Tidsrommet 1253–1280 (1955), 274; NBL² 9 (2005), 92.

A 450: Sofie

Gräfin von Orlamünde

† 1208, ∞ 1181 Graf Siegfried III. von Orlamünde (1179–1205)
Tochter des dän. Kg.s → Valdemar des Großen; Geschwister: → Helene, → Ingeborg (A 227), → Knud Valdemarsøn (A 279), → Christoffer (A 87), → Tove und → Valdemar Sejr
aus Dänemark

S. heiratete 1181 Siegfried, Graf von Orlamünde, und lebte mit ihm in Thüringen. 1208 starb sie als Nonne.

Q: Rydårbogen, s. a. 1181.
Lit: DBL 15 (1984), 236.

A 451: Sofie

Markgräfin von Brandenburg

† 2. 11. 1247, ∞ Markgraf Johann von Brandenburg (1220–1266)
Tochter des dän. Kg.s → Valdemar Sejr und der Berengaria; Geschwister: → Abel Valdemarsøn, → Christoffer (A 88) → Erik Plovpenning, Halbgeschwister: → Knud Valdemarsøn (A 280),

Niels, → Valdemar den Unge
aus Dänemark

S. heiratete etwa 1236 Markgraf Johann von Brandenburg. 1247 reiste sie hochschwanger nach Dänemark, um zwischen ihren zerstrittenen Brüdern Erik und Abel zu vermitteln, starb aber am 2. November in Flensburg im Wochenbett.

Q: DD I:7, Nr. 295; Chronica Principum Saxoniae, 479.
Lit: *Christensen*, Tiden 1042–1241 (1977), 389; DBL 13 (1983), 562; *Fenger*, Kirker (1989), 347.

A 452: Spjallbude

aus Schweden

S. starb im späten 11. Jh. auf einer Reise in der Olavskirche in Nowgorod.

Q: *Ruprecht*, Wikingerzeit (1958), Nr. 131; U, Nr. 687.
Lit: *Düwel*, Runenkunde (2001), 123; *Larsson*, Runstenar (1990), 117, 143.

A 453: Steinn Skaftason

Sohn von Skafti Þóroddsson (Gesetzessprecher auf Island)
aus Island

S. ging 1025 nach Norwegen zu Kg. → Olav dem Heiligen. Nach dem Mord an einem Vogt *(ármaðr)* musste er das Land verlassen und begab sich 1027 zu Kg. → Knud dem Großen nach England.

Q: Hkr. Óláfs saga helga, Kap. 138.
Lit: *Melsteð*, Ferðir (1907–1915), 652f.

A 454: Steinunn Þorgímsdóttir

∞ 1) Þórir Broddason, ∞ 2) → Gissur Ísleifsson
aus Island

S. reiste vor 1080 mit ihrem Mann Gissur nach Rom.

Q: Hungrvaka, Kap. 4.
Lit: *Arnórsson*, Suðurgöngur (1954–1958), 38; *Jóhannesson*, History (1974), 147.

A 455: Strang

aus Dänemark

S., genannt *danus*, war zur Zeit des englischen Kg.s Eduard des Bekenners (1042–1066) Landbesitzer in Shipton (Gloucestershire).

Q: DB I, fol. 170b.
Lit: *Williams*, Cockles (1986), 12.

A 456: Sturla Sighvatsson

Gode

* 1199, † 21. 8. 1238, ∞ Solveig Sæmundardóttir
Sohn von Sighvatur Sturluson und Halldóra Tumadóttir
aus Island

S. reiste 1233 nach Norwegen und Dänemark und von dort weiter auf Pilgerfahrt. 1234 traf er in Deutschland auf Bf. → Pål von Hamar, mit dem er gemeinsam nach Rom reiste. Auch den Rückweg bestritten sie gemeinsam. 1234 war S. zurück in Norwegen, ab 1235 hielt er sich wieder in Island auf.

Q: Konungsannáll, s. a. 1234–1235; Sturlunga saga, Kap. 243.
Lit: Arnórsson, Suðurgöngur (1954–1958), 28f.; Melsteð, Ferðir (1907–1915), 854; NBL 15 (1966), 181–188.

A 457: Styrkår

Marschall des norw. Kg.s → Harald Hardråde

aus Norwegen

S. begleitete Kg. Harald 1066 nach England und überlebte als einer von wenigen die Schlacht bei Stamford Bridge.

Q: Fsk., Kap. 71; Hkr. Haralds saga Sigurðarsonar, Kap. 94; Msk., 280.
Lit: —

A 458: Sumarlide Rolvsson

aus Norwegen

S. hielt sich 1231 in Thurso (Caithness) im Gefolge von → Hånev auf.

Q: Hákonar saga Hákonarsonar, Kap. 171.
Lit: —

A 459: Sune Ebbesøn (Sóni Ebbason)

† ca. 1186, ∞ Cæcilia
Sohn von Ebbe (Sohn von Skjalm Hvide); Geschwister: Asser Rig und → Peder Ebbesøn; Kinder: → Anders, Ebbe, → Jakob, → Johannes, Laurens, → Peder und → Thorbern Sunesøn
aus Dänemark

S. begleitete 1162 den dän. Kg. → Valdemar den Großen zum Reichstag Friedrich Barbarossas nach Saint-Jean-de-Losne und nahm an den Kriegszügen Valdemars gegen die Wenden nach Rostock (1164), das S. plünderte, Rügen (1169), Wollin (ca. 1170) und Stettin (ca. 1171) teil. 1184 begleitete er Ebf. → Absalon (A 9) auf einen Kriegszug nach Rügen.

Q: Knýtlinga saga, Kap. 122; Saxo Gr. XIV 25 (17), 28 (5), 39 (31f.), 42 (2f., 16, 19), 43 (7), XVI 5 (3f.).
Lit: —

A 460: Svärre

aus Schweden

S. starb im 11. Jh. in England. Seine Brüder Äskil und Gnödimand ließen einen Runenstein zum Gedenken an ihn errichten.

Q: *Ruprecht*, Wikingerzeit (1958), Nr. 98; Sö, Nr. 46.
Lit: *Larsson*, Runstenar (1990), 147.

A 461: Svein Åsleivsson (Sveinn Óláfsson)

* ca. 1115, † ca. 1171 (?) in Dublin, ∞ 1) Ragnhild Ogmundsdatter, ∞ 2) Ingerid Torkelsdatter
Sohn von → Olav Rolvsson und → Åsleiv
von den Orkney-Inseln

S. hielt sich um 1144 in Duncansby (Caithness) auf. Nach dem Tod seines Vaters verbrachte er einen Winter auf den Hebriden bei Holdbode Hundesson und fuhr anschließend nach Schottland und über Caithness zurück zu den Orkneys. Dort nahm S. Jarl → Pål Håkonsson gefangen und brachte ihn zu dessen Schwester → Margret Håkonsdatter nach Atholl (Schottland), bevor er selbst zu den Orkneys zurückkehrte. Später (1145/48?) fuhr er nach Atholl und anschließend nach Helmsdale in Sutherland, besiegte dort → Olve Torljotsson und vertrieb ihn. Dann zündete er aus Rache für den Tod seines Vaters das Haus der Frakkok an, die dabei starb, und plünderte Sutherland. Im Herbst fuhr er zurück zu den Orkney-Inseln und verbrachte den Winter in Duncansby in Caithness. Im folgenden Jahr half S. Holdbode Hundesson von den Hebriden gegen einen walisischen Fürsten. Von der Isle of Man aus plünderten sie die walisische Küste und kehrten im Herbst nach Man zurück. Nachdem S. Ingerid Torkelsdatter geheiratet hatte, heerte er im darauf folgenden Jahr in Irland und kehrte erneut nach Man zurück. Anschließend fuhr er über die Hebrideninsel Lewis wieder zu den Orkney-Inseln, griff wenig später aber Holdbode auf den Hebriden an und plünderte dort gemeinsam mit → Torbjørn Klerk. Auf dem Rückweg gerieten sie in Duncansby in Streit um die Beute. Gemeinsam mit → Margad Grimsson heerte S. anschließend in Caithness und wurde deshalb von Jarl → Ragnvald vertrieben. S. und Margad flüchteten durch Sutherland bis nach Edinburgh und suchten dort den schottischen Kg. David I. auf. Margad blieb in Schottland, während S. zu den Orkneys zurückkehrte und mit Ragnvald Frieden schloss. Um 1153 hielt S. sich erneut in Caithness auf und reiste zum schottischen Kg. Malcolm IV. nach Aberdeen. Etwa 1154 heerte er an der schottischen Ostküste, begleitet von → Einar Skjev. Ca. 1156 griff er von Caithness aus gemeinsam mit → Erlend Haraldsson die Jarle Ragnvald Kolsson und Harald Maddadsson an. Nach Erlends Tod versöhnte S. sich erneut mit den Jarlen, segelte nach Caithness und weiter südlich nach Argyll, ca. 1157 dann nach Lewis. 1158 kehrte er zu den Orkneys zurück, machte aber noch im gleichen Jahr eine Wikingfahrt zu den Hebriden, gemeinsam mit Torbjørn Klerk und → Eirik Stagbrell, sowie nach Schottland. Auch in den nächsten Jahren fuhr er regelmäßig zu den Hebriden und nach Irland. Auf eine dieser Reisen nahm er ca. 1171 (?) seinen Ziehson Håkon mit, den Sohn von Harald Maddadsson. Mit fünf Schiffen fuhren sie zu den Hebriden, zur Isle of Man und weiter nach Irland. Dort brachten sie zwei englische Handelsschiffe auf, die Tuch und Wein geladen hatten, und reisten über die Hebriden zurück zu den Orkneys. Im gleichen Jahr fuhr S. ein weiteres Mal aus, wieder begleitet von Håkon, diesmal mit sieben Schiffen. Erneut segelten sie die Hebriden an und reisten bis nach Dublin, das sie plündern konnten, bevor S. getötet wurde.

Q: Orkneyinga saga, Kap. 66f., 74, 78–80, 82f., 92–94, 97f., 100f., 105–108.
Lit: NBL 15 (1966), 332f.; *Thomson*, History of Orkney (1987), 72f.

A 462: Svein Bryggefot

aus Norwegen

Der Beiname bedeutet „Klumpfuß" oder „Brückenfuß". S. holte 1034–1035 (gemeinsam mit → Kalv Arnesson, → Einar Tambarskjelve und → Ragnvald Bruseson) den späteren norw. Kg. → Magnus den Guten aus der Kiewer Rus' nach Norwegen.

Q: Ágrip, Kap. 33; Msk., 17; Theod., Kap. 21.
Lit: —

A 463: Svein Håkonsson

Jarl

* ca. 970, † 1015/16, ∞ Holmfrid (Schwester des schw. Kg.s Olof Skötkonung)[1]
Sohn von Håkon Sigurdsson (Jarl von Lade, Norwegen) und Tora Skagedatter
aus Norwegen

Nachdem er 995/996 vor Kg. → Olav Tryggvason nach Schweden fliehen musste, heiratete S. Holmfrid, die Schwester des schw. Kg.s Olof, und wurde nach Olavs Tod Jarl in Norwegen. 1015 wurde er von Kg. → Olav dem Heiligen erneut aus Norwegen vertrieben, flüchtete nach Schweden und reiste weiter in die Kiewer Rus' auf einen Beutezug, auf dem er starb.

Q: Ágrip, Kap. 24; Hkr. Óláfs saga helga, Kap. 54f.; Olafs saga hins helga, Kap. 25.
Lit: NBL 15 (1966), 334f.; NBL² 9 (2005), 31; RGA 30 (2005), 170f.

1 Nach Snorri war Holmfrid die Tochter von Olof Skötkonung, andere Quellen führen sie als Olofs Schwester an. Aufgrund der Lebensdaten ist es wahrscheinlicher, dass sie seine Schwester war.

A 464: Svein Sigridsson

aus Norwegen

S. machte um 1220 gemeinsam mit → Andres (A 22), → Helge Bogransson und → Ogmund eine Handelsfahrt nach Bjarmaland (am Weißen Meer). Er kehrte noch im selben Jahr zurück.

Q: Hákonar saga Hákonarsonar, Kap. 81.
Lit: —

A 465: Sveinung Svarte

† 1230
aus Norwegen

Der Beiname bedeutet „der Schwarze". S. begleitete 1230 Ospak, den Kg. von Man, von Norwegen aus zu einer Heerfahrt zu den Hebriden und der Isle of Man sowie nach Schottland und starb unterwegs.

Q: Hákonar saga Hákonarsonar, Kap. 166f.
Lit: —

A 466: Sven

aus Schweden

A. Biogramme der skandinavischen Reisenden   277

S. segelte im 11. Jh. (wahrscheinlich vor 1050) mehrmals mit wertvollen Schiffen nach Lettland *(Semgallen)*. Er war vermutlich Kauffahrer.

Q: *Ruprecht*, Wikingerzeit (1958), Nr. 82; Sö, Nr. 198.
Lit: *Düwel*, Runenkunde (2001), 123; *Larsson*, Runstenar (1990), 151.

A 467: Sven

aus Schweden

S. starb im 11. Jh. (wahrscheinlich nach 1050) in Byzanz. Sein Vater ließ einen Runenstein zum Gedenken an ihn errichten.

Q: *Ruprecht*, Wikingerzeit (1958), Nr. 51; Sm, Nr. 46.
Lit: —

A 468: Sven

aus Schweden

S. fuhr im späten 11. Jh. mit seinem Sohn → Tore (A 514) nach Byzanz. Wahrscheinlich starben sie auf der Reise. S.s Sohn Torsten errichtete einen Runenstein zum Gedenken an sie.

Q: *Ruprecht*, Wikingerzeit (1958), Nr. 115; U, Nr. 104.
Lit: *Larsson*, Runstenar (1990), 114, 137.

A 469: Sven

Bf. von Århus 1166–1191

† 30. 10. 1191

aus Dänemark

S. wurde 1166 in Frankreich von Ebf. → Eskil (A 128) zum Bf. geweiht.[1] Er nahm an Kriegszügen des dän. Kg.s → Valdemar des Großen gegen die Wenden teil, die ihn nach Wolgast (1164) und Rügen (1169 und 1176) führten.

Q: Knýtlinga saga, Kap. 122; Saxo Gr. XIV 30 (7), 39 (36f., 44f.), 43 (8).
Lit: DBL 14 (1983), 245f.; *Kluger* et al., Series episcoporum VI, II (1992), 43–45.

---

1 S.s Reise ist nur indirekt belegt: In einem Dokument von ca. 1165 wird er *electus* genannt (DD I:2, Nr. 168 = JL, Nr. 11305), während er 1167 als Bf. tituliert wird (DD I:2, Nr. 176). In der Zwischenzeit hielt Ebf. Eskil sich durchgehend in Frankreich auf.

A 470: Sven Alfifasøn (Sveinn Knútsson)

Kg. von Norwegen 1030–1035

* ca. 1015/20, † ca. 1036

Sohn des dän. Kg.s → Knud des Großen und der Ælfgifu; Bruder von → Harald Harefod, Halbgeschwister: → Gunhild (A 164) und → Hardeknud

aus Dänemark

S. wuchs in England auf, wurde von seinem Vater aber, als dieser Emma heiratete, gemeinsam mit seinem Bruder Harald und seiner Mutter Ælfgifu nach Dänemark geschickt. Knud setzte ihn zunächst als Herrscher über die Wenden und 1030 als Kg. über Norwegen ein, wobei seine Mutter jeweils die Regentschaft führte. 1035 wurde S. aus Norwegen nach Dänemark vertrieben und starb wenig später.

Q: Hkr. Óláfs saga helga, Kap. 239; Theod., Kap. 18.
Lit: DBL 14 (1983), 244; NBL 15 (1966), 333f.; NBL² 9 (2005), 29f.

A 471: Sven Estridsøn (Sveinn Úlfsson)

Kg. von Dänemark 1047–1074 (1076?)

* ca. 1019, † 28. 4. 1076 (?), ∞ Gunhild (Tochter von → Svein Håkonsson), Scheidung um 1050
Sohn des Jarls → Ulf Thorgilsøn und der → Estrid; Geschwister: → Asbjørn Estridsøn, → Bjørn Estridsøn; Kinder: → Bjørn (A 72), → Erik Ejegod, → Harald Hen, → Knud der Heilige, → Knud Magnus Svensøn, → Niels (A 320), → Oluf Hunger, → Sigrid (A 415), → Sigurd Svensøn, → Sven Svensøn (A 474), Thorgisl
aus Dänemark

S. wurde in England geboren, das er nach der Ermordung seines Vaters 1026 verließ, um an den Hof des schw. Kg.s Anund Jakob zu gehen. Um 1039 kehrte er nach England zurück. Nach dem Tod seines Vetters → Hardeknud wurde S. 1042 vom norw. Kg. → Magnus als Jarl über Dänemark eingesetzt, strebte aber bald den Königstitel an. Bei einer Schlacht gegen Magnus auf Rügen (1043) unterlag S., der sich erst nach Magnus' Tod als Kg. durchsetzen konnte.[1] 1049 hat S. eventuell Ks. Heinrich III. gegen Graf Balduin V. von Flandern unterstützt und an den Kämpfen in Nimwegen teilgenommen.[2] Vermutlich in Merseburg fand 1053 ein Treffen zwischen S. und Ks. Heinrich III. statt. 1069–70 unterstützte S. den Eroberungszug seines Bruders Asbjørn nach England und stieß eventuell selber dazu. Anfang Juli 1071 traf er sich mit Ks. Heinrich IV. in Lüneburg.

Q: Adam II 75, 77f., III 18, 60; Ágrip, Kap. 36; ASC, s. a. 1070; Gesta Normannorum Ducum VII 19; Hkr. Magnúss saga ins góða, Kap. 29; Johannes von Worcester, s. a. 1049; Ordericus Vitalis: Hist. Eccl. IV (Bd. 2, 224–226), VII (Bd. 4, 94); Saxo Gr. X 21 (1, 3f., 6).
Lit: DBL 14 (1983), 242f.; *Driscoll*, Ágrip (1995), 101, Anm. 106; *Fenger*, Kirker (1989), 28, 46; *Hoffmann*, Dänemark und England (1972); RGA 30 (2005), 178–181; *Seegrün*, Papsttum (1967), 85.

---

1 Allerdings erkannten sich S. und der norw. Kg. → Harald Hardråde nicht vor dem Jahr 1064 gegenseitig an.
2 Nur Johannes von Worcester berichtet von S.s Teilnahme an diesem Krieg.

A 472: Sven Grathe (Petrus, Sveinn svíðandi Eiríksson)

Kg. von Dänemark 1146–1157

* ca. 1120, † 23. 10. 1157 bei Viborg, ∞ ca. 1152 Adela (Tochter Markgraf Konrads von Meißen)
Sohn des dän. Kg.s → Erik Emune und der Thunna
aus Dänemark

S. bezeugte 1142 in Würzburg eine Urkunde Konrads III.[1] So ist es auch durchaus möglich, dass er in seiner Jugend im Gefolge Konrads diente, wie Saxo Grammaticus berichtet. 1146 wurde S. zum Kg. erhoben, konnte sich aber nur auf die Bewohner von Schonen und Seeland stützen, während → Knud Magnussøn von den Jütländern zum Kg. gewählt worden war. Dennoch haben sie sich 1147 gemeinsam am Wendenkreuzzug beteiligt und sind nach Dobin in Mecklenburg gezogen. Im Zuge der Thronstreitigkeiten heerte S. 1148/49 in Wagrien und setzte dort Oldenburg und Segeberg in Brand. 1152 lud Friedrich Barbarossa Knud und S. zum Reichstag nach Merseburg vor, um die Thronstreitigkeiten beizulegen. S. wurde das Königtum zugesprochen, er musste sich in den nächsten Jahren aber gegen Knud und → Valdemar den Großen zur Wehr setzen, der anfangs auf S.s Seite gestanden hatte. 1154 musste S. aus Dänemark fliehen[2] und suchte Hilfe in Stade bei Ebf. Hartwig von Hamburg-Bremen und in Landsberg bei seinem Schwiegervater Konrad von Meißen. Ca. 1156/57 kehrte S. mit der Hilfe des sächsischen Herzogs Heinrich des Löwen nach Dänemark zurück, musste jedoch weitere Hilfe in Lübeck und beim Abodritenherrscher Niklot suchen. Schließlich gelang es ihm, seine Stellung so weit zu festigen, dass Dänemark dreigeteilt wurde: Knud erhielt Seeland und Valdemar Jütland, während S. Schonen zugesprochen wurde. Auf einem Treffen der drei Regenten in Roskilde im August 1157 ließ S. seine Kontrahenten überfallen; Knud starb, Valdemar konnte aber entkommen und besiegte S. wenig später in einer Schlacht auf der Grathe-Heide (südlich von Viborg). S. wurde auf der Flucht ermordet – und erhielt so seinen Beinamen.

Q: Annales Lundenses, s. a. 1157; Chronica Sialandie, s. a. 1156–1157; Chronicon Roskildense, Kap. 20; DD I:2, Nr. 83, 110f., 117; Helmold, Kap. 67, 73, 85; Knýtlinga saga, Kap. 109–111; MGH DD F I, Nr. 11; Saxo Gr. XIV 3 (6–9), 8 (2f.), 16 (2f.), 17 (1).
Lit: *Christensen*, Tiden 1042–1241 (1977), 292f.; *Christiansen*, Crusades (1980), 52; DBL 14 (1983), 243f.; *Fenger*, Kirker (1989), 137f.; *Seegrün*, Papsttum (1967), 172.

1   Hier wie auch in einem Brief Friedrich Barbarossas an Otto von Freising von 1157 ist jeweils von *Petrus* die Rede, es handelt sich aber unzweifelhaft um S.
2   Helmold von Bosau (Kap. 85) berichtet, S. habe zunächst nach Oldenburg übergesetzt *(transfretavit in Aldenburg)*.

A 473: Sven Nordmand (Sven Norbagge)

Bf. von Roskilde ca. 1067/74–1088

† 1088 auf Rhodos
aus Norwegen

S. soll auf Betreiben des dän. Kg.s → Sven Estridsøn im Ausland Latein gelernt haben. In seiner Zeit als Bf. wurde der Dom in Roskilde fertig gestellt, darüber hinaus ließ S. Kirchen in Ringsted und Slagelse bauen. Er reiste außerdem 1087 nach Byzanz, von wo er Reliquien zur Dreieinigkeitskirche nach Roskilde sandte. Auf der Weiterreise starb S. 1088 auf Rhodos, wobei nicht bekannt ist, ob er sein eigentliches Ziel, Jerusalem, bereits erreicht hatte oder nicht.

Q: Chronicon Roskildense, Kap. 11; Saxo Gr. XII 1 (5).
Lit: DBL 14 (1983), 244f.; *Kluger* et al., Series episcoporum VI, II (1992), 82–84; *Riant*, Korstog (1868), 171–173; *Seegrün*, Papsttum (1967), 104.

A 474: Sven Svensøn

† 1097
Sohn des dän. Kg.s → Sven Estridsøn; Geschwister: → Bjørn (A 72), → Erik Ejegod, → Harald

Hen, → Knud der Heilige, → Knud Magnus Svensøn, → Niels (A 320), → Oluf Hunger, → Sigrid (A 415)
aus Dänemark

S. war 1097 mit zwei unbekannten Bf.en und 1500 Mann zum ersten Kreuzzug aufgebrochen. Doch er fand das Heer am Sammelplatz in Byzanz nicht mehr vor, zog allein nach und wurde auf dem Weg bei Philomelium mit seiner gesamten Truppe vom Sultan von Iconium, Kiličˇ Arslan, und seinem Heer besiegt und starb.

Q: Albert von Aachen III 54; Ann. Saxo, s. a. 1097; Wilhelm von Tyrus IV 20.
Lit: DBL 14 (1983), 245; *Riant*, Korstog (1868), 201–210; *Seegrün*, Papsttum (1967), 106f.

A 475: Sven Svensøn

Bf. von Viborg 1133/34–1153/54

† 30. 3. 1153/54

Sohn von → Sven Thorgunnasøn und Inga; Geschwister: Asser (Ebf. von Lund), Christiern, → Eskil Svensøn
aus Dänemark

S. war zunächst Domkanoniker in Lund und Viborg, bevor er Bf. von Viborg wurde. Am 31. Januar 1148 wohnte er der Weihe der Paulskirche in Trier durch Papst Eugen III. bei und reiste von dort zum Generalkonzil nach Reims. 1150 reiste er mit seinem Bruder Eskil ins Heilige Land, das sie 1152 erreichten. Dort starben sie beide am 30. März 1153 oder 1154.

Q: Notae Dedicationum S. Paulini Treverensis, 1277; Exordium magnum Cisterciense III 28.
Lit: DBL 14 (1983), 245; *Kluger* et al., Series episcoporum VI, II (1992), 120f.; *Riant*, Korstog (1868), 312–317.

A 476: Sven Thorkilsøn

aus Dänemark

S. nahm 1191–1193 an dem als *Profectio Danorum* bezeichneten Kreuzzugsunternehmen teil, das ihn nach Jerusalem führte.[1]

Q: Historia de Profectione Danorum in Hierosolymam, Kap. 6, 19–27.
Lit: DBL 14 (1983), 517; *Riant*, Korstog (1868), 400–411.

---

1 Siehe bei Åge Stigsøn (A 2).

A 477: Sven Tveskæg (Sveinn tjúguskegg Haraldsson, Sveinotto, Sven Tyuvskeg)

Kg. von Dänemark ca. 985–1014, Kg. von Norwegen ca. 1000–1014, Kg. von England 1014

† 3. 2. 1014 in Gainsborough, ∞ 1) Gunhild (Tochter des polnischen Fürsten Mieszko I.), ∞ 2) Sigrid Storråde

Sohn des dän. Kg.s Harald Blåtand (Blauzahn); Geschwister: → Tyre Haraldsdatter, → Gunhild (A 163); Kinder: → Estrid, Gyda (∞ → Eirik Håkonsson), Harald, → Knud der Große
aus Dänemark

Der Beiname bedeutet „Gabelbart". S. vertrieb seinen Vater Harald und kam so an die Macht in Dänemark. Er machte mehrere Kriegszüge nach Sachsen, Friesland und England. Im September 994 unternahm er zusammen mit → Olav Tryggvason einen Angriff auf London. Um 1000 bekämpfte er Olav jedoch gemeinsam mit seinem Schwiegersohn Eirik Håkonsson und dem schw. Kg. Olof Skötkonung und besiegte ihn. Es ist nicht sicher, ob diese Schlacht bei Svolder in der Nähe von Rügen stattfand oder vor der Ostküste Seelands (siehe Kap. B.2.1). 1003–1004 nahm S. erneut an einem Englandzug teil, der ihn nach Wessex (Salisbury und Wilton) und East Anglia (Norwich und Thetford) führte.[1] 1013 fuhr S. erneut nach England. Er landete mit einer großen Flotte in Sandwich, segelte nördlich nach Gainsborough und wandte sich von dort nach Oxford und Winchester. Eine erste Attacke auf London schlug fehl, aber an Weihnachten gab der englische Kg. Æthelred den Widerstand auf und S. wurde als Kg. von ganz England anerkannt. Er regierte jedoch nicht lange, denn er starb bereits am 3. Februar 1014 in Gainsborough.

Q: Adam II 29, 34, 51; Ágrip, Kap. 20; ASC, s. a. 1003–1004, 1013–1014; Chronicon Roskildense, Kap. 6; Chronik von Melrose, s. a. 994, 1003–1004, 1013–1014; Encomium Emmae I 4f.; Gesta Normannorum Ducum III 9, V 7f.; Helmold, Kap. 15; Hkr. Óláfs saga Tryggvasonar, Kap. 53; Hkr. Óláfs saga helga, Kap. 12; Johannes von Worcester, s. a. 1003–1005, 1013–1014; Knýtlinga saga, Kap. 5f.; Oddaverja annáll, s. a. 999, 1006; Olafs saga hins helga, Kap. 10; Ordericus Vitalis: Hist. Eccl. I (Bd. 1, 156f.), IV (Bd. 2, 244); Saxo Gr. X 10 (3), 11 (1), 12 (6); Theod., Kap. 14; Thietmar VII 36f.; Wilhelm von Malmesbury, Kap. 177, 179.

Lit: *Boyer*, Wikinger (1994), 206–212; *Campbell*, Encomium Emmae (1998), LI–LIII; DBL 14 (1983), 240; *Pulsiano*, Medieval Scandinavia (1993), 627; RGA 30 (2005), 171–173; *Stenton*, England (1971), 380f., 384–386.

---

[1] Zu dieser Fahrt berichten die *Gesta Normannorum Ducum*, dass S. mit Herzog Richard II. von der Normandie einen Friedensvertrag schloss; evtl. reiste S. also 1003, vielleicht aber auch bei der Eroberung Englands 1013 nach Rouen.

A 478: Tage Algudsøn (Tako)

aus Fünen, Dänemark

T. begleitete 1162 den dän. Kg. → Valdemar den Großen zum Reichstag Friedrich Barbarossas in Saint-Jean-de-Losne. 1184 war er am Kriegszug des Ebf.s → Absalon (A 9) nach Rügen beteiligt.

Q: Saxo Gr. XIV 28 (5), XVI 5 (10).
Lit: *Hill*, Könige (1992), 68f.

A 479: Thietmar (Tymmo)

Bf. von Hildesheim 1038–1044

aus Dänemark

T. war mit → Gunhild (A 164) ca. 1035/36 nach Deutschland gekommen und hatte auf ihre Fürsprache hin das Bistum Hildesheim zugesprochen bekommen.

Q: Adam II 79.
Lit: —

A 480: Þjóðólfur Arnórsson

Skalde

aus Island

Þ. begleitete den norw. Kg. → Harald Hardråde auf seinen Kriegszug nach England (1066) und nahm an der Schlacht von Stamford Bridge teil.

Q: Msk., 273f., 279.
Lit: NBL² 9 (2005), 186f.

A 481: Þórálfur Bjarnason

† 1240

aus Island

Þ. reiste 1235 gemeinsam mit → Sigurður Eldjárnsson, → Þórður þumli und → Kolbeinn ungi nach Rom.

Q: Sturlunga saga, Kap. 259.
Lit: Arnórsson, Suðurgöngur (1954–1958), 34; *Melsteð*, Ferðir (1907–1915), 864.

A 482: Þórarinn loftunga

Skalde

aus Island

Der Beiname bedeutet „Lobzunge". Þ. fuhr um 1026 nach England und hielt sich einige Jahre im Gefolge Kg. → Knuds des Großen auf, den er 1028 nach Norwegen begleitete. Er dichtete zu dieser Fahrt die Tögdrápa und verfasste wenig später über → Sven Alfifasøn die Glælognskviða.

Q: Hkr. Óláfs saga helga, Kap. 172.
Lit: *Melsteð*, Ferðir (1907–1915), 695f.; NBL 16, 434f.

A 483: Thorbern Sunesøn (Durbernus)

† 1198

Sohn von → Sune Ebbesøn; Geschwister: → Anders, Ebbe, → Jakob, → Johannes, Laurens und → Peder Sunesøn

aus Dänemark

T. begleitete 1198 seinen Bruder Peder auf dessen Kriegszug gegen Markgraf Otto von Brandenburg nach Holstein *(Nordalbingien)* und starb bei diesem Vorhaben.

Q: Arnold VI 9.
Lit: *Kluger* et al., Series episcoporum VI, II (1992), 94.

A 484: Thorbjørn (Thorbernus)

Ritter *(eques)*

aus Seeland, Dänemark

T. begleitete den dän. Kg. → Valdemar den Großen auf dessen Kriegszüge gegen die Wenden nach Wolgast (1164), Rügen (1165), Wollin (ca. 1170) und Stettin (1176).

Q: Saxo Gr. XIV 30 (9), 32 (2), 42 (16), 43 (7).
Lit: —

A 485: Þórður (Ásu-Þórðr)

Händler

aus Island

Þ. fuhr zu Beginn des 12. Jh.s mehrmals nach England, um Handel zu treiben.

Q: Msk., 360f.
Lit: Melsteð, Ferðir (1907–1915), 746.

A 486: Þórður þumli Halldórsson

aus Island

Der Beiname leitet sich von *þumall* („Daumen") ab. Þ. reiste 1235 gemeinsam mit → Sigurður Eldjárnsson, → Þórálfur Bjarnason und → Kolbeinn ungi nach Rom.

Q: Sturlunga saga, Kap. 259.
Lit: Arnórsson, Suðurgöngur (1954–1958), 34; *Melsteð*, Ferðir (1907–1915), 864.

A 487: Þórður Vermundarson

aus Island

Þ. begleitete 1202–1203 → Hrafn Sveinbjarnarson und → Guðmundur Arason nach Norwegen. Auf der Fahrt kamen sie vom Kurs ab und erreichten die Hebriden, Irland und Schottland, bevor sie nach Bergen weiterreisen konnten.

Q: Guðmundar saga A, Kap. 113; Hrafns saga Sveinbjarnarsonar, Kap. 11.
Lit: Melsteð, Ferðir (1907–1915), 847.

A 488: Thorgut (Thurgatus)

Missionsbischof, Sitz in Skara

† 21. 2. 1030

aus Schweden

1013 war T. bei der Weihe Unwans, des Ebf.s von Hamburg-Bremen, in Magdeburg anwesend. T. wurde von Unwan zum Missionsbischof für Götland mit Sitz in Skara geweiht und hielt sich einige Zeit in Bremen auf.

Q: Adam II 58, 64; Thietmar VI 89.
Lit: —

A 489: Þórir auðgi Þorsteinsson

Priester

† 18. 3. 1177, ∞ → Þorlaug Pálsdóttir
aus Island

Der Beiname bedeutet „der Reiche". Þ. fuhr 1174 mit seiner Frau nach Norwegen. Dort bekam Þorlaug im folgenden Jahr einen Sohn. 1176 reisten beide ohne ihren Sohn weiter auf eine Pilgerfahrt nach Rom, Þ. starb jedoch unterwegs in Lucca.

Q: Sturlunga saga, Kap. 73.
Lit: *Arnórsson*, Suðurgöngur (1954–1958), 39f.; *Melsteð*, Ferðir (1907–1915), 803.

A 490: Thorkil

Jarl

aus Dänemark

T. war an dem Eroberungszug → Asbjørn Estridsøns nach England (1069–70) beteiligt.

Q: ASC, s. a. 1068 (*recte* 1069).
Lit: *Hoffmann*, Dänemark und England (1972), 108.

A 491: Thorkil

Bf. von Tallinn (Reval) 1238–1260

† 14. 10. 1260

aus Dänemark

T., Kanoniker in Ribe, wurde 1238 als Bf. von Tallinn (Reval) eingesetzt und von Ebf. Uffe geweiht. Er blieb bis zu seinem Tod in Estland.

Q: LEKU I, Nr. 166, 172f., 203, 206, 258, 315, 455, III, Nr. 258a, 270.
Lit: DBL 14 (1983), 515f.

A 492: Thorkil den Høje (Þorkell inn hávi, Thurgut)

Jarl

† ca. 1024, ∞ 1021 Edith
Sohn des Jarls Strút-Harald; Bruder von → Heming
aus Dänemark

Der Beiname bedeutet „der Hohe". T. führte im Jahr 1009 gemeinsam mit seinem Bruder Heming eine zweigeteilte Flotte nach England. Sie landeten in Sandwich, heerten in Kent, plünderten Oxford, Ipswich und Northampton (1010) und konnten East Anglia erobern. Im September 1011 nahmen sie Ebf. Ælfheah von Canterbury gefangen. T. forderte Danegeld und bekam 1012 schließlich £ 48 000. Ebf. Ælfheah wurde getötet, da weitere £ 3000, die man für ihn forderte, nicht gezahlt wurden.[1] Wenig später schloss T. einen Vergleich mit dem englischen Kg. Æthelred und unterstützte ihn 1013 gegen die Einnahme Londons durch → Sven Tveskæg. Doch 1015/16 wechselte T. erneut die Seiten und unterstützte → Knud den Großen. Ab 1017 war er Jarl von East Anglia. Spätestens ab 1018 tritt er in Urkunden Knuds als Zeuge auf. T. heiratete 1021 Edith, die Witwe des Eadric Streona, den Knud 1017 hatte töten lassen, und wurde daraufhin von Knud verstoßen. T. ging vermutlich nach Dänemark, wurde 1023 wieder rehabilitiert und als stellvertretender Herrscher eingesetzt, starb allerdings wenig später.

Q: ASC, s. a. 1009–1013, 1017, 1020–1021, 1023; Chronik von Melrose, s. a. 1009; DD I:1, Nr. 373, 384, 386–388, 393–395, 398; Encomium Emmae I 2, II 1, 6f.; Johannes von Worcester, s. a. 1009–1013, 1017, 1020–1021; Knýtlinga saga, Kap. 8; Olafs saga hins helga, Kap. 10f., 16; Thietmar VII 40–43; Wilhelm von Malmesbury, Kap. 176, 181.

Lit: *Boyer*, Wikinger (1994), 210; DBL 14 (1983), 515; *Keynes*, Cnut's Earls (1994), 54–57; *Stenton*, England (1971), 382–385, 388, 398, 401f., 416; *Williams*, Cockles (1986), 10.

1 Ob sich T., wie das *Anglo-Saxon-Chronicle* berichtet, für den Ebf. stark gemacht hat, muss offen bleiben.

A 493: Þorlákur Þórhallsson

Bf. von Skálholt 1178–1193

* 1133, † 23. 12. 1193

aus Island

Schon früh verloren Þ.s Eltern ihren Hof, so dass Þ. mit seiner Mutter bei dem Priester Eyjólfur Sæmundarson aufwuchs. Um 1150 wurde er zum Priester geweiht und studierte von 1153–1159 in Paris und Lincoln. Er wurde 1168 Prior des isl. Augustinerklosters Þykkvabær, später Abt dieses Klosters und 1174 erwählter Bf. von Skálholt. Wegen Unstimmigkeiten zwischen Island und Norwegen reiste er erst 1178 nach Nidaros in Norwegen. Am 2. Juli verlieh Ebf. → Øystein Erlendsson ihm dort die Bischofsweihe. Þ. starb am 23. Dezember 1193 und wurde bereits 1199 vom isl. Allthing heilig gesprochen, jedoch nie vom Papst kanonisiert.

Q: Þorláks saga, Kap. 4.

Lit: *Bagge*, Nordic Students (1984), 4; *Gelsinger*, Enterprise (1981), 135; *Jóhannesson*, History (1974), 180–182, 190–192; *Kristjánsson*, Eddas und Sagas (1994), 120; *Melsteð*, Ferðir (1907–1915), 802f.; NBL 16 (1969), 532–536; *Pulsiano*, Medieval Scandinavia (1993), 671; *de Vries*, Literaturgeschichte, Bd. 2 (1967), 7.

A 494: Þorlaug Pálsdóttir

† 1177, ∞ → Þórir auðgi

Tochter von Páll Sölvason

aus Reykjaholt, Island

Þ. fuhr 1174 mit ihrem Mann nach Norwegen und bekam im folgenden Jahr einen Sohn. 1176 reisten beide ohne ihren Sohn weiter auf eine Pilgerfahrt nach Rom, Þórir starb jedoch in Lucca. Þ. reiste weiter nach Rom und begegnete unterwegs → Jón Þórhallsson und → Tore Krage, starb aber noch auf ihrer Reise.

Q: Sturlunga saga, Kap. 73.

Lit: *Arnórsson*, Suðurgöngur (1954–1958), 39f.; *Melsteð*, Ferðir (1907–1915), 803.

A 495: Þorleifur hreimur Ketilsson

Gesetzessprecher

Neffe von → Önundur biskupsfrændi
aus Island

Der Beiname bedeutet „(Klang der) Stimme". Þ. begleitete 1247 gemeinsam mit seinem Onkel Önundur → Gissur Þorvaldsson auf dessen Reise nach Rom.

Q: Sturlunga saga, Kap. 373.
Lit: *Arnórsson*, Suðurgöngur (1954–1958), 34, 42; *Melsteð*, Ferðir (1907–1915), 857.

A 496: Þormóður Kolbrúnarskáld

Skalde

* 997, † 29. 7. 1030
Sohn von Bersi Halldórsson
aus Island

Þ. begleitete 1028 den norw. Kg.→ Olav den Heiligen bei dessen Flucht in die Kiewer Rus'. Þ. starb in der Schlacht von Stiklestad.

Q: Olafs saga hins helga, Kap. 69; Óláfs saga hins helga hin mesta, 814.
Lit: *Melsteð*, Ferðir (1907–1915), 692; NBL 16 (1969), 541–543; *Schreiner*, Studier (1927), 455.

A 497: Þorsteinn Síðu-Hallsson

* um 994, † um 1050
Sohn von Hallur aus Síða, Bruder von → Egill Síðu-Hallsson
aus Island

Þ. machte eine Handelsreise nach Dublin.[1] 1046 kehrte er von einer Pilgerfahrt aus Rom zurück.

Q: Msk., 111, 142.
Lit: *Melsteð*, Ferðir (1907–1915), 665, 736–738; *de Vries*, Literaturgeschichte, Bd. 1 (1964), 211.

---

1 Diese Reise muss nach 1035 stattgefunden haben, da zum Zeitpunkt der Handelsfahrt Magnus Kg. von Norwegen war. Ob Þ. auch an der Schlacht von Clontarf (1014) teilnahm, wie die *Njáls saga*, Kap. 157, berichtet, bleibt fraglich.

A 498: Þorvaldur Snorrason

Gode

† 6. 8. 1228, ∞ 1) Kolfinna Einarsdóttir, ∞ 2) Þórdís (Tochter von Snorri Sturluson)
Sohn von Snorri Þórðarson und Jóreiður Oddleifsdóttir
aus Island

Þ. reiste 1214 nach Rom und kehrte 1217 nach Island zurück.

Q: Hrafns saga Sveinbjarnarsonar, Kap. 20; Sturlunga saga, Kap. 181.
Lit: *Arnórsson*, Suðurgöngur (1954–1958), 32–34; *Melsteð*, Ferðir (1907–1915), 851.

A 499: Thrum

aus Dänemark

T. begleitete → Thorkil den Høje auf seinen Kriegszug nach England und tötete 1012 Ebf. Ælfheah von Canterbury.

Q: Chronik von Melrose, s. a. 1012; Johannes von Worcester, s. a. 1012.
Lit: —

A 500: Thrym

Thegn

aus Dänemark

T. war in England Thegn von Kg. → Knud dem Großen und tritt um 1023 in Urkunden als Zeuge auf.

Q: DD I:1, Nr. 408, 411, 414.
Lit: Keynes, Cnut's Earls (1994), 64.

A 501: Thurbrand

aus Dänemark

T. war mit → Knud dem Großen in England und soll 1016 mit Knuds Zustimmung Earl Uhtred und Thurketel getötet haben.

Q: Johannes von Worcester, s. a. 1016.
Lit: —

A 502: Thurketel (Turkytelus Myrenheafod)

Thegn

aus Dänemark

T. kämpfte 1010 auf Seiten der Engländer gegen → Thorkil den Høje.

Q: Johannes von Worcester, s. a. 1010.
Lit: —

A 503: Tjodolv Vik

aus Norwegen

T. begleitete 1186 → Eirik Sigurdsson auf dessen Plünderzug nach Estland.

Q: Sverris saga, Kap. 113.
Lit: —

A 504: Toke

aus Schweden

T. starb im frühen 11. Jh. in Byzanz. Seine Söhne errichteten einen Runenstein zum Gedenken an ihn.

Q: Ruprecht, Wikingerzeit (1958), Nr. 116; U, Nr. 201.
Lit: Larsson, Runstenar (1990), 114, 138.

A 505: Toli

aus Dänemark

T., genannt *dacus*, war zur Zeit Kg. Eduards des Bekenners (1042–1066) Landbesitzer in Somborne und Deane (Hampshire).

Q: DB I, fol. 47b.
Lit: Williams, Cockles (1986), 22, Anm. 96.

A 506: Tómas Ragnheiðarson (Tómas Þórarinsson)

Priester

† 7. 5. 1253

aus Island

T. begleitete 1202–1203 → Hrafn Sveinbjarnarson und → Guðmundur Arason nach Norwegen. Auf der Fahrt kamen sie vom Kurs ab und erreichten die Hebriden, Irland und Schottland, bevor sie nach Bergen weiterreisen konnten.

Q: Guðmundar saga A, Kap. 113; Hrafns saga Sveinbjarnarsonar, Kap. 11.
Lit: Melsteð, Ferðir (1907–1915), 847.

A 507: Toralde (Þóralli)

aus Norwegen

T. fuhr 1258 mit → Bjarne (A 67) nach Spanien und kehrte mit der Gesandtschaft, die → Kristin Håkonsdatter zu ihrer Hochzeit begleitet hatte, nach Norwegen zurück.

Q: Hákonar saga Hákonarsonar, Kap. 294.
Lit: —

A 508: Torberg

aus Norwegen

T. begleitete 1222 → Ivar Utvik nach Bjarmaland (am Weißen Meer).

Q: Hákonar saga Hákonarsonar, Kap. 81.
Lit: —

A 509: Torberg Arnesson

Lendmann

Sohn von Arne Arnmodsson und Tora Torsteinsdatter; Geschwister: → Arne, → Finn, → Kalv und → Kolbjørn Arnesson; Vater von → Øystein Orre
aus Norwegen

T. begleitete 1028 Kg. → Olav den Heiligen bei dessen Flucht aus Norwegen in die Kiewer Rus'.

Q: Hkr. Óláfs saga helga, Kap. 180; Olafs saga hins helga, Kap. 69; Óláfs saga hins helga hin mesta, 814.
Lit: NBL 16 (1969), 437f.; *Schreiner*, Studier (1927), 455.

A 510: Torbjørn Svarte

Skalde

† ca. 1152 in Akkon
aus Norwegen

Der Beiname bedeutet „der Schwarze". T. schloss sich → Erling Skakke an und reiste 1153–1155 gemeinsam mit ihm auf der Pilgerfahrt des Jarls → Ragnvald Kale Kolsson ins Heilige Land. Sie fuhren mit dem Schiff über Spanien durchs Mittelmeer, in Akkon starb T.

Q: Orkneyinga saga, Kap. 85, 88.
Lit: *Davidson*, Viking Road (1976), 264; *Riant*, Korstog (1868), 357.

A 511: Torbjørn Torsteinsson Klerk

† 1158, ∞ → Ingebjørg Olavsdatter
Sohn von Torstein hǫlðr fjaransmuðr und Gudrun Frakkoksdatter
von den Orkney-Inseln

Der Beiname bedeutet „Geistlicher". T. wuchs bei seiner Großmutter Frakkok Maddadsdatter im schottischen Sutherland auf. Er kam mit Harald Maddadsson zu den Orkney-Inseln zurück, lebte aber zeitweise in Schottland. In den 1140er Jahren besuchte er ein Fest in Caithness und fuhr anschließend zu den Orkney-Inseln. Wenig später heerte er gemeinsam mit → Svein Åsleivsson auf den Hebriden. Auf dem Rückweg gerieten sie in Duncansby in Streit um die Beute. Daraufhin ließ T. sich von Ingebjørg scheiden und schickte sie zu Svein nach Caithness. Wenig später zog er mit Jarl → Ragnvald Kale Kolsson nach Caithness und vertrieb Svein und → Margad Grimsson von dort. Er verfolgte sie bis kurz vor Edinburgh, fuhr dann aber zu dem schottischen Earl Valthjof, der T.s Vater umgebracht hatte, und tötete ihn. Um 1153 begleitete T. den schottischen Orkney-Jarl Harald Maddadsson nach Thurso in Caithness. Dort hielt er sich auch 1156 auf und attackierte das Gefolge von Jarl Ragnvald, der gerade mit Harald Maddadsson verhandelte. Ca. 1158 unternahm T. gemeinsam mit Svein Åsleivsson und → Eirik Stagbrell einen Wikingzug zu den Hebriden und geriet anschließend in Konflikte mit Jarl Ragnvald, weshalb T. sich in Caithness und beim schottischen Kg. Malcolm IV. aufhielt. Bei Thurso in Caithness erschlug er Ragnvald und wurde wenig später von → Jomar getötet.

Q: Orkneyinga saga, Kap. 55, 77, 80, 82–84, 93f., 100, 102f.
Lit: —

A 512: Tord

Neffe von → Einar Tambarskjelve
aus Norwegen

T. begleitete 1028 den norw. Kg. → Olav den Heiligen bei dessen Flucht in die Kiewer Rus'.

Q: Olafs saga hins helga, Kap. 69; Óláfs saga hins helga hin mesta, 814.
Lit: —

A 513: Tord Skoftesson

† 1103 in Sizilien

Sohn von → Skofte Ogmundsson; Geschwister: → Finn, → Ogmund, Pål und Ragnhild (∞ → Dag Eilivsson)

aus Norwegen

T. fuhr 1102/03[1] mit seinem Vater über Flandern und Frankreich nach Rom. Er starb auf der Reise in Sizilien.

Q: Hkr. Magnúss saga berfœtts, Kap. 20.
Lit: *Kaufhold*, Europas Norden (2001), 96f.; *Riant*, Korstog (1868), 230–237.

[1] Die *Orkneyinga saga* berichtet, dass O. mit seinen Brüdern und seinem Vater den norw. Kg. Magnus Berrføtt auf dessen Kriegszug nach Schottland und Irland 1098 begleitete. Andere Quellen bestätigen dies jedoch nicht.

A 514: Tore

Sohn von → Sven (A 468); Bruder von Torsten
aus Schweden

T. fuhr im späten 11. Jh. mit seinem Vater Sven nach Byzanz. Wahrscheinlich starben sie auf der Reise. T.s Bruder Torsten errichtete einen Runenstein zum Gedenken an sie.

Q: *Ruprecht*, Wikingerzeit (1958), Nr. 115; U, Nr. 104.
Lit: *Larsson*, Runstenar (1990), 137.

A 515: Tore (Theodoricus, Þórir)

Bf. von Hamar 1189/90–1196

† 31. 8. 1196

aus Norwegen

T. war Mitglied der Klostergemeinschaft von Saint-Victor in Paris und ist im dortigen Nekrologium als *noster canonicus* verzeichnet. Das könnte darauf hinweisen, dass T. einige Zeit – möglicherweise zur Ausbildung – in Saint-Victor verbracht hat. 1195 wurde T. gemeinsam mit → Rikard Svartemester zum Papst nach Rom gesandt. Auf dem Rückweg starb er in Dänemark. Eventuell schrieb T. als Theodoricus Monachus die *Historia de antiquitate regum Norwagiensium*. Siehe auch → Tore Gudmundsson.

Q: Nekrologium von Saint-Victor, in: *Johnsen*, Om Theodoricus (1939), 109; Sverris saga, Kap. 124, 128.
Lit: *Bagge*, Theodoricus Monachus (1989), 115; *Bagge*, Den heroiske tid (2003), 75; DN XVII B, 251; *Gunnes*, Erkebiskop Øystein (1996), 195; *Johnsen*, Om Theodoricus (1939), 91-92; NBL 16 (1969), 473f.; *Pulsiano*, Medieval Scandinavia (1993), 643.

A 516: Tore Erlingsson (Þórir Erlingsson)

Sohn von → Erling Skjalgsson; Geschwister: → Aslak, → Sigurd und → Skjalg Erlingsson
aus Norwegen

T. fuhr 1027 nach England und schloss sich Kg. → Knud dem Großen an.

Q: Hkr. Óláfs saga helga, Kap. 138.
Lit: —

A 517: Tore Gudmundsson (Theodoricus, Þórir víkverski)

Ebf. von Nidaros 1205/06–1214

† 8. 8. 1214

Sohn von Gudmund Flata

aus Norwegen

Der Beiname *(víkverski)* bedeutet „aus der Gegend von Oslo".[1] T. war Mitglied der Klostergemeinschaft von Saint-Victor in Paris und ist im dortigen Nekrologium als *frater noster* verzeichnet. Das könnte darauf hinweisen, dass T. einige Zeit – möglicherweise zur Ausbildung – in Saint-Victor verbracht hat. Um 1200 war T. Kreuzbruder in Oslo, 1205 wurde er zum Ebf. von Nidaros gewählt und reiste direkt nach Rom, um sich das Pallium zu holen. Er hielt sich zwischen drei Wochen und drei Monaten an der Kurie auf und kehrte 1206 nach Norwegen zurück.

Eventuell schrieb er als Theodoricus Monachus die *Historia de antiquitate regum Norwagiensium*. Siehe auch → Tore (A 515).

Q: DN VII, Nr. 5–9; Nekrologium von Saint-Victor, in: *Johnsen*, Om Theodoricus (1939), 108; Potthast, Nr. 2684–2686, 2691.

Lit: *Bagge*, Theodoricus Monachus (1989), 115; DN XVII B, 201; *Gunnes*, Erkebiskop Øystein (1996), 195; *Johnsen*, Om Theodoricus (1939), 91–94; *Johnsen*, Fra den eldste tid til 1252 (1955), 184–187; NBL 16 (1969), 474; NBL² 9 (2005), 205; *Pulsiano*, Medieval Scandinavia (1993), 643.

---

[1] Der Name wurde vor allem zur Unterscheidung T.s vom späteren Ebf. → Tore den Trøndske (aus der Gegend von Nidaros) benutzt. Ob T. gebürtig aus Oslo kam, stellt *Johnsen*, Om Theodoricus (1939), 92f., in Frage.

A 518: Tore Klakka

† 995

aus Norwegen

Die Bedeutung des Beinamens ist nicht eindeutig, könnte aber mit dem Wort für „Schaden" oder „Mangel" zusammenhängen. T. wurde ca. 995 vom norw. Jarl Håkon nach Dublin[1] gesandt und kehrte von dort mit → Olav Tryggvason zurück. Wenig später wurde er ermordet.

Q: Hkr. Óláfs saga Tryggvasonar, Kap. 46f.; Theod., Kap. 7, 10.

Lit: —

---

[1] Nach *Theod.* wurde T. nach England gesandt.

A 519: Tore Krage (Þórir kráka)

aus Norwegen

Der Beiname bedeutet „Kragen". T. begegnete im August 1177 auf einer Reise → Þorlaug Pálsdóttir, die sich wohl auf der Rückreise aus Rom befand. Wahrscheinlich war Rom auch T.s Ziel.[1] Spätestens 1178 war er wieder in Norwegen.

Q: Sturlunga saga, Kap. 73.
Lit: —

1 Die *Sturlunga saga* spricht nur davon, dass T. auf dem Weg in den Süden war *(á suðurvegum)*. Þorlaug war jedoch im März in Lucca, bevor sie nach Rom weiterreiste, und starb auf der Reise, so dass sich T. in Italien aufgehalten haben müsste.

A 520: Tore Toresson Hund (Þórir hundr Þórisson)

Lendmann

† nach 1030
aus Helgeland, Norwegen

T. wurde um 1020 Lendmann des norw. Kg.s → Olav des Heiligen. 1025 schloss T. sich der Fahrt von → Karle und → Gunnstein nach Bjarmaland (am Weißen Meer) an und brachte Pelze mit. Auf der Rückfahrt tötete er Karle und plünderte das Schiff der Brüder. Diese Fahrt oder allgemein die Interessen am Bjarmaland-Handel könnten der Grund dafür sein, dass sich das Verhältnis zwischen T. und Kg. Olav verschlechterte. Das fand seinen Ausdruck darin, dass T. 1027 nach England ging und sich Kg. → Knud dem Großen anschloss. In der Schlacht von Stiklestad (1030) kämpfte T. gegen Olav und soll unmittelbar am Tod des Kg.s beteiligt gewesen sein. Wenig später unternahm er eine Pilgerfahrt nach Jerusalem. Ob er von dort zurückkehrte, ist ungewiss.

Q: Fsk., Kap. 31; Hkr. Óláfs saga helga, Kap 133, 139, 161; Hkr. Magnúss saga ins góða, Kap. 11; Olafs saga hins helga, Kap. 46, 83.
Lit: NBL 16 (1969), 477–479; NBL[2] 9 (2005), 205f.; *de Vries*, Literaturgeschichte, Bd. 1 (1964), 211.

A 521: Tore den Trøndske (Þórir þrœnzki)

Ebf. von Nidaros 1227–1230

† 7. 4. 1230 in Nidaros
aus Norwegen

Der Beiname bedeutet „aus dem Trøndelag". T. ist 1225 als Kreuzbruder an der Christkirche in Nidaros belegt. 1226 wurde er zum Ebf. gewählt, im folgenden Jahr reiste er nach Rom und wurde dort geweiht; 1228 kehrte er nach Norwegen zurück.

Q: Hákonar saga Hákonarsonar, Kap. 159f.
Lit: DN XVII B, 202; *Johnsen*, Fra den eldste tid til 1252 (1955), 208; NBL 16 (1969), 483; NBL[2] 9 (2005), 205.

A 522: Torfinn Sigurdsson

Jarl von den Orkneys 1022–1064

* um 1000/09, † 1064 (?), ∞ → Ingebjørg Finnsdatter
Sohn von → Sigurd Lodvesson Digre; Geschwister: Bruse, → Einar Vrangmunn und Sumarlide von den Orkney-Inseln

Nach dem Tod seines Vaters (1014) teilten sich T.s Brüder Bruse, Einar und Sumarlide das Orkney-Jarltum. T. war zu dieser Zeit beim schottischen Kg., seinem Großvater (Onkel?)

Malcolm II., der ihm Caithness zu Lehen gab. Als Sumarlide starb, erhob T. Anspruch auf seinen Herrschaftsbereich, den sich aber Einar bereits gesichert hatte. Nach Einars Tod (1020) kam es zu Streitigkeiten mit Bruse. Beide wandten sich an den norw. Kg. → Olav den Heiligen und erkannten seine Oberhoheit an. Ab ca. 1037 teilte sich T. das Orkney-Jarltum mit Bruses Sohn → Ragnvald, mit dem er Kriegszüge zu den Hebriden, nach Schottland, Irland und England unternahm. Um 1044 kam es zu Auseinandersetzungen zwischen den Jarlen, bis Ragnvald getötet wurde (1046). Nun erstreckte sich das Reich der Orkney-Inseln – nicht zuletzt durch T.s eigene Kriegszüge – auch über die Shetland-Inseln und Hebriden sowie Teile Schottlands (Caithness, Sutherland, Ross) und möglicherweise Irlands. 1049/50 fuhr T. zum norw. Kg. → Harald Hardråde, reiste anschließend über Dänemark weiter bis nach Rom und traf dort mit Papst Leo IX. zusammen. Auf dem Weg soll er sich mit Ks. Heinrich III. getroffen haben. Nach seiner Rückkehr ließ er auf der Insel Birsay eine Kirche und eine Halle errichten und blieb dort – nach Schilderungen der altnordischen Überlieferung – bis zu seinem Tod. Möglicherweise beteiligte er sich jedoch 1058 an einem Kriegszug gegen England, an dem auch der etwa 10jährige norw. Königssohn → Magnus Haraldsson teilnahm.

Q: Hkr. Óláfs saga helga, Kap. 96, 98, 103; Orkneyinga saga, Kap. 12f., 19–24, 26, 28, 31f.
Lit: *Crawford*, Scandinavian Scotland (1987), 71–81; *Cruden*, Excavations (1965); *Gade*, Norse Attacks (2003); *Kirby/Smyth/Williams*, Biographical dictionary (1991), 224f.; NBL 16 (1969), 488–490; NBL² 9 (2005), 209f.; *Seegrün*, Papsttum (1967), 165; *Thomson*, History of Orkney (1987), 34–53; *Whaley*, Poetry (1998), 334–335.

A 523: Torgaut (Hurgoð)

aus Norwegen

T. hielt sich 1216 (als Händler?) in Grimsby auf und erhielt am 3. Oktober gemeinsam mit → Basse vom englischen Kg. Johann die Erlaubnis, Scarborough zu passieren.

Q: DN XIX, Nr. 111.
Lit: —

A 524: Torgeir Skotakoll (Þorgeirr safakollr)

Skalde

von den Orkney-Inseln

Die Bedeutung des Beinamens ist nicht ganz geklärt; vielleicht „der Erschütternde" oder auch „der Schlagende". T. reiste 1153–1155 auf der Pilgerfahrt des Jarls → Ragnvald von den Orkneys ins Heilige Land. Auf der Hinreise fuhren sie mit dem Schiff über Spanien durchs Mittelmeer, auf der Rückreise besuchten sie Konstantinopel und reisten über Rom und Deutschland zurück.

Q: Orkneyinga saga, Kap. 85.
Lit: *Davidson*, Viking Road (1976), 264; *Riant*, Korstog (1868), 343.

A 525: Torger

aus Schweden

T. starb im 11. Jh. in England. Sein Sohn Udd (?) ließ einen Runenstein zum Gedenken an ihn errichten.

Q: *Ruprecht*, Wikingerzeit (1958), Nr. 46; Sm, Nr. 29.
Lit: —

A 526: Torgrim Skinnhette

aus Norwegen

Der Beiname bedeutet „Fellhaube". T. begleitete den norw. Kg. → Magnus Berrføtt auf dessen Kriegszug nach Irland 1102/03. Kurz bevor der Kg. getötet wurde, floh T.

Q: Fsk., Kap. 85; Hkr. Magnúss saga berfœtts, Kap. 25; Msk., 335.
Lit: —

A 527: Torkell Amundsson Fostre

von den Orkney-Inseln

Der Beiname bedeutet „Ziehvater". T. geriet um 1015/18 in eine Auseinandersetzung mit dem Orkney-Jarl → Einar Sigurdsson Vrangmunn und ging nach Caithness zu Einars Bruder → Torfinn, bei dem er mehrere Jahre blieb. 1020 tötete T. Einar.

Q: Hkr. Óláfs saga helga, Kap. 98; Orkneyinga saga, Kap. 14f., 20.
Lit: —

A 528: Torkil

† 1232 in Bergen
aus Norwegen

T. hielt sich 1231 in Thurso (Caithness) im Gefolge von → Hånev auf und war anwesend, als Jarl Jon Haraldsson getötet wurde. Im nächsten Jahr wurde er dafür hingerichtet.

Q: Hákonar saga Hákonarsonar, Kap. 171.
Lit: —

A 529: Torkil Torsteinsson Krokøye

von den Orkney-Inseln

Der Beiname bedeutet etwa „Hakenauge". T. reiste 1153–1155 auf der Pilgerfahrt des Jarls → Ragnvald von den Orkneys ins Heilige Land. Auf der Hinreise fuhren sie mit dem Schiff über Spanien durchs Mittelmeer, auf der Rückreise besuchten sie Konstantinopel und reisten über Rom und Deutschland zurück.

Q: Orkneyinga saga, Kap. 85.
Lit: *Riant*, Korstog (1868), 343.

A 530: Torlaug Bose

Lendmann

aus Norwegen

Die Bedeutung des Beinamens ist unklar. T. begleitete 1257–1258 → Kristin Håkonsdatter nach Spanien. Anschließend reiste er gemeinsam mit → Ivar Engelsson nach Jerusalem. Spätestens 1262 kehrte er nach Norwegen zurück. Im folgenden Jahr nahm er am Heerzug des norw. Kg.s Håkon Håkonsson gegen Schottland teil (siehe Kap. B.2.3).

Q: Hákonar saga Hákonarsonar, Kap. 290, 294.
Lit: *Gelsinger*, Alliance (1981), 61f.; *Riant*, Korstog (1868), 489f.

A 531: Torleiv

aus Norwegen

T. begleitete 1028 den norw. Kg.→ Olav den Heiligen bei dessen Flucht in die Kiewer Rus'.[1]

Q: Olafs saga hins helga, Kap. 69; Óláfs saga hins helga hin mesta, 814.
Lit: —

---

[1] Möglicherweise handelte es sich auch um zwei Personen, da die *Óláfs saga hins helga hin mesta* von Þorlæifr kuæikr und Þorlæifr huiti spricht. Vgl. dazu *Schreiner*, Studier (1927), 452.

A 532: Torleiv Brynjolvsson

aus Norwegen

T. holte 1142 gemeinsam mit → Arne Sæbjørnsson und → Kolbein Ruge den späteren norw. Kg. → Øystein Haraldsson aus Schottland nach Norwegen.

Q: Fsk., Kap. 99; Hkr. Haraldssona saga, Kap. 13; Msk., 440.
Lit: —

A 533: Tormod Eindridesson (Þormóðr Ásgeirsson)

aus Norwegen

T. ermordete um 1061 Hallur Ótryggsson, ein Mitglied der Leibgarde von Kg. → Harald Hardråde. Danach flüchtete T. mit Hilfe von Haralds Sohn → Magnus nach Konstantinopel und trat in die Warägergarde ein.

Q: Flateyjarbók III, 376f.; Msk., 233f.; Ljósvetninga saga, Kap. 20.
Lit: *Blöndal*, Varangians (1978), 215f.; *Davidson*, Viking Road (1976), 234f.; *Melsteð*, Ferðir (1907–1915), 783.

A 534: Tormod Tingskam (Þórmóðr þingskaun, þingskorinn, þingskǫmm)

aus Norwegen

Der Beiname ist nicht eindeutig, könnte aber „Gerichtsschande" bedeuten. T. begleitete 1230 Ospak, den Kg. von Man, von Norwegen aus zu einer Heerfahrt zu den Hebriden und der Isle of Man sowie nach Schottland.

Q: Hákonar saga Hákonarsonar, Kap. 166f.
Lit: —

A 535: Torstein

† 1222
aus Norwegen

T. begleitete 1222 → Ivar Utvik nach Bjarmaland (am Weißen Meer). Er starb auf der Rückreise, als das Schiff kenterte.

Q: Hákonar saga Hákonarsonar, Kap. 81.
Lit: —

A 536: Torstein Havardsson

Sohn von Havard Gunnason und Bergljot
von den Orkney-Inseln

T. begleitete ca. 1158 Jarl Harald Maddadsson nach Caithness und war am Mord von → Ragnvald Kale Kolsson beteiligt.

Q: Orkneyinga saga, Kap. 103.
Lit: —

A 537: Torstein Ragnasson

aus North-Ronaldsay, Orkney-Inseln

T. fuhr um 1153 im Zusammenhang mit den Streitigkeiten der Jarle Harald Maddadsson, → Svein Åsleivsson und → Erlend Haraldsson nach Caithness.

Q: Orkneyinga saga, Kap. 93.
Lit: —

A 538: Torsten

aus Schweden

T. erwarb in der ersten Hälfte des 11. Jh.s in der Kiewer Rus' durch Handel oder Kriegsdienste genügend Geld, um in Schweden den Hof Veda zu kaufen.

Q: *Ruprecht*, Wikingerzeit (1958), Nr. 136; U, Nr. 209.
Lit: *Düwel*, Runenkunde (2001), 123; *Larsson*, Runstenar (1990), 117, 138.

A 539: Torsten

aus Schweden

T. starb im 11. Jh. (wahrscheinlich nach 1050) in der Kiewer Rus' im Kampf.

Q: *Ruprecht*, Wikingerzeit (1958), Nr. 79; Sö, Nr. 338.
Lit: *Düwel*, Runenkunde (2001), 123; *Larsson*, Runstenar (1990), 117, 153.

A 540: Toti

aus Dänemark

T. erhielt zwischen 1006 und 1011 vom englischen Kg. Æthelred eine Hufe *(mansus)* Land in Beckley und fünf Hufen in Horton (beides in Oxfordshire).

Q: S, Nr. 943.
Lit: Williams, Cockles (1986), 1.

A 541: Tovi Pruda

Thegn, Marschall des dän.-englischen Kg.s → Hardeknud

† ca. 1043/44, ∞ 1042 Gyda (Tochter von → Osgod Clapa)
aus Dänemark

Der Beiname bedeutet „der Stolze". T. war unter Kg. → Knud dem Großen Thegn in England und tritt ab 1018 in mehreren Urkunden als Zeuge auf. Er hatte Besitzungen in Montacute (Somerset) und Waltham (Essex). Bei seiner Hochzeit starb Kg. Hardeknud.

Q: Chronik von Melrose, s. a. 1042; DD I:1, Nr. 381, 384, 388, 393, 417, 429f., 433–435, 437–440, 449f., 468; Johannes von Worcester, s. a. 1042.
Lit: Kirby/Smyth/Williams, Biographical dictionary (1991), 228f.; *Steenstrup*, Normannerne (1882), 379; *Williams*, Cockles (1986), 11.

A 542: Troels (Thrulus)

Truchsess des dän. Kg.s → Valdemar Sejr

aus Dänemark

T. hielt sich im Februar 1217 in Neumünster auf und bezeugte eine Urkunde des Ebf.s Gerhard I. von Hamburg-Bremen.

Q: DD I:5, Nr. 115.
Lit: —

A 543: Tuki Wrang

Präfekt von Schonen (?)

aus Dänemark

Der Beiname bedeutet „krumm". T. ist um 1240 als Grundbesitzer in Estland belegt.

Q: Kong Valdemars Jordebog, 65.
Lit: Johansen, Estlandliste (1933), 836.

A 544: Tuve

Bf. von Ribe 1214–1230

† 26. 2. 1230
aus Dänemark

T. hielt sich im Winter 1222/23 in Estland auf. 1227 nahm er an der Schlacht von Bornhøved teil.

Q: Chronicon ecclesiae Ripensis, 32.
Lit: DBL 15 (1984), 82.

A 545: Tuve Kolsøn

aus Dänemark

T. ist um 1240 als Grundbesitzer in Estland belegt.

Q: Kong Valdemars Jordebog, 57, 61.
Lit: *Johansen*, Estlandliste (1933), 807.

A 546: Tuve Leosøn

aus Dänemark

T. ist um 1240 als Grundbesitzer in Estland belegt.

Q: Kong Valdemars Jordebog, 67.
Lit: *Johansen*, Estlandliste (1933), 811.

A 547: Tuve Palnesøn

Bruder von → Wogen Palnesøn
aus Dänemark

T. ist um 1240 als Grundbesitzer in Estland belegt und ist dort auch 1257 und 1259 nachweisbar.

Q: Kong Valdemars Jordebog, 64, 75; LEKU I, Nr. 337, III, Nr. 299.
Lit: *Johansen*, Estlandliste (1933), 823f.

A 548: Tyre Haraldsdatter

† ca. 1000, ∞ ca. 999/1000 → Olav Tryggvason
Tochter des dän. Kg.s Harald Blåtand (Blauzahn); Schwester des dän. Kg.s → Sven Tveskæg
aus Dänemark

T. soll mit dem polnischen Kg. Boleslaw Chrobry verheiratet gewesen sein, bevor sie ca. 999 nach Norwegen ging und Olav Tryggvason heiratete.

Q: Ágrip, Kap. 20; Fsk., Kap. 19, 24; Historia Norvegiae, Kap. 17; Hkr. Óláfs saga Tryggvasonar, Kap. 92.
Lit: NBL 10 (1949), 417; NBL² 9 (2005), 271f.; *Phelpstead/Kunin*, History of Norway (2001), 98.

A 549: Ulf Thorgilsøn (Wulfsige)

Jarl

† 1026 in Roskilde, ∞ → Estrid
Sohn von Thorgil Sprakaleg; Geschwister: → Eilaf Thorgilsøn, → Gyda; Kinder: → Asbjørn, → Bjørn und → Sven Estridsøn
aus Dänemark

U. war Jarl in England und trat dort ab etwa 1020 in Urkunden als Zeuge auf. Möglicherweise kehrte er 1022/23 nach Dänemark zurück. 1026 wird U. der Vormund von → Hardeknud und damit stellvertretender Herrscher über Dänemark. Im selben Jahr sollen U. und Eilaf sich den Feinden → Knuds des Großen angeschlossen haben. Knud ließ U. daraufhin in Roskilde ermorden.

Q: DD I:1, Nr. 402, 408, 435; Chronicon Roskildense, Kap. 7; Fsk., Kap. 36; Knýtlinga saga, Kap. 8, 11; Saxo Gr. X 15 (1), 16 (4).
Lit: DBL 15 (1984), 133; *Keynes*, Cnut's Earls (1994), 62–64.

A 550: Úlfur Óspaksson

Marschall des norw. Kg.s → Harald Hardråde

* um 1000; † 1066, ∞ Jorunn Torbergsdatter (Schwester von Harald Hardrådes zweiter Frau Tora)
aus Island

Ú. war in der zweiten Hälfte der 1030er Jahre mit → Harald Hardråde in Konstantinopel und Sizilien[1] und diente nach der Rückkehr nach Norwegen seinem Kg. als Marschall. Er starb 1066 kurz vor Haralds Tod.

Q: Fsk., Kap. 51; Hkr. Haralds saga Sigurðarsonar, Kap. 9, 14; Msk., 74, 80–82.
Lit: *Blöndal*, Varangians (1978), 209f.; *Davidson*, Viking Road (1976), 230f.; *Melsteð*, Ferðir (1907–1915), 773; NBL² 9 (2005), 301; *Riant*, Korstog (1868), 170.

---

1 *Driscoll*, Ágrip (1995), 101f., Anm. 110, zweifelt an, dass Ú. in Konstantinopel war, und wertet Snorris Bericht über Haralds Aufenthalt in Byzanz als reine Fiktion.

A 551: Ulv

† 1191 (?)
aus Lauvnæs, Norwegen

U. schloss sich 1191 mit rund 200 Norwegern dem als *Profectio Danorum* bezeichneten Kreuzzugsunternehmen an.[1] Von Konghelle fuhren sie zunächst nach Tønsberg und dann nördlich nach Bergen, bevor sie die eigentliche Kreuzfahrt starteten. In der Nordsee gerieten einige Schiffe in einen Sturm, so dass die Dänen in Stavoren an der friesischen Küste ihre restlichen Schiffe verkauften und über Land weiterreisten, während U. den direkten Seeweg nehmen konnte. Sie erreichten noch im selben Jahr das Heilige Land und nahmen wahrscheinlich an den Kämpfen teil, die zur Einnahme Akkons führten. Vermutlich ist U. dabei ums Leben gekommen.

Q: Historia de Profectione Danorum in Hierosolymam, Kap. 8, 18.
Lit: *Riant*, Korstog (1868), 403–408.

---

1 Siehe auch bei Åge Stigsøn (A 2).

A 552: Ulv von Borresta

aus Schweden

U. trieb mehrmals in England Danegeld ein, zunächst um 991, dann bei der Tributforderung von → Thorkil den Høje 1012 und schließlich bei → Knuds des Großen Forderung 1018. Auf einer seiner Reisen wurde er Christ. Zurück in Schweden arbeitete er auch als Runenritzer.

Q: *Ruprecht*, Wikingerzeit (1958), Nr. 120; U, Nr. 344.
Lit: *Düwel*, Runenkunde (2001), 119, 146; *Larsson*, Runstenar (1990), 139; *Ruprecht*, Wikingerzeit (1958), 100; *Wessén*, Runinskrifter (1960), 10–16.

A 553: Ulv Ranesson

† 1103
Bruder von → Sigurd Ranesson
aus Norwegen

U. begleitete ebenso wie sein Bruder Sigurd den norw. Kg. → Magnus Berrføtt auf seinem Kriegszug nach Irland 1102/03 und starb dort.[1]

Q: Ágrip, Kap. 49; Hkr. Magnúss saga berfœtts, Kap. 23, 25; Theod., Kap. 31.
Lit: *Andersson/Gade*, Morkinskinna (2000), 450f., Anm. 59, 2; NBL 13 (1958), 322.

1 *Ágrip* und *Theod.* berichten, dass U. am ersten Zug Magnus' (1098) teilnahm.

A 554: Ulvhild Olavsdatter (Gunnhild, Wifhild)

* ca. 1020, † 24. 5. 1071, ∞ 1042 Ordulf, Herzog von Sachsen
Tochter des norw. Kg.s → Olav des Heiligen
aus Norwegen

U. begleitete ihre Eltern 1028 wahrscheinlich in die Kiewer Rus'. 1042 heiratete sie Ordulf, den späteren Herzog von Sachsen (1059–1072), mit dem sie in Sachsen lebte.

Q: Adam II 79; Ágrip, Kap. 25; Ann. Saxo, s. a. 1059; Fsk., Kap. 30; Hkr. Magnúss saga ins góða, Kap. 26; Konungsannáll, s. a. 1060, 1072; Msk., 39–41; Oddaverja annáll, s. a. 1072; Olafs saga hins helga, Kap. 44; Óláfs saga hins helga hin mesta, 814; Theod., Kap. 16.
Lit: NBL² 9 (2005), 300.

A 555: Ulvrik

aus Schweden

U. erhob um 1000 in England zwei Mal Danegeld. Er kehrte wahrscheinlich nach Schweden zurück. Seine Enkel errichteten einen Runenstein zum Gedenken an ihn.

Q: *Ruprecht*, Wikingerzeit (1958), Nr. 169; U, Nr. 241.
Lit: *Larsson*, Runstenar (1990), 102, 138; *Wessén*, Runinskrifter (1960), 10–16.

A 556: Valbert

Abt von Esrom ca. 1170–1202 (SOCist)

aus Dänemark

V. reiste während seines Abbatiats mindestens ein Mal zum Generalkapitel von Cîteaux, wie aus der Korrespondenz des Wilhelm (Guillaume) von Æbelholt hervorgeht.

Q: DD I:3, 483.
Lit: *France*, Cistercians (1992), 310, 505.

A 557: Valdemar Abelsøn

Herzog von Schleswig 1252–1257

* ca. 1238, † 1257
Sohn des dän. Kg.s → Abel Valdemarsøn und der Mechthild
aus Dänemark

V. wurde in Paris ausgebildet und geriet auf seiner Rückreise 1250 in Gefangenschaft des Kölner Ebf.s Konrad I. Nachdem er 1252 frei kam, wurde er Herzog von Schleswig.

Q: Annales Ryenses, s. a. 1250.
Lit: DBL 15 (1984), 244.

A 558: Valdemar der Große (Valdemar Knudsøn)
Kg. von Dänemark 1154/57–1182

* 14. 1. 1131, † 12. 5. 1182 in Vordingborg, ∞ 1157 Sofie (Tochter des Fürsten Volodar von Nowgorod und der Richiza, Halbschwester von → Knud Magnussøn)
Sohn von → Knud Lavard und Ingeborg; Kinder: → Helene, → Ingeborg (A 227), → Knud Valdemarsøn (A 279), → Christoffer (A 87) → Valdemar Sejr
aus Dänemark

Knud Lavard starb noch vor der Geburt seines Sohnes, so dass V. bei Asser Rig, dem Vater von → Absalon (A 9), in Seeland aufwuchs.[1] In den dän. Thronstreitigkeiten stand V. zunächst auf der Seite seines Verwandten[2] → Sven Grathe, den er 1152 zum deutschen Hoftag nach Merseburg begleitete. Nach dem Bruch der dort getroffenen Vereinbarungen durch Sven verbündete V. sich aber mit Svens Kontrahent → Knud Magnussøn und trug ab 1154 selbst den Königstitel. Knud und V. konnten Sven vertreiben, der aber ca. 1156 zurückkehrte. Dänemark wurde daraufhin dreigeteilt: Knud erhielt Seeland, Sven Schonen und V. Jütland. Doch wenig später wurde Knud von Sven ermordet, während V. dem Anschlag entkam und Sven in der Schlacht von Grathe-Heide schlug. Sven starb auf der Flucht und V. war alleiniger Kg.
1159 unternahm V. seinen ersten Kriegszug gegen die Wenden. Er fuhr mit einer Flotte von 60 Schiffen nach Hiddensee und kehrte mit Beute zurück. Auch in den nächsten Jahren führte er regelmäßig Kriegszüge gegen die Wenden durch: Ca. 1160 griff er Rügen an, 1161 zog er in die Bucht von Wismar, besiegte dort den Wendenherrscher Mjuklat *(Nucletus)* und fuhr außerdem nach Rostock und Rügen. 1162 reiste V. über Itzehoe, Bremen[3] und Metz nach Saint-Jean-de-Losne zum Hoftag von Ks. Friedrich Barbarossa, dem er am 29. August den Lehnseid schwor. Etwa Mitte September zog der Reichstag nach Besançon um. 1164 bestritt V. erneut einen Kriegszug (gemeinsam mit Heinrich dem Löwen) nach Wolgast und Stolpe; in diese Zeit (ca. 1164/66) fällt auch eine Übereinkunft mit dem sächsischen Herzog in Lübeck.[4] Ca. 1165 zog V. nach Däneholm und Rügen, 1169 (oder bereits 1168) nach Arkona. Dort konnte die Tempelburg zerstört und Rügen erobert werden. Etwa 1170 fuhr V. auf einen weiteren Kriegszug nach Wollin und Kammin, 1171 nach Stettin und Rügen, danach (um 1175) noch einmal nach Rügen, ca. 1176 nach Swinemünde, Wollin und Stettin und ca. 1178 nach Gützkow, Kammin, Wolgast und erneut Swinemünde.[5] Um 1180 traf sich V. mit Ks. Friedrich I. in Lübeck, um Heiratsverhandlungen durchzuführen, durch die der dän. Kg. in Friedrichs Auseinandersetzungen mit Heinrich dem Löwen auf die Seite des Ks.s gebracht werden sollte.

Q: Annales Magdeburgenses, s. a. 1169; Annales Ryenses, s. a. 1163, 1181; Annales Stadenses, s. a. 1163; Annales Valdemarii, s. a. 1181; Arnold II 21; Chronica Sialandie,

s. a. 1163, 1176, 1181; DD I:2, Nr. 158; Helmold, Kap. 87, 91, 100, 102, 108f.; Knýtlinga saga, Kap. 93, 119–122, 124–126; Oddaverja annáll, s. a. 1182; Sächsische Weltchronik, Kap. 331, 341; Saxo Gr. XIV 8 (3), 16 (2), 23 (14f., 17–19, 21, 24–28), 24 (1f.), 25 (7f., 10f., 15–17, 20f., 25), 27, 28 (5–16, 19–23), 30 (1, 6–9), 31 (1, 5), 32 (1, 6), 34 (4f.), 35 (2), 37 (4), 39 (1, 12–14, 16, 20–31, 35f., 46), 41 (4), 42 (1f., 4, 7f., 11, 14–18), 43 (1f., 4–6, 8), 47 (1–3, 7, 9), 51, 57 (1, 5), XV 5 (6–9).

Lit: *Christensen*, Tiden 1042–1241 (1977), 333–335, 344; *Christiansen*, Crusades (1980), 63f.; DBL 15 (1984), 233–236; *Eggert*, Wendenzüge (1927); *Eggert*, Kämpfe (1928), 3–62; *Gaethke*, Knud und Waldemar, Teil 1 (1994), 34, 37–43; *Sawyer/Sawyer*, Welt der Wikinger (2002), 404; *Seegrün*, Papsttum (1967), 180.

1 Die Knýtlinga saga, Kap. 93, berichtet, dass Ingeborg sich zum Zeitpunkt von Knud Lavards Tod in der Kiewer Rus' bei ihrem Vater Mstislav aufgehalten habe. V. sei dort geboren worden und aufgewachsen. Andere Quellen bestätigen diese Darstellung nicht.
2 V.s Vater Knud Lavard und Svens Vater → Erik Emune waren Halbbrüder.
3 Laut Saxo Gr. begleitete Ebf. Hartwig ab Bremen V.s Reisegesellschaft.
4 Helmold, Kap. 102, berichtet, dass sie *ad Egderam sive Lubike* zusammentrafen – möglicherweise fand das Treffen also an der Eider statt. Saxo XIV 35 (2) weiß hingegen von einem Treffen V.s mit Heinrich dem Löwen am Fluss „Krempe" in Holstein zu berichten (ca. 1167), bei dem das Bündnis der beiden aufgelöst wurde, schildert anschließend aber wieder ein gemeinsames Vorgehen, wobei Heinrich gegen Demmin, V. gegen Wolgast und Usedom *(Osna)* zog; vgl. Saxo XIV 37 (4).
5 Diese Chronologie der dän. Wendenzüge folgt hauptsächlich der Darstellung in Saxos *Gesta Danorum*. Es ist jedoch nicht möglich, die Darstellungen der verschiedenen Quellen in Einklang zu bringen. Vgl. zu diesem Problem *Eggert*, Wendenzüge (1927), 32–101, der später dennoch eine chronologische Darstellung anfertigte: *Eggert*, Kämpfe (1928).

A 559: Valdemar Knudsøn

Bf. von Schleswig 1178/82–1208

* 1158, † 1236

Sohn des dän. Kg.s → Knud Magnussøn

aus Dänemark

V. studierte in Paris. Von 1178/82 an war er Bf. von Schleswig, geweiht wurde er erst 1187/88. Zwischen 1188 und 1191 griff er mehrmals gemeinsam mit → Valdemar Sejr Holstein und Dithmarschen an. Im folgenden Jahr wurde er zum Ebf. von Hamburg-Bremen gewählt und musste wegen Streitigkeiten mit Valdemar Sejr das Land verlassen. Mit norw., schw. und deutscher Hilfe versuchte er, sich des dän. Throns zu bemächtigen, geriet aber 1193 in Gefangenschaft. Sein Vetter Valdemar ließ ihn erst 1206 wieder frei. 1207 reiste V. zu Papst Innozenz III. nach Rom und wurde – als er sich in Bologna aufhielt – erneut zum Ebf. von Hamburg-Bremen gewählt. Er reiste zurück nach Rom, um die Bestätigung von Innozenz III. zu erhalten, doch meldeten einige Vertreter des Hamburger Domkapitels sowie der vom dän. Kg. → Valdemar Sejr gesandte → Peder (A 368) Bedenken an. V. reiste ab, ohne den Papst davon in Kenntnis zu setzen, und gelangte mit Hilfe Kg. Philipps von Schwaben nach Bremen. Er wurde daraufhin von Innozenz gebannt und wenig später auch als Bf. von Schleswig abgesetzt. 1209 – bei der Kaiserkrönung Ottos IV. – unterwarf V. sich dem Papst in Rom, erhielt jedoch weder das Bremer Erzbistum noch das Bistum von Schleswig zurück. 1211 bemächtigte er sich dann erneut des Bremer Erzstuhls, wurde wiederum gebannt und verlor wegen der sich verschlechternden Situation Ks. Ottos IV. mehr und mehr Unterstützung. 1217 wurde V. aus Bremen vertrieben, 1218 wurde der Bann von Papst Honorius III. wiederholt und V. ging schließlich in das sächsische Zisterzienserkloster Loccum. Später soll er noch einmal nach Rom gepilgert sein, Honorius III. löste ihn 1220 jedenfalls vom Kirchenbann. Das Kloster Loccum verließ V. noch einmal 1224 während der Gefangenschaft Valdemars II., um Dänemark anzugreifen, blieb aber erfolglos. Im April 1236 starb V. in Loccum.[1]

Q: Annales Essenbecenses, s. a. 1209; Annales Lundenses, s. a. 1209; Annales Ryenses, s. a. 1206, 1236; Annales Stadenses, s. a. 1208, 1211, 1215, 1217; Annales Valdemarii, s. a. 1209; Arnold V 8, VI 18, VII 10, 19; Chronica Sialandie, s. a. 1209, 1236; DD I:3, Nr. 155; DD I:4, Nr. 119, 127, 132–136, 145, 156f., 176–178; DD I:5, Nr. 11, 42, 44, 69, 125f., 173; DD I:6, Nr. 23; Gottskálksannáll, s. a. 1236; Konungsannáll, s. a. 1209, 1236; Potthast, Nr. 3071, 3256, 3299f., 3354, 3760f., 4116–4118, 4391, 4917, 5090, 5752, 7292; Sächsische Weltchronik, Kap. 346.

Lit: Christensen, Tiden 1042–1241 (1977), 374f.; DBL 15 (1984), 243f.; *Fenger*, Kirker (1989), 219; *France*, Cistercians (1992), 530; *Gaethke*, Knud und Waldemar, Teil 1 (1994), 64f.; *Gaethke*, Knud und Waldemar, Teil 2 (1995), 9–20, 25–28; *Gaethke*, Knud und Waldemar, Teil 3 (1996), 22; *Kluger* et al., Series episcoporum VI, II (1992), 114–116; LexMA 8 (1997), 1951; RegEB I, 195–201.

---

1 Die Angabe von *Kai Hørby* in DBL 15 (1984), 243f., V. sei am 18. 7. 1236 in Cîteaux gestorben und habe dort die letzten vier Jahre seines Lebens verbracht, konnte in den Quellen nicht verifiziert werden.

A 560: Valdemar Sejr

Kg. von Dänemark 1202–1241, Herzog von Schleswig 1187–1202

* Juni 1170, † 28. 3. 1241 in Vordingborg, ∞ 1) 1205 Dagmar (Tochter Ottokars I. von Böhmen), ∞ 2) 1214 Berengaria (Tochter Sanchos I. von Portugal)

Sohn des dän. Kg.s → Valdemar des Großen und der Sofie; Geschwister: → Helene, → Ingeborg (A 227), → Knud Valdemarsøn (A 279), → Christoffer (A 87), → Sofie (A 450) und → Tove; Kinder mit Dagmar: → Valdemar den Unge, mit Berengaria: → Abel Valdemarsøn, → Christoffer (A 88) → Erik Plovpenning und Sofie (A 451); weitere Kinder: Knud Valdemarsøn (A 280) und Niels

aus Dänemark

Der Beiname bedeutet „Sieger". V. führte zahlreiche kriegerische Unternehmungen aus, wobei zunächst das südliche Nachbarland im Vordergrund stand: V. war noch als Herzog von Schleswig an der Eroberung Nordalbingiens beteiligt. Bereits 1191 griff er gemeinsam mit Bf. → Valdemar Knudsøn Holstein an. 1201 folgte ein weiterer Zug, bei dem er den holsteinischen Grafen Adolf III. bei Stellau besiegte. V. zog weiter nach Hamburg, Lauenburg, Ratzeburg und Lübeck; die Lübecker Bürger übergaben ihm die Stadt. Im Dezember des Jahres griff er Adolf erneut in Hamburg an und konnte ihn besiegen. Wenig später traf er dort mit Kg. Otto IV. zusammen und kehrte anschließend nach Dänemark zurück. 1202 begleitete er seinen Bruder, Kg. Knud, nach Lübeck und Mölln und reiste anschließend weiter zur Lauenburg, deren Besatzung Widerstand leistete. Noch im selben Jahr starb Knud, V. wurde zum dän. Kg. gewählt und an Weihnachten gekrönt. 1203 reiste er erneut nach Lübeck und zur Lauenburg, die er nach längerer Belagerung einnehmen konnte. Damit war Nordalbingien in der Hand des dän. Kg.s. Der Konsolidierung seiner Herrschaftsansprüche diente wohl 1205 ein Kriegszug nach Pommern. 1208 ging V. gegen Heinrich und Gunzelin von Schwerin vor, indem er die Boizenburg einnahm und zerstörte. Dort traf er erneut auf Kg. Otto, der ihn um Unterstützung gegen Philipp von Schwaben bat. Im Kampf um das Bremer Erzbistum unterstützte V. Burchard, der vom Hamburger Domkapitel gewählt worden war, und ließ am linken Elbufer die Feste Harburg errichten. Nachdem sich im deutschen Thronstreit die staufische Seite in der Schlacht von Bouvines durchgesetzt hatte, schloss V. 1214 mit Kg. Friedrich II. in Metz ein Bündnis und erhielt die Landschaften nördlich von Elde und Elbe sowie die Gebiete der Wenden zugesprochen, die er, sein Vater und Großvater erobert hatten. 1215 griff V. Stade an, um gegen den immer noch in Bremen weilenden Bf. Valdemar vorzugehen, blieb aber erfolglos. Nachdem Kg. Otto gemeinsam mit Bf. Valdemar Hamburg eingenommen hatte, zog V. 1216 nach Süden und setzte über die Elbe, um erneut gegen Stade vorzugehen, dessen Bewohner schließlich um Frieden nachsuchten. Anschließend zog V. nach Hamburg, überließ die Belagerung der Stadt aber seinem Neffen, Graf Albrecht von Orlamünde, der sich schließlich durchsetzen konnte.

Teilweise schon zeitgleich mit diesen Unternehmungen machte V. Züge in das Baltikum, die nach der Konsolidierung seiner Macht in Nordalbingien häufiger wurden: 1206 fuhr er gemeinsam mit Ebf. → Anders Sunesøn nach Ösel, von wo Raubzüge an die dän. Küste unternommen worden waren. Das Unternehmen blieb jedoch erfolglos. 1210 führte er einen Kriegszug nach Preussen und ins Samland, im folgenden Jahr zog er nach Pommern und baute die zuvor zerstörte Feste Demmin wieder auf. 1219 zog V. gemeinsam mit Anders Sunesøn und den Bf.en → Niels (A 312) von Schleswig und → Peder Jakobsøn nach Estland und eroberte die Burg Lyndanise bei Tallinn (Reval). Er kehrte noch im selben Jahr nach Dänemark zurück, hielt sich 1220 aber erneut in Tallinn auf. 1221 folgte ein weiterer Zug nach Estland, 1222 fuhr er mit Albert von Orlamünde nach Ösel.

V.s Bemühungen im Baltikum hatten ein Ende, als er in der Nacht vom 6. auf den 7. Mai 1223 gemeinsam mit seinem Sohn Valdemar den Unge von Graf Heinrich von Schwerin auf der Insel Lyø gefangen genommen und in Dannenberg festgehalten wurde. Erst am 25. Dezember 1225 wurde V., der zwischenzeitlich nach Schwerin gebracht worden war, nach langen Verhandlungen und dem Verzicht auf die Gebiete südlich der Eider freigelassen. 1226 und 1227 zog er nach Süden, eroberte zwischenzeitlich Dithmarschen, erlitt aber schließlich eine Niederlage gegen Herzog Albert von Sachsen, Graf Heinrich von Schwerin und Graf Adolf IV. von Holstein in der Schlacht bei Bornhøved im Juli 1227. Erst 1233–1234 zog V. erneut in südliche Richtung und bekämpfte – nun gemeinsam mit Graf Adolf von Holstein – die Stadt Lübeck, blieb allerdings erfolglos.

Q: Årbog 1074–1255, s. a. 1219, 1223, 1225; Annales Essenbecenses, s. a. 1219; Annales Lundenses, s. a. 1205, 1219–1221; Annales Ryenses, s. a. 1208, 1216, 1219, 1223; Annales Stadenses, s. a. 1201–1203, 1215–1216, 1219, 1221–1227; Annales Valdemarii, s. a. 1205, 1208, 1216; Annales Visbyenses, s. a. 1210, 1215, 1218; Arnold V 8, VI 13–15, 17; Chronica Sialandie, s. a. 1205, 1207, 1219; Chronicon ecclesiae Ripensis, 32; Chronicon Livoniae X 13, XXIII 2, XXIV 2, XXVI 2, XXVIII 1; Pommersches Urkundenbuch, Nr. 155; DD I:5, Nr. 48, 214, 217, 221–226; DD I:6, Nr. 16f., 42, 55f., 58f.; Konungsannáll,

s. a. 1219, 1223; Oddaverja annáll, s. a. 1218 (*recte* 1219); Potthast, Nr. 7092–7096, 7098, 7584f., 7593f.

Lit: *Christensen*, Tiden 1042–1241 (1977), 362, 365-366, 373–377, 384–387; *Christiansen*, Crusades (1980), 106f.; DBL 15 (1984), 236–238; *Fenger*, Kirker (1989), 308–322; *Gaethke*, Knud und Waldemar, Teil 1 (1994), 64f., 88–99; *Gaethke*, Knud und Waldemar, Teil 2 (1995), 7–9, 13–19, 23–29, 32f.; *Gaethke*, Knud und Waldemar, Teil 3 (1996), 8–21, 25–38; *Johansen*, Nordische Mission (1951), 100, 103; *Nielsen*, Missionary Man (2001); *Tarvel*, Ostseepolitik (1998), 56–58.

A 561: Valdemar den Unge

* 1209, † 28. 11. 1231 auf Refsnæs, ∞ Eleonora (Tochter des Kg.s Alfons II. von Portugal)
Sohn des dän. Kg.s → Valdemar Sejr und der Dagmar, Halbgeschwister: → Abel Valdemarsøn, → Christoffer (A 88), → Erik Plovpenning, → Knud Valdemarsøn (A 280), Niels, → Sofie (A 451)
aus Dänemark

Der Beiname bedeutet „der Jüngere". V. geriet im Mai 1223 mit seinem Vater in die Gefangenschaft des Grafen Heinrich von Schwerin, der die dän. Regenten in Mecklenburg festhielt. Erst am 19. April 1226 wurde V. freigelassen, nachdem sein Vater bereits im Dezember 1225 ausgelöst worden war. 1229 heiratete V. Eleonora, die Nichte von Berengaria, der zweiten Frau seines Vaters. V. starb am 28. November 1231 bei einem Jagdunfall.

Q: Årbog 1074–1255, s. a. 1223; Chronicon ecclesiae Ripensis, 32; DD I:5, Nr. 214, 217, 221–226; DD I:6, Nr. 16f., 42; Konungsannáll, s. a. 1223, 1225; Potthast, Nr. 7092–7096, 7098.

Lit: *Christensen*, Tiden 1042–1241 (1977), 384f.; DBL 15 (1984), 238f.; *Fenger*, Kirker (1989), 325; *Gaethke*, Knud und Waldemar, Teil 3 (1996), 25–30.

A 562: Vedeman

aus Seeland, Dänemark

V. begleitete den dän. Kg. → Valdemar den Großen auf dessen Kriegszüge nach Hiddensee (1159) und Wolgast (1164).

Q: Saxo Gr. XIV 23 (14, 19), 30 (6).
Lit: —

A 563: Vidbjörn

∞ Stenhild
aus Schweden

V. fuhr in der ersten Hälfte des 11. Jh.s mindestens ein Mal nach Byzanz.

Q: *Ruprecht*, Wikingerzeit (1958), Nr. 133; U, Nr. 956.
Lit: *Larsson*, Runstenar (1990), 114, 144.

A 564: Vidkunn Jonsson (Withcutr)

Lendmann

* ca. 1065, † ca. 1139
Sohn von Jon Arnesson und Rannveig Sigurdsdatter
aus Bjarkøy, Norwegen

V. begleitete den norw. Kg. → Magnus Berrføtt auf seinen Kriegszug nach Irland 1102/03[1] und soll Magnus' Mörder getötet haben. Er konnte fliehen und kehrte nach Norwegen zurück.

Q: Ágrip, Kap. 49f.; Fsk., Kap. 84f.; Hkr. Magnúss saga berfœtts, Kap. 23, 26; Msk., 332, 336f.; Orkneyinga saga, Kap. 39; Theod., Kap. 31.

Lit: *Andersson/Gade*, Morkinskinna (2000), 450f., Anm. 59, 2; NBL 17 (1975), 554f.; NBL² 9 (2005), 352f.

---

1 *Orkneyinga saga* und *Theod.* berichten, dass V. am ersten Zug Magnus' (1098) teilnahm, nach *Ágrip* fuhr er bei beiden Unternehmungen mit.

A 565: Vigfast

aus Schweden

V. starb im 11. Jh. (wahrscheinlich vor 1025) in England. Seine Söhne ließen einen Runenstein zum Gedenken an ihn errichten.

Q: *Ruprecht*, Wikingerzeit (1958), Nr. 59.
Lit: —

A 566: Vigleik Prestsson

aus Norwegen

V. wurde 1250 gemeinsam mit → Borgar vom norw. Kg. Håkon Håkonsson zum Fürsten von Nowgorod, Alexander Nevskij, gesandt. 1263 nahm er am Schottland-Feldzug von Håkon Håkonsson teil (siehe Kap. B.2.3).

Q: Hákonar saga Hákonarsonar, Kap. 271, 320.
Lit: —

A 567: Vilhelm

Abt von Esrom (SOCist)

aus Dänemark

V. wurde um 1150 von Ebf. → Eskil (A 128) von Lund zu Bernhard von Clairvaux und zum Papst nach Rom geschickt, um Unterstützung für die Selbständigkeit des Erzbistums Lund zu erbitten. Am 29. 12. 1151 nahm Papst Eugen III. das Kloster Esrom in seinen Schutz.

Q: DD I:2, Nr. 106.
Lit: *Fenger*, Kirker (1989), 149; *France*, Cistercians (1992), 310, 505; *McGuire*, Difficult Saint (1991), 112.

A 568: Vilhelm

aus Norwegen

V. wurde 1213 vom norw. Kg. Philipp nach England gesandt und brachte dem englischen Kg. Johann Ohneland Habichte *(austurcos)* mit. Am 24. August erhielt er zwei Mark als Gegengabe für den norw. Kg.

Q: DN XIX, Nr. 103.
Lit: —

A 569: Vilhelm von Lyse

Mönch

aus Norwegen

V. war 1225 in King's Lynn und erhielt am 10. September vom englischen Kg. Heinrich III. die Erlaubnis, trotz Ausfuhrverbots 50 Quarter Korn zu kaufen und nach Lyse zu verschiffen.

Q: DN XIX, Nr. 176.
Lit: —

A 570: Walter

Kaplan des Bf.s → Absalon von Roskilde (A 9)

aus Dänemark

W. war 1169 gemeinsam mit Ebf. → Stefan von Uppsala, Abt → Brienne und → Johannes (A 248) in Benevent bei Papst Alexander III. Dort erreichten sie unter anderem, dass Rügen zum Erzbistum Lund gerechnet und → Knud Lavard kanonisiert wurde. W. ist eventuell identisch mit → Walter (B 58).

Q: DD I:2, Nr. 189f.; JL, Nr. 11645f.
Lit: *Sandaaker*, Delegasjonen (1969).

A 571: Wescelin

Bf. von Tallinn (Reval)

aus Dänemark

Nach der Eroberung Tallinns durch den dän. Kg.→ Valdemar Sejr (1219) wurde der Kaplan W. als Bf. eingesetzt.

Q: Chronicon Livoniae XXIII 2.
Lit: —

A 572: Wogen Palnesøn

Hauptmann von Tallinn (Reval)

Bruder von → Tuve Palnesøn
aus Dänemark

W. war spätestens seit 1254 in Estland. 1266 war er Hauptmann von Tallinn (Reval).

Q: LEKU I, Nr. 337, 395, III, Nr. 270, 299.
Lit: *Johansen*, Estlandliste (1933), 823f.

B. Mögliche Reisende

B.1. Einzelne Reisende

B.1.1. Fragliche Herkunft

B 1: Albert

Missionsbischof in Norwegen

Ebf. Adalbert von Hamburg-Bremen übertrug A. ca. 1055 in Bremen zusammen mit den Bf.en Meinhard und Siegfried dem Jüngeren, der aus England stammte, die Stellvertretung in Norwegen und auf den (Orkney-)Inseln. A.s Herkunft ist nicht bekannt.

Q: Adam III 77, IV 34 (Schol. 148).
Lit: Seegrün, Papsttum (1967), 72.

B 2: Asser

Thegn

aus Dänemark (?)

A. war Thegn unter dem englischen Kg. Eduard dem Bekenner (1042–1066).

Q: DD I:1, Nr. 497–499.
Lit: —

B 3: Avoko

Bf. von Roskilde ca. 1030–ca. 1057

† ca. 1057
aus Dänemark (?)

A. wurde ca. 1030 von Ebf. Liawizo II. von Hamburg-Bremen geweiht und als Bf. für Sjælland (Seeland) eingesetzt.

Q: Adam II 64; Chronicon Roskildense, Kap. 8.
Lit: RegEB I, 191, 260.

B 4: Balke Unge

Sohn von → Pål Balkesson
aus Norwegen (?)

Der Beiname bedeutet „der Jüngere". B. schloss sich 1230 dem Heerzug von Ospak, dem Kg. von Man, an, der ihn zu den Hebriden und nach Schottland führte.

Q: Hákonar saga Hákonarsonar, Kap. 166f.
Lit: —

B 5: Brienne

Abt von Kalvø/Øm 1165–1173 (SOCist)

aus Dänemark (?)[1]

B. war Abt des Zisterzienserklosters, das 1165 als Tochterkloster von Vitskøl in Sminge gegründet wurde, wenig später das Benediktinerkloster von Veng übernahm, ca. 1168 nach Kalvø weiterzog und schließlich 1172 nach Øm übersiedelte. Er machte in diesem Zusammenhang mehrere Reisen zu Papst Alexander III., um die Vorgänge von ihm bestätigen zu lassen: Zunächst reiste B. ca. 1165 nach Rom, als es um die Übernahme Vengs ging. Eine zweite Reise folgte ca. 1168 im Zuge der Übersiedlung nach Kalvø. B. nahm diesmal einen Weg über Clairvaux und begegnete dort Ebf. → Eskil (A 128). In Benevent nahm er 1169 an Verhandlungen von → Walter (A 570) mit dem Papst teil, die dazu führten, dass → Knud Lavard kanonisiert und Rügen zum Erzbistum Lund gerechnet wurde. Ca. 1172 schließlich reiste B. ein weiteres Mal nach Rom, um den Umzug nach Øm bestätigen zu lassen. B. starb als Mönch des Klosters Sorø.

Q: DD I:2, Nr. 189–191; Exordium monasterii Carae Insulae, Kap. 3, Nr. 12f., 21; JL, Nr. 11645–11647.
Lit: DBL 2 (1979), 520; *France*, Cistercians (1992), 310f., 513; *Hill*, Könige (1992), 70–72; *Leach*, Angevin Britain (1921), 80; *McGuire*, Conflict and Continuity (1976), 31, 36, 42; *Sandaaker*, Delegasjonen (1969), 54; *Seegrün*, Papsttum (1967), 198.

1 Möglicherweise stammte B. aus England. Vgl. *McGuire*, Conflict and Continuity (1976), 54f.: „Like some of the twelfth century abbots at Sorø and Esrum, he [Brienne] was English."

B 6: Egino

Bf. von Dalby ca. 1060–ca. 1067, Bf. von Lund ca. 1067–1072

† 19.10.1072

aus Dänemark (?)

E. wurde um 1060 von Ebf. Adalbert von Hamburg-Bremen geweiht. Um 1067 (1071?), nach dem Tod Bf. → Henriks von Lund, wurden die Bistümer Dalby und Lund wieder vereinigt und E. unterstellt. 1072 machte E. eine Reise nach Rom und starb unmittelbar nach seiner Rückkehr. Sein Name deutet darauf hin, dass er möglicherweise aus Deutschland stammte.

Q: Adam III 77, IV 8f.
Lit: *Christensen*, Tiden 1042–1241 (1977), 232; DBL 4 (1980), 121f.; *Kluger* et al., Series episcoporum VI, II (1992), 14f., 36f.; RegEB I, Nr. 260; *Sawyer*, Danmark (1988), 299; *Seegrün*, Papsttum (1967), 68.

B 7: Eilbert

Bf. von Fünen 1046–1072

† 1072

aus Dänemark (?)

E. wurde 1046 von Ebf. Adalbert von Hamburg-Bremen in Bremen zum Bf. von Fünen geweiht.

Q: Adam III 77, IV 3.
Lit: —

B 8: Erlend

aus Norwegen (?)

E. war um 1035 gemeinsam mit seiner Frau in Konstantinopel.

Q: Msk., 60–62; Flateyjarbók III, 291f.
Lit: *Blöndal*, Varangians (1978), 214f.

B 9: Erling (Yrling)

aus Dänemark (?)

E. plünderte 1048 gemeinsam mit → Loden in Sandwich und Essex. Anschließend verkauften sie das Beutegut in Flandern und kehrten nach Hause[1] zurück.

Q: ASC, s. a. 1046 (1048).
Lit: —

---

[1] Es heißt in der Angelsächsischen Chronik, dass sie von Flandern aus nach Osten fuhren in das Land, aus dem sie gekommen waren (ed. *Plummer*, Saxon Chronicles, 1892–1899, Bd. 1, 167: „ferdon heom syððon east þanon þe hi ær comon"). Das lässt auf eine dän. Herkunft schließen.

B 10: Frirek (Friðrekr)

aus Norwegen (?)

F. war Bannerträger des norw. Kg.s → Harald Hardråde in der Schlacht von Stamford Bridge in England (1066).

Q: Hkr. Haralds saga Sigurðarsonar, Kap. 88; Msk., 272.
Lit: —

B 11: Gere

aus Dänemark (?)

G. begleitete den dän. Kg. → Valdemar den Großen auf dessen Kriegszug gegen die Wenden nach Wollin (ca. 1170). Es ist unklar, ob er dän. oder wendischer Herkunft war.

Q: Saxo Gr. XIV 42 (5).
Lit: —

B 12: Gerold (Jareld)

Bf. von Ribe vor 1113–ca. 1114, Kaplan des dän. Kg.s → Knud des Heiligen

aus Dänemark (?)

G., der möglicherweise aus Deutschland stammte, bezeugte am 6. April 1113 in Worms eine Urkunde Ks. Heinrichs V.

Q: DD I:2, Nr. 40.
Lit: *Kluger* et al., Series episcoporum VI, II (1992), 70; *Seegrün*, Papsttum (1967), 105.

B 13: Godefrid

aus Norwegen (?)

G. war um 1169 gemeinsam mit → Walter (B 58) als Gesandter des Ebf.s → Øystein unterwegs und wurde von Ebf. Thomas Becket von Canterbury, der zu dieser Zeit in Sens war, zu Bf. Stephan von Meaux gesandt. Dieser hielt sich bei Papst Alexander III. in Benevent auf. Der Name „Godefrid" deutet auf eine mögliche englische Herkunft. G. könnte auch identisch sein mit dem norw. Kleriker *Gotefridus*, der in den 1170er Jahren zusammen mit → Gillinus zum Grab von Thomas Becket in Canterbury pilgerte.

Q: DN XIX, Nr. 46; *Duggan*, Correspondence (2000), Nr. 233; Miracula Sancti Thomae Cantuariensis VI 66; RN I, Nr. 126.
Lit: *Duggan*, English Exile (2004), 120f.; *Paasche*, Erkebiskop (1933), 135; *Sandaaker*, Delegasjonen (1969), 53f.

B 14: Gottschalk

Vogt

aus Dänemark (?)

G. war 1221 als Gesandter und Vogt des dän. Kg.s → Valdemar Sejr in Riga (Lettland), konnte sich aber nicht durchsetzen und kehrte noch im selben Jahr zurück.

Q: Chronicon Livoniae XXV 2.
Lit: —

B 15: Grane

aus Schweden (?)

G. fuhr um 1100 mit → Karl (B 23) zum Schwarzen Meer; dort starb Karl. G. bestattete ihn auf der Insel Berezan', die an der Mündung des Dnjepr ins Schwarze Meer liegt.

Q: *Ruprecht*, Wikingerzeit (1958), Nr. 194.
Lit: *Düwel*, Runenkunde (2001), 126; RGA 5 (1984), 537f.; Vg, XXXIV.

B 16: Halfdan (Haldenne ?)

Jarl

aus Dänemark (?)

1018 und 1019 ist in zwei Urkunden → Knuds des Großen von *Halfdan dux* und *Haldenne princeps regis* die Rede. Ob es sich dabei um dieselbe Person gehandelt hat, ist fraglich. Über die Herkunft H.s kann nur spekuliert werden.

Q: DD I:1, Nr. 386, 394.
Lit: *Keynes*, Cnut's Earls (1994), 62; *Stenton*, England (1971), 416.

B 17: Halfdan

Thegn

aus Dänemark (?)

H. bezeugte 1019 zwei Urkunden → Knuds des Großen.[1] Eventuell ist er identisch mit dem *Halfden*, der 1033 erneut als Zeuge in Erscheinung tritt. H. könnte dän. oder englischer Herkunft sein.

Q: DD I:1, Nr. 394f., 440.
Lit: Keynes, Cnut's Earls (1994), 62.

---

[1] Die Identifizierung dieses H. mit → Halfdan (B 16) ist ausgeschlossen, da sie gemeinsam in einer Urkunde von 1019 als Zeugen erscheinen.

B 18: Henrik

Bf. von Lund ca. 1060–ca. 1067

† ca. 1067

aus Dänemark (?)

H. soll in England Kg. → Knud dem Großen als Kämmerer gedient haben.[1] Ab ca. 1060 war er Bf. von Lund.

Q: Adam IV 8.
Lit: DBL 6 (1980), 286f.

---

[1] So Adam von Bremen – in englischen Quellen tritt H. nicht in Erscheinung.

B 19: Ivo (Yvo)

aus Norwegen (?)

I. wurde 1213 vom norw. Kg. Philipp nach England gesandt und erhielt am 21. Juli gemeinsam mit → Odardus vom englischen Kg. Johann zehn Fässer Wein für den norw. Kg. und den Bf. von Oslo. Er ist eventuell identisch mit dem *Yvo le Noreis*, der 1222 mit vier weiteren Personen vom norw. Kg. Håkon Håkonsson nach England gesandt wurde und vom englischen Kg. Heinrich III. fünf Mark bekam.[1]

Q: DN XIX, Nr. 102, 137a, 137b.
Lit: —

---

[1] Ob I. mit Ivar Bodde, dem Kanzler des norw. Kg.s Inge Bårdsson und Erzieher von Håkon Håkonsson, zu identifizieren ist, bleibt fraglich; vgl. dazu NBL 6 (1934), 547: „Die Vermutung, dass er mit dem Yvo identisch sein soll, der 1213 und 1222 königlicher Gesandter in England war, entbehrt jeder Grundlage." („Formodningen om at han skulde være identisk med den Yvo som i 1213 og 1222 var kgl. sendemann i England, har intet grunnlag for sig.")

B 20: Johannes

Bf.

aus Schweden (?)

J. hielt sich 1184 in Bremen bei Ebf. Siegfried auf. Albert von Stade nennt ihn *Frondonensis episcopus* – möglicherweise ist damit der Bf. von Grönland gemeint.

Q: Annales Stadenses, s. a. 1184.
Lit: —

B 21: Jon

Mönch

aus Norwegen (?)

J. hielt sich 1237 in King's Lynn auf und konnte beweisen, dass einige Waren auf sieben norw. Schiffen, die von Kg. Heinrich III. beschlagnahmt worden waren, dem Abt von Hovedøy gehörten. Deshalb wurde ihm am 10. August die Freigabe dieser Waren bestätigt.

Q: DN XIX, Nr. 230f.
Lit: Nedkvitne, Handelssjøfarten (1976), 135.

B 22: Kar

aus Dänemark (?)

K. stand im Dienst des dän.-englischen Kg.s → Knud des Großen und bezeugte eine englische Urkunde von ca. 1016/20.

Q: DD I:1, Nr. 372.
Lit: —

B 23: Karl

aus Schweden (?)

K. fuhr um 1100 mit → Grane zum Schwarzen Meer und starb dort. Grane bestattete ihn auf der Insel Berezan', die an der Mündung des Dnjepr ins Schwarze Meer liegt.

Q: Ruprecht, Wikingerzeit (1958), Nr. 194.
Lit: Düwel, Runenkunde (2001), 126; RGA 5 (1984), 537f.; Vg, XXXIV.

B 24: Karl

Herzog

aus Schweden (?)

K. beteiligte sich am Kriegszug des schw. Kg.s → Johan Sverkersson nach Estland (1220).

Q: Chronicon Livoniae XXIV 3.
Lit: —

B 25: Laurentius

Geistlicher

aus Norwegen (?)

L. wurde 1233 vom norw. Kg. Håkon Håkonsson nach England gesandt. Er ist eventuell identisch mit dem englischen Abt Laurentius, der → Bjørn (A 74) nach Rom begleitete.

Q: DN I, Nr. 30; DN XIX, Nr. 208; Potthast, Nr. 12330.
Lit: *Bagge*, Kapellgeistlighet (1976), 72, 73; *Lange*, Klostres Historie (1856), 405.

B 26: Leonardus

aus Dänemark (?)

L. wird auf der Rückseite mehrerer päpstlicher Urkunden genannt. Möglicherweise war er als Nuntius der Kirche von Roskilde zwischen 1247 und 1258 an der Kurie.

Q: DD II:1, Nr. 5, 8, 34, 255; Potthast, Nr. 13942, 13976, 14227, 17363.
Lit: *Skyum-Nielsen*, Kirkekampen (1963), 46f.

B 27: Loden

aus Dänemark (?)

L. plünderte 1048 gemeinsam mit → Erling (B 9) in Sandwich und Essex. Anschließend verkauften sie das Beutegut in Flandern und kehrten nach Hause[1] zurück.

Q: ASC, s. a. 1046 (1048).
Lit: —

---

[1] Es heißt in der Angelsächsischen Chronik, dass sie von Flandern aus nach Osten fuhren in das Land, aus dem sie gekommen waren (ed. *Plummer*, Saxon Chronicles, 1892–1899, Bd. 1, 167: „ferdon heom syððon east þanon þe hi ær comon"). Das lässt auf eine dän. Herkunft schließen.

B 28: Nikolas

Erzdiakon auf den Shetland-Inseln

aus Norwegen (?)

N. wurde 1221 gemeinsam mit dem Zisterziensermönch → Rikard vom norw. Kg. Håkon Håkonsson nach England gesandt. Möglicherweise stammte N. aus Schottland.

Q: DN XIX, Nr. 133f.
Lit: *Bagge*, Kapellgeistlighet (1976), 71; *Bugge*, Handelen (1898), 28.

B 29: Nikolaus

Bf. von den Hebriden und der Isle of Man 1193–1217

aus Norwegen (?)

N. nahm 1215 am Vierten Laterankonzil in Rom teil. Wahrscheinlich begleitete er auf der Hinfahrt den gerade gewählten Ebf. → Guttorm von Nidaros.

Q: RN I, Nr. 384.
Lit: *Johnsen*, Fra den eldste tid til 1252 (1955), 188.

B 30: Odardus

aus Norwegen (?)

O. wurde 1213 von Bf. Nikolaus von Oslo nach England gesandt. Dort erhielt er am 21. Juli gemeinsam mit → Ivo vom englischen Kg. Johann zehn Fässer Wein für den norw. Kg. und den Bf. von Oslo.

Q: DN XIX, Nr. 102.
Lit: —

B 31: Olav

aus Norwegen (?)

O. fuhr 1259 mit einem Handelsschiff nach England. Nachdem das Schiff gestrandet war, verkaufte er gemeinsam mit → Torkil (B 53) die Waren, die sich auf dem Schiff befanden.

Q: DN XIX, Nr. 268.
Lit: —

B 32: Ork (Urki)

aus Dänemark (?)

O. war zu Kg. → Knuds des Großen Regierungszeit in England und erhielt 1024 Portisham von Knud als Geschenk. Außerdem war er Stifter der Petersgilde in Abbotsbury.

Q: DD I:1, Nr. 378, 416.
Lit: *Björkman*, Personennamen (1910), 171.

B 33: Osgod Clapa (Ansgoth Clapp, Asgod)

Thegn, Marschall des englischen Kg.s Eduard des Bekenners

† 1054

Vater von Gyda (∞ → Tovi Pruda)

aus Dänemark (?)

O. bezeugte ab 1026 Urkunden → Knuds des Großen und → Hardeknuds in England. 1046 wurde er von Eduard dem Bekenner geächtet und hielt sich 1049 in Wulpe (Flandern) auf, seine Frau ließ er nach Brügge bringen. Weiter wird von O. nur berichtet, dass er 1054 plötzlich starb.

Q: Chronik von Melrose, s. a. 1042, 1046; ASC, s. a. 1044 (*recte* 1046), 1046, 1047 (*recte* 1046), 1049, 1050 (*recte* 1049), 1054; DD I:1, Nr. 417, 423, 426, 429, 434, 436–441, 448f., 464, 467f., 486; Johannes von Worcester, s. a. 1042, 1046, 1049.
Lit: *Kirby/Smyth/Williams*, Biographical dictionary (1991), 193.

B 34: Pål Balkesson

Vicecomes von Skye

† 1230

aus Norwegen (?)

P. wird 1223 als *Vicecomes* der Insel Skye erwähnt. 1230 begleitete er Ospak, den Kg. von Man, von Norwegen aus zu einer Heerfahrt zu den Hebriden und der Isle of Man sowie nach Schottland und starb unterwegs auf den Hebriden.

B. Mögliche Reisende 317

Q: Chronica Manniae, s. a. 1217; Hákonar saga Hákonarsonar, Kap. 166f.
Lit: —

B 35: Peder Ilske

aus Dänemark (?)

P. wurde 1195 von Basileus Alexios III. Angelos von Konstantinopel aus mit der Bitte um gute Krieger zum dän. Kg. → Knud Valdemarsøn (A 279) gesandt.

Q: Sverris saga, Kap. 127.
Lit: Blöndal, Varangians (1978), 161, 220f.; *Riant*, Korstog (1868), 431.

B 36: Peter

aus Norwegen (?)

P. wurde zwischen 1161 und 1172 von G.[1] zu ihrem Bruder Ernisius, dem englischen Abt des Klosters Saint-Victor in Paris, gesandt. Er überbrachte ein Eisbärenfell, einen Walrosszahn *(dentem rotallinum)* und zwei vergoldete Silberlöffel.

Q: RN I, Nr. 137.
Lit: Johnsen, St. Victorklosteret (1943–1946), 410.

---
1 Im Brieftext wird sie lediglich „G." genannt; möglicherweise hieß sie Germunda.

B 37: Radulv

Bf. auf den Orkneys 1073–ca. 1101/08[1]

R. wurde 1073 von Jarl → Pål Torfinnsson von den Orkneys nach England gesandt und am 3. März von Ebf. Thomas von York zum Bf. der Orkney-Inseln geweiht. Seine Herkunft ist unbekannt.[2]

Q: DN XIX, Nr. 14–16; RN I, Nr. 46–49.
Lit: Seegrün, Papsttum (1967), 165.

---
1 Vgl. DN XIX, Nr. 19.
2 Möglicherweise stammte R. aus England.

B 38: Rafn

aus Gotland, Schweden (?)

R. fuhr um 1000 mit → Rodvisl, → Øystain, → Emund und → Hegbjarn über die Stromschnellen des Dnjepr und kam dort ums Leben.

Q: Ruprecht, Wikingerzeit (1958), Nr. 193.
Lit: Düwel, Runenkunde (2001), 125.

B 39: Ragnald (Regnold)

R. tritt nur in einer Urkunde → Knuds des Großen von 1019 als *Regnold dux* in Erscheinung. Über seine Herkunft ist nichts Genaues bekannt. Eventuell ist er identisch mit → Rani.

Q: DD I:1, Nr. 395.
Lit: Keynes, Cnut's Earls (1994), 61; *Stenton*, England (1971), 416.

B 40: Rikard

Mönch (SOCist)

R. war Mönch im Kloster Saint Albans und wurde vom norw. Kg. Håkon Håkonsson zweimal nach England gesandt: 1218–1219 sowie 1221 gemeinsam mit → Nikolas (B 28). R. war vermutlich Engländer.

Q: DN XIX, Nr. 119f., 122, 133f.
Lit: *Bagge*, Kapellgeistlighet (1976), 73; *Bugge*, Handelen (1898), 28.

B 41: Rikard

Bf. von den Hebriden 1253–1275

aus Norwegen (?)

R. hielt sich 1253 am Hof Papst Innozenz' IV. auf und wurde in Perugia von Ebf. → Sørle geweiht.

Q: Hákonar saga Hákonarsonar, Kap. 276.
Lit: —

B 42: Rikard Svartemester

Geistlicher

† 1196

Der Beiname bedeutet „schwarzer Meister". R. wurde 1195 gemeinsam mit → Tore (A 515), dem Bf. von Hamar, zu Papst Coelestin III. nach Rom gesandt. Beide starben auf dem Rückweg in Dänemark. R. war vermutlich Engländer.

Q: Sverris saga, Kap. 124, 128.
Lit: *Bagge*, Kapellgeistlighet (1976), 62; *Bagge*, Den heroiske tid (2003), 75; *Gunnes*, Kongens ære (1971), 220; NBL 16 (1969), 473.

B 43: Rodulvard

Bf. von Skara

aus Schweden (?)

R. wurde ca. 1080 vom schw. Kg. Inge zum Papst nach Rom gesandt.

Q: *Caspar*, Register Gregors VII. (1920–1923) IX 14; JL, Nr. 5222.
Lit: *Seegrün*, Papsttum (1967), 95.

B 44: Roger

Bf. auf den Orkneys ca. 1101/08–ca. 1109/14[1]

R. wurde zwischen 1101 und 1108 in York zum Bf. der Orkney-Inseln geweiht. Über seine Herkunft ist nichts bekannt.

Q: DN XIX, Nr. 19.
Lit: —

---

1 Vgl. DN XIX, Nr. 22.

B 45: Sigurd (Sigward)

Missionsbischof in Norwegen

S. wurde um 1050 von Ebf. Adalbert von Hamburg-Bremen zum Bf. für das Gebiet um Trondheim geweiht. Seine Herkunft ist nicht bekannt.

Q: Adam III 77, IV 34.
Lit: DN XVII B, 195.

B 46: Siward (Severinus)

Bf. von Uppsala

† ca. 1159

aus Schweden (?)

S. war wahrscheinlich in den 1130er Jahren der erste Bf. von Uppsala, nachdem der Bischofssitz von Sigtuna dorthin verlegt worden war. Gegen 1139 flüchtete er offensichtlich nach Bremen, denn er bezeugte dort 1141 und 1142 Urkunden des Ebf.s Adalbero von Hamburg-Bremen. Später wurde er Abt des Klosters Rasted in Oldenburg. Gestorben ist S. wahrscheinlich 1159. Sein Todestag, der 30. Oktober, ist auch in einem Nekrolog der Domkirche von Canterbury (Christ Church) verzeichnet.

Q: DD I:2, Nr. 80; RegEB I, Nr. 463, 470.
Lit: *Gallén*, Provincial Statute (1970), 7f.

B 47: Stefan

Ebf. von Uppsala 1164–1185 (SOCist)

† 18. 7. 1185

Im August 1164 erschien S., Mönch des schw. Zisterzienserklosters Alvastra, in Sens (Frankreich) als Bittsteller des schw. Kg.s Karl und des Herzogs Ulv um ein eigenes Erzbistum. Er erhielt von Ebf. → Eskil (A 128) von Lund die Weihe und von Papst Alexander III. das Pallium. Nach 1167 hielt S. sich erneut bei Alexander auf, diesmal in Benevent, und kehrte zu Beginn der 1170er Jahre nach Schweden zurück. S.s Herkunft ist unbekannt.

Q: DD I:2, Nr. 153f., 189f.; JL, Nr. 11047f., 11645f.
Lit: *France*, Cistercians (1992), 66, 102f.; *Sandaaker*, Delegasjonen (1969), 54; *Seegrün*, Papsttum (1967), 196f.; SMK 7 (1954), 189f.

B 48: Svein Roaldsson (Sveinn Hróaldsson)

aus Caithness[1]

S., der in Caithness aufwuchs, wurde in den 1140er Jahren von Jarl → Ragnvald von den Orkneys in Dienst genommen. Er begleitete den Jarl 1153–1155 als einer der Schiffsführer auf dessen Pilgerfahrt ins Heilige Land. Auf der Hinreise fuhren sie mit dem Schiff über Spanien durchs Mittelmeer, auf der Rückreise besuchten sie Konstantinopel und reisten über Rom und Deutschland zurück. Ca. 1158 begleitete S. Ragnvald nach Caithness; dort wurde Ragnvald getötet.

Q: Orkneyinga saga, Kap. 80, 85f., 103.
Lit: *Davidson*, Viking Road (1976), 264; *Riant*, Korstog (1868), 343, 347.

1 Es ist nicht sicher, ob S. norw. oder schottische Vorfahren hatte.

B 49: Thord Føghæ

aus Dänemark (?)

Der Beiname bedeutet wahrscheinlich „gering". T. ist um 1240 als Grundbesitzer in Estland belegt.

Q: Kong Valdemars Jordebog, 57.
Lit: *Johansen*, Estlandliste (1933), 780.

B 50: Thorkil (Tranquillus)

Abt von Esrom ca. 1203–ca. 1211 (SOCist)

aus Dänemark (?)

T. ist 1192 als Prior von Clairvaux belegt. 1203 wird er als Abt von Esrom erwähnt. Es ist nicht sicher, ob er aus Dänemark oder aus Frankreich stammte.

Q: Nomina priorum Clarevallis a Sancto Bernardo usque anno Domini 1294, in: *d'Arbois de Jubainville*, Etudes (1858), 358.
Lit: *d'Arbois de Jubainville*, Etudes (1858), 192; *France*, Cistercians (1992), 122, 505.

B 51: Thorkil Hvita

aus Dänemark (?)

T. war während der Regierungszeit Kg. → Knuds des Großen verheiratet mit der Engländerin Leoflæd. Sie hatten große Besitztümer in Herefordshire.

Q: DD I:1, Nr. 381.
Lit: —

B 52: Tore Helsing (Þórir helsingr)

aus Schweden (?)

T. war unter Basileus Johannes II. Komnenos (1118–1143) Anführer der Waräger in Konstantinopel und Teilnehmer an der Schlacht von Beroia (1122), bei der Johannes einen entscheidenden Sieg gegen die Pečenegen erzielte.

Q: Hkr. Hákonar saga herðibreiðs, Kap. 21.
Lit: *Blöndal*, Varangians (1978), 216f.

B 53: Torkil

Händler

aus Norwegen (?)

T. fuhr 1259 mit einem Handelsschiff nach England. Nachdem das Schiff gestrandet war, verkaufte er gemeinsam mit → Olav (B 31) die Waren, die sich auf dem Schiff befanden.

Q: DN XIX, Nr. 268.
Lit: —

B 54: Torlak

aus Norwegen (?)

T. wurde 1250 vom norw. Kg. Håkon Håkonsson nach England gesandt, wobei ihm in King's Lynn in nicht bekannter Weise Unrecht widerfahren ist. Er bekam jedoch vom englischen Kg. Heinrich III. eine Entschädigung.

Q: DN XIX, Nr. 249.
Lit: —

B 55: Torolf (Thoolf)

Missionsbischof in Norwegen

aus Norwegen (?)

T. wurde (nach 1066?) von Adalbert, Ebf. von Hamburg-Bremen, zum Bf. für das Gebiet um Trondheim geweiht.

Q: Adam III 77.
Lit: DN XVII B, 195.

B 56: Torolf

Bf. von den Orkneys

aus Norwegen (?)

T. wurde ca. 1054/55 in päpstlichem Auftrag von Ebf. Adalbert von Hamburg-Bremen in Bremen geweiht. Eventuell hatte sich der Earl von den Orkneys, → Torfinn Sigurdsson, bei seiner Romreise für T. ausgesprochen. Möglicherweise war T. später Bf. von Oslo.

Q: Adam IV 35.
Lit: *Crawford*, Scandinavian Scotland (1987), 81; DN XVII B, 240, 295; *Kirby/Smyth/Williams*, Biographical dictionary (1991), 226; RegEB I, 247; *Seegrün*, Papsttum (1967), 165.

B 57: Tryggve Olavsson

† ca. 1033

Sohn des norw. Kg.s → Olav Tryggvason (?) und der Gyda
aus Norwegen (?)

T. gilt als Sohn Olav Tryggvasons und der Engländerin Gyda. Allerdings heißt es auch, dass T. der Sohn eines Priesters sei. T. wuchs in England auf, kam ca. 1033 nach Norwegen und starb wenig später.

Q: Fsk., Kap. 41.
Lit: —

B 58: Walter

Magister

W. war um 1169 gemeinsam mit → Godefrid als Gesandter des Ebf.s → Øystein unterwegs und wurde von Ebf. Thomas Becket von Canterbury, der zu dieser Zeit in Sens war, zu Bf. Stephan von Meaux gesandt. Dieser hielt sich bei Papst Alexander III. in Benevent auf. W. ist eventuell identisch mit → Walter (A 570).

Q: DN XIX, Nr. 46; *Duggan*, Correspondence (2000), Nr. 233, 272; RN I, Nr. 126.
Lit: *Duggan*, English Exile (2004), 120f.; *Sandaaker*, Delegasjonen (1969).

B 59: Walter (Woltherus)

Priester

aus Dänemark (?)

W. hielt sich 1220 im estnischen Tallinn (Reval) auf. Heinrich von Lettland nennt ihn *sacerdos Danorum*, ob er aus Dänemark stammte, ist jedoch ungewiss.

Q: Chronicon Livoniae XXIV 2.
Lit: —

B 60: Wilhelm

Bf. von den Orkneys 1110–1168

† 1168

W. hatte in Paris studiert. 1153–1155 fuhr er gemeinsam mit Jarl → Ragnvald auf Pilgerfahrt und war einer der Schiffsführer. W. sollte auch als Dolmetscher fungieren. Auf der Hinreise fuhren sie mit dem Schiff über Spanien durchs Mittelmeer, auf der Rückreise besuchten sie Konstantinopel und reisten über Rom und Deutschland zurück. Über seine Herkunft ist nichts bekannt.

Q: Hkr. Haraldssona saga, Kap. 17; Msk., 441; Orkneyinga saga, Kap. 85–87, 89.
Lit: *Riant*, Korstog (1868), 343, 347.

B.1.2. Fragliches Ziel

B 61: Bjor Arnsteinsson

† 1015/16
aus Norwegen

B. starb im Gefolge → Knuds des Großen beim Angriff auf England 1015/16.[1] B.s Vater Arnstein ließ einen Runenstein zum Gedenken an ihn errichten.

Q: NI, Nr. 184.
Lit: *Düwel*, Runenkunde (2001), 148f.; *Kirby/Smyth/Williams*, Biographical dictionary (1991), 62; *Spurkland*, Fuþark (2001), 109–111.

---

1 Da der Ort, an dem B. starb, nicht überliefert ist, kann er auch schon auf dem Weg nach England gestorben sein, wie *Wessén*, Runinskrifter (1960), 23, anmerkt.

B 62: Dag Ringsson

Sohn des Kleinkönigs → Ring Dagsson
aus Norwegen

D. begleitete den norw. Kg. → Olav den Heiligen möglicherweise bei dessen Flucht in die Kiewer Rus'. Laut Snorri Sturluson schloss er sich Olav jedoch erst bei dessen Rückkehr 1030 in Schweden an.

Q: Olafs saga hins helga, Kap. 69; Óláfs saga hins helga hin mesta, 814.
Lit: NBL 3 (1926), 184.

B 63: Fröger

aus Schweden

F. reiste im frühen 11. Jh. eventuell mit → Ormer und → Ormulv nach Byzanz. F. starb in *Silu*, das nicht näher identifiziert werden kann.

Q: *Ruprecht*, Wikingerzeit (1958), Nr. 130; U, Nr. 518.
Lit: *Larsson*, Runstenar (1990), 114, 140f.

B 64: Galfrid

Mönch

aus Norwegen

G.s Schiff bekam am 23. 6. 1224 zusammen mit den Schiffen von zehn anderen norw. Händlern vom englischen Kg. Heinrich III. die Erlaubnis, King's Lynn zu verlassen, obwohl große englische und ausländische Handelsschiffe zurückgehalten wurden, um Truppen nach Frankreich überzusetzen. Ob G. selbst in England war, ist nicht sicher. G. ist vielleicht identisch mit → Galfrid Petersson.

Q: DN XIX, Nr. 159.
Lit: *Nedkvitne*, Handelssjøfarten (1976), 131.

B 65: Galfrid Petersson

aus Norwegen

Ein Schiff, dass G. und → Karl (B 70) gehörte, erhielt am 28. 6. 1224 die Erlaubnis, den Hafen von King's Lynn zu verlassen. Ob G. selbst in England war, ist nicht sicher. G. ist vielleicht identisch mit dem Mönch → Galfrid (B 64).

Q: DN XIX, Nr. 159, 161.
Lit: —

B 66: Håkon

aus Stangby in Schonen, Dänemark

H. soll den dän.-englischen Kg. → Knud den Großen vor einem Angriff auf Dänemark gewarnt haben. Es ist jedoch nicht eindeutig, ob er dazu nach England segelte.

Q: Saxo Gr. X 16 (5).
Lit: —

B 67: Håkon Ivarsson

Jarl von Halland (Dänemark) und Västergötland (Schweden)

† ca. 1065, ∞ Ragnhild (Tochter des norw. Kg.s → Magnus des Guten)
Sohn von Ivar Hvite
aus Norwegen

H. fuhr um 1050 gemeinsam mit → Finn Arnesson und → Guttorm Ketillsson auf Wikingfahrt, wahrscheinlich zu den Britischen Inseln.[1] Nach 1062 setzte der dän. Kg. → Sven Estridsøn H. als Jarl über Halland ein, 1065 machte der schw. Kg. Stenkil ihn dann zum Jarl von Västergötland.

Q: Hkr. Haralds saga Sigurðarsonar, Kap. 45.
Lit: NBL 5 (1931), 170–172.

---

1 Eine genaue Ortsangabe fehlt, es heißt lediglich, sie fuhren *í vesturvíking* (auf Wikingfahrt nach Westen).

B 68: Henrik Harpestreng (Henricus de Dacia, Henricus Dacus)

Kanoniker in Roskilde, Arzt des dän. Kg.s → Erik Plovpenning

† 2. 4. 1244
aus Dänemark

H. studierte möglicherweise an der Laienschule im italienischen Salerno. Sein Titel *(magister)* deutet zumindest darauf hin, dass er im Ausland studierte.[1] H. wurde als Verfasser mehrerer Werke identifiziert, darunter *De simplicibus medicinis laxativis* (ed. *Johnsson*, 1914) und *Liber Herbarum* (ed. *Hauberg*, 1936) sowie volkssprachliche Kräuter-, Stein- und Kochbücher.

Q: —
Lit: DBL 6 (1980), 32; *Fenger*, Kirker (1989), 220; *Hauberg*, Liber Herbarum (1936), 9–17; *Johnsson*, Henricus Dacus (Henrik Harpestreng): De simplicibus medicinis laxativis (1914), 10–12, 43–45; *Wickersheimer*, Henri de Danemarche (1933).

---

1 H. wurde mit einem Magister Henri de Danemarche identifiziert, einem Arzt und Astrologen, der 1181 in Orléans belegt ist. Henri stammte aber aus dem Priorat Danemarche, das der Abtei Saint-Vincent-aux-Bois in der Diözese von Chartres angehörte. Siehe dazu *Wickersheimer*, Henri de Danemarche (1933), 355.

B 69: Kare Gullesson

Bruder von → Assur Gullesson
aus Schweden

K. starb um 1000 eventuell in Dundee. Die Deutung des Ortsnamens auf dem Runenstein, der zum Gedenken an K.s Bruder Assur errichtet wurde, ist jedoch unsicher.

Q: Ög, Nr. 81; *Ruprecht*, Wikingerzeit (1958), Nr. 61.
Lit: —

B 70: Karl

Händler

B. Mögliche Reisende

aus Norwegen

Ein Schiff, dass K. und → Galfrid Petersson gehörte, erhielt am 28. 6. 1224 die Erlaubnis, den Hafen von King's Lynn zu verlassen. Ob K. selbst in England war, ist nicht sicher.

Q: DN XIX, Nr. 159, 161.
Lit: —

B 71: Markus

Abt in Lund (OSB)

aus Dänemark

M. wurde zwischen 1162 und 1176 in die Bruderschaft von Saint-Remi in Reims aufgenommen. Ebf. → Eskil (A 128) von Lund war dort anwesend. M. scheint sich zu dieser Zeit nicht in Reims aufgehalten zu haben; die Aufnahme in die Bruderschaft deutet aber darauf hin, dass er zuvor einige Zeit in Reims verbracht hatte.

Q: DD I:2, Nr. 151.
Lit: —

B 72: Ogyrius

Mönch (OSB)

aus Dänemark

O. wurde zwischen 1162 und 1176 in die Bruderschaft von Saint-Remi in Reims aufgenommen. Ebf. → Eskil (A 128) von Lund war dort anwesend. Ob auch O. sich zu dieser Zeit oder früher in Reims aufhielt, ist dagegen unklar.

Q: DD I:2, Nr. 150.
Lit: —

B 73: Ring Dagsson

Kleinkönig in Hedmark

aus Norwegen

R. begleitete, gemeinsam mit seinem Sohn → Dag, den norw. Kg. → Olav den Heiligen möglicherweise bei dessen Flucht in die Kiewer Rus'. Laut Snorri Sturluson schloss er sich Olav jedoch erst bei dessen Rückkehr 1030 in Schweden an.

Q: Olafs saga hins helga, Kap. 69; Óláfs saga hins helga hin mesta, 814.
Lit: NBL 12 (1954), 145f.

B 74: Slagve

aus Schweden

S. starb im 11. Jh. wahrscheinlich in der Kiewer Rus'. Die Runenfolge *karusm* kann aber auch für Chorezm stehen, ein Reich südlich des Aralsees. Vielleicht nahm S. auch an Ingvars Reise (siehe Kap. B.2.2) teil. Sein Vater Gudlev ließ einen Runenstein zum Gedenken an S. errichten.

Q: *Ruprecht*, Wikingerzeit (1958), Nr. 183; Vs, Nr. 1.
Lit: *Larsson*, Runstenar (1990), 120, 145.

B 75: Toke

aus Schweden

T. starb im 11. Jh. wahrscheinlich in England[1]. Sein Bruder Röd ließ einen Runenstein zum Gedenken an ihn errichten.

Q: Ög 104; *Ruprecht*, Wikingerzeit (1958), Nr. 67.
Lit: —

1 Vielleicht starb T. aber auch auf Öland – die Runenfolge ist nicht eindeutig zu interpretieren.

B 76: Torald

aus Norwegen

T. starb im 11. Jh. (wahrscheinlich nach 1050) auf dem Weg in die Kiewer Rus' in *Vitaholm*, das nicht näher identifiziert werden kann. Wahrscheinlich liegt es in der Nähe von Kiew. T.s Vater Engle errichtete einen Runenstein zum Gedenken an ihn.

Q: NI, Nr. 62.
Lit: *Düwel*, Runenkunde (2001), 150; *Spurkland*, Fuþark (2001), 114–117.

B.1.3. Name und Zuordnung

B 77: Åke

aus Schweden

Å. reiste im 11. Jh. als Schiffsführer nach Byzanz und kehrte nach Schweden zurück. Die Inschrift des Runensteins, der zu Ehren Å.s errichtet wurde, lässt nicht eindeutig erkennen, ob Å. selbst oder einer seiner Brüder diese Reise angetreten hat.

Q: *Ruprecht*, Wikingerzeit (1958), Nr. 149; U, Nr. 1016.
Lit: *Düwel*, Runenkunde (2001), 128; *Larsson*, Runstenar (1990), 115, 144.

B 78: Äsbjörn

aus Schweden

Ä. starb wahrscheinlich im 11. Jh. in Byzanz. Die Inschrift auf dem Runenstein, der für ihn errichtet wurde, lässt nicht eindeutig erkennen, ob sich die Aussage zum Tod in Byzanz auf Ä. oder seinen Vater → Kolben bezieht.

Q: *Ruprecht*, Wikingerzeit (1958), Nr. 34; Vg, Nr. 178.
Lit: —

B 79: Birger Magnusson

Jarl

† 21. 10. 1266, ∞ 1) Ingeborg (Tochter des schw. Kg.s Erik Knutsson), ∞ 2) Mechthild (Tochter Graf Adolfs IV. von Holstein, Witwe des dän. Kg.s → Abel Valdemarsøn)

B. Mögliche Reisende

Sohn von Magnus Minnisköld und Ingrid Ylva
aus Schweden

B. kämpfte möglicherweise an der Spitze des schw. Heeres, das 1240 die ostbaltische Mission vorantreiben und gegen Nowgorod ziehen wollte. Am Fluß Neva kam es zur Schlacht gegen den russischen Fürsten Alexander, der durch seinen Sieg den Beinamen Nevskij erhielt.[1] Ab 1247 war B. der wichtigste Ratgeber des schw. Kg.s Erik Eriksson. Nach Eriks Tod führte B. die Regierungsgeschäfte für seinen Sohn, Kg. Valdemar.

Q: Nowgoroder Chronik, s. a. 6748 (1240).
Lit: SBL 4 (1924), 418–424.

[1] Die Nowgoroder Chronik berichtet, dass die Schweden mit ihrem Fürsten *(Knyaz)* und ihren Bischöfen kamen; als Heerführer *(Voyevoda)* wird ein Mann namens *Spiridon* genannt, der während der Unternehmung starb.

B 80: Brand (Halvboren?)

aus Öland, Schweden

B. hielt sich im 11. Jh. in der Kiewer Rus' auf.[1]

Q: Öl, Nr. 28.
Lit: Düwel, Runenkunde (2001), 123.

[1] *Düwel*, Runenkunde (2001) interpretiert den Namen als „Halvboren".

B 81: Frösten

aus Schweden

F. starb in der ersten Hälfte des 11. Jh.s in Byzanz. Sein Bruder Visten ließ einen Runenstein zum Gedenken an ihn errichten. Die Inschrift erlaubt es nicht, die Namen eindeutig zu lesen.

Q: Ruprecht, Wikingerzeit (1958), Nr. 99; Sö, Nr. 82.
Lit: Larsson, Runstenar (1990), 114, 148.

B 82: Håkon (Jakun)

aus Norwegen

H. soll aus der Königsfamilie stammen. 1024 unterstützte er Jaroslav, den Großfürsten von Kiew (1019–1054), gegen dessen Halbbruder Mstislav.

Q: Nestorchronik, s. a. 1024.
Lit: Davidson, Viking Road (1976), 157.

B 83: Horse (?)

aus Schweden

H. bereiste im 11. Jh. (wahrscheinlich nach 1050) Byzanz und konnte dort Besitz erwerben. Der Name ist nicht eindeutig: Die Runeninschrift hat als Namen *mursa*, aber die erste Rune ist vermutlich ein Schreibfehler. Wahrscheinlich ist H. von seiner Reise zurückgekehrt.

Q: Ruprecht, Wikingerzeit (1958), Nr. 166; U, Nr. 792.
Lit: Düwel, Runenkunde (2001), 124; *Larsson*, Runstenar (1990), 114, 145.

B 84: Ivar Tagesøn (Iwarus, Ywarus)

Marschall

† ca. 1262

aus Dänemark

I. hielt sich um 1240 in Estland auf und war dort Grundbesitzer. Spätestens 1252 war er zurück in Dänemark. Die Identifizierung des *dominus Iwarus* mit I. ist jedoch nicht eindeutig.

Q: Kong Valdemars Jordebog, 56, 60.
Lit: Johansen, Estlandliste (1933), 796.

B 85: Kolben

aus Schweden

Die Inschrift auf einem Runenstein lässt nicht eindeutig erkennen, ob K. oder sein Sohn → Äsbjörn im 11. Jh. in Byzanz starb.

Q: Ruprecht, Wikingerzeit (1958), Nr. 34; Vg, Nr. 178.
Lit: —

B 86: Oddlög (?)

aus Schweden

O. starb wahrscheinlich im 11. Jh. in Byzanz. Personen- und Ortsname sind jedoch nicht eindeutig zu lesen.

Q: Ög, Nr. 94; *Ruprecht*, Wikingerzeit (1958), Nr. 58.
Lit: —

B 87: Uddgair (?)

aus Gotland, Schweden

U. starb im späten 11. Jh. in Nowgorod. Sein Name ist auf dem Runenstein, der für ihn errichtet wurde, nicht vollständig erhalten.

Q: G, Nr. 220.
Lit: —

B.1.4. Sonstige Gründe

B 88: Anders

Priester
Lokalheiliger

† 1205

aus Slagelse, Dänemark

A. soll um 1200 eine Pilgerreise nach Jerusalem und möglicherweise auch nach Santiago de Compostela gemacht haben. Die Überlieferung hat jedoch von Beginn an legendarischen Charakter.[1]

Q: Bonum universale de apibus II, Nr. 39.²

Lit: *Almazán*, Dinamarca Jacobea (1995), 49–58; *Daxelmüller/Thomsen*, Wallfahrtswesen (1978), 159f.; DBL² 1 (1933), 297; *Krötzl*, Pilger, Mirakel und Alltag (1994), 111; *Riant*, Korstog (1868), 427–429.

---

1 *Almazán*, Dinamarca Jacobea (1995), 58, sieht keinen Grund, an A.s Reise zu zweifeln: „La peregrinación de San Andrés de Slagelse a Santiago de Compostela tuvo lugar efectivamente [...]. No hay por tanto ningunga razón válida para poner en duda la autenticidad de esa tradición."

2 Der Abschnitt über A. wurde auch von *Gertz*, Vitae (1908–1912), 417f., ediert.

B 89: Asser

Dompropst in Lund

aus Dänemark

A. ist nur zwischen 1171 und 1174 als Dompropst belegt, sein Nachfolger tritt jedoch erst 1194 zum ersten Mal in Erscheinung. A. soll einige Zeit landflüchtig gewesen sein und war 1177 als Nachfolger des Ebf.s → Eskil (A 128) von Lund im Gespräch.¹ A. bezeugte 1180, 1184 und 1185 mehrere Urkunden des Ebf.s Wichmann von Magdeburg; ob er sich in dieser Zeit in Deutschland aufgehalten hat, ist jedoch nicht bekannt.

Q: DD I:3, Nr. 94, 119, 126f.

Lit: DBL 1 (1980), 325.

---

1 Die Annalen von Colbaz verzeichnen eine Randnotiz zum Jahr 1177, in der berichtet wird, dass A. die Nachfolge Eskils angetreten hat. Diese Notiz wurde später ausradiert.

B 90: Assur

aus Schweden

A. diente als Schiffsführer *(skipari)* unter einem Kg. Harald, wahrscheinlich unter → Harald Harefod (1037–1040) in England.

Q: *Ruprecht*, Wikingerzeit (1958), Nr. 52; Sm, Nr. 42.

Lit: *Düwel*, Runenkunde (2001), 119.

B 91: Astrad Thorgunnasøn

Sohn von Thrugot Ulvsøn und Thorgunna Vagnsdatter; Geschwister: → Bodil und → Sven Thorgunnasøn

aus Dänemark

A. war ebenso wie sein Bruder Sven im Gefolge des dän. Kg.s → Knud des Heiligen. Nach dessen Tod (1086) reisten sie nach Flandern, holten Knuds Bruder → Oluf Hunger, der dort gefangen gehalten wurde, nach Dänemark zurück und wurden stattdessen als Geiseln festgehalten.¹

Q: Knýtlinga saga, Kap. 64, 67f.

Lit: —

---

1 Die *Knýtlinga saga* berichtet, wie sie in Gefangenschaft eine Vision Knuds hatten, der sie befreite. Daraufhin reisten sie zurück nach Dänemark, um das Lösegeld, das sie Robert I. von Flandern schuldeten, von Kg. Oluf zu fordern, der jedoch nicht zahlen wollte. Anschließend reisten sie zurück nach Flandern und zahlten das Lösegeld selbst.

B 92: Asulv

aus Dänemark

A. nahm vielleicht an den Kriegszügen nach England teil, die → Knud der Große zu Beginn des 11. Jh.s durchführte.

Q: DR, Nr. 345; *Ruprecht*, Wikingerzeit (1958), Nr. 11.
Lit: —

B 93: Auðun

aus Island

A. errichtete am Anfang des 13. Jh.s in King's Lynn (England) eine Statue für den heiligen → Þorlákur Þórhallsson.

Q: Þorláks saga C, Kap. 133.
Lit: Gelsinger, Enterprise (1981), 130.

B 94: Bergur Gunnsteinsson

Priester

aus Island

B. soll 1202–1203 → Guðmundur Arason nach Norwegen begleitet haben. Auf der Fahrt kamen sie vom Kurs ab und erreichten die Hebriden, Irland und Schottland, bevor sie nach Bergen weiterreisen konnten.

Q: Guðmundar saga A, Kap. 113.
Lit: Melsteð, Ferðir (1907–1915), 847.

B 95: Bjørn

Händler

aus Norwegen

B.s Schiff bekam am 23. 6. 1224 zusammen mit den Schiffen von zehn anderen norw. Händlern vom englischen Kg. Heinrich III. die Erlaubnis, King's Lynn zu verlassen, obwohl große englische und ausländische Handelsschiffe zurückgehalten wurden, um Truppen nach Frankreich überzusetzen. Ob B. selbst in England war, ist nicht sicher.

Q: DN XIX, Nr. 159.
Lit: Nedkvitne, Handelssjøfarten (1976), 131.

B 96: Björn Hjaltason (Kygri-Björn)

aus Island

B. reiste kurz vor dem Vierten Laterankonzil (1215) über Norwegen nach Rom und beschwerte sich bei Papst Innozenz III. über den isl. Bf. → Guðmundur Arason.

Q: Guðmundar saga D, 324.
Lit: Arnórsson, Suðurgöngur (1954–1958), 31; *Melsteð*, Ferðir (1907–1915), 848.

B 97: Botulv Krasse

aus Gotland, Schweden

B. kaufte in Aachen ein Messgewand. Der Zeitpunkt seiner Reise ist ungewiss.

Q: G, Nr. 126.
Lit: *Salberger*, Namnstudier (1978), 175–190.

B 98: Brandur Dálksson

aus Island

B. soll 1202–1203 → Guðmundur Arason nach Norwegen begleitet haben. Auf der Fahrt kamen sie vom Kurs ab und erreichten die Hebriden, Irland und Schottland, bevor sie nach Bergen weiterreisen konnten.

Q: Guðmundar saga A, Kap. 113.
Lit: *Melsteð*, Ferðir (1907–1915), 847.

B 99: Egill Síðu-Hallsson

Sohn von Hallur aus Síða, Bruder von → Þorsteinn Síðu-Hallsson
aus Island

E. soll König → Olav den Heiligen 1028 in die Kiewer Rus' begleitet haben.

Q: Óláfs saga hins helga hin mesta, 814.
Lit: *Schreiner*, Studier (1927), 455.

B 100: Erlendur

Priester

aus Island

E. soll 1202–1203 → Guðmundur Arason nach Norwegen begleitet haben. Auf der Fahrt kamen sie vom Kurs ab und erreichten die Hebriden, Irland und Schottland, bevor sie nach Bergen weiterreisen konnten.

Q: Guðmundar saga A, Kap. 113.
Lit: *Melsteð*, Ferðir (1907–1915), 847.

B 101: Erling

Händler

aus Norwegen

E.s Schiff bekam am 23. 6. 1224 zusammen mit den Schiffen von zehn anderen norw. Händlern vom englischen Kg. Heinrich III. die Erlaubnis, King's Lynn zu verlassen, obwohl große englische und ausländische Handelsschiffe zurückgehalten wurden, um Truppen nach Frankreich überzusetzen. Ob E. selbst in England war, ist nicht sicher.

Q: DN XIX, Nr. 159.
Lit: *Nedkvitne*, Handelssjøfarten (1976), 131.

B 102: Eyjólfur Þordisarson

aus Island

Die isl. Annalen berichten, das E. 1142 aus Irland zurückkehrte.

Q: Oddaverja annáll, s. a. 1142.
Lit: —

B 103: Finn

Händler

aus Norwegen

F.s Schiff bekam am 23. 6. 1224 zusammen mit den Schiffen von zehn anderen norw. Händlern vom englischen Kg. Heinrich III. die Erlaubnis, King's Lynn zu verlassen, obwohl große englische und ausländische Handelsschiffe zurückgehalten wurden, um Truppen nach Frankreich überzusetzen. Ob F. selbst in England war, ist nicht sicher.

Q: DN XIX, Nr. 159.
Lit: Nedkvitne, Handelssjøfarten (1976), 131.

B 104: Finn Håreksson

Sohn von Hårek Øyvindsson und Ragnhild (Tochter von Arne Arnmodsson)
aus Norwegen

F. soll König → Olav den Heiligen 1028 in die Kiewer Rus' begleitet haben.

Q: Óláfs saga hins helga hin mesta, 814.
Lit: Schreiner, Studier (1927), 454.

B 105: Gaut

Priester

aus Norwegen

G.s Schiff bekam am 23. 6. 1224 zusammen mit den Schiffen von zehn anderen norw. Händlern vom englischen Kg. Heinrich III. die Erlaubnis, King's Lynn zu verlassen, obwohl große englische und ausländische Handelsschiffe zurückgehalten wurden, um Truppen nach Frankreich überzusetzen. Ob G. selbst in England war, ist nicht sicher.

Q: DN XIX, Nr. 159.
Lit: Nedkvitne, Handelssjøfarten (1976), 131.

B 106: Gauti

† ca. 1047
aus Norwegen

G. traf auf einer Reise ca. 1046 in Köln auf den Norweger → Gautur, mit dem er gemeinsam nach Rom und Jerusalem reiste. Anschließend wollten sie weiter zum Roten Meer, doch auf dem Weg starb G.

Q: Óláfs saga Tryggvasonar en mesta, Kap. 283.
Lit: Riant, Korstog (1868), 154.

B 107: Gautur

aus Norwegen

G. reiste nach Rom und traf ca. 1046 in Köln auf den Norweger → Gauti, mit dem er wieder nach Rom fuhr. Anschließend reisten sie weiter nach Jerusalem und zum Roten Meer, doch unterwegs starb Gauti. Daraufhin soll G. in einem Kloster auf einen nordisch sprechenden Mann getroffen sein, der ihm einen Dolch und einen Gürtel mitgegeben haben soll. Er reiste über Byzanz nach Norwegen zurück und übergab → Einar Tambarskjelve Dolch und Gürtel. Einar klärte G. auf, dass der Mann im Kloster Olav Tryggvason gewesen sei.

Q: Óláfs saga Tryggvasonar en mesta, Kap. 283f.
Lit: Riant, Korstog (1868), 154–158.

B 108: Gillinus

Erzdiakon

aus Norwegen

G. pilgerte in den 1170er Jahren zusammen mit → Godefrid nach Canterbury zum Grab von Thomas Becket.

Q: Miracula Sancti Thomae Cantuariensis VI 66.
Lit: Paasche, Erkebiskop (1933), 135.

B 109: Gissur gullbrárskáld

Skalde

aus Island

G. soll König → Olav den Heiligen 1028 in die Kiewer Rus' begleitet haben.

Q: Óláfs saga hins helga hin mesta, 814.
Lit: Melsteð, Ferðir (1907–1915), 692.

B 110: Grim Rusle

aus Norwegen

G. soll mit der verheirateten → Kristin Sigurdsdatter nach Konstantinopel ausgewandert sein und mit ihr mehrere Kinder gezeugt haben. Da Kristin zu diesem Zeitpunkt (nach 1170) bereits über 45 Jahre alt gewesen sein muss, ist diese Episode eher unwahrscheinlich, jedoch nicht gänzlich auszuschließen.

Q: Hkr. Magnúss saga Erlingssonar, Kap. 30.
Lit: Blöndal, Varangians (1978), 217f.; Ciggaar, Western Travellers (1996), 112; Riant, Korstog (1868), 366.

B 111: Guðmundur Þormóðarson

Priester

aus Island

G. soll 1202–1203 → Guðmundur Arason nach Norwegen begleitet haben. Auf der Fahrt kamen sie vom Kurs ab und erreichten die Hebriden, Irland und Schottland, bevor sie nach Bergen weiterreisen konnten.

Q: Guðmundar saga A, Kap. 113.
Lit: Melsteð, Ferðir (1907–1915), 847.

B 112: Gudrød (Gutring)

Kleinkönig

aus Norwegen oder Schweden (?)

G. war vor 994 in Deutschland und wurde im Kloster Verden zum Diakon. Er ist möglicherweise identisch mit dem in der *Heimskringla (Óláfs saga helga)* genannten *Guðröður*, einem Kleinkönig in Gudbrandsdalen.

Q: Thietmar VII 38.
Lit: —

B 113: Gunhild

Mutter des norw. Kg.s Sverre
aus Norwegen

G. war Dienstmagd beim norw. Kg. Sigurd Munn und behauptete, mit ihm einen Sohn (Sverre) zu haben. Die Sverris Saga berichtet, dass Sverre erst Anhänger in Norwegen fand, nachdem G. ca. 1175 eine Reise nach Rom unternommen hatte, um ihren Sohn vom Papst anerkennen zu lassen.

Q: Sverris saga, Kap. 4.
Lit: Riant, Korstog (1868), 377.

B 114: Hallvarður Háreksblesi (Hallfreðr harkblesi)

Skalde

aus Island

H. hielt sich um 1030 bei König → Knud dem Großen in England auf.

Q: Óláfs saga hins helga hin mesta, 477; Flateyjarbók II, 307.
Lit: Melsteð, Ferðir (1907–1915), 695.

B 115: Helena (Elin)

* um 1100, † 1147 (?)

aus Schweden

H. ermordete um 1140 ihren Schwiegersohn und reiste anschließend nach Jerusalem und zu vielen anderen heiligen Stätten. Im Languedoc soll sie auf Papst Innozenz II. getroffen sein. Bei ihrer Rückkehr wurde sie von Verwandten des Mannes ermordet und galt als Märtyrerin. 1164 soll sie von Papst Alexander III. kanonisiert worden sein. Im späten 13. Jahrhundert schrieb Bf. Brynolf Algotsson von Skara eine Vita über H.

B. Mögliche Reisende 335

Q: Vita sanctae Helenae.
Lit: Hagerman, Spåren (1996), 297; *Lundén*, Missionärer (1983), 122; *Riant*, Korstog (1868), 322–324.

B 116: Helge

Händler

aus Norwegen

H.s Schiff bekam am 23. 6. 1224 zusammen mit den Schiffen von zehn anderen norw. Händlern vom englischen Kg. Heinrich III. die Erlaubnis, King's Lynn zu verlassen, obwohl große englische und ausländische Handelsschiffe zurückgehalten wurden, um Truppen nach Frankreich überzusetzen. Ob H. selbst in England war, ist nicht sicher.

Q: DN XIX, Nr. 159.
Lit: Nedkvitne, Handelssjøfarten (1976), 131.

B 117: Höskuldur Arason

aus Island

H. soll 1202–1203 → Guðmundur Arason nach Norwegen begleitet haben. Auf der Fahrt kamen sie vom Kurs ab und erreichten die Hebriden, Irland und Schottland, bevor sie nach Bergen weiterreisen konnten.

Q: Guðmundar saga A, Kap. 113.
Lit: Melsteð, Ferðir (1907–1915), 847.

B 118: Hogne

Händler

aus Norwegen

H.s Schiff bekam am 23. 6. 1224 zusammen mit den Schiffen von zehn anderen norw. Händlern vom englischen Kg. Heinrich III. die Erlaubnis, King's Lynn zu verlassen, obwohl große englische und ausländische Handelsschiffe zurückgehalten wurden, um Truppen nach Frankreich überzusetzen. Ob H. selbst in England war, ist nicht sicher.

Q: DN XIX, Nr. 159.
Lit: Nedkvitne, Handelssjøfarten (1976), 131.

B 119: Hrafn Oddson

aus Island

H. wurde *Hlymreksfara* („Limerick-Fahrer") genannt. Er hielt sich Anfang des 11. Jh.s längere Zeit in Limerick (Irland) auf.

Q: Landnámabók, Kap. 116, 122.
Lit: Gelsinger, Enterprise (1981), 133; *Melsteð*, Ferðir (1907–1915), 632.

B 120: Ingerun (Iskiruna)

aus Schweden

I. ließ einen Runenstein errichten, bevor sie sich im 11. Jh. auf eine Reise nach Jerusalem begeben wollte. Ob sie die Reise auch ausgeführt hat, kann nicht mit Sicherheit gesagt werden.

Q: U, Nr. 605.

Lit: *Düwel*, Runenkunde (2001), 124; *Hagerman*, Spåren (1996), 298; *Jesch*, Women (1991), 69; *Larsson*, Runstenar (1990), 141; *Riant*, Korstog (1868), 320; *Wessén*, Runinskrifter (1960), 45.

B 121: Jedvard Bonde

Jarl

Vater des schw. Kg.s Erik des Heiligen († ca. 1160)
aus Schweden

Der Beiname bedeutet „Bauer". J. soll um 1130 eine Fahrt nach Jerusalem gemacht haben. Dazu finden sich jedoch keine historischen Quellen. Der Name könnte möglicherweise auf englische Herkunft verweisen.

Q: —

Lit: *Riant*, Korstog (1868), 321.

B 122: Johannes

aus Dänemark

J. wird im Nekrologium von Saint-Victor erwähnt und könnte sich in Paris aufgehalten haben, zumal er als *huius ecclesie specialis amici et nostri canonici* bezeichnet wird. Wann J. in Paris war, ist unklar, die zweite Hälfte des 12. Jahrhunderts scheint als Zeitraum am wahrscheinlichsten.

Q: Nekrologium von Saint-Victor, in: *Johnsen*, Om Theodoricus (1939), 107f.

Lit: —

B 123: Jonas

Mönch (SOCist)

aus Dänemark

Nach einer nur abschriftlich überlieferten Inschrift einer Grabplatte in der Kirche von Sorø soll J., der Mönch im Zisterzienserkloster von Sorø war, zweimal nach Jerusalem, dreimal nach Rom und einmal nach Santiago de Compostela gepilgert sein. Wann er seine Reisen durchführte, ist unklar.[1]

Q: Die von Søren Abildgaard 1756 angefertigte Zeichnung des Grabsteins ist abgedruckt in *Liebgott*, Pilgerfahrt (2003), 15.

Lit: KLNM 13 (1968), 303; *Liebgott*, Pilgerfahrt (2003), 13f.; *Riant*, Korstog (1868), 419.

---

1 Während *Riant*, Korstog (1868) vom späten 12. Jh. ausging, datierte *Liebgott*, Pilgerfahrt (2003) die Quelle auf Anfang 14. Jh.

B 124: Ketil

Händler

aus Norwegen

K.s Schiff bekam am 23. 6. 1224 zusammen mit den Schiffen von zehn anderen norw. Händlern vom englischen Kg. Heinrich III. die Erlaubnis, King's Lynn zu verlassen, obwohl große englische und ausländische Handelsschiffe zurückgehalten wurden, um Truppen nach Frankreich überzusetzen. Ob K. selbst in England war, ist nicht sicher.

Q: DN XIX, Nr. 159.
Lit: Nedkvitne, Handelssjøfarten (1976), 131.

B 125: Ketill

Priester

aus Island

K. wurde 1225 von Bf. → Guðmundur Arason, der mit dem Ebf. von Nidaros Differenzen hatte, nach Rom gesandt. Er reiste Anfang Februar von Trondheim aus nach Oslo, mit dem Schiff nach Dänemark und zu Fuß durch Deutschland nach Rom, das er nach etwa 50 Tagen erreichte. Auf dem Rückweg brauchte er 33 Tage bis Rostock und weitere zwölf bis Trondheim.

Q: Guðmundar saga D, 122–124.
Lit: Arnórsson, Suðurgöngur (1954–1958), 12f.; *Melsteð*, Ferðir (1907–1915), 852; *Springer*, Pilgrim Routes (1950), 122.

B 126: Kol

Bf. von Linköping, Kanzler des schw. Kg.s Erik Knutsson

aus Schweden

K. reiste ins Heilige Land, das er 1196 erreichte. Er soll dort am Heiligen Grab gestorben sein.[1]

Q: —
Lit: Riant, Korstog (1868), 417f.

---

1 *Riant*, Korstog (1868) gibt als Quelle die Reimchronik des Bistums Linköping an und zitiert sie mit folgenden Worten: „Omsider tog han sik pelegrimastaaf / Och döde wid then helga graff. / Widh iiij mindre an xijc aar / Sidan Jhesus Gudzson födher war."

B 127: Kristin Sigurdsdatter

* ca. 1125, † 1178, ∞ ca. 1155 → Erling Ormsson Skakke
Tochter des norw. Kg.s → Sigurd Jorsalfar und der Malmfrid; Mutter des norw. Kg.s Magnus Erlingsson
aus Norwegen

K. soll – nach 1170 – ihren Mann Erling verlassen haben, mit → Grim Rusle nach Konstantinopel gegangen sein und mehrere Kinder bekommen haben. Da sie zu diesem Zeitpunkt jedoch schon etwa 45 Jahre alt gewesen sein muss, ist diese Episode eher unwahrscheinlich, allerdings auch nicht gänzlich auszuschließen.

Q: Hkr. Magnúss saga Erlingssonar, Kap. 30.
Lit: Blöndal, Varangians (1978), 217f.; *Ciggaar*, Western Travellers (1996), 112; NBL 8 (1938), 7f.; NBL² 5 (2002), 372; *Riant*, Korstog (1868), 366.

B 128: Manne

aus Dänemark

M. wurde, ebenso wie → Svenne, in London begraben. Der Gedächtnisstein, der beide nennt, wird auf ca. 10./11. Jh. datiert.

Q: DR, Nr. 337; *Ruprecht*, Wikingerzeit (1958), Nr. 25.
Lit: —

B 129: Okke (Ocea danus)

∞ Ealdgyth
aus Dänemark

O. war möglicherweise vor 1058 Landbesitzer in Swell (Gloucestershire).

Q: *Hearne*, Hemingi chartularium ecclesiae Wigorniensis (1723) I, 255f.
Lit: *Williams*, Cockles (1986), 14.

B 130: Orm

Priester

aus Norwegen

O.s Schiff bekam am 23. 6. 1224 zusammen mit den Schiffen von zehn anderen norw. Händlern vom englischen Kg. Heinrich III. die Erlaubnis, King's Lynn zu verlassen, obwohl große englische und ausländische Handelsschiffe zurückgehalten wurden, um Truppen nach Frankreich überzusetzen. Ob O. selbst in England war, ist nicht sicher.

Q: DN XIX, Nr. 159.
Lit: *Nedkvitne*, Handelssjøfarten (1976), 131.

B 131: Pjetur Bárðarson

Bruder von → Snorri Bárðarson
aus Island

P. soll 1202–1203 → Guðmundur Arason nach Norwegen begleitet haben. Auf der Fahrt kamen sie vom Kurs ab und erreichten die Hebriden, Irland und Schottland, bevor sie nach Bergen weiterreisen konnten.

Q: Guðmundar saga A, Kap. 113.
Lit: *Melsteð*, Ferðir (1907–1915), 847.

B 132: Rodfos

aus Gotland, Schweden

R. wurde im 11. Jh. (vermutlich um oder nach 1050) auf einer Reise von Walachen betrogen (oder umgebracht?). Er starb also wahrscheinlich in der Walachei. Seine Eltern Rodvisl und Rodälv ließen einen Runenstein zum Gedenken an ihn errichten.

Q: G, Nr. 134; *Ruprecht*, Wikingerzeit (1958), Nr. 192.
Lit: *Jansson*, Runes (1987), 63.

B 133: Saxo Grammaticus

Geschichtsschreiber

* ca. 1150/60, † nach 1216

aus Dänemark

S., der später die Beinamen *Longus* und *Grammaticus* erhielt, hat um 1170 wahrscheinlich in Frankreich[1] studiert und war Sekretär des Ebf.s von Lund, → Absalon (A 9). Um 1200 schrieb er die *Gesta Danorum*.

Q: —

Lit: DBL 12 (1982), 638–642; *Friis-Jensen*, Latin Poet (1987), 14–18; *de Vries*, Literaturgeschichte, Bd. 2 (1967), 274.

---

1 Mögliche Studienorte sind Sainte-Geneviève und Saint-Victor in Paris, sowie Orléans und Reims.

B 134: Sigrid

von den Shetland-Inseln

S. soll, nachdem sie am Grab des heiligen Magnus in Kirkwall geheilt worden war, zu Beginn des 12. Jahrhunderts eine Pilgerfahrt nach Rom unternommen haben.

Q: Orkneyinga saga, Kap. 57.

Lit: —

B 135: Sigurd Svensøn

Sohn des dän. Kg.s → Sven Estridsøn; Geschwister: → Bjørn (A 72),→ Erik Ejegod, → Harald Hen, → Knud der Heilige, → Knud Magnus Svensøn, → Niels (A 320), → Oluf Hunger, → Sigrid (A 415), → Sven Svensøn (A 474)

aus Dänemark

S. soll im Land der Wenden gefallen sein, Zeitpunkt und genauer Ort sind jedoch unbekannt.

Q: Knýtlinga saga, Kap. 23.

Lit: —

B 136: Sigvald (Sevaldus)

Händler

aus Norwegen

S.s Schiff bekam am 23. 6. 1224 zusammen mit den Schiffen von zehn anderen norw. Händlern vom englischen Kg. Heinrich III. die Erlaubnis, King's Lynn zu verlassen, obwohl große englische und ausländische Handelsschiffe zurückgehalten wurden, um Truppen nach Frankreich überzusetzen. Ob S. selbst in England war, ist nicht sicher.

Q: DN XIX, Nr. 159.

Lit: *Nedkvitne*, Handelssjøfarten (1976), 131.

B 137: Snorri Bárðarson

Bruder von → Pjetur Bárðarson
aus Island

S. soll 1202–1203 → Guðmundur Arason nach Norwegen begleitet haben. Auf der Fahrt kamen sie vom Kurs ab und erreichten die Hebriden, Irland und Schottland, bevor sie nach Bergen weiterreisen konnten.

Q: Guðmundar saga A, Kap. 113.
Lit: Melsteð, Ferðir (1907–1915), 847.

B 138: Sote

aus Norwegen

S. soll 1014 im Gefolge → Olavs des Heiligen in England gewesen sein.

Q: Olafs saga hins helga, Kap. 17.
Lit: —

B 139: Stefnir Þorgilsson

† nach 1000
Sohn von Þorgils Eilífsson
aus Kjalarnes, Island

S. wurde in Dänemark getauft. Um 990 traf er gemeinsam mit → Þorvaldur Koðránsson in Jerusalem ein. Anschließend reisten sie über Syrien nach Konstantinopel und trafen dort → Kolskeggur Hamundarson. Vom byzantinischen Ks. wurde Þorvaldur in die Kiewer Rus' zur Mission gesandt, S. begleitete ihn wahrscheinlich, reiste aber etwa 995 zurück nach Island und ist im Gefolge des norw. Kg.s → Olav Tryggvason zu finden. Nach Olavs Tod soll er außerdem nach Rom gefahren sein. Nach seiner Rückkehr wurde er in Dänemark getötet.

Q: Kristni saga, Kap. 13.
Lit: Arnórsson, Suðurgöngur (1954–1958), 21–23; *Blöndal*, Varangians (1978), 197–199; *Davidson*, Viking Road (1976), 255; *Melsteð*, Ferðir (1907–1915), 655f.; *Riant*, Korstog (1868), 140–143, 152f.

B 140: Sven Aggesøn

Geschichtsschreiber

Sohn von Agge Christiernsøn
aus Dänemark

S. studierte wahrscheinlich in Frankreich und gehörte später zum Gefolge des dän. Kg.s. Um 1190 schrieb er eine dän. Geschichte von den Anfängen bis in seine Zeit, die *Brevis historia regum Dacie*.

Q: —
Lit: DBL 1 (1980), 74; RGA 30 (2005), 173–178; *de Vries*, Literaturgeschichte, Bd. 2 (1967), 273.

B 141: Sven Thorgunnasøn

∞ Inga

Sohn von Thrugot Ulvsøn und Thorgunna Vagnsdatter; Geschwister: → Astrad Thorgunnasøn und → Bodil; Kinder: Asser (Ebf. von Lund), Christiern, → Eskil Svensøn, → Sven Svensøn (A 475)

aus Dänemark

S. war ebenso wie sein Bruder Astrad im Gefolge des dän. Kg.s → Knud des Heiligen. Nach dessen Tod (1086) reisten sie nach Flandern, holten Knuds Bruder → Oluf Hunger, der dort gefangen gehalten wurde, nach Dänemark zurück und wurden stattdessen als Geiseln festgehalten.[1]

Q: Knýtlinga saga, Kap. 64, 67f.
Lit: DBL 14 (1983), 512.

---

[1] Die *Knýtlinga saga* berichtet, wie sie in Gefangenschaft eine Vision Knuds hatten, der sie befreite. Daraufhin reisten sie zurück nach Dänemark, um das Lösegeld, das sie Robert I. von Flandern schuldeten, von Kg. Oluf zu fordern, der jedoch nicht zahlen wollte. Anschließend reisten sie zurück nach Flandern und zahlten das Lösegeld selbst.

B 142: Svenne

aus Dänemark

S. wurde, ebenso wie → Manne, in London begraben. Der Gedächtnisstein, der beide nennt, wird auf ca. 10./11. Jh. datiert.

Q: DR, Nr. 337; *Ruprecht*, Wikingerzeit (1958), Nr. 25.
Lit: —

B 143: Þórarinn stuttfeldur

Skalde

aus Island

Der Beiname bedeutet „kurzer Mantel". Þ. erhielt in den 1120er Jahren vom norw. Kg. → Sigurd Jorsalfar Geld für eine Reise nach Rom. Ob Þ. diese Reise antrat, ist allerdings nicht bekannt.

Q: Msk., 387.
Lit: *Melsteð*, Ferðir (1907–1915), 792.

B 144: Þórður

Skalde

† 29. 7. 1030

aus Island

Þ. begleitete 1028 den norw. Kg.→ Olav den Heiligen möglicherweise bei dessen Flucht in die Kiewer Rus'. Þ. starb ebenso wie sein Bruder Þorfinnur munnur in der Schlacht von Stiklestad.

Q: Óláfs saga hins helga hin mesta, 814.
Lit: *Melsteð*, Ferðir (1907–1915), 693.

B 145: Þórður Sjáreksson

Skalde

aus Island

Þ. soll in der Regierungszeit des norw. Kg.s → Olav des Heiligen nach Jerusalem gereist sein, kam aber nur bis Syrien und kehrte dann um.

Q: Óláfs saga Tryggvasonar en mesta, Kap. 271.
Lit: Melsteð, Ferðir (1907–1915), 691; Riant, Korstog (1868), 153f.

B 146: Þorsteinn Kambason

aus Island

Þ. soll 1202–1203 → Guðmundur Arason nach Norwegen begleitet haben. Auf der Fahrt kamen sie vom Kurs ab und erreichten die Hebriden, Irland und Schottland, bevor sie nach Bergen weiterreisen konnten.

Q: Guðmundar saga A, Kap. 113.
Lit: Melsteð, Ferðir (1907–1915), 847.

B 147: Thorgils Svensøn

Sohn des dän. Kg.s → Sven Estridsøn; Geschwister: → Bjørn (A 72), → Erik Ejegod, → Harald Hen, → Knud der Heilige, → Knud Magnus Svensøn, → Niels (A 320), → Oluf Hunger, → Sigrid (A 415), → Sven Svensøn (A 474)

aus Dänemark

T. ging in die Kiewer Rus' und soll dort Kg. geworden sein.

Q: Knýtlinga saga, Kap. 23, 30.
Lit: Riant, Korstog (1868), 209, 219.

B 148: Þorkell skalla Þórðarson (Þorkell Skallason)

Skalde

aus Island

Þ. war um 1066 im Gefolge des englischen Jarls Valthjof (Bruder des englischen Kg.s Harald Godwinson ?), über den er den *Valþjófsflokkr* dichtete.

Q: Fsk., Kap. 76.
Lit: Melsteð, Ferðir (1907–1915), 783.

B 149: Þorvaldur inn viðförli Koðránsson

* ca. 960 (oder früher?), † ca. 1000, ∞ Vigdis Olafsdóttir

aus Island

Der Beiname bedeutet „der Weitgereiste". Þ. war zunächst in Diensten des dän. Kg.s → Sven Tveskæg und wurde um 980 von dem sächsischen Bf. Friedrich (von Hildesheim?) bekehrt, als er sich in England aufhielt. Um 986 soll er sich in Deutschland am Hof Ottos III. aufgehalten haben und traf anschließend in der Kiewer Rus' auf den späteren norw. Kg. → Olav Tryggvason.

B. Mögliche Reisende 343

Um 990 erreichte er Jerusalem, begleitet von → Stefnir Þorgilsson, und reiste über Syrien nach Konstantinopel. Dort traf er → Kolskeggur Hamundarson. Der byzantinische Ks. schickte Þ. als Leiter einer Missionsgruppe in die Kiewer Rus'. In der Nähe von Polotzk soll er ein Kloster errichtet haben; um 1000 starb er dort.

Q: Kristni saga, Kap. 13; Þorvalds þáttr viðfǫrla, ed. *Kahle*, Kristnisaga (1905), 59–81.
Lit: *Arnórsson*, Suðurgöngur (1954–1958), 21–23; *Blöndal*, Varangians (1978), 197–199; *Davidson*, Viking Road (1976), 254f.; *Gelsinger*, Enterprise (1981), 260, Anm. 87; *Melsteð*, Ferðir (1907–1915), 654f.; NBL 17 (1975), 28f.; *Riant*, Korstog (1868), 136–140.

B 150: Tjälve
aus Schweden

T. begleitete im 11. Jh. einen Knud auf einen Kriegszug. Wahrscheinlich fuhr er also mit → Knud dem Großen nach England. T.s Bruder Väring ließ einen Runenstein zum Gedenken an ihn errichten.

Q: Ög, Nr. 111; *Ruprecht*, Wikingerzeit (1958), Nr. 65.
Lit: —

B 151: Tofi Valgautsson
aus Götland, Schweden

T. soll König → Olav den Heiligen 1028 in die Kiewer Rus' begleitet haben.

Q: Óláfs saga hins helga hin mesta, 814.
Lit: *Schreiner*, Studier (1927), 455.

B 152: Torstein Ragnhildsson (Þorsteinn Rigardsson)
aus Norwegen

T. war im Umfeld des norw. Kg.s → Olav des Heiligen zu finden und soll während dessen Regierungszeit eine Fahrt nach Jerusalem gemacht haben. Möglicherweise begleitete er Olav bei dessen Flucht in die Kiewer Rus'.

Q: Þórarins þáttr Nefjúlfssonar, ed. *Johnsen/Helgason*, Saga Óláfs konungs hins helga (1941), 807f.; Óláfs saga hins helga hin mesta, 814.
Lit: *Riant*, Korstog (1868), 163f.

B 153: Tove
Tochter des dän. Kg.s → Valdemar des Großen; Geschwister: → Helene, → Ingeborg (A 227), → Knud Valdemarsøn (A 279), → Christoffer (A 87), → Sofie (A 450) und → Valdemar Sejr; Mutter des Herzogs Christoffer von Jütland
aus Dänemark

T. soll Ende des 12. Jh.s ins Heilige Land gepilgert sein. Ob der Eintrag im Nekrolog von St. Michael in Lüneburg die Tochter des dän. Kg.s meint, bleibt jedoch ungewiss.

Q: *Althoff/Wollasch*, Totenbücher (1983), 12 (d 19).
Lit: *Riant*, Korstog (1868), 416.

B 154: Tymme

aus Dänemark

T. soll bei einer entscheidenden Schlacht des dän. Kg.s → Knud des Großen in England (ca. 1015) die Fahne getragen haben.

Q: Saxo Gr. X 14 (3).
Lit: —

B 155: Vinnid

aus Banestrup, Dänemark

V. machte eine Pilgerreise, um den Mord an einem siebenjährigen Jungen zu sühnen. Er reiste 1190 gemeinsam mit seiner Frau ins Heilige Land und nach Santiago de Compostela.

Q: Visiones Godeschalchi, Kap. 27.
Lit: Riant, Korstog (1868), 416.

B 156: Vråe (Vraï)

Marschall (*stallari*)

aus Schweden

V. wird auf einem Runenstein als Marschall eines Jarls Håkon genannt. Dabei handelt es sich wahrscheinlich um → Håkon Eiriksson, mit dem V. in England gewesen sein dürfte. Um 1025 ließ V. einen Runenstein zum Gedenken an seinen Bruder → Gunne errichten, der in England gestorben war. Um 1050 errichtete V.s Tochter Tova einen Runenstein zum Gedenken an ihren Vater.

Q: *Ruprecht*, Wikingerzeit (1958), Nr. 48; Sm, Nr. 76.
Lit: Düwel, Runenkunde (2001), 119.

B.2. Reisegruppen

Quellen- und Literaturangaben zu den folgenden Reisen finden sich jeweils am Ende des Unterkapitels nach der Auflistung der Personen.

B.2.1. Die „Schlacht von Svolder"

Olav Tryggvason starb in der Seeschlacht von „Svolder" *(Svǫlðr)*, die im Jahre 1000 stattfand. Gegen ihn hatte sich eine Koalition aus Norwegen (Eirik Håkonsson), Dänemark (Sven Tveskæg) und Schweden (Olof Eriksson Skötkonung) gebildet. Abgesehen davon, dass die Hintergründe, die zu dieser Schlacht führten, seit langem kontrovers diskutiert werden, ist auch die Lokalisierung des Ortes umstritten. Bei einigen Forschern dominierte die Auffassung, *Svolder* befinde sich an der wendischen Küste, entweder vor Greifswald oder zwischen Rügen und dem Festland. Andere vertraten die

Ansicht, dass der Schauplatz der Schlacht vor der seeländischen Ostküste lag, vermutlich im Øresund. Diese Interpretationen spiegeln die Quellensituation wider: Während einige Quellen vornehmlich isländischer Provenienz (die *Óláfs saga Tryggvasonar* des Oddur Snorrason, *Fagrskinna* und *Heimskringla*, sowie Theodoricus' *Historia de antiquitate regum Norvagiensium*) Svolder an der Ostseeküste lokalisieren, verweisen andere (Adam von Bremen, die Chronik von Roskilde, Saxo Grammaticus, die *Historia Norvegiae* und *Ágrip*) auf die seeländische Küstenregion. Es ist nicht einmal sicher, ob *Svolder* tatsächlich der Ort dieser Schlacht war, oder ob spätere Chronisten – spätestens Oddur – die Ortsbezeichnung mit dem Kampf in Verbindung brachten. Angesichts der Schwierigkeit, die Seeschlacht zu lokalisieren, wurde diese „Reise" unter den „möglichen Reisenden" eingeordnet. Die achtundvierzig namentlich genannten Beteiligten stammen alle aus Norwegen, bis auf Olof Skötkonung und Vikar (beide aus Schweden) sowie Sven Tveskæg (Dänemark). Falls die Beteiligten bei anderen Reisen Skandinavien verlassen haben, wird hier nur auf sie verwiesen.

B 157: Án Skyte aus Jämtland, Norwegen. Der Beiname bedeutet „Schütze".

B 158: Arnfinn aus Sogn.

B 159: Arnor (Arnór mærski) aus Møre. Der Beiname bedeutet „aus Møre".

B 160: Asbjørn

B 161: Bergtor Bestill

B 162: Berse den Sterke (Bersi hinn sterki). Der Beiname bedeutet „der Starke".

B 163: Bjørn aus Støle in Hordaland.

B 164: Einar aus Hardanger.

→ Einar Eindridesson Tambarskjelve

→ Eirik Håkonsson

→ Erling Skjalgsson

B 165: Finn

B 166: Grjotgard Røskve (Grjótgarðr rǫskvi). Der Beiname bedeutet „der Schnelle".

B 167: Hårek Hvasse (Hárek hvassi) aus Helgeland. Der Beiname bedeutet „der Schnelle".

B 168: Hallkjell aus Fjaler.

B 169: Hallstein aus Fjordane.

B 170: Hallstein Hlivsson

B 171: Hauk aus Fjordane.

B 172: Havard (Hávarðr) aus Ørkedalen. Auch seine Brüder, die nicht namentlich genannt werden, waren beteiligt.

B 173: Hlødvir den Lange (Hlǫðvir langi) aus Saltvik in Helgeland.

B 174: Ivar Smetta

→ Jostein Eiriksson

B 175: Ketil (Ketill rygski) aus Rogaland. Der Beiname bedeutet „aus Rogaland".

B 176: Ketil den Høye (Ketill hávi) aus Trondheim. Der Beiname bedeutet „der Hohe".

B 177: Kolbjørn, Marschall → Olav Tryggvasons.

B 178: Øyvind (Eyvindr snákr). Der Beiname bedeutet „Schlange".

B 179: Ogmund Sande (Ǫgmundr sandi) aus Helgeland. Der Beiname bedeutet „Sand".

B 180: Olav (Óláfr drengr). Der Beiname bedeutet „der Knabe".

→ Olav Tryggvason

B 181: Olof Skötkonung, Kg. von Schweden ca. 995–ca. 1021/22, † ca. 1021/22. Die Bedeutung des Beinamens ist nicht geklärt, könnte aber „Steuerkönig" meinen.

B 182: Orm

B 183: Orm Hamundsson (Ormr skógarnef Hámundarson). Der Beiname bedeutet etwa „Waldschnabel".

B 184: Othyrmir aus Telemark. Bruder von Thrand Ramme (B 187).

B 185: Sigurd Pil (Sigurðr bíldr). Der Beiname bedeutet „Pfeil".

→ Sven Tveskæg

B 186: Thord aus Tysnesøy in Hordaland.

B 187: Thrand Ramme (Þrándr rammi) aus Telemark. Der Beiname bedeutet „der Kraftvolle". Bruder von Othyrmir (B 184).

B 188: Thrand Skjele (Þrándr skjálgi) aus Helgeland. Der Beiname bedeutet „der Schielende".

B 189: Torfinn Eisle (Þorfinnr eisli) aus Trondheim. Der Beiname bedeutet etwa „der Fahrende".

B 190: Torgrim Tjodolfsson (Þorgrímur Þjóðólfsson) aus Kvinesdal.

B 191: Torkil Eiriksson (Þorkell dýrðill Eiríksson). Onkel von → Olav Tryggvason. Der Beiname bedeutet etwa „der Prachtliebende". T. steuerte gemeinsam mit seinem Bruder → Jostein ein Schiff in der Schlacht.

B 192: Torkil Lodinsson (Þorkell nefja Loðinsson). Bruder von → Olav Tryggvason. Der Beiname ist nicht eindeutig (*nef* heißt „Nase"). T. steuerte ein Schiff in der Schlacht.

B 193: Torolf

B 194: Torstein Hvite (Þorsteinn hviti) aus Obrestad (?). Der Beiname bedeutet „der Weiße".

B. Mögliche Reisende

B 195: Torstein Oksefot (Þorsteinn oxafótur). Der Beiname bedeutet „Ochsenfuß".

B 196: Ulv den Røde (Úlfr rauði). Der Beiname bedeutet „der Rote".

B 197: Vakur Raumason

B 198: Vikar aus Tiundaland (Schweden).

Q: Adam II 40; Ágrip, Kap. 20; Chronicon Roskildense, Kap. 6; Fsk., Kap. 24; Historia Norvegiae, Kap. 17; Hkr. Óláfs saga Tryggvasonar, Kap. 100–113; Oddaverja annáll, s. a. 1000; Saxo Gr. X 10 (2); Theod., Kap. 14.

Lit: *Andersen*, Samlingen av Norge (1977), 104f., dort auch zu älterer Literatur.

B.2.2. Die Reise des Ingvar Vittfarne

Die *Yngvars saga viðfǫrla*, die um 1300 entstand, schildert die Reise von Ingvar Vittfarne, der als 20jähriger mit dreißig Schiffen Schweden verließ, am Hof des Großfürsten Jaroslav von Kiew Sprachen lernte und von dort weiter nach Serkland fuhr, das nicht genau identifiziert werden kann. Am Ende starben fast alle Reisenden an einer Epidemie. Von dieser Unternehmung weiß die Saga Abenteuerliches zu berichten: die Reisegesellschaft begegnet Riesen, einer Königin, die sich und ihr Reich Ingvar anbietet, einem Drachen, der einen goldenen Schatz bewacht und vielen anderen fabelhaften Wesen. Damit ähnelt die Erzählung den so genannten Ritter- und Märchensagas, die zuweilen auch als Lügensagas bezeichnet werden. Sie scheint keine historische Basis zu besitzen, und dennoch wird der Kern der Geschichte von anderen Quellen bestätigt. Etwa fünfundzwanzig Runensteine – aufgestellt im Gedenken an die Verstorbenen – bezeugen die Reise, ohne dass dort der Aufenthalt in Kiew erwähnt wird. Außerdem informieren die isländischen Annalen darüber, dass Ingvar im Jahre 1041 gestorben ist.

Die Reise hat demnach mit hoher Wahrscheinlichkeit stattgefunden; dass sie dennoch keine Aufnahme in die allgemeine Prosopographie fand, liegt daran, dass die Aufenthalte in der Kiewer Rus' nur in der Saga genannt werden, die nicht als glaubwürdig eingestuft werden kann:

> „Der tragische Ausgang [der Reise] ist zweifellos ein Traditionsstrang in der isländischen Saga, was den gewonnenen Eindruck also bestätigt, den die [Runen-]Inschriften geben. Aber viel mehr als das dürfte der Sagaverfasser nicht gewusst haben, und deshalb war er gezwungen, den mageren Stoff mit bekannten Motiven im Stil der Lügensagas zu erweitern, um einen amüsanten und unterhaltsamen Bericht erstellen zu können."[1]

---

1 *Wessén*, Runinskrifter (1960), 33: „Den tragiska utgången är utan tvivel ett traditionsarv i den isländska sagan, och denna bekräfter sålunda det samlade intryck, som inskrifterna ger. Men mycket mer än detta torde sagaförfattaren icke ha känt till, och han har därför varit tvungen att öka ut det

Ähnlich äußern sich die Übersetzer der Saga:

> „Considering the fantastic elements in the description of Yngvar's expedition, historians and other scholars would certainly have rejected the whole account as sheer invention by the saga author, if there had been no corroborative evidence available. But as it happens, no one is likely to call into question the claim that Yngvar undertook such a journey, even if a good many descriptive details of the saga have little to do with historical fact."[2]

Auf den Runensteinen taucht immer wieder der Begriff „Serkland" auf, der wahrscheinlich vom lateinischen Wort *sericum* (Seide) abstammt. *Serkland* bedeutet dann „Seidenland" und meint die Gebiete, mit denen Seidenhandel getrieben wurde. Eine andere Deutung wäre „Land der Sarazenen". *Serkland* bezeichnet wohl die Gebiete südöstlich der Kiewer Rus', vielleicht die Länder des abbasidischen Kalifats mit der Hauptstadt Bagdad. Damit wäre der europäische Rahmen gesprengt – ein weiterer Grund, die Reise hier gesondert aufzuführen.

Ob es sich bei dem Unternehmen um eine Handelsfahrt, einen Wikingerzug oder eine kriegerische Unterstützung des Großfürsten handelte, der 1036 gegen die Pečenegen kämpfte und weiter nach Georgien und zum Kaspischen Meer zog, ist umstritten und bleibt ungewiss.

Im Folgenden werden die vierundzwanzig Reiseteilnehmer aufgeführt, die namentlich bekannt sind. In Klammern stehen die Runeninschriften, die vom Tod der einzelnen Reisenden berichten. Nur bei Ingvar selbst wurde auf die Angabe der Runeninschriften verzichtet, weil sämtliche unten aufgeführten Inschriften direkt oder indirekt auf ihn verweisen. Alle Teilnehmer an Ingvars Reise kommen mit großer Wahrscheinlichkeit aus Schweden. Die vier Personen, die in der *Yngvars saga víðfǫrla* genannt werden, waren unterschiedlicher Herkunft: Ketill war Isländer, wie in der Saga selbst gesagt wird. Die ebenfalls dort aufgeführten Valdimar und Hjalmvig stammten hingegen wahrscheinlich aus der Kiewer Rus' resp. Deutschland, während Soti ein norwegischer Name ist.

B 199: Anund (U, Nr. 661)

B 200: Bägler (Sö, Nr. 96)

B 201: Banke (Bagge?) (U, Nr. 778)

B 202: Byrsten (Sö, Nr. 320)

---

magra stoffet med kända motiv i lögnsagans stil för att få till stånd en berättelse, som kunde roa och underhålla."

2 *Edwards/Pálsson*, Vikings in Russia (1989), 11.

B. Mögliche Reisende

B 203: Göte (Ög, Nr. 155)

B 204: Gudmund (U, Nr. 785) nahm eventuell an der Reise teil, er starb jedenfalls in Serkland.

B 205: Gunnlev (U, Nr. 644, 654)

B 206: Gunnvid (U, Nr. 1143)

B 207: Harald (Sö, Nr. 179), Bruder von Ingvar Vittfarne.

B 208: Holmsten (Sö, Nr. 173, 335) nahm wie auch sein Sohn Rodger (B 214) an der Reise teil, vielleicht mit einem eigenen Schiff.

B 209: Huge (Sö, Nr. 287)

B 210: Ingvar Vittfarne * 1016 (?), † 1041 (?). Der Beiname bedeutet „der Weitgereiste".

B 211: Ketill (Yngvars saga víðfǫrla, Kap. 5)

B 212: Orm (Vs, Nr. 19)

B 213: Osniken (Sö, Nr. 335) nahm – vielleicht auf dem Schiff des Holmsten (B 208) – an der Reise teil.

B 214: Rodger (Sö, Nr. 173) nahm mit seinem Vater Holmsten (B 208) an der Reise teil.

B 215: Säbjörn (U, Nr. 439)

B 216: Skarde (Sö, Nr. 131)

B 217: Skarv (Sö, Nr. 107)

B 218: Soti (Yngvars saga víðfǫrla, Kap. 5)

B 219: Torbärn (?) (Sö, Nr. 105), der Name ist nicht eindeutig zu lesen.

B 220: Toste (Sö, Nr. 254)

B 221: Ulv (Sö, Nr. 9)

B 222: Ulv (Sö, Nr. 108)

Q: Konungsannáll, s. a. 1041; Ög, Nr. 155; Sö, Nr. 9, 96, 105, 107-108, 131, 173, 179, 254, 277, 279, 281, 287, 320, 335; U, Nr. 439, 644, 654, 661, 778, 785, 1143; Vs, Nr. 19; Yngvars saga víðfǫrla, Kap. 5–8.

Lit: *Boyer*, Wikinger (1994), 224; *Davidson*, Viking Road (1976), 167–170; *Düwel*, Runenkunde (2001), 20–23; *Larsson*, Vikingatåg (1990); *Larsson*, Runstenar (1990), 106–114; RGA 15 (2000), 430f.; *Ruprecht*, Wikingerzeit (1958), 55f.; SBL 20 (1975), 28f.; SMK 4 (1948), 15; *Wessén*, Runinskrifter (1960), 30–45.

B.2.3. Håkon Håkonssons Kriegszug zu den Hebriden

Der Kriegszug des norwegischen Königs Håkon Håkonsson hat sicher stattgefunden und die vielen Beteiligten auch aus Skandinavien herausgeführt. Dass sie dennoch hier und nicht im Hauptteil der Prosopographie aufgeführt werden, liegt am Zeitpunkt der Unternehmung: 1263. Irgendwo müssen Grenzen gezogen werden, für die vorliegende Untersuchung wurde das Ende des Zeitrahmens auf ca. 1250 festgelegt. 1263 ist also ein Grenzfall, weshalb der Entschluss gefasst wurde, die beteiligten Personen ohne Biogramme aufzuführen. Sofern die Beteiligten bereits auf früheren Reisen Skandinavien verlassen haben, wird hier auf die entsprechenden Biogramme verwiesen.

Die *Hákonar saga Hákonarsonar* berichtet ausführlich über den Kriegszug. Zunächst wurde eine Vorhut ausgesandt, die bereits einige Kämpfe in Schottland führte und zu den Hebriden weiterzog. Håkon folgte wenig später (Anfang Juli) mit großem Anhang zu den Shetland-Inseln und den Orkneys, wo sich Vorhut und Hauptflotte vereinigten. Wenig später trafen dort auch einige Nachzügler ein. Dann segelten sie zu den Hebriden, deren Herrscher sich Håkon anschloss, und verhandelten mit dem schottischen König Alexander III., ohne dass eine Übereinkunft getroffen wurde. Anfang Oktober kam es zur Schlacht von Largs mit einem 800 Mann starken Heer. Nach der verlustreichen Schlacht zogen sich die Norweger auf die Hebriden zurück, ein großer Teil der Flotte fuhr sogar nach Norwegen. Wegen schlechten Wetters wollte König Håkon nicht die Rückreise antreten, sondern mit zwanzig Schiffen auf den Orkney-Inseln überwintern. Dort wurde er krank und starb am 15. Dezember 1263.

Diese Angaben werden teilweise von annalistischen Quellen aus Schottland und Island bestätigt. So berichten *Resensannáll*, *Høyers annáll*, *Gottskálksannáll* und *Oddaverja annáll* zum Jahr 1263 jeweils vom Zug *(leiðangr/herferð)* nach Schottland sowie vom Tod Håkons. Im *Konungsannáll* werden außerdem die beiden Bischöfe Gillibert und Torgils genannt[3] sowie die Rückführung des Leichnams nach Bergen erwähnt.[4] Die Chronik von Melrose bestätigt dagegen die vernichtende Niederlage von Håkons Heer.[5] Die Chronik von Man nennt die Orte, an denen Håkon starb und begraben wurde: Kirkwall und Bergen.[6]

---

3 Konungsannáll, s. a. 1263: „Hákon konvngr fór herferð til Skotlanndz með sva miklv liði at menn vita eigi iafnmikinn her farit hafa ór Noregi. Honom fylgði Þorgils byskvp af Stafangri. ok Gillibert byskvp af Hamri. Eclipsis solis Non. augusti. α Hákon konvngr i Orknéyivm."

4 Konungsannáll, s. a. 1264: „Var flvtt lik Hákonar konvngs af Orknéyivm til Noregs."

5 Chronik von Melrose, s. a. 1263, ed. *Stevenson*, Chronica de Mailros (1835), 190: „Haco Rex Norwagie cum copiosa navium multitudine venit per mare occidentale ad debellandum regem Scotie. Sed re vera, ut ipse H. affirmabat, non eum repulit vis humana sed virtus Divina, que naves ejus confregit et in exercitum suum mortalitatem immisit; insuper et eos qui tercia die post sollempnitatem sancti Michaelis [Oct. 2] ad preliandum convenerant, per pedissequos patrie debellavit atque prostravit. Quapropter coacti sunt cum vulneratis et mortuis suis naves sua[s] repetere, et sic turpius quam venerant repatriare."

6 Chronica Manniae, s. a. 1263: „Anno domino MCCLXIII. Venit Haco rex Norwegite ad partes

B. Mögliche Reisende 351

Über die Herkunft der achtundsechzig namentlich genannten Personen finden sich oft keine Angaben, die meisten kommen jedoch mit großer Wahrscheinlichkeit aus Norwegen oder Island, denn Sturla Þórðarson nennt bei einigen ihre Herkunft von den Inseln explizit. Einige wenige der hier aufgeführten Personen könnten dennoch aus den westlichen Inselreichen (Hebriden, Isle of Man) stammen. Das Zeichen † kennzeichnet diejenigen, die im Laufe der Unternehmung gestorben sind.

B 223: Andres aus Tøssøy bei Bergen.

B 224: Andres Gums. Der Beiname bedeutet wahrscheinlich „Spott" oder „Spötter".

B 225: Andres Håvardsson

B 226: Andres Kusse. Der Beiname bedeutet „Kalb" oder „Kuh".

→ Andres Nikolasson

B 227: Andres Pålsson Plytt, Schatzmeister des Kg.s Håkon Håkonsson. Der Beiname bedeutet vielleicht „Knabe", könnte aber auch vom Verb „schmollen" abstammen.

B 228: Andres Pott, Lendmann. Der Beiname bedeutet „Topf".

B 229: Arnbjørn Svæla. Der Beiname bedeutet etwa „dichter Rauch".

B 230: Arne Slyng (Árni slyngr, Árni slinkr). Der Beiname bedeutet wahrscheinlich „Schleim" oder „Schwänzer".

→ Askatin

B 231: Aslak Dagsson

B 232: Aslak Guss, Marschall des Kg.s Håkon Håkonsson. Der Beiname bedeutet wahrscheinlich „Windhauch".

B 233: Bård, Lendmann, aus Hestbø (Norwegen).

B 234: Balte Bonde von den Shetland-Inseln. Der Beiname bedeutet „Bauer".

B 235: Brynjolv Jonsson, Lendmann, aus Kvåle (Norwegen).

B 236: Dag aus Sørem (Norwegen).

B 237: Eiliv, Lendmann, aus Naustdal (Norwegen).

B 238: Einar Longbard (Einarr lungbarðr). Der Beiname könnte „der Lombarde" heißen, vielleicht weil Einar einmal dorthin gereist ist.

B 239: Eirik Gautsson Skota. Der Beiname bedeutet wahrscheinlich „Stange" (mit der man ein Boot abstößt).

B 240: Eirik Skive (Eiríkr kifa, Eiríkr skifa). Der Beiname bedeutet wahrscheinlich „Scheibe" oder „abgeschabtes Stück".

Scotite, et nihil expediens reversus est ad Orcades, et ibidem apud Kyrkewa mortuus, et sequenti vernali tempore delatus est in Norvegiam, et sepultus est in ecclesia Sanctte Trinitatis apud Bergam."

B 241: Erlend Røde, Lendmann. Der Beiname bedeutet „der Rote".

B 242: Erlend Skosvein (Erlendr skósveinn, Erlendr skolbeinn). Der Beiname bedeutet wahrscheinlich „Schiefbein".

B 243: Erling Alvsson † 1283, Lendmann aus Norwegen.

B 244: Erling Ivarsson

B 245: Finn Gautsson, Lendmann.

   → Gillibert

B 246: Gudleik Sneis. Der Beiname bedeutet etwa „Stab".

B 247: Gudmund Jonsson

B 248: Guttorm Bakkekolv. Der Beiname bedeutet wörtl. „Hügelpfeil", gemeint ist damit wohl ein Übungspfeil.

B 249: Guttorm Gillesson, Bruder von Torstein (B 283).

B 250: Håkon †, Hirdmann aus Stein (Norwegen).

B 251: Håkon Håkonsson †, Kg. von Norwegen 1217–1263, * 1204, ∞ 25. 5. 1225 Margareta, Tochter des Jarls → Skule.

B 252: Hallkell †, Bauer (*bóndi*) aus Fjordane (Norwegen).

B 253: Hallvard Bunjard †. Die Bedeutung des Beinamens ist unbekannt.

B 254: Hallvard Røde. Der Beiname bedeutet „der Rote".

B 255: Helge Ivarsson aus Laulo (südlich von Trondheim, Norwegen).

B 256: Henrik, Bf. von den Orkneys 1248–1269. † 1269.

B 257: Hoskuld Oddsson (Hǫskuldr Oddsson).

B 258: Ivar Holm †

B 259: Ivar Unge. Der Beiname bedeutet „der Jüngere".

B 260: Jon aus Hestbø (Norwegen).

B 261: Jon Ballhode †. Der Beiname bedeutet etwa „Kugelkopf".

B 262: Jon Drotning. Der Beiname bedeutet „Königin".

B 263: Jon Hoglive. Der Beiname bedeutet „ruhiges, bequemes Leben".

B 264: Kåre Eindridesson

B 265: Karlshovud †, Bauer (*bóndi*) aus Trondheim (Norwegen).

B 266: Klemet Lange. Der Beiname bedeutet „der Lange".

B 267: Kolbein, Hirdmann.

B 268: Kolbein Aslaksson

B 269: Magnus, Jarl von den Orkneys.

B 270: Nikolas Tart. Der Beiname bedeutet „junger Lachs" oder „kleiner Lachs".

B. Mögliche Reisende

B 271: Ogmund Krøkedans (Ǫgmundr krœkidanz), Lendmann. Der Beiname bedeutet etwa „Hakentanz".

B 272: Pål Sur, Lendmann. Der Beiname bedeutet „sauer".

B 273: Ragnvald Urka. Die Bedeutung des Beinamens ist unklar.

B 274: Rudre (Ruðri) war einer der Schiffsführer.

→ Sighvatur Böðvarsson

B 275: Sigurd Ivarsson

→ Simon preikar †

B 276: Simon Stutt. Der Beiname bedeutet „der Kurze".

B 277: Steinar Herka. Der Beiname ist ungewiss; vielleicht bedeutet er „Schwierigkeit" oder „schlechte Arbeit".

B 278: Torfinn Sigvaldsson

B 279: Torgils, Bf. von Stavanger 1254–1276.

B 280: Torgils Gloppa †, Hirdmann. Der Beiname bedeutet vielleicht „Loch" oder „Höhle", könnte sich aber auch von einem Ortsnamen ableiten.

→ Torlaug Bose

B 281: Torleiv, Abt des Klosters Munkholm (bei Trondheim).

B 282: Torstein Båt †. Der Beiname bedeutet „Boot".

B 283: Torstein Gillesson, Bruder von Guttorm (B 249).

→ Vigleik Prestsson

Q: Chronica Manniae, s. a. 1263; Chronik von Melrose, s. a. 1263; DN XIX, Nr. 274f.; Gottskálksannáll, s. a. 1263; Hákonar saga Hákonarsonar, Kap. 317–328; Høyers annáll, s. a. 1263; Konungsannáll, s. a. 1263; Oddaverja annáll, s. a. 1263; Resensannáll, s. a. 1263; Sturlunga saga, Kap. 484.

Lit: *Helle*, Norge (1974), 87–94; *Thomson*, History of Orkney (1987), 84–88.

B.3. Isländersagas

Im Folgenden werden Reisende aufgeführt, die in Isländersagas erwähnt werden. Durch die bereits genannte Quellenproblematik dieser Sagagattung (siehe Kap. 2.1.1, S. 40) wurden die *Íslendingasögur* aus der vorliegenden Untersuchung ausgeklammert und demnach nicht systematisch untersucht. Einzelnen Hinweisen aus der Literatur wurde dennoch nachgegangen, so dass eine – vermutlich kleine – Auswahl der Reisenden aus den Isländersagas hier präsentiert werden kann. Dies geschieht vor allem im Hinblick darauf, dass andere Quellen zu diesen Personen gefunden werden könnten. Die aufgeführten Personen wurden nicht für die Auswertung (siehe Kap. 3, ab S. 67) herangezogen.

B 284: Barði Guðmundarson (Víga-Barði)

† ca. 1025

aus Island

B. kaufte um 1020 ein Schiff in Island, fuhr in die Kiewer Rus' und diente dort in der Warägergarde, bis er im Kampf starb.

Q: Heiðarvíga saga, Kap. 41.
Lit: Blöndal, Varangians (1978), 201; *Gelsinger*, Enterprise (1981), 145; *Melsteð*, Ferðir (1907–1915), 651.

B 285: Björn Hitdælakappi Arngeirsson

aus Island

Der Beiname bedeutet „Kämpfer aus dem Hitardal". B. reiste ca. 1007 nach Norwegen; er begleitete norw. Händler in die Kiewer Rus' und traf dort Valdemar (Vladimir Svjatoslavič), den Fürsten von Kiew-Nowgorod (980–1015). Nach drei Jahren kehrte B. nach Norwegen zurück, fuhr von dort nach England, unternahm einige Wikingfahrten und begegnete → Knud dem Großen. Ab ca. 1017 hielt er sich zwei Jahre in Norwegen auf und kehrte schließlich nach Island zurück.

Q: Bjarnar saga Hítdœlakappa, Kap. 4–9.
Lit: Gelsinger, Enterprise (1981), 145; *Melsteð*, Ferðir (1907–1915), 658f., 694f.

B 286: Bolli Bollason

* 1006/07, ∞ Þórdís
Neffe von → Úlfur Óspaksson
aus Island

B. heiratete um 1025 Þórdís, die Tochter des Häuptlings Snorri von Helgafell, und hatte mit ihr eine Tochter, Herdís. Er fuhr um 1030 nach Konstantinopel, blieb einige Jahre dort und war in der Warägergarde, vielleicht unter → Harald Hardråde. Schließlich kehrte er mit prächtiger Kleidung zurück.

Q: Laxdæla saga, Kap. 73, 77.
Lit: Blöndal, Varangians (1978), 101, 205–209; *Ciggaar*, Western Travellers (1996), 107f., 110 Anm. 19, 116; *Davidson*, Viking Road (1976), 105f., 231f.; *Melsteð*, Ferðir (1907–1915), 652.

B 287: Brandur Gunnsteinsson

† 1066

aus Island

B. wurde 1048 (oder 1058?) zu einer dreijährigen Acht verurteilt und begab sich daraufhin gemeinsam mit → Þorvarður Höskuldsson zum Papst nach Rom. B. starb 1066 bei der Schlacht von Stamford Bridge in England.

Q: Ljósvetningasaga, Kap. 19–21.
Lit: Melsteð, Ferðir (1907–1915), 768; *de Vries*, Literaturgeschichte, Bd. 1 (1964), 220.

B 288: Eymund Hringsson
aus Norwegen

E. ging um 1020/30 zusammen mit seinem Pflegebruder → Ragnar an den Hof des Großfürsten Jaroslav von Kiew (1019–1054), um ihm mit mehreren hundert Skandinaviern als Söldner im Kampf gegen seine Brüder zu helfen. Als die Bezahlung mehrmals ausblieb, wechselte E. zu Jaroslavs Bruder „Vartilaf" (wahrscheinlich Mstislav). Solange Mstislav Kiew hielt, diente ihm E., aber nach drei Jahren starb Mstislav und Kiew fiel wieder an Jaroslav.

Q: Eymundar saga.
Lit: Davidson, Viking Road (1976), 158–163.

B 289: Flosi Þórðarson
† ca. 1020, ∞ Steinvor Hallsdóttir
aus Island

1011 brannte F. das Haus des Njál nieder und wurde 1012 vom Allthing für drei Jahre des Landes verwiesen. Er reiste 1013 über die Orkney-Inseln und die Hebriden nach England[1] und fuhr weiter nach Rom. Dort soll er 1015 die Absolution vom Papst erhalten haben. Auf dem Heimweg reiste F. über Deutschland nach Island, das er 1016 erreichte.

Q: Njáls saga, Kap. 158.
Lit: Arnórsson, Suðurgöngur (1954–1958), 23–25; *Melsteð*, Ferðir (1907–1915), 674; NBL 4 (1929), 183f.; *de Vries*, Literaturgeschichte, Bd. 1 (1964), 211.

---

[1] *de Vries*, Literaturgeschichte, Bd. 1 (1964), 211, berichtet, F. habe an der Schlacht von Clontarf (Irland) teilgenommen. Diese Aussage konnte jedoch anhand der *Njáls saga* und der *Annalen von Ulster* nicht verifiziert werden.

B 290: Gellir Þorkelsson
Gode

* um 1010, † 1073
Sohn von Þorkell Eyjólfsson
aus Helgafell, Island

G. reiste 1070 nach Rom und starb auf der Rückfahrt 1073 in Roskilde.

Q: Laxdæla saga, Kap. 78.
Lit: Arnórsson, Suðurgöngur (1954–1958), 37f.; *Melsteð*, Ferðir (1907–1915), 784; *Roesdahl*, Wikinger (1992), 110; *de Vries*, Literaturgeschichte, Bd. 1 (1964), 220, 338.

B 291: Gestur Þórhallason (Þorgestur)
aus Island

G. soll nach der Ermordung von Víga-Styr (ca. 1007) nach Konstantinopel gefahren sein, in der Warägergarde gedient und den Rest seines Lebens dort verbracht haben.

Q: Heiðarvíga saga, Kap. 11.
Lit: Blöndal, Varangians (1978), 199–201; *Davidson*, Viking Road (1976), 190, 234; *Melsteð*, Ferðir (1907–1915), 673, 688.

B 292: Guðlaugur Snorrason
Mönch
aus Island

G. reiste zu Beginn des 11. Jahrhunderts nach England und ging dort in ein Kloster.

Q: Heiðarvíga saga, Kap. 12.
Lit: Melsteð, Ferðir (1907–1915), 689.

B 293: Guðleifur Guðlaugsson
Händler
aus Island

G., dem ein Schiff gehörte, soll kurz vor 1030 eine Handelsfahrt nach Dublin gemacht haben.

Q: Eyrbyggja saga, Kap. 64.
Lit: Ebel, Fernhandel (1987), 308; Melsteð, Ferðir (1907–1915), 628f.

B 294: Gunnlaugur ormstunga Illugason
aus Island

Der Beiname bedeutet „Schlangenzunge". G. fuhr um 1000 gemeinsam mit → Þorkell svarti nach England und hielt sich im Gefolge von Kg. Æthelred auf. Von England aus fuhr er mit Händlern nach Dublin und zu den Orkney-Inseln. Wenige Jahre später fuhr G. erneut nach England zu Kg. Æthelred.

Q: Gunnlaugs saga ormstungu, Kap. 7f., 10.
Lit: Melsteð, Ferðir (1907–1915), 650f.

B 295: Hemingur Ásláksson
aus Island

H. reiste in der Mitte des 11. Jh.s nach England.

Q: Hemings þattr Áslákssonar, Kap. 14.
Lit: —

B 296: Heming Hjarrandsson
aus Norwegen (?)

H. befand sich 1030 im Heer des norw. Kg.s → Olav des Heiligen, der von der Kiewer Rus' aus Norwegen zurückgewinnen wollte. Vorher soll H. in Jerusalem gewesen sein.

Q: Flateyjarbók II, 362f.
Lit: Riant, Korstog (1868), 165f.

B 297: Höskuldur Þorvarðsson
Sohn von → Þorvarður Höskuldsson
aus Island

H. begleitete 1048 (1058?) seinen Vater Þorvarður nach Rom.

Q: Ljósvetningasaga, Kap. 19.
Lit: Melsteð, Ferðir (1907–1915), 768.

B 298: Kári Sölmundarson

aus Island

K. soll 1015 eine Pilgerfahrt nach Rom unternommen haben. Er fuhr mit dem Schiff in die Normandie und reiste von dort zu Fuß weiter. Der Rückweg verlief wieder über die Normandie, von wo K. nach Dover übersetzte und an Wales vorbei nach Caithness fuhr. Dort verbrachte er den Winter, bevor er nach Island zurückkehrte.

Q: Njáls saga, Kap. 159.
Lit: *Arnórsson*, Suðurgöngur (1954–1958), 25; *Melsteð*, Ferðir (1907–1915), 659; *de Vries*, Literaturgeschichte, Bd. 1 (1964), 211.

B 299: Kolskeggur Hamundarson

aus Island (?)[1]

K. bedeutet soviel wie „Kohlenbart" und ist ursprünglich wohl nur ein Beiname gewesen. Nachdem K. in Diensten des dän. Kg.s → Sven Tveskæg war, ging er für ein Jahr in die Kiewer Rus' und anschließend als Söldner nach Byzanz. Dort heiratete er, hatte vielleicht einen Offiziersrang bei den Warägern inne und starb in Konstantinopel.

Q: Njáls saga, Kap. 81.
Lit: *Blöndal*, Varangians (1978), 196f.; *Ciggaar*, Western Travellers (1996), 126; *Davidson*, Viking Road (1976), 233f.; *Riant*, Korstog (1868), 140.

---
1 Möglicherweise stammte K. aus Dänemark.

B 300: Oddur Ófeigsson

∞ Ragnheiður Gellisdóttir

aus Island

O. reiste in der Mitte des 11. Jh.s nach England, um Kirchenglocken zu kaufen.

Q: Hemings þáttr Áslákssonar, Kap. 14.
Lit:
Gelsinger, Enterprise (1981), 127.

B 301: Ragnar Agnarsson

aus Norwegen

R. ging um 1020/30 gemeinsam mit seinem Pflegebruder → Eymund nach Nowgorod und diente zunächst dem Großfürsten Jaroslav und später dessen Bruder Mstislav von Kiew.

Q: Eymundar saga.
Lit: *Davidson*, Viking Road (1976), 158–162.

B 302: Þorbjörn öngull Þórðarson

aus Island

Der Beiname bedeutet „Angelhaken". Þ. tötete 1031 Grettir Ásmundarson und ging danach nach Konstantinopel in die Warägergarde. Ca. 1034/38 wurde er von Grettis Bruder → Þorsteinn Ásmundarson erschlagen.

Q: Grettis saga, Kap. 85f.
Lit: *Blöndal*, Varangians (1978), 202–205; *Davidson*, Viking Road (1976), 188f., 234; *Melsteð*, Ferðir (1907–1915), 766f.

B 303: Þorkell Hallgilsson

aus Island

Þ. begleitete 1048 (1058?) → Þorvarður Höskuldsson nach Rom.

Q: Ljósvetningasaga, Kap. 19.
Lit: *Melsteð*, Ferðir (1907–1915), 768.

B 304: Þorkell svarti

aus Island

Der Beiname bedeutet „der Schwarze". Þ. fuhr um 1000 gemeinsam mit → Gunnlaugur ormstunga nach England.

Q: Gunnlaugs saga ormstungu, Kap. 7.
Lit: *Melsteð*, Ferðir (1907–1915), 650.

B 305: Þorsteinn drómundur Ásmundarson

aus Island

Der Beiname bedeutet „großes Schiff" oder „Kriegsschiff". Þ. reiste nach Konstantinopel, um den Mord an seinem Bruder Grettir (1031) zu rächen. Dort diente er in der Warägergarde, vielleicht in der Flotte. In der Regierungszeit von Michael IV. Katallakos (1034–1041) tötete er → Þorbjörn öngull, den Mörder seines Bruders.

Q: Grettis saga, Kap. 86.
Lit: *Blöndal*, Varangians (1978), 202–205; *Davidson*, Viking Road (1976), 188f., 234; *Melsteð*, Ferðir (1907–1915), 766f.

B 306: Þorsteinn Víga-Styrsson

aus Island

Nach der Ermordung seines Vaters durch → Gestur Þórhallason soll Þ. dem Mörder um 1010 nach Konstantinopel gefolgt sein, um sich an ihm zu rächen. Nach einem missglückten Anschlag auf Gestur kehrte Þ. nach Island zurück.

Q: Heiðarvíga saga, Kap. 11.
Lit: *Blöndal*, Varangians (1978), 199–201; *Melsteð*, Ferðir (1907–1915), 688.

B 307: Þorvarður Höskuldsson

aus Island

Þ. wurde 1048 (oder 1058?) zu einer dreijährigen Acht verurteilt und begab sich daraufhin gemeinsam mit → Brandur Gunnsteinsson zum Papst nach Rom. Auf der Rückreise starb Þ. in Sachsen.

Q: Ljósvetningasaga, Kap. 19f.
Lit: *Arnórsson*, Suðurgöngur (1954–1958), 33; *Melsteð*, Ferðir (1907–1915), 768; *de Vries*, Literaturgeschichte, Bd. 1 (1964), 220; *de Vries*, Literaturgeschichte, Bd. 2 (1967), 422.

Chronologische Liste der Reisenden

Im Folgenden wird eine chronologische Liste der Reisenden präsentiert. Angesichts der häufig nicht überlieferten Daten der Reisen kann diese Liste nur eine Annäherung sein. Sofern die Daten bekannt sind, wurden sie angeführt, ansonsten wurden Angaben wie „um 1000" oder „11. Jahrhundert" gemacht, um eine grobe Einordnung zu gewährleisten. Die gruppiert aufgeführten Personen reisten demnach nicht zwangsläufig gemeinsam. Jede Person wird nur einmal unter dem Zeitpunkt des Beginns ihrer ersten Reise genannt. Es werden alle Reisenden aufgelistet, die in der Prosopographie enthalten sind, außer den unter den Abschnitten B.2.1, B.2.2 und B.2.3 zusammengefassten Reisegruppen sowie den lediglich in den Isländersagas überlieferten Reisenden (Kap. B.3).

Jahr	*Name*	*Name*
vor 1000	Asser Agason	Eirik Håkonsson
	Gudrød	Hauk
	Jostein Eiriksson	Karlshovud Eiriksson
	Olav Tryggvason	Stefnir Þorgilsson
	Sven Tveskæg	Þorvaldur Koðránsson
	Tore Klakka	Tyre Haraldsdatter
	Ulv von Borresta	
um 1000	Assur Gullesson	Emund
	Erling Skjalgsson	Hegbjarn
	Kare Gullesson	Manne
	Øystain	Rafn
	Rodvisl	Svenne
	Ulvrik	
1000/1050	Arnfast	Baulv
	Björn	Farulv
	Folkbjörn	Fröger
	Frösten	Gudmar
	Gunnar	Gunnar Rodesson
	Gunne	Helge
	Hrafn Oddson	Ösel
	Östen	Ormer
	Ormulv	Sven
	Toke	Torsten

Jahr	Name	Name
1000/1050	Vidbjörn	Vigfast
	Vråe	
11. Jh.	Åke	Åsger
	Äsbjörn	Botulv Krasse
	Brand	Gerfast
	Gude	Hävner
	Hidin	Ingerun
	Kolben	Oddlög (?)
	Olof	Olof Guvesson
	Sigvid	Skärder
	Slagve	Svärre
	Toke	Torger
vor 1001	Gunhild	Pallig
1005	Odinkar	
1006/1011	Toti	
1009	Eilaf Thorgilsøn	Heming Strút-Haraldsson
	Olav der Heilige	Thorkil den Høje
	Thrum	
1010	Thurketel	
1013	Knud der Große	Rane Roasson
	Thorgut	
vor 1014	Sigurd Lodvesson Digre	Sote
1014	Torfinn Sigurdsson	
1015	Asulv	Bjor Arnsteinsson
	Håkon Eiriksson	Svein Håkonsson
	Tjälve	Tymme
1015/1020	Torkell Amundsson Fostre	
1015/1030	Torstein Ragnhildsson	Þórður Sjáreksson
1016	Thurbrand	
1016/1020	Kar	
1016/1035	Henrik	Thorkil Hvita
1017	Estrid	Gudleik Gerske
1017/1018	Einar Sigurdsson Vrangmunn	
1018	Ale	Gudver
	Halfdan	Hardeknud
	Øyvind Urarhorn	Rani
	Tovi Pruda	
1018/1066	Gere	
1019	Eiliv Ragnvaldsson	Halfdan
	Ingebjørg	Ingegerd
	Ragnald	Ragnvald Ulvsson
	Sigtrygg	Sigvard Digre
1019/1023	Gyda	

Chronologische Liste der Reisenden 361

Jahr	Name	Name
um 1020	Harald Harefod	Sven Alfifasøn
	Ulf Thorgilsøn	
1021	Ísleifur Gissurarson	
1023	Einar Eindridesson Tambarskjelve	Thrym
1024	Håkon	Ork
vor 1025	Sighvatur Þórðarson	
1025	Aslak Erlingsson	Bersi Skáld-Torfusson
	Gunnstein	Karle
	Skjalg Erlingsson	Tore Toresson Hund
vor 1026	Asbjørn Estridsøn	Bjørn Estridsøn
	Sven Estridsøn	
1026	Berg	Osgod Clapa
	Þórarinn loftunga	
1027	Sigurd Erlingsson	Steinn Skaftason
	Tore Erlingsson	
vor 1028	Sigurd	
1028	Arne Arnesson	Aslak
	Astrid	Dag Ringsson
	Einar	Egill Síðu-Hallsson
	Finn Arnesson	Finn Håreksson
	Gissur gullbrárskáld	Gudrød Sigurdsson
	Halvdan	Helge
	Kolbjørn Arnesson	Magnus Olavsson der Gute
	Ragnvald Bruseson	Ring Dagsson
	Þórður	Þormóður Kolbrúnarskáld
	Tofi Valgautsson	Torberg Arnesson
	Tord	Torleiv
	Ulvhild Olavsdatter	
1029	Bjørn Digre	Kalv Arnesson
1030	Avoko	Bjørn
	Hallvarður Háreksblesi	Harald Hardråde
	Karl den Vesale	Már Húnröðarson
1030/1040	Harald Thorkilsøn	
vor 1033	Tryggve Olavsson	
1034	Svein Bryggefot	Úlfur Óspaksson
vor 1035	Håkon	
1035	Erlend	Gunhild
1035/1036	Thietmar	
1035/1046	Þorsteinn Siðu-Hallsson	
1035/1052	Guttorm Ketillsson	
1037/1040	Assur	
1042/1066	Asser	Godric

Jahr	Name	Name
1042/1066	Strang	Toli
1046	Eilbert	Gauti
	Gautur	
1047/1066	Auðun vestfirzki	
1048	Erling	Loden
1050/1080	Ärnmund	Ingemund
1050/1100	Anund	Bergvid
	Håkon Ivarsson	Holme
	Horse (?)	Kjell
	Olev	Otrygg
	Ragnvald	Rodfos
	Sigurd	Sigvid
	Sven	Thorgils Svensøn
	Torald	Torolf
	Torolf	Torsten
vor 1051	Halldór Snorrason	
1051/1054	Halli Þórarinsson	
vor 1054	Osbern	
1055	Albert	
vor 1058	Okke	
1058	Magnus Haraldsson	
1059	Magnus	
1060	Egino	
1061	Tormod Eindridesson	
vor 1065	Reavensvart	
1065	Amund	Ingebjørg Finnsdatter
vor 1066	Johannes	Sigmund
	Sigrid	
1066	Erlend Torfinnsson	Frirek
	Øystein Torbergsson Orre	Olav Haraldsson Kyrre
	Pål Torfinnsson	Styrkår
	Þjóðólfur Arnórsson	Þorkell Þórðarson
1069	Bjørn	Christian
	Harald Hen	Knud der Heilige
	Thorkil	
1072	Knud Magnus Svensøn	
1073	Radulv	
1075	Håkon	
vor 1077	Jón Ögmundarson	
vor 1078	Sæmundur inn fróði Sigfússon	
vor 1080	Gissur Ísleifsson	Steinunn Þorgrímsdóttir
1080	Rodulvard	

Chronologische Liste der Reisenden 363

Jahr	Name	Name
1085	Oluf Hunger	
1086	Astrad Thorgunnasøn	Niels Svensøn
	Sven Thorgunnasøn	
nach 1086	Karl den Danske	
1087	Sven Nordmand	
1090	Håkon Magnusson Toresfostre	
1095	Kristina	
1096/1098	Erik Ejegod	
1097	Sven Svensøn	
1097/1098	Ingemund	
1098	Gísl Illugason	Håkon Pålsson
	Kale Sæbjørnsson	Kol Kalesson
	Magnus Olavsson Berrføtt	Sigurd Sneis
Ende 11. Jh.	Ingefast	Spjallbude
	Sven	Tore
	Uddgair (?)	
um 1100	Alle	Eldjárn
	Grane	Herre
	Karl	Sigurd Svensøn
	Þórður	
1100/1126	Ingebjørg Håkonsdatter	
1100/1150	Åsleiv	
1101/1108	Roger	
1102	Dag Eilivsson	Erling Erlendsson
	Finn Skoftesson	Harald Magnusson Gille
	Magnus Erlendsson	Øyvind Finnsson Albue
	Ogmund Skoftesson	Serk Brynjolvsson
	Sigurd Magnusson Jorsalfar	Sigurd Ranesson
	Skofte Ogmundsson	Tord Skoftesson
	Torgrim Skinnhette	Ulv Ranesson
	Vidkunn Jonsson	
1103	Bodil	Erik Emune
1107	Árni Fjöruskeifur	Aslak Hane
	Hermundur Þorvaldsson	
vor 1110	Wilhelm	
vor 1111	Knud Lavard	
nach 1111	Ivar	
1113	Eliv	Gerold
	Harald Kesja	
nach 1115	Sigrid	
1116	Eskil	
1118	Sigmundur Þorgilsson	

Jahr	Name	Name
1118/1122	Tore Helsing	
1120	Sigurd Slembe	
1120/1130	Hallkjell Jonsson Huk Þórarinn stuttfeldur	Ragnvald Kale Kolsson
vor 1127	Harald Håkonsson Slettmælte	
nach 1127	Erlend Haraldsson	
1130	Jedvard Bonde	Ragnhild
vor 1131	Magnus Nielssøn	
1135	Pål Håkonsson	
1139	Siward	
vor 1140	Margret Håkonsdatter Olve Torljotsson Rósta	Olav Rolvsson Torbjørn Torsteinsson Klerk
1140/1150	Dufniall Havardsson Haflide Torkelsson Ingegerd Olavsdatter Svein Roaldsson	Eiríkur Helena Rikard Torleivsson
1141	Okke	
1142	Arne Sæbjørnsson Styrre Kolbein Ruge Sven Grathe	Eyjólfur Þordisarson Øystein Haraldsson Torleiv Brynjolvsson
1144	Asbjørn Grimsson Margad Grimsson	Gunne Olavsson Svein Åsleivsson
1145	Sigurd	
1146/1155	Absalon	
1147	Knud Magnussøn	
1147/1148	Kjeld	
1148	Sven Svensøn	
1149/1150	Nikulás Bergsson	
1150	Eirik Ivarsson Hallur Teitsson Vilhelm	Eskil Svensøn Reidar
1150/1160	Hallvard Dufuson Lifolf	Hosvir den Sterke
1150/1200	Johannes	
vor 1152	Gissur Hallsson	
1152	Valdemar der Große	
1153	Armod Audun Røde Eindride unge Grimkell Jon Petersson Fot Oddi inn litli Glúmsson Þorlákur Þórhallsson	Aslak Erlendsson Bjarne Torsteinsson Erling Ormsson Skakke Guttorm Mjølukoll Magnus Havardsson Sigmund Andresson Aungul Torbjørn Svarte

Chronologische Liste der Reisenden 365

Jahr	Name	Name
1153	Torgeir Skotakoll	Torkil Torsteinsson Krokøye
	Torstein Ragnasson	
1154	Einar Skjev	
1156	Eirik Eiriksson Stagbrell	Ingerid Ragnvaldsdatter
1158	Asolf Gunnesson	Håkon Havardsson Klo
	Jomar	Torstein Havardsson
1159	Christoffer Valdemarsøn	Esbern Snare
	Gnemer Falstring	Gvenmar Ketilsson
	Ingemar	Peder Ebbesøn
	Skjalm den Skæggede	Vedeman
1160	Niels	Øystein Erlendsson
	Oluf	
1160/1170	Jon	Salomon
1161	Esbern	
1161/1172	Peter	
1162	Buris Henriksøn	Esger
	Live	Sune Ebbesøn
	Tage Algudsøn	
1162/1176	Markus	Ogyrius
1164	Magnus	Peder Elivsøn
	Stefan	Thorbjørn
1164/1165	Henrik	
1165	Brienne	Eskil
	Magnus Eriksøn	Niels
	Saxo	
1165/1175	Hugo	
1165/1198	Harald Eiriksson Unge	
1166	Sven	
1168/1170	Achilius	
1169	Godefrid	Johannes
	Walter	Walter
1169/1170	Esbern	
1170	Gere	Peder Thorstensøn
	Peder Todde	Saxo Grammaticus
	Skorre Vagnsøn	
nach 1170	Grim Rusle	Kristin Sigurdsdatter
1170/1180	Gillinus	
1170/1202	Valbert	
vor 1172	Geirmund	
1174	Okke	
1175	Gunhild	Herbord
1176	Knud Prislavsøn	Þórir Þorsteinnsson auðgi

Jahr	Name	Name
1176	Þorlaug Pálsdóttir	
1177	Henrik	Jón Þórhallsson
	Tore Krage	
vor 1178	Valdemar Knudsøn	
1178	Hemming	
1179	Knud Valdemarsøn	Niels Falstring
	Omer	
vor 1180	Eirik Sigurdsson	
1180	Asser	
1180/1190	Anders Sunesøn	Lifolf Skalle
	Sigurd Ivarsson Murt	
1181	Sofie	
1183/1184	Máni	
1184	Erling	Johannes
1184/1185	Aute	
1185	Alexander Pedersøn	Esbern
1186	Hermund Kvada	Ossur
	Tjodolv Vik	
vor 1188	Peder Sunesøn	
1188	Ingimundur Þorgeirsson	
vor 1190	Sven Aggesøn	
1190	Markús Gíslason	Vinnid
1191	Åge	Åge Stigsøn
	Peder Palnesøn	Skorre
	Sven Thorkilsøn	Ulv
	Valdemar Sejr	
1192	Thorkil	
vor 1193	Páll Jónsson	
1193	Hallkjell Jonsson	Ingeborg
	Olav Jarlsmåg	Sigurd Magnusson
vor 1195	Peder Ilske	Reidar Sendemann
1195	Birger Brosa	Rikard Svartemester
	Sigurður grikkur Oddsson	Tore
1196	Kol	
1197	Johannes	
1198	Erlendur	Thorbern Sunesøn
1199	Johannes Sunesøn	
um 1200	Anders	Auðun
	Henrik Harpestreng	Hrafn Sveinbjarnarson
	Jonas	Tove
1202	Bergur Gunnsteinsson	Bótólfur
	Brandur Dálksson	Erlendur
	Eyólfur forni Snorrason	Grímnir munkur

Chronologische Liste der Reisenden 367

Jahr	Name	Name
1202	Guðmundur hinn góði Arason	Guðmundur Þormóðarson
	Helene	Höskuldur Arason
	Ívar Jónsson	Kollsveinn Bjarnarson
	Magnús Gissurarson	Pjetur Bárðarson
	Snorri Bárðarson	Þórður Vermundarson
	Þorsteinn Kambason	Tómas Ragnheiðarson
1203	Jón Árnason	
1205	Tore Gudmundsson	
1206	Niels	
1208	Niels Sømand	Peder
1211	Ingebjørg	Margret Magnusdatter
	Niels Grevesøn	Peter Steype
1212	Absalon	
1213	Ivo	Odardus
	Vilhelm	
vor 1214	Gunner	Peder Jakobsøn
1214	Pål	Þorvaldur Snorrason
vor 1215	Björn Hjaltason	
1215	Eskil	Guttorm
	Nikolaus	Peter Kaikewalde
1216	Basse	Torgaut
1217	Erlend Torbergsson	Gaut Jonsson
	Roar Kongsfrende	Sigurd Kongsfrende
	Troels	
1218	Rikard	
1219	Gaufrid	Niels
	Simon	Wescelin
1220	Andres	Bengt
	Helge Bogransson	Herman
	Johan Sverkersson	Karl
	Ogmund	Salomon
	Svein Sigridsson	Walter
1220/1226	Gudleik	
1220/1233	Nikolas Pålsson	
1221	Gottschalk	Jon
	Nikolas	
1222	Andres Skjaldarband	Conrad
	Ivar Utvik	Jogrim
	Knud Valdemarsøn	Torberg
	Torstein	Tuve
1223	Andreas	Asgaut
	Asker	Gilbert
	Hebbe	Pål Balkesson

Jahr	Name	Name
1223	Sigurd	Valdemar den Unge
1224	Bjørn	Erling
	Finn	Galfrid
	Galfrid Petersson	Gaut
	Helge	Hogne
	Karl	Ketil
	Orm	Peter von Husastad
	Peter Oddsson	Rikvin
	Sigvald	
1225	Åskjell Jonsson	Abel Valdemarsøn
	Andres Arnesson	Asser Juliansøn
	Bjørn	Bjørn Tuvesøn
	Christoffer Valdemarsøn	Jakob Sunesøn
	Jon Stål	Ketill
	Niels Lajsøn	Peder Strangesøn
	Vilhelm von Lyse	
1226	Aron Hjörleifsson	Erik Plovpenning
	Eyjólfur	
1227	Tore den trøndske	
1228	Benedikt	Johannes
	Radulv	Simon
1229	Andreas	
1230	Balke Unge	Olve Illt-eit
	Ottar Snekollsson	Pål Gås
	Serk Sygnekjuke	Sigurd Eindridesson
	Sigurd Sepil	Sigurd Smed
	Sveinung Svarte	Tormod Tingskam
1230/1235	Bård	
1230/1255	Bartholomæus	
1231	Andreas	Andres
	Hånev Unge	Kolbein
	Ravn	Snekoll Gunnarsson
	Sumarlide Rolvsson	Torkil
1232	Johannes Ebbesøn	Skule Bårdsson
1233	Ernisius	Laurentius
	Nikolaus	
1234	Pål	Sturla Sighvatsson
1235	Ivar Nev	Johannes
	Kolbeinn ungi Arnórsson	Roe Kongsfrende
	Sigurður Eldjárnsson	Þórálfur Bjarnason
	Þórður þumli Halldórsson	
1236	Sofie	
1237	Jon	Rudolf von Næstved

Jahr	Name	Name
1238	Thorkil	
1240	Birger Magnusson	Ivar Tagesøn
	Helf Gutæ	Niels
	Thord Føghæ	Tuki Wrang
	Tuve Kolsøn	Tuve Leosøn
	Tuve Palnesøn	
1241	Saxo Aggesøn	
1244	Björn	
vor 1245	Ingerd	
1245	Bjørund	Niels Stigsøn
1246	Aaron de Randrus	Angelus
	Astolphus	Bjørn
	Brotherus	Daniel
	Engelbertus	Johannes
	Johannes Woxmoth	Michael de Horsnes
	Pål	Peder Hartbo
1247	Árni beiskur	Auðun kollur
	Broddi Þorleifsson	Gissur Þorvaldsson
	Jakob Erlandsøn	Leonardus
	Önundur biskopsfrændi	Þorleifur hreimur Ketilsson
1250	Borgar	Eskil
	Torlak	Valdemar Abelsøn
	Vigleik	
nach 1250	Åmunde Haraldsson	Admund
	Andres Nikolasson	Ásgrímur Þorsteinsson
	Askatin	Bertold
	Bjarne	Bjarne Mosesson
	Einar Gunnarsson Smjorbak	Elis
	Gillibert	Gislo Petersson
	Ivar Engelsson	Kristin Håkonsdatter
	Lodin Lepp	Nikolas
	Olav	Ottar
	Peter	Philipp Knutsson
	Philipp Petersson	Rikard
	Sighvatur Böðvarsson	Simon preikar
	Sørle	Toralde
	Torkil	Torlaug Bose
	Wogen Palnesøn	

Bibliographie

Die isländischen Autoren werden – entgegen der in Island üblichen Zitierweise – nicht nach dem Vornamen eingereiht, sondern nach dem Vaternamen; Finnur Jónsson ist beispielsweise unter „J" zu finden, nicht unter „F".

Quellenverzeichnis

Sammelwerke

Gerd Althoff/Joachim Wollasch (Hrsg.), Die Totenbücher von Merseburg, Magdeburg und Lüneburg. (Monumenta Germaniae Historica. Antiquitates. Libri memoriales et necrologia. Nova series, Bd. 2.) Hannover 1983.

Heinrich Appelt (Hrsg.), Die Urkunden Friedrichs I. 5 Bde. (Monumenta Germaniae Historica. Diplomata. Die Urkunden der deutschen Könige und Kaiser, Bd. 10.) Hannover 1975–1990.

Johanne Autenrieth/Dieter Geuenich/Karl Schmid (Hrsg.), Das Verbrüderungsbuch der Abtei Reichenau. Einleitung, Register, Faksimile. (Monumenta Germaniae Historica. Antiquitates. Libri memoriales et necrologia. Nova series, Bd. 1.) Hannover 1979.

L. M. Bååth (Hrsg.), Acta Pontificum Svecica I. Acta Cameralia. Bd. 1, 1: 1062–1348. (Diplomatarium Suecanum. Svenskt diplomatarium. Appendix.) Stockholm 1936.

Frank Barlow (Hrsg.), The Letters of Arnulf of Lisieux. (Camden Third Series, Bd. 61.) London 1939.

Erik Brate (Hrsg.), Östergötlands Runinskrifter. (Sveriges Runinskrifter, Bd. 2.) Stockholm 1911–1918.

Erik Brate/Sven Söderberg (Hrsg.), Ölands Runinskrifter. (Sveriges Runinskrifter, Bd. 1.) Stockholm 1900–1906.

Erik Brate/Elias Wessén (Hrsg.), Södermanlands Runinskrifter. (Sveriges Runinskrifter, Bd. 3.) Stockholm 1924–1936.

Friedrich G. von Bunge (Hrsg.), Liv-, Est- und Kurländisches Urkundenbuch nebst Regesten. Ab Bd. 7 im Auftrag der baltischen Ritterschaften und Städte fortgesetzt von Hermann Hildebrand, Philipp Schwartz und August von Bulerincq. Abteilung 1. Reval (Tallinn)/Riga/Moskau 1853-1910, Nachdruck Aalen 1967-1981.

Erich Caspar (Hrsg.), Das Register Gregors VII. 2 Bde. (Monumenta Germaniae Historica. Epistolae selectae in usum scholarum, Bd. 2.) Berlin 1920-1923.

Close Rolls of the Reign of Henry III. preserved in the Public Record Office. A. D. 1227-1231. London 1902.

Léopold Delisle (Hrsg.), Recueil des Historiens des Gaules et de la France. Bd. 16: Contenant et terminant la suite des monumens des trois règnes de Philippe Ier, de Louis VI dit le Gros, et de Louis VII surnommé le Jeune, depuis l'an MLX jusqu'en MCLXXX. Paris 1878.

Diplomatarium Danicum. Kopenhagen 1938ff.

Diplomatarium Islandicum. Íslenzkt fornbréfasafn, sem hefir inni að halda bréf og gjörninga, dóma og máldaga, og aðrar skrár, er snerta Ísland eða Íslenzka menn. 16 Bde. Kopenhagen/Reykjavík 1857-1959.

Diplomatarium Norvegicum. Oldbreve til kundskab om Norges indre og ydre forhold, sprog, slægter, sæder, lovgivning og rettergang i middelalderen. 21 Bde. Kristiania (Oslo) 1849-1976 ⟨http://www.dokpro.uio.no/dipl_norv/diplom_felt.html⟩ - Zugriff am 5. 3. 2006.

Ernst Duemmler (Hrsg.), Poetae Latini aevi Carolini. Bd. 1. (Monumenta Germaniae Historica. Antiquitates. Poetae Latini medii aevi, Bd. 1.) Berlin 1881.

Jean Dufour (Hrsg.), Recueil des actes de Louis VI, roi de France (1108-1137). 4 Bde. (Chartes et diplômes relatifs à l'histoire de France.) Paris 1992-1994.

Anne J. Duggan (Hrsg./Übers.), The correspondence of Thomas Becket. Archbishop of Canterbury 1162-1170. 2 Bde. (Oxford medieval texts.) Oxford 2000.

Reinhard Elze (Hrsg.), Ordines coronationis imperialis. - Die Ordines für die Weihe und Krönung des Kaisers und der Kaiserin. (Monumenta Germaniae Historica. Leges. Fontes iuris Germanici antiqui in usum scholarum separatim editi, Bd. 9.) Hannover 1960.

Antonio García y García (Hrsg.), Constitutiones Concilii quarti Lateranensis una cum Commentariis glossatorum. (Monumenta iuris canonici. Series A: Corpus Glossatorum, Bd. 2.) Città del Vaticano 1981.

Martin C. Gertz (Hrsg.), Scriptores minores historiæ Danicæ Medii Ævi. 2 Bde. Kopenhagen 1917-1922.

Martin C. Gertz (Hrsg.), Vitae Sanctorum Danorum. Novam editionem criticam. (Selskabet for Udgivelse af Kilder til dansk Historie.) Kopenhagen 1908-1912.

The Great Roll of the Pipe for the Twenty-eighth Year of the Reign of King Henry the Second. A. D. 1181-1182. (Publications of the Pipe Roll Society, Bd. 31.) London 1910.

Florence E. Harmer (Hrsg.), Anglo-Saxon Writs. 2. Aufl. (Paul Watkins Medieval Studies, Bd. 2.) Stamford 1989.

Poul Hauberg (Hrsg.), Henrik Harpestræng: Liber Herbarum. Kopenhagen 1936.

Thomas Hearne (Hrsg.), Hemingi chartularium ecclesiae Wigorniensis. E codice MS. penes Richardum Graves de Mickleton in agro Gloucestriensi. 2 Bde. Oxford 1723.

Finn Hødnebø/Magnus Rindal (Hrsg.), Den eldre Gulatingsloven. E donatione variorum 137 4° (Codex Rantzovianus) i Det Kongelige Bibliotek, København og AM 309 fol. (93r–100v), AM 315 e fol., AM 315 f fol., AM 468 C 12° (bindet), NRA 1 B. (Corpus Codicum Norvegicorum Medii Aevi. Quarto series, Bd. 9.) Oslo 1995.

Konstantin Höhlbaum (Bearb.), Hansisches Urkundenbuch. Bd. 1. Halle 1876.

Lis Jacobsen/Erik Moltke (Hrsg.), Danmarks Runeindskrifter. Under medvirkning af Anders Bæksted og Karl M. Nielsen. 4 Bde. Kopenhagen 1941–42.

Philipp Jaffé (Hrsg.), Regesta Pontificum Romanorum ab condita ecclesia ad annum post Christum natum MCXCVIII. 2. Aufl., bearbeitet von Samuel Loewenfeld, Ferdinand Kaltenbrunner und Paul Ewald. 2 Bde. Leipzig 1885–1888.

Sven B. F. Jansson (Hrsg.), Västmanlands Runinskrifter. (Sveriges Runinskrifter, Bd. 13.) Stockholm 1964.

Sven B. F. Jansson/Elias Wessén (Hrsg.), Gotlands Runinskrifter. (Sveriges Runinskrifter, Bd. 11.) Stockholm 1962.

Dies. (Hrsg.), Upplands Runinskrifter. 4 Bde. (Sveriges Runinskrifter, Bd. 6–9.) Stockholm 1940–1958.

J. W. S. Johnsson (Hrsg.), Henricus Dacus (Henrik Harpestreng): De simplicibus medicinis laxativis. Kopenhagen 1914.

Hugo Jungner/Elisabeth Svärdström (Hrsg.), Västergötlands Runinskrifter. (Sveriges Runinskrifter, Bd. 5.) Stockholm 1958–1970.

Kristian Kålund (Hrsg.), Alfræði íslenzk. Islandsk encyclopædisk litteratur. Bd. 1: Cod. MBR. AM 194, 8vo. (Samfund til Udgivelse af Gammel Nordisk Litteratur, Bd. 37.) Kopenhagen 1908.

Susan E. Kelly/Sean M. Miller (Hrsg.), The electronic Sawyer. An online version of the revised edition of Sawyer's Anglo-Saxon Charters, section one [S 1–1602]. ⟨http://www.trin.cam.ac.uk/chartwww/eSawyer.99/eSawyer2.html⟩ – Zugriff am 5. 3. 2006.

Rudolf Keyser et al. (Hrsg.), Norges gamle Love indtil 1387. 5 Bde. Christiania (Oslo) 1846–1895.

Ragnar Kinander (Hrsg.), Smålands Runinskrifter. (Sveriges Runinskrifter, Bd. 4.) Stockholm 1935–1961.

Robert Klempin (Hrsg.), Pommersches Urkundenbuch. Bd. 1. Erste Abtheilung. 786–

1253. Regesten, Berichtigungen und Ergänzungen zum Codex Pomeraniae diplomaticus. Stettin 1868.

Erik Kroman (Hrsg.), Danmarks middelalderlige annaler. På grundlag af M. Cl. Gertz', Marcus Lorenzens og Ellen Jørgensens udgaver. Kopenhagen 1980.

Johan G. Liljegren (Hrsg.), Diplomatarium Suecanum. Svenskt Diplomatarium. Bd. 1: Åren 817–1285. Stockholm 1829.

Felix Liebermann/Reinhold Pauli (Hrsg.), Ex rerum Anglicarum scriptoribus saec. XII. et XIII. (Monumenta Germaniae Historica. Scriptores, Bd. 27.) Hannover 1885.

Otto H. May (Bearb.), Regesten der Erzbischöfe von Bremen. Bd. 1 (787–1306). (Veröffentlichungen der historischen Kommission für Niedersachsen, Bd. 11.) Hannover 1937.

Erich Meuthen (Hrsg.), Aachener Urkunden 1101–1250. (Publikationen der Gesellschaft für Rheinische Geschichtskunde, Bd. 58.) Bonn 1972.

Jacques P. Migne (Hrsg.), Patrologiae cursus completus. Patrologia Latina. 217 Bde. Paris 1844–1855.

John Morris (Hrsg.), Domesday Book. A Survey of the Counties of England. Liber de Wintonia. Compiled by direction of King William I. Winchester 1086. 38 Bde. Chichester 1975–1992.

Engelbert Mühlbacher (Hrsg.), Die Urkunden Pippins, Karlmanns und Karls des Großen. (Monumenta Germaniae Historica. Diplomata. Die Urkunden der Karolinger, Bd. 1.) Hannover 1906.

Magnus Olsen/Aslak Liestøl/Ingrid S. Johnsen (Hrsg.), Norges innskrifter med de yngre runer. (Norges innskrifter inntil reformasjonen. 2. Abteilung.) Oslo 1941ff.

Ferdinand Opll (Hrsg.), Regesta Imperii IV: Ältere Staufer. Zweite Abteilung: Die Regesten des Kaiserreiches unter Friedrich I. 1152 (1122)–1190. Wien/Köln/Graz 1980–.

Emil von Ottental/Hans Hirsch (Hrsg.), Die Urkunden Lothars III. und der Kaiserin Richenza. (Monumenta Germaniae Historica. Diplomata. Die Urkunden der deutschen Könige und Kaiser, Bd. 8.) Berlin 1927.

August Potthast (Bearb.), Regesta pontificum Romanorum inde ab a. post Christum natum 1198 ad a. 1304. 2 Bde. Berlin 1874–1875.

Regesta Norvegica. 7 Bde. Oslo 1978–1997 ⟨http://www.dokpro.uio.no/dipl_norv/regesta_felt.html⟩ – Zugriff am 5.3.2006.

Gustav Storm (Hrsg.), Monumenta Historica Norvegiæ. Latinske Kildeskrifter til Norges Historie i Middelalderen. Kristiania (Oslo) 1880.

Gustav Storm (Hrsg.), Islandske Annaler indtil 1578. Christiania (Oslo) 1888.

Karl F. Stumpf-Brentano (Hrsg.), Die Reichskanzler vornehmlich des 10., 11. und 12. Jahrhunderts. Bd. 2: Die Kaiserurkunden des 10., 11. und 12. Jahrhunderts, chronologisch verzeichnet als Beitrag zu den Regesten und zur Kritik derselben. Mit Nachträgen von Julius Ficker (1883). Innsbruck 1865–1883.

Elisabeth Svärdström (Hrsg.), Gotlands Runinskrifter. (Sveriges Runinskrifter, Bd. 12.) Stockholm 1978.

Eirik Vandvik (Hrsg.), Latinske Dokument til norsk historie fram til år 1204. Oslo 1959.

Dorothy Whitelock/Martin Brett/Christopher N. L. Brooke (Hrsg.), Councils and synods with other documents relating to the English church. I A. D. 871–1204. Teil 1: 871–1066. Oxford 1981.

Editionen und Übersetzungen

Årbog 1074–1255
    Årbog 1074–1255. In: *Kroman*, Annaler (1980), 16–20.

Adam von Bremen
    Bernhard Schmeidler (Hrsg.), Magistri Adam Bremensis Gesta Hammaburgensis ecclesiae pontificum. – Adam von Bremen, Hamburgische Kirchengeschichte. 3. Aufl. (Monumenta Germaniae Historica. Scriptores rerum Germanicarum in usum scholarum separatim editi, Bd. 2.) Hannover 1917.

Ágrip af Nóregskonunga sǫgum
Die Kapitelzählung folgt der Edition von *Einarsson*.
    Matthew J. Driscoll (Hrsg./Übers.), Ágrip af Nóregskonungasǫgum. A twelfth-century synoptic history of the kings of Norway. (Viking Society for Northern Research. Text Series, Bd. 10.) London 1995.
    Bjarni Einarsson (Hrsg.), Ágrip af Nóregskonunga sǫgum. Fagrskinna – Nóregs konunga tal. (Íslenzk fornrit, Bd. 29.) Reykjavík 1984, 1–54.

Albert von Aachen
    Alberti Aquensis Historia Hierosolymitana, in: Recueil des historiens des croisades. Historiens occidentaux. Bd. 4. Paris 1879, 265–713.

Angelsächsische Chronik
    David N. Dumville/Simon Keynes (Hrsg.), The Anglo-Saxon Chronicle. A collaborative edition. Cambridge 1983ff.
    Charles Plummer (Hrsg.), Two of the Saxon Chronicles parallel. With supplementary extracts from the others. 2 Bde. Oxford 1892–1899.
    Benjamin Thorpe (Hrsg./Übers.), The Anglo-Saxon Chronicle. According to the several original authorities. 2 Bde. (Rerum Britannicarum Medii Ævi Scriptores, Bd. 23.) London 1861.

Dorothy Whitelock/David C. Douglas/Susie I. Tucker (Übers.), The Anglo-Saxon Chronicle. A revised translation. 2. Aufl. London 1965.

Annalen von Ulster

Donnchadh Ó Corrain/Mavis Courname (Hrsg.), The Annals of Ulster. Third draft, revised and corrected. (Corpus of Electronic Texts Edition, Bd. G100001A.) Cork 1997 ⟨http://www.ucc.ie/celt/published/G100001A⟩ – Zugriff am 5.3.2006.

Seán Mac Airt/Gearóid Mac Niocaill (Hrsg./Übers.), The Annals of Ulster (to A. D. 1131). Teil 1: Text and Translation. Dublin 1983.

Annales 1098–1325

Annales 1098–1325. In: *Kroman*, Annaler (1980), 320–322.

Annales Cambriae

John Williams ab Ithel (Hrsg.), Annales Cambriae. (Rerum Britannicarum Medii Ævi Scriptores, Bd. 20.) London 1860.

Annales Colbazenses

Annales Colbazenses. In: *Kroman*, Annaler (1980), 1–11.

Annales Essenbecenses

Annales Essenbecenses. In: *Kroman*, Annaler (1980), 274–283.

Annales Hildesheimenses

Georg Waitz (Hrsg.), Annales Hildesheimenses. (Monumenta Germaniae Historica. Scriptores rerum Germanicarum in usum scholarum separatim editi, Bd. 8.) Hannover 1878.

Annales Lundenses

Annales Lundenses. In: *Kroman*, Annaler (1980), 21–70.

Annales Magdeburgenses

Georg Waitz (Hrsg.), Annales Magdeburgenses. (Monumenta Germaniae Historica. Scriptores, Bd. 16.) Hannover 1859, 105–196.

Annales rerum Danicarum

Petri Olai Minoritæ Roskildensis Annales Rerum Danicarum, a Cimbrorum exitu ad An. Chr. 1541. In: *Jacob Langebek*, Scriptores Rerum Danicarum Medii Ævi. Bd. 1. Kopenhagen 1772, 171–197.

Annales Ryenses

Annales Ryenses. In: *Kroman*, Annaler (1980), 149–176.

Annales Stadenses
  Johann M. Lappenberg (Hrsg.), Annales Stadenses auctore Alberto. (Monumenta Germaniae Historica. Scriptores, Bd. 16.) Hannover 1859, 271–379.

Annales Valdemarii
  Annales Valdemarii. In: *Kroman*, Annaler (1980), 75–79.

Annales Visbyenses
  Annales Visbyenses. In: *Kroman*, Annaler (1980), 145–148.

Annalista Saxo
  Georg Waitz (Hrsg.), Annalista Saxo. (Monumenta Germaniae Historica. Scriptores, Bd. 6.) Hannover 1844, 542–777.

Arnold von Lübeck: Chronica Slavorum
  Georg H. Pertz (Hrsg.), Arnoldi Chronica Slavorum. (Monumenta Germaniae Historica. Scriptores rerum Germanicarum in usum scholarum separatim editi, Bd. 14.) Hannover 1868.

Arons saga Hjǫrleifssonar
  Jón Jóhannesson/Magnús Finnbogason/Kristján Eldjárn (Hrsg.), Sturlunga saga. 2 Bde. Reykjavík 1946. Bd. 2, 237–278.

Balduini Ninovensis chronicon
  Oswald Holder-Egger (Hrsg.), Balduini Ninovensis chronicon. (Monumenta Germaniae Historica. Scriptores, Bd. 25.) Hannover 1880, 515–546.

Benedikt von Peterborough: Miracula Sancti Thomae Cantuariensis
  Miracula Sancti Thomæ Cantuariensis, auctore Benedicto, abbate Petriburgensi. In: *James C. Robertson* (Hrsg.), Materials for the history of Thomas Becket, archbishop of Canterbury, (canonized by Pope Alexander III., A. D. 1173.). Bd. 2: Benedict of Peterborough, John of Salisbury, Alan of Tewkesbury, Edward Grim. (Rerum Britannicarum Medii Ævi Scriptores, Bd. 67, 2.) London 1876, 21–281.

Benedikt von Peterborough: Passio Sancti Thomae Cantuariensis
  Passio Sancti Thomæ Cantuariensis, auctore Benedicto Petriburgensi abbate. In: *James C. Robertson* (Hrsg.), Materials for the history of Thomas Becket, archbishop of Canterbury, (canonized by Pope Alexander III., A. D. 1173.). Bd. 2: Benedict of Peterborough, John of Salisbury, Alan of Tewkesbury, Edward Grim. (Rerum Britannicarum Medii Ævi Scriptores, Bd. 67, 2.) London 1876, 1–19.

Bibel
> *Robert Weber* (Hrsg.), Biblia sacra iuxta Vulgatam versionem. 4. Aufl. Stuttgart 1994.

Bjarnar saga Hítdœlakappa
> *Sigurður Nordal/Guðni Jónsson* (Hrsg.), Borgfirðinga sǫgur. Hœnsa-Þóris saga. Gunnlaugs saga ormstungu. Bjarnar saga Hítdœlakappa. Heiðarvíga saga. Gísls þáttr Illugasonar. (Íslenzk fornrit, Bd. 3.) Reykjavík 1938, 109–211.

Bǫglunga sögur
> *Hallvard Magerøy* (Hrsg.), Soga om birkebeinar og baglar. Bǫglunga sǫgur. 2 Bde. (Norrøn tekster, Bd. 5.) Oslo 1988. Bd. 2.

Bonum universale de apibus
> *Georges Colvener* (Hrsg.), Thomae Cantipratani miraculorum, et exemplorum memorabilium sui temporis libri duo. Douai 1605.
> *Wouter A. van der Vet* (Hrsg.), Het biënboec van Thomas van Cantimpré en zijn exempelen. 's-Gravenhage 1902.

Brut y Tywysogyon
> *Thomas Jones* (Übers.), Brut y Tywysogyon or The Chronicle of the Princes. Peniarth MS. 20 version. Cardiff 1952.
> *John Williams ab Ithel* (Hrsg.), Brut y Tywysogion, or The Chronicle of the Princes. (Rerum Britannicarum Medii Ævi Scriptores, Bd. 17.) London 1860.

Canones Nidrosienses
> Canones Nidrosienses A. D. 1152. In: *Eirik Vandvik* (Hrsg.), Latinske Dokument til norsk historie fram til år 1204. Oslo 1959, 42–51.

Chronica Manniae
> *Alexander Goss* (Hrsg.), Chronica regum Manniae et insularum. The Chronicle of Man and the Sudreys. With historical notes by P. A. Munch. 2 Bde. (Manx Society, Bd. 22–23.) Douglas 1874 ⟨http://www.isle-of-man.com/manxnotebook/manxsoc/msvol22/⟩ – Zugriff am 5. 3. 2006.

Chronica Principum Saxoniae
> *Oswald Holder-Egger* (Hrsg.), Chronica Principum Saxoniae. (Monumenta Germaniae Historica. Scriptores, Bd. 25.) Hannover 1880, 472–480.

Chronica Sialandie
> Chronica Sialandie. In: *Kroman*, Annaler (1980), 106–144.

Chronicon Claraevallense
> Chronicon Claraevallense. In: *Migne*, PL 185 (1855), 1247–1252.

Chronicon ecclesiae Ripensis
Ellen Jørgensen (Hrsg.), Ribe Bispekrønike, in: Kirkehistoriske samlinger 6:1, 1933, 23–33.

Chronicon Livoniae
Leonid Arbusow/Albert Bauer (Hrsg.), Heinrici Chronicon Livoniae. – Heinrichs Livländische Chronik. 2. Aufl. (Monumenta Germaniae Historica. Scriptores rerum Germanicarum in usum scholarum separatim editi, Bd. 31.) Hannover 1955.

Chronicon Roskildense
Michael H. Gelting (Übers.), Roskildekrøniken. Højbjerg 1979.
Chronicon Roskildense. In: *Gertz*, Scriptores (1917–1922), Bd. 1, 14–33.

Chronik von Melrose
Alan O. Anderson/Marjorie O. Anderson/William C. Dickinson (Hrsg.), The Chronicle of Melrose from the Cottonian Manuscript, Faustina B. IX in the British Museum. A complete and full-size Facsimile in Collotype. London 1936.
Joseph Stevenson (Hrsg.), Chronica de Mailros. E codice unico in Bibliotheca Cottoniana servato. Edinburgh 1835.

Decretum Gratiani
Emil Friedberg (Hrsg.), Corpus Juris Canonici. Teil 1: Decretum Magistri Gratiani. Leipzig 1879 ⟨http://mdz.bib-bvb.de/digbib/gratian⟩ – Zugriff am 5.3.2006.

De ordine Predicatorum in Dacia
De ordine Predicatorum de Tolosa in Dacia. In: *Gertz*, Scriptores (1917–1922), Bd. 2, 371–374.

Elis saga
Eugen Kölbing (Hrsg.), Elis saga ok Rosamundu. Mit Einleitung, deutscher Übersetzung und Anmerkungen. Heilbronn 1881.

Encomium Emmae
Alistair Campbell (Hrsg.), Encomium Emmae Reginae. With a supplementary introduction by Simon Keynes. (Camden classic reprints, Bd. 4.) Cambridge 1998.

En tale mot biskopene
Anne Holtsmark (Hrsg.), En tale mot biskopene. En sproglig-historisk undersøkelse. (Skrifter utgitt av Det Norske Videnskaps-Akademi. II. Historisk-Filosofisk Klasse, 1930, Bd. 9.) Oslo 1931, 1–20.

Anne Holtsmark (Übers.), Sverres saga – En tale mot Biskopene. (Aschehougs bibliotek for levende litteratur.) Oslo 1961, 261–290.

Eymundar saga

Eymundar þáttr Hringssonar. In: *Carl R. Unger/Guðbrandur Vigfússon* (Hrsg.), Flateyjarbok. En samling af Norske konge-sagaer med mindre fortællinger om begivenheder i og udenfor Norge samt annaler. 3 Bde. (Det norske historiske Kildeskriftfonds Skrifter, Bd. 4, 3.) Christiania (Oslo) 1860–1868. Bd. 2, 118–134.

Paul Edwards/Hermann Pálsson (Übers.), Vikings in Russia. Yngvar's Saga and Eymund's Saga. Edinburgh 1989, 69–89.

Eyrbyggja saga

Einar Ó. Sveinsson/Matthías Þórðarson (Hrsg.), Eyrbyggja saga. Brands þáttr ǫrva. Eiríks saga rauða. Grœnlendinga saga. Grœnlendinga þáttr. (Íslenzk fornrit, Bd. 4.) Reykjavík 1935, 1–184.

Exordium magnum Cisterciense

Bruno Griesser (Hrsg.), Exordium magnum Cisterciense sive Narratio de initio Cisterciensis Ordinis. Auctore Conrado, monacho claravellensi postea Eberbacensi ibidemque abbate. (Corpus Christianorum. Continuatio mediaevalis, Bd. 138.) Turnhout 1997.

Exordium Monasterii Carae Insulae

Exordium Monasterii quod dicitur Cara Insula. In: *Gertz*, Scriptores (1917–1922), Bd. 2, 158–264.

Fagrskinna

Bjarni Einarsson (Hrsg.), Ágrip af Nóregskonunga sǫgum. Fagrskinna – Nóregs konunga tal. (Íslenzk fornrit, Bd. 29.) Reykjavík 1984, 55–364.

Alison Finlay (Übers.), Fagrskinna. A Catalogue of the Kings of Norway. A Translation with Introduction and Notes. (The Northern World. North Europe and the Baltic c. 400–1700 AD. Peoples, Economies and Cultures, Bd. 7.) Leiden/Boston 2004.

Flateyjarbók

Carl R. Unger/Guðbrandur Vigfússon (Hrsg.), Flateyjarbok. En samling af Norske konge-sagaer med mindre fortællinger om begivenheder i og udenfor Norge samt annaler. 3 Bde. (Det norske historiske Kildeskriftfonds Skrifter, Bd. 4, 3.) Christiania (Oslo) 1860–1868.

Quellenverzeichnis

Fulcher von Chartres
  Harold S. Fink/Frances R. Ryan (Hrsg./Übers.), Fulcher of Chartres: A History of the Expedition to Jerusalem 1095–1127. Knoxville 1969.
  Heinrich Hagenmeyer (Hrsg.), Fulcheri Carnotensis Historia Hierosolymitana (1095–1127). Heidelberg 1913.

Gesta Normannorum Ducum
  Elisabeth M. C. van Houts (Hrsg./Übers.), The Gesta Normannorum Ducum of William of Jumièges, Orderic Vitalis, and Robert of Torigni. 2 Bde. (Oxford medieval texts.) Oxford 1992–1995.
  Jean Marx (Hrsg.), Guillaume de Jumièges: Gesta Normannorum Ducum. Rouen/Paris 1914.

Gesta regis Henrici secundi
  William Stubbs (Hrsg.), Gesta Regis Henrici Secundi Benedicti Abbatis. The Chronicle of the Reigns of Henry II. and Richard I. A. D. 1169–1192. Known commonly under the name of Benedict of Peterborough. Bd. 1. (Rerum Britannicarum Medii Ævi Scriptores, Bd. 49, 1.) London 1867.

Gottskálksannáll
  Gottskalks Annaler efter No. 5 octavo blandt Stockholms kgl. Bibliotheks islandske Haandskrifter (med Varianter fra AM. 412 4to og 429 A 2 4to). In: *Storm*, Islandske Annaler (1888), 297–378.

Grettis saga
  Guðni Jónsson (Hrsg.), Grettis saga Ásmundarsonar. Bandamanna saga. Odds þáttr Ófeigssonar. (Íslenzk fornrit, Bd. 7.) Reykjavík 1936, 1–290.

Guðmundar saga A
  Stefán Karlsson (Hrsg.), Guðmundar sögur biskups. Bd. 1: Ævi Guðmundar biskups. Guðmundar saga A. (Editiones Arnamagnæanæ. Series B, Bd. 6.) Kopenhagen 1983.

Guðmundar saga D
  Guðbrandur Vigfússon (Hrsg.), Guðmundar saga. In: Jón Sigurðsson et al. (Hrsg.), Biskupa sögur. Bd. 2. Kopenhagen 1878, 3–187.

Gulatingslov
  Bjørn Eithun/Magnus Rindal/Tor Ulset (Hrsg.), Den eldre Gulatingslova. (Norrøne tekster, Bd. 6.) Oslo 1994.
  Den ældre Gulathings-Lov. In: *Rudolf Keyser/P. A. Munch* (Hrsg.), Norges gamle Love indtil 1387. Bd. 1: Norges Love ældre end Kong Magnus Haakonssöns Regjerings-Tiltrædelse i 1263. Christiania (Oslo) 1846, 1–118.

Gunnlaugs saga ormstungu

Sigurður Nordal/Guðni Jónsson (Hrsg.), Borgfirðinga sǫgur. Hœnsa-Þóris saga. Gunnlaugs saga ormstungu. Bjarnar saga Hítdœlakappa. Heiðarvíga saga. Gísls þáttr Illugasonar. (Íslenzk fornrit, Bd. 3.) Reykjavík 1938, 49–107.

Hákonar saga Hákonarsonar

George W. Dasent (Übers.), The Saga of Hacon, and a Fragment of the Saga of Magnus. (Rerum Britannicarum Medii Ævi Scriptores 88: Icelandic Sagas, Bd. 4.) London 1894, 1–373.

Marina Mundt (Hrsg.), Hákonar saga Hákonarsonar etter Sth. 8 fol., AM 325 VIII,4° og AM 304,4°. (Norrøne tekster, Bd. 2.) Oslo 1977.

James E. Knirk (Hrsg.), Rettelser til Hákonar saga Hákonarsonar etter Sth. 8 fol., AM 325 VIII 4° og AM 304 4°. (Norrøne tekster, Bd. 2.) Oslo 1982.

Guðbrandur Vigfússon (Hrsg.), Hakonar Saga, and a Fragment of Magnus Saga. (Rerum Britannicarum Medii Ævi Scriptores 88: Icelandic Sagas, Bd. 2.) London 1887, 1–360.

Halldórs þáttr inn síðari

Halldórs þáttr Snorrasonar inn síðari. In: *Einar Ó. Sveinsson* (Hrsg.), Laxdœla saga. Halldórs þættir Snorrasonar. Stúfs þáttr. (Íslenzk fornrit, Bd. 5.) Reykjavík 1934, 263–277.

Heiðarvíga saga

Sigurður Nordal/Guðni Jónsson (Hrsg.), Borgfirðinga sǫgur. Hœnsa-Þóris saga. Gunnlaugs saga ormstungu. Bjarnar saga Hítdœlakappa. Heiðarvíga saga. Gísls þáttr Illugasonar. (Íslenzk fornrit, Bd. 3.) Reykjavík 1938, 213–328.

Heimskringla

Bjarni Aðalbjarnarson (Hrsg.), Snorri Sturluson: Heimskringla. 3 Bde. (Íslenzk fornrit, Bd. 26–28.) Reykjavík 1941–1951.

Bergljót S. Kristjánsdóttir et al. (Hrsg.), Snorri Sturluson: Heimskringla. 3 Bde. Reykjavík 1991.

Felix Niedner (Übers.), Snorris Königsbuch (Heimskringla). 3 Bde. (Thule, Bd. 14–16.) Jena 1922–1923.

Helmold von Bosau: Chronica Slavorum

Bernhard Schmeidler (Hrsg.), Helmoldi presbyteri Bozoviensis Cronica Slavorum. – Helmolds Slavenchronik. 3. Aufl. (Monumenta Germaniae Historica. Scriptores rerum Germanicarum in usum scholarum separatim editi, Bd. 32.) Hannover 1937.

Hemings þattr Áslákssonar
　Guðni Jónsson (Hrsg.), Íslendinga sögur. 13 Bde. Reykjavík 1946–1949. Bd. 7, 409–436.

Historia Norvegiae
　Inger Ekrem/Lars B. Mortensen/Peter Fisher (Hrsg./Übers.), Historia Norwegie. Kopenhagen 2003.
　Historia Norwegiæ. In: *Storm*, Monumenta (1880), 69–124.

Historia de Profectione Danorum in Hierosolymam
　De Profectione Danorum in Hierosolymam. In: *Gertz*, Scriptores (1917–1922), Bd. 2, 443–492.

Høyers annáll
　Henrik Høyers Annaler efter AM. 22 fol. („Adversaria Huitfeldiana"). In: *Storm*, Islandske Annaler (1888), 55–75.

Honorius Augustodunensis: Imago mundi
　Valerie I. J. Flint (Hrsg.), Honorius Augustodunensis: Imago mundi. In: Archives d'histoire doctrinale et littéraire du Moyen Âge 57, 1983, 7–153.

Hrafns saga Sveinbjarnarsonar
　Guðrún P. Helgadóttir (Hrsg.), Hrafns saga Sveinbjarnarsonar. Oxford 1987.
　Örnólfur Thorsson (Hrsg.), Sturlunga saga. Árna saga biskups. Hrafns saga Sveinbjarnarsonar hin sérstaka. 3 Bde. Reykjavík 1988, 883–931.

Hungrvaka
Die Kapitelzählung folgt der Edition von *Egilsdóttir*.
　Ásdís Egilsdóttir (Hrsg.), Biskupa sögur II. Hungrvaka. Þorláks saga byskups in elzta. Jarteinabók Þorláks byskups in forna. Þorláks saga byskups yngri. Páls saga byskups. (Íslenzk fornrit, Bd. 16.) Reykjavík 2002, 1–43.
　Jón Helgason (Hrsg.), Byskupa sǫgur. Bd. 1. (Editiones Arnamagnæanæ. Series A, Bd. 13, 1.) Kopenhagen 1938, 72–115.

Isidor: Etymologiae
　W. M. Lindsay (Hrsg.), Isidori Hispalensis Episcopi Etymologiarum sive Originum. Libri XX. 2 Bde. (Scriptorum Classicorum Bibliotheca Oxoniensis.) Oxford 1911.

Ísleifs þáttr byskups
　Ásdís Egilsdóttir (Hrsg.), Biskupa sögur II. Hungrvaka. Þorláks saga byskups in elzta. Jarteinabók Þorláks byskups in forna. Þorláks saga byskups yngri. Páls saga byskups. (Íslenzk fornrit, Bd. 16.) Reykjavík 2002, 333–338.

Íslendingabók
- *Walter Baetke* (Übers.), Islands Besiedlung und älteste Geschichte. (Thule, Bd. 23.) Jena 1928, 41–57.
- *Jakob Benediktsson* (Hrsg.), Íslendingabók. Landnámabók. (Íslenzk fornrit, Bd. 1.) Reykjavík 1968, 1–28.

Ívens saga
- Ívens saga. In: *Marianne E. Kalinke* (Hrsg.), Norse Romance. Bd. 2: The Knights of the Round Table. (Arthurian Archives, Bd. 4.) Cambridge 1999, 33–102.

Jocelin von Brakelond: Chronik
- *Harold E. Butler* (Hrsg./Übers.), The Chronicle of Jocelin of Brakelond concerning the acts of Samson Abbot of the Monastery of St. Edmund. (Medieval classics.) London u. a. 1949.

Johannes von Worcester: Chronik
- *Reginald R. Darlington/Patrick McGurk/Jennifer Bray* (Hrsg./Übers.), The Chronicle of John of Worcester. Bd. 2: The annals from 450 to 1066. (Oxford medieval texts.) Oxford 1995.
- *Patrick McGurk* (Hrsg./Übers.), The Chronicle of John of Worcester. Bd. 3: The annals from 1067 to 1140 with the Gloucester interpolations and the continuations to 1141. (Oxford medieval texts.) Oxford 1998.

Jóns saga ens helga
Die Stellenangaben erfolgen mit Hinweis auf die Seitenzahlen der Ausgabe von *Foote* (Editiones Arnamagnæanæ).
- *Peter Foote* (Hrsg.), Jóns saga Hólabyskups ens helga. (Editiones Arnamagnæanæ. Series A, Bd. 14.) Kopenhagen 2003.
- *Sigurgeir Steingrímsson/Ólafur Halldórsson/Peter Foote* (Hrsg.), Biskupa sögur I. Kristni saga. Kristni þættir. Jóns saga ins helga. 2 Bde. (Íslenzk fornrit, Bd. 15.) Reykjavík 2003, 173–316.

Knýtlinga saga
- *Paul Edwards/Hermann Pálsson* (Übers.), Knytlinga saga. The history of the Kings of Denmark. Odense 1986.
- *Bjarni Guðnason* (Hrsg.), Danakonunga sǫgur. Skjǫldunga saga. Knýtlinga saga. Ágrip af sǫgu Danakonunga. (Íslenzk fornrit, Bd. 35.) Reykjavík 1982, 91–321.

Kong Valdemars Jordebog
- *Svend Aakjær* (Hrsg.), Kong Valdemars Jordebog. Bd. 1: Text. Kopenhagen 1926–1943.

Konungsannáll
    Annales regii efter 2087 4to i gl. Samling i kgl. Bibliothek i Kjøbenhavn. In: *Storm*, Islandske Annaler (1888), 77–155.

Konungs skuggsiá
    Ludvig Holm-Olsen (Hrsg.), Konungs skuggsiá. (Gammelnorske tekster, Bd. 1.) Oslo 1945.
    Rudolf Meißner (Übers.), Der Königsspiegel – Konungsskuggsjá. Halle a. d. Saale 1944.

Kristni saga
    Bernhard Kahle (Hrsg.), Kristnisaga. Þáttr Þorvalds ens víðfǫrla. Þáttr Ísleifs biskups Gizurarsonar. Hungrvaka. (Altnordische Sagabibliothek, Bd. 11.) Halle 1905, 1–57.
    Sigurgeir Steingrímsson/Ólafur Halldórsson/Peter Foote (Hrsg.), Biskupa sögur I. Kristni saga. Kristni þættir. Jóns saga ins helga. 2 Bde. (Íslenzk fornrit, Bd. 15.) Reykjavík 2003, 1–48.

Landnámabók
    Jakob Benediktsson (Hrsg.), Íslendingabók. Landnámabók. (Íslenzk fornrit, Bd. 1.) Reykjavík 1968, 29–397.
    Paul Edwards/Hermann Pálsson (Übers.), The Book of Settlements. Landnámabók. (University of Manitoba Icelandic Studies, Bd. 1.) Manitoba 1972.

La vie Saint Edmund le Rei
    Hilding Kjellman (Hrsg.), La Vie Seint Edmund le Rei. Poème Anglo-Normand du XIIe siècle par Denis Piramus. (Göteborgs Kungl. Vetenskaps- och Vitterhets-Samhälles Handlingar. 5. Folge, Serie A: Humanistiska skrifter, Bd. 4, 3.) Göteborg 1935.

Laxdœla saga
    Einar Ó. Sveinsson (Hrsg.), Laxdœla saga. Halldórs þættir Snorrasonar. Stúfs þáttr. (Íslenzk fornrit, Bd. 5.) Reykjavík 1934, 1–248.

Leiðarvísir
Es wird nach der Edition von *Simek* mit Angabe der Zeilennummern zitiert. In Klammern wird mit Seiten- und Zeilenangaben stets auch *Kålunds* Ausgabe hinzugefügt.
    Kålund, Alfræði íslenzk (1908), 12–23.
    Simek, Kosmographie (1990), 479–484.

Liber daticus Roskildensis
    Roskilde Gavebogs Tekst. In: *Alfred Otto*, Liber daticus Roskildensis. Roskilde Gavebog og Domkapitlets Anniversarieliste. Kopenhagen 1933, 32–112.

Liber Sancti Jacobi

Klaus Herbers/Manuel Santos Noia (Hrsg.), Liber Sancti Jacobi. Codex Calixtinus. Santiago de Compostela 1998.

Ljósvetninga saga

Björn Sigfússon (Hrsg.), Ljósvetninga saga með þáttum. Reykdœla saga ok Víga-Skútu. Hreiðars þáttr. (Íslenzk fornrit, Bd. 10.) Reykjavík 1960, 1–139.

Matthaeus Parisiensis: Chronica maiora

Henry R. Luard (Hrsg.), Matthæi Parisiensis, monachi Sancti Albani, chronica majora. (Rerum Britannicarum Medii Ævi Scriptores, Bd. 57.) London 1872–1883.

Miracula Sancti Thomae Cantuariensis

Miracula S. Thomæ Cantuariensis. In: *James C. Robertson* (Hrsg.), Materials for the history of Thomas Becket, archbishop of Canterbury, (canonized by Pope Alexander III., A. D. 1173.). Bd. 1. (Rerum Britannicarum Medii Ævi Scriptores, Bd. 67, 1.) London 1875, 137–546.

Mǫttuls saga

Mǫttuls saga. In: *Marianne E. Kalinke* (Hrsg.), Norse Romance. Bd. 2: The Knights of the Round Table. (Arthurian Archives, Bd. 4.) Cambridge 1999, 1–31.

Morkinskinna

Theodore M. Andersson/Kari E. Gade (Übers.), Morkinskinna. The Earliest Icelandic Chronicle of the Norwegian Kings (1030–1157). (Islandica, Bd. 51.) Ithaca/London 2000.

Finnur Jónsson (Hrsg.), Morkinskinna. (Samfund til Udgivelse af Gammel Nordisk Litteratur, Bd. 53.) Kopenhagen 1932.

Nestorchronik

Ludolf Müller (Hrsg.), Die Nestorchronik. Der altrussische Text der Nestorchronik in der Redaktion des Abtes Sil'vestr aus dem Jahre 1116 und ihrer Fortsetzung bis zum Jahre 1305 in der Handschrift des Mönches Lavrentij aus dem Jahre 1377 sowie die Fortsetzung der Suzdaler Chronik bis zum Jahre 1419 nach der Akademiehandschrift. Nachdruck der 2. Aufl. des 1. Bandes der „Vollständigen Sammlung russischer Chroniken". (Forum Slavicum 48. Handbuch zur Nestorchronik, Bd. 1.) München 1977.

Ludolf Müller (Übers.), Die Nestorchronik. Die altrussische Chronik, zugeschrieben dem Mönch des Kiever Höhlenklosters Nestor, in der Redaktion des Abtes Sil'vestr aus dem Jahre 1116, rekonstruiert nach den Handschriften Lavrent'evskaja, Radzivilovskaja, Akademičeskaja, Troickaja, Ipat'evskaja und Chlebnikovskaja. (Forum Slavicum 56. Handbuch zur Nestorchronik, Bd. 4.) München 2001.

Njáls saga

Andreas Heusler (Übers.), Die Geschichte vom weisen Njal. (Thule, Bd. 4.) Jena 1922.

Einar Ó. Sveinsson (Hrsg.), Brennu-Njáls saga. (Íslenzk fornrit, Bd. 12.) Reykjavík 1954.

Notae Dedicationum S. Paulini Treverensis

Heinrich V. Sauerland (Hrsg.), Notae Dedicationum S. Paulini Treverensis. (Monumenta Germaniae Historica. Scriptores, Bd. 15, 2.) Hannover 1888, 1275–1277.

Nowgoroder Chronik

Joachim Dietze (Hrsg./Übers.), Die Erste Novgoroder Chronik nach ihrer ältesten Redaktion (Synodalhandschrift) 1016–1333/1352. München 1971.

Oddaverja annáll

Oddaveria Annall („Annales breviores") tildels i Uddrag efter AM. 417 4to. In: *Storm*, Islandske Annaler (1888), 427–491.

Olafs saga hins helga

Anne Heinrichs et al. (Hrsg./Übers.), Olafs saga hins helga. Die „Legendarische Saga" über Olaf den Heiligen (Hs. Delagard. saml. nr. 8[II]). Heidelberg 1982.

Olafs saga hins helga hin mesta

Oscar A. Johnsen/Jón Helgason (Hrsg.), Saga Óláfs konungs hins helga. Den store saga om Olav den Hellige. Efter pergamenthåndskrift i Kungliga Biblioteket i Stockholm Nr. 2 4[TO] med varianter fra andre håndskrifter. 2 Bde. Oslo 1941.

Óláfs saga Tryggvasonar en mesta

Ólafur Halldórsson (Hrsg.), Óláfs saga Tryggvasonar en mesta. 3 Bde. (Editiones Arnamagnæanæ. Series A, Bd. 1–3.) Kopenhagen 1958–2000.

Ordericus Vitalis: Historia Ecclesiastica

Marjorie Chibnall (Hrsg./Übers.), The ecclesiastical history of Orderic Vitalis. 6 Bde. (Oxford medieval texts.) Oxford 1969–1980.

Orkneyinga saga

Paul Edwards/Hermann Pálsson (Übers.), Orkneyinga Saga. The History of the Earls of Orkney. London 1978.

Finnbogi Guðmundsson (Hrsg.), Orkneyinga saga. Legenda de Sancto Magno. Magnúss saga skemmri. Magnúss saga lengri. Helga þáttr ok Úlfs. (Íslenzk fornrit, Bd. 34.) Reykjavík 1965, 1–300.

Otto von Freising: Chronik
Adolf Hofmeister (Hrsg.), Ottonis episcopi Frisingensis Chronica sive Historia de duabus civitatibus. 2. Aufl. (Monumenta Germaniae Historica. Scriptores rerum Germanicarum in usum scholarum separatim editi, Bd. 45.) Hannover 1912.

Otto von Freising und Rahewin: Gesta Friderici
Georg Waitz/Bernhard von Simson (Hrsg.), Ottonis et Rahewini Gesta Friderici I. imperatoris. 3. Aufl. (Monumenta Germaniae Historica. Scriptores rerum Germanicarum in usum scholarum separatim editi, Bd. 46.) Hannover/Leipzig 1912.

Otto von Sankt Blasien: Chronik
Adolf Hofmeister (Hrsg.), Ottonis de Sancto Blasio Chronica. (Monumenta Germaniae Historica. Scriptores rerum Germanicarum in usum scholarum separatim editi, Bd. 47.) Hannover 1912.

Páls saga
Ásdís Egilsdóttir (Hrsg.), Biskupa sögur II. Hungrvaka. Þorláks saga byskups in elzta. Jarteinabók Þorláks byskups in forna. Þorláks saga byskups yngri. Páls saga byskups. (Íslenzk fornrit, Bd. 16.) Reykjavík 2002, 295–332.

Passio Karoli comitis Flandriae
Rudolf Köpke (Hrsg.), Passio Karoli comitis auctore Galberto. (Monumenta Germaniae Historica. Scriptores, Bd. 12.) Hannover 1856, 561–619.
Henri Pirenne (Hrsg.), Histoire du meurtre de Charles le Bon, comte de Flandre (1127–1128), par Galbert de Bruges. Suivie de poésies contemporaines sur cet événement. (Collection de textes pour servir à l'étude et à l'enseignement de l'histoire, Bd. 10.) Paris 1891.
James B. Ross (Übers.), The Murder of Charles the Good, count of Flanders. By Galbert of Bruges. 2. Aufl. (Records of civilization sources and studies, Bd. 61.) New York u. a. 1967.

Passio Olavi
Frederick Metcalfe (Hrsg.), Passio et Miracula Beati Olavi. Edited from a twelfth-century manuscript in the library of Corpus Christi College, Oxford. Oxford 1881.

Reginald von Durham: Libellus de admirandis
James Raine (Hrsg.), Reginaldi Monachi Dunelmensis Libellus de Admirandis Beati

Cuthberti Virtutibus quæ Novellis Patratæ sunt temporibus. (Publications of the Surtees Society, Bd. 1.) London 1835.

Resensannáll

Annales Reseniani efter Arne Magnussøns Afskrift i AM. 424 4to. In: *Storm*, Islandske Annaler (1888), 1–30.

Rydårbogen

Rydårbogen. In: *Kroman*, Annaler (1980), 176–253.

Sächsische Weltchronik

Ludwig Weiland (Hrsg.), Sächsische Weltchronik. (Monumenta Germaniae Historica. Deutsche Chroniken und andere Geschichtsbücher des Mittelalters, Bd. 2.) Hannover 1877.

Samson: De Miraculis

Samsonis abbatis Opus de Miraculis Sancti Ædmundi. In: *Thomas Arnold* (Hrsg.), Memorials of St. Edmund's Abbey. Bd. 1. (Rerum Britannicarum Medii Ævi Scriptores, Bd. 96, 1.) London 1890, 105–208.

Sancti Bernardi vita prima

Sancti Bernardi abbatis Claræ-Vallensis vita et res gestae libris septem comprehensæ. In: *Migne*, PL 185 (1855), 225–466.

Sancti Willelmi abbatis vita et miracula

Sancti Willelmi abbatis vita et miracula. In: *Gertz*, Vitae (1908–1912), 300–369.

Saxo Grammaticus: Gesta Danorum

Karsten Friis-Jensen/Peter Zeeberg (Hrsg./Übers.), Saxo Grammaticus: Gesta Danorum. Kopenhagen 2005.

Jørgen Olrik/Hans H. Ræder (Hrsg.), Saxonis Gesta Danorum. Bd. 1: Textum continens. Kopenhagen 1931.

Strengleikar

Robert Cook/Mattias Tveitane (Hrsg.), Strengleikar. An Old Norse Translation of Twenty-one Old French Lais. (Norrøne tekster, Bd. 3.) Oslo 1979.

Sturlunga saga

Die Kapitelzählung folgt der Edition von *Thorsson*.

Kristian Kålund (Hrsg.), Sturlunga saga. Efter membranen Króksfjarðarbók. 2 Bde. Kopenhagen/Kristiania (Oslo) 1906–1911.

Jón Jóhannesson/Magnús Finnbogason/Kristján Eldjárn (Hrsg.), Sturlunga saga. 2 Bde. Reykjavík 1946.

Örnólfur Thorsson (Hrsg.), Sturlunga saga. Árna saga biskups. Hrafns saga Sveinbjarnarsonar hin sérstaka. 3 Bde. Reykjavík 1988.

Sven Aggesøn

A Short History of the Kings of Denmark. In: *Eric Christiansen* (Übers.), The Works of Sven Aggesen, twelfth-century Danish historian. (Viking Society for Northern Research Text Series, Bd. 9.) London 1992, 48–74.

Svenonis Aggonis filii brevis historia regvm Dacie. In: *Gertz*, Scriptores (1917–1922), Bd. 1, 94–141.

Sverris saga

Anne Holtsmark (Übers.), Sverres saga – En tale mot Biskopene. (Aschehougs bibliotek for levende litteratur.) Oslo 1961, 15–260.

Gustav Indrebø (Hrsg.), Sverris saga etter Cod. AM 327 4°. Kristiania (Oslo) 1920.

Theodoricus Monachus

David McDougall/Ian McDougall (Übers.), Historia de antiquitate regum Norwagiensium. An Account of the Ancient History of the Norwegian Kings. With an Introduction by Peter Foote. (Viking Society for Northern Research. Text Series, Bd. 11.) London 1998.

Theodorici Monachi Historia de Antiquitate Regum Norwagiensium. In: *Storm*, Monumenta (1880), 1–68.

Thietmar von Merseburg: Chronicon

Robert Holtzmann (Hrsg.), Die Chronik des Bischofs Thietmar von Merseburg und ihre Korveier Überarbeitung. (Monumenta Germaniae Historica. Scriptores rerum Germanicarum. Nova Series, Bd. 9.) Berlin 1935.

Þórarins þáttr Nefjúlfssonar

Þórarins þáttr Nefjúlfssonar. In: *Oscar A. Johnsen/Jón Helgason* (Hrsg.), Saga Óláfs konungs hins helga. Den store saga om Olav den Hellige. Efter pergamenthåndskrift i Kungliga Biblioteket i Stockholm Nr. 2 4TO med varianter fra andre håndskrifter. 2 Bde. Oslo 1941, 805–808.

Þorláks saga

Ásdís Egilsdóttir (Hrsg.), Biskupa sögur II. Hungrvaka. Þorláks saga byskups in elzta. Jarteinabók Þorláks byskups in forna. Þorláks saga byskups yngri. Páls saga byskups. (Íslenzk fornrit, Bd. 16.) Reykjavík 2002, 45–294.

Tristrams saga

Peter Jorgensen (Hrsg.), Tristrams saga ok Ísöndar. In: Marianne E. Kalinke (Hrsg.), Norse Romance. Bd. 1: The Tristan Legend. (Arthurian Archives, Bd. 3.) Cambridge 1999, 23–226.

Visiones Godeschalci
   Excerpta quædam e visionibus Godeschalci Novimonasteriensis 1190. In: *Jacob Langebek* (Hrsg.), Scriptores Rerum Danicarum Medii Ævi. Bd. 5. Kopenhagen 1783, 362–377.

Vita Gunneri
   Vita Gvnneri Episcopi Vibergensis. In: *Gertz*, Scriptores (1917–1922), Bd. 2, 265–273.

Vita et miracula Sancti Ketilli
   Vita et miracvla Sancti Ketilli. In: *Gertz*, Vitae (1908–1912), 260–283.

Vita sanctae Helenae
   Vita sanctæ Helenæ viduæ et martyris. In: Acta Sanctorum julii. Bd. 7. Antwerpen 1731, 332f.

Widukind von Corvey
   Paul Hirsch/H.-E. Lohmann (Hrsg.), Widukindi Monachi Corbeiensis Rerum Gestarum Saxonicarum libri tres. – Die Sachsengeschichte des Widukind von Korvei. 5. Aufl. (Monumenta Germaniae Historica. Scriptores rerum Germanicarum in usum scholarum separatim editi, Bd. 60.) Hannover 1935.

Wilhelm von Malmesbury: Gesta Regum Anglorum
   Roger A. B. Mynors/Rodney M. Thomson/Michael Winterbottom (Hrsg./Übers.), William of Malmesbury: Gesta regvm Anglorvm. The History of the English Kings. Bd. 1. (Oxford Medieval Texts.) Oxford 1998.
   Rodney M. Thomson/Michael Winterbottom (Hrsg.), William of Malmesbury: Gesta Regvm Anglorvm. The History of the English Kings. Bd. 2: General Introduction and Commentary. (Oxford Medieval Texts.) Oxford 1999.

Wilhelm von Tyrus
   Robert B. C. Huygens (Hrsg.), Willelmi Tyrensis Archiepiscopi Chronicon – Guillaume de Tyr. Chronique. 2 Bde. (Corpus Christianorum. Continuatio Mediaevalis, Bd. 63/63 A.) Turnhout 1986.

Wipo
   Gesta Chuonradi II. imperatoris. In: *Harry Bresslau* (Hrsg.), Wiponis Opera. – Die Werke Wipos. 3. Aufl. (Monumenta Germaniae Historica. Scriptores rerum Germanicarum in usum scholarum separatim editi, Bd. 61.) Hannover 1915, 1–62.

Yngvars saga víðfǫrla
   Paul Edwards/Hermann Pálsson (Übers.), Vikings in Russia. Yngvar's Saga and Eymund's Saga. Edinburgh 1989, 44–68.

Emil Olson (Hrsg.), Yngvars saga víðfǫrla. Jämte ett bihang om Ingvarsinskrifterna. (Samfund til Udgivelse af Gammel Nordisk Litteratur, Bd. 39.) Kopenhagen 1912.

Literaturverzeichnis

Vicente Almazán, Gallaecia Scandinavica. Vigo 1986.

Ders., Dinamarca Jacobea. Historia, Arte y Literatura. Santiago de Compostela 1995.

Sune Ambrosiani, Anledningen till biskop Bengts af Skara Romfärd 1220–1221. (Bidrag till Sverges Medeltidshistoria tillegnade C. G. Malmström, Bd. 7.) Uppsala 1902.

Margrete Syrstad Andås, A Royal Chapel for a Royal Relic? in: Gisela Attinger/Andreas Haug (Hrsg.), The Nidaros Office of the Holy Blood. Liturgical Music in Medieval Norway. Trondheim 2004, 175–197.

Per S. Andersen, Samlingen av Norge og kristningen av landet. 800–1130. (Handbok i Norges historie, Bd. 2.) Oslo 1977.

Lars Andersson, Pilgrimsmärken och vallfart. Medeltida pilgrimskultur i Skandinavien. (Lund Studies in Medieval Archaeology, Bd. 7.) Kumla 1989.

Theodore M. Andersson, King's Sagas (Konungasögur), in: Carol J. Clover/John Lindow (Hrsg.), Old Norse-Icelandic Literature. A Critical Guide. (Islandica, Bd. 45.) Ithaca/London 1985, 197–238.

Marie-Henri d'Arbois de Jubainville, Etudes sur l'état intérieur des Abbayes cisterciennes et principalement de Clairvaux au XIIe et au XIIIe siècle. Paris 1858, Nachdruck Hildesheim, New York 1976.

Einar Arnórsson, Suðurgöngur Íslendinga í fornöld, in: Saga 2, 1954–1958, 1–45.

Gisela Attinger/Andreas Haug, Introduction, in: Gisela Attinger/Andreas Haug (Hrsg.), The Nidaros Office of the Holy Blood. Liturgical Music in Medieval Norway. Trondheim 2004, 9–18.

Oliver Auge, Stiftsbiographien. Die Kleriker des Stuttgarter Heilig-Kreuz-Stifts (1250–1552). (Schriften zur südwestdeutschen Landeskunde, Bd. 38.) Leinfelden-Echterdingen 2002 (zugl. Diss. phil., Tübingen 2001).

Walter Baetke, Wörterbuch zur altnordischen Prosaliteratur. 5. Aufl. (Sitzungsberichte der Sächsischen Akademie der Wissenschaften zu Leipzig. Philologisch-historische Klasse, Bd. 111.) Berlin 1993.

Sverre Bagge, Den kongelige kapellgeistlighet 1150–1319. Bergen 1976.

Ders., Nordic Students at Foreign Universities until 1660, in: Scandinavian Journal of History 9, 1984, 1–29.

Ders., Theodoricus Monachus. Clerical Historiography in Twelfth-Century Norway, in: Scandinavian Journal of History 14, 1989, 113–133.

Ders., Snorri Sturluson und die europäische Geschichtsschreibung, in: skandinavistik 20, 1990, 1–19.

Ders., Society and Politics in Snorri Sturluson's Heimskringla. Berkeley/Los Angeles/Oxford 1991.

Ders., Den heroiske tid – kirkereform og kirkekamp 1153–1214, in: Steinar Imsen (Hrsg.), Ecclesia Nidrosiensis 1153–1537. Søkelys på Nidaroskirkens og Nidarosprovinsens historie. (Senter for Middelalderstudier, NTNU. Skrifter, Bd. 15.) Trondheim 2003, 51–79.

Oskar Bandle, Tradition und Fiktion in der Heimskringla, in: Alois Wolf (Hrsg.), Snorri Sturluson. Kolloquium anläßlich der 750. Wiederkehr seines Todestages. (ScriptOralia, Bd. 51.) Tübingen 1993, 27–47.

Frank Barlow, Edward the Confessor. London 1970.

Robert Barroux, L'Abbé Suger et la vassalité du Vexin en 1124. La levée de l'oriflamme, la Chronique du pseudo-Turpin et la fausse donation de Charlemagne à Saint-Denis de 813, in: Le Moyen Âge 64, 1958, 1–26.

Robert Bartlett, England Under the Norman and Angevin Kings. 1075–1225. (The New Oxford History of England.) Oxford 2000.

Arno Berg et al. (Hrsg.), Harald Hardråde. Oslo o. J. [1966].

Helmut Beumann, Europäische Nationenbildung im Mittelalter. Aus der Bilanz eines Forschungsschwerpunktes, in: Geschichte in Wissenschaft und Unterricht 39, 1988, 587–593.

Martin Biddle, Die Grabeskirche, in: Martin Biddle et al. (Hrsg.), Die Grabeskirche in Jerusalem. Stuttgart 2000, 23–69.

Jan Bill et al., Fra stammebåd til skib. Indtil 1588. (Dansk søfarts historie, Bd. 1.) Kopenhagen 1997.

Frank Birkebæk/Tom Christensen/Inge Skovgaard-Petersen (Hrsg.), Absalon fædrelandets fader. Roskilde 1996.

Harris Birkeland, Nordens historie i middelalderen etter arabiske kilder. Oversettelse til norsk av de arabiske kilder med innledning, forfatterbiografier, bibliografi og merknader. (Skrifter utgitt av Det Norske Videnskaps-Akademi. II. Historisk-Filosofisk Klasse, 1954, Bd. 2.) Oslo 1954.

Erik Björkman, Nordische Personennamen in England in alt- und frühmittelenglischer Zeit. Ein Beitrag zur englischen Namenkunde. (Studien zur englischen Philologie, Bd. 37.) Halle 1910.

Sigfús B. Blöndal, The Varangians of Byzantium. An aspect of Byzantine military history. Translated, revised and rewritten by Benedikt S. Benedikz. Cambridge u. a. 1978.

Michael Borgolte, Einheit, Reform, Revolution. Das Hochmittelalter im Urteil der Modernen, in: Göttingische Gelehrte Anzeigen 248, 1996, 225–258.

Ders., Perspektiven europäischer Mittelalterhistorie an der Schwelle zum 21. Jahrhundert, in: Michael Borgolte (Hrsg.), Das europäische Mittelalter im Spannungsbogen des Vergleichs. Zwanzig internationale Beiträge zu Praxis, Problemen und Perspektiven der historischen Komparatistik. Berlin 2001, 13–27.

Ders., Vor dem Ende der Nationalgeschichten? Chancen und Hindernisse für eine Geschichte Europas im Mittelalter, in: Historische Zeitschrift 272, 2001, 561–596.

Ders., Europa entdeckt seine Vielfalt. 1050–1250. (Handbuch der Geschichte Europas, Bd. 3.) Stuttgart 2002.

Arno Borst, Der Turmbau von Babel. Geschichte der Meinungen über Ursprung und Vielfalt der Sprachen und Völker. 4 Bde. Stuttgart 1957–1963.

Régis Boyer, Die Wikinger. Stuttgart 1994, Original: Les Vikings. Histoire et Civilisation. Paris 1992.

Anna-Dorothee von den Brincken, Kartographische Quellen. Welt-, See- und Regionalkarten. (Typologie des sources du Moyen Âge occidental, Bd. 51.) Turnhout 1988.

Alexander Bugge, Handelen mellem England og Norge indtil begyndelsen af det 15de aarhundrede. in: (Norsk) Historisk Tidsskrift 14, 1898, 1–149.

Ders., Norge og de Britiske Øer i middelalderen. in: (Norsk) Historisk Tidsskrift 23, 1914, 299–378.

Edvard Bull, Folk og kirke i middelalderen. Studier til Norges historie. Kristiania (Oslo)/Kopenhagen 1912.

Ders., Rezension zu Aarno Malin: Zur Überlieferung der lateinischen Olavuslegende, in: (Norsk) Historisk Tidsskrift 26, 1924, 310–312.

Neithard Bulst, Zum Gegenstand und zur Methode von Prosopographie, in: Neithard Bulst/Jean-Philippe Genet (Hrsg.), Medieval lives and the historian. Studies in medieval prosopography. Proceedings of the 1st International Interdisciplinary Conference on Medieval Prosopography, University of Bielefeld. Kalamazoo (Michigan) 1986, 1–16.

Peter Burke, Did Europe exist before 1700? in: History of European Ideas 1, 1980, 21–29.

Jesse L. Byock, Governmental Order in Early Medieval Iceland, in: Viator 17, 1986, 19–34.

Ders., Medieval Iceland. Society, Sagas, and Power. Berkeley/Los Angeles/London 1988.

Aksel E. Christensen, Tiden 1042–1241, in: Aksel E. Christensen et al. (Hrsg.), Tiden indtil 1340. (Danmarks historie, Bd. 1.) Kopenhagen 1977, 211–399.

Eric Christiansen, The Northern Crusades. The Baltic and the Catholic Frontier, 1100–1525. (New Studies in Medieval History.) London 1980.

Krijnie N. Ciggaar, Western Travellers to Constantinople. The West and Byzantium 962–1204: Cultural and Political Relations. (The Medieval Mediterranean, Bd. 10.) Leiden/New York/Köln 1996.

Jens P. Clausen, Suger, faussaire de chartes, in: Rolf Große (Hrsg.), Suger en question. Regards croisés sur Saint-Denis. (Pariser Historische Studien, Bd. 68.) München 2004, 109–116.

Carol J. Clover, Icelandic Family Sagas (Íslendingasögur), in: Carol J. Clover/John Lindow (Hrsg.), Old Norse-Icelandic Literature. A Critical Guide. (Islandica, Bd. 45.) Ithaca/London 1985, 239–315.

Barbara E. Crawford, Scandinavian Scotland. (Scotland in the early Middle Ages, Bd. 2.) Leicester 1987.

John Crook, The Architectural Setting of the Cult of St Edmund in the Abbey Church 1095–1539, in: Antonia Gransden (Hrsg.), Bury St Edmunds. Medieval Art, Architecture, Archaeology and Economy. (The British Archaeological Association. Conference Transactions, Bd. 20.) Leeds 1998, 34–44.

Stewart Cruden, Excavations at Birsay, Orkney, in: Alan Small (Hrsg.), The Fourth Viking Congress. York, August 1961. (Aberdeen University Studies, Bd. 149.) Edinburgh/London 1965, 22–31.

Dansk biografisk leksikon. 2. Aufl. 27 Bde. Kopenhagen 1933–1944.

Dansk biografisk leksikon. 3. Aufl. 16 Bde. Kopenhagen 1979–1984.

Robert Davidsohn, Philipp II. August von Frankreich und Ingeborg. Stuttgart 1888.

Hilda R. E. Davidson, The Viking Road to Byzantium. London 1976.

Norman Davies, Europe. A History. Oxford/New York 1996.

Christoph Daxelmüller/Marie-Louise Thomsen, Mittelalterliches Wallfahrtswesen in Dänemark, in: Jahrbuch für Volkskunde N.F. 1, 1978, 155–204.

Josef Deér, Papsttum und Normannen. Untersuchungen zu ihren lehnsrechtlichen und kirchenpolitischen Beziehungen. (Studien und Quellen zur Welt Kaiser Friedrichs II., Bd. 1.) Köln/Wien 1972.

Dictionary of the Middle Ages. 13 Bde. New York 1982–1989.

Anne J. Duggan, The English Exile of Archbishop Øystein of Nidaros (1180–83), in: Laura Napran/Elisabeth M. C. van Houts (Hrsg.), Exile in the Middle Ages.

Selected proceedings from the International Medieval Congress, University of Leeds, 8–11 July 2002. (International medieval research, Bd. 13.) Turnhout 2004, 109–130.

Klaus Düwel, Runenkunde. 3. Aufl. (Sammlung Metzler, Bd. 72.) Stuttgart/Weimar 2001.

Sten Ebbesen (Hrsg.), Anders Sunesen. Stormand, teolog, administrator, digter. 15 studier. Kopenhagen 1985.

Else Ebel, Der Fernhandel von der Wikingerzeit bis in das 12. Jahrhundert in Nordeuropa nach altnordischen Quellen, in: Klaus Düwel et al. (Hrsg.), Untersuchungen zu Handel und Verkehr der vor- und frühgeschichtlichen Zeit in Mittel- und Nordeuropa. (Abhandlungen der Akademie der Wissenschaften in Göttingen. Philologisch-historische Klasse. 3. Folge, Bd. 156.) Göttingen 1987, 266–312.

Owain Edwards, Betraktninger om legendene til Olav den hellige og David den hellige av Menevia, særlig med henblikk på bruk av symboler, in: Inger Ekrem/Lars B. Mortensen/Karen Skovgaard-Petersen (Hrsg.), Olavslegenden og den latinske historieskrivning i 1100-tallets Norge. Kopenhagen 2000, 225–249.

Oskar Eggert, Die Wendenzüge Waldemars I. und Knuts VI. von Dänemark nach Pommern und Mecklenburg, in: Baltische Studien N. F. 29, 1927, 1–149.

Ders., Dänisch-wendische Kämpfe in Pommern und Mecklenburg (1157–1200), in: Baltische Studien N. F. 30, 1928, Nr. 2, 1–74.

Ásdís Egilsdóttir, Hrafn Sveinbjarnarson, Pilgrim and Martyr, in: Gareth Williams/Paul Bibire (Hrsg.), Sagas, saints and settlements. (The Northern World, Bd. 11.) Leiden/Boston 2004, 29–39.

Joachim Ehlers, Die Kapetinger. (Urban-Taschenbücher, Bd. 471.) Stuttgart/Berlin/Köln 2000.

Inger Ekrem, Om *Passio Olavis* tilblivelse og eventuelle forbindelse med *Historia Norwegie*, in: Inger Ekrem/Lars B. Mortensen/Karen Skovgaard-Petersen (Hrsg.), Olavslegenden og den latinske historieskrivning i 1100-tallets Norge. Kopenhagen 2000, 108–156.

Øystein Ekroll/Morten Stige, Kirker i Norge. Middelalder i stein. Oslo 2000.

Øystein Ekroll, Med kleber og kalk. Norsk steinbygging i mellomalderen. Oslo 1997.

Ders., St. Olavs skrin i Nidaros, in: Steinar Imsen (Hrsg.), Ecclesia Nidrosiensis 1153–1537. Søkelys på Nidaroskirkens og Nidarosprovinsens historie. (Senter for Middelalderstudier, NTNU. Skrifter, Bd. 15.) Trondheim 2003, 325–349.

Ders., Nidaros Cathedral: The Development of the Building, in: Gisela Attinger/Andreas Haug (Hrsg.), The Nidaros Office of the Holy Blood. Liturgical Music in Medieval Norway. Trondheim 2004, 159–175.

Svend Ellehøj, The location of the fall of Olaf Tryggvason, in: Kristján Eldjárn (Hrsg.), Þriðji víkingafundur. Third Viking Congress. Reykjavík 1956. (Árbók hins íslenzka fornleifafélags.) Fylgirit 1958, 63–73.

Max Engman, "Norden" in European History, in: Gerald Stourzh (Hrsg.), Annäherungen an eine europäische Geschichtsschreibung. (Archiv für österreichische Geschichte, Bd. 137.) Wien 2002, 15–34.

Michel Espagne/Michael Werner, Deutsch-französischer Kulturtransfer im 18. und 19. Jahrhundert. Zu einem neuen interdisziplinären Forschungsprogramm des C.N.R.S, in: Francia. Forschungen zur westeuropäischen Geschichte 13, 1985, 502–510.

Dies., La construction d'une référence culturelle allemande en France. Genèse et histoire (1750–1914), in: Annales ESC 42, 1987, 969–992.

Dies., Deutsch-französischer Kulturtransfer als Forschungsgegenstand. Eine Problemskizze, in: Michel Espagne/Michael Werner (Hrsg.), Transferts. Les relations interculturelles dans l'espace franco-allemand (XVIIIe et XIXe siècle). Paris 1988, 11–34.

Michel Espagne, Les transferts culturels, in: H-Soz-u-Kult. 19. 1. 2005 ⟨http://hsozkult.geschichte.hu-berlin.de/forum/2005-01-002⟩.

Ole Fenger, „Kirker rejses alle vegne." 1050–1250. (Gyldendal og Politikens Danmarkshistorie, Bd. 4.) Kopenhagen 1989.

Gerhard Fischer, Domkirken i Trondheim. Kirkebygget i middelalderen. 2 Bde. (Nidaros Erkebispestol og Bispesete 1153–1953. Teil 2, Bd. 1–2.) Oslo 1965.

James France, St. Bernard, Archbishop Eskil, and the Danish Cistercians, in: Cîteaux. Commentarii Cistercienses 39, 1988, 232–248.

Ders., The Cistercians in Scandinavia. (Cistercian Studies Series, Bd. 131.) Kalamazoo (Michigan) 1992.

Roberta Frank, Skaldic Poetry, in: Carol J. Clover/John Lindow (Hrsg.), Old Norse-Icelandic Literature. A Critical Guide. (Islandica, Bd. 45.) Ithaca/London 1985, 157–196.

Edward A. Freeman, The reign of William Rufus and the accession of Henry the First. 2 Bde. Oxford 1882.

John B. Friedman/Kristen M. Figg (Hrsg.), Trade, Travel, and Exploration in the Middle Ages. An Encyclopedia. (Garland Reference Library of the Humanities, Bd. 1899.) New York/London 2000.

Karsten Friis-Jensen/Inge Skovgaard-Petersen (Hrsg.), Archbishop Absalon of Lund and his World. Roskilde 2000.

Karsten Friis-Jensen, Saxo Grammaticus as Latin Poet. Studies in the Verse Passages of the Gesta Danorum. (Analecta Romana Instituti Danici – Supplementum, Bd. 14.) Rom 1987.

Karsten Friis-Jensen, Om Saxo og hans værk, in: Peter Zeeberg (Übers.), Saxos Danmarkshistorie. Bd. 2. Kopenhagen 2000, 457–461.

Ders., Saxo Grammaticus's Portrait of Archbishop Absalon, in: Karsten Friis-Jensen/ Inge Skovgaard-Petersen (Hrsg.), Archbishop Absalon of Lund and his World. Roskilde 2000, 159–179.

Horst Fuhrmann, Deutsche Geschichte im hohen Mittelalter von der Mitte des 11. bis zum Ende des 12. Jahrhunderts. 3. Aufl. (Deutsche Geschichte, Bd. 2.) Göttingen 1993.

Kari E. Gade, Norse Attacks on England and Arnórr Jarlaskald's *Þórfinnsdrápa*, in: skandinavistik 33, 2003, 1–14.

Hans-Otto Gaethke, Knud VI. und Waldemar II. von Dänemark und Nordalbingien 1182–1227. Teil 1, in: Zeitschrift der Gesellschaft für Schleswig-Holsteinische Geschichte 119, 1994, 21–99.

Ders., Knud VI. und Waldemar II. von Dänemark und Nordalbingien 1182–1227. Teil 2, in: Zeitschrift der Gesellschaft für Schleswig-Holsteinische Geschichte 120, 1995, 7–76.

Ders., Knud VI. und Waldemar II. von Dänemark und Nordalbingien 1182–1227. Teil 3, in: Zeitschrift der Gesellschaft für Schleswig-Holsteinische Geschichte 121, 1996, 7–44.

Jarl Gallén, La province de Dacie de l'ordre des Frères Prêcheurs. Bd. 1: Histoire générale jusqu'au grand schisme. (Institutum historicum FF. Praedicatorum Romae ad S. Sabinae. Dissertationes historicae, Bd. 12.) Helsingfors 1946.

Ders., The Earliest Provincial Statute of the Norwegian Church, in: Mediaeval Scandinavia 3, 1970, 172–197.

Klaus Ganzer, Unanimitas, maioritas, pars sanior. Zur repräsentativen Willensbildung von Gemeinschaften in der kirchlichen Rechtsgeschichte. (Akademie der Wissenschaften und der Literatur. Abhandlungen der Geistes- und Sozialwissenschaftlichen Klasse. Jahrgang 2000, Bd. 9.) Mainz/Stuttgart 2000.

Michael Gassert, Kulturtransfer durch Fernhandelskaufleute. Stadt, Region und Fernhandel in der europäischen Geschichte. Eine wirtschaftshistorische Untersuchung der Beziehungen zwischen wirtschaftlichen Vorgängen und kulturellen Entwicklungen anhand von Karten. 12. bis 16. Jahrhundert. (Europäische Hochschulschriften. Reihe III: Geschichte und ihre Hilfswissenschaften, Bd. 915.) Frankfurt am Main u. a. 2001.

Bruce E. Gelsinger, Icelandic Enterprise. Commerce and Economy in the Middle Ages. Columbia 1981.

Ders., A Thirteenth-Century Norwegian-Castilian Alliance, in: Medievalia et humanistica. Studies in medieval and Renaissance culture N. S. 10, 1981, 55–80.

Richard Gem, Lincoln Minster: Ecclesia Pulchra, Ecclesia Fortis, in: Medieval Art and Architecture at Lincoln Cathedral. (The British Archaeological Association. Conference Transactions, Bd. 8.) Leeds 1986, 9–28.

Margaret Gibson, Normans and Angevins, in: Patrick Collinson/Nigel Ramsay/Margaret Sparks (Hrsg.), A history of Canterbury Cathedral. Oxford 1995, 38–68.

Lilli Gjerløw (Hrsg.), Ordo Nidrosiensis ecclesiae. (Orðubók). (Libri liturgici Provinciae Nidrosiensis Medii Aevi, Bd. 2.) Oslo 1968.

Anna Götlind, The Messengers of Medieval Technology? Cistercians and technology in medieval Scandinavia. (Occasional Papers on Medieval Topics, Bd. 4.) Alingsås 1990.

Antonia Gransden, Historical Writing in England. Bd. 1: C. 550 to c. 1307. London 1974.

Lindy Grant, Abbot Suger of St-Denis. Church and State in Early Twelfth-Century France. (The medieval world.) London/New York 1998.

František Graus, Die Nationenbildung der Westslawen im Mittelalter. (Nationes, Bd. 3.) Sigmaringen 1980.

Svend E. Green-Pedersen, De danske Cistercienserklostre og Generalkapitlet i Citeaux til ca. 1340, in: Aage Andersen/Per Ingesman/Erik Ulsig (Hrsg.), Festskrift til Troels Dahlerup. Århus 1985, 37–53.

Jacob Grimm, Om oldnordiske egennavne i en i Reichenau skreven necrolog fra det 9de og 10de aarhundrede, in: Antiquarisk Tidsskrift 1843–1845, 67–73, wieder abgedruckt in: Jacob Grimm, Kleinere Schriften. Bd. 5: Recensionen und vermischte Aufsätze. Teil 2. Berlin 1871. Nachdruck Hildesheim 1965, 349–354.

Edmund Groag et al. (Hrsg.), Prosopographia Imperii Romani. Saec. I, II, III. 2. Aufl. Berlin 1933–1999.

Ulrich Groenke, Die Sprachenlandschaft Skandinaviens. (Germanistische Lehrbuchsammlung, Bd. 25.) Berlin 1998.

Manfred Groten, Die Urkunde Karls des Großen für St.-Denis von 813 (D 286), eine Fälschung Abt Sugers? in: Historisches Jahrbuch der Görres-Gesellschaft 108, 1988, 1–36.

Erik Gunnes, Erkebiskop Øystein som lovgiver, in: Lumen 13, 1970, 127–149.

Ders., Kirkelig jurisdiksjon i Norge 1153–1277, in: (Norsk) Historisk Tidsskrift 49, 1970, 121–160.

Ders., Kongens ære. Kongemakt og kirke i „En tale mot biskopene". Oslo 1971.

Erik Gunnes, Erkebiskop Øystein og Frostatingsloven, in: (Norsk) Historisk Tidsskrift 53, 1974, 109–121.

Ders., Erkebiskop Øystein. Statsmann og kirkebygger. Oslo 1996.

Harald Gustafsson, Nordens historia. En europeisk region under 1200 år. Lund 1997.

Maja Hagerman, Spåren av kungens män. Om när Sverige blev ett kristet riket i skiftet mellan vikingatid och medeltid. Stockholm 1996.

Jørgen Q. Hansen, Regnum et sacerdotium. Forholdet mellem stat og kirke i Danmark 1157–1170, in: Tage E. Christiansen/Svend Ellehøj/Erling L. Petersen (Hrsg.), Middelalderstudier. Tilegnede Aksel E. Christensen på tresårsdagen. Kopenhagen 1966, 57–76.

Ders., Pavestrid og europæisk storpolitik 1159–1170, in: (Dansk) Historisk Tidsskrift 12:3, 1969, 369–430.

Gert Hatz, Handel und Verkehr zwischen dem Deutschen Reich und Schweden in der späten Wikingerzeit. Die deutschen Münzen des 10. und 11. Jahrhunderts in Schweden. Lund 1974.

Eldbjørg Haug, The Icelandic Annals as Historical Sources, in: Scandinavian Journal of History 22, 1997, 263–274.

Henry E. Haxo, Denis Piramus: "La Vie Seint Edmunt", in: Modern Philology 12, 1914–1915, 345–366, 559–583.

Knut Helle, Trade and Shipping between Norway and England in the Reign of Håkon Håkonsson (1217–1263), in: Sjøfartshistorisk årbok – Norwegian Yearbook of Maritime History 1967, 7–34.

Ders., Anglo-Norwegian Relations in the Reign of Håkon Håkonsson (1217–1263), in: Mediaeval Scandinavia 1, 1968, 101–114.

Ders., Norge blir en stat. 1130–1319. 2. Aufl. (Handbok i Norges Historie, Bd. 3.) Oslo 1974.

Ders., Gulatinget og Gulatingslova. Leikanger 2001.

Klaus Herbers, Zur Einführung: Europa an der Wende vom 11. zum 12. Jahrhundert, in: Klaus Herbers (Hrsg.), Europa an der Wende vom 11. zum 12. Jahrhundert. Beiträge zu Ehren von Werner Goez. Stuttgart 2001, 9–22.

Rudolf Hiestand, „Europa" im Mittelalter – vom geographischen Begriff zur politischen Idee, in: Hans Hecker (Hrsg.), Europa – Begriff und Idee. Historische Streiflichter. Bonn 1991, 33–48.

Joyce Hill, From Rome to Jerusalem. An Icelandic itinerary of the mid-twelfth century, in: Harvard Theological Review 76, 1983, 175–203.

Thomas Hill, Könige, Fürsten und Klöster. Studien zu den dänischen Klostergründungen des 12. Jahrhunderts. (Kieler Werkstücke. Reihe A: Beiträge zur schleswig-holsteinischen und skandinavischen Geschichte, Bd. 4.) Frankfurt am Main u. a. 1992.

Stefan Hirschmann, Die päpstliche Kanzlei und ihre Urkundenproduktion (1141–1159). (Europäische Hochschulschriften. Reihe 3, Geschichte und ihre Hilfswissenschaften, Bd. 913.) Frankfurt am Main u. a. 2001 (zugl. Diss. phil., Düsseldorf 2000).

Erich Hoffmann, Dänemark und England zur Zeit König Sven Estridsons, in: Horst Fuhrmann/Hans E. Mayer/Klaus Wriedt (Hrsg.), Aus Reichsgeschichte und Nordischer Geschichte. Stuttgart 1972, 92–111.

Ders., Die heiligen Könige bei den Angelsachsen und den skandinavischen Völkern. Königsheiliger und Königshaus. (Quellen und Forschungen zur Geschichte Schleswig-Holsteins, Bd. 69.) Neumünster 1975.

Anne Holtsmark, Sankt Olavs liv og mirakler, in: Anne Holtsmark (Hrsg.), Studier i norrøn diktning. Oslo 1956, 15–24.

Walther Holtzmann, Krone und Kirche in Norwegen im 12. Jahrhundert, in: Deutsches Archiv für Geschichte des Mittelalters 2, 1938, 341–400.

Steinar Imsen (Hrsg.), Ecclesia Nidrosiensis 1153–1537. Søkelys på Nidaroskirkens og Nidarosprovinsens historie. (Senter for Middelalderstudier, NTNU. Skrifter, Bd. 15.) Trondheim 2003.

Stephanie Irrgang, Peregrinatio Academica. Wanderungen und Karrieren von Gelehrten der Universitäten Rostock, Greifswald, Trier und Mainz im 15. Jahrhundert. (Beiträge zur Geschichte der Universität Greifswald, Bd. 4.) Stuttgart 2002 (zugl. Diss. phil., Freie Universität Berlin 2001).

Fridtjof Isachsen, Norden, in: Axel Sømme (Hrsg.), Die nordischen Länder. Dänemark, Finnland, Island, Norwegen, Schweden. 2. Aufl. Braunschweig 1974, 17–24.

Íslenzkar Æviskrár. 6 Bde. Reykjavík 1948–1976.

Montague R. James, On the abbey of S. Edmund at Bury. I. The Library. II. The Church. Cambridge 1895.

Sven B. F. Jansson, Runes in Sweden. Translation: Peter Foote. Stockholm 1987, Original: Runinskrifter i Sverige. 3. Aufl. Stockholm 1984.

Kurt V. Jensen, Denmark and the Second Crusade: the formation of a crusader state? in: Jonathan Phillips/Martin Hoch (Hrsg.), The Second Crusade. Scope and consequences. Manchester/New York 2001, 164–179.

Einar Jenssen, Prinsesse Kristina. Myte og virkelighet. Et forsøk på en historisk studie. (Gamle Tønsberg, Bd. 7.) Tønsberg 1980 ⟨http://www-bib.hive.no/tekster/tunsberg/kristina/⟩ – Zugriff am 5. 3. 2006.

Judith Jesch, Women in the Viking age. Woodbridge 1991.

Dies., History in the 'political sagas', in: Medium Ævum 62, 1993, 210–220.

Finnus Johannæus, Historia ecclesiastica Islandiæ. Ex historiis, annalibus, legibus ecclesiasticis, aliisque rerum septentrionalium monumentis congesta, et constitutionibus regum, bullis pontificum Romanorum, statutis conciliorum nationalium et synodorum provincialum, nec non archiepiscoporum et episcoporum epistolis, edictis et decretis magistratuum, multisque privatorum litteris et instrumentis, maximam partem hactenus ineditis, illustrata. Bd. 4: Præfationem generalem, Historiam Monasticam, Supplementa & emendationes, nec non Indices continens. Kopenhagen 1778, Nachdruck Westmead/Farnborough 1970.

Jón Jóhannesson, A History of the Old Icelandic Commonwealth. (University of Manitoba Icelandic Studies, Bd. 2.) Manitoba 1974.

Paul Johansen, Die Estlandliste des Liber Census Daniae. Kopenhagen/Reval 1933.

Ders., Nordische Mission, Revals Gründung und die Schwedensiedlung in Estland. (Kungl. Vitterhets Historie och Antikvitets Akademiens Handlingar, Bd. 74.) Stockholm 1951.

Arne O. Johnsen, Om Theodoricus og hans Historia de antiquitate regum Norwagiensium. (Avhandlinger utgitt av Det Norske Videnskaps-Akademi II. Historisk-Filosofisk Klasse, 1939, Bd. 3.) Oslo 1939.

Ders., Om St. Victorklosteret og nordmennene. En skisse, in: (Norsk) Historisk Tidsskrift 33, 1943–1946, 405–429.

Ders., Studier vedrørende kardinal Nicolaus Brekespears legasjon til Norden. Oslo 1945.

Ders., Om erkebiskop Øysteins eksil 1180–1183. (Det Kongelige Norske Videnskabers Selskabs Skrifter, Bd. 5.) Trondheim 1951.

Ders., Fra den eldste tid til 1252, in: Arne Fjellbu et al. (Hrsg.), Nidaros erkebispestol og bispesete 1153–1953. Bd. 1, Oslo 1955, 1–269.

Ders., De norske cistercienserklostre 1146–1264. Sett i europeisk sammenheng. (Avhandlinger utgitt av Det Norske Videnskaps-Akademi. II. Historisk-Filosofisk Klasse. Ny serie, Bd. 15.) Bergen/Oslo/Tromsø 1977.

Ders., Håkon jarl Eriksson (998–1030). Nytt kildemateriale og nye synspunkter. (Avhandlinger utgitt av Det Norske Videnskaps-Akademi. II. Historisk-Filosofisk Klasse. Ny serie, Bd. 17.) Oslo/Bergen/Tromsø 1981.

Oscar A. Johnsen, Olav Haraldssons ungdom indtil slaget ved Nesjar 25. mars 1016. En kritisk undersøgelse. (Videnskapsselskapets Skrifter. II. Historisk-Filosofisk Klasse, 1916, Bd. 2.) Kristiania (Oslo) 1916.

Finnur Jónsson, Tilnavne i den islandske oldlitteratur, in: Aarbøger for nordisk Oldkyndighed og Historie 2:22, 1907, 161–381.

Lothar Jordan/Bernd Kortländer (Hrsg.), Nationale Grenzen und internationaler Austausch. Studien zum Kultur- und Wissenschaftstransfer in Europa. (Communicatio, Bd. 10.) Tübingen 1995.

Ellen Jørgensen/Finnur Jónsson, Nordiske Pilegrimsnavne i Broderskabsbogen fra Reichenau, in: Aarbøger for nordisk Oldkyndighed og Historie 3:13, 1923, 1–36.

Charles Joys, Tidsrommet 1253–1280, in: Arne Fjellbu et al. (Hrsg.), Nidaros erkebispestol og bispesete 1153–1953. Bd. 1, Oslo 1955, 271–324.

Julius Jung, Das Itinerar des Erzbischofs Sigeric von Canterbury und die Strasse von Rom über Siena nach Luca, in: Mitteilungen des Instituts für Österreichische Geschichtsforschung 25, 1904, 1–90.

Kristian Kålund, En islandsk vejviser for pilgrimme fra 12. århundrede, in: Aarbøger for nordisk Oldkyndighed og Historie 3:3, 1913, 51–105.

Basileios Karageorgos, Der Begriff Europa im Hoch- und Spätmittelalter, in: Deutsches Archiv für Erforschung des Mittelalters 48, 1992, 137–164.

Martin Kaufhold, Norwegen, das Papsttum und Europa im 13. Jahrhundert. Mechanismen der Integration, in: Historische Zeitschrift 265, 1997, 309–342.

Ders., Europas Norden im Mittelalter. Die Integration Skandinaviens in das christliche Europa (9.–13. Jh.). Darmstadt 2001.

Katharine S. B. Keats-Rohan/David E. Thornton, Domesday names. An Index of Latin Personal and Place Names in Domesday Book. Woodbridge 1997.

Katharine S. B. Keats-Rohan, Domesday people. A Prosopography of Persons Occurring in English Documents 1066–1166. I: Domesday Book. Woodbridge 1999.

Dies., Domesday descendants. A Prosopography of Persons Occurring in English Documents 1066–1166. II: Pipe Rolls to *Cartae Baronum*. Woodbridge 2002.

Benjamin Z. Kedar/Christian Westergård-Nielsen, Icelanders in the Crusader Kingdom of Jerusalem. A Twelfth-Century Account, in: Mediaeval Scandinavia 11, 1978–1979, 193–211.

Hagen Keller, Zwischen regionaler Begrenzung und universalem Horizont. Deutschland im Imperium der Salier und Staufer 1024–1250. (Propyläen Geschichte Deutschlands, Bd. 2.) Berlin 1986.

Eric W. Kemp, Pope Alexander III. and the Canonization of Saints, in: Transactions of the Royal Historical Society 4:27, 1945, 13–28.

Neil R. Ker (Hrsg.), Medieval libraries of Great Britain. A list of surviving books. 2. Aufl. (Royal Historical Society. Guides and handbooks, Bd. 3.) London 1964.

Simon Keynes, Cnut's Earls, in: Alexander R. Rumble (Hrsg.), The Reign of Cnut. King of England, Denmark and Norway. (Studies in the Early History of Britain: Makers of England.) London 1994, 43–88.

David P. Kirby/Alfred P. Smyth/Ann Williams (Hrsg.), A biographical dictionary of Dark Age Britain. England, Scotland and Wales c. 500–c. 1050. London 1991.

Elimar Klebs/Hermann Dessau/Paul von Rohden (Hrsg.), Prosopographia Imperii Romani. Saec. I, II, III. Berlin 1897–1898.

Herma Kliege, Weltbild und Darstellungspraxis hochmittelalterlicher Weltkarten. Münster 1991.

Helmuth Kluger et al. (Hrsg.), Series episcoporum ecclesiae catholicae occidentalis ab initio usque ad annum MCXCVIII. Series VI: Britannia, Scotia et Hibernia, Scandinavia. Tomus II: Archiepiscopatus Lundensis. Stuttgart 1992.

Roland Köhne, Bischof Isleif Gizurarson. Ein berühmter Schüler des Stiftes Herford. Kirchliche Verbindungen zwischen Deutschland und Island im 11. Jahrhundert, in: Jahresbericht des Historischen Vereins für die Grafschaft Ravensberg 67, 1970, 1–38.

Ders., Wirklichkeit und Fiktion in den mittelalterlichen Nachrichten über Isleif Gizurarson, in: skandinavistik 17, 1987, 24–30.

Oluf Kolsrud, Kardinal-legaten Nicolaus av Albano i Noreg 1152. Nye dokument til norsk historie millom 1152 og 1194, II, in: (Norsk) Historisk Tidsskrift 33, 1943–1946, 485–512.

Wladimir J. Koudelka, Neuaufgefundene Papsturkunden des 12. Jahrhunderts, in: Römische Historische Mitteilungen 3, 1958/60, 114–128.

Egil Kraggerud, Theoderiks tekst etter Storm, in: Inger Ekrem/Lars B. Mortensen/ Karen Skovgaard-Petersen (Hrsg.), Olavslegenden og den latinske historieskrivning i 1100-tallets Norge. Kopenhagen 2000, 263–280.

Claus Krag, Vikingtid og rikssamling. 800–1130. (Aschehougs Norges historie, Bd. 2.) Oslo 1995.

Jónas Kristjánsson, The Roots of the Sagas, in: Rudolf Simek/Jónas Kristjánsson/Hans Bekker-Nielsen (Hrsg.), Sagnaskemmtun. Studies in Honor of Hermann Pálsson on his 65th birthday, 26th May 1986. Wien/Köln/Graz 1986, 183–200.

Ders., Eddas und Sagas. Die mittelalterliche Literatur Islands. Hamburg 1994.

Christian Krötzl, Wege und Pilger aus Skandinavien nach Santiago de Compostela, in: Robert Plötz (Hrsg.), Europäische Wege der Santiago-Pilgerfahrt. (Jakobus-Studien, Bd. 2.) Tübingen 1990, 157–169.

Ders., Pilger, Mirakel und Alltag. Formen des Verhaltens im skandinavischen Mittelalter (12.–15. Jahrhundert). (Studia Historica, Bd. 46.) Helsinki 1994.

Jürgen Krüger, Die Grabeskirche zu Jerusalem. Geschichte – Gestalt – Bedeutung. Regensburg 2000.

Kulturhistorisk leksikon for nordisk middelalder fra vikingetid til reformationstid. 22 Bde. Kopenhagen 1956–1978.

Achim Landwehr/Stefanie Stockhorst, Einführung in die Europäische Kulturgeschichte. (UTB, Bd. 2562.) Paderborn u. a. 2004.

Andrea Langer/Georg Michels (Hrsg.), Metropolen und Kulturtransfer im 15./16. Jahrhundert. Prag – Krakau – Danzig – Wien. (Forschungen zur Geschichte und Kultur des östlichen Mitteleuropa, Bd. 12.) Stuttgart 2001.

Christian C. A. Lange, De norske Klostres Historie i Middelalderen. 2. Aufl. Christiania (Oslo) 1856.

Gudrun Lange, Die Anfänge der isländisch-norwegischen Geschichtsschreibung. (Studia Islandica, Bd. 47.) Reykjavík 1989.

Mats G. Larsson, Ett ödesdigert vikingatåg. Ingvar den vittfarnes resa 1036–1041. Stockholm 1990.

Ders., Runstenar och utlandsfärder. Aspekter på det senvikingatida samhället med utgångspunkt i de fasta fornlämningarna. (Acta Archaeologica Lundensis, Bd. 18.) Lund 1990.

Johannes Laudage, Alexander III. und Friedrich Barbarossa. (Forschungen zur Kaiser- und Papstgeschichte des Mittelalters, Bd. 16.) Köln/Weimar/Wien 1997.

Kåre Lauring, Byen brænder. Københavns brand 1728. Kopenhagen 2003.

Michael K. Lawson, Cnut. England's Viking king. Stroud 2004.

Henry G. Leach, Angevin Britain and Scandinavia. (Harvard Studies in Comparative Literature, Bd. 6.) Cambridge (Massachussets) 1921.

Jacques Le Goff, Das Hochmittelalter. 22. Aufl. (Fischer Weltgeschichte, Bd. 11.) Frankfurt am Main 1999.

David Lewer, The Temple Church. (Pitkin Pictorial's English Churches, Bd. 1.) London 1971.

Lexikon des Mittelalters. 10 Bde. München/Zürich 1980–1999.

Karl J. Leyser, Concepts of Europe in the Early and High Middle Ages, in: Past and Present 137, 1992, 25–47.

Hans-Emil Lidén, Oktogon og langkor. Et forsøk på analyse av korordningen i Trondheim domkirke i 1200-årene, in: Det Norske Videnskaps-Akademi. Årbok 1980, 92–106.

Niels-Knud Liebgott, Pilgerfahrt durch Stellvertreter, in: Niels-Knud Liebgott et al. (Hrsg.), Pilgerreisen im Mittelalter. (University of Southern Denmark Studies in History and Social Sciences, Bd. 267.) Odense 2003, 7–21.

John H. Lind et al., Danske korstog. Krig og mission i Østersøen. Kopenhagen 2004.

Jonna Louis-Jensen, "Syvende og ottende brudstykke". Fragmentet AM 325 IVα 4to, in: Opuscula IV. (Bibliotheca Arnamagnæana, Bd. 30.) Kopenhagen 1970, 31–60.

Jonna Louis-Jensen, Kongesagastudier. Kompilationen Hulda-Hrokkinskinna. (Bibliotheca Arnamagnæana, Bd. 32.) Kopenhagen 1977.

Tryggve Lundén, Sveriges missionärer, helgon och kyrkogrundare. En bok om Sveriges kristnande. Storuman 1983.

Hans-Jürgen Lüsebrink, Kulturtransfer – methodisches Modell und Anwendungsperspektiven, in: Ingeborg Tömmel (Hrsg.), Europäische Integration als Prozess von Angleichung und Differenzierung. (Forschungen zur europäischen Integration, Bd. 3.) Opladen 2001, 213–226.

Francis P. Magoun, An English Pilgrim-Diary of the Year 990, in: Mediaeval Studies 2, 1940, 231–252.

Ders., The Rome of two Northern Pilgrims: Archbishop Sigeric of Canterbury and Abbot Nikolás of Munkathverá, in: Harvard Theological Review 33, 1940, 267–289.

Ders., The Pilgrim-Diary of Nikulas of Munkathvera: The Road to Rome, in: Mediaeval Studies 6, 1944, 314–354.

Werner Maleczek, Abstimmungsarten. Wie kommt man zu einem vernünftigen Wahlergebnis? in: Reinhard Schneider/Harald Zimmermann (Hrsg.), Wahlen und Wählen im Mittelalter. (Vorträge und Forschungen, Bd. 37.) Sigmaringen 1990, 79–134.

Aarno Malin, Zur Überlieferung der lateinischen Olavuslegende. (Annales Academiæ Scientiarum Fennicæ Series B, Bd. XI, 7.) Helsingfors 1920.

Jaakko Masonen, Finnland im Mittelalter. Zur Einführung, in: Christian Krötzl/Jaakko Masonen (Hrsg.), Quotidianum Fennicum. Daily Life in Medieval Finland. (Medium Aevum Quotidianum, Bd. 19.) Krems 1989, 5–12.

Brian P. McGuire, Conflict and Continuity at Øm Abbey. A Cistercian Experience in Medieval Denmark. (Opuscula Graecolatina, Bd. 8.) Kopenhagen 1976.

Ders., The Cistercians in Denmark. Their Attitudes, Roles, and Functions in Medieval Society. (Cistercian Studies Series, Bd. 35.) Kalamazoo (Michigan) 1982.

Ders., The Difficult Saint. Bernard of Clairvaux and his Tradition. (Cistercian studies series, Bd. 126.) Kalamazoo 1991.

Ders., Absalon's Spirituality: A Man Attached to Holy Men, in: Karsten Friis-Jensen/ Inge Skovgaard-Petersen (Hrsg.), Archbishop Absalon of Lund and his World. Roskilde 2000, 71–87.

William R. Mead, An Historical Geography of Scandinavia. London u. a. 1981.

Rudolf Meissner, Ermengarde, Vicegräfin von Narbonne, und Jarl Rögnvald, in: Arkiv för Nordisk Filologi 41, 1925, 140–191.

Bogi T. Melsteð, Ferðir, siglingar og samgöngur milli Íslands og annara landa á dögum þjóðveldisins, in: Safn til sögu Íslands og Íslenzkra bókmenta að fornu og nyju 4, 1907–1915, 585–910.

Matthias Middell/Katharina Middell, Forschungen zum Kulturtransfer. Frankreich und Deutschland, in: Grenzgänge 1, 1994, 107–122.

Matthias Middell, Von der Wechselseitigkeit der Kulturen im Austausch. Das Konzept des Kulturtransfers in verschiedenen Forschungskontexten, in: Andrea Langer/ Georg Michels (Hrsg.), Metropolen und Kulturtransfer im 15./16. Jahrhundert. Prag – Krakau – Danzig – Wien. (Forschungen zur Geschichte und Kultur des östlichen Mitteleuropa, Bd. 12.) Stuttgart 2001, 15–51.

Konrad Miller, Mappaemundi. Die ältesten Weltkarten. Bd. 3: Die kleineren Weltkarten. Stuttgart 1895.

Ove Moberg, Två historiografiska undersökningar. 1. Knut den Stores romresa. 2. Danernas kristnande i den isländska litteraturen, in: Aarbøger for nordisk Oldkyndighed og Historie 1945, 5–45.

Einar Molland, Bemerkninger til Canones Nidrosienses, in: (Norsk) Historisk Tidsskrift 50, 1971, 1–17.

Erik Moltke, Runes and their Origin. Denmark and Elsewhere. Translated by Peter Foote. Kopenhagen 1985, Original: Runerne i Danmark og deres oprindelse. Kopenhagen 1976.

Robert I. Moore, Die erste europäische Revolution. Gesellschaft und Kultur im Hochmittelalter. (Europa bauen.) München 2001.

Peter Moraw, Über Entwicklungsunterschiede und Entwicklungsausgleich im deutschen und europäischen Mittelalter. Ein Versuch, in: Rainer C. Schwinges (Hrsg.), Über König und Reich. Aufsätze zur deutschen Verfassungsgeschichte des späten Mittelalters. Sigmaringen 1995, 293–320, erstmals in: Uwe Bestmann/Franz Irsigler/Jürgen Schneider (Hrsg.), Hochfinanz – Wirtschaftsräume – Innovationen. Festschrift für Wolfgang Stromer. Bd. 2. Trier 1987, 583–622.

Lars B. Mortensen/Else Mundal, Erkebispesetet i Nidaros – arnestad og verkstad for olavslitteraturen, in: Steinar Imsen (Hrsg.), Ecclesia Nidrosiensis 1153–1537. Søkelys på Nidaroskirkens og Nidarosprovinsens historie. (Senter for Middelalderstudier, NTNU. Skrifter, Bd. 15.) Trondheim 2003, 353–383.

Lars B. Mortensen, The Anchin manuscript of Passio Olavi (Douai 295), William of Jumièges, and Theodoricus Monachus. New evidence for intellectual relations between Norway and France in the 12th century, in: Symbolae Osloenses 75, 2000, 165–189.

Ders., Olav den Helliges mirakler i det 12. årh.: streng tekstkontrol eller fri fabuleren? in: Inger Ekrem/Lars B. Mortensen/Karen Skovgaard-Petersen (Hrsg.), Olavslegenden og den latinske historieskrivning i 1100-tallets Norge. Kopenhagen 2000, 89–107.

Rudolf Muhs/Johannes Paulmann/Willibald Steinmetz (Hrsg.), Aneignung und Abwehr. Interkultureller Transfer zwischen Deutschland und Großbritannien im 19. Jahrhundert. (Arbeitskreis Deutsche England-Forschung, Bd. 32.) Bodenheim 1998.

Dies., Brücken über den Kanal? in: Rudolf Muhs/Johannes Paulmann/Willibald Steinmetz (Hrsg.), Aneignung und Abwehr. Interkultureller Transfer zwischen Deutschland und Großbritannien im 19. Jahrhundert. (Arbeitskreis Deutsche England-Forschung, Bd. 32.) Bodenheim 1998, 7–20.

Carsten Müller-Boysen, Kaufmannsschutz und Handelsrecht im frühmittelalterlichen Nordeuropa. Neumünster 1990.

Arnved Nedkvitne, Handelssjøfarten mellom Norge og England i høymiddelalderen, in: Sjøfartshistorisk årbok – Norwegian Yearbook of Maritime History 1976, 7–254.

Ders., Gotlandske bondekjøbmenn og hanseater i nordeuropeisk fjernhandel i høymiddelalderen, in: Collegium medievale 8, 1995, 165–179.

Ders., Hvorfor dro middelalderens skandinaver på korstog? in: Den jyske Historiker 96, 2002, 114–129.

Torben K. Nielsen, The Missionary Man: Archbishop Anders Sunesen and the Baltic Crusade, 1206–21, in: Alan V. Murray (Hrsg.), Crusade and Conversion on the Baltic Frontier 1150–1500. Aldershot u. a. 2001, 95–117.

Sigurður Nordal, Om Olav den helliges saga. En kritisk undersøkelse. Kopenhagen 1914.

Ders., Sagalitteraturen, in: Sigurður Nordal (Hrsg.), Litteraturhistorie. B: Norge og Island. (Nordisk Kultur, Bd. 8 B.) Kopenhagen/Oslo/Stockholm 1953, 180–273.

Norsk biografisk leksikon. 19 Bde. Kristiania (Oslo) 1923–1983.

Norsk biografisk leksikon. 2. Aufl. 10 Bde. Oslo 1999–, bisher sind acht Bände erschienen.

Przemysław Nowak, Die Urkundenproduktion der päpstlichen Kanzlei 1181–1187, in: Archiv für Diplomatik 49, 2003, 91–122.

Jan Öberg, Das Urkundenmaterial Skandinaviens. Bestände, Editionsvorhaben, Erforschung. (Rheinisch-Westfälische Akademie der Wissenschaften. Geisteswissenschaften. Vorträge, Bd. G 219.) Opladen 1977.

Donncha Ó Corráin, Ireland before the Normans. (The Gill History of Ireland, Bd. 2.) Dublin 1972.

Hans Oehler, Studien zu den „Gesta Francorum", in: Mittellateinisches Jahrbuch 6, 1970, 58–97.

Ernst Oehlmann, Die Alpenpässe im Mittelalter. Teil 1, in: Jahrbuch für Schweizerische Geschichte 3, 1878, 165–289.

Ders., Die Alpenpässe im Mittelalter. Teil 2, in: Jahrbuch für Schweizerische Geschichte 4, 1879, 163–323.

Eyolf Østrem, The Office of Saint Olav. A Study in Chant Transmission. (Acta Universitatis Upsaliensis. Studia Musicologica Upsaliensia. Nova Series, Bd. 18.) Uppsala 2001 (zugl. Diss. phil., Uppsala 2001).

Werner Ohnsorge, Die Legaten Alexanders III. im ersten Jahrzehnt seines Pontifikats (1159–1169). (Historische Studien, Bd. 175.) Berlin 1928.

Ders., Päpstliche und gegenpäpstliche Legaten in Deutschland und Skandinavien 1159–1181. (Historische Studien, Bd. 188.) Berlin 1929.

Hans Olrik, Absalon. Kopenhagen/Kristiania (Oslo) 1908–1909.

Birger M. Olsen, Absalons studier i Paris, in: Frank Birkebæk/Tom Christensen/Inge Skovgaard-Petersen (Hrsg.), Absalon fædrelandets fader. Roskilde 1996, 57–72.

Klaus Oschema, Der Europa-Begriff im Hoch- und Spätmittelalter. Zwischen geographischem Weltbild und kultureller Konnotation, in: Jahrbuch für Europäische Geschichte 2, 2001, 191–235.

Jürgen Osterhammel, Kulturelle Grenzen in der Expansion Europas, in: Saeculum 46, 1995, 101–138.

Roland Otterbjörk, Svenska förnamn. Kortfattat namnlexikon. 2. Aufl. (Skrifter utgivna av Svenska språknämnden, Bd. 29.) Stockholm 1975.

Fredrik Paasche, Kong Sverre. Kristiania (Oslo) 1920.

Ders., Til Erkebiskop Eysteins historie, in: Festskrift til Halvdan Koht på sekstiårsdagen 7de Juli 1933. Oslo 1933, 130–137.

Ders., Über Rom und das Nachleben der Antike im norwegischen und isländischen Schrifttum des Hochmittelalters, in: Symbolae Osloenses 13, 1934, 114–145.

Johannes Paulmann, Interkultureller Transfer zwischen Deutschland und Großbritannien. Einführung in ein Forschungskonzept, in: Rudolf Muhs/Johannes Paulmann/Willibald Steinmetz (Hrsg.), Aneignung und Abwehr. Interkultureller Transfer zwischen Deutschland und Großbritannien im 19. Jahrhundert. (Arbeitskreis Deutsche England-Forschung, Bd. 32.) Bodenheim 1998, 21–43.

Ders., Internationaler Vergleich und interkultureller Transfer. Zwei Forschungsansätze zur europäischen Geschichte des 18. bis 20. Jahrhunderts. Zwei Forschungsansätze zur europäischen Geschichte des 18. bis 20. Jahrhunderts, in: Historische Zeitschrift 267, 1998, 649–685.

David Pelteret/Francesca Tinti (Hrsg.), A list of Anglo-Saxon people recorded in selected reference works. ⟨http://www.asnc.cam.ac.uk/pase/Level1/homepage.html⟩ – Zugriff am 5. 3. 2006.

Jürgen Petersohn, Personenforschung im Spätmittelalter. Zur Forschungsgeschichte und Methode, in: Zeitschrift für Historische Forschung 2, 1975, 1–5.

Carl Phelpstead/Devra Kunin (Hrsg./Übers.), A History of Norway and The Passion and Miracles of the Blessed Óláfr. (Viking Society for Northern Research Text Series, Bd. 13.) London 2001.

Rosemary Powers, Magnus Bareleg's Expeditions to the West, in: The Scottish Historical Review 65, 1986, 107–132.

Philipp Pulsiano (Hrsg.), Medieval Scandinavia. An Encyclopedia. (Garland Reference Library of the Humanities, Bd. 934. Garland Encyclopedias of the Middle Ages, Bd. 1.) New York/London 1993.

Fabrizio D. Raschellà, Itinerari italiani in una miscellanea geografica islandese del XII secolo, in: AION. Filologia Germanica 28–29, 1985–1986, 541–584.

Reallexikon der Germanischen Altertumskunde. 2. Aufl. Berlin/New York 1978ff., bisher sind 30 Bände erschienen.

Folker Reichert, Fernreisen im Mittelalter, in: Das Mittelalter 3, 1998, Nr. 2, 5–9.

Liliane Reynard, Når en roman av Chrétien de Troyes blir til en norrøn saga, in: (Norsk) Historisk Tidsskrift 83, 2004, 245–259.

Paul Riant, Skandinavernes Korstog og Andagtsreiser til Palaestina (1000–1350). Kopenhagen 1868, Original: Expéditions et Pèlerinages des Scandinaves en Terre Sainte au Temps des Croisades. Paris 1865.

Peter Rietbergen, Europe. A Cultural History. London/New York 1998.

Else Roesdahl (Hrsg.), Wikinger, Waräger, Normannen. Die Skandinavier in Europa 800–1200. Berlin 1992.

Eugen Rosenstock-Huessy, Die europäischen Revolutionen und der Charakter der Nationen. 3. Aufl. Stuttgart 1961.

Jerker Rosén, Tiden före 1718. 4. Aufl. (Svensk historia, Bd. 1.) Arlöv 1983.

Alexander R. Rumble (Hrsg.), The Reign of Cnut. King of England, Denmark and Norway. (Studies in the Early History of Britain: Makers of England.) London 1994.

Arndt Ruprecht, Die ausgehende Wikingerzeit im Lichte der Runeninschriften. (Palaestra, Bd. 224.) Göttingen 1958.

Evert Salberger, Runsvenska namnstudier. (Acta Universitatis Stockholmiensis. Stockholm Studies in Scandinavian Philology N. S., Bd. 13.) Stockholm 1978 (zugl. Diss. phil., Stockholm 1978).

Odd Sandaaker, Delegasjonen til Benevent hausten 1169, in: (Norsk) Historisk Tidsskrift 48, 1969, 53–59.

Ders., Canones Nidrosienses – intermesso eller opptakt? in: (Norsk) Historisk Tidsskrift 67, 1988, 2–37.

Birgit Sawyer/Peter H. Sawyer, Die Welt der Wikinger. Aus dem Englischen von Thomas Bertram. (Die Deutschen und das europäische Mittelalter.) Berlin 2002.

Birgit Sawyer, Valdemar, Absalon and Saxo. Historiography and Politics in Medieval Denmark, in: Revue Belge de Philologie et d'Histoire – Belgisch Tijdschrift voor Filologie en Geschiedenis 63, 1985, 685–705.

Peter H. Sawyer, Anglo-Scandinavian trade in the Viking Age and after, in: Mark A. S. Blackburn (Hrsg.), Anglo-Saxon Monetary History. Leicester 1986, 185–199.

Ders., Da Danmark blev Danmark. Fra ca. år 700 til ca. 1050. (Gyldendal og Politikens Danmarkshistorie, Bd. 3.) Kopenhagen 1988.

Theodor Schieder, Vorwort zum Gesamtwerk, in: Theodor Schieffer (Hrsg.), Europa im Wandel von der Antike zum Mittelalter. (Handbuch der europäischen Geschichte, Bd. 1.) Stuttgart 1976, 1–21.

Kurt Schier, Sagaliteratur. (Sammlung Metzler, Bd. M 78.) Stuttgart 1970.

Wolfgang Schmale, Geschichte Europas. Wien/Köln/Weimar 2000.

Karl Schmid, Prosopographische Forschungen zur Geschichte des Mittelalters, in: Gerhard A. Ritter/Rudolf Vierhaus (Hrsg.), Aspekte der historischen Forschung in Frankreich und Deutschland. Schwerpunkte und Methoden. Aspects de la recherche historique en France et en Allemagne. Tendance et méthodes. Göttingen 1981, 54–78.

Ludwig Schmugge, Kollektive und individuelle Motivstrukturen im mittelalterlichen Pilgerwesen, in: Gerhard Jaritz/Albert Müller (Hrsg.), Migration in der Feudalgesellschaft. (Studien zur Historischen Sozialwissenschaft, Bd. 8.) Frankfurt am Main/New York 1988, 263–289.

Johan Schreiner, Studier til Olav den Helliges historie, in: (Norsk) Historisk Tidsskrift 27, 1927, 403–457.

Wolfgang Seegrün, Das Papsttum und Skandinavien bis zur Vollendung der nordischen Kirchenorganisation (1164). (Quellen und Forschungen zur Geschichte Schleswig-Holsteins, Bd. 51.) Neumünster 1967.

Ders., Päpstliche Legaten in Skandinavien und Norddeutschland am Ende des 12. Jahrhunderts, in: Horst Fuhrmann/Hans E. Mayer/Klaus Wriedt (Hrsg.), Aus Reichsgeschichte und Nordischer Geschichte. (Kieler Historische Studien, Bd. 16.) Stuttgart 1972, 209–221.

Klaus von See, Skaldendichtung. Eine Einführung. München/Zürich 1980.

Wilfried Seibicke, Historisches Deutsches Vornamenbuch. Bd. 2: F–K. Berlin/New York 1998.

Claudius Sieber-Lehmann, „Regna colore rubeo circumscripta". Überlegungen zur Geschichte weltlicher Herrschaftsgrenzen im Mittelalter, in: Guy P. Marchal (Hrsg.), Grenzen und Raumvorstellungen (11.–20. Jahrhundert) – Frontières et conceptions de l'espace (11e–20e siècles). (Clio Lucernensis, Bd. 3.) Zürich 1996, 79–91.

Jón V. Sigurðsson, Norsk historie 800–1300. Frå høvdingmakt til konge- og kyrkjemakt. (Samlagets Norsk historie 800–2000, Bd. 1.) Oslo 1999.

Rudolf Simek, Altnordische Kosmographie. Studien und Quellen zu Weltbild und Weltbeschreibung in Norwegen und Island vom 12. bis zum 14. Jahrhundert. (Ergänzungsbände zum Reallexikon der Germanischen Altertumskunde, Bd. 4.) Berlin/New York 1990.

Ders., Europa in der Vorstellung des mittelalterlichen Nordens, in: Dagmar Unverhau/ Kurt Schietzel (Hrsg.), Das Danewerk in der Kartographiegeschichte Nordeuropas. Neumünster 1993, 63–77.

Vegard Skånland, Det eldste norske provinsialstatutt. Oslo/Bergen/Tromsø 1969.

Eiliv Skard, Sprache und Stil der Passio Olavi. (Avhandlinger utgitt av Det Norske Videnskaps-Akademi. II. Historisk-Filosofisk Klasse, 1932, Bd. 1.) Oslo 1932.

Inge Skovgaard-Petersen, Oldtid og Vikingetid, in: Aksel E. Christensen et al. (Hrsg.), Tiden indtil 1340. 2. Aufl. (Danmarks historie, Bd. 1.) Kopenhagen 1977, 15–209.

Niels Skyum-Nielsen, Kirkekampen i Danmark 1241–1290. Jakob Erlandsen, samtid og eftertid. (Scandinavian University Books, Bd. 26.) Kopenhagen 1963 (zugl. Diss. phil., Kopenhagen 1962).

Otto Springer, Mediaeval Pilgrim Routes from Scandinavia to Rome, in: Mediaeval Studies 12, 1950, 92–122.

Ders., Mittelalterliche Pilgerwege von Skandinavien nach Rom, in: Otto Springer: Arbeiten zur germanischen Philologie und zur Literatur des Mittelalters. München 1975, 338–372.

Terje Spurkland, I begynnelsen var fuþark. Norske runer og runeinnskrifter. (Landslaget for norskundervisning, Bd. 138.) Oslo 2001.

Håkon Stang, Fra Novaja Zemilja og Varanger til verdens hjerte, in: Øivind Andersen/ Tomas Hägg (Hrsg.), Hellas og Norge. Kontakt, komparasjon, kontrast. (Skrifter utgitt av Det norske institutt i Athen, Bd. 2.) Bergen 1990, 139–152.

Johannes C. H. R. Steenstrup, Normannerne. Bd. 3: Danske og Norske Riger paa de Britiske Øer i Danevældens Tidsalder. Kopenhagen 1882.

Ders., Danmarks Riges Historie. 6 Bde. Kopenhagen 1896–1907.

Frank M. Stenton, Anglo-Saxon England. 3. Aufl. (The Oxford History of England, Bd. 2.) Oxford 1971.

Renato Stopani, La Via Francigena. Una strada europea nell'Italia del Medioevo. Florenz 1988.

Ders., Le vie di pellegrinaggio del Medioevo. Gli itinerari per Roma, Gerusalemme, Compostella. Florenz 1991.

Gustav Storm (Hrsg.), Otte brudstykker af den ældste saga om Olav den hellige. Oslo 1893.

Hans-Jochen Stüllein, Das Itinerar Heinrichs V. in Deutschland. Diss. phil.München 1971.

Svenska män och kvinnor. 8 bde. Stockholm 1942–1955.

Svenskt biografiskt lexikon. 38 Bde. Stockholm 1918ff., bisher sind 31 Bände erschienen.

Martin Syrett, Scandinavian history in the Viking Age. A select bibliography. (ASNC Guides, Texts, and Studies, Bd. 2.) Cambridge 2003.

Margrete Syrstad, "Skrudhuset" i Trondheim: Form og funksjon. Unveröffentlichte Abschlussarbeit, Universität Oslo 2000.

Thomas Szabó, Die Entdeckung der Straße im 12. Jahrhundert, in: Società, Istituzioni, Spiritualità. Studi in onore di Cinzio Violante. Bd. 2. Spoleto 1994, 913–929.

Enn Tarvel, Die dänische Ostseepolitik im 11.–13. Jahrhundert, in: Anke Wesse (Hrsg.), Studien zur Archäologie des Ostseeraumes. Von der Eisenzeit zum Mittelalter. Festschrift für Michael Müller-Wille. Neumünster 1998, 53–59.

A. B. Taylor, Eysteinn Haraldsson in the West, circa 1151. Oral Traditions and Written Record, in: Alan Small (Hrsg.), The Fourth Viking Congress. York, August 1961. (Aberdeen University Studies, Bd. 149.) Edinburgh/London 1965, 119–134.

Rodney M. Thomson, Catalogue of the manuscripts of Lincoln Cathedral Chapter Library. Cambridge 1989.

William P. L. Thomson, History of Orkney. Edinburgh 1987.

Torfinn Tobiassen, Tronfølgelov og privilegiebrev. En studie i kongedømmets ideologi under Magnus Erlingsson, in: (Norsk) Historisk Tidsskrift 43, 1964, 181–273.

Lena Törnblom, Medeltiden, in: Torsten Edgren/Lena Törnblom (Hrsg.), Finlands Historia. Bd. 1. 2. Aufl. Esbo 1993, 271–426.

John E. Tyler, The Alpine Passes. The Middle Ages (962–1250). Oxford 1930.

Heiko Uecker, Altnordische Reiseliteratur, in: Peter J. Brenner (Hrsg.), Der Reisebericht. Die Entwicklung einer Gattung in der deutschen Literatur. Frankfurt am Main 1989, 68–80.

Matthias Untermann, „opere mirabili constructa". Die Aachener „Residenz" Karls des Großen, in: Christoph Stiegemann/Matthias Wemhoff (Hrsg.), 799 – Kunst und Kultur der Karolingerzeit. Karl der Große und Papst Leo III. in Paderborn. Beiträge zum Katalog der Ausstellung Paderborn 1999. Mainz 1999, 152–164.

Eirik Vandvik, Magnus Erlingssons privilegiebrev og kongevigsle. Hrsg. v. Vegard Skånland. (Skrifter utgitt av Det Norske Videnskaps-Akademi. II. Historisk-Filosofisk Klasse. Ny serie, Bd. 1.) Oslo 1962.

Luis Vázques de Parga/José M. Lacarra/Juan Uría Ríu, Las Peregrinaciones a Santiago de Compostela. 3 Bde. Madrid 1948–1949, Neudruck Pamplona 1998.

Jan de Vries, Altnordisches etymologisches Wörterbuch. Leiden 1961.

Ders., Altnordische Literaturgeschichte. Bd. 1: Vorbemerkungen – Die heidnische Zeit – Die Zeit nach der Bekehrung bis zur Mitte des zwölften Jahrhunderts. 2. Aufl. (Grundriss der Germanischen Philologie, Bd. 15.) Berlin 1964.

Ders., Altnordische Literaturgeschichte. Bd. 2: Die Literatur von etwa 1150 bis 1300 – Die Spätzeit nach 1300. 2. Aufl. (Grundriss der Germanischen Philologie, Bd. 16.) Berlin 1967.

Kelly de Vries, The Norwegian Invasion of England in 1066. Woodbridge 1999.

Benedicta Ward, Miracles and the medieval mind. Theory, record and event 1000–1215. 2. Aufl. Aldershot 1987.

Curt Weibull, Saxos berättelser om de danska vendertågen, in: (Dansk) Historisk Tidsskrift 83, 1983, 35–70.

Lauritz Weibull, Geo-ethnographische Interpolationen und Gedankengänge bei Adam von Bremen, in: Hansische Geschichtsblätter 1933, Nr. 58, 3–16.

Stefan Weiß, Die Urkunden der päpstlichen Legaten von Leo IX. bis Coelestin III. (1049–1198). (Forschungen zur Kaiser- und Papstgeschichte des Mittelalters, Bd. 13.) Köln/Weimar/Wien 1995 (zugl. Diss. phil., Düsseldorf 1994).

Eric C. Werlauff, Symbolae ad Geographiam medii ævi ex monumentis Islandicis. Kopenhagen 1821.

Elias Wessén, Historiska Runinskrifter. (Kungliga Vitterhets Historie och Antikvitets Akademiens handlingar. Filologisk-filosofiska serien, Bd. 6.) Stockholm 1960.

Diana Whaley, Heimskringla. An Introduction. (Viking Society for Northern Research. Text Series, Bd. 8.) London 1991.

Dies., The Poetry of Arnórr jarlaskáld. An Edition and Study. (Westfield Publications in Medieval Studies, Bd. 8.) Turnhout 1998.

Ernest Wickersheimer, La véritable origine de maître Henri de Danemarche, médicin Orléanais au temps de Philippe-Auguste, in: Janus. Archives internationales pour l'Histoire de la Médicine et la Géographie Médicale 37, 1933, 354–356.

Annemarieke Willemsen (Hrsg.), Wikinger am Rhein. 800–1000. Utrecht 2004.

Ann Williams, 'Cockles amongst the wheat': Danes and English in the Western Midlands in the first half of the eleventh century, in: Midland History 11, 1986, 1–22.

Francis Woodman, The architectural history of Canterbury Cathedral. London/Boston/Henley 1981.

Claudia Zey, Zum päpstlichen Legatenwesen im 12. Jahrhundert. Der Einfluß von eigener Legationspraxis auf die Legatenpolitik der Päpste am Beispiel Paschalis' II.,

Lucius' II. und Hadrians IV, in: Ernst-Dieter Hehl/Ingrid H. Ringel/Hubertus Seibert (Hrsg.), Das Papsttum in der Welt des 12. Jahrhunderts. (Mittelalter-Forschungen, Bd. 6.) Stuttgart 2002, 243–262.

Abbildungsnachweis

Abbildung 2.1: AM 194 8°, Den Arnamagnæanske Samling, Königliche Bibliothek Kopenhagen, Foto von Suzanne Reitz und Elin L. Pedersen.

Abbildung 4.1: *Ekroll*, Kleber (1997), 151, Zeichnungen von Øystein Ekroll und Karl-Fredrik Keller.

Die übrigen Abbildungen wurden vom Verfasser angefertigt.

Verzeichnisse

Abbildungsverzeichnis

2.1.	Der Schluss des *Leiðarvísir*	58
3.1.	*Leiðarvísir* – Der Weg von Dänemark bis zu den Alpen	75
3.2.	*Leiðarvísir* – Der Weg von den Alpen bis nach Süditalien	77
3.3.	*Leiðarvísir* – Der Weg von Süditalien bis ins Heilige Land	83
4.1.	Die Entwicklung des Trondheimer Doms	108

Tabellenverzeichnis

3.1.	Reiseziele	72
3.2.	Chronologische Verteilung der Reisen	91
3.3.	Reisende aus Norwegen und von den Orkney-Inseln	93

Abkürzungs- und Siglenverzeichnis

*	nicht überlieferter Text
*	geboren
†	gestorben
⚭	verheiratet
Adam	Adam von Bremen: *Gesta Hammaburgensis ecclesiae pontificum*
Anf.	Anfang
Ágrip	Ágrip af Nóregs konunga sǫgum
Ann. Saxo	Annalista Saxo
Arnold	Arnold von Lübeck: *Chronica Slavorum*
Art.	Artikel
ASC	Angelsächsische Chronik
Bd./Bde.	Band/Bände
Bf.	Bischof
ca.	circa
dän.	dänisch
DB	Domesday Book, hrsg. v. *John Morris*
DBL	Dansk biografisk leksikon, 3. Auflage
DBL²	Dansk biografisk leksikon, 2. Auflage
DD	Diplomatarium Danicum
DI	Diplomatarium Islandicum
DictMA	Dictionary of the Middle Ages
DN	Diplomatarium Norvegicum
DR	Danmarks Runeindskrifter, hrsg. v. *Lis Jacobsen* et al.
DS I	Diplomatarium Suecanum, Bd. 1, hrsg. v. *Johan G. Liljegren* et al.
dt.	deutsch
Ebf.	Erzbischof
ed.	ediert von
Fs.	Fürst
Fsk.	Fagrskinna
fol.	folio
G	Gotlands Runinskrifter, hrsg. v. *Sven B. F. Jansson* et al. (Bd. 1); hrsg. v. *Elisabeth Svärdström* (Bd. 2)
Gf.	Graf
Gfs.	Großfürst

Helmold	Helmold von Bosau: *Chronica Slavorum*
Hzg.	Herzog
Hist. Eccl.	Historia Ecclesiastica
Hl.	Heilige(r)
Hkr.	Heimskringla
ÍÆ	Íslenzkar Æviskrár
isl.	isländisch
Jh.	Jahrhundert
JL	Regesta Pontificum Romanorum, hrsg. v. *Philipp Jaffé*, bearbeitet von *Samuel Löwenfeld*
Kap.	Kapitel
Kg.	König
KLNM	Kulturhistorisk leksikon for nordisk middelalder
Ks.	Kaiser
LEKU	Liv-, Est- und Kurländisches Urkundenbuch, hrsg. v. *Friedrich G. von Bunge*
LexMA	Lexikon des Mittelalters
MGH DD	Monumenta Germaniae Historica, Diplomata
MGH DD FI	Die Urkunden Friedrichs I., hrsg. v. *Heinrich Appelt*
MGH DD K1	Die Urkunden der Karolinger, Bd. 1, hrsg. v. *Engelbert Mühlbacher*
MGH DD LIII	Die Urkunden Lothars III., hrsg. v. *Emil von Ottental* et al.
MGH Poet. Carol. 1	Poetae Latini aevi Carolini, Bd. 1, hrsg. v. *Ernst Duemmler*
Mkgf.	Markgraf
Msk.	Morkinskinna
NBL	Norsk biografisk leksikon, 1. Auflage
NBL²	Norsk biografisk leksikon, 2. Auflage
NGL	Norges gamle Love, hrsg. v. *Rudolf Keyser* et al.
NI	Norges innskrifter med de yngre runer, hrsg. v. *Magnus Olsen* et al.
norw.	norwegisch
Ög	Östergötlands Runinskrifter, hrsg. v. *Erik Brate*
Öl	Ölands Runinskrifter, hrsg. v. *Erik Brate* et al.
OP	Ordo Fratrum Praedicatorum – Dominikaner
OPraem	Candidus et Canonicus Ordo Praemonstratensis – Prämonstratenser
OSB	Ordo Sancti Benedicti – Benediktiner
Passio Olavi	*Passio et miracula Beati Olavi*

Pipe Roll	The Great Roll of the Pipe
PL	Patrologia Latina, hrsg. v. *Jacques P. Migne*
Potthast	Regesta Pontificum Romanorum, bearbeitet v. *August Potthast*
PU	Pommersches Urkundenbuch, hrsg. v. *Robert Klempin*
RegEB I	Regesten der Erzbischöfe von Bremen, Bd. 1, hrsg. v. *Otto H. May*
resp.	respektive
Rez.	Rezension
RGA	Reallexikon der Germanischen Altertumskunde
RI	Regesta Imperii
RN	Regesta Norvegica
S	The electronic Sawyer, hrsg. v. *Susan E. Kelly* et al.
S.	Seite
s. a.	sub anno
Saxo Gr.	Saxo Grammaticus: *Gesta Danorum*
SBL	Svenskt biografiskt lexikon
Schol.	Scholion
schw.	schwedisch
Sm	Smålands Runinskrifter, hrsg. v. *Ragnar Kinander* et al.
SMK	Svenska män och kvinnor
SOCist	Sacer Ordo Cisterciensis – Zisterzienser
Sö	Södermanlands Runinskrifter, hrsg. v. *Erik Brate* et al.
Theod.	Theodoricus Monachus: *Historia de antiquitate regum Norwagiensium*
Thietmar	Thietmar von Merseburg: *Chronicon*
U	Upplands Runinskrifter, hrsg. v. *Sven B. F. Jansson* et al.
Vg	Västergötlands Runinskrifter, hrsg. v. *Hugo Jungner* et al.
vgl.	vergleiche
Vs	Västmanlands Runinskrifter, hrsg. v. *Sven B. F. Jansson*
Z.	Zeile

Glossar

Austrvegr	heißt wörtlich übersetzt „östlicher Weg" und meint die Reisen in die Kiewer Rus' und nach Konstantinopel.
Biskupasögur	ist isländisch für „Bischofssagas".
Gesetzessprecher	(lǫgsǫgumaðr) ist ein weltliches Amt in Island. Der Gesetzessprecher fungierte als Vorsteher des *þing* und wurde jeweils für drei Jahre gewählt. Er war für die Wahrung des geltenden Rechts zuständig. Die Namen und Amtsperioden der isländischen Gesetzessprecher von 930 bis 1271 sind lückenlos überliefert.
Gode	(goði oder goðorðsmaðr) wird häufig mit „Häuptling" übersetzt. Goden sind die weltlichen Herrscher auf Island, wo es keine Jarle oder Könige gab. Ein Gode herrscht über eine bestimmte Personengruppe (die *þingmenn*). Insgesamt gab es auf Island 39 Goden, zwölf davon im Nordviertel, je neun in den drei anderen Vierteln.
Hauskarl	bezeichnet in England einen Gefolgsmann eines Königs oder Earls. Die Stellung der Hauskarle, die meist dänischer Herkunft waren, entsprach in etwa der eines Thegns. In Skandinavien wird der Begriff Hauskarl (húskarl) ähnlich wie Hirdmann verwendet.
Hirdmann	(hirðmaðr) bezeichnet einen (meist königlichen) Gefolgsmann. Die *hirð* ist das Gefolge eines Königs oder Herrschers. Zunächst eher als Leibgarde des Königs fungierend, entwickelte sich die *hirð* mehr und mehr „zum organisator[ischen] Mittelpunkt einer im Dienste des Kg.s stehenden Reichsaristokratie"[1].
Íslendingasögur	ist isländisch für „Isländersagas", die auch Familiensagas genannt werden.
Jarl	bezeichnet einen Herrscher unterhalb des Königsranges. In lateinischen Texten des Mittelalters wird Jarl meist mit *comes* oder *dux* wiedergegeben, in angelsächsischen Quellen ist vom *eorl* (Earl) die Rede. Die rechtliche Stellung des Jarls unterscheidet sich in

---

1 *Sverre Bagge*, Art. Hird. In: LexMA 5 (1991), 33f., Zitat 34.

	Dänemark, Norwegen und Schweden sowie auf den Orkney-Inseln. In Schweden wurde der Titel im 13. Jahrhundert durch „Herzog" ersetzt.
Konungasögur	ist isländisch für „Königssagas".
Lendmann	*(lendr maðr)* lässt sich nicht eindeutig übersetzen. Ein *lendr maðr* ist jemand, der Land vom König bekommen hat; das deutsche „Lehnsmann" ist jedoch nicht gleichbedeutend. Deshalb wird der Begriff *lendr maðr* mit „Lendmann" wiedergegeben.
Marschall	*(stallari)* ist die Bezeichnung für das höchste Amt in der *hirð*, dem Gefolge des Königs.
Samtíðarsögur	ist isländisch für „zeitgenössische Sagas".
Þáttr	(Plural *þættir*) bezeichnet eine kurze Erzählung. *Þættir* sind eigenständige Geschichten, meist über einzelne Personen, die in Königs- oder Isländersagas eingebettet sind. Gelegentlich wird *þáttr* auch synonym zu „kurze Saga" verwendet.
Thegn	*(þegn)* bezeichnet Angehörige des Dienstadels in England. Ein Thegn bekam Land verliehen und verpflichtete sich im Gegenzug zur Leistung diverser Dienste. In Skandinavien kann Thegn auch in der Bedeutung „freier Mann" verwendet werden.
Thing	*(þing)* bedeutet „Versammlung" oder „Zusammenkunft". Die in allen skandinavischen Reichen abgehaltenen Thinge gab es auf lokaler und regionaler sowie – in Island – auf nationaler Ebene. Sie fanden in regelmäßigen Abständen und meist an derselben Stelle statt. Auf den Thingen wurden Rechtsstreitigkeiten und öffentliche Angelegenheiten geklärt – so etwa die Landesverteidigung (Leding), aber auch die Annahme des Christentums in Island im Jahr 1000. Die wichtigsten Aufgaben eines Things – besonders der größeren Thinge – waren Rechtspflege und Gesetzgebung.
Vestrvegr	heißt wörtlich übersetzt „westlicher Weg" und meint besonders die Reisen zu den westlichen Atlantik-Inseln (Britannien, Irland, Hebriden, Orkneys, Shetlands, Färöer).

Ortsindex

Der Ortsindex ist unterteilt in Orte/Städte, Länder/Regionen/Inseln und Gewässer. Es wird jeweils die Seitenzahl angegeben, wobei kursive Zahlen auf den Untersuchungsteil (Teil I) und normale Zahlen auf die Prosopographie (Teil II) verweisen. Die skandinavischen Länder Dänemark, Island, Norwegen und Schweden sowie die Orkney-Inseln werden nur für den ersten Teil aufgeführt, da sie im zweiten Teil zu oft vorkommen.

Orte, Städte

A

Åbo, *siehe* Turku
Aachen, *60, 111f.*, 331
Århus, *87, 143*, 156, 231, 233f., 260
Abbotsbury, 316
Aberdeen, 240, 275
Acquapendente, *76, 78*
Æbelholt, *98*, 151
Agder, 218, 225, 240, 255, 268
Akkon, *76, 89f.*, 149, 215, 255, 258, 266, 289, 299
Akrsborg, *siehe* Akkon
Albano Laziale, *79*
Alcácer do Sal, 265
Alsted, 216
Alt-Lübeck, *siehe* Liutcha
Alvastra, 319
Amiens, 209, 251
Anagni, *105, 118, 120, 128*, 159, 239
Aosta, *59f., 76*
Argyll, 275
Arkona, 178, 301
Ask, 191
Askalon, 266
Asmild, 194
Atholl, 248, 275
Augsburg, *84*

B

Baffa, *siehe* Paphos
Bagdad, 348
Bamberg, 193
Banestrup, 344
Barcelona, *89*, 227
Bari, *76, 81*, 177, 189
Basel, *76, 78*
Bath, 193, 205
Beckley, 296
Benevent, *76, 79*, 214, 307, 310, 312, 319, 322
Berezan', 312, 314
Bergen, *20, 90, 100, 103, 106, 112f., 118, 122, 136, 143*, 149f., 152, 154, 158f., 163, 169, 185, 191f., 198, 201, 211, 213, 227, 239, 243, 245, 249, 257, 265, 283, 288, 294, 299, 330f., 334f., 338, 340, 342, 350f.
Bergen auf Rügen, 251
Beroia, 320
Besançon, *86*, 183, 301
Birsay, 293

Bishop's Waltham, *106*, 239
Bjarkøy, 306
Børglum, 149, 184
Boizenburg, 304
Bologna, *78*, *84*, *87f.*, *143*, 154, 234, 260, 269, 302
Bolsena, *76*
Borgo San Donnino, *76*, *78*
Bornhøved, 297, 304
Borup, 153
Bourg-Saint-Pierre, *76*
Bouvines, 304
Bozen, *84*
Braunschweig, *84*, 152
Bremen, *72f.*, *78*, 212, 222f., 229, 241f., 259, 283, 301–304, 309, 311, 314, 319, 321
Brenner, *84*
Brest, *89*
Bridlington, 208
Brindisi, *79*
Brügge, *89*, 219, 316
Brüssel, 183
Burgos, 227
Bury St. Edmunds, *106*, *110–112*, *131f.*, *135*, 239

C

Cadiz, 242
Canterbury, *41*, *76*, *82*, *111f.*, *120*, *132–135*, 207, 242, 271, 312, 319, 333
Capua, *76*, *79*
Chartres, 324
Chur, *81*
Cintra, 265
Cîteaux, *99*, 263, 300, 303
Clairvaux, *98*, 183, 235, 310, 320
Clontarf, 264f., 286, 355
Colbaz, 55
Compostela, *siehe* Santiago de Compostela
Corbeil, 209
Crowle, 262

D

Däneholm, 301
Dalby, 310
Dam, 251
Damietta, 179, 241
Dannenberg, 304
Dartmouth, *89*
Deane, 288
Demmin, 215, 224, 302, 304
Dobin, 223, 279
Dorpat, 253
Dortmund, 165, 238
Dover, *85*, 158, 357
Dublin, 231, 244, 265, 275, 286, 291, 356
Duisburg, *78*
Duncansby, 150, 159, 171, 194, 198, 232, 243, 246, 258, 275, 289
Dundee, 324
Durazzo, *90*
Dyfed, 171

E

Edinburgh, 232, 275, 289
Ely, 158
Eskilsø, *98*, 151
Esrom, 235, 306, 310, 320
Eyri, 207

F

Fellin, 204
Ferrol, *89*
Fjenneslev, 151, 182
Flatholm, 195
Flensburg, 273
Fløan, 212
Florenz, *84*
Flydrunes, 165
Folkestone, 244
Fotevig, 230, 236
Fountains, *136*, 263
Friesach, 260

Orte, Städte   425

G

Gaeta, *79*
Gainsborough, 280f.
Gairsay, 243
Gandersheim, *79*
Gerona, 227
Gibraltar, *88–90*, 174, 265
Giskø, 270
Greifswald, 344
Grimsby, *113*, 163, 201, 255, 293
Großer Sankt Bernhard, *76, 78, 85–87*
Gützkow, 301

H

Haithabu, *81*
Halberstadt, 230
Halsnøy, *112f.*
Hamar, *20*, 272
Hamburg, 151, 179, 251, 303f.
Hannover, *79*
Haraldsted, 222
Harburg, 304
Hartlepool, 240
Helgeseter, *112*
Helgøy, 248
Helmsdale, 275
Herford, 189, 212
Herrevad, 183
Hesbaye, 184
Hiddensee, 151, 190, 250, 270, 301, 305
Hildesheim, *64, 79*, 183, 281
Hólar, *20*, 217
Holderness, 202
Horton, 296
Hovedøy, *136*
Huseby, 235

I

Iconium, 280
Ilanz, *81f.*
Innsbruck, *84*
Ipswich, 158, 244, 284

Itzehoe, 301
Ivrea, *59f., 76*

J

Jaffa, 266
Jerusalem, *siehe auch* Heiliges Land, *15, 32, 35, 46, 58, 72, 74, 82, 88, 90f., 112*, 149, 153, 156, 158, 162, 168, 176–179, 181, 183, 185, 187, 189, 197, 202, 208, 212, 216, 220, 233, 235, 237f., 241, 244, 251, 253f., 257f., 261, 264–266, 271, 279f., 292, 295, 328, 332–334, 336, 340, 342f., 356
Jerwen, 204, 253
Jomsborg, *siehe* Wollin
Jumne, *siehe* Wollin

K

Kalvø, 310
Kammin, 151, 153, 182, 224, 301
Kap Váres, *89*
Karlsár, *siehe* Cadiz
Kent, 284
Kiew, 202, 326, 347, 355, 357
King's Lynn, *100f.*, 154f., 181, 237, 253, 307, 314, 321, 323, 325, 330–332, 335, 337–339
Kirkevåg, *siehe* Kirkwall
Kirkstead, *136*
Kirkwall, 255, 339, 350
Kjalarnes, 340
Köln, *60, 79, 88, 90, 101*, 149, 152, 228, 260, 301, 332f.
Konghelle, *105, 112f.*, 149, 239, 266, 299
Konstantinopel, *33, 72–74, 81f., 88, 90*, 149, 157, 160, 165, 168, 174, 176f., 181, 190, 195, 198, 230, 232f., 237, 255–258, 262, 266, 268, 271, 293–295, 299, 311, 317, 319f., 322, 333, 337, 340, 343, 354f., 357f.
Kopenhagen, *32, 39*, 165, 260

L

La Coruña, *89*
Ladoga, 256
Lambeth, 203, 258
Landsberg, 279
Largs, 350
Larne, 173
Lauenburg, 154, 251, 303
Leal, 214
Lewis, 194, 275
Limerick, 335
Lincoln, *106f.*, *110*, *132*, *135f.*, 206, 239, 285
Linköping, 189
Lissabon, *89*, 265
Liutcha, 177, 201, 223, 236
Loccum, 303
Løgum, 246
London, *111f.*, 152, 221, 242, 244, 281, 284, 338, 341
Lucca, *76*, *79*, *85f.*, 177, 284f., 292
Lübchin, 224
Lübeck, *23*, *84*, 154, 165, 198, 206, 223, 225, 229, 243, 251, 265, 279, 301, 303f.
Lüneburg, 151, 204, 278, 343
Lütjenburg, *siehe* Liutcha
Lüttich, 214
Lukmanier, *81*, *83*
Lund, *19f.*, *42*, *55*, *134*, 151, 154, 169, 182f., 214, 216f., 234, 249, 269, 280, 306f., 310, 313, 325, 329
Luni, *59*, *76*, *79f.*, *99*
Lutton, 190
Lyndanise, 154, 234, 304
Lyø, 304
Lyon, 167, 184, 213, 235
Lyse, *136*, 263, 307

M

Magdeburg, *64*, 189, 283
Mailand, *79*, *81*
Mainz, *76*, *79*
Maldon, 244
Marseille, *89*, 174
Mecklenburg, 215, 223, 262, 279, 305
Mel, 187
Melrose, *65*
Menevia, *siehe* Saint David's
Merseburg, 223, 278f., 301
Messina, *89*
Metz, 301, 304
Mildeburg, 151
Minden, 215
Modena, *78*
Mölln, 225, 303
Monopoli, *79*
Mont Cenis, *78*
Mont Genèvre, *82*
Montacute, 297
Monte Bardone, *60*, *79*
Monte Cassino, *76*, 193
Monte Gargano, *76*
Montefiascone, *76*, *78*
Münster, *78*
Munkaþverá, *56f.*
Munkeby, *113*
Munkholm, 353

N

Narbonne, 227, 255
Neapel, 173
Neumünster, 297
Nidarholm, 167
Nidaros, *20*, *46*, *56*, *86*, *88*, *105–108*, *112f.*, *120*, *122*, *125f.*, *128–130*, *134f.*, *137f.*, *143*, 167, 172f., 175, 180f., 192, 194, 207, 211, 239, 260, 263f., 266, 272, 285, 291f., 319, 321, 337, 346, 352f.
Nimwegen, 193, 278
Ninove, 183
Nǫrvasund, *siehe* Gibraltar
Northampton, 284
Norwich, 158, 281
Nottingham, 152
Nowgorod, *72–74*, 167f., 172f., 191, 227, 231, 241f., 244, 269, 273, 306, 327f., 357
Nydala, 189

Orte, Städte

O

Oddi, 259
Odense, *41*, *143*, 222, 228
Øm, 310
Oldenburg, 151, 170, 183, 279, 319
Orléans, 209, 324, 339
Orvieto, 188
Oslo, *20*, *118*, *136*, *143*, 265, 272, 291, 337
Osna, *siehe* Usedom
Oxford, *136*, 154, 200, 281, 284

P

Paderborn, *76*, 206, 219
Palencia, 227
Paphos, 177
Paris, *46*, *72f.*, *88*, *98*, *105*, *110*, *112*, *114*, *116*, *125f.*, *128*, 151, 154, 173, 175, 182f., 187, 194, 196, 213, 216, 239, 247, 251, 259f., 285, 290f., 301f., 317, 322, 336, 339
Parma, *78*
Passau, 266
Pavia, *76*, *78*, *81*
Peenemünde, 151
Perugia, 252, 272, 318
Peterborough, *132f.*, 190
Philomelium, 280
Piacenza, *76*, *78*, *81*, 177
Pinhoe, 249
Pisa, *79*
Plymouth, *89*
Poitou, 242
Polotzk, 343
Pommern, 55
Pontoise, 209
Pontremoli, *76*, *78f.*
Portisham, 316
Prawle, *89*
Prémontré, 184

R

Råsvoll, *105*

Radicofani, *76*
Rasted, 319
Ratzeburg, 303
Rauðasandur, *70*, 233
Refsnæs, 305
Regensburg, 266
Reggio, *78*
Reichenau, *81–84*
Reims, *127*, 183, 280, 325, 339
Rendsburg, 225
Reval, *siehe* Tallinn
Reykjaholt, 285
Ribe, *89f.*, *101*, *143*, 150, 156, 161, 169, 171, 177f., 215f., 233, 235, 237f., 248, 250f., 258, 284, 297
Rieti, 180
Riga, 154, 234, 312
Ringsaker, *134*
Ringsted, 279
Rom, *32*, *34f.*, *55*, *58*, *70–72*, *74*, *76*, *78f.*, *81f.*, *84–88*, *90*, *128*, *139*, 149, 152, 154, 157, 160, 162, 164f., 167, 169, 172, 175, 177f., 181–184, 186f., 189f., 194f., 197, 202f., 207, 212f., 217f., 220–222, 224, 226, 230, 232f., 237f., 241, 246, 248, 250, 252, 254f., 257, 261–264, 267f., 270f., 273f., 282–286, 290–294, 302f., 306, 310, 314f., 318f., 322, 330, 332–334, 336f., 339–341, 354–358
Roskilde, *42*, *143*, 151, 154, 177, 183, 211, 222f., 235, 250, 260, 279, 298, 324, 355
Rostock, 224, 274, 301, 337
Rouen, *126*, 164, 219, 242, 256, 261, 281
Ryd, *55*

S

Saint Albans, 318
Saint David's, 171
Saint-Bertin, *65*
Saint-Denis, *110*, *127*
Saint-Germain-en-Laye, 209
Saint-Gilles, *81f.*, 207
Saint-Jean-de-Losne, *69*, 151, 169, 182f., 228, 274, 281, 301

Saint-Matthieu, *89*
Saint-Omer, 195
Saint-Remi, 325
Saint-Victor, *73*, *114*, *126f.*, 175, 182f., 187, 216, 239, 259, 290f., 317, 336, 339
Saint-Vincent-aux-Bois, 324
Sainte-Geneviève, *73*, *98*, 152, 154, 175, 251, 339
Salerno, *80*, 324
Salisbury, 281
San Genesio, *76*
San Quirico, *76*, *79*
San Stefano di Magra, *76*
Sandvik, 173
Sandwich, 158, 221, 244, 281, 284, 311, 315
Sankt Bernhard, *siehe* Großer Sankt Bernhard
Sankt Gotthard, *79*
Sankt Moritz, *76*, *78*
Santiago de Compostela, *34*, *72f.*, *80*, *82*, *89*, 207, 242, 265, 328f., 336, 344
Sarzana, *79*
Saurbær, 233
Scarborough, 163, 202, 293
Schleswig, *23*, *76*, *96*, *143*, 178, 188, 223, 231, 236, 301f.
Schwerin, 151, 161, 166, 168, 170, 179, 214, 235, 251, 304
Segeberg, 279
Sens, 183, 312, 319, 322
Septimer, *83*
Sevilla, 227
Shaftesbury, 221
Shelsley Walsh, 262
Shipton, 273
Sidon, 265f.
Siena, *76*, *79*, *84*
Sigtuna, *143*, 187, 248, 319
Sjømæling, 155
Skänninge, *143*, 161
Skærød, 235
Skálholt, *20*, *53*, *57*, 212, 217, 249, 285
Skara, *143*, 283
Skarð, *54*

Skye, 316
Slagelse, 279, 328
Slangerup, 177
Sminge, 310
Södertälje, *siehe* Tälje
Somborne, 288
Soria, 227
Sorø, *55*, 151, 216, 310, 336
Spåneim, 241
Speyer, *76*, 266
Stade, *64*, *76*, *78f.*, 279, 304
Stamford Bridge, *18*, 180, 202, 240, 274, 282, 311, 354
Stangby, 323
Stavanger, *20*, *112*, 150, 175
Stavoren, *90*, 149, 299
Stellau, 303
Stettin, *95*, 182, 224, 252, 274, 283, 301
Stiklestad, *113*, 167, 172, 186, 202, 242, 255, 263, 286, 292, 341
Stockholm, *32*
Stolpe, 301
Straßburg, *76*
Stralsund, *89*, 230
Strandvik, 152
Sutri, *76*, *78*
Svolder, 172, 174, 181, 218, 244, 281, 344f.
Swell, 338
Swinemünde, 182, 301
Swona, 159, 232

T

Tälje, 254
Tallinn (Reval), *143*, 150f., 154, 156, 161, 169, 171, 177, 179, 215f., 233f., 248, 250f., 253, 260, 284, 304, 307, 322
Tarragona, *89*
Teignton, 249
Ter Doest, 250f.
Thetford, 281
Þingeyrar, *47*, *57*
Thurso, 155, 174, 179, 197, 226, 245, 255, 257, 272, 274, 289, 294
Þykkvabær, 285

Tønsberg, *112f.*, 149, 299
Travemünde, 214
Trier, 280
Tripolis, 255
Trondheim, *siehe* Nidaros
Tunis, 228
Turin, *78*
Turku (Åbo), *143*
Tyrus, 266

U

Uppsala, *32*, *138*, 319
Utrecht, 199

V

Västerås, *143*, 215
Valladolid, 227
Vatnsfjord, 206
Veda, 296
Venedig, *79f.*, *90*, 149, 159, 177
Veng, 310
Vercelli, *59f.*, *76*, *78f.*
Verden, 334
Verona, *84*, *87*, *143*, 260
Vevey, *76*, *78*
Viborg, *143*, 150, 220, 250, 278–280
Viðey, *46*
Visby, *143*, 171
Viterbo, *76*, *78*, 188
Vitskøl, 310
Vordingborg, 301, 303

W

Walsrode, *79*
Waltham, 249, 297
Whitby, 240
Wick, 232, 255
Wilton, 281
Winchester, 221, 281
Wismar, *95*, 301
Wolgast, 151, 169f., 180, 182, 205, 224, 229, 235, 250, 277, 283, 301f., 305

Wollin, 151, 153, 170, 182, 207, 224, 229–231, 245, 252, 271, 274, 283, 301, 311
Wolverton, 262
Worms, 312
Würzburg, 278
Wulpe, 316

Y

Yarmouth, *101*, 227, 258
York, 153, 158, 195, 202, 222, 257, 269, 318
Yorkshire, 208

Länder, Regionen, Inseln

A

Ägypten, *25*, 179
Afrika, *25*, *89*
Alpen, *60*, *76*, *78*, *80–83*, *86f.*, *91*
Antiochia, *27*
Apennin, *78*
Apulien, *81*, *90*, 202, 219, 255
Aragón, 227
Asien, *25*

B

Balkan, *24*, *74*, 202
Bjarmaland, 155f., 194, 197, 205, 213f., 220, 241, 276, 288, 292, 296
Böhmen, *24*
Bulgarien, 266
Burgund, *86f.*, 183
Byzanz, *24*, *26*, *32–34*, *39*, *142*, 153, 161, 163, 186, 193, 202, 207, 209f., 232, 238, 244, 246f., 254, 277, 279f., 287, 290, 299, 305, 323, 326–328, 333, 357

C

Caithness, *22*, *85*, *93f.*, 150, 155, 161, 171, 174, 179, 194, 196–200, 207, 210, 216, 226–228, 230, 232, 240, 243, 245f., 255,

257, 264, 272, 274f., 289, 293f., 296, 319, 357
Chorezm, 325

D

Dänemark, *18–23*, 35, *39*, *41*, *44f.*, *53*, *55*, *60–62*, *64f.*, *69*, *73*, 76, *87f.*, *90*, 92, *95f.*, *98f.*, *101*, *106*, *138*, *143*, *passim*
Danelag, 221
Deutschland, *17*, *23*, *30f.*, *64*, 71, *74*, 76, *84f.*, *87*, *90*, 157, 160, 165, 181, 189f., 195, 212, 230, 236f., 255, 259, 262, 266–268, 274, 281, 293f., 310, 312, 319, 322, 329, 334, 337, 342, 348, 355
Dithmarschen, 166, 302, 304

E

East Anglia, 281, 284
Edessa, *27*
England, *15–18*, *20*, 22, *28f.*, *31*, *39*, 65, 68, *70f.*, *85f.*, 92, *100–103*, *106*, *110f.*, *116*, *125*, *128*, *131*, *133*, *135f.*, *139*, *142*, 150, 152–155, 158–160, 162–164, 166–168, 170–172, 175f., 180f., 185, 188, 191–198, 200–203, 205, 211f., 216–218, 220–222, 227, 230, 233, 235, 237–240, 242–244, 247, 249, 252, 254–256, 258, 261, 263–265, 269–275, 277f., 280–284, 287, 290–294, 297–300, 306f., 309–311, 313–318, 320–323, 325f., 329–332, 334f., 337–340, 342–344, 354–358
Essex, 297, 311, 315
Estland, *22*, *24*, *55*, 154, 156, 165f., 174, 176f., 204, 206, 214, 224f., 234, 244f., 247, 251, 253, 260, 284, 287, 297f., 304, 307, 314, 320, 328

F

Färöer-Inseln, *19f.*
Finnland, *19*, 22, *61*, *143*, 242
Flandern, *65*, *79*, *85–88*, *91*, 186, 195f., 203, 219, 222, 236, 241, 244f., 251f., 260, 271, 278, 290, 311, 315f., 329, 341
Formentera, 265
Frankreich, *15*, *17*, *30*, *73*, *78*, *80*, *85*, *87–89*, *91*, *98*, *100f.*, *125f.*, *128*, *139*, 154, 156, 183, 186, 202, 209, 217, 222, 227, 235, 238f., 241f., 251, 261, 265, 267, 271, 277, 290, 319f., 323, 330–332, 335, 337–340
Friesland, *90*, *101*, 151, 216, 241f., 244, 281

G

Galicien, *72*, *89*, 255, 265
Georgien, 348
Gigha, 270
Gloucestershire, 171, 273, 338
Gotland, *29*, *143*, 154, 171, 176f., 234
Graubünden, *81*
Griechenland, 156
Grönland, *20*, 211, 256, 314

H

Hampshire, 288
Hebriden, *20*, 22, *84*, *104*, 169, 171, 174, 179, 185, 188, 190–192, 194, 198f., 201, 207, 209, 211, 213, 218f., 227, 231f., 244–248, 255, 258, 261, 267f., 275f., 283, 288f., 293, 295, 310, 316, 330f., 334f., 338, 340, 342, 350f., 355
Heiliges Land, *siehe auch* Jerusalem, *27*, *35*, *66*, *72*, *74*, *76*, *81*, *85*, *88–90*, 157f., 160, 165, 168, 178, 181, 185, 187, 189f., 195, 201, 206, 215, 217, 219, 230, 237, 251, 255, 262, 265–267, 271f., 280, 289, 293f., 299, 319, 337, 343f.
Herefordshire, 168, 256, 262, 320
Holstein, 166, 177, 201, 223f., 236, 251, 282, 302–304
Huntingdonshire, 269

I

Ibiza, 265

Länder, Regionen, Inseln

Irland, *20, 24, 98,* 163, 169, 171, 173, 179–181, 185f., 188, 191f., 197, 201, 207, 212f., 219, 227, 229, 231, 237, 240f., 244, 255, 260, 265, 267, 271, 275, 283, 288, 290, 293f., 300, 306, 330–332, 334f., 338, 340, 342, 355
Island, *19–22, 32, 41, 47, 49, 53f., 56–58, 60f., 70, 76, 91f., 101, 143, passim*
Isle of Man, *20, 22, 66,* 209, 231, 245, 248, 261, 267f., 275f., 295, 310, 316, 351
Isle of Wight, 222
Italien, *17, 26, 76, 78f.,* 85, 87, *119,* 154, 192f., 207, 217, 224, 245, 257, 292

J

Jerusalem, Königreich, *27*

K

Kastilien, 176, 227, 252
Kaukasus, *24*
Kiewer Rus', *22, 33, 66, 73f., 92, 142,* 157f., 160, 162, 166, 172, 174, 177f., 186, 191f., 199, 202, 204, 208, 210, 219, 224–227, 241, 255f., 276, 286, 288f., 295f., 300, 302, 323, 325–327, 331–333, 340–343, 347f., 354, 356f.
Kleinasien, 202, 217
Korfu, *76*
Kos, *81*
Kreta, *89,* 255
Krim, *24*

L

Ladoga, 172, 174, 208
Languedoc, 334
Lettland, *24,* 277, 312
Levante, *siehe* Heiliges Land / Jerusalem
Litauen, *24*
Livland, 150, 164f., 176, 253
Lombardei, *60,* 202, 207, 245

M

Mallorca, 265
Malta, *24*
Man, *siehe* Isle of Man
Mecklenburg, *95*
Menorca, 265
Mercia, 221
Moray, *94*

N

Nordalbingien, *23, 95f.,* 224, 251, 282, 303f.
Normandie, *85f., 91,* 242, 357
Northumberland, 240
Northumbrien, 175, 196, 202, 247, 269
Norwegen, *18–23, 29, 41, 46f., 51, 56, 60–62, 65, 68, 70, 73, 76, 79, 88, 91–93, 99–101, 103, 106f., 110–114, 117–120, 122, 124, 133, 137–139, passim*

O

Öland, 326
Ösel, 154, 234, 242, 304
Orkney-Inseln, *19f., 22, 30, 48, 93–95, passim*
Oxfordshire, 296

P

Polen, *24,* 223, 230, 339
Pommern, *22, 95–97,* 304
Portugal, *24,* 194, 267
Preussen, 304
Provence, 207

R

Rhodos, *76,* 279
Ross, *93f.,* 293
Rügen, *95–97,* 151, 169f., 178, 181–184, 206, 213f., 218, 229, 231, 234f., 244f., 251, 274, 277f., 281, 283, 301, 307, 310, 344

Russland, *24*

S

Sachsen, *23*, *90*, 149, 166, 182, 192, 202f., 219, 223, 236, 244, 248, 281, 300, 358
Sackala, 204, 253
Samland, 304
Sardinien, *89*, 255
Schottland, *20*, *22*, *24*, *30*, *43*, *65*, *85*, *94f.*, *101*, *118*, 156f., 159, 169, 173, 185f., 188, 191f., 197, 208, 213, 219, 221, 226f., 229, 231f., 240f., 244–248, 255, 261, 265, 267–271, 275f., 283, 288–290, 293, 295, 306, 310, 315f., 330f., 334f., 338, 340, 342, 350
Schwaben, 149, 159, 304
Schweden, *18–23*, *34*, *39*, *49*, *61f.*, *86*, *92*, *142f.*, *passim*
Serkland, 347–349
Shetland-Inseln, *19f.*, *22*, 188, 255, 293, 350
Sizilien, *88f.*, 191, 198, 202, 232, 265, 271, 290, 299
Slowakei, *24*
Slowenien, *24*
Somerset, 214, 297
Sontagana, 253
Spanien, *17*, *26*, *80f.*, *89*, 150, 156f., 160, 165, 181, 190, 195, 212, 217, 228, 230, 237, 242, 262, 270, 288f., 293–295, 319, 322
Sutherland, *93f.*, 174, 179, 211, 232f., 246, 255, 275, 289, 293
Syrien, 340, 342f.

T

Thüringen, 272
Tripolis, *27*
Tschechien, *24*

U

Ugaunien, 253
Ukraine, *24*

Ulster, *66*, 231
Ungarn, *24*, *90*, 149, 227, 266
Usedom, 151, 224, 230, 302

V

Vexin, *126–128*
Vinland, *20*

W

Wagrien, 223, 279
Walachei, 338
Wales, *24*, *66*, *85*, 171, 173, 176, 195, 197, 218, 225, 231, 244, 268, 275, 357
Warwickshire, 262
Weißrussland, *24*
Wessex, 221, 281
Wiek, 253
Wierland, 253
Worcestershire, 196, 262

Z

Zypern, *24*, *76*, 168, 177f., 265

Gewässer

A

Aralsee, 325
Atlantik, *22*

B

Bodensee, *81*

D

Dnjepr, *73*, 177, 204, 239, 258, 312, 314, 317
Durance, *82*
Dvina, 165, 176

Gewässer

E

Eider, *23*, 224f., 302, 304
Elbe, *76*, *96*, 203, 229, 304
Elde, 304

G

Genfer See, *76*, *80*, *82*

J

Jordan, *90*, 149, 255, 265

K

Kaspisches Meer, 348
Krempe, 302

L

Ladogasee, *22*, *73*

M

Mittelmeer, *79*, *81*, *88f.*, 157, 160, 165, 181, 190, 195, 217, 230, 237, 255, 262, 267, 289, 293f., 319, 322
Mjøsa, 248

N

Neva, 327
Nordsee, 149, 299

O

Ostsee, *18*, *20–22*, *68*, *73*, *84*, *95*, 166, 219, 244, 253f., 345
Ouse, 202

P

Po, *81f.*

R

Rhein, *78*, *81*, *90*, 149
Rhône, *82*
Rotes Meer, 261, 332f.

S

Schlei, 179
Schwarzes Meer, *73*, 312, 314

T

Trave, 198, 243, 265

W

Weißes Meer, 155f., 194, 197, 205, 213f., 220, 241, 276, 288, 292, 296
Wolchow, *73*

Personenindex

Im Personenindex werden alle mittelalterlichen Personen aufgeführt, die in der vorliegenden Arbeit erwähnt werden. Verwiesen wird jeweils auf die Seitenzahl, wobei kursive Zahlen auf den Untersuchungsteil (Teil I) verweisen, normale Zahlen auf die Prosopographie (Teil II) und Zahlen in fetter Auszeichnung auf den Beginn des Biogramms der jeweiligen Person.

A

Åge
- † 1177, **149**
- Stigsøn, **149**

Åke, **326**

Åmunde Haraldsson, **149**, 159

Aaron de Randrus, **150**

Åsger, **150**

Åskjell Jonsson, 150, **150**, 187

Åsleiv, **150**, 193, 275

Åsta Gudbrandsdatter, 202, 242

Abel Valdemarsøn, **151**, 170, 178f., 214, 225, 272f., 301, 303, 305, 326

Absalon
- Ebf. v. Lund, *46*, *73*, *97–99*, 149, **151**, 153, 180, 182f., 205, 224, 229, 235, 249, 260, 274, 281, 301, 307, 339
- Gf. v. Seeland, **152**

Absolon de Dacia, 152

Achilius, **152**, 228

Adalbero, Ebf. v. Hamburg-Bremen, 319

Adalbert, Ebf. v. Hamburg-Bremen, 212, 229, 241, 309–311, 319, 321

Adam von Bremen, *20f.*, *23*, *42*, *64f.*, 185, 313, 345

Adela
- ∞ Knud der Heilige, 219, 222
- ∞ Sven Grathe, 278
- von Champagne, Kg.in v. Frankreich, *126*, *139*

Admund, **152**

Adolf
- III., Gf. v. Holstein, *96*, 224f., 303
- IV., Gf. v. Holstein, 304, 326

Aegidius, Hl., *82*

Ælfgifu, Kg.in v. England, *65*, 200, 221, 277

Ælfheah, Ebf. v. Canterbury, 284f., 287

Ælnoth, *41*

Ärnmund, **152**, 210

Äsbjörn, **326**, 328

Äskil, 275

Æthelred, Kg. v. England, *65*, *139*, 221, 249, 281, 284, 296, 356

Ætheltrude, *siehe* Gunhild Knudsdatter, dt. Kg.in

Agge Christiernsøn, 340

Agmund Baulvsson, 163

Agnes von Meran, Kg.in v. Frankreich, 209

Ago filius Stigh Albi, *siehe* Åge Stigsøn

Ailafus, *siehe* Eilaf Thorgilsøn

Ako, *siehe* Åge († 1177)

Albert
- Hzg. v. Sachsen, 304
- Missionsbischof, **309**

- von Aachen, *66*, 266
- von Orlamünde, 304
- von Stade, *64*, *78f.*, *82*, *84*, 314
Albrecht
- I., Hzg. v. Sachsen, 178, 236
- Gf. v. Orlamünde, *97*, 304
Ale, **153**
Alexander
- III., Papst, *69*, *97–99*, *105f.*, *113f.*, *116*, *118f.*, *125f.*, *128*, 183, 214, 239, 242, 307, 310, 312, 319, 322, 334, 350
- IV., Papst, 159, 173
- I., Kg. v. Schottland, 267
- Bf. v. Lincoln, *110*
- Nevskij, Fs. v. Nowgorod, 168, 306, 327
- Pedersøn, 149, **153**
Alexios
- I. Komnenos, Basileus, 177, 227, 266
- III. Angelos, Basileus, 257, 317
Álfheiður Þorvaldsdóttir, 189
Alfons
- II., Kg. v. Portugal, 305
- X., Kg. v. Kastilien, 176, 227
Alle, **153**, 207
Amund, *siehe auch* Emund
- Hauskarl, **153**
Án Skyte, 345
Anders
- aus Slagelse, *72*, **328**
- Sunesøn, *73*, *87*, *98*, *143*, **154**, 211, 213, 215, 234, 250f., 253, 260, 274, 282, 304
Andreas
- Erzdiakon in Bergen, **154**
- Neffe eines schw. Kg.s, **155**
- Prior v. Lyse, **155**
- Sunonis, *siehe* Anders Sunesøn
Andres
- Arnesson, **155**
- aus Sjømæling, **155**, 205, 241, 276
- aus Tøssøy, 351
- Gums, 351
- Håvardsson, 351
- Kusse, 351
- Nikolasson, **156**, 351
- Pålsson Plytt, 351

- Pott, 351
- Skjaldarband, **156**, 213
- von den Orkney-Inseln, **155**, 197, 226
Angelus, **156**
Anlaf, *siehe* Olav Tryggvason
Anna, *siehe* Ingegerd, Gfs.in v. Kiew-Nowgorod
Annalista Saxo, *64*
Ansgoth Clapp, *siehe* Osgod Clapa
Anund
- aus Schweden, **156**
- Jakob, schw. Kg., 158, 167, 202, 231, 278
- Teilnehmer an der Reise des Ingvar Vittfarne, 348
Ari
- Þorgeirsson, 192, 211
- Þorgilsson, *41*, *44*
Armod, **156**
Arnbjørn Sæla, 351
Arne
- Arnesson, **157**, 226
- Arnmodsson, 157, 186, 218, 226, 288, 332
- Sæbjørnsson Styrre, **157**, 226, 295
- Slyng, 351
Arnfast, **157**
Arnfinn, 345
Árni
- beiskur, **157**, 190
- Fjöruskeifur, **158**
- slinkr, *siehe* Arne Slyng
- sturla Sæbjarnarson, *siehe* Arne Styrre
Arnold von Lübeck, *64*, *96*
Arnor, 345
Arnór
- Ásbjarnarson, 226
- mærski, *siehe* Arnor
Arnstein, 322
Arnulf, Bf. v. Lisieux, *126*
Aron Hjörleifsson, **158**, 185
Ása, ∞ Eirik Sigurdsson, 175
Asbjørn
- Estridsøn, **158**, 166, 185, 201, 222, 278, 284, 298

Personenindex

- Grimsson, **159**, 232
- Teilnehmer an der Schlacht von Svolder, 345

Asgaut, **159**, 160
Asgod, *siehe* Osgod Clapa
Asgodus, *siehe* Asgaut
Ásgrímur Þorsteinsson, **159**
Askatin, 149, **159**, 351
Askeldus, *siehe* Áskjell
Áskell, *siehe* Eskil
Asker, 159, **160**
Aslak
- aus Norwegen, **160**
- Dagsson, 351
- Erlendsson, **160**
- Erlingsson, **160**, 264, 270, 290
- Guss, 351
- Hane, **160**

Asolf Gunnesson, **161**
Asser
- Agason, **161**
- Dompropst, **329**
- Ebf. v. Lund, 185, 201, 217, 280, 341
- Juliansøn, **161**
- Rig, 151, 182, 250, 274, 301
- Thegn, **309**

Assur
- aus Schweden, **329**
- Gullesson, **161**, 324

Astolphus, **161**
Astrad Thorgunnasøn, 168, 236, **329**, 341
Astrið, *siehe* Estrid
Astrid
- ∞ Olav Haraldsson der Heilige, **162**, 242f.
- Eiriksdatter, 244
- Tryggvesdatter, 181

Ásu-Þórður, *siehe* Þórður
Asulv, **330**
Audhild Torleivsdatter, 174
Auðun
- aus Island, **330**
- kollur, **162**, 190
- rauði, *siehe* Audun Røde
- vestfirzki, **162**

Audun Røde, **162**

Augustinus, *siehe* Øystein
Aute
- Kaplan, **162**
- Priester, 163

Avoko, **309**

B

Bård
- aus Norwegen, **163**
- Guttormsson, 271
- Lendmann, 351

Bägler, 348
Bagge, *siehe* Banke
Baldewin, Ebf. v. Hamburg-Bremen, 242
Balduin
- I., Kg. v. Jerusalem, 265f.
- V., Gf. v. Flandern, 278

Balke Unge, **309**
Balte Bonde, 351
Banke, 348
Barði Guðmundarson, **354**
Bartholomæus, **163**
Basse, **163**, 293
Baulv, **163**
Benedikt
- norw. Kanoniker, **163**, 254
- von Peterborough, *132–136*

Bengt
- Bf. v. Skara, **164**
- Folkesson, 165

Beorn, *siehe* Bjørn
Berengaria, ∞ Valdemar Sejr, 151, 170, 178, 194, 272, 303, 305
Berg, **164**, 261
Bergljot
- ∞ Einar Eindridesson Tambarskjelve, 172
- ∞ Havard Gunnason, 171, 196, 230, 296
- Halvdansdatter, 186

Bergtor Bestill, 345
Bergur Gunnsteinsson, **330**
Bergvid, **164**
Bernhard
- Bf. v. Paderborn, 206
- von Clairvaux, *98*, 183, 306

Berno, *siehe* Bjørn
Beronus, *siehe* Bjørn
Berse den Sterke, 345
Bersi
- Halldórsson, 286
- Skáld-Torfuson, **164**, 261
Bertold, **165**
Biadoc, 201, 240
Birger
- Brosa, **165**, 214
- Magnusson, 253f., **326**
Birgitta Haraldsdatter, 165
Birodonus, *siehe* Bjørund
Biurn, *siehe* Bjørn
Bjaðminja, *siehe* Blathmuine
Bjaðok, *siehe* Biadoc
Bjarne
- aus Norwegen, **165**, 288
- Mosesson, **165**
- Torsteinsson, **165**
Björn
- Abt v. Nidarholm, **167**, 314
- Adeliger aus Polen, 168
- Arngeirsson, **354**
- Hitdælakappi, *siehe* Björn Arngeirsson
- Hjaltason, **330**
- Sohn v. Kättilmund, **166**
Bjørn
- aus Støle, 345
- Bruder von Karl den Vesale, **166**, 219
- Digre, **167**
- Estridsøn, 158, **167**, 185, 278, 298
- Kanoniker in Nidaros, **167**
- Mundschenk, **166**
- norw. Händler, **330**
- Svensøn, 158, **166**, 177, 201, 222, 224, 236, 245, 262, 278f., 339, 342
- Tuvesøn, **168**
Bjørund, **168**
Bjor Arnsteinsson, **322**
Blathmuine, Tochter v. Muirchertach Ua Briain, 231, 265
Bodil, **168**, 177f., 222, 329, 341
Boe, 186

Bogislaw, *siehe auch* Boleslaw
- von Pommern, 96, 151, 182, 224
Boleslaw
- I. Chrobry, Kg. v. Polen, 161, 244, 298
- III. Krzywousty, Kg. v. Polen, 223, 230
Bolli Bollason, *33*, **354**
Borgar, **168**, 306
Bothilda, *siehe* Bodil
Bóthildr Þorgautsdóttir, *siehe* Bodil
Bótólfur, **169**
Botulv Krasse, **331**
Brand, aus Öland, **327**
Brandur
- Bf. v. Hólar, 180
- Dálksson, **331**
- Gunnsteinsson, **354**, 358
Brienne, *99*, 214, 307, **310**
Broddi Þorleifsson, **169**, 190
Brotherus, **169**
Bruse Sigurdsson, 173, 254, 292f.
Brynjolv Jonsson, 351
Brynolf Algotsson, Bf. v. Skara, 334
Burchard, Ebf. v. Hamburg-Bremen, 304
Buris Henriksøn, **169**
Búrisláfr, *siehe* Boleslaw
Byrsten, 348

C

Cæcilia
- ∞ Sune Ebbesøn, 274
- Nichte v. Anders Sunesøn, 213
Cearball, Kg. v. Irland, 264
Cecilia, 265
Christian, Bf. v. Århus, **169**
Christiern Svensøn, 183, 185, 280, 341
Christoffer
- Hzg. v. Jütland, 343
- Valdemarsøn, dän. Kg., 151, **170**, 179, 225, 272, 303, 305
- Valdemarsøn, Hzg. v. Schleswig, **170**, 204, 209, 224, 272, 301, 303, 343
Chunelinda, *siehe* Gunhild Knudsdatter, dt. Kg.in
Cinthius, Kardinalpresbyter, *99*

Coelestin III., Papst, 154, 209, 255, 318
Conrad, *101*, **170**
Cunihild, *siehe* Gunhild Knudsdatter, dt. Kg.in

D

Dag
- aus Sørem, 351
- Eilivsson, **171**, 241, 270, 290
- Ringsson, **323**, 325

Dagmar, ∞ Valdemar Sejr, 303, 305
Dalla Þorvaldsdóttir, 211f.
Daniel, **171**
David I., Kg. v. Schottland, *94*, 200, 232, 267, 275
Denis Piramus, *131*
Dionysius, Mönch in Bury St. Edmunds, *131*
Dominikus, Hl., *87*, *143f.*, 260
Dufniall Havardsson, **171**
Dunstan, Thegn, 153, 257
Durbernus, *siehe* Thorbern Sunesøn
Đurkil, *siehe* Þorkil oder Torkil

E

Eadric Streona, 284
Eadwine, Earl, 261
Ealdgyth, 338
Ebbe
- Skjalmsøn, 250, 274
- Sunesøn, 154, 213, 215, 251, 274, 282

Edith, *siehe auch* Gyda
- ∞ Thorkil den Høje, 284

Edmund
- Ironside, Kg. v. England, 221
- Kg. v. England, Hl., *111*, *131*, *135*

Eduard
- der Bekenner, Kg. v. England, Hl., *125*, *128*, *135*, *139*, 167, 190, 202, 273, 288, 309, 316
- schottischer Adliger, 267

Eggjar-Kálfr, *siehe* Kalv Arnesson
Egill Síðu-Hallsson, 286, **331**

Egino, **310**
Eglaf, *siehe* Eilaf Thorgilsøn
Eilaf Thorgilsøn, **171**, 195, 205, 298
Eilbert, **310**
Eiliv
- norw. Lendmann, 351
- Ragnvaldsson, **172**

Einar
- aus Hardanger, 345
- aus Island, **172**
- Eindridesson Tambarskjelve, **172**, 196, 219, 231, 255, 276, 289, 333, 345
- Gunnarsson Smjorbak, **173**, 188, 196, 247
- Longbard, 351
- Sigurdsson Vrangmunn, **173**, 241, 292–294
- Skjev, **173**, 275
- Þorgeirsson, 211

Einarr
- lungbarðr, *siehe* Einar Longbard
- rangmunnr Sigurðarson, *siehe* Einar Sigurdsson Vrangmunn
- skeifr, *siehe* Einar Skjev
- þambarskelfir, *siehe* Einar Eindridesson Tambarskjelve

Eindride
- Einarsson, 173
- Hallkelsson Peine, 264
- Styrkårsson, 172
- Unge, **174**

Eirik
- Eiriksson Stagbrell, **174**, 199, 211, 228, 272, 275, 289
- Gautsson Skota, 351
- Håkonsson, 172, **174**, 196, 280f., 344f.
- Ivarsson, *73*, **175**, 192
- Sigurdsson, **175**, 206, 247, 287
- Skive, 351
- Streita, 174

Eiríkr
- eymuni Eiríksson, *siehe* Erik Emune
- inn góði Sveinsson, *siehe* Erik Ejegod
- kifa, *siehe* Eirik Skive

Eiríkur, **176**

Eithne, 264
Eldjárn, **176**
Eleonora, ∞ Valdemar den Unge, 305
Elin, *siehe* Helena
Elis, **176**
Elisabeth, *siehe auch* Ellisiv
– von Hennegau, Kg.in v. Frankreich, 209
Eliv, **176**
Ellisiv, ∞ Harald Hardråde, 202
Emma, ∞ Knud der Große, *65*, 192, 200, 203, 221, 277
Emund, **177**, 204, 239, 258, 317
Engelbertus, **177**
Engle, 326
Ericus
– Bonus, *siehe* Erik Ejegod
– Egothe, *siehe* Erik Ejegod
Erik
– dän. Kg., 236
– der Heilige, schw. Kg., 336
– Ejegod, *22*, *46*, *104*, 166, 168, **177**, 178, 201, 222, 224, 236, 245, 262, 266, 278f., 339, 342
– Emune, *95*, 177, **178**, 201, 222, 227, 236, 278, 302
– Eriksson, schw. Kg., 164, 327
– Knutsson, schw. Kg., *138*, 326, 337
– Plovpenning, 151, 168, 170, **178**, 214, 225, 235, 272f., 303, 305, 324
Erland, 213
Erlend
– aus Norwegen (?), **311**
– Haraldsson, **179**, 255, 275, 296
– Himalde, *105*, 239
– Røde, 352
– Skosvein, 352
– Torbergsson, **179**, 258
– Torfinnsson, **179**, 180, 229, 249, 255
– Unge, 233
Erlendr skolbeinn, *siehe* Erlend Skosvein
Erlendur
– isl. Abt, **180**
– Priester, **331**
Erling
– Alvsson, 352
– aus Dänemark (?), **311**, 315
– aus Norwegen, **180**
– Erlendsson, **180**, 229
– Ivarsson, 352
– norw. Händler, **331**
– Ormsson Skakke, *43*, *106*, *113*, *118f.*, *122*, *138f.*, 162, 174, **181**, 198, 289, 337
– Skakke, *siehe* Erling Ormsson Skakke
– Skjalgsson, 160, **181**, 264, 270, 290, 345
Ermengarde, Gräfin v. Narbonne, 255
Ernisius
– Abt v. Saint-Victor, *73*, *105*, *127f.*, 187, 216, 259, 317
– Cellerarius v. Lyse, **181**, 237
Esbeorn, *siehe* Asbjørn Estridsøn
Esbern
– Bf. v. Schleswig, **181**
– dän. Bf., **182**
– Kleriker in Lund, *99*, **182**
– Snare, 151, **182**, 251
Esger, **183**
Eskil
– Bf. v. Schleswig, **184**
– Ebf. v. Lund, *42*, *46*, *69*, *73*, *86*, *98*, *104*, 151, 182, **183**, 224, 228, 242, 277, 306, 310, 319, 325, 329
– Mönch, *143*, **184**
– Ritter, **184**
– Svensøn, **185**, 280, 341
Estrid
– ∞ Jakob Sunesøn, 213
– ∞ Östen, 238
– Tochter v. Sven Tveskæg, 158, 167, **185**, 221, 278, 280, 298
Ethelred, *siehe* Æthelred
Étienne de Tournai, *116*
Eugen III., Papst, *97*, 220, 257, 280, 306
Euphrosine, ∞ Geza II., Kg. v. Ungarn, 227
Exuperius, *siehe* Kjeld
Eyjólfur
– aus Island, 158, **185**
– forni, *siehe* Eyjólfur Snorrason
– Sæmundarson, Priester, 285
– Snorrason, **185**
– Þordisarson, **332**

Personenindex

Eymund Hringsson, **355**, 357
Eysteinn, *siehe* Øystein
Eyvindr, *siehe* Øyvind
– ǫlbogi, *siehe* Øyvind Finnsson Albue
– snákr, *siehe* Øyvind, aus Norwegen

F

Farulv, **186**
Fastve, 247
Fernando, 176
Fidantius, päpstl. Legat, *99*
Fiðr Arnasun, *siehe* Finn Arnesson
Filip Hallstensson, *21*
Finn
– Arnesson, 157, **186**, 195, 208, 218, 226, 288, 324
– Gautsson, 352
– Håreksson, **332**
– norw. Händler, **332**
– Skoftesson, *88*, **186**, 241, 270f., 290
– Teilnehmer an der Schlacht von Svolder, 345
Flosi Þórðarson, **355**
Folkbjörn, **186**
Folkmar, 186
Frakkok Maddadsdatter, 174, 179, 233, 246, 275, 289
Friðrekr, *siehe* Frirek
Friedrich
– I., Ks., dt. Kg., *69*, *96*, *119*, *139*, 151, 169, 182–184, 223, 274, 279, 281, 301
– II., Ks., dt. Kg., 149, 159, 163, 191, 236, 259, 304
– Barbarossa, *siehe* Friedrich I., Ks., dt. Kg.
– Bf. (v. Hildesheim?), 342
Frirek, **311**
Fröger, 246, **323**
Frösten, **327**
Fulbert, *135*
Fulcher von Chartres, *66*, 266

G

Galandus, päpstl. Legat, *99*
Galbert von Brügge, 220
Galfrid
– Mönch, 323, **323**
– Petersson, *101*, 323, **323**, 325
Gambliknut, *siehe* Knud der Große
Gamelbearn, Thegn, 153, 257
Gaufrid, **187**
Gaut
– Jonsson, **187**
– Priester, **332**
– Vater von Kjell, 221
Gauti, **332**, 333
Gautur, 332, **333**
Geira, ∞ Olav Tryggvason, 243
Geirmund, *73*, **187**
Gellir Þorkelsson, **355**
Geoffrey, Sohn des engl. Kg.s Heinrich II., *106*
Gere
– aus Dänemark, **311**
– aus Schweden, **187**
– Bruder v. Gude, 191
Gerfast, **188**
Gerhard, Ebf. v. Hamburg-Bremen, 297
Germunda, 317
Gerold, **311**
Gertrud, dän. Kg.in, ∞ Knud Valdemarsøn, 224
Gervasius, Abt v. Prémontré, 184
Gestur Þórhallason, **355**, 358
Geza II., Kg. v. Ungarn, 227
Giffard, 176
Gilbert, **188**
Gillibert, **188**, 350, 352
Gillinus, 312, **333**
Gils Illugason, *siehe* Gísl Illugason
Gisl, 238
Gísl Illugason, **188**
Gísli Þórðarson, 233
Gislo Petersson, **189**
Gissur
– gullbrárskáld, **333**

- Hallsson, **189**, 199
- Ísleifsson, *104*, **189**, 212, 273
- Teitsson, 212
- Þorvaldsson, 157, 162, 169, **190**, 238, 286

Glonieorn, Thegn, 153, 257
Gnemer Falstring, **190**
Gnödimand, 275
Godefrid, **312**, 322, 333
Godric, **190**
Godwin, englischer Jarl, 195
Göte, 349
Gorm der Alte, *45*
Gottschalk
- Fs. der Abodriten, 262
- Vogt, **312**

Grane, **312**, 314
Gratian, *117f.*
Gregor
- VII., Papst, *142*, *144*, 189
- IX., Papst, 248, 264
- X., Papst, 213
- von Tours, *135*

Grettir Ásmundarson, 357f.
Grim Rusle, **333**, 337
Grimkell, 165, **190**
Grímnir munkur, **190**
Grímur Hjaltason, *siehe* Grímnir munkur
Grjotgard Røskve, 345
Gróa Álfsdóttir, 190
Gude, **191**
Guðlaugur Snorrason, **356**
Guðleifur Guðlaugsson, **356**
Gudleik
- aus Ask, **191**
- Gerske, **191**
- Sneis, 352

Gudlev, 325
Gudlög, 207
Gudmar, **191**
Gudmund
- Flata, 291
- Jonsson, 352
- Teilnehmer an der Reise des Ingvar Vittfarne, 349

Guðmundur
- hinn góði Arason, *52*, 169, 185, 191, **192**, 207, 213, 227, 283, 288, 330f., 334f., 337f., 340, 342
- Þormóðarson, **333**

Guðný Mánadóttir, 159
Guðríður Steingrímsdóttir, 233
Gudrød
- norw. Kleinkönig, **334**
- Olavsson, *20*
- Sigurdsson, **192**

Gudrun
- ∞ Olav Tryggvason, 243
- Frakkoksdatter, 289
- Kolbeinsdóttir, 259
- Tordsdatter, 270

Guðrún Daðadóttir, 226
Gudver
- aus Schweden, **192**
- Baulvsson, 163

Guillaume, *siehe* Wilhelm von Æbelholt
Gunhild
- ∞ Harald Blåtand, 192
- ∞ Sven Tveskæg, 221, 280
- aus Norwegen, **334**
- Haraldsdatter, **192**, 249, 280
- Knudsdatter, dt. Kg.in, **192**, 200, 203, 221, 238, 277, 281
- Sveinsdatter, 160, 278

Gunnald, 188
Gunnar
- aus Schweden, **193**
- Grjonbak, 173
- Rodesson, **193**, 205
- von den Orkney-Inseln, 272

Gunne
- Bruder von Vråe, **193**, 344
- Olavsson, **193**, 210

Gunner, **194**
Gunnhild, *siehe auch* Ulvhild Olavsdatter
- ∞ Kol Kalesson, 255
- von Ringnæs, 194

Gunnkel, 193
Gunnlaugur
- Illugason, **356**, 358

Personenindex

- Leifsson, *47, 52*
- ormstunga, *siehe* Gunnlaugur Illugason

Gunnlev, 349
Gunnstein, **194**, 220, 292
Gunnvid, 349
Gunzelin von Schwerin, 304
Guthormr Maulukollr, *siehe* Guttorm Mjølukoll
Gutring, *siehe* Gudrød
Guttorm
- Bakkekolv, 352
- Ebf. v. Nidaros, *143*, **194**, 315
- Gillesson, 352f.
- Gunnhildsson, *siehe* Guttorm Ketillsson
- Ketillsson, 186, **194**, 324
- Mjølukoll, **195**

Guve, 245
Gvenmar Ketilsson, **195**
Gyda
- ∞ Olav Tryggvason, 243f., 321
- ∞ Tovi Pruda, 297, 316
- Svensdatter, 174, 196, 280
- Tochter von Thorgil Sprakaleg, 171, **195**, 298

H

Håkon
- aus Norwegen, **327**
- aus Stangby, **323**
- dän. Jarl, **195**, 222
- Eiriksson, 172, **196**, 242, 263, 344
- Håkonsson, 20, *51f.*, *101–103*, *143*, 149f., 152, 154–156, 158f., 163, 165, 167f., 170, 176, 187f., 190f., 227f., 236, 238, 248, 254, 259, 261, 264, 270–272, 295, 306, 313–315, 318, 321, 350–352
- Håkonsson der Junge, 176, 187
- Haraldsson, 275
- Havardsson Klo, **196**
- Herdebrei, norw. Kg., *106, 118*
- Hirdmann, 352
- Ivarsson, 186, 195, 249, **324**
- Magister, **196**, 247
- Magnusson, *18*
- Magnusson Toresfostre, **197**, 231
- norw. Jarl, 220, 291
- Øysil, 228
- Pålsson, *94*, **197**, 200, 208, 233, 248
- Schwiegersohn v. Erik Ejegod, 166
- Sigurdsson, Jarl v. Lade, 174, 276

Hånev Unge, 155, **197**, 226, 245, 257, 272, 274, 294
Hårek
- Hvasse, 345
- Øyvindsson, 332

Hacco, *siehe* Håkon
Hadrian IV., Papst, *siehe auch* Nicholas Breakspear, *86*, *99*, 183f.
Härmod, 164
Hävner, **197**
Haflide Torkelsson, **198**
Haldenne, *siehe* Halfdan
Halfdan
- Jarl, **312**, 313
- Thegn, **313**

Hallbera Einarsdóttir, 211
Halldór Snorrason, **198**, 206
Halldóra Tumadóttir, 274
Hallfreðr harkblesi, *siehe* Hallvarður Háreksblesi
Hallfriður Einarsdóttir, 198
Halli Þórarinsson, **198**
Hallkell, 352
Hallkjell
- aus Fjaler, 345
- Jonsson, **198**, 243, 265
- Jonsson Huk, **199**, 201

Hallstein
- aus Fjordane, 345
- Hlivsson, 345

Hallur
- aus Síða, 286, 331
- Ótryggsson, 295
- Teitsson, 189, **199**

Hallvard
- Bunjard, 352
- Dufuson, **199**
- Røde, 352

Hallvarður Háreksblesi, **334**

Halvboren, *siehe* Brand
Halvdan
– aus Norwegen, **199**
– der Schwarze, *42, 49*
Haquinus, *siehe* Håkon
Harald, *siehe auch* Mstislav Vladimirovič
– II. Godwinson, Kg. v. England, 153, 202, 257, 342
– Blåtand, *45*, 192, 280f., 298
– Blauzahn, *siehe* Harald Blåtand
– Bruder von Ingvar Vittfarne, 349
– Eiriksson Unge, **199**, 228, 264
– Gille, *siehe* Harald Magnusson Gille
– Godwinson, *siehe* Harald II. Godwinson, Kg. v. England
– Grenske, 242
– Håkonsson Slettmælte, 179, **200**, 267
– Hardråde, *siehe* Harald Sigurdsson Hardråde
– Harefod, *65*, *139*, 193, **200**, 203, 221, 277, 329
– Harefoot, *siehe* Harald Harefod
– Hen, 158, 166, 177, **201**, 222, 224, 236, 245, 262, 278f., 339, 342
– Kesja, 178, **201**, 223, 236
– Maddadsson, *94*, 174, 179, 196, 200, 228, 230, 233, 249, 255, 264, 275, 289, 296
– Magnusson Gille, 165, 198f., **201**, 240, 255, 265, 267
– Sigurdsson Hardråde, *18*, *21*, *104f.*, 162, 173, 180, 194, 198, **202**, 219, 230, 232, 240, 242f., 245, 249, 255, 270, 274, 278, 282, 293, 295, 299, 311, 354
– Stangefylje, 149
– Sumarlidesson Fostre, 200
– Svensøn, dän. Kg., 221, 280
– Thorkilsøn, **203**
Haraldr
– gillikrist, *siehe* Harald Magnusson Gille
– inn slettmáli Hákonarson, *siehe* Harald Håkonsson Slettmælte
– Knútsson, *siehe* Harald Harefod
Haraldus Hyberniensis, *siehe* Harald Magnusson Gille
Hardeknud, *18*, *65*, *92*, *139*, 158, 167, 192, 200, 203, **203**, 221, 256, 277f., 297f., 316
Hárek hvassi, *siehe* Hårek Hvasse
Harthacnut, *siehe* Hardeknud
Hartwig
– Ebf. v. Hamburg-Bremen, 223, 279, 302
– Ebf. v. Magdeburg, 189
Hauk, **203**, 263, 345
Havard
– aus Ørkedalen, 345
– Gunnason, 171, 196, 230, 296
Heardecanutus, *siehe* Hardeknud
Hebbe, **204**
Hedwig von Brandenburg, 225
Hegbjarn, 177, **204**, 239, 258, 317
Heinrich
– I., Kg. des ostfrk.-dt. Reiches, *26*
– II., Ks., dt. Kg., 238
– III., Ks., dt. Kg., 192f., 212, 278, 293
– IV., Ks., dt. Kg., 278
– V., Ks., dt. Kg., *127*, 266, 312
– VI., Ks., dt. Kg., *96*, 219
– I., Kg. v. England, 219
– II., Kg. v. England, *106f.*, *125f.*, *132*, *135*, 206, 239
– III., Kg. v. England, *70*, *100f.*, 150, 154f., 159f., 163, 168, 170, 181, 188, 212, 216f., 237, 253f., 258, 269, 271, 307, 313f., 321, 323, 330–332, 335, 337–339
– Bf. v. Paderborn, 219
– der Jüngere, Sohn Kg. Heinrichs II. v. England, *126*
– der Löwe, Hzg. v. Sachsen, *95f.*, 152, 204, 206, 223f., 279, 301f.
– Fs. der Abodriten, 177, 236
– von Lettland, *66*, 253, 322
– von Santi Nereo e Achilleo, Kardinal, *125*, *127*
– von Schwerin, 151, 161, 166, 168, 170, 179, 214, 235, 251, 304f.
Helena, **334**
Helene
– Gutormsdatter, 182, 251
– Hzg.in v. Lüneburg, 170, **204**, 209, 224, 272, 301, 303, 343

Helf Gutæ, **204**
Helga Maddadsdatter, 200, 208, 233
Helge
– aus Norwegen, **204**
– aus Schweden, 193, **205**
– Bogransson, 155, **205**, 241, 276
– Ivarsson, 352
– norw. Händler, **335**
Hellig Anders, *siehe* Anders, aus Slagelse
Helmold von Bosau, *64*, *76*, 279
Heming
– Hjarrandsson, **356**
– Strút-Haraldsson, 171, **205**, 284
Hemingur Ásláksson, **356**
Hemming, **205**
Henning, Vater von Gunnar, 193
Henri de Danemarche, 324
Henricus, *siehe auch* Eirik
– Dacus, *siehe* Henrik Harpestreng
– de Dacia, *siehe* Henrik Harpestreng
Henrik
– Bf. v. den Orkneys, 352
– Bf. v. Lund, 310, **313**
– Erzdiakon, **205**
– Harpestreng, **324**
– Marschall, **206**
– Skadelaar, 169
Herbord, **206**
Herdís
– Bolladóttir, 354
– Ketilsdóttir, 249
– Þorkellsdóttir, 226
Hericus, *siehe* Erik
– Hasenvoth, *siehe* Erik Emune
Herman, **206**
Hermann, Erzdiakon in England, *131*
Hermund Kvada, **206**
Hermundur Þorvaldsson, **206**
Herre, 153, **207**
Hidin, **207**
Hjalmvig, 348
Hjörleif Gílsson, 158
Hlødvir den Lange, 346
Hǫrðaknútr Knútsson, *siehe* Hardeknud

Hǫskuldr Oddsson, *siehe* Hoskuld Oddsson
Höskuldur
– Þorvarðsson, **356**
– Arason, **335**
Hogne, **335**
Holdbode Hundesson, 275
Holme, **207**
Holmfred, ∞ Esbern Snare, 182
Holmfrid, ∞ Svein Håkonsson, 276
Holmsten, 349
Homer, *siehe* Omer
Honorius III., Papst, *143f.*, 164, 184, 187, 260, 303
Horse, **327**
Hoskuld Oddsson, 352
Hosvir den Sterke, **207**
Hrafn
– Oddson, **335**
– Sveinbjarnarson, *72*, *82*, 169, 185, **207**, 283, 288
Hrani, *siehe* Rane oder Rani
Hreiðarr, *siehe* Reidar
Hróarr konungsfrændi, *siehe* Roar Kongsfrende
Hrói konungsfrændi, *siehe* Roe Kongsfrende
Huge, 349
Hugo, **208**
Hurgoð, *siehe* Torgaut

I

Inga, ∞ Sven Thorgunnasøn, 185, 280, 341
Inge
– ∞ Asser Rig, 151
– ∞ Christiern Svensøn, 183
– Bårdsson, norw. Kg., 175, 313
– Eriksdatter, 182
– Halstensson, schw. Kg., 254
– Haraldsson Krokrygg, norw. Kg., *105f.*, *118*, 239f.
– Krokrygg, *siehe* Inge Haraldsson Krokrygg

- Stenkilsson, schw. Kg., 227, 231, 236, 254, 318
Ingebjørg
- ∞ Andres Skjaldarband, 156
- ∞ Peter Steype, **208**, 253, 257
- ∞ Ragnvald Ulvsson, 172, **208**, 256
- Finnsdatter, 180, **208**, 249, 292
- Håkonsdatter, **208**
- Olavsdatter, 289
Ingeborg
- ∞ Esbern Snare, 182
- ∞ Knud Lavard, 222, 227, 301f.
- ∞ Peder Strangesøn, 251
- Eriksdatter, 326
- Kg.in v. Frankreich, 154, 170, 204, **209**, 224, 251, 272, 301, 303, 343
- Tochter des dän. Kg.s Erik, 236
Ingefast
- aus Schweden, **209**
- Sigvidsson, 269
Ingefred Assersdatter, 153
Ingegerd
- Gfs.in v. Kiew-Nowgorod, *66, 74,* **210**, 231, 243, 256
- Haraldsdatter, dän. Kg.in, *21*, 245
- Olavsdatter, 193, **210**
- schw. Kg.in, ∞ Sverker Karlsson, 214
- Sigurdsdatter, 196
Ingemar, **210**
Ingemund
- aus Norwegen, **210**
- Bruder v. Ärnmund, 152, **210**
Ingerd, **211**, 250
Ingerid
- Kolsdatter, 217
- norw. Kg.in, *21*
- Ragnvaldsdatter, 174, 199, **211**
- Svensdatter, 243
- Torkelsdatter, 275
Ingerun, 335
Ingibjörg
- Oddsdóttir, 233
- Snorradóttir, 190
Ingigerðr, *siehe* Ingerid Ragnvaldsdatter
Ingimundur Þorgeirsson, 192, **211**

Ingrid
- Ragnvaldsdatter, 169, 201
- Ylva, 327
Ingvar Vittfarne, 325, 347–349
Innozenz
- II., Papst, 241, 334
- III., Papst, 180, 267, 302, 330
- IV., Papst, 167, 190, 252, 272, 318
Irene, *siehe auch* Ingegerd, Gfs.in v. Kiew-Nowgorod
- ∞ Alexios I. Komnenos, Basileus, 227
Isabelle de Hainaut, *siehe* Elisabeth von Hennegau
Isidor von Sevilla, *25*
Iskiruna, *siehe* Ingerun
Ísleifur Gissurarson, *104*, 189, **211**, 217
Ivar
- aus Fløan, **212**
- Bodde, 313
- Engelsson, **212**, 295
- Holm, 352
- Hvite, 324
- Kalvsson Skrauthanske, 175
- Naso, *siehe* Ivar Nev
- Nev, **212**
- Smetta, 346
- Tagesøn, **328**
- Unge, 352
- Utvik, 156, **213**, 214, 288, 296
Ívar Jónsson, **213**
Ivo, **313**, 316

J

Jakob
- I. el Conquistador, Kg. v. Aragón, 227
- Erlandsøn, **213**, 235
- Sunesøn, 154, 211, **213**, 215, 250f., 274, 282
- von Møn, *siehe* Jakob Sunesøn
Jakun, *siehe* Håkon, aus Norwegen
Jareld, *siehe* Gerold
Jaroslav I. der Weise, Gfs. v. Kiew, *66, 74,* 166, 172, 202, 210, 219, 231, 242f., 256, 327, 347, 355, 357

Jedvard Bonde, **336**
Jocelin von Brakelond, *106*, *111*, *131*, 239
Jocelinus, Bf. v. Glasgow, 183
Jogrim, **214**
Johan Sverkersson, *104*, **214**, 314
Johann
– Mkgf. v. Brandenburg, 272f.
– Ohneland, Kg. v. England, 152, 163, 194, 235, 247, 293, 307, 313, 316
Johannes, *siehe auch* Jon
– XIX., Papst, 221
– II. Komnenos, Basileus, 320
– aus Dänemark (A 249), **214**
– aus Dänemark (B 122), **336**
– *Danus* (11. Jh.), **214**
– *Danus* (13. Jh.), 215, **215**
– Ebbesøn, **215**
– *Frondonensis episcopus*, 313
– Mönch, **215**
– Magister, *97*, *99*, **214**, 307
– Ritter, 215, **215**
– Stel, *siehe* Jon Stål
– Sunesøn, 154, 213, **215**, 251, 274, 282
– von Salisbury, *120*
– von Worcester, *65*, *87*, 257, 278
– Woxmoth, **216**
Jomar, **216**, 289
Jon
– Arnesson, 306
– aus Hestbø, 352
– aus Norwegen, **216**
– Ballhode, 352
– Drotning, 352
– Gautsson, 150, 187
– Hallkjellsson, 198
– Haraldsson, Jarl, 155, 197, 226, 245, 257, 272, 294
– Hoglive, 352
– Kaplan, **216**
– Mönch, **314**
– Petersson Fot, **217**
– Smjørbalte, 199
– Stål, *70*, **217**
Jón
– Árnason, **217**

– Loptsson, 249
– Ögmundarson, *52*, **217**, 259
– Þórhallsson, *86*, **218**, 285
Jonas, *72*, **336**
Jóreiður Oddleifsdóttir, 286
Jórunn Einarsdóttir, 199
Jorunn Torbergsdatter, 299
Jostein Eiriksson, **218**, 220, 346
Jutta, ⚭ Erik Plovpenning, 178

K

Kåre Eindridesson, 352
Kättilmund, 166
Kale Sæbjørnsson, **218**, 225
Kali Kolsson, *siehe* Ragnvald Kale Kolsson
Kalv Arnesson, 157, 172, 186, **218**, 219, 226, 231, 255, 276, 288
Kar, **314**
Kare Gullesson, 161, **324**
Kári Sölmundarson, **357**
Karl
– aus Schweden (?), 312, **314**
– den Danske, **219**
– den Vesale, 166, 219, **219**
– der Große, *26*, *124f.*, *127*
– der Gute, *siehe* Karl den Danske
– Herzog, **314**
– Jónsson, *47*
– norw. Händler, *101*, 323, **324**
Karle, 194, **220**, 292
Karlshovud
– aus Trondheim, 352
– Eiriksson, **218**, **220**
Ketil, *siehe auch* Kjeld oder Kjell
– aus Rogaland, 346
– den Høye, 346
– norw. Händler, **336**
Ketill
– hávi, *siehe* Ketil den Høye
– Kalv, 194
– Priester, **337**
– rygski, *siehe* Ketil, aus Rogaland
– Teilnehmer an der Reise des Ingvar Vittfarne, 348f.

Kilič Arslan, 280
Kjeld, **220**
Kjell, **220**
Klemet Lange, 352
Knud
- VI., *siehe* Knud Valdemarsøn, dän. Kg.
- den Sjette, *siehe* Knud Valdemarsøn, dän. Kg.
- der Große, *18*, *65*, *86f.*, *92*, *111*, *139*, 153, 160, 164, 171f., 175, 181, 185, 187, 192, 196, 200, 203, 205, 218f., **221**, 238, 242f., 256, 261–264, 269f., 273, 277, 280, 282, 284, 287, 290, 292, 297–299, 312–314, 316f., 320, 322f., 330, 334, 343f., 354
- der Heilige, *41f.*, *53*, *92*, 158, 166, 177, 195, 201, 219, **222**, 224, 236, 245, 262, 278, 280, 311, 329, 339, 341f.
- Lavard, *97*, *125*, 178, 201, 214, **222**, 227, 230, 236, 301f., 307, 310
- Magnus Svensøn, 166, 177, 201, 222, **224**, 236, 245, 262, 278, 280, 339, 342
- Magnussøn, *95*, **223**, 279, 301f.
- Prislavsøn, **224**
- Valdemarsøn, dän. Hzg., 151, 170, 179, **225**, 272, 303, 305
- Valdemarsøn, dän. Kg., *46*, *96*, *138*, 151, 153f., 170, 182, 204, 209, **224**, 235, 272, 301, 303, 317, 343
Knut Lange, schw. Kg., 253
Knútr
- inn gamli Sveinsson, *siehe* Knud der Große
- inn helgi Sveinsson, *siehe* Knud der Heilige
- lávarðr Eiríksson, *siehe* Knud Lavard
Kol
- Bf. v. Linköping, **337**
- Kalesson, 217, **225**, 255
Kolbein
- Arnesson, *siehe* Kolbjørn Arnesson
- Aslaksson, 352
- Hirdmann, 352
- Ruge, 157, **226**, 295
- von den Orkney-Inseln, 155, 197, **226**

Kolbeinn
- Arnórsson, *55*, **226**, 248, 268, 282f.
- Bjarnarson, *siehe* Kollsveinn Bjarnarson
- hrúga, *siehe* Kolbein Ruge
- ungi, *siehe* Kolbeinn Arnórsson
Kolben, 326, **328**
Kolbjørn
- Arnesson, 157, 186, 218, **226**, 288
- Marschall, 346
Kolfinna Einarsdóttir, 286
Kollsveinn Bjarnarson, **226**
Kolskeggur Hamundarson, *33*, 340, 343, **357**
Konofoger, irischer Kg., 173, 241
Konrad
- II., Ks., dt. Kg., *86*, *139*, 193, 221f.
- III., dt. Kg., 278
- IV., dt. Kg., 150, 159
- Bf. v. Minden, 215
- Ebf. v. Köln, 301
- Gf. v. Regenstein, 211
- Mkgf. v. Meißen, 278f.
Kristófórús, *siehe* Christoffer
Kristin
- Håkonsdatter, 150, 156, 165, 176, 212, **227**, 228, 252, 270, 288, 295
- Sigurdsdatter, *106*, *120*, 181, 333, **337**
Kristina
- ∞ Magnus Blinde, 223
- ∞ Mstislav Vladimirovič, 178, 222, **227**, 265
Kunibert, Ebf. v. Köln, 228
Kunigunde, *siehe* Gunhild Knudsdatter, dt. Kg.in
Kvaran, Kleinkönig in Irland, 244
Kygri-Björn, *siehe* Björn Hjaltason

L

Laurens Sunesøn, 154, 213, 215, 251, 274, 282
Laurentius
- Abt v. Hovedøy, 167, 314
- Abt v. Westminster, *125*
- Geistlicher, **314**

Personenindex

Leo IX., Papst, 293
Leoflæd, 320
Leonardus, **315**
Liawizo, Ebf. v. Hamburg-Bremen, 309
Libentius, Ebf. v. Hamburg-Bremen, 238
Liemar, Ebf. v. Hamburg-Bremen, *64*, 189
Lifolf
– Skalle, 200, **228**
– von den Orkney-Inseln, **227**
Live, 152, **228**
Livo, *siehe* Live
Loden, 311, **315**
Lodin Lepp, **228**
Lodve Torfinnsson, 264
Lothar III., Ks., dt. Kg., *78*, 178, 223, 230, 266
Ludwig
– VI., Kg. v. Frankreich, *127*
– VII., Kg. v. Frankreich, *126f.*, *139*
Lukas, Hl., *80*

M

Macbeth, Kg. v. Schottland, 247, 269
Maddad von Atholl, Earl, *94*, 233
Magnus
– aus Dänemark, **229**
– Barfots, *siehe* Magnus Olavsson Berrføtt
– Berrføtt, *siehe* Magnus Olavsson Berrføtt
– Bf. v. Hjørring, **228**
– Blinde, *siehe* Magnus Sigurdsson Blinde
– Eriksøn, 206, **229**
– Eriksson, *18*
– Erlendsson der Heilige, 180, **229**, 339
– Erlingsson, norw. Kg., *43*, *49*, *106f.*, *109*, *113*, *115f.*, *118–120*, *122–125*, *133*, *138f.*, 181, 198, 200, 208, 232f., 239, 265, 337
– Håkonsson, norw. Kg., 159, 187, 236
– Haraldsson, 197, **230**, 243, 293, 295
– Havardsson, **230**
– Jarl v. den Orkneys, 352
– Lagabøte, *51*
– Minnisköld, 327
– Nielssøn, 178, 223, **230**, 236
– Olavsson Berrføtt, *21*, *88*, *105*, 171, 180, 186, 188, 197, 201, 211, 218, 225, 229, **230**, 240f., 249, 260, 265, 267f., 271, 290, 294, 300, 306
– Olavsson der Gute, *74*, 166, 173, 202, 210, 219, **231**, 242, 255, 276, 278, 286, 324
– Sigurdsson Blinde, norw. Kg., 201, 223
Magnús
– berbeinn, *siehe* Magnus Olavsson Berrføtt
– berleggr, *siehe* Magnus Olavsson Berrføtt
– Gissurarson, **229**
Malachias, Ebf. v. Armagh, Hl., *98*
Malcolm
– II., Kg. v. Schottland, 221, 265, 293
– III., Kg. v. Schottland, 208
– IV., Kg. v. Schottland, 179, 275, 289
Malmfrid, Tochter v. Mstislav Vladimirovič, 178, 227, 265f., 337
Máni, **232**
Manne, **338**, 341
Manuel I. Komnenos, Basileus, 176
Már Húnröðarson, **232**
Margad Grimsson, 159, 171, 198, **232**, 255, 275, 289
Margareta
– Fredkolla, *21*, 231, 236
– Skulesdatter, 352
Margarete, *siehe auch* Estrid
– ∞ Stig Hvide, 149
– Sambiria, 170
– Tochter Kg. Ludwigs VII. v. Frankreich, *126*
Margath, Kg. v. Irland, 195
Margret
– Håkonsdatter, *94*, **233**, 248, 275
– Haraldsdatter, 198
– Magnusdatter, 208, **233**, 253, 257
Markus
– Abt in Lund, **325**
– Hl., *80*
Markús Gíslason, *70*, **233**
Martialis, Hl., *135*

Matthäus Paris, *79*, 225
Mauritius, Mönch, 156
Mechthild, Tochter des Gf.en Adolf IV. v. Holstein, 151, 301, 326
Meinhard, Bf., 309
Michael
– IV. Katallakos, Basileus, 202, 358
– de Horsnes, **233**
Mieszko I., Fs. v. Polen, 221, 280
Mjuklat, Herrscher der Wenden, 301
Mstislav
– Fs. v. Černigow, 327, 355, 357
– Vladimirovič, 178, 222, 227, 265, 302
Muirchertach Ua Briain, Kg. v. Munster, 231, 265

N

Nicholas Breakspear, *siehe auch* Hadrian IV., Papst, *86*, *99*, *115*
Nicolaus, Niculás, *siehe* Niels, Nikolas, Nikolaus, Nikulás
Niels
– aus Århus, **234**
– aus Dänemark, **233**, 234
– Bf. v. Schleswig, 154, **234**, 304
– Falstring, **235**
– Grevesøn, **235**
– Lajsøn, **235**
– Mönch, *143*, **234**
– Rassesøn, 182
– Ritter, 234, **234**
– Sømand, *100*, **235**
– Stigsøn, **235**
– Svensøn, 166, 177f., 201, 222–224, 230, **236**, 245, 262, 278, 280, 339, 342
– Valdemarsøn, 151, 170, 179, 225, 273, 303, 305
Niklot, Fs. der Abodriten, 223, 279
Nikolas
– Erzdiakon, **315**, 318
– Mönch, **236**
– Pålsson, **236**
– Sigurdsson, *43*
– Tart, 352

Nikolás, *siehe* Niels, Nikolas, Nikolaus, Nikulás
Nikolaus
– Bf. v. den Hebriden, *143*, **315**
– Bf. v. Oslo, 315
– Marinellus, *siehe* Niels Sømand
– norw. Kanoniker, 181, **237**
– von Myra, Hl., 177
Nikulás
– Bergsson, 23, 36, *56–60*, *74*, *76*, *78–82*, *84–86*, *90*, **237**
– Bergþorsson, *siehe* Nikulás Bergsson
– Hallbjarnarson, *siehe* Nikulás Bergsson
– „Sæmundarson", *57f.*
Nils von Mecklenburg, 215
Njál, 355
Norðbrikt, *siehe* Harald Hardråde
Nucletus, *siehe* Mjuklat

O

Occo, *siehe* Okke
Ocea danus, *siehe* Okke
Odardus, 313, **315**
Oddi inn litli Glúmsson, **237**
Oddlög, **328**
Oddur
– Ófeigsson, **357**
– Snorrason, *47*, 345
Odinkar, **237**
Ǫgmundr, *siehe* Ogmund
Ǫlvir, *siehe* Olve
Önundur biskupsfrændi, 190, **238**, 286
Ösel, **238**
Ǫssur, *siehe* Asser
Östen, **238**
Øystain, 177, 204, **238**, 258, 317
Øystein
– Erlendsson, *43*, *73*, *103–139*, 179, 239, **239**, 264, 285, 312, 322
– Haraldsson, *118*, 157, 226, **240**, 295
– Magnusson, norw. Kg., 265
– Torbergsson Orre, **240**, 288
Øyvind
– aus Norwegen, 346

– Finnsson Albue, **240**
– Urarhorn, 173, **240**
Ogmund
– aus Spåneim, 155, 205, **241**, 276
– Krøkedans, 353
– Sande, 346
– Skoftesson, *88*, 186, **241**, 270f., 290
– Torbergsson, 270
Ogyrius, **325**
Okke, **338**
– Bf. v. Schleswig ab 1137, **241**
– Bf. v. Schleswig ab 1161, **241**
Óláfr
– bóndi, *siehe* Olav Haraldsson Kyrre
– drengr, *siehe* Olav der Knabe
– Hrólfsson, *siehe* Olav Rolvsson
– inn digri, *siehe* Olav Haraldsson der Heilige
Ólafur Þórðarson Hvítaskáld, *53*
Olaph Craccaben, *siehe* Olav Tryggvason
Olav
– Bitling, 208f.
– der Heilige, *siehe* Olav Haraldsson der Heilige
– der Knabe, 346
– Haraldsson der Heilige, *44, 46, 49f., 53, 74, 107, 113, 122, 124f., 128, 130, 133, 135f.*, 157, 160, 162, 164, 167, 172f., 181, 186, 191f., 194, 196, 199, 202, 204, 210, 218–222, 226, 231, **242**, 255f., 261, 266, 269, 273, 276, 286, 288f., 292f., 295, 300, 323, 325, 331–333, 340–343, 356
– Haraldsson Kyrre, *21, 107, 142*, 202, 230f., **243**
– Jarlsmåg, 198, **243**, 265
– Kyrre, *siehe* Olav Haraldsson Kyrre
– Magnusson, norw. Kg., 265
– norw. Händler, **316**, 320
– Rolvsson, 150, 159, 193, 210, 232, **243**, 246, 275
– Tryggvason, *47, 50*, 172, 174, 181, 192, 208, 218, 220, 242, **243**, 256, 276, 281, 291, 298, 321, 333, 340, 342, 344, 346
Olev, **244**

Olof
– aus Schweden, **244**
– Ebf. v. Uppsala, 164
– Eriksson Skötkonung, *siehe* Olof Skötkonung, schw. Kg.
– Guvesson, **245**
– Skötkonung, schw. Kg., *74*, 162, 174, 210, 276, 281, 344–346
Oluf
– aus Dänemark, **245**
– Hunger, *21*, 166, 177, 201, 222, 224, 236, **245**, 262, 278, 280, 329, 339, 341f.
Olve
– Illt-eit, **245**
– Torljotsson Rósta, 243, **246**, 275
Omer, **246**
Ordericus Vitalis, *65*, 266
Ordulf, Hzg. v. Sachsen, 203, 300
Ork, **316**
Orm
– Hamundsson, 346
– Priester, **338**
– Sveinsson, 181
– Teilnehmer an der Reise des Ingvar Vittfarne, 349
– Teilnehmer an der Schlacht von Svolder, 346
Ormer, 246, **246**, 323
Ormr skógarnef Hámundarson, *siehe* Orm Hamundsson
Ormulv, 246, **246**, 323
Osbern, *siehe auch* Asbjørn oder Esbern
– Sigvardsson, **246**, 269
Osbert von Clare, *131*
Osgod Clapa, 297, **316**
Osgodus, *siehe* Asgaut
Osniken, 349
Ospak, Kg. v. Man, 245, 247f., 261, 267f., 276, 295, 310, 316
Ossur, **247**
Othyrmir, 346
Otrygg, **247**
Ottar
– Magister, 196, **247**
– Snekollsson, **247**

Óttar snækollr, *siehe* Ottar Snekollsson
Otto
– III., Ks., dt. Kg., 342
– IV., Ks., dt. Kg., 302–304
– Mkgf. v. Brandenburg, *96*, 251, 282
– von Freising, 220, 279
– von San Nicola in Carcere Tulliano, Kardinal, *125*, *127*
Ottokar I. Přemysl, Kg. v. Böhmen, 303

P

Pål
– Balkesson, 309, **316**
– Bf. v. Hamar, 226, **248**, 274
– Gås, **248**
– Håkonsson, 233, **248**, 255, 275
– norw. Geistlicher, **247**
– schw. Mönch, **248**
– Skoftesson, 186, 241, 270f., 290
– Sur, 353
– Torfinnsson, 180, 197, **249**, 317
Páll
– Jónsson, *52f.*, 180, **249**
– Sölvason, 285
Pallig, 192, **249**
Palne Hvide, 251
Paschalis II., Papst, 177, 217
Paulus, *siehe* Pål
Peder
– aus Borup, 153
– Ebbesøn, **250**, 274
– Elivsøn, **250**
– Hartbo, **250**
– Ilske, **317**
– Jakobsøn, 211, **250**, 304
– Palnesøn, 149, **251**
– Propst, **250**, 302
– Strangesøn, **251**
– Sunesøn, *73*, *98*, 154, 211, 213, 215, 250, **251**, 274, 282
– Thorstensøn, **252**
– Todde, **252**
Pelagius I., Papst, *118*

Peter
– Bf. v. Hamar, **252**, 272
– Bf. v. Winchester, 216
– Kaikewalde, **253**
– norw. Gesandter, **317**
– Oddsson, *101*, **253**
– Steype, 208, **253**, 257
– von Husastad, *70*, 217, **252**
Petrus, *siehe auch* Sven Grathe
– filius Palnonis Albi, *siehe* Peder Palnesøn
– Kakuwalde, *siehe* Peter Kaikewalde
Philipp
– II. August, Kg. v. Frankreich, *79*, 154, 209, 251
– Knutsson, **253**, 254
– norw. Kg., 307, 313
– Petersson, 253, **254**
– von Kastilien, Sohn Alfons' X., 227
– von Schwaben, dt. Kg., 302, 304
– von Vegne, 233
Pjetur Bárðarson, **338**, 340
Pribislav, Fs. der Abodriten, 223

R

Radulv
– Bf. v. den Orkneys, **317**
– Bf. v. Ribe, 183
– englischer Abt, 263
– norw. Gesandter, 163, **254**
Rafn, 177, 204, 239, 258, **317**
Ragna Nikolasdatter, 240
Ragnald, **317**
Ragnar Agnarsson, 355, **357**
Ragnfrid
– ∞ Kättilmund, 166
– Erlingsdatter, 271
Ragnheiður
– Gellisdóttir, 357
– Þórhallsdóttir, 249
Ragnhild
– ∞ Aron Hjörleifsson, 158
– ∞ Dag Eilivsson, 186, 241, 270, 290
– Arnesdatter, 332
– aus Schweden, **254**

– Eiriksdatter, 228, 272
– Erlingsdatter, 198
– Magnusdatter, 324
– Ogmundsdatter, 275
– Skoftesdatter, 171
– Sveinkesdatter, 181
– Torsteinsdatter, 207
Ragnvald
– aus Schweden, **254**
– Bruseson, 173, 219, **254**, 276, 293
– Ingesson, 201
– Kale Kolsson, *88–90*, *94*, *139*, 157, 160–162, 165, 171, 174, 179, 181, 190, 195f., 198, 201, 211, 216f., 230, 232, 237, **255**, 262, 275, 289, 293f., 296, 319, 322
– Ulvsson, 172, 208, 210, **256**
– Urka, 353
Rainald von Dassel, *86*
Rane Roasson, **256**
Rani, **256**, 317
Ranig, *siehe* Rani
Rannveig
– ∞ Ari Þorgeirsson, 192
– Sigurdsdatter, 306
Ravn, **257**
Reavensvart, **257**
Regnold, *siehe* Ragnald
Reidar
– Bf. v. Nidaros, **257**
– Sendemann, 208, 233, 253, **257**
Richard
– I. Löwenherz, Kg. v. England, *90*, 149
– II., Hzg. der Normandie, 281
– Ebf. v. Canterbury, *106*
Richewinus, *siehe* Rikvin
Richiza, ∞ Magnus Nielssøn, 223, 230, 301
Rikard
– Bf. v. den Hebriden, 272, **318**
– Mönch, 315, **318**
– Svartemester, 290, **318**
– Torleivsson, **258**
Rikvin, *101*, **258**
Ring Dagsson, 323, **325**
Roar Kongsfrende, *90*, 179, **258**, 259

Robert
– I., Gf. v. Flandern, 219, 222, 245, 329, 341
– II., Gf. v. Flandern, 219
– I., Hzg. der Normandie, 185
– Übersetzer, *102*
– von Torigny, *65*
Rodälv, 338
Rodfos, **338**
Rodger, 349
Rodulvard, **318**
Rodvisl
– aus Gotland, 177, 204, 239, **258**, 317
– aus Schweden, 338
Roe Kongsfrende, 258, **259**
Röd, 326
Rǫgnvald, *siehe* Ragnvald
Roger
– II., Kg. v. Sizilien, 266
– Abt v. Saint-Euverte, *105*
– Bf. auf den Orkneys, **318**
– Hzg. v. Apulien, 219
– von Howden, *133*
Roherus, *siehe* Roar Kongsfrende
Roni, *siehe* Rani
Rudolf
– III., Kg. v. Burgund, *87*, 221
– von Næstved, **259**
Rudre, 353
Ruðri, *siehe* Rudre

S

Säbjörn, 349
Sæmundur inn fróði Sigfússon, *41*, *44*, 217, **259**
Saladin, *90*, 149
Salmund Sigurdsson, 259
Salomon
– aus Norwegen, **259**
– Mönch, *87f.*, *143*, **260**
Samson, Abt v. Bury St. Edmunds, *111*, *131f.*, *135*, 239
Sancho I., Kg. v. Portugal, 303

Saxo
- Aggesøn, **260**
- Dompropst, **260**
- Grammaticus, *23*, *44f.*, *53*, *69*, *95*, *97*, 151, 184, 260, 278, **339**, 345

Serk
- Brynjolvsson, **260**
- Sygnekjuke, **260**

Sevaldus, *siehe* Sigvald

Severinus, *siehe* Siward, Bf. v. Uppsala

Siegfried
- der Jüngere, Bf., 309
- Ebf. v. Hamburg-Bremen, 242, 314
- Gf. v. Orlamünde, *97*, 272

Sigeric, Ebf. v. Canterbury, *76*, *78–80*

Sigfús Lodmundsson, 259

Sighvatur
- Böðvarsson, **261**, 353
- Sturluson, 274
- Þórðarson, *124*, 164, **261**

Sigmund
- Andresson Aungul, **262**
- Thegn, **261**

Sigmundr ǫngull Andrésson, *siehe* Sigmund Andresson Aungul

Sigmundur Þorgilsson, **262**

Sigrid
- Åsulvsdatter, 199
- Storråde, 185, 280
- Sveinsdatter, 160
- Svensdatter, 166, 177, 201, 222, 224, 236, 245, **262**, 278, 280, 339, 342
- Toresdatter, 218
- Tumedatter, 211
- von den Shetland-Inseln, **339**

Sigrud, 156

Sigtrygg
- Jarl, **262**
- Silkbeard, 265

Sigurd
- Abt v. Tautra, 252, **263**
- Bf. v. Bergen, **263**
- dän. Bf., **263**
- Eindridesson, **263**
- Eiriksson, 244
- Erlingsson, 160, **264**, 270, 290
- Haraldsson Munn, norw. Kg., *106*, *118*, 176, 189, 240, 264, 267, 334
- Ivarsson Murt, **264**
- Ivarsson, Teilnehmer an Håkon Håkonssons Kriegszug, 353
- Jorsalfar, *siehe* Sigurd Magnusson Jorsalfar
- Kongsfrende, **264**
- Lodvesson Digre, 173, **264**, 292
- Magnusson, 198, 243, **265**
- Magnusson Jorsalfar, *18*, *21*, *44*, *66*, *72*, *88f.*, *104*, *106*, *120*, 158, 160, 181, 206, 212, 219, 227, 231, 255, **265**, 271, 337, 341
- Missionsbischof, **319**
- Munn, *siehe* Sigurd Haraldsson Munn
- norw. Händler, 203, **263**
- Pil, 346
- Ranesson, **267**, 300
- Sepil, **267**
- Slembe, 196, 200f., **267**
- Smed, **268**
- Sneis, **268**
- Svensøn, **339**
- Syr, 202

Sigurðr
- bíldr, *siehe* Sigurd Pil
- slembidjákn, *siehe* Sigurd Slembe

Sigurður
- Eldjárnsson, 226, **268**, 282f.
- grikkur, *siehe* Sigurður Oddson
- Oddson, **268**

Sigvald, **339**

Sigvard Digre, 246f., **268**

Sigvid
- † in Nowgorod, **269**
- aus Schweden, **269**

Sigward, *siehe* Sigurd, Missionsbischof

Sihtric, *siehe* Sigtrygg

Simon
- aus Dänemark, **269**
- Mönch, *143*, **269**
- preikar, **270**, 353
- Skalp, 240

- Stutt, 353
Simund, *siehe* Sigmund
Siuchraidh m. Loduir, *siehe* Sigurd Lodvesson Digre
Siward
- Bf. v. Uppsala, **319**
- Digera, *siehe* Sigvard Digre
Skärder, **270**
Skafti Þóroddsson, 273
Skarde, 349
Skarv, 349
Skjaldvor Brynjolvsdatter, 267
Skjalg Erlingsson, 160, 264, **270**, 290
Skjalm
- den Skæggede, **270**
- Hvide, 250, 274
Skofte Ogmundsson, *88*, 171, 186, 241, **270**, 290
Skopti, *siehe* Skofte
Skorre
- aus Dänemark, 149, **271**
- Vagnsøn, **271**
Skule Bårdsson, *101*, 155, 163, 216, 253, 260, **271**, 352
Skyalmo Barbatus, *siehe* Skjalm den Skæggede
Slagve, **325**
Sneglu-Halli, *siehe* Halli Þórarinsson
Snekoll Gunnarsson, **272**
Snorri
- Bárðarson, 338, **340**
- Sturluson, *46–51*, *53*, *88f.*, *119*, *124*, *138f.*, 172, 256, 261, 266, 286, 299, 323, 325
- Þórðarson, 286
- Þorgrimsson, 198
- von Helgafell, 354
Sørle, 252, **272**, 318
Sọrli, *siehe* Sørle
Sofie
- ∞ Valdemar der Große, 224, 301, 303
- Gf.in v. Orlamünde, *97*, 170, 204, 209, 224, **272**, 303, 343
- Mkgf.in v. Brandenburg, 151, 170, 179, 225, **272**, 303, 305
Solveig Sæmundardóttir, 274

Sóni Ebbason, *siehe* Sune Ebbesøn
Sote, **340**
Soti, 348f.
Spjallbude, **273**
Stefan, Ebf. v. Uppsala, *99*, 183, 214, 307, **319**
Stefnir Þorgilsson, **340**, 343
Steinar Herka, 353
Steinn Skaftason, **273**
Steinunn Þorgímsdóttir, 189, **273**
Steinvør Digre, 246
Steinvor Hallsdóttir, 355
Stenhild, 305
Stenkil, schw. Kg., 324
Stephan
- Bf. v. Meaux, 312, 322
- von Orvieto, *115*
Stephanus, päpstl. Legat, *99*, *115*, *119*
Stig Hvide, 149
Strang, **273**
Strút-Harald, 205, 284
Sturla
- Sighvatsson, 248, **273**
- Þórðarson, *51*, *53f.*, 351
Styrkår
- Eindridesson, 173
- norw. Marschall, **274**
Styrmir Kárason, *46*
Suger, Abt v. Saint-Denis, *110*, *127f.*
Sumarlide
- Ospaksson, 180
- Rolvsson, **274**
- Sigurdsson, 173, 292f.
Sune Ebbesøn, 154, 213, 215, 250f., **274**, 282
Sunniva Håkonsdatter, 249
Svärre, **274**
Svein, *siehe auch* Sven
- Åsleivsson, *48*, 171, 173f., 176, 179, 193f., 198, 210, 232, 246, 248, 255, 258, 262, **275**, 289, 296
- Bryggefot, 172, 219, 255, **276**
- Håkonsson, 160, 164, 172, **276**, 278
- Roaldsson, **319**
- Sigridsson, 155, 205, 241, **276**

Sveinn
- Óláfsson, *siehe* Svein Åsleivsson
- Knútsson, *siehe* Sven Alfifasøn
- svíðandi Eiríksson, *siehe* Sven Grathe
- tjúguskegg Haraldsson, *siehe* Sven Tveskæg
- Úlfsson, *siehe* Sven Estridsøn

Sveinotto, *siehe* Sven Tveskæg
Sveinung Svarte, **276**
Sven
- Aggesøn, *23*, *44f.*, **340**
- Alfifasøn, 193, 200, 203, 221, **277**, 282
- aus Schweden (A 467), **277**
- aus Schweden (A 468), **277**, 290
- Bf. v. Århus, 183, **277**
- Estridsøn, *18*, *21*, *42*, *53*, *64*, *138*, 158, 162, 166, 169f., 177, 185f., 201f., 222, 224, 232, 236, 243, 245, 262, **278**, 279, 298, 324, 339, 342
- Gabelbart, *siehe* Sven Tveskæg
- Godwinson, Jarl, 167
- Grathe, *95*, 178, 223, **278**, 301
- Knudssøn, 219
- Norbagge, *siehe* Sven Nordmand
- Nordmand, **279**
- schw. Händler, **276**
- Svensøn, Bf. v. Viborg, 185, **280**, 341
- Svensøn, Kg.ssohn, 166, 177, 201, 222, 224, 236, 245, 262, 278, **279**, 339, 342
- Thorgunnasøn, 168, 185, 236, 280, 329, **341**
- Thorkilsøn, 149, **280**
- Tveskæg, *92*, 172, 174, 185, 192, 196, 221, 244, **280**, 284, 298, 342, 344–346, 357
- Tyuvskeg, *siehe* Sven Tveskæg

Svenne, 338, **341**
Sverker Karlsson, schw. Kg., 214
Sverre, norw. Kg., *18*, *47f.*, *105–107*, 175f., 198, 243, 253, 257f., 264f., 334
Swegen, *siehe* Svein oder Sven

T

Tage Algudsøn, **281**

Tako, *siehe* Tage Algudsøn
Teitur Ísleifsson, 199
Theodericus, *siehe* Tore
Theodoricus Monachus, *42–44*, *129*, *133*, 239, 290f., 345
Thietmar
- Bf. v. Hildesheim, **281**
- von Merseburg, *64*

Þjóðbjörg Arnórsdóttir, 169
Þjóðólfur Arnórsson, **282**
Thomas
- Becket, Ebf. v. Canterbury, Hl., *70*, *111*, *132*, *134f.*, 207, 217, 312, 322, 333
- d'Angleterre, *102*
- Ebf. v. York, 317
- von Britannien, *siehe* Thomas d'Angleterre

Thoolf, *siehe* Torolf, Missionsbischof
Þóra Guðmundardóttir, 190
Thora, ⚭ Erlend Torfinnsson, 180
Þórálfur Bjarnason, 226, 268, **282**, 283
Þóralli, *siehe* Toralde
Þórarinn
- loftunga, **282**
- stuttfeldur, **341**

Thorbern Sunesøn, 154, 213, 216, 251, 274, **282**
Thorbernus, *siehe* Thorbjørn
Thorbjørn, **282**
Þorbjörn
- öngull, *siehe* Þorbjörn Þórðarson
- Þórðarson, **357**, 358

Thord
- aus Tysnesøy, 346
- Føghæ, **320**

Þórðís Þóroddsdóttir, 212
Þórdís
- ⚭ Þorvaldur Snorrason, 286
- Snorradóttir, 354

Þórður
- Händler, **283**
- Halldórsson, 226, 268, 282, **283**
- Narfason, *54*
- Sigvaldaskáld, 261
- Sjáreksson, **342**
- Skalde, **341**

Personenindex

- þumli, *siehe* Þórður Halldórsson
- Vermundarson, **283**
- Þorfinnr eisli, *siehe* Torfinn Eisle
- Þorfinnur munnur, 341
- Þorgeir Hallason, 211
- Þorgeirr safakollr, *siehe* Torgeir Skotakoll
- Þorgestur Þórhallason, *siehe* Gestur Þórhallason
- Thorgil Sprakaleg, 171, 195, 298
- Þorgils Eilífsson, 340
- Thorgils Svensøn, **342**
- Thorgisl, 278
- Þorgrímur Þjóðólfsson, 346
- Thorgunna Vagnsdatter, 168, 329, 341
- Thorgut, **283**
- Þórir, *siehe auch* Tore
  - auðgi, *siehe* Þórir Þorsteinsson
  - Broddason, 273
  - helsingr, *siehe* Tore Helsing
  - hundr Þórisson, *siehe* Tore Toresson Hund
  - kráka, *siehe* Tore Krage
  - Þorsteinsson, *85*, **283**, 285
  - þrœnzki, *siehe* Tore den Trøndske
  - víkverski, *siehe* Tore Gudmundsson
- Þorkell
  - dýrðill Eiríksson, *siehe* Torkil Eiriksson
  - Eyjólfsson, 355
  - inn hávi, *siehe* Thorkil den Høje
  - nefja Loðinsson, *siehe* Torkil Lodinsson
  - skalla, *siehe* Þorkell Þórðarson
  - Skallason, *siehe* Þorkell Þórðarson
  - svarti, 356, **358**
  - Þorðarson, **342**
- Þorkell Hallgilsson, **358**
- Thorkil
  - Abt v. Esrom, **320**
  - Bf. v. Tallinn, **284**
  - dän. Jarl, **284**
  - den Høje, 203, 205, 221f., 242, **284**, 287, 299
  - Hvita, **320**
- Þorlákur Þórhallsson, *52*, 249, **285**, 330
- Þorlaug Pálsdóttir, *85f.*, 218, 284, **285**, 291f.
- Þorleifur hreimur Ketilsson, 190, **285**

Þormóðr
- þingskaun/þingskorinn/þingskǫmm, *siehe* Tormod Tingskam
- Ásgeirsson, *siehe* Tormod Eindridesson

Þormóður Kolbrúnarskáld, **286**
Þorsteinn
- Ásmundarson, 357, **358**
- drómundur, *siehe* Þorsteinn Ásmundarson
- hviti, *siehe* Torstein Hvite
- Kambason, **342**
- oxafótur, *siehe* Torstein Oksefot
- Rigardsson, *siehe* Torstein Ragnhildsson
- Síðu-Hallsson, **286**, 331
- Víga-Styrsson, **358**

Þorvaldur
- Gissurarson, 190
- inn viðförli, *siehe* Þorvaldur Koðránsson
- Koðránsson, 340, **342**
- Snorrason, **286**

Þorvarður
- Höskuldsson, 354, 356, 358, **358**
- Þorgeirsson, 211

Thrand
- Ramme, 346
- Skjele, 346

Þrándr
- rammi, *siehe* Thrand Ramme
- skjálgi, *siehe* Thrand Skjele

Thrugot Ulvsøn, 168, 329, 341
Thrulus, *siehe* Troels
Thrum, **287**
Thrym, **287**
Thunna, 278
Thurbrand, **287**
Thurgatus, *siehe* Thorgut
Thurgut, *siehe* Thorkil den Høje
Þuríður Þorgeirsdóttir, 189, 199
Thurketel
- aus England, 287
- Thegn, **287**

Tjälve, **343**
Tjodolv Vik, **287**
Tjudulv, 186
Tofi Valgautsson, **343**

Toke
- aus Schweden (A 504), **287**
- aus Schweden (B 75), **326**
Toki, dän. Jarl, 238
Toli, **288**
Tómas
- Þórarinsson, *siehe* Tómas Ragnheiðarson
- Ragnheiðarsson, **288**
Tora
- Saksesdatter, 267
- Skagedatter, 276
- Torbergsdatter, 230, 240, 243, 299
- Torsteinsdatter, 157, 186, 218, 226, 288
Torald, **326**
Toralde, 165, **288**
Torbärn, 349
Torberg
- Arnesson, 157, 186, 218, 226, 240, 288, **288**
- aus Norwegen, **288**
Torbjørg Åsulvsdatter, 258
Torbjørn
- Svarte, **289**
- Torsteinsson Klerk, 174, 207, 210, 216, 230, 255, 275, **289**
Tord
- aus Norwegen, **289**
- Skoftesson, *88*, 186, 241, 270f., **290**
Tore
- aus Schweden, 277, **290**
- Bf. v. Hamar, *73*, 239, **290**, 291, 318
- den Trøndske, *56*, 291, **292**
- den vikverske, *siehe* Tore Gudmundsson
- Erlingsson, 160, 264, 270, **290**
- Gudmundsson, *73*, 239, 290, **291**
- Helsing, **320**
- Klakka, 218, 220, 244, **291**
- Krage, *86*, 285, **291**
- Toresson Hund, 194, 218, 220, **292**
Torfinn
- Bruseson, 210
- Eisle, 346
- Sigurdsson, *93*, 173, 180, 208, 230, 249, 255, **292**, 294, 321

- Sigvaldsson, 353
Torgärd, 161
Torgaut, 163, **293**
Torgeir Skotakoll, **293**
Torger, **293**
Torgils
- Bf. v. Stavanger, 350, 353
- Gloppa, 353
Torgrim
- Skinnhette, **294**
- Tjodolfsson, 346
Torkell
- Amundsson Fostre, 173, **294**
- Sumarlidesson Fostre, 267
Torkil
- aus Norwegen, **294**
- Eiriksson, 218, 220, 346
- Händler, 316, **320**
- Lodinsson, 346
- Torsteinsson Krokøye, **294**
Torlak, **321**
Torlaug Bose, 212, **294**, 353
Torleiv
- Abt v. Munkholm, 353
- aus Norwegen, **295**
- Brynjolvsson, 157, 226, **295**
Torljot, 246
Tormod
- Eindridesson, **295**
- Tingskam, **295**
Torolf
- Bf. v. den Orkneys, **321**
- Missionsbischof, **321**
- Teilnehmer an der Schlacht von Svolder, 346
Torolv Skjalg, 181
Torstein
- aus Norwegen, **296**
- Båt, 353
- Gillesson, 352f.
- hǫlðr fjaransmuðr, 289
- Havardsson, **296**
- Hvite, 346
- Oksefot, 347
- Ragnasson, **296**

Personenindex 459

- Ragnhildsson, **343**
Torsten
- aus Schweden, **296**
- schw. Händler, **296**
- Svensson, 277, 290
- Vater von Hävner, 197
Toste, 349
Tostig, Earl v. Northumbrien, 153, 202, 257
Toti, **296**
Tova, 344
Tove
- ∞ Valdemar der Große, 170
- Mutter von Gunnar, 193
- Tochter Valdemars des Großen, 170, 204, 209, 224, 272, 303, **343**
Tovi Pruda, 203, **297**, 316
Tranquillus, *siehe* Thorkil, Abt v. Esrom
Troels, **297**
Tryggve
- Olavsson, norw. Kleinkönig, 244
- Olavsson, Sohn v. Olav Tryggvason, **321**
Tuki Wrang, **297**
Turkytelus Myrenheafod, *siehe* Thurketel, Thegn
Tuve
- Bf. v. Ribe, **297**
- Kolsøn, **298**
- Leosøn, **298**
- Palnesøn, **298**, 307
Tyge, Bf. v. Børglum, 149
Tymme, **344**
Tymmo, *siehe* Thietmar, Bf. v. Hildesheim
Tyre Haraldsdatter, 161, 243, 280, **298**

U

Udd (?), 294
Uddgair, **328**
Uffe, Ebf. v. Lund, 284
Uhtred, englischer Earl, 287
Ulf Thorgilsøn, 158, 167, 171, 185, 195, 203, 278, **298**
Úlfr, *siehe* Ulf oder Ulv
Úlfur Óspaksson, *105*, **299**, 354

Ulv
- aus Lauvnæs, 149, **299**
- den Røde, 347
- Ranesson, 267, **300**
- schw. Hzg., 319
- Teilnehmer an der Reise des Ingvar Vittfarne, 349
- von Borresta, **299**
Ulvhild Olavsdatter, **300**
Ulvrik, **300**
Unlaf, *siehe* Olav Tryggvason
Unwan, Ebf. v. Hamburg-Bremen, 222, 242, 283
Urban IV., Papst, 152, 188
Urki, *siehe* Ork

V

Väring, 343
Vakur Raumason, 347
Valbert, **300**
Valdemar
- Abelsøn, **300**
- den Unge, 151, 161, 166, 168, 170, 179, 214, 225, 235, 251, 273, 303f., **305**
- der Große, *18*, *46*, *69*, *95–98*, *104*, *125*, *138*, 149, 151f., 169f., 182–184, 190, 195, 204–206, 209f., 223f., 228f., 234, 242, 245, 250, 252, 270–272, 274, 277, 279, 281, 283, **301**, 303, 305, 311, 343
- Knudsøn, Bf. v. Schleswig, 250, **302**, 303f.
- Knudsøn, Kg. v. Dänemark, *siehe* Valdemar der Große
- Sejr, *42*, *87*, *96f.*, *143*, 151, 154, 161, 166, 168, 170, 178, 194, 204, 209, 214f., 224f., 234f., 250f., 260, 269, 272, 297, 301–303, **303**, 305, 307, 312, 343
Valdimar, 348
Valthjof
- engl. Earl, 342
- schottischer Earl, 289
Vedeman, **305**
Vidbjörn, **305**
Vidkunn Jonsson, **305**

Víga-Barði, *siehe* Barði Guðmundarson
Víga-Styr, 355
Vigdis Olafsdóttir, 342
Vigfast, **306**
Vigleik Prestsson, 168, **306**, 353
Vikar, 345, 347
Viktor
- II., Papst, 212
- IV., Papst, 69, *119*, 183, 228, 242

Vilhelm
- Abt v. Esrom, 99, **306**
- aus Norwegen, **306**
- von Lyse, **307**

Vilhjálmr, *siehe* Vilhelm
Vinnid, *72*, **344**
Visten
- aus Schweden, 327
- Baulvsson, 163

Vladimir Svjatoslavič der Heilige, Fs. v. Kiew, 354
Volodar, Fs. v. Nowgorod, 301
Vråe, 193, **344**
Vraï, *siehe* Vråe

W

Walter
- Kaplan, 97, 99, 214, **307**, 310, 322
- Magister, 307, 312, **322**
- Priester, 253, **322**

Wartislav III., Hzg., 215
Wéry des Prés, 214
Wescelin, **307**
Wichmann, Ebf. v. Magdeburg, 329
Widukind von Corvey, *26*
Wifhild, *siehe* Ulvhild Olavsdatter
Wilhelm
- I. der Eroberer, Kg. v. England, 92
- I. der Löwe, Kg. v. Schottland, 94, 200
- Bf. v. den Orkneys, **322**
- der Engländer, *111*
- von Æbelholt, *73*, *98*, 151, 154, 175, 251, 260, 300
- von Jumièges, *65*
- von Lüneburg, 204

- von Malmesbury, *65*, *86*, 193, 266
- von Sabina, *103*
- von Sens, *111*
- von Tyrus, *66*, 266

Wipo, 222
Withcutr, *siehe* Vidkunn Jonsson
Wogen Palnesøn, 298, **307**
Woltherus, *siehe* Walter
Wulfsige, *siehe* Ulf Thorgilsøn

Y

Yrik, *siehe* Eirik oder Erik
Yrling, *siehe* Erling
Yvo, *siehe* Ivo
Ywarus, *siehe* Ivar Tagesøn